LABOR COOPERATION

中国对外劳务合作

China's Overseas Labor Service Cooperation

张翔如　编著

知识产权出版社
全国百佳图书出版单位
—北京—

图书在版编目（CIP）数据

中国对外劳务合作/张翔如编著．—北京：知识产权出版社，2023.11
ISBN 978-7-5130-8715-5

Ⅰ.①中…　Ⅱ.①张…　Ⅲ.①对外贸易—劳务合作—中国　Ⅳ.①F752.68

中国国家版本馆 CIP 数据核字（2023）第 055487 号

责任编辑：国晓健　　**责任校对：**潘凤越
封面设计：杨杨工作室·张　冀　　**责任印制：**孙婷婷

中国对外劳务合作

China's Overseas Labor Service Cooperation

张翔如　编著

出版发行：知识产权出版社有限责任公司　　**网　　址：**http://www.ipph.cn
社　　址：北京市海淀区气象路 50 号院　　**邮　　编：**100081
责编电话：010-82000860 转 8385　　**责编邮箱：**anxuchuban@126.com
发行电话：010-82000860 转 8101/8102　　**发行传真：**010-82000893/82005070/82000270
印　　刷：北京建宏印刷有限公司　　**经　　销：**新华书店、各大网上书店及相关专业书店
开　　本：787mm×1092mm　1/16　　**印　　张：**39
版　　次：2023 年 11 月第 1 版　　**印　　次：**2023 年 11 月第 1 次印刷
字　　数：744 千字　　**定　　价：**198.00 元
ISBN 978-7-5130-8715-5

中国对外劳务合作

系统·全面·独到

系统综述对外劳务合作发展历程、法规政策、经营模式、发展趋势

谨向
关心支持对外劳务合作事业的
老前辈和各界人士
致以崇高敬意！

序　一

对外劳务合作是伴随着改革开放产生和发展起来的一项新兴事业。国际贸易理论指出，商品的国际流动必然带来生产要素的国际流动。在开放的条件下，我国具有比较优势的劳动力率先走向世界就成为了必然。迄今，我国已累计派出各类劳务人员 1178 万人次，取得了良好的社会效益和经济收益。

大量劳务人员走出国门，了解了世界，也增进了各国对中国的了解，加深了人民间的友谊；学习借鉴并引进了国外先进的管理经验、技术技能，促进了地方、行业的发展；开阔了眼界，拓展了思路，增长了才干，成为了各地创业、兴业的中坚和日后中国企业“走出去”的骨干力量；通过国外的劳动收入，摆脱了贫困，过上了幸福生活，成为脱贫致富的重要抓手。总之，这项事业的积极意义是显而易见的。

张翔如先生长期从事对外劳务合作管理工作，他结合自身的实践经验，查阅了大量的资料，认真思考、笔耕不辍，写就了《中国对外劳务合作》一书，为此付出了大量的心血。本书内容丰富、资料翔实，是一本可供热爱、关心以及研究中国对外劳务合作事业的人们参考的好书。在我国以更高水平开放促进更高质量发展的今天，回顾这段发展过程，总结内在规律，是有益处的。

本书付梓在即，作者要我说几句话，就有了上面的文字。是为序。

商务部原副部长

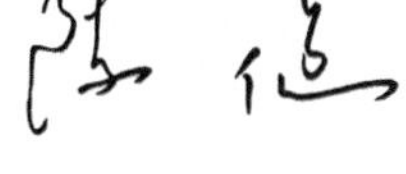

2023 年 7 月 31 日

序　二

对外劳务合作是一项起步早、社会贡献度大、利国利民而又影响深远的宏伟事业。从对外援助和对外承包工程带动“对外劳务输出”，发展到有组织、成建制地向国（境）外承包工程项目输出劳务人员，继而发展成为以“对外劳务合作”的形式有组织地派遣各类劳务人员为国（境）外雇主工作的经营性活动。对外劳务合作经历了波澜壮阔的发展历程，见证了中国巨大的经济社会变革，是我国实施“走出去”战略比较成熟的形式之一。

20世纪80年代，我在原对外经济贸易部经济合作局（商务部对外投资与经济合作司的前身）工作期间，就涉足并参与了对外劳务合作的具体工作，参与和从事过外派劳务培训工作的始创与制度建设工作。深有感触的是，这是一项适合我国对外劳务合作发展，而又极具中国特色的重要举措，为提升我国劳务人员的整体综合素质和对外劳务合作的发展质量，维护国家形象，扩大社会影响，作出了不可磨灭的贡献。后来，在我任职中国对外承包工程商会会长期间，尽管围绕着对外承包工程、对外劳务合作以及对外投资合作的全局工作很多，但是我对对外劳务合作的感情是由衷的，并直接推动开展了许多对外劳务合作国际交流、行业规范制定和市场促进工作。作为对外经济合作重要组成部分的对外劳务合作，历经四十多年的发展，不仅壮大了经营实体，而且还衍生出许多相关行业，可以说，其历史贡献远远超过了自身的发展。

历史是一面镜子，鉴古知今。了解对外劳务合作的历史才能看得清现在，理解对外劳务合作的发展才能着眼于未来。任何行业的发展都需要回首来路，需要升华认知，更新理念，不断创新，对外劳务合作也不例外。多年来，随着对外劳务合作管理体制机制的不断健全，国家发布了一系列行之有效的部门规章、政策文件、制度办法和通知要求，将这些碎片化的文件整理归纳，便于系统、直观地了解历史发展、行业特点和政策要求，很有必要。《中国对外劳务合作》以发展历程为主线，全面系统地记述了对外劳务合作的发展阶段、主要特点和重大事件，归纳梳理了对外劳务合作宏观管理、经营资格、项目管理和经营活动等政策规定，重点列举了六个国别市场接收和派遣劳工的相关政策，以及澳门特别行政区接收内地劳务人员的相关规定，从人才强企、以质取胜的角度，阐述了培训工作的重要性和基本要求，深刻分析了影响对外劳务合作发展的国内外因素，在引出创新发展若干思考的同时，展望了对外劳务合作的发展趋势。书中汇集了大量数据、政策规定、重要工作及其时代背景，无论对于对外劳务合作企业、劳务人员，还是对于政府部门管理人员、研究机构，都不失为一部既能了解该领域发展历史，又系统翔实、不可多得的工具书，具有一定的参考意义和实用价值。

翔如同志在对外劳务合作行业从业多年，曾在不同时期以不同身份经历过对外劳务合作发展过程，参与和直接从事过对外劳务合作行业规范的制定，参加过不少对外劳务合作谈判，主持举办过多项对外劳务合作行业的促进活动。他既是行业发展的经历者，又是行业发展的参与者，积累了丰富的实践经验，滋养了职业情怀和敬业精神，具有较高的造诣。他兢兢业业，坚忍不拔，能够结合自身工作实践，饱含深情地完成这样一部贴合行业发展、概括全面、脉络清晰、表达鲜活、富有启迪和参考价值的工具书，我感到十分高兴，相信这本书能在对外劳务合作新的历史发展节点上对行业发展发挥一定的促进作用。

作为“外经”行业的一位老兵，我由衷地感慨对外劳务合作的兴起、发展和壮大，欣然愿意为本书作序并推荐阅读本书，由衷地希望对外劳务合作能够不断升级、创新，实现可持续发展，也由衷地期望业内外人士能够增进对对外劳务合作的认知，携手推动对外劳务合作续写新的发展篇章！

中国对外承包工程商会原会长

刁春和

2022 年 5 月

前言

对外劳务合作伴随着改革开放应运而生，是我国最早走出国门并取得辉煌业绩的服务行业之一，是我国对外经贸合作的重要组成部分；对外劳务合作是以增进人民福祉为初心的涉外经济合作业务，是助力脱贫攻坚、践行“一带一路”民心相通理念的实践载体，是一项利国利民的崇高事业。

对外劳务合作是由对外援助项目和对外承包工程带动起来的，在四十多年不平凡的发展历程中，对外劳务合作顺应改革开放和社会主义市场经济发展的要求，从无到有、从小到大、从单一输出到成建制外派、从低端到中高端，走出了一条具有中国特色的发展之路。对外劳务合作加深了我国与东道国或地区的政治、人文交往和经济交流，不仅取得了良好的经济效益，而且具有广泛而深远的社会效应。

对外劳务合作为我国劳务人员“走出去”提供了一条重要途径，让一部分劳务人员通过自己的劳动实实在在地富裕了起来，并促进了区域经济的发展。“派出一人，富裕一家，带动一片，安定一方”成为对外劳务合作的社会效益的真实写照。截至 2021 年，累计 1062. 6 万人次的各类劳务人员通过对外劳务合作在专业技术进步、能力素质提升以及家庭脱贫致富方面取得显著成效；对外劳务合作对国家改革开放、扩大就业、创汇增收发挥了积极的支持和推动作用，并带动了国内民航、金融、保险、邮电等相关服务行业的发展。

对外劳务合作经历了我国波澜壮阔的经济社会变革，见证了新中国成立后国际关系的风起云涌和改革开放的时代浪潮，记录了一代又一代“外经人”辛勤付出和拼搏进取的激情人生，镌刻着一批又一批劳务人员诚实守约和致富造福的国家记忆；它深深地打下了我国对外经济合作的时代烙印，浓浓地描绘了我国对外劳务合作企业的创业壮举，谱写了一曲曲可歌可泣的动人篇章，留下了一幕幕荡气回肠的历史瞬间。

对外劳务合作伴随着改革开放，风雨兼程走过四十余年。这四十余年，是辉煌发展的四十余年，是积极探索的四十余年，是努力奋进的四十余年，是创新发展的四十余年，更是成绩斐然的四十余年。四十余年发展历程的不平凡和几代“外经人”拼搏奋进所创造的辉煌业绩，促使站在历史新起点上的我们回首来路，铿锵前行，鞭策我们启程未来，行稳致远。

基于上述，《中国对外劳务合作》以回顾我国对外劳务合作四十余年的发展历程为主线，通过承载着历史足迹的鲜活资料，展现我国对外劳务合作从起步到调整提高、规范发展的历史成就，分析具有中国特色的对外劳务合作经营模式及其特点，探索突破制约因素维护行业可持续发展的路径，再现我国对外劳务合作发展壮大的一幕幕动人的画面。

需要特别说明的是，2012 年 6 月 4 日由国务院颁布、自 2012 年 8 月 1 日起施行的《对外劳务合作管理条例》明确了对外劳务合作的定义。《条例》第二条指出：“本条例所称对外劳务合作，是指组织劳务人员赴其他国家或者地区为国外的企业或者机构（以下统称国外雇主）工作的经营性活动。”同时《条例》第五十条指出：“组织劳务人员赴香港特别行政区、澳门特别行政区、台湾地区工作的，参照本条例的规定执行。”在《对外劳务合作管理条例》颁布前，业界对于对外劳务合作的一般性认识理解和通俗表述是：中国对外劳务合作是指经政府部门批准、有对外劳务合作经营资格的企业按照境外雇主的要求，有组织、有管理地向劳务输入国或地区派遣其短缺的劳动力，参与当地经济建设的一种经济合作方式。

考虑到随着对外劳务合作的不断发展，其概念也经历了一个不断发展的过程，为完整真实地反映对外劳务合作的发展全貌，本书在提到相关政策法规及行业规范时，对于其中与对外劳务合作相关的论述仍使用文件中的历史表述，但在宏观整体论述对外劳务合作时，本书使用对外劳务合作的通俗表述，即包含与港澳台地区的境外劳务合作。关于对外劳务合作概念在发展过程中的不同表述及变革，其通俗表述和广义概念等，详见本书第二章中对于对外劳务合作基本概念的论述。

《中国对外劳务合作》分为发展历程篇、法规政策与行业规范篇、主要国别（地区）市场篇、发展展望篇等主要部分，作者力求从真实客观的角度描述对外劳务合作的发展历程，持理解领会的态度解读相关法规政策和行业规范，用实务操作的方法剖析主要国别的外籍劳工政策和有关地区关于外地劳工输入的规定，以面向未来的责任梳理更新发展理念、探求发展路径。商务部原副部长陈健、中国对外承包工程商会原会长刁春和为本书撰写了序言，体现了对外经贸合作见证人、老领导对我国对外劳务合作发展事业的支持和关怀，令笔者倍感荣幸与自豪，备受鞭策与鼓舞。

一、对外劳务合作发展历程篇

运用纪实手法，以具体时间、重要事件为依据，展现我国对外劳务合作的发展全貌，由发展阶段、发展规模、发展环境三部分组成。

第一章 发展阶段。按照时间进程将我国对外劳务合作的发展历程划分为起步、稳步发展、快速发展、调整提高和规范发展等五个阶段，是对外劳务合作发展的全景照。起步阶段（1979—1982 年）主要描述我国对外劳务合作的产生背景、宏观管理的形成、经营实体的出现、热点市场与业务雏形等；稳步发展阶段（1983—1989 年）主要反映在经济体制改革的背景下，对外劳务合作相关政策初次出台、行业组织成立、实体经济进一步扩大、业务稳步发展的过程；快速发展阶段（1990—2000 年）重点展现我国对外劳务合作宏观管理体制不断健全，重点国别（地区）市场带动作用明显，行业与工种多元化格局基本形成，外派劳务业务快速发展的过程；调整提高阶段（2001—2011 年）侧重反映为适应不断发展的行业需要，在宏观管理体制机制、备用金制度、统计制度、培训制度、劳务资源培育、服务平台建设、市场秩序、行业自律服务、劳务纠纷处置、劳务人员权益保障等方面建立健全和调整完善的过程，这一阶段对外交流广泛深入，市场规模进一步扩大，经济效益和社会效益十分显著；规范发展阶段（2012 年至今）以《对外劳务合作管理条例》的颁布实施为开端，系统介绍对外劳务合作步入法治化管理轨道后，管理体制机制进一步完善，新市场的拓展得到稳步推进，企业不断探索转变发展方式的方法和途径，对外劳务合作业务显现健康发展的平稳局面。

第二章 发展规模。包括发展概况、主要特点、阶段分析、经营主体和协调服务等五部分。概括说明了我国对外劳务合作随着改革开放的不断深入，逐步发展、壮大成为一项新兴事业，成为我国对外经济合作领域中较为成熟的业务，取得了令人瞩目的成就，在我国外经贸总量增长中发挥了积极的作用。从不同侧面归纳分析了对外劳务合作业务的发展规模与特点，分析了由于国（境）内外政治经济背景不同，对外劳务合作在业务规模发展壮大的同时，外派劳务人员数量、素质的结构变化和业务特点。伴随着外派劳务人员从建筑业、制造业、农业、服务业、航运和渔业的普工、技工扩展到设计、咨询、管理、飞机维修、软件开发、电气设备安装等高技术人员和经营管理人员的过程，对外劳务合作企业逐步形成了我国独特的外派劳务经营特性和特色经营文化，行业组织的市场协调服务机制同样得到显著提升。

第三章 发展环境。包括市场因素、社会效应和影响事件三部分。介绍了我国对外劳务合作面临的国内外市场环境及所产生的社会影响，分析了劳务输入国对外籍劳动力的政策限制，我国外派劳务人员的结构特点和竞争优势，对外劳务合作为劳务人员创业兴业、造福社会贡献力量的社会效应以及四十余年来影响对外劳务合作行业发展的重大历史事件等。

二、对外劳务合作法规政策与行业规范篇

对外劳务合作相关法律法规、政策规定以及行业规范是对外劳务合作相关从业人员集体智慧的结晶，是体现中国特色对外经济合作经营模式的指导性文献，是指导行业健康发展的“规”与“矩”，是值得敬仰与珍视、创新与发展的理论制度体系。笔者以亲身实践所产生的真情实感和敬畏与珍重的态度，运用列表的方式汇总整理了改革开放以来公开发布的绝大部分政策性文件和相关行业规范文件。全篇立足于为读者提供查阅文件的便利，有利于读者了解政策不断健全完善的历史脉络，为读者历史地看待我国对外劳务合作政策体系和自律性行规内容的形成提供基础素材和参考依据。

本篇分析使用的政策性文件均为《中国对外投资合作法规和政策汇编》收录的文件、2013 年商务部现行有效规章和有效规范性文件目录中列入的文件，以及 2014—2022 年 1 月以来商务部等相关部门最新发布的与对外劳务合作业务相关的文件。

法规政策与行业规范篇在章节安排上分为法规政策、行业规范两个部分，在汇总结构上分为文件综合、基本框架、经营资格、经营活动、宏观管理等五个部分。其中，在基本框架部分，笔者以自身业务实践所感悟的独到见解，大胆尝试解释了对外劳务合作的基本概念和管理架构；在经营资格部分，阐述了经营资格的核准程序、企业经营范围、经营资格的管理以及法律责任；在经营活动部分，较为详细地介绍了对外劳务合作各法律主体之间的合同关系，企业责任，劳务人员的权利、义务和责任，外派劳务培训，承包工程项下外派劳务管理，对外劳务合作服务平台，项目确认审查与招收备案，外派海员及港澳台劳务，出入境与境外管理以及权益保障与纠纷处置等业务环节的政策规定和依据；在宏观管理部分，归纳了备用金与履约保证金、有关收费（包括行业收费自律指导意见）与税收政策、统计制度与信息管理、信用体系建设与不良行为记录以及行业规范与协调自律等方面的主要内容和要求。行业规范是以国家法规政策为指导，在反映行业诉求、促进行业规范自律的基础上产生的，在汇总结构上重点介绍了对外劳务合作行业规范和对外劳务合作协调办法等内容。有关劳务扶贫、助力乡村建设、企业履行社会责任等相关内容已分

别渗透在相关章节中，因此未在本篇单独介绍。

三、对外劳务合作主要国别（地区）市场篇

研究我国对外劳务合作主要国别（地区）市场的主要目的在于揭示我国对外劳务合作对象国和地区的劳工输入政策本质和合作要求，从而引入我国对外劳务合作的发展思考，研究巩固和扩大市场合作领域的应对策略。从对外劳务合作统计报表来看，我国对外劳务合作先后涉及 180 多个国家和地区，鉴于近年来的市场变化和我国对外劳务合作的现实情况，作者从中选择了日本、新加坡、以色列、韩国、德国五个国家和我国的澳门特别行政区等六个市场份额较大的国别和地区市场，以及一个可借鉴管理框架及国际人力资源管理经验的菲律宾劳务市场，一并作为代表性市场，分别介绍了这些国别和地区接收外籍（外地）劳工政策的主要内容和劳务合作的基本情况，以此透视整个国际劳务市场的需求动向，力求从国际人力资源合作与服务的角度，启示我国进一步融入国际市场和国际人力资源合作的针对性思考。

其中在日本市场部分，较为详细地介绍了日本外国人研修制度、技能实习制度、技能实习改革法案、高端人才引进制度以及近年来推行的特定技能人才政策；在新加坡市场部分，介绍了外籍劳工主要政策措施、中新劳务合作工作机制和市场前景；在以色列市场部分，盘点了以色列外籍劳工政策的历次调整过程、开启中以建筑劳务双边合作的情况和中以建筑劳务合作框架；在韩国市场部分，归纳分析了韩国外籍劳工政策的发展过程、接收外国劳动者的主要方式以及中韩雇佣许可制劳务合作实施情况；在德国市场部分，剖析了德国以及欧盟国家引进外籍劳工的实际障碍、引进外籍劳工的相关政策规定、移民法案中有关外国人居留和工作的规定以及中国风味厨师、护理工、外派海员劳务合作情况；在中国澳门市场部分，着重介绍了澳门特区现行输入外劳的有关规定、内地输澳劳务管理、业务流程及其要求。与上述介绍方法不同的是，菲律宾并非我国对外劳务合作的主要国别市场，介绍菲律宾市场的主要目的在于借鉴性地了解作为劳务输出大国的菲律宾，其劳工输出概况、海外劳务优势、有关输出劳工的法律、劳工输出主管部门及其服务与保障措施等，从而扩展研究探索我国开展国际人力资源合作的思考范围和切入点。

四、对外劳务合作发展展望篇

引入发展思考，是笔者致敬老一辈，激励同龄人，携手后来人的目的所在。本篇包括行业现状、发展策略和趋势展望三个部分。第一部分归纳分析了国际市场需

求结构带来的挑战，国内资源渐失成本优势及在外人员结构多元化等行业现状。第二部分提出了坚持投入产出理念、实现外派结构多元化，坚持可持续发展理念、延伸对外劳务合作产业链条，坚持以质取胜理念、打造中国劳务品牌的经营理念；提出要坚持人才强企、提高经营队伍竞争力、搞好从业人员岗位培训；坚持以质取胜、确保劳务人员素质、搞好出国（境）劳务人员适应性培训两个影响企业核心竞争力的发展方略；提供了转变发展理念、探求发展路径的战略思考和部分典型案例。第三部分是笔者对行业发展的探索性展望，预示了培育中高端技能型劳务竞争新优势，坚持合规经营，以“一带一路”民心相通理念为依托，打造企业优质服务品牌的发展趋势。

特别值得一提的是，基于任何事业的竞争，归根到底都是人才的竞争这样的共识，笔者认为，取胜对外劳务合作竞争的决定因素在于对外劳务合作企业团队和劳务人员的综合素质，而提高人员综合素质的直接方法和手段就是搞好培训。因此，笔者将对外劳务合作企业从业人员的岗位培训和出国（境）劳务人员的素质培训列为本篇的重点内容之一，作为佐证观点和提振信心的归结点，旨在通过实施人才战略，打造中国劳务的品牌。鉴于对外劳务合作企业从业人员的岗位培训，国家尚无统一指导性文件，笔者从提高企业综合竞争力和企业长远发展需要的角度出发，认为有必要提出一个参考性意见，供企业实行从业人员在职培训和上岗培训时参考选用。同时，由于开展这一培训的相关内容已在本书有所体现，故以提纲形式列出从业人员岗位培训的要点，主要包括对外劳务合作的基本概念、业务主体及其关系、企业的经营范围、业务主要特点、社会效应、影响对外劳务合作发展的主要因素、主要法律法规政策、项目管理、相关行业规范、企业管理制度、规避对外劳务合作经营风险以及对外劳务合作业务可持续发展实践探讨与发展思考，侧重于引导企业职工掌握对外劳务合作基本知识，树立危机意识和责任意识，确立辩证发展思维和可持续发展理念；对于出国（境）劳务人员的素质培训，对外劳务合作行业已进行过三次全国统编教材的编制和修订，各对外劳务合作企业也都分别编写了针对本企业项目特点的自编教材，因此，笔者采用表格形式，汇总列入了对外劳务合作的概念、对外劳务合作企业和劳务人员的权利义务与责任、业务合同关系、合格劳务人员的基本素养、出入境流程手续及境外生活常识、国别综合资讯等相关内容的提纲，旨在立足培养劳务人员的国际化视野，提升综合素质，指导劳务人员做好职业规划，为国家现代化建设服务，并以此扩大对外劳务合作的成果和社会效应。

对外劳务合作是一项涉及面广的系统工程，涉及政府、企业、劳务人员、国（境）外雇主等多个主体以及出入境、领事保护、权益保障、市场秩序、应急处置等诸多层面和环节。以严谨的态度书写对外劳务合作的发展历程，是“劳务人”的责任；以崇敬的心情梳理对外劳务合作的行业特点，是“劳务人”的情怀。尽管如此，受撰写时间、本人阅历和工作水平所限，加之受新型冠状病毒感染疫情影响，对支撑本书撰写的资料收集和对历史文献的查阅时间和条件有限，本书只能依据商务部公布的统计数据和日常所掌握的工作情况进行编辑整理，从这个意义上来说，本书仅仅是一个材料的梳理和汇总，未必能够反映我国对外劳务合作的全貌。况且笔者深知，纵然有多少优美动人的词句，都不足以表达对外劳务合作事业的波澜壮阔与老一辈“外经人”励精图治的豪迈气魄，都难以全面展现对外劳务合作企业坚守经营的拼搏精神和打造品牌的创新品格，都不能翔实展示各级政府主管部门以人为本的本色和践行初心使命的承诺，都无法准确描述劳务人员忍辱负重的辛勤付出和报效祖国的创业成果，更无法充分体现所有关心支持对外劳务合作的各界人士再创辉煌的磅礴力量和协力前行的坚实脚步。

当前，对外劳务合作企业正处于转变发展方式、创新发展的转折点，对外劳务合作行业发展也正处于步入新时代、开启新征程的关键节点，笔者抚今追昔，感慨良多，责任感和使命感油然而生，愿以此书慰藉那些为对外劳务合作事业辛勤奋斗的人们，激励那些在践行人类命运共同体理念的过程中，不忘初心，砥砺前行的耕耘者，一起续写对外劳务合作的崭新篇章。

值得感动和欣慰的是，在本书的编撰过程中，得到不少老领导的鞭策支持和精心指导，得到挚友般企业领导的热情鼓励与鼎力相助，也得到许多同事朋友的诚挚关心及协力配合，在此，一并致以崇高的敬意和衷心的感谢！本书一定存在不少疏漏和不足，敬请专家领导和业内外人士谅解并给予批评指正。

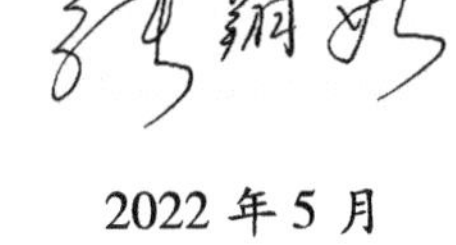

2022 年 5 月

于北京官苑

主要术语

<table>
<tr><th colspan="2">《对外劳务合作管理条例》
中的称谓</th><th>在不同时期或不同语境下的
对应表达或称谓</th></tr>
<tr><td rowspan="2">1</td><td rowspan="2">对外劳务合作</td><td>对外劳务输出、国际劳务合作</td></tr>
<tr><td>是我国对外经贸合作的重要组成部分
是我国对外经济合作的重要组成部分
是我国对外投资合作的重要组成部分</td></tr>
<tr><td rowspan="2">2</td><td rowspan="2">对外劳务合作企业</td><td>派遣企业、派遣公司、派遣机构、派遣机关、派遣单位；经营企业、经营公司；外派企业、外派公司；劳务企业、劳务公司等</td></tr>
<tr><td>与对外投资合作企业、对外承包工程企业统称为对外投资合作企业</td></tr>
<tr><td rowspan="4">3</td><td rowspan="4">国（境）外雇主</td><td>国（境）外的企业或机构、在国（境）外依法注册的中资企业或机构（现地法人）</td></tr>
<tr><td>国（境）外雇主、境外雇主、雇主、境外接收企业等</td></tr>
<tr><td>境外接收机构、境外接收单位、境外中介机构等</td></tr>
<tr><td>赴日研修生接收机构、接收企业、技能实习实施机构、技能实习实施企业；技能实习接收机构、技能实习接收机关以及监理团体、协同组合等</td></tr>
<tr><td rowspan="2">4</td><td rowspan="2">劳务人员</td><td>外派劳务人员、外派人员、国（境）外务工人员、劳务等</td></tr>
<tr><td>外派海员、外派渔船船员；外派厨师等</td></tr>
<tr><td>5</td><td>所在地省级或者设区的市级人民政府商务主管部门</td><td>负责审批的商务主管部门，即商务厅、商务局、商务委员会（或称商委）等</td></tr>
<tr><td>6</td><td>对外劳务合作经营资格</td><td>经营资格、经营资质</td></tr>
<tr><td>7</td><td>对外劳务合作经营资格证书</td><td>经营资格证书、资格证书</td></tr>
<tr><td>8</td><td>中国驻外使馆、领馆</td><td>我驻外使（领）馆，中国驻用工项目所在国使馆、领馆</td></tr>
<tr><td>9</td><td>中国驻外使（领）馆经商机构</td><td>我驻外经商机构</td></tr>
<tr><td>10</td><td>对外劳务合作风险处置备用金</td><td>备用金</td></tr>
<tr><td>11</td><td>对外劳务合作服务平台</td><td>服务平台</td></tr>
<tr><td>12</td><td>劳务人员培训</td><td>外派劳务培训、出国（境）劳务人员适应性培训、行前培训、出国（境）培训等</td></tr>
<tr><td>13</td><td>对外劳务合作的商会</td><td>对外劳务合作行业组织、有关商（协）会</td></tr>
<tr><td>14</td><td>对外承包工程项下外派人员</td><td>与对外劳务合作劳务人员、对外投资合作外派人员统称为对外投资合作在外人员</td></tr>
</table>

目　录

CONTENTS

第一篇　对外劳务合作发展历程

第二篇 对外劳务合作法规政策与行业规范

第三篇 对外劳务合作主要国别（地区）市场

第一篇

对外劳务合作发展历程

第一章　对外劳务合作发展阶段

中国对外劳务合作发展历程按照时间进程可划分为起步、稳步发展、快速发展、调整提高和规范发展等五个发展阶段①，分别呈现对外劳务合作的时代背景、国内外发展环境变化、宏观管理政策的健全完善、经营实体的发展壮大、国别（地区）市场的兴起和发展、业务规模的变化及其特点等内容，概括叙述了影响对外劳务合作发展的若干重大历史事件，是一幅记录对外劳务合作发展的全景照。

第一节　起步阶段
（1979—1982 年）

起步阶段主要描述我国对外劳务合作的产生背景、发展环境、宏观管理、经营实体、热点市场与业务雏形等。

新中国成立后的国际形势风起云涌，我国积极发展外交关系，实行对外援助。1978 年，改革开放开启了深刻的经济社会改革，直接推动了对外承包工程和劳务合作的起步。这一阶段，中央与地方“窗口企业”② 相继成立，其间共批准了 27 家从事对外承包工程和劳务合作的企业。我国对外承包劳务队伍第一次走向国际舞台，业务主要集中在西亚和北非地区；政府主管部门首次召开全国对外承包工程和劳务合作会议，提出了开创对外承包工程和劳务合作的具体要求和措施，为对外承包工

---

① 第一阶段至第三阶段划分依据商务部网站“商务历史”，第四阶段、第五阶段划分参考：中国对外承包工程商会，对外经济贸易大学．中国对外劳务合作发展 40 年（1979—2018）［G］．北京：中国对外承包工程商会，对外经济贸易大学，2018．

② “窗口公司”是指省（自治区或直辖市）人民政府或中央部门直接出资注册成立的、对本地区或本行业行使行政管理职能的经济实体。

程和劳务合作的发展奠定了坚实的基础，对外劳务合作业务初具规模。

一、“对外劳务输出”的产生

（一）对外交往催生对外援助

“朝鲜停战以后，国际局势有所缓和，新中国的国际威望逐步上升。从 1953 年起，新中国开始了大规模经济建设。在这种新形势下，党中央要求在外交方面展开积极的活动和斗争，为国内建设创造更有利的国际和平环境。”①

“20 世纪 50 年代，新中国成立后不久，中国在自身财力十分紧张、物资相当匮乏的情况下，开始对外提供经济技术援助，并逐步扩大援助范围。70 年代末中国实行改革开放以来，经济快速发展，综合国力显著提升，但依然是一个人均水平不高、贫困人口众多的发展中国家。尽管如此，中国仍量力而行，尽力开展对外援助，帮助受援国增强自主发展能力，丰富和改善人民生活，促进经济发展和社会进步。中国的对外援助，发展巩固了与广大发展中国家的友好关系和经贸合作，推动了南南合作，为人类社会共同发展作出了积极贡献。”② 对外援助在对外友好交往的环境下产生，随着国际交往的深入而不断扩大。

对外援助所实施的项目是指中国通过提供无偿援助和无息贷款等援助资金帮助受援国建设生产和民用领域的工程项目，中方负责项目考察、勘察、设计和施工的全部或部分过程，提供全部或部分设备、建筑材料，派遣工程技术人员组织和指导施工、安装和试生产。项目竣工后，移交受援国使用。中国对外援助主要有成套项目、一般物资、技术合作、人力资源开发合作、援外医疗队、紧急人道主义援助、青年志愿者和债务减免等八种方式。③

对外援助工作有力地支持了亚非拉地区的民族独立运动，发展了中国人民与受援国人民之间的友好关系，在受援国产生了很大的经济效益。同时，援外工程也带动了我国的技术进步，培养了涉外人才，为走向国际承包市场创造了条件。

（二）对外援助衍生国际承包工程劳务项目

自 20 世纪 50 年代末起，我国曾向亚洲、非洲的发展中国家选派大批专家、技术人员以及工人和医务人员等对外技术服务人员，或采用提供设备等手段帮助受援

---

① 人民网 - 时政频道．和平共处五项原则［EB/OL］．（2019 - 12 - 17）［2020 - 05 - 30］．http：//politics. people. com. cn/n1/2019/1217/c430312 - 31509690. html.

② 中华人民共和国国务院新闻办公室．中国的对外援助［EB/OL］．（2011 - 04 - 21）［2020 - 04 - 05］．http：//www. scio. gov. cn/zfbps/ndhf/2011/Document/896983/896983. htm.

③ 中华人民共和国国务院新闻办公室．中国的对外援助［EB/OL］．（2011 - 04 - 21）［2020 - 04 - 05］．http：//www. scio. gov. cn/zfbps/ndhf/2011/Document/896983/896983. htm.

方实现某一特定技术目标的项目以及对已建成项目后续生产、运营或维护提供技术指导，就地进行人员培训。由于在对外援助中有一些成套设备援建项目，需要国内企业派建设和安装人员前往施工，因而锻炼和培养出一批能在国（境）外搞建筑安装工程的工程技术人员和施工队伍，为日后中国对外承包工程积累了经验，奠定了一定的基础。

随着对外经济援助的开展，中国企业开始帮助部分国家建设一些小的项目，开始形成包括援外、国际承包工程与劳务、成套设备出口及相关服务业务的国际合作。通过对外援助，我国一方面取得了亚非拉国家的支持，使中国在政治影响、外交方面打破了西方的封锁；另一方面通过帮助建设机场、铁路、医院、学校等，对亚非拉国家的经济建设和人民的生活改善作出应有的贡献。

“由于我国援外项目普遍获得受援国的好评，因而不少国家向我国提出合作开展‘自费’项目的要求，也就是由项目所在国出资，由我们承建项目。”①

“中国成套设备进出口集团有限公司，前身是中国成套设备出口公司，于1959年11月经周恩来总理批准而设立，作为中国政府的专门机构，统一组织实施近1600多个国家对外经济技术援助项目。”② 代表中国政府对外签约和组织实施援外项目、承担人员输出业务。随着援外项目的增多、相关行业的发展以及援外政策的调整，对外经济联络部专门设立管理劳务的部门，开始审批专业的劳务公司，在援外业务之外逐渐发展出国际承包工程劳务业务。

坦赞铁路是中国在20世纪70年代典型的对外援助项目，是当时中国最大的对非援外成套项目，由中国、坦桑尼亚和赞比亚三国合作建成。为了建设这条铁路，我国先后派遣工程技术人员近5万人次，高峰时期在现场施工的中国员工多达1.6万人，在工程建设及后期技术合作过程中，中方有68名工人、技术人员和专家献出了宝贵的生命，编织成一个个忠于祖国与援外事业的感人肺腑的故事。坦赞铁路的建设使中国与非洲国家建立了深厚的友谊，建立了中国对外经济合作的基础，使中国文化、中国人的奉献精神和中国人的价值观在海外得到传播，也标志着我国工程建设开始走出去开拓国（境）外市场。③

1980年国家批准成立了中国水利工程公司和中国成套设备进出口公司电力分公

---

① 刁春和．改革创新探索奋进 为中国外经企业问鼎世界凝集力量［G］//中国对外承包工程商会．探索创新奋进（中国对外承包工程商会成立20周年纪念文集1988—2008）．北京：中国对外承包工程商会，2008：12.

② 中国成套设备进出口集团有限公司官网．中成集团简介［EB/OL］．［2020－04－05］．https：//www. complant. com/gtzcjt/gywm/gsjj/A160102index_1. htm.

③ 华声论坛．六十年代中国最大的援外项目—坦赞铁路组图［EB/OL］．［2020－05－10］．http：//www. 360doc. com/content/13/0315/16/88761_271704705. shtml.

司（中国水利电力对外公司的前身），“在公司成立半年之内就进入了国际承包市场，最先签订承包合同的国家就是原受援国，尔后承包业务逐年扩大。倘若没有经援[①]为其鸣锣开道，没有通过经援建立起的友好关系，没有经援奠定的基础，一个刚刚成立不久的新公司能很快在国际市场上打开局面是不可能的。在中水电公司之后，水利电力部门相继又成立了几个国际承包公司，同样也都很快进入国际承包市场，这些公司都不同程度地得益于经援的影响”[②]。

（三）国际承包工程劳务项目滋生劳务输出与国际承包工程业务

国际承包工程劳务项目与对外援助事业相伴而生。随着中国对外援助的进一步发展，中国企业承建的项目逐渐增多。除非洲国家外，伊拉克、科威特等中东地区国家成为国际承包工程业务与劳务输出业务的热点。

进入20世纪70年代，由于第四次中东战争和两伊战争的爆发，石油价格从每桶3.01美元猛增至41美元，给中东地区的阿拉伯石油输出国带来了巨额收入，这些富油国家由此纷纷制订宏伟的经济发展计划，致力于新建和扩建港口、码头，修建机场、道路、学校、医院和住房等，凭借巨额石油外汇收入掀起大规模的工程建设高潮。但中东地区自然气候条件恶劣、人口稀少，科学技术水平落后，缺乏开展工程建设的劳动力，更缺乏熟练工人和专业技术人员，工程项目的建设主要依靠外国公司进行设计和施工，工人和技术人员依赖于引进劳务。

中东地区是我国最早开展对外劳务输出和工程承包事业的地区，也是我国培养国际承包人员的摇篮。由于石油和美元的缘故，中东、北非地区始终是欧、美、日等国承包商竞争角逐的主要战场。所以，当时在中东地区的总承包商并不是中国企业，但是由于我国技术工人的经验比较丰富，因此这些总承包商希望由我国劳务人员来实施这些工程。因此，20世纪70年代中东地区一度成为全球最大的国际工程承包劳务市场。1982年末，我国派至中东地区的劳务人员达到22093人。当时约有5000名成建制的中国建筑工程总公司的劳务大军在伊拉克工矿部和德国、意大利、日本等外国承包商实施的项目上辛勤工作，使中国建筑工程总公司在中东地区实现了从单纯的劳务合作、专业分包到工程总承包的一次大的跨越和提升。[③]

“对外承包工程与劳务合作，是在上世纪七十年代末迅速发展起来的一项新兴事业，经过十年的探索和努力，借鉴国际通行做法，我国几十家对外承包公司已在

---

① 经援即“经济援助”，是“对外援助”的早期称谓。

② 温梦龄．对外经济技术援助［G］//中国水利电力对外公司．发展史料第一辑（1955—2002）．北京：中国水利电力对外公司，2008：113.

③ 刘胜彦．后记：最可爱的人［G］//中国建筑股份有限公司海外事业部．丰碑——纪念改革开放30周年（中国建筑海外篇）．北京：中国建筑股份有限公司海外事业部，2008：169.

竞争激烈的国际市场崭露头角，赢得了信誉。到1988年，我国对外工程承包和劳务合作合同额已逾21亿美元，呈现出欣欣向荣的发展态势：承包工程与劳务市场不断扩大、经营领域和经营范围更加广泛、承包工程队伍逐渐壮大。”①

二、“对外劳务合作”的产生

（一）改革开放推动对外劳务输出的发展

改革开放政策的确立是中国经济发展的转折点，也是中国对外承包工程和劳务合作行业起步的直接推动力。

党的十一届三中全会确立了以经济建设为中心、对内实行改革、对外实行开放、加快社会主义现代化建设的基本路线，开启了一场深刻的经济社会改革。改革开放促进对外交往，对外交往加速对外经济合作，对外承包工程和对外劳务输出（时称）开始呈现活跃的局面。

“党的十一届三中全会之后，根据中央指示，由对外经济贸易部主导，于1979年专门组织人员，对开展国际承包工程和劳务输出工作，进行了深入的研究，并草拟了相关文件，开始兴办这项外经事业。”②

1979年6月1日，中国海外建筑工程有限公司在香港地区注册成立，“由此，中国建筑工程公司（同时也是中国公司）跨出了参与国际工程承包和劳务合作的第一步，正式开始了国际工程承包与劳务合作的海外经营业务”③，由单向需求下的劳务输出开始向双向需求下的劳务合作迈进。

为了贯彻党的十一届三中全会精神，对外经济联络部于1983年3月召开了全国外经工作会议，提出了对外经济工作的“转轨”要求，即从以经援为主转为以承包为主。会议号召“建筑施工队伍‘走出国门’，进入国际市场，开展国际工程承包和劳务输出业务，以发挥我国建筑施工队伍优势，为国家创收外汇，支援四化建设，同时通过开展工程承包和劳务合作，学习国外先进技术和经营管理经验，从而使我国的对外经济技术合作事业由过去单一的对外援助开始转向与工程承包、劳务合作相结合。中央决定在‘对外援助八项原则’的基础上，把外经工作的方针调整为

---

① 刁春和．改革创新探索奋进 为中国外经企业同鼎世界凝集力量［G］//中国对外承包工程商会．探索创新奋进（中国对外承包工程商会成立20周年纪念文集1988—2008）．北京：中国对外承包工程商会，2008：16.

② 王世文，温梦龄．第二章国际工程承包［G］//中国水利电力对外公司．发展史料第一辑（1955—2002）．北京：中国水利电力对外公司，2008：114.

③ 中国建筑股份有限公司海外事业部．辉煌三十年［G］//中国建筑股份有限公司海外事业部．丰碑：纪念改革开放30周年（中国建筑海外篇）．北京：中国建筑股份有限公司海外事业部，2008：161.

‘平等互利、讲求实效、形式多样、共同发展’，做到有出有进，经济上互惠互利。”①

“对外承包工程与劳务合作，是在党的十一届三中全会之后迅速发展起来的一项新兴事业，它既不同于商品贸易，也不同于对外援助，企业完全是自筹资金，自负盈亏，不享受任何财政补贴和拨款，因此非常适应市场经济的要求。”②

因此，20 世纪 80 年代，由于中国有丰富的劳动力资源，为对外劳务输出发展提供了丰厚的土壤。各地积极开展对外劳务输出，对于促进改革开放、改善人民生活水平发挥了十分积极的作用。

（二）“对外劳务合作”的提出

伴随着改革开放的不断发展，我国在积极引进外国资本、技术、高级人力资源的同时，积极开展对外贸易往来和对外工程承包、对外劳务输出等对外经济合作活动。随着对外经济合作在全国各地的深入发展，对外承包工程和对外劳务输出的范围、业绩规模以及经营实体不断扩大，与国（境）外的合作形式更加丰富，人员往来不断增多。在外人员的构成中，除对外援助所派出的对外技术服务人员外，与有关国家或地区签署工程承包合同和与境外雇主签订劳务合同后，对外工程承包项目下的工人和技术管理人员以及劳务合同项目下派出的渔工、缝纫工、保姆、农业种植工、报童③、养花工、海员等各类劳工不断增多。这些在合作项目下派出的人员，是在双方合作需求的项目下派出的，不是单纯人员输出的概念，他们不与所在国和地区人民争取在当地的就业机会，因此，称“对外劳务输出”已经不符合现实情况，而“对外劳务合作”的特色却更加明显和符合实际，而且发展势头很好，需要制定统一政策，加强宏观管理。1982 年 4 月，对外经济联络部、对外贸易部、国家进出口管理委员会、国家外国投资管理委员会四个部门合并成对外经济贸易部，设置了国外经济合作局，归口管理并具体负责对外承包工程以及劳务合作、国（境）外合营企业等在国（境）外的经济合作事业。接着于 1982 年 11 月对外经济贸易部在北京首次召开全国对外承包工程、劳务合作工作会议，动员各部门、各地区积极开展对外承包工程和劳务合作。由此，正式拉开了发展“对外劳务合作”的序幕。

对外劳务合作起步、发展于改革开放之后，改革开放把开展对外劳务合作列为一项重要内容，确立了对外劳务合作在国民经济中的重要地位，使对外劳务合作的

---

① 王清有，王移风．第一章发展历程［G］//中国水利电力对外公司．发展史料第一辑（1955—2002）．北京：中国水利电力对外公司，2008：4.

② 乌兰木伦．励精图治 改革创新 奋发进取［G］//中国对外承包工程商会．探索创新奋进（中国对外承包工程商会成立 20 周年纪念文集 1988—2008）．北京：中国对外承包工程商会，2008：5 - 6.

③ 报童是一个工种的称呼，不是童工。

发展有了可靠的基础和保证。

三、对外劳务合作的初始特征

(一) 合作形式——以承包工程劳务为主要形式

1. 以成建制合作①为主

1979—1980 年，国际石油市场原油价格大幅上涨，使中东地区的国际承包工程市场空前活跃。在改革开放政策的指引下，1979 年 2 月成立的中国建筑工程公司等企业抓住国际市场的有利时机，率先以成建制合作模式进入中东和北非市场，“不仅业务承接量有所突破，而且劳务输出也出现了可喜变化，最多时伊拉克贝吉炼油厂劳务就达到 2000 人”②，成为中国企业进行对外承包工程和劳务合作的起点。

1980 年 6 月，水电部经国务院批准组建“中国水利工程公司”，1983 年，与“中国成套设备出口公司电力分公司”合并为“中国水利电力对外公司”（简称“中水电”）。在创建阶段，中水电开展国际工程承包事业的首要工作是在全球范围内选择优良市场。公司先以输出劳务为主开拓中东市场，初期创收了 1000 余万美元现汇，支持了公司在创业阶段开拓承包市场。“公司对外签约后，选择派人单位，签内部协议，按劳务所得公司从中提取管理费。要求派人单位成建制有组织地派人，劳务现场管理由领队负责，工作中发生重要涉外事项，公司出面与业主（或外国承包商）联络交涉。劳务管理较简单，经济风险不大，一般效益都不错。在初创阶段曾外派过大宗劳务，其中以伊拉克最多，创收了一定数额的外汇，有力支持了公司承包事业的发展。”③ 当时，“公司在行政上由上级主管部门领导，在经营业务上接受对外经济贸易部的指导。驻外机构和人员，政治上受中国驻外使馆领导，经营管理和技术业务由公司负责，驻外人员要遵守项目所在国的法律、法令，尊重当地风俗习惯，不参与当地任何政治活动”④。

2. 出现单纯劳务合作模式

我国对外劳务合作是从承包工程包清工开始的。本阶段，根据境外雇主的需要，

---

① 成建制合作是指以企业的形态从施工总承包企业或专业承包企业以分项或分包形式单独进行工程和劳务承包的合作形式。公安部《关于公安机关执行〈关于办理外派劳务人员出国手续暂行规定〉有关问题的通知》（公境出〔1997〕235 号）指出：“‘成建制派出’是指劳务人员、技术人员、管理人员及相关设备整体派出。”

② 张恩树．中国对外承包的缩影就在中建［G］//中国建筑股份有限公司海外事业部．丰碑：纪念改革开放 30 周年（中国建筑海外篇）．北京：中国建筑股份有限公司海外事业部，2008：15.

③ 王世文，温梦龄．第二章国际工程承包［G］//中国水利电力对外公司．发展史料第一辑（1955—2002）．北京：中国水利电力对外公司，2008：119.

④ 王世文，温梦龄．第二章国际工程承包［G］//中国水利电力对外公司．发展史料第一辑（1955—2002）．北京：中国水利电力对外公司，2008：115.

开始与境外雇主签订劳务合同并直接派出劳务人员（俗称“纯劳务合作”）。1978年中国与阿拉伯也门共和国签订了一份两万美元的建筑劳务合同，这是对外劳务合作业务队伍第一次走向国际舞台。[①] 是我国有记录的第一笔对外劳务合作业务，由中国建筑工程总公司以成建制方式派出，从此揭开了中国对外劳务合作的序幕。1979年开创了新中国船员外派的先河，当年外派船员322人。

改革开放伊始，根据韩国、泰国、菲律宾等亚洲国家和地区外派劳务的经验，中国建筑工程总公司即着手研究向境外派遣劳务问题。经过努力，陆续在伊拉克、也门和中国香港地区签订了一批劳务项目和小型工程承包合同；中水电公司“走向国际工程承包市场，是从劳务开始的，因为对外提供劳务成本低，风险小，获利虽然不丰，但基本上可做到‘旱涝保收’。20世纪80年代初，中水电公司在伊拉克、科威特、约旦等国，开展劳务项目最多”[②]。80年代中期，在外人员每年多达两三千人，经济效益很好，为公司后来承揽承包工程培养了人才，积累了经验。

3. 形成对外劳务合作雏形

起步阶段的对外劳务合作主要是在对外经济合作框架下由对外承包工程项下带出人员和对外劳务合作项目外派人员两个渠道构成。当时的对外承包工程是指通过政府间协议、参加竞争性投标和与中标的外国承包商协调并签订合同，承揽项目部分工程的活动；对外劳务合作是指从事对外经济合作的公司根据对外签订的合同，有组织、成建制地向国外或境外派遣各类专业人员和劳务人员，完成任务后再返回国内的一项经济活动。

（二）管理部门——确定经贸部为归口管理部门

新中国成立后，1949年11月在华北人民政府工商部和中央商业处的基础上成立中央贸易部，其后，主管对外经济的部门几经变动（如表1-1-1-1所示）。1980年1月，国务院确定了扶持对外承包公司创业的方针，并确定了当时的对外经济联络部作为中国对外承包工程与劳务合作事业的归口管理部门。1982年，对外经济联络部与对外贸易部、国家进出口管理委员会、外资管理委员会合并成为对外经济贸易部（简称“经贸部”），并设置国外经济合作局归口管理具体负责对外承包工程以及劳务合作、国（境）外合营企业等在国（境）外的经济合作事务。

---

① 中华人民共和国商务部官网．商务历史1978年［EB/OL］．［2020-04-30］．http：//www.mofcom.gov.cn/.

② 赵祝聪，周作桃，袁雅雯，严光兴，等．第五章 人财物的经营与管理［G］//中国水利电力对外公司．发展史料第一辑（1955—2002）．北京：中国水利电力对外公司，2008：138.

表 1-1-1-1　对外经济合作管理部门的变迁

年份	管理部门名称
1949 年 11 月	在华北人民政府工商部和中央商业处的基础上成立中央贸易部
1952 年 8 月	中央人民政府对外贸易部
1954 年 11 月	对外贸易部
1960 年 1 月 21 日	对外联络经济总局
1964 年 6 月 9 日	对外经济联络委员会
1970 年 6 月 22 日	对外经济联络部
1979 年 7 月 30 日	国家进出口管理委员会和外国投资管理委员会
1982 年 4—5 月	对外经济联络部与对外贸易部、国家进出口管理委员会、国家外国投资管理委员会合并为对外经济贸易部

（三）经营实体——成立窗口型经营企业

1. 成立“窗口企业”

随着改革开放步伐的加快，政府放开对外贸易经营权，中央与地方“窗口企业”相继成立。1979 年 2 月，国务院批准了由国家基本建设委员会和对外经济联络部提出的《关于拟开展对外承包建筑工程的报告》，重组了中国建筑工程公司（简称“中建”），同年，交通部和铁道部会同对外经济联络部，先后组建中国公路桥梁工程公司（简称“中国路桥”）和中国土木工程公司（简称“中土”），连同 1959 年成立的专门从事对外经济技术援助的中国成套设备出口公司（简称“成套”），共有四家国营公司（如表 1-1-1-2 所示）率先开展对外承包工程和对外劳务合作业务①（时称对外劳务输出），揭开了我国对外承包工程和对外劳务输出业务的序幕，同时也为陆续成立的各级外经公司提供了经验。

表 1-1-1-2　最早从事对外承包工程与劳务合作业务的四家窗口企业

批准成立年份	企业名称
1959 年 11 月	中国成套设备出口公司
1979 年 2 月 17 日	中国建筑工程公司（1982 年 6 月 11 日改组为中国建筑工程总公司）
1979 年 3—6 月	中国公路桥梁工程公司
1979 年 6 月	中国土木工程公司

① 中华人民共和国商务部官网．商务历史 1979 年［EB/OL］．［2020-04-30］．http：//www. mofcom. gov. cn/.

2. 扩大经营实体

为进一步发展对外承包及劳务事业，开拓国际业务，越来越多的对外经济合作公司成立并走向国际劳务市场。1979—1982 年，按照国务院关于“每个省市、每个部委设立一家公司”进行试点的指示精神，在原有四家企业的基础上，国务院及对外经济贸易部共陆续批准组建了 26 家专业公司和省市经营对外承包与劳务的“窗口型”专业公司（连同 1959 年成立的中国成套设备出口公司，共 27 家。见表 1－1－1－3）。如水电部的中水公司、冶金部的中冶公司以及天津、江苏、四川、上海、广东、福建、黑龙江、吉林等国际经济技术合作公司。

表 1－1－1－3　1979—1982 年具有对外承包劳务合作经营权的企业

批准成立年份	序号	企业名称
1979 年	1	中国成套设备出口公司
	2	中国建筑工程公司（1982 年 6 月 11 日改组为中国建筑工程总公司）
	3	中国公路桥梁工程公司
	4	中国土木工程公司
	5	中国航空技术进出口公司
1980 年	6	中国港湾工程公司
	7	中国机械对外经济技术合作公司
	8	中国水利电力对外公司
	9	中国石油工程建设公司
	10	中国长城工业总公司
	11	中国电子进出口公司
	12	中国江苏国际经济技术合作公司
1981 年	13	中国房屋建设开发公司
	14	中国黑龙江国际经济技术合作公司
1982 年	15	中国冶金建设公司
	16	中国海洋石油总公司
	17	中国煤炭进出口总公司
	18	中国国际工程咨询公司
	19	中国船舶工业总公司
	20	中国地质勘探与打井工程公司
	21	华泰国际经济合作公司
	22	中国天津国际经济技术合作公司
	23	中国上海对外经济技术合作公司
	24	中国广东国际经济技术合作公司
	25	中国吉林国际经济技术合作公司
	26	中国四川国际经济技术合作公司
	27	中国福建国际经济技术合作公司

当时，我国对外劳务合作企业业务主要集中在西亚、北非、中东市场和中国香港地区。1979—1982 年，27 家拥有对外承包工程和劳务合作经营权的企业，在亚洲、非洲、拉丁美洲、北美洲和欧洲的 45 个国家和地区共签订了 755 项承包工程及劳务合作合同，合同额 12.5 亿美元，完成营业额 5.6 亿美元，共外派劳务人员 10.26 万人次；1982 年年末在外劳务人数 3.16 万人。

这些首批对外承包工程与劳务合作企业，成为改革开放走出国门、开拓市场的先遣队。不少中央企业和地方企业联手合作，采用“借船出海”、“搭船出海”和“借鸡下蛋”等方式，全国上下联手拓展海外业务。他们率先接触到了国际通用的规范和规则，为改革开放初期积累了外汇和管理经验，逐步打开了中国对外劳务合作的大门，开创了中国国际承包的先河，为中国的对外劳务合作和工程承包事业取得了宝贵的经验，造就和培养了一大批国际合作人才，为蓬勃发展的劳务合作和国际承包事业打下了基础，也为后续阶段越来越多的企业走出去参与对外劳务合作树立了榜样。

3. 给予财税优惠

由于国家财政财力有限，对新成立的外经企业不可能投入大量的资金。为了支持外经企业的发展，国家给予一定的财税优惠政策。包括：对新成立的外经企业实现境外利润五年内免征所得税，五年后按 20% 优惠税率征收所得税。有的地方政府为了进一步支持企业发展，在五年免征的基础上又规定免缴所得税三至五年。

（四）经营思想——明确经营原则和指导思想（八字经营方针）

我国对外劳务合作事业的发展，得到国家有关各级政府部门的大力支持。1982 年，国务院针对对外经济合作事业指示：“我国开展对外承包工程、劳务合作时间不久，这是一项新的工作，还缺乏经验，望各有关部门要加强领导，不断总结经验，提高管理水平，提高经济效益，努力把这项事业办好。”财政部门在政策扶持、制度建设、资金投入、财务管理等方面给予大力支持。

1982 年 5 月，中央领导同志提出“守约、保质、薄利、重义”的八字经营方针和统一计划、统一政策、联合对外的原则，体现了从事对外经济合作坚守平等互利、共同发展的宗旨，成为对外承包工程和劳务合作企业的经营原则，确立了我国开展对外劳务合作的指导思想。

1982 年 11 月 19 日至 30 日，对外经济贸易部首次在北京召开全国对外承包工程、劳务合作工作会议。会议总结了三年多的工作经验，提出了开创对外承包工程和劳务合作新局面的要求和措施，对动员各部门、各地区积极开展对外承包工程和劳务合作起到了重要作用。①

(五) 业绩规模——不断扩大业务发展规模

随着审批的企业数量不断增加和对外贸易经营权的放开，对外劳务合作的业务规模也在稳步扩大。

1979 年对外劳务合作规模比较小，最初成立的 4 家窗口公司在伊拉克、也门、索马里、马耳他等国和中国香港地区共签订 36 项承包工程和劳务合同，总金额达 5117 万美元；自 1980 年以来，对外劳务合作合同额开始明显上升；1981 年对外劳务合同额达到了 2.28 亿美元；1982 年对外承包工程和劳务合作业务涉及中东和北非等地区的 45 个国家或地区的合同额为 1.61 亿美元。虽然合同额较 1982 年略有回落，但完成营业额达 1.59 亿美元，是 1980 年完成营业额 0.47 亿美元的 3 倍以上。②

1979—1982 年期间，中国国际经济合作的最初业务模式主要有对外援助、劳务合作和工程承包。由于对外援助项目的基础积淀，"围绕对外承包工程开展的劳务合作，在当时类似于中国对外承包工程业务起步的试金石，发挥了重要的探路和资金积累的作用"③。1979—1980 年，对外劳务合作规模比较小，随着纯劳务合作项目的增加，到 1981 年，中国对外劳务合作无论是派出人数还是合同额，都实现了快速增长。"在截至 1981 年底的 3 年中，中国已经先后与 36 个以上国家或地区签订了 574 份合同，涉及金额 7.4 亿美元。在这个阶段，对外承包劳务经营开始具备了初步的条件。"④

对外劳务合作在改革开放政策的不断驱动下，呈现出方兴未艾的发展势头，为对外劳务合作的稳步发展打下坚实的基础。由于对外承包工程与劳务合作行业刚刚起步，制约因素较多，各个国别（地区）市场情况又很复杂，行业发展面临着进一步壮大实体、健全机制、开拓市场等诸多挑战。

---

① 中华人民共和国商务部官网．商务大事记 1982 年［EB/OL］．［2020 - 04 - 30］．http：//www. mofcom. gov. cn/.

② 国家统计局．中国统计年鉴．［M］．北京．中国统计出版社，1981—1983.

③ 中国对外承包工程发展 40 年编写组．第 2 章中国对外承包工程的初创起步阶段（1979—1982）［G］// 中国对外承包工程发展 40 年编写组．中国对外承包工程发展 40 年．北京：中国对外承包工程商会，2018：19.

④ 国务院发展研究中心国际工程承包与劳务合作研究课题组，（本报告执笔人）赵晋平．中国对外工程承包与劳务合作的发展与贡献——国际工程承包与劳务合作研究之一［EB/OL］．（2000 - 09 - 26）［2020 - 05 - 01］．https：//www. drc. gov. cn/DocView. aspx？ chnid = 1&leafid = 224&docid = 29962.

第二节　稳步发展阶段
（1983—1989 年）

稳步发展阶段主要反映在我国经济体制改革的背景下，随着我国对外开放的不断扩大，对外劳务合作相关政策初次出台、行业组织成立、经营实体进一步扩大、业务稳步发展的过程。

伴随着社会主义市场经济体制改革的步伐，作为对外经济合作组成部分的对外承包工程和劳务合作逐步扩大，业务量稳步提升，经营实体和国别（地区）市场进一步扩大，具有对外承包工程和劳务合作经营权的公司增加到 91 家；相关指导性文件、促进与管理政策陆续出台；行业工作会议相继召开，新成立的行业组织开展促进行业自律和会员服务工作，对外劳务合作宏观管理框架初具雏形，整体呈现稳步发展的态势，为 20 世纪 90 年代对外经济合作的发展奠定了基础。

一、建立对外劳务合作管理框架

1984 年 10 月 20 日，党的十二届三中全会通过的《中共中央关于经济体制改革的决定》明确提出“进一步贯彻执行对内搞活经济、对外实行开放的方针，加快以城市为重点的整个经济体制改革的步伐……是当前我国形势发展的迫切需要”。决定提出实行政企职责分开，正确发挥政府机构管理经济的职能，积极发展多种经济形式，进一步扩大国内外经济技术交流。改革的基本任务是建立具有中国特色的、充满生机和活力的社会主义经济体制，促进社会生产力的发展。

以建立社会主义市场经济体制、完善和优化企业制度为核心的宏观经济政策为对外劳务合作营造了良好的宏观环境，也为对外劳务合作的政策制定指明了方向。发展社会主义市场经济，建立现代企业制度，在体制机制上增加了对外劳务合作企业的发展动力，为对外劳务合作宏观管理框架雏形的形成奠定了基础。

1986 年 4 月，全国人大六届四次会议通过《中华人民共和国国民经济和社会发展第七个五年计划》，把大力实施企业改革、增强企业自主权、实行政企分开作为工作重点。之后，启动国有企业改革，以提高经济效益为中心，试行承包经营责任制与股份制，探索经济运行新体制，建立国家宏观控制下的企业自主经营、自负盈亏、自我约束的机制。

（一）出台相关管理制度

1983 年初，对外经济贸易部先后颁发了关于对外承包工程、劳务合作的统计制度和计划编制的试行办法，统一了各经营公司计划、统计的口径和有关方法。

1983—1984 年，国家召开相关会议讨论并出台对外承包工程、劳务合作指导文件，该文件是对外承包工程和劳务合作行业的起始文件，首次确立了对外承包工程、劳务合作在中国国际经济合作中的地位，将其纳入国民经济序列；对外经济贸易部、财政部针对对外承包工程及劳务合作进一步颁发统计制度、编制、劳动制度与合同制度等相关规定（如表 1－1－2－1 所示）。

表 1－1－2－1　1983—1984 年制定的对外承包工程及劳务合作相关政策

部门	时间	所颁布的相关政策内容
对外经济贸易部	1983 年初	颁发了关于劳务合作统计制度和计划编制的试行办法
国务院常务会议	1983 年 9 月	批转关于全国对外承包工程和劳务合作工作会议的 38 号文件
对外经济贸易部、财政部	1984 年 4 月	颁发关于对外承包工程、劳务合作、劳动制度等暂行办法，规定凡是工程承包项目和国内派出的劳务人员一律实行经济合同制

（二）经营业绩列入国家统计公报

1983 年 9 月，国务院常务会议听取对外经济贸易部关于进一步发展对外承包工程和劳务合作的汇报，批转关于全国对外承包工程和劳务合作工作会议的 38 号文件，将其经营业绩列入国家统计公报。

（三）实行经济合同制

随着对外承包工程和劳务合作业务的发展需要，1984 年 4 月，对外经济贸易部、财政部联合颁发了《关于对外承包、劳务合作劳动制度的几项暂行规定》，规定凡是国内派出的劳务人员和承包工程项目一律实行经济合同制。

（四）给予财税优惠政策支持

国家有关部门为了支持对外经济合作企业（简称“外经企业”，当时主要指对外承包工程劳务企业）的发展，通过提供优惠贷款和外汇额度、减免利税和其他费用、提供担保等措施，给予制定外汇收入免税期和留成比例、上交的外汇额度给予奖励、全部免缴国家能源交通重点建设基金和国家预算调节基金（简称“两金”）等一系列财税优惠政策。尤其是对境外业务的税收优惠政策，增强了外经企业的经济实力和抗风险能力，增加了外经企业的资本积累，大大促进了对外劳务合作事业的发展。这些政策主要包括：

（1）对新成立的外经企业实现的境外利润 5 年内免征所得税，5 年后按 20% 优惠税率征收所得税。有的地方政府为了进一步支持地方外经企业的发展，在 5 年免征的基础上又规定免缴 3 ~ 5 年的所得税。

（2）1984 年税制改革后，在规范统一所得税的同时，对外经企业采取过渡性的衔接措施，境外利润缴纳所得税实行“财政返还”政策，使总体税负与上年基本持平；免税期内实现的外汇净收入全额留用，免税期满后外汇净收入按50%留成。

（3）1986—1988年，免缴“两金”、境外固定资产折旧不缴“两金”。

（4）1990年规定，对固定资产实行加速折旧办法，对于在境内承包国际招标外币工程视同境外项目享受优惠政策。

（5）建立风险金，允许外经企业按规定从成本中提取坏账准备金等。

（五）成立全国性行业组织

随着我国经济管理体制改革的逐步推进和对建设社会主义市场经济认识的逐步深化，我国几十家对外承包工程与劳务合作公司历经拼搏，形成了一定的发展规模，呈现出欣欣向荣的态势，在国际市场赢得了一定的信誉。截至1988年，对外承包工程和劳务合作合同额已达21亿美元。在这种情况下，加强同行企业之间的沟通，维护行业整体利益，促进行业自律，显得愈发重要，建立社会中间组织的问题被提上了议事日程。

“为适应这种新形势，建立协助政府主管部门的宏观管理体制，有效指导和规范企业的经营行为，构建为外贸企业提供服务的新型管理方式和管理组织，时任对外经济贸易部部长的李岚清同志提出，首先要在外贸领域建立商会。而我国当时对外承包工程和劳务合作的特点决定了在该领域成立行业组织的必要性和重要性，且时机和条件业已成熟。”①

基于以上原因，对外经济贸易部国外经济合作局向部党组提出了成立对外承包工程商会的建议。1988年4月11日，经对外经济贸易部报请国务院批准成立中国对外承包工程商会。同年4月12日，中国对外承包工程商会在北京岳各庄正式成立，借用中国化学工程公司的一间简易房召开了成立大会，掀开了中国对外承包工程商会历史的第一页，成为原外经贸部成立的第一家行业商会。

1988年5月21日，对外经济贸易部办公厅发布关于成立中国对外承包工程商会的文告。文告称，中国对外承包工程商会的定位是中国国际承包工程和劳务合作公司的行业组织，是在中华人民共和国对外经济贸易部领导下的全国性机构。中国对外承包工程商会的职能是配合政府部门加强和改善我国对外承包工程与劳务合作事业的管理，协调会员单位之间的合作关系，建立中国公司正常的海外经济合作秩序，维护国家和会员单位利益，扶持会员单位，巩固和开拓市场，促进我国海外经济合作的发展。

中国对外承包工程商会，简称“承包商会”，英文名称是CHINA INTERNA-

---

① 刁春和. 改革创新探索奋进 为中国外经企业问鼎世界凝集力量［G］//中国对外承包工程商会. 探索创新奋进（中国对外承包工程商会成立20周年纪念文集1988—2008）. 北京：中国对外承包工程商会，2008：16.

TIONAL CONTRACTORS ASSOCIATION，简称“CHINCA”。承包商会会徽是由 6 个蓝色环环相扣的“C”组成的永动风轮，寄托着更快、更广泛发展的理想和信念。

承包商会成立后，积极协助配合对外经济贸易部国外经济合作局组织每年或每隔一年召开的承包工程和劳务合作公司（当时统称“国际公司”）总经理会议。1989 年，鉴于国际公司的“老总”大都来自行政体系，经营管理理念和思维方式需要更新，以适应国家经济体制改革和形势发展的需要，承包商会配合召开昆明会议，会议主题是“适应形势发展，实现窗口型企业向窗口型与实体型相结合的转变”。

（六）创办专业刊物

承包商会成立后，当年就成立会刊部，着手创办了《国际工程与劳务》会刊（1988 年创刊），该刊物主要刊载中国对外承包工程和劳务合作方针政策，传播企业先进的经营管理理念，发布行业信息等。后成立编辑部，改为期刊。随着杂志影响力的提升，又成立杂志社，改为公开发行的行业期刊。

二、“窗口企业”向实体经济转变

（一）适应经济体制改革

为贯彻《中共中央关于经济体制改革的决定》和《中华人民共和国国民经济和社会发展第七个五年计划》，进一步贯彻执行对内搞活经济、对外实行开放的方针，1985 年 6 月对外经济贸易部召开全国对外承包工程和劳务合作经验交流会，探索如何实行政企分开，实施国有企业改革，增强企业自主权，试行承包经营责任制与股份制，建立国家宏观控制下的企业自主经营、自负盈亏、自我约束的机制，提高经济效益。同年 9 月，国务院常务会议听取对外经济贸易部关于进一步发展对外承包工程和劳务合作的汇报，并作出重要指示。

（二）向实体经济转变

改革开放初期，采取审批窗口公司的方式给予企业经营权，当时一个省或市只有一家对外经济合作公司，该省市的对外承包工程和对外劳务合作均通过其窗口公司对外签约，并通过窗口公司进行对外交涉和管理。

向实体经济转变是企业迈向国际化、集团化的根本出路。经济体制改革促使“事业单位向企业单位转变”“窗口型公司向实体公司转变”。当时，向实体经济转变的思路，一是在国内外兴办独资、合资企业，或成立直属分公司和有关行业，地市、县的分公司；二是将经营部门变成分（子）公司，独立经营，走向市场；三是将公司的驻外机构改建成实体，实行自主经营。

以 1980 年 8 月水利电力部注册成立的事业单位“中国水利电力对外公司”（简

称“中水电”，中国水利水电建设股份有限公司的前身）为例，公司成立时水电部每年向其拨付事业经费，归口管理水电部系统对外经济合作事务，代为行使管理职能。与当时中央大部分部委所属外经公司一样，作为行业“窗口”，水电部所属各单位开展对外承包工程、劳务输出、成套设备进口等业务时，均须通过中水电这个“窗口”。20 世纪 80 年代，中水电尽管转型为企业，但实际上还是以行使行业管理职能为主。“随着经济形势的变化和经验、人才的积累，公司在承包经营方式上及时作出了转变，即从原来转包、分包为主的‘窗口型’经营方式向自营为主的实体型经营方式转变。”①

1989 年外经贸部在昆明召开外经公司总经理会议，主题是“适应形势发展，实现窗口型企业向窗口型与实体型相结合的转变”。“会议的目的是解决‘皮包公司’形象问题，变窗口型企业为窗口、实体结合型企业。”② 对外承包工程劳务企业积极响应外经贸部的倡导，努力转变企业管理理念，加快企业职能转变，在经营管理上建立了符合实体型企业要求的体制、机制。

（三）经营实体数量增多

由于对外劳务合作业务属于涉外的特许经营业务，投入少、见效快，受当时社会的热捧；而劳务人员出国在当时又属于一件不太普遍的事情，回国后，既可以得到可观的收益，又具有一定的社会效益，于是出现了“党政工青妇，全民搞劳务”的局面。1983—1989 年间，经国务院或对外经济贸易部批准的对外承包工程和对外劳务合作公司数量持续增加，从 1985 年的 63 家增长到 1989 年的 91 家，增加约 44.4%（如表 1 -1 -2 -2 所示）。

表 1 -1 -2 -2 1985—1989 年对外承包工程和劳务合作经营公司

年份	公司数（家）
1985	63
1986	68
1987	74
1988	84
1989	91

数据来源：《中国统计年鉴》。

① 陆国俊．振奋精神 锐意改革 努力开创经营管理工作新局面［G］//中国水利电力对外公司．发展史料第一辑（1955—2002）．北京，2008：169.

② 乌兰木伦．励精图治 改革创新 奋发进取［G］//中国对外承包工程商会．探索创新奋进（中国对外承包工程商会成立 20 周年纪念文集 1988—2008）．北京，2008：7.

三、市场经营范围扩大

（一）由中东、北非向亚洲转移

改革开放初期，我国的对外承包工程和劳务合作主要集中在伊拉克、科威特等中东国家。1980年9月22日两伊战争爆发，使原油价格增长了近两倍，中东局势的不稳定使该地区长达十几年的国际承包工程市场的繁荣因持续8年的两伊战争而终止，来自东南亚等地区的工人逐渐撤离该市场，各国都在寻找新的市场。从1983年起，中东和北非地区的发包额急剧下降，但就外籍劳动力在劳动力中所占比例来说，中东仍然是世界重要劳务市场之一，见表1-1-2-3海湾六国雇佣外籍人员统计（1975—1999）。该市场的主要特点是：劳动力输入主要是通过私营招募机构进行，执行短期合同；劳务合作往往与承包工程结合在一起，受承包工程市场起落的影响；由过去以建筑业为主要行业向服务业为主转变。

表1-1-2-3 海湾六国雇佣外籍人员统计（1975—1999）

海湾六国	外籍人员总数（千人）及其占总人数比重（%）									
	1975年		1980年		1985年		1995年		1999年	
	总数	占比	总数	占比	总数	占比	总数	占比	总数	占比
巴林	60.0	22.9	103.4	30.7	158.6	36.5	223.9	38.2	227.8	36.2
科威特	687.1	61.9	971.3	71.5	1226.8	72.3	1250.7	63.9	1466.0	65.5
也门	100.0	13.1	179.0	18.2	220.0	18.4	586.0	27.3	653.1	26.7
卡特尔	84.0	56.9	122.0	59.1	126.0	52.3	385.0	70.4	443.8	70.4
沙特	937.0	13.3	2382.0	24.6	3878.0	30.7	5475.0	29.2	5321.9	24.7
阿联酋	330.8	63.0	697.3	71.3	713.0	63.8	1781.0	74.9	1576.6	67.2
合计	9721.6	22.6	4455.0	32.9	6322.4	36.5	9701.6	36.8	9689.2	32.7

数据来源：Girgis, M. （2000）National Versus Migrant Workers in the GCC: Coping With Change.

1985年前，国际承包工程市场较为稳定，一直是中东地区市场领跑全球。1985—1989年，全球国际承包工程市场呈现不稳定状态，中东、亚洲、欧洲市场先后成为全球最大承包市场。1989年后，由于海湾战争的爆发及亚洲“四小龙”经济的快速增长，同时由于中东主要劳务接收国政府都在推行人员本地化的政策，导致其劳务市场规模呈现出逐步缩减的趋势，中东劳务市场地位逐步下降。起步不久的中国企业面临严峻考验，在逆境中奋力开拓。这一时期，亚洲与非洲劳务市场是我国企业重点开拓的市场。我国政府在给予宏观政策指导的同时，也在政策、资金等方面有力支持企业开展对外承包工程和对外劳务合作。与此同时，东亚和东南亚一些国家大力引进外资、寻求发展，1990年后，亚洲成为全球最大的国际工程承包市场。我国企业由于地缘优势，在亚洲地区承揽了大量的对外承包工程和劳务合作项目。

经营企业根据亚洲与非洲劳务市场的不同特点，制定了相应的发展战略，取得了一定的成效。与此同时，我国企业也在世界各区域积极开展劳务合作业务，为随后对外劳务合作实现区域多元化发展奠定了坚实的基础。

1. 亚洲市场

20 世纪 80 年代，发达国家伴随着科学技术革命将生产转向技术和资本密集型工业，促使亚洲地区经济持续快速发展，对劳动力的需求提高，而且发展潜力巨大。同时由于亚洲各国和地区对外来劳务的限制较少，加之亚洲各国和地区的地理位置与我国紧密相连，文化背景相近，东亚和东南亚市场开始成为我国对外劳务输出的主要市场，开发较早、输出人数最多，主要集中在新加坡、韩国、日本、东盟及我国港澳台地区等。1983 年末我国外派亚洲地区的劳务人员有 15 916 人，占年末在外总人数的 90. 11%；至 1989 年末，我国外派在亚洲地区的劳务人员达 30 227 人，占年末在外总人数的 70. 11%，比 1983 年增加了近 1 倍。

（1）新加坡。

以新加坡为代表的亚洲国家利用西方发达国家向发展中国家转移劳动密集型产业的机会，吸引外地资本和技术，适时调整经济发展战略，利用质高价廉的劳动力资源，重点发展劳动密集工业。我国承包工程和劳务合作公司于 1985 年进入新加坡市场。在新劳务人员主要集中在建筑业、电子加工和制造业。中国建筑工人技术好，上手快，效率高，在新加坡建筑劳务市场上有较强的竞争力。此外，我国高技术人才也深得新加坡政府和新加坡企业的青睐。

（2）日本。

20 世纪 60 年代后半期以来，日本企业为适应海外扩展的需要，开始接收海外人员到日本“研修”。也就是将其在海外日企的当地雇员派到日本的母公司进行技术、管理经验方面的培训，然后再派回在海外的原单位工作，这一做法当时受到日本政府的积极评价。1981 年，日本为外国技术人员前往日本学习和引进技术而设立“研修”在留资格。此时的“日本研修生制度，作为 ODA 技术合作活动的一环，是从政府间接受发展中国家政府、公共机关的研修生开始的”①。

随着希望赴日本学习技术、技能的外国人的增多，以及日本政府对通过培养人才进行国际合作的必要性的提高，加之日本本土老龄化严重，劳动力供给不足，不

① 今野浩一郎．研修生制度与技术合作［C］//孙维炎，储祥银，章昌裕．亚太地区经济一体化与中日经济合作研讨会论文集．北京：对外经济贸易大学出版社，1996：288.

得不引进外国劳动力。但是，依据日本法务省《出入国管理及难民认定法》规定，不允许外国单纯劳动者和非熟练工人在日就职。鉴于日本国内对国外劳动力存在较大的需求，而解决国内劳动力的供给不足既不能增加失业，又不能违背其奉行的不开放普通劳务市场的政策。所以，以此为背景，1981 年日本采取限制外国普通劳动力入境的办法，出台研修制度。日本法务省在签证类别上新设了“研修”这种独立的在留资格，每年允许以“研修”名义接收外国人赴日本研修。研修制度是在留学制度的基础上产生的，实质是为解决日本人口老龄化、劳动力不足而采取的一种变通方法。之后，由于日本企业人手不足的加剧，研修生制度逐渐向民间部门扩大，日本独特的研修生制度也就此形成。

1987 年到 1992 年的 5 年里，日本接收外国研修生从 1.7 万人增加至 4.4 万人，增加了近 1.6 倍。据不完全统计，1989 年中国研修生达到 1 万余人。

浙江省建筑工程总公司向日本静冈县重机建设工业组合派出我国第一批赴日研修生。1982 年浙江省与日本静冈县签订了友好合作协定。1985 年由中国对外经济贸易部通过静冈县日中友好协会于“1986 年接收了中国浙江省的研修生，积极地进行建设机械的运转技术及整备技术的技术、技能转让。派来的研修生到现在累计接近 100 人，该组合把浙江省建筑工程总公司派来的研修生派到他们设立的研修所进行基础技术教育和日语教育后，分配到组合加盟企业，让他们学习包括最新建设机械在内的运转技术及整备技术。回国后的研修生有的已经成为分公司的经营管理人员和现场监督人员，研修生制度在技术、技能转让及培养人才方面发挥着积极的作用”①。《浙江日报》于 1986 年 6 月 30 日报道了 10 名建筑工人赴日研修的消息，见图 1－1－2－1。

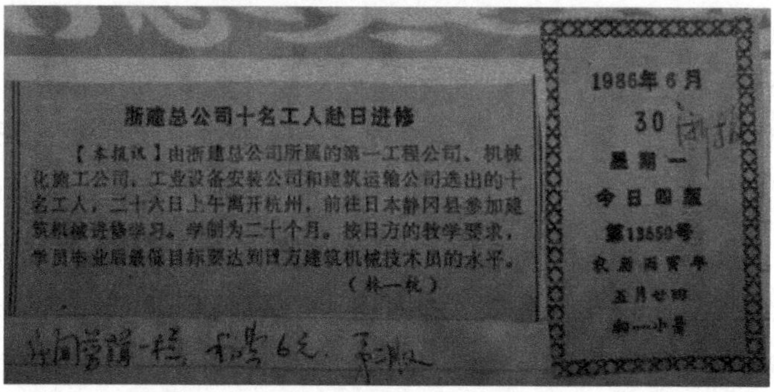
浙建总公司十名工人赴日进修

【本报讯】由浙建总公司所属的第一工程公司、机械化施工公司、工业设备安装公司和建筑运输公司选出的十名工人，二十六日上午离开杭州，前往日本静冈县参加建筑机械进修学习。学制为二十个月。按日方的教学要求，学员毕业后最低目标要达到日方建筑机械技术员的水平。

（林一杭）

1986年6月
30
星期一
今日四版

图 1－1－2－1　“浙建总公司十名工人赴日进修”新闻见报

（原浙江省建设投资集团有限公司海外部总经理助理、
浙江省建筑外派劳务培训中心主任林一杭提供）

① 伊藤实．日本现行外国研修生制度及技术转让的现状分析［C］//孙维炎，储祥银，章昌裕．亚太地区经济一体化与中日经济合作研讨会论文集．北京：对外经济贸易大学出版社，1996：227.

（3）中国香港、澳门。

20 世纪 80 年代初期，由于港澳经济出现结构性调整，许多年轻人纷纷离开渔船上岸工作，港澳渔船劳动力开始短缺，应港澳渔业界的呼吁，1982 年始，广东开始向港澳渔船提供深海捕捞渔业工人。1986 年，澳葡政府率先批准内地劳工输澳，至 1989 年间，高峰时在澳内地劳务人员达 3 万余人。

长期以来香港严格控制从港外输入劳务人员，而对普通技术劳工更是严格禁止从内地输入。1989 年以前内地向香港只派出少量高级技术劳务和以研修为名义的变相劳务以及不能登陆工作的海员劳务。随着经济的发展，香港普通技术劳工出现短缺，1989 年 4 月香港政府决定放宽输入普通技术劳工的限制，允许从港外输入普通劳工。从此，内地公司开始了上规模的输港劳务业务。其间，港府推行了数次输入劳工计划，以缓解劳工短缺对经济增长可能造成的掣肘。内地向香港输出的劳务人员几乎遍及香港的各个行业，高峰期在港劳务人数达 2 万多人。香港曾是内地外派劳务人员人数最多的地区，也是经济效益最好的地区。①

1995 年底，港府就上述一般输入劳工计划进行调整，并于 1996 年 2 月实施“补充劳工计划”，大幅减少输入外地劳工，其政策目标是要确保本地工人优先就业，雇主确实未能在本地聘得所需的合适人选后，方可申请输入技术员级别或以下的劳工以填补职位空缺。该计划不限行业、不设上限，所有申请均可按照个别情况审批。②

2. 塞班及其他市场

改革开放以来，港澳企业陆续到广东投资设厂，形成港澳为“前店”、广东为“后厂”的“前店后厂”合作模式。20 世纪 80 年代中期以来，由于世界经济格局的调整，受贸易关税壁垒障碍因素的影响，一些港澳企业将资金、技术投向不受贸易关税限制和纺织品配额限制的国家和地区，从而带动了劳动力的跨地区流动。广东省劳动力综合素质经过 20 世纪 80 年代前期在港澳投资企业得到锻炼提高，加之工资水平相对低廉，比较适合港澳企业的需要。港澳地区的跨国投资者愿意用自己拥有的资金和管理经验，聘用拥有技术的广东工人到投资所在国或地区投资设厂，使产品行销世界，于是这种合作方式在美属塞班岛、中美洲、中南太平洋地区、越南、柬埔寨等国家和地区尝试并取得成功。

3. 非洲市场

我国企业在对非经济援助过程中树立了良好形象，与非洲国家之间建立了深厚

①② 艾音方．香港劳工市场及其发展［J］国际工程与劳务，2004，8：34.

的传统友谊，加之中国适用的工业技术和富有竞争力的价格，在众多的基础设施和工业项目竞标中具有自身的优势，赢得了非洲合作伙伴的信赖，使得非洲市场在我国对外承包工程市场中长期占据重要地位。1983—1989 年，我国与非洲国家陆续开启了包括承包工程、提供劳务、咨询设计、合资、合营等多种形式的互利经济合作。1983—1985 年，中国企业同 71 个国家和地区签订了 1952 项承包、劳务合同，总金额 37.84 亿美元，相当于前 4 年的 3.2 倍。外派劳务人员以工程建设人员为主，1983 年年末我国在非洲的劳务人员有 1315 人，占年末在外总人数的 1.98%；1989 年年末在非洲的劳务人员增至 2506 人，占年末在外总人数的 5.81%，比 1983 年增加了近 1 倍。

（二）行业工种逐渐丰富

20 世纪 80 年代的对外承包劳务从合同额构成来看，主要以承包工程为主，劳务合作所占比重较低；90 年代以后，结构出现变化，劳务输出的合同额比重逐渐上升，其重要性也日益突出。按照完成营业额计算，1990 年工程承包占全部对外承包劳务的比重高达 83.4%，1998 年降低到 76.7%。同时期劳务合作的比重由 16.6% 提高到 22.5%（见表 1-1-2-4）[①]。

随着我国对外开放的不断扩大，对外承包工程和劳务合作市场逐步扩大，业务量稳步提升，对外劳务合作从对外承包工程带出人员，逐步发展到对外劳务合作企业开始主动向境外雇主提供建筑、纺织、电子、农业、渔业等行业的劳务人员。

表 1-1-2-4　1982—1998 年对外承包劳务合同金额与营业额结构变化

年份	合同金额构成（%）			营业额构成（%）		
	工程承包	劳务合作	设计咨询	工程承包	劳务合作	设计咨询
1982	86.4	13.6		69.9	30.1	
1985	87.5	12.5		84.1	15.9	
1990	69.9	30.1		83.4	16.6	
1995	77.4	20.8	1.9	77.5	20.4	2.0
1998	78.5	20.3	1.2	76.7	22.5	0.9

注：1995 年以前的统计未将设计咨询单独分开。

四、业务稳步增长

随着政府对外经贸权的进一步开放，所审批的企业数量增加，企业的业务规模

① 国务院发展研究中心国际工程承包与劳务合作研究课题组，本报告执笔人赵晋平．中国对外工程承包与劳务合作的发展与贡献：国际工程承包与劳务合作研究之一［EB/OL］．（2000-09-26）［2020-05-01］．https：//www.drc.gov.cn/DocView.aspx？chnid=1&leafid=224&docid=29962.

总体呈现稳步扩大态势。1983—1989 年，对外劳务合作整体规模稳步扩大。

（一）合同额

1983 年我国对外劳务合作合同额为 1.25 亿美元，1984 年增长到 1.99 亿美元；1985 年达到 1.49 亿美元，虽然略有回落，但从 1986 年开始，合同额呈现稳步增长态势。其中，1986—1989 年对外劳务合作合同额从 1986 年的 1.7 亿美元增加了 1.5 倍以上，达到 1989 年的 4.31 亿美元。

（二）营业额

1983—1989 年，对外劳务合作营业额整体呈现增长态势。对外劳务合作完成营业额震荡起伏，业务规模不断增大。1983 年对外劳务合作完成营业额 1.37 亿美元；1984 年降至 1.29 亿美元；1985 年反弹增长，达到 1.72 亿美元高点；1986 年、1987 年略有回落，分别为 1.54 亿美元和 1.46 亿美元；至 1988 年、1989 年保持稳步增长，分别增至 1.77 亿美元和 2.02 亿美元。1989 年对外劳务合作完成营业额比六年前的 1983 年增加了约 47%。

（三）在外人数

1983—1989 年，我国对外劳务合作（劳务合作项下）年末在外人数波动上升，增幅较大。1983 年年末在外劳务人员近 1.8 万人；1984 年上升至约 2.8 万人；1985 年、1986 年分别降至约 2.5 万人和 1.9 万人；自 1987 年始，年末在外人数迅速增加，比 1986 年年末在外人数增加约 68%，达到约 3.2 万人；1988 年年末在外人数继续保持增长态势，当年在外人数达到约 4.0 万人。至 1989 年我国与 130 多个国家或地区开展劳务合作，亚洲已成为主要地区，在外劳务人员达 6 万余人，其中对外劳务合作项下年末在外劳务人员约 4.3 万人，比 1983 年增加了约 1.4 倍。

五、社会效益显现

虽然对外劳务合作起步时间不长，但其社会影响开始显现，被称为劳务人员的“生财之道、成长之路和立业之本”。首先，劳务人员通过境外务工增加家庭收入，生活状况得到改善；其次，在境外务工的过程中，劳务人员在一定程度上学习并掌握了国（境）外先进生产模式和高效率的新技能，获得了一些投资、经营、管理方面的经验，提高了劳务人员的素质，不同程度地获得了一技之长；再次，由于劳务人员的务工收入源源不断地寄回家乡，使得劳务人员所在地不断地获得劳务人员的回流资金，解决了相当一部分人的生活问题，在一定程度上促进了当地经济的发展，见表 1-1-2-5。

表1-1-2-5 1982—1998年外派劳务人员人均营业收入的变化①

年份	工程承包			劳务合作		
	营业额（万美元）	在外平均人数（人）	人均营业额（万美元）	营业额（万美元）	在外平均人数（人）	人均营业额（万美元）
1982	18865	8470	2.23	15940	23158	0.69
1985	66276	25807	2.57	17208	26226	0.66
1990	164114	22887	7.17	22327	39616	0.56
1995	510781	38310	13.33	134691	205122	0.66
1997	603618	43313	13.94	216542	266064	0.81
1998	776856	54443	14.27	227625	288150	0.79

稳定发展阶段，对外劳务合作经营实体数量增加、业务规模稳步扩大、市场范围不断扩大。从劳务人员的结构看，制造业、建筑业和交通运输业逐渐成为我国对外劳务合作的三大传统领域，同时通过劳务合作渠道派出的高级技术人员逐年增加，在外从事海员、医护、设计咨询、计算机、技术服务等工作的劳务人员比例逐渐加大，我国已经成为国际建筑、纺织劳务人员的重要来源地，并且形成了行业种类广泛、低中高级劳务人员齐全、双边政府合作升华的格局。从对外劳务合作的方式来看，既有直接和境外雇主开展的劳务合作，也有通过对外贸易、投资以及对外承包工程的形式带出的劳务人员。其中国有大型企业发挥了市场主导作用，非公有制企业也逐步崭露头角，一些业务突出、管理精良、服务优质、信誉良好的企业脱颖而出，部分优势企业不断完善管理制度，通过联合和兼并等形式发展成为具有较强竞争力的跨国人力资源的服务企业。这一阶段，对外劳务合作企业审时度势，趁势积极拓展亚洲市场，既积累了业务拓展经验，又提高了企业经济效益和社会效益，为下一阶段对外劳务合作的快速增长积蓄了实力。

第三节 快速发展阶段
（1990—2000年）

快速发展阶段主要反映我国对外劳务合作宏观管理体制不断健全，重点国别和

① 国务院发展研究中心国际工程承包与劳务合作研究课题组，本报告执笔人赵晋平．中国对外工程承包与劳务合作的发展与贡献：国际工程承包与劳务合作研究之一［EB/OL］．（2000-09-26）［2020-05-01］．https：//www.drc.gov.cn/DocView.aspx？chnid=1&leafid=224&docid=29962.

地区市场带动作用明显，行业与工种多元化格局基本形成，外派劳务业务快速发展的过程。

对外贸易经济合作部会同有关部委出台《对外劳务合作管理暂行办法》等一系列有关行业发展的政策、措施，在放宽对外劳务合作经营权的同时严格对经营资格的审批管理，具有对外承包工程和劳务合作经营权的公司增加到1000余家；建立了外派劳务培训制度并编写了培训教材，严格业务合同备案，明确了政府部门之间的协作关系以及政府和行业组织之间的关系；企业在竞争激烈的国际市场上经营管理水平不断提高，市场多元化发展格局初步形成，快速扩大了市场规模，提高了业务档次，分别实现了合同额、营业额和年外派人数年均20%、28%和22%的增长①；同时，提高了外派劳务人员的自身素质和生活水平，增加了外汇储备，加深了国际交往。

一、健全管理体制和机制

（一）形成政府部门间的协作机制

1. 联合制定并发布对外劳务合作相关文件

1990—2000年对外贸易经济合作部②以及对外贸易经济合作部会同财政、外交、公安等有关政府部门先后出台了许多对外劳务合作相关政策、管理办法及措施等，内容涉及综合管理、培训制度、行业政策、市场规范等，初步构建起对外劳务合作的宏观管理体系，体现了国家对对外劳务合作工作的重视，为我国对外劳务合作的有序开展发挥了有力的促进和保障作用（详见第二篇）。

2. 将驻外经商机构纳入业务管理

为加强对外承包工程和对外劳务合作业务的一线管理，1999年，对外贸易经济合作部《关于印发〈关于加强我国驻外使（领）馆经商参处（室）对对外承包工程和劳务合作业务管理的规定〉的通知》（〔1999〕外经贸合发第332号），要求驻外经商机构加强一线管理、协调，指导我国企业在驻在国开展对外承包工程和对外劳务合作业务，监督我国企业遵守我国的法规政策和驻在国的法律、规定，维护我国企业和外派劳务人员的合法权益；协调企业在重大问题和项目上一致对外，根据业务发展需要，及时组建我国企业间的协调机构并直接领导其工作。

---

① 本节数据来源：1990—2000年《全国对外承包工程和劳务合作统计年报》。

② 从商务主管部门的历史沿革来看，1982年3月至1993年3月期间是“对外经济贸易部”，1993年3月16日第八届全国人民代表大会第一次会议决定，对外经济贸易部更名为对外贸易经济合作部。由此，本阶段自1990年至2000年间跨越了对外经济贸易部更名为对外贸易经济合作部的过程。其间，对外经济贸易部1992年出台了《关于国际公司国外机构审批和管理的有关规定》（〔1992〕外经贸合发第86号），其余政策由对外贸易经济合作部发布或联合其他部门发布，为方便阐述，在本节统称为“对外贸易经济合作部”。

（二）出台《对外劳务合作管理暂行办法》

进入20世纪90年代，我国对外劳务合作的规模不断扩大、发展速度大幅提高，为了推动对外劳务合作的不断发展，1993年11月对外贸易经济合作部、国家体改委和国家经贸委联合发布了《对外劳务合作管理暂行办法》（以下简称《暂行办法》）。《暂行办法》是我国关于对外劳务合作管理的基本管理办法，主要包括对外劳务合作的经营资格、企业的经营自主权、企业的责任和义务、业务管理协调和服务等四个方面的内容，规定企业在办理外派劳务人员出国（境）审批和护照签证手续时，必须出示《外派劳务人员许可证》，明确了对外贸易经济合作部以及国务院各部委、各省市和驻外使（领）馆经商参处（室）对外劳务合作业务归口管理与协调责任，奠定了我国对外劳务合作管理体系的基础。

（三）出台外派人员工资管理办法

为促使对外经济合作企业按国际惯例开展经营活动，调动外派人员的积极性，提高企业的经济效益，1995年7月4日，财政部、对外贸易经济合作部发出《关于〈印发对外经济合作企业外派人员工资管理办法〉的通知》（财外字〔1995〕259号），对向外派劳务人员收取管理费和手续费做了最高限额规定。办法规定，外派人员境外生活待遇由津贴制改为工资制；关于劳务合作、技术服务等业务外派人员的工资管理，各派出单位（含派人单位）可按与外方雇主签订的外派人员合同工资的一定比例收取管理费和手续费。收取的管理费和手续费总额不得超过外派人员合同工资（扣除在驻在国缴纳个人所得税）的25%，主要用于组织和管理外派人员所发生的费用支出。外派人员按照合同规定缴纳管理费和手续费后的工资净额及奖金、加班费等归个人所有；各派出单位要在外派人员出境前与其签订合同或协议，并经公证部门公证；在境外期间的人身保险由派出单位负责办理有关手续，其保险费由派遣单位负担。

为保护外派劳务人员的合法权益，1995年1月16日，财政部、对外贸易经济合作部又发出《关于印发〈对外经济合作企业外派人员工资管理办法的补充规定〉的通知》（财外字〔1997〕8号）。补充规定强调，对于在派出期间与原工作单位仍保持劳动合同关系的外派劳务人员，企业可以向其收取服务费（即管理费和手续费），原工作单位可以从服务费中提取补偿费。服务费总额不得超过劳务合同工资（扣除驻在国应缴纳的个人所得税）的25%。补偿费提取的比例由企业与原工作单位商定；对于无工作单位或在派出期间与原工作单位脱离劳动合同关系的外派劳务人员，企业收取的服务费不得超过劳务合同（指企业与劳务人员签订的外派期间的合同）工资的12.5%；对于与企业具有劳动合同的外派劳务人员，企业收取的服务费不得超过劳务合同工资的25%；企业收取服务费原则上应在外派劳务人员出国前一次性收取。

（四）规定劳务人员负担费用和缴存履约保证金

补充规定同时指出，外派劳务人员出国费用，包括护照费、签证费、体检费、培训费、差旅费等，均由外派劳务人员按实际付费金额自行负担；为保证外派劳务人员履行劳务合同，企业可以向外派劳务人员收取不超过劳务合同工资总额20%的履约保证金。外派劳务人员履行了劳务合同并按期返回的，企业应如数退还履约保证金本息。

（五）保护外派劳务人员合法权益

1994年，对外经济贸易合作部、劳动部发出《关于切实加强保护外派劳务人员合法权益的通知》（外经贸合发〔1994〕第654号）。鉴于有的企业为了达到同雇主达成协议的目的，签订合同时不敢坚持保护我劳务人员合法权益的必要条款；当雇主严重侵害劳务人员权益时，有的企业不敢据理与对方进行严正交涉，对受害劳务人员搪塞了事；有的企业甚至与雇主串通，蒙骗我劳务人员，签订假合同，侵害劳务人员的合法权益。通知要求，外派劳务不得招用未满16周岁的未成年人；外派劳务企业与境外雇主签订的劳务合作合同，必须对劳务人员的工作地点、职业工种、劳动保护和劳动条件、工作时间、休息休假、劳动报酬、保险待遇、生活条件、交通、劳动纪律、劳动争议处理、违反合同应承担的责任、合同变更及解除合同的条件以及需要双方协商的事项等方面作出明确规定；对女工和特殊工种须有相应的特殊劳动保护条款；外派劳务的主要情况，要及时报告我有关驻外使（领）馆经商处（室）；外派劳务企业应充分利用劳务输入国和地区劳动法律中有利于保护劳工权益的条款，争取和保护我外派劳务人员的合法权益。

（六）建立外派劳务培训制度

1. 颁发外派劳务培训暂行办法

我国对外劳务合作是伴随着改革开放发展起来的新兴事业。20世纪90年代，国际劳务市场出现了一些新特点：市场需求上升，外籍劳工结构多元化，对劳务人员的素质要求提高，市场竞争日趋激烈等。国际劳务市场发展的显著趋势是普通劳务占比逐步降低，中高级劳务占比不断提高。而我国外派劳务的特点：一是规模小，占全球外籍劳动力市场份额不足1%；二是劳务人员综合素质不高，尤其是高级劳务占比低，普通劳务尤其是非技术性工人占比高，约占总人数的75%。同时外派劳务人员的来源比较广泛，既包括熟练工人，也包括受教育程度低和技术能力不强的农村剩余劳动力和城镇下岗职工；三是市场经营秩序比较混乱，外派劳务人员合法权益得不到保护，外派劳务纠纷时有发生。

我国外派劳动人员的供给现状及存在的问题，从短期看，会导致我国外派劳务只能以发展中国家为主，同时还将面临同质低价竞争的局面；从长期看，不能满足国际市场的需求，成为对外劳务合作进一步增长的瓶颈制约。“我国在开展劳务合作的初期并未统一组织劳务培训。随着外派规模的扩大，我国国际影响力的提升，出现了一些劳务纠纷。提升劳务人员的能力、素质显得十分重要。时任副总理李岚清对外派劳务培训工作十分重视，1994 年在一次出国访问后做出了关于对外劳务培训的重要批示。”①为了全面贯彻国家“以质取胜发展战略”，适应国际劳务市场的需求变化，保证对外劳务合作业务的健康发展，对外贸易经济合作部根据李岚清副总理关于建立外派劳务培训制度，加强对外派劳务管理工作的指示，经过广泛调研，听取各方意见后，于 1994 年 5 月 23 日颁发了《关于实行外派劳务培训的暂行办法》(〔1994〕外经贸合发第 328 号，以下简称《劳务培训暂行办法》)。要求经营公司凡组织派遣到境外的各类劳务人员（包括普通劳务、高级劳务和研修生），在派出前均需接受培训；要求进行爱国主义和外事纪律教育，根据派往国家（地区）的特点和要求，开设外语、适应性技能、国别概况、风俗民情、涉外礼仪等课程。进行转变观念的教育，遵纪守法，学习国（境）外先进技术和管理经验，服从管理，认真履行合同，在短期内提高外派劳务人员的素质和能力。

2. 成立外派劳务培训中心

第一家外派劳务培训中心即北京市出国劳务人员培训中心于 1992 年 11 月 1 日挂牌成立。自 1994 年试行外派劳务培训制度以来，外派劳务人员培训中心建设在全国迅速推开。至 1995 年 8 月，经外经贸部审批成立的外派劳务培训中心已近百家。

1996 年 2 月 14 日，对外贸易经济合作部发出《关于印发〈外派劳务人员培训工作管理规定〉的通知》(〔1996〕外经贸合发第 101 号)，1996 年 3 月 5 日，又发出《关于外派劳务培训收费标准的规定的通知》(〔1996〕外经贸合函字第 8 号)，对培训中心的设立标准、培训管理、培训的内容、对象、不同培训课时的培训费收取标准、培训合格证的审核、发放等都作了比较明确的规定。

截至 1998 年末，全国成立了 150 多家外派劳务培训中心，高峰时达到 164 家。《劳务培训暂行办法》要求各级主管部门或具有外派劳务经营权的公司建立固定的培训中心，培训中心需具备一定的教育条件、师资力量、教学设备以及教学大纲（由外经贸部统一组织编写）；对通用教材内容的培训一般不得少于一周；由学员自

① 刁春和. 历史回顾［G］//中国对外承包工程商会，对外经济贸易大学. 中国对外劳务合作发展 40 年（1979—2018）. 北京：中国对外承包工程商会，2018：33.

行负担或由派出单位负担培训费用，做到“不培训、不派出”。

3. 颁发培训合格证

为了加强和规范外派劳务培训工作，《劳务培训暂行办法》颁布实施后，又出台了一系列培训配套相关规定。1995 年 8 月 1 日，对外贸易经济合作部会同外交部、公安部发出了《关于全面实行外派劳务培训的通知》（〔1995〕外经贸合发第 459 号），要求各外派劳务人员培训中心对外派（包括派往港、澳、台地区）的全体劳务人员（含研修生）进行培训、考试，对合格者颁发外派劳务人员培训合格证，全面推行外派劳务培训制度。

根据《劳务培训暂行办法》，培训结束考试合格后，由对外贸易经济合作部或授权的培训中心颁发一次性或定期使用的《外派劳务培训合格证》（以下简称《培训合格证》；在办理劳务出国（境）手续时，将逐步实行《培训合格证》制度，即外派劳务人员无《培训合格证》，一律不得派出。图 1－1－3－1、图 1－1－3－2、图 1－1－3－3为部分不同时期的外派劳务培训合格证样式。

图 1－1－3－1　外派劳务培训合格证样式（1995 年版）

图 1－1－3－2　外派研修生培训合格证样式（1995 年版，针对日本、韩国研修生）

图 1－1－3－3　外派劳务培训合格证样式（2000 年版）

4. 两次统编外派劳务培训教材

本阶段内，分别于 1995 年和 2000 年，进行了两次外派劳务培训教材的统一编写工作。

（1）第一次统编外派劳务培训教材。

对外贸易经济合作部于 1995 年组织编写外派劳务培训统编教材（见图 1－1－3－4），主要包含三个方面：一是语言培训；二是派往国家或地区概况的培训；三是思想教育和外派劳务常识的培训，详见表1－1－3－1。

图1－1－3－4 对外贸易经济合作部1995年组织编写的第一版外派劳务培训教材

表1－1－3－1 1995年版外派劳务培训教材主要内容

序号	培训科目	具体培训内容
1	语言培训	主要包括6种语言的培训，即阿拉伯语、汉语（粤语）、韩语、俄语、日语、法语
2	外派国家和地区概况	主要包括中国台湾、中东、东南亚、日本、中国香港、中国澳门、韩国、新加坡、美国与美洲、独联体国家、非洲
3	思想教育	主要包括劳务输出与国家经济建设、爱国之情与效国之行、如何成为合格的外派劳务人员、健康劳务心理的培养、正确劳务观念的树立等
4	外派常识	主要包括办理出入境手续、境外生活常识、外币兑换及涉外保险知识、涉外礼节、礼貌常识和健康知识等

（2）第二次统编外派劳务培训教材。

1999年11月16日，对外贸易经济合作部发出《关于将外派劳务人员和外经企业经营管理人员培训的部分工作转交给承包商会的通知》，自1999年12月1日起，对外贸易经济合作部将外派劳务人员和外经企业经济管理人员培训的部分工作交由承包商会办理，主要包括指导外派劳务培训中心开展工作；代对外贸易经济合作部管理、发放《外派劳务培训合格证》和《外派研修生合格证》；根据对外贸易经济合作部制订的标准和要求，组织编写和修订外派劳务培训教材；组织实施外派劳务培训中心的师资培训；编制国际经济合作企业中高级经营管理人员培训年度计划等。

2000年，承包商会受对外贸易经济合作部国外经济合作司委托组织由外交、公安、海事主管部门、企业、培训中心共同参与编写了第二版外派劳务培训统编教材（见图1－1－3－5），建立了统一的考试题库，在开展我国对外劳务培训工作方面发挥了重要的专业指导作用，见表1－1－3－2。

各地方根据全国统编教材及其教学大纲和考试大纲，结合本地实际和业务发展需要，不断深化和完善教材内容，着重突出素质教育，强调保护劳务人员合法权益。通过培训，劳务人员提高了组织纪律性和履约意识，增强了对在国（境）外工作和生活的适应能力，基本达到了国（境）外雇主、对外劳务合作企业和劳务人员三方满意的效果。

图1－1－3－5　承包商会2000年组织编写的第二版外派劳务培训统编教材

表1－1－3－2　2000年版外派劳务培训教材主要内容

序号	培训科目	具体培训内容
1	国外常用语	包括英语、法语、俄语、日语、韩语和阿拉伯语6种语言的培训
2	劳务人员必读	包括日本、新加坡、韩国、毛里求斯、德国（厨师）以及非洲地区、中东北非地区、太平洋地区、中国港澳地区、其他地区等10个国别（地区）和外派渔工行业的适应性综合培训，内容均涵盖外派地区概况、思想教育和国别（地区）常识等

（七）明确政府与行业组织的关系

1. 政府转交国（境）外经济合作项目协调职能

党的十五届四中全会明确提出，要“培育和发展中介，完善中介服务体系”。“在新形势下，原外经贸部陆续将对外承包工程的投标协调、除港澳地区外的对外劳务合作协调，以及外派劳务人员培训中心的管理和国（境）外经济合作企业中高级管理人员的培训等职能转交给承包商会。”①

对外劳务合作业务实施以来，一直实行政府部门统一管理。行业组织成立后，以执行政府主管部门职能的形式参与对对外劳务合作的协调和管理。为贯彻落实国务院“三定方案”（定机构、定职能、定编制），适应政府机构职能转变的需要，更好地发挥行业组织在协调国外经济合作业务中的积极作用，1998年12月10日外经贸部发布了《对外贸易经济合作部办公厅关于转交国外经济合作项目协调职能的通知》（〔1998〕外经贸合字第23号），通知主要针对转交对外承包工程、设计、咨询和监理项目的投标协调职能。指出从1999年1月1日起，将对外承包工程项目的投标协调职能转交给承包商会，将对外设计、咨询、监理项目的投标协调职能转交给

① 刁春和．改革创新探索奋进 为中国外经企业同鼎世界凝集力量［G］//中国对外承包工程商会．探索创新奋进（中国对外承包工程商会成立20周年纪念文集1988—2008）．北京：中国对外承包工程商会，2008：22.

中国国际工程咨询协会。

为进一步落实国务院“三定方案”，加快政府职能转变的步伐，充分发挥承包商会作为行业组织在国（境）外经济合作业务中的作用，1999 年 6 月 4 日，对外贸易经济合作部发出《关于下放劳务项目审批权有关事宜的通知》（〔1999〕外经贸合发第 333 号），决定将劳务项目审批权限由外经贸部转交给有关部委对外经济合作司（局）和省市商务厅（局）；权限转交后，对在敏感国家（地区）和敏感行业的对外劳务合作业务实行统一协调，协调工作由承包商会或国际工程咨询协会负责。国际工程咨询协会负责设计、咨询、监理方面劳务的协调工作，承包商会负责其他劳务的协调工作。劳务人员的工资必须达到所在国法律规定的同行业、同工种或雇佣外籍劳务人员的最低标准、外经贸部或国内有关商会、行业协会和协调机构制定的协调价格标准。通知的发布和执行标志着我国在对外劳务合作管理方面明确了政府和行业组织的关系，奠定了对外劳务合作宏观管理体系的基础。

随后于 1999 年 11 月 16 日，对外贸易经济合作部发布了《关于将塞班、关岛和日本劳务项目的协调工作及有关机构转交商会的通知》（〔1999〕外经贸合发第 671 号），1999 年 11 月 17 日又发出《关于将输德厨师劳务的确认手续转交中国对外承包工程商会办理的通知》（〔1999〕外经贸合三字第 860 号）。两份通知指出，将从 2000 年 1 月 1 日起对日本派遣研修生和对塞班、关岛开展劳务合作的协调工作以及中日研修生协力机构、塞班中国经济发展协会，关岛中国承包商协会的日常工作、中国外派海员协调机构及其日常工作同时转交承包商会办理；将输德厨师劳务的确认手续转交承包商会办理。

2. 承包商会承担行业协调工作

（1）确定新的工作目标。

1993 年 11 月党的十四届三中全会作出了《中共中央关于建立社会主义市场经济体制若干问题的决定》，指出商会是市场经济所需要的中介组织中的一种，要发挥进出口商会“协调、指导、咨询、服务”作用。为承包商会工作指明了方向，将协调职能列在了商会工作的首要位置。

“1994 年 7 月，原外经贸部召开进出口商会改革工作会议，会议要求以改革的办法，强化进出口商会的中介组织作用，建立和完善外贸进出口协调服务机制，使商会的发展有了明确的政策依据。商会改革工作会议之后，在政府主管部门强化宏观管理、弱化微观管理职能的转变过程中，对外承包劳务行业中的有关具体业务协调工作，开始陆续移交到商会。

“为贯彻落实商会改革工作会议的基本精神，强化商会的协调服务职能，维护正常的经营秩序，1994 年下半年，承包商会把如何搞好协调服务作为新的工作重点，在协调内容、方式以及如何保证协调严肃性和权威性等方面进行了有益的探索和尝试。”①

2000 年，承包商会在北京郊区的雁栖湖召开会议，确定了承包商会进入新的发展阶段的改革目标和重点，“提出了‘把承包商会建设成与社会主义市场经济相适应，与国际通行做法相符合，服务到位、协调有力、公正民主、自律严格的会员之家’的发展方向，确立了‘服务为本、协调为重’等创新思路，明确了‘一年打基础，两年走新路，三年上台阶’的工作目标”②。2000 年 1 月，承包商会召开了第三届五次理事会，就商会的改革工作进行了部署。会议通过了《关于深化改革，进一步发挥中国对外承包工程商会作用的意见》，确立了“以服务为本，协调为重，促进行业发展”的立会宗旨和“实现结构合理、制度完善、职责明确、服务到位、协调有力、公正民主、行业自律”的商会改革总体思路”③。

（2）制定《会员公约》和“行规”。

承包商会在承接有关协调职能后，为了加强和推动行业规范发展，先后出台了有关行业规范。1992 年制定发布了《会员公约》（试行），这是我国承包劳务行业由会员自己制定、约束自身经营行为的第一部行业内部公约；2000 年，对外贸易经济合作部办公厅转发了 2000 年 1 月 13 日承包商会三届五次理事会审议通过的《中国对外承包工程和劳务合作行业规范（试行）》，这是我国对外承包工程和劳务合作行业的第一部“行规”；在此基础上，又制定了包括业务协调、会员会籍管理、分支机构管理等 30 多项规章制度；2000 年 5 月 1 日承包商会三届五次常务理事会审议通过了《对外劳务合作协调暂行办法》，促进行业逐步走向行业自律、自我管理的理性轨道，行业经营环境得到改善。

（八）放宽对外承包劳务经营权

“为了加快改革进程，优化经营主体结构，逐步形成多层次、多渠道对外承包工程和劳务合作经营格局，积极鼓励和支持具有独立施工能力和较强经营能力的大型专业工程公司走向国际市场，1999 年 4 月 9 日对外贸易经济合作部发出《关于调整企业申请对外承包劳务经营权的资格条件及加强后期管理等问题的通知》

---

① 刁春和．改革创新探索奋进 为中国外经企业问鼎世界凝集力量［G］//中国对外承包工程商会．探索创新奋进（中国对外承包工程商会成立 20 周年纪念文集 1988—2008）．北京：中国对外承包工程商会，2008：20－21.

② 乌兰木伦．励精图治 改革创新 奋发进取［G］//中国对外承包工程商会．探索创新奋进（中国对外承包工程商会成立 20 周年纪念文集 1988—2008）．北京：中国对外承包工程商会，2008：9.

③ 刁春和．改革创新探索奋进 为中国外经企业问鼎世界凝集力量［G］//中国对外承包工程商会．探索创新奋进（中国对外承包工程商会成立 20 周年纪念文集 1988—2008）．北京：中国对外承包工程商会，2008：23.

（〔1999〕外经贸政审函字第748号）”①，该通知的核心内容，一是放宽企业申请对外承包劳务经营权的资格条件，二是加强对具有对外承包劳务经营权的企业的管理。

1991年，承包商会配合对外贸易经济合作部国外经济合作局在昆明召开国际公司总经理会议，会议确定了国际公司走实业化、多元化和国际化的发展道路，鼓励企业开展商品进出口业务，拓宽业务领域。

（九）严格业务合同审批

为了规范对外劳务合作业务，保障外派劳务人员的合法权益，1996年2月13日，对外贸易经济合作部发出《关于印发〈劳务输出合同主要条款内容〉的通知》，要求劳务输出合同明确从事的工作、工作地点、雇用期、法律手续、工资、国际旅费、交通、工作日和工作时间、节假日华人带薪休假、加班、工作条件、食宿、劳保、保险、工伤、税金缴纳等合同要素。

随着我国对外劳务合作规模的不断扩大，劳务合同的签署出现了不规范、不健全甚至阴阳合同等情况；同时，外派劳务人员的权益保障问题日渐重要。1998—1999年，曾出现过因接收国工程项目不具备开工条件，导致我外派劳务人员无劳可务事件；同时存在企业高收费、乱收费等现象，外派劳务人员在外非法滞留等问题；使我国外派劳务人员的合法权益受到侵害，产生了不良的社会影响。

2000年8月30日对外贸易经济合作部发出《关于进一步加强对外劳务合作管理的紧急通知》（〔2000〕外经贸合发第459号），要求各级外经贸主管部门特别是项目审批部门严格审批对外劳务合作合同，加强对经营公司依法经营的监督和指导，对外所签合同条款必须符合劳务接收地法律和我国的相关规定；必须明确劳务人员的工作待遇和生活条件，严禁隐瞒事实或欺骗劳务人员；要注重劳务人员的选派及培训，对法律观念差、文化水平过低的人员不得作为劳务派出。

（十）加强对经营企业的规范管理

在促进我国对外劳务合作规模不断扩大的同时，政府主管部门不断加强对对外劳务合作业务的规范管理。主要集中在以下几个方面：

一是遏制低价竞争。一些公司尤其是新进入市场的公司，采用压价手段挤占市场份额，导致外派劳务人员和外派劳务企业遭受损失。为了规避低价竞争，维护市场秩序，对外贸易经济合作部对从事外派劳务业务的企业加强资质审核，规定只有经过批准的企业才能从事外派劳务业务。

二是惩处违规操作。为了规范外派公司的经营行为，我国积极与劳务接收国政

---

① 中华人民共和国商务部官网．商务历史：1999年［EB/OL］．［2020-04-30］．http：//www.mofcom.gov.cn/.

府合作，加大对违规违法操作的查处与惩罚力度。

三是打击非法中介。一些中外中介机构互相勾结、倒卖指标；被“蛇头”钻空子，利用公派劳务渠道非法移民，向境外娱乐行业派遣女性青年；加收代理费和保证金，甚至蓄意诈骗，导致大量中国劳务人员上当受骗或非法滞留。对外贸易经济合作部根据中央领导同志的批示精神，与接收国政府积极沟通，共同查处非法中介，严禁和查处利用公派劳务渠道非法移民的问题，维护在外劳务人员的合法权益。

四是保障劳务权益。有些外派公司的业务水平和资金实力有限，劳务人员派出后，一旦出现问题，根本没有能力处理。当劳务人员权益受到损害时，只能向当地我驻外使（领）馆求助或回国后到政府部门上访，产生的劳务纠纷增加社会不稳定因素。政府主管部门严格监管外派劳务公司，规避可能发生的劳务纠纷，同时协助外派劳务人员维护其合法权益。

五是加强归口管理。1987 年以来，在对外劳务合作快速发展的同时，出现了“党政工青妇、全民搞劳务”的局面，个别地方和部门未经审批擅自经营对外劳务合作业务。一些单位、企业以“民间劳务”等名义从事对外劳务合作业务，违背了有关规定，出现了不少问题，影响了对外劳务合作的健康有序发展。为了加强对外劳务合作的归口管理，避免多头对外，1996 年 4 月 24 日，对外贸易经济合作部、监察部、公安部、国家工商行政管理局联合发出《关于加强对外劳务合作归口管理有关问题的通知》(〔1996〕外经贸合发第 285 号)，严禁利用“民间劳务”等名义擅自经营对外劳务合作业务。除公民个人出境自谋职业外，无论是通过何种渠道、持何种护照的外派劳务人员（含劳务性质的研修生），都是我国对外劳务合作的组成部分，不得以任何理由（包括持照种类）将其界定为因私劳务或民间劳务，并据此逃避国家对对外劳务合作的统一管理；为规范管理，今后对向国（境）外派遣劳务人员统称“对外劳务合作”，不再使用“劳务输出”或其他表述；申请发布招收外派劳务人员的广告，应当到国家工商行政管理局或其授权的省（区、市）工商行政管理局办理审核手续，取得对外劳务合作广告审核同意文件后，方可发布。广告内容应以经审核同意的外派劳务合同的内容为准。

二、业务规模快速扩大

（一）合作方式丰富

我国积极开展对外劳务合作，不仅进一步丰富了对外劳务合作形式，而且进一步促进了国际交往和经贸合作。

这一时期，对外劳务合作的形式主要包括三种方式。

一是工程项目的劳务输出，我国对外劳务在起步阶段，由于经济总体状况以及对外交往的需要，对外劳务输出以对外援助形式或成套设备出口和技术出口带动劳务输出的形式为主，体现在对经济落后地区的人才、技术的援建项目。此后，这种形式逐步演变成通过承包海外工程派出劳务，项目从初期施工到安装和调试等，均由我国劳务承包公司从国内选派相应的各类劳务人员完成。

二是具有对外劳务经营资质的公司开展对外劳务合作业务。随着国际市场对劳务需求的不断增加和我国经济的不断发展，我国在外派劳务方面通过采取对经营资格审批的方式，将对外劳务经营权赋予符合资格条件的公司，由这些公司与国（境）外雇主签订劳务合同，负责办理外派劳务的选拔、培训、派出以及管理等相关具体工作；或劳务输入国（地区）提出输入要求经中国政府同意后，由中国政府指定的公司按要求办理外派劳务的选拔、培训、派出以及管理等相关具体工作。

三是通过设立跨国公司向海外派遣劳务，这种形式下的外派劳务合作相对比较稳定，劳务人员的工作条件和生活待遇也较好，随着我国海外投资数量的不断增加，这类劳务人员的需求会愈来愈多。

此外，还有少量通过民间交往的海外就职和就业移民等方式，属于自然人流动，未列入对外劳务合作统计范畴。

（二）经营规模扩大

1990—2000 年，我国对外劳务合作合同额、营业额、当年派出人数以及期末在外人数等各项指标均呈现快速增加的态势。据外经贸部统计数据，对外劳务合作合同额由 1990 年的 4.78 亿美元增加至 2000 年的 29.91 亿美元，年均增幅约为 20.13%；对外劳务合作营业额呈现持续增长态势，从 1990 年的 2.23 亿美元增加至 2000 年的 28.12 亿美元，年均增长率约为 28.85%；派出人数由 1990 年的 5.29 万人增加至 2000 年的 25.26 万人，增加了近 4 倍，年均增长率约为 16.92%；期末在外人员由 1990 年的 3.61 万人增加至 2000 年的 42.57 万人，增幅高达约 11 倍，年均增长率约为 27.99%。

（三）国别（地区）广泛

海湾战争结束后，我国对外劳务合作从中东向亚洲其他国家和地区转移，进入中国香港、中国澳门、日本、韩国、新加坡和马来西亚等国家和地区，对外劳务合作的国别和地区分布更加广泛，遍布亚洲、非洲、欧洲、拉丁美洲、北美洲和大洋洲，2000 年在上述地区的外派劳务人员数量超过我国外派劳务人员总数的 99%；1990—2000 年的 11 年间，地区分布从 1990 年的 133 个增加至 2000 年的 184 个。

位列亚洲之后的是非洲和欧洲，外派至非洲的劳务人员数量占比从 1990 年的

6.00%增加至2000年的10.00%，外派至欧洲的劳务人员数量占比从1990年的26.00%减至2000年的5.00%。

1996年以前我国外派到非洲和欧洲的劳务规模基本平衡，1997年之后，外派到欧洲的劳务占比增幅慢于非洲。一方面与非洲和欧洲两个市场的劳务需求结构有关，由于我国在非洲承包工程业务的增长较快，非洲更倾向于引进劳动密集型和非技术工人的外籍劳务人员，建筑劳务输出增多；而欧洲的整体经济水平较高，更倾向于中高端外籍劳务人员；另一方面与欧洲的一体化程度加深有关，欧盟东扩后，总人口增加、区域内合作加强，从而导致其他国家和地区向欧洲市场外派劳务更加困难。

向拉丁美洲（简称“拉美”）、北美洲和大洋洲的外派劳务整体占比不高。其中向北美洲的外派劳务规模大于拉美和大洋洲，但占比呈下降趋势；而向拉美的外派劳务占比呈现上升趋势；随着拉美经济的持续好转以及与我国经贸关系的日益密切，我国在拉美国家的劳务合作增长较快，2000年年末在拉美的劳务人员约为0.83万人；向大洋洲的外派劳务呈现先减后增再减的趋势，1996年外派大洋洲的劳务人员数量占比为本阶段的最高值，达3.04%。

1. 亚洲市场占比大，业务增幅明显

亚洲是我国对外劳务合作最主要的地区，外派劳务主要分布在新加坡、韩国、日本等国家以及中国香港和澳门地区。外派劳务人员数量从1990年的1.27万人增加到2000年的31.94万人，占比从36.28%增加至75.03%，增幅十分明显；而且，1995年以后，这一比例始终保持在70%以上。

（1）新加坡市场。

新加坡是我国传统的海外劳务市场，也是这一阶段我国在亚洲最大的劳务合作对象国。20世纪90年代，新加坡的人才需求以每年10%～12%的速度增长，但由于产业政策和外籍劳工配额的限制，新加坡不断调整外籍劳工政策，注重并逐步提高引进高技术人才和技能型劳工的比例。1990—2000年我国对新加坡的外派劳务保持稳步增长，累计签署合同10807份，新签合同额28.6亿美元，完成营业额25.40亿美元；同期，中新两国新签合同份数、新签合同额以及完成营业额三项指标的年均增幅分别为39.44%、35.76%和42.39%，各项指标均高于同期的日本。我国在新加坡的劳务人员由1992年的7536人增加至2000年的73706人，在亚洲居于首位。

（2）日本市场。

“进入90年代发生了很大变化，来自中国的人数超过了其他国家，1992年每3

个研修生中，就有1个中国人（占35%）。”① 自20世纪90年代始，我国一直是向日本派遣研修生和技能实习生数量最多的国家。这一阶段，日本研修制度和技能实习制度并存，我国将研修生和技能实习生的派遣工作一并纳入对外劳务合作范畴。

但是，“无论从接收制度、接收的理由、接收的人数还是从派遣国的构成来看，80年代的研修制度和90年代的研修制度在本质上有很大的区别”②。日方将研修生在留资格确定为“研修”，从事所谓“由日本政府或民间机构接收的以学习技术、技能和知识为目的的活动”。因此，研修生不适用劳动基准法、税法、劳灾保险等劳动法令，意味着以研修生身份在日本提供劳务服务的外国人享受的社会保障和福利水平受到严重限制。

1991年，日本法务省、外务省、经产省、厚生省、国土交通省等五省共同设立财团法人“日本国际研修协力机构”（JITCO），全面负责指导外国研修生接收工作。1991年3月14日至15日，中日经贸混委会第六次会议在东京举行。双方就两国劳务合作、恢复我国关贸总协定协约国地位等问题交换意见 。1992年6月29日，对外经济贸易部所属中日研修生协力机构应邀访问日本，与日本国际研修机构签署了中日研修劳务合作备忘录（见图1－1－3－6）。

图1－1－3－6 1992年6月29日，对外经济贸易部中日研修生协力机构代表③与日本国际研修机构代表在中日研修劳务合作备忘录上签字④

这一时期，我国派遣赴日研修生的渠道大体上可以细分为五条路线：一是“政府路线”，是运用日本ODA资金赴日进行的一种带有行政关系的研修，研修生一般来自公共机关；二是“友城关系路线”，日本各地方利用姊妹友好城市的关系，接收来自我国相关友好城市的研修生；三是“企业单独路线”，日本大企业或跨国企业直接接收在中国子公司或客户的管理人员、技术人员等到日本的母公司进

① 今野浩一郎．研修生制度与技术合作［C］//孙维炎，储祥银，章昌裕．亚太地区经济一体化与中日经济合作研讨会论文集．北京：对外经济贸易大学出版社，1996：274.

② 今野浩一郎．研修生制度与技术合作［C］//孙维炎，储祥银，章昌裕．亚太地区经济一体化与中日经济合作研讨会论文集．北京：对外经济贸易大学出版社，1996：275.

③ 对外经济贸易部中日研修生协力机构签字代表为陈永才，时任对外经济贸易部国外经济合作司司长，兼中日研修生协力机构会长。

④ 中华人民共和国商务部官网．商务历史：1992年［EB/OL］．［2020－04－30］．http：//www.mofcom.gov.cn/.

行研修学习；四是“团体监理路线”，属于日本中小企业与我国非关联派遣企业间的合作，日本接收企业通过商工会议所、商工会、协同组合以及财团法人等团体与我国派遣机构建立合作关系接收研修生并进行监督管理；五是“技能实习路线”，在监理团体路线基础上，研修结束后，由“研修”转为技能实习生的“特定活动”。

1993 年日本政府在研修制度的基础上设立了技能实习生制度。即研修生在完成一年的工作学习后，可以继续以技能实习生的身份在日本再工作两年，以缓解支撑日本经济发展的中小企业的劳动力紧缺问题。根据日本法务省第 141 号告示规定，技能实习制度“为发展中国家培养担负经济发展之人才”而设立，是对研修制度的进一步补充。日方规定，技能实习生属于劳动者，故适用劳动基准法、劳动安全卫生法、最低工资法、劳灾保险法等劳动法令。

1990—2000 年我国与日本新签合同份数、完成营业额和年末在外人数均逐年增加，三项指标分别增加了 5.6 倍、25.11 倍和 6.10 倍，年均增幅分别为 18.84%、38.57% 和 27.77%。其中，新签合同份数由 1990 年的 314 份增加至 2000 年的 1764 份，累计签署合同 9928 份；累计完成营业额 16.4 亿美元；外派赴日研修生由 1992 年的 6298 人增加至 2000 年的 44731 人（包括研修生和技能实习生），约占我国同期在外劳务人员总数的 10.57%。

（3）韩国市场。

随着韩国经济的发展，韩国人的择业观念随之发生变化，劳动力市场出现了失业与劳动力短缺并存的现象，中小企业劳动力紧缺，限制了韩国经济的增长。1993 年 10 月韩国政府决定正式对外开放劳务市场。1992 年中韩建交以来，两国经济的互补性强，双边经贸关系发展迅速，成为重要的经贸伙伴。

1995 年 11 月 3 日，对外贸易经济合作部发出《关于印发〈在韩国本土开展承包工程和研修生合作有关问题的规定〉的通知》，承包商会分别与韩国水产业协同组合中央会、韩国中小企业协同组合中央会、韩国建筑业协会中央会、韩国农业协同组合中央会、韩国海运组合以及韩国产业人力公团等机构建立合作关系，并成立了赴韩研修生业务协调小组，制定了协调办法和成员公司行为规范，促进中韩劳务合作的发展。

韩国外籍劳务人员中亚洲人比例高达 80%，其中，中国人约占 44%。中韩劳务合作规模迅速扩大，韩国成为我国继日本和新加坡之后的第三大外派劳务市场。韩国通过建立外国人产业技术研修制度引进外国工人，我国外派韩国的研修生业务主要集中在加工制造、近海渔业、养殖加工、建筑、农业等几个领域，合同期限 2 ~ 3 年。

1992—2000 年，我国对韩劳务合作新签合同数量、合同额、完成营业额以及年末在外人数均有所增加，年均增幅分别为 55.37%、3.11%、40.96% 和 32.46%；尽管四项指标的绝对值均低于日本，但新签合同份数、完成营业额和年末在外人数的增速均高于日本，中韩劳务合作呈现快速增长势头，其中新签合同由 1992 年 20 份增加至 2000 年的 679 份，期末在外人数由 1992 年的 4490 人增加至 2000 年的 42541 人。1998 年韩国市场受亚洲金融危机的影响较大，对我国外派韩国劳务业务的影响较为明显，四项指标均出现下滑，而同期中日劳务合作规模仍在继续攀升。

（4）马来西亚市场。

2000 年前马来西亚劳动力短缺，但对中国普通劳务开放有限，未进入实质性合作阶段。中国经营公司主要以承包工程带动技术劳务输出的形式，向马来西亚派出少量有技术专长的劳务人员。我国在马来西亚的劳务人员约有 50% 从事建筑业，其余分布在海员、制造业、餐饮、咨询、农业等领域。1990—2000 年的 11 年间，中马共签订劳务合作合同 885 份，新签合同额累计 1.55 亿美元，完成营业额 0.87 亿美元；2000 年年末在马劳务人员 3020 人，远低于在日本、新加坡和韩国。其间，四项指标均呈现交替增减的状态，业务合作存在一定的波动性。但从合作规模看，签订合同数量、合同额以及完成营业额三项指标的年均增幅分别为 60%、115.99% 和 108.96%。

（5）中国港澳地区市场。

香港、澳门地区与内地经贸联系密切，对内地劳务的需求也较大。由于共同的语言和文化，这一阶段，内地赴港澳地区务工人员规模远超其他地区。1997 年 7 月 1 日香港回归，1999 年 12 月 20 日澳门回归。虽然回归前后内地与港澳地区的劳务合作十分密切，但是其产业结构却不尽相同。香港回归前推出了一系列大型建造项目，产生建筑工人的需求缺口，因此，内地与香港的劳务合作主要是以建筑工人为主，棉纺织工人、电信职员、酒店及参观服务生为辅。

港澳回归后，内地劳务派遣的工种更加多样化，分布也更广。对外劳务合作对港澳地区的发展产生了重要的影响。香港的填海工程、高速公路、青马大桥等一系列工程的完成，都渗透着内地劳务人员辛勤的汗水；如果没有内地劳务人员的进入，澳门只能发展单一的博彩业，内地劳务人员使澳门的出口加工业、博彩旅游业、金融服务业、会展行业等得以蓬勃发展。因此，对外劳务合作促进了港澳地区基础设施建设与产业升级，配合了国家对港澳地区的发展规划，对港澳地区的发展产生了积极影响。

"1997 年 9 月亚洲金融风暴后，香港经济受到严重冲击，失业率由 1997 年年中的 2.3% 一度升至 6.3%，香港特区政府收紧输入外来劳工的政策，越来越多的职位被列入'通常不包括在补充劳工计划下的职位类别'，只有不可缺少的个别没人愿意干的行业的少数职位，如养猪场的养猪员、护老院的护理员尚可批出少量名额，内地输港劳务规模急剧缩小。”①

2000 年 12 月 25 日对外贸易经济合作部发出《关于印发〈香港特别行政区开展高级劳务合作业务的暂行管理办法〉的通知》，鼓励积极稳妥地开展对香港高级劳务合作业务，要求切实做好内地与香港高级劳务合作的管理工作，促进内地与香港经贸合作与交流的发展。

从统计数据来看，内地与港澳劳务合作新签合同数由 1990 年的 603 份增长至 2000 年的 1664 份，年均增长率达 10.68%；新签合同额由 1990 年的 1.09 亿美元增长至 2000 年的 2.41 亿美元，年均增长率达 8.26%；完成营业额由 1990 年的 4603 万美元增长至 2000 年的 3.44 亿美元，年均增长率约为 22.28%；年末在外人数由 1990 年的 4.57 万人增长至 2000 年的 4.66 万人，年均增长率为 0.20%。从业务分布看，香港占 71.18%，澳门占 28.82%。

（6）中国台湾地区市场。

台湾作为我国的第一大岛，四面环海，渔业是其重要产业。然而，随着台湾地区经济的发展，部分从事渔业生产的渔工开始到工厂工作或者进城从事工商业与服务业，使得从事渔业生产的劳动力日益短缺。由于越南、菲律宾等国船员与我国台湾地区的语言不通、距离遥远，难以形成有效雇佣关系，福建、浙江等省与台湾地区有着相同的语言文化和相近的生活习俗，在渔工劳务合作方面存在着互补优势，于是，两岸渔船船员劳务合作迅速发展。

1995 年 3 月 30 日，对外贸易经济合作部发出《关于加强向台湾地区渔轮派遣短期渔工劳务管理的通知》，规范和促进两岸渔船船员劳务合作的发展。从统计数据看，两岸劳务合作新签劳务合同额由 1993 年的 6509 万美元增加至 2000 年的 1.22 亿美元，年均增长率达 9.39%；完成营业额由 1993 年的 2064 万美元增加至 2000 年的 1.19 亿美元，年均增长率达 28.44%；大陆在台湾地区的劳务人数由 1993 年的1.06 万人增加至 2000 年的 2.87 万人，年均增长率达 15.29%。

2. 进入发达国别（地区）市场，合作领域拓宽

（1）以色列市场。

以色列市场是具有一定潜力和经济效益的国际劳务市场，是我国对外劳务合作的重要国别市场之一。中国与以色列于 1992 年建交。建交前，我国曾向以色列派遣少量农业工人，这些外派劳务人员是在取得外交部和对外贸易经济合作部的批准后出境的。1994 年，我国劳务公司开始正式向以色列派遣劳务人员，在政府部门和行

① 艾音方．香港劳工市场及其发展［J］．国际工程与劳务，2004（8）：35．

业组织的支持引导下，取得了长足发展，特别是在建筑业外籍劳务市场中占有一席之地。1994—2000 年，除 1997 年亚洲金融危机带来的影响外，我国外派以色列劳务人员年末在以人数稳步增加，由 1994 年的 465 人增至 2000 年的 8890 人；2000 年完成营业额达到 8000 多万美元，年均增幅约为 108%；但合同额波动较大，相比于 1999 年的 1.09 亿美元，2000 年下降十分明显，仅为 2250 万美元。

以色列经济建设对外籍劳务人员存在长期需求，特别是对劳动密集型的体力劳工需求比较旺盛，主要分布在建筑业、农业和家政领域。因此，从以色列对外籍劳务的需求结构来看，中以双方开展劳务合作的互补性较强。

（2）德国市场。

德国是我在欧洲开拓较早的相对成熟的劳务市场，鉴于德国未向我全面开放外籍劳务市场，所以，我国与德国的劳务合作主要集中在中餐风味厨师派遣业务上，德方接收企业主要为当地中餐馆及部分酒店、饭店。

中德两国厨师劳务合作始于 1997 年，逐渐成为我国对德劳务合作比较成熟的行业。为规范中德厨师合作业务，1997 年 10 月原对外贸易经济合作部国外经济合作司与德国劳工局国际旅馆与餐饮业管理办公室（ZIHOGA）就我国向德国派遣厨师业务签署了有效期三年的会谈纪要，确立了双方开展输德厨师合作的相关原则及约定。1999 年 11 月 17 日，对外贸易经济合作部发出《关于将输德厨师劳务的确认手续转交中国对外承包工程商会办理的通知》（〔1999〕外经贸合三字第 860 号）后，承包商会在指导输德厨师合作的同时，加强对德业务交流，2000 年 9 月经报请政府主管部门批复，承包商会与 ZIHOGA 签署了《中国对外承包工程商会与德国劳工局国际旅馆与餐饮业管理办公室关于输德国厨师合作的会谈纪要（协议）》（以下简称《会谈纪要（协议）》），有效期四年。《会谈纪要（协议）》分别于 2004 年和 2006 年续签，有效期至 2008 年 9 月。双方约定，如双方无异议，2008 年 9 月后继续延期两年。

《会谈纪要（协议）》对办理中德厨师合作业务的要求和程序进行了明确规定，确定对开展赴德厨师劳务合作的经营公司实行规模总量限制，我国 25 家经营公司开展输德厨师派遣业务，由指定的 13 家培训中心负责对劳务人员进行派出前的技能、语言培训工作为加强对输德厨师劳务合作业务的协调和规范，承包商会制定了《中国对外承包工程商会对德国厨师劳务合作业务协调管理暂行办法》，明确了对经营公司实行总量控制、动态管理、优胜劣汰的原则。

德国的华人华侨中，约有 80% 开办中餐馆或为中餐馆提供相关服务为主。全德的中餐馆约 1.3 万家，其中，中国人开办的中餐馆有 6000 ~ 7000 家。输德厨师业务经过多年的发展，无论从规模上还是效益上，都取得了长足发展，促进了我国饮食文化的传播，对推动中德两国友谊与经贸合作关系起到了重要作用。我国外派到德国的厨师业务量不断增长、平稳发展，自20世纪90年代末以来，年派出人数稳定在700~900人；合同签署由1999年的1096份增加至2000年的1167份；2000年当年派出750人，期末在德中餐厨师1354人。

（3）英国市场。

英国政府为保证国内居民充分就业，对引进外籍劳务始终奉行欧洲经济区（EEA）成员国内部人员自由流动的基本原则，限制EEA以外的国家向英国输出劳务。1990—2000年我国与英国的劳务合作规模总体上十分有限。11年间，新签合同份数、合同额、完成营业额和年末在外人数的年均增幅分别约为10.33%、5.50%、8.82%和25.67%，四项指标均在1993年达到最低点。其间，1996—1999年是中英劳务合作的高峰期，四年各项指标累积占11年的比重分别为47.86%、81.26%、91.16%和58.35%。其中，2000年签订合同额和完成营业额均为下降，年末在外人数仅为311人。

据英方有关统计数据显示，在职业分布上，我国在英国集中就业的行业为“餐饮业”（如中餐厨师、面点师等，约占40%）和“专业助理和技术职业”（如卫生专业助理、计算机程序员等，约占30%）；高技能人士（如经理人、工程师、卫生专家等）快速增多，总量在发展中国家中落后于印度。

3. 巩固发展中东市场，业务规模增大

1990—2000年，我国在中东地区的对外劳务合作主要涉及伊朗、土耳其、约旦、也门、伊拉克、科威特、沙特阿拉伯、巴林、卡塔尔、阿联酋、阿曼、塞浦路斯、埃及、苏丹、利比亚、突尼斯、阿尔及利亚和摩洛哥等18个国家。与18个国家签订劳务合同份数、合同额、完成营业额以及年末在外劳务人员数量均现大幅攀升。其中，新签合同份数由1990年的120份增加至2000年的571份，年均增长率达16.88%；新签合同额由1990年的6700万美元增加至2000年的23776万美元，年均增长率达13.50%；完成营业额由1990年的5221亿美元增长到2000年的17412亿美元，年均增长率高达12.80%；年末在外人数由1992年的3419人增长到2000年的25731人，年均增长率达28.70%。

1991年由于我国与伊拉克的劳务合作业务激增，大幅提升了与中东地区18个国家劳务合作业绩。中伊新签劳务合同677份，占与18个国家新签劳务合同份数的49.24%；新签合同额77579万美元，占与18个国家新签合同额的57.17%；完成营业额78443万美元，占与18个国家完成营业额的73.90%。

从我国与中东地区劳务合作的市场分布和发展趋势看，我国在中东地区的第一大劳务合作伙伴已由1990年的伊拉克转变为2000年的以色列。

4. 开拓拉美市场，合作范围扩大

拉美是世界重要的劳务来源地之一，是国际劳务流动的中转站。美国、西欧（主要西班牙和意大利）等几个经济相对发达的国家每年接纳包括墨西哥及以南的中、南美洲各国输送的数十万名各类工人。1990—2000 年我国与拉美的劳务合作呈现迅速增长态势，新签合同份数由 1990 年的 23 份增加至 2000 年的 232 份，年均增长率达 26.00%；新签合同额由 1990 年的 554 万美元增加至 2000 年的 7022 万美元，年均增长率达 28.91%；完成营业额由 1990 年的 179 万美元增加至 2000 年的 6293 万美元，年均增长率达 42.76%；年末在外人数由 1992 年的 1091 人增加至 2000 年的 8295 人，年均增长率达 28.86%。从市场分布与发展趋势看，我国与拉美地区劳务合作的第一大劳务合作伙伴由 1990 年的巴拿马转变为 2000 年的玻利维亚。

（四）行业工种增加

1. 纺织行业异军突起，业务攀升

（1）塞班市场。

自 20 世纪 80 年代以来，由于全球纺织品贸易配额以及塞班独立移民审批权的影响，马里亚纳群岛逐渐成为我国重要的纺织品劳务市场之一。塞班岛、天宁岛是北马里亚纳群岛中面积较大的两个岛屿，其中，塞班岛作为北马里亚纳群岛联邦首府，集中了我国对该地区的大部分外派劳务人员，成为我国较早开发的劳务合作市场之一。设立在塞班的纺织制衣厂主要来自日本、韩国与中国港澳地区，不同地区在塞班开办的纺织制衣企业形成了相对明确的产业内分工，如韩资企业主要生产制作西服、中国澳资企业主要生产牛仔裤、中国港资企业主要生产衬衫等。90 年代末，我国在塞班的劳务人员一度达到 1.5 万人。

经过多年的努力和有效协调，我国 28 家经营公司已经得到了塞班各方面的认可，成为中塞劳务合作的主渠道。根据塞班对纺织专业劳务人员的需求，1997 年，外经贸部与塞班政府签署备忘录，随后外经贸部发出《关于成立塞班中国经济发展协会及有关问题的通知》（〔1997〕外经贸合函字第 79 号），成立了行业自律组织——塞班中国经济发展协会（以下简称“塞班协会”），并在塞班设立了常设机构（该机构于 1999 年转交承包商会管理）。塞班协会是经双方政府批准成立的非营利管理协调机构，为塞班市场劳务合作的健康有序发展发挥了重要作用。特别是 2004 年中塞双方签署的备忘录的补充协议、2005 年开始实施的劳务人员确认工作，打击、遏止了非法中介对我经营公司制衣劳务合作的干扰，市场情况明显好转，劳务人员的权益受到保护，公司的经营行为得到规范。2006 年 1 月 1 日起，该补充协议的确认范围进一步扩大到建筑、农业等工人，为扩大与塞班的劳务合作奠定了良好基础。经过多年不断的有效治理，塞班劳务市场已经形成规范有序的管理体系。一方面，建立了一整套有关市场准入、管理、标准合同等方面的管理规则；另一方面，塞班协会作为一线管理协调服务机构，指导和监督在岛公司规范经营，针对有关问题进行对外交涉；各经营公司在有序规范的管理体系下运作，驻岛代表或委托管理人员负责管理和服务劳务人员，使我国在塞班的制衣劳务市场的主渠道地位得到巩固，不仅有效杜绝了非法经营活动，而且避免了经营公司之间的恶性竞争。

（2）毛里求斯市场。

欧美国家对毛里求斯的出口商品给予免税、免配额的优惠，促进了毛里求斯纺织业的发展。但由于毛里求斯人口少，工人技术差、效率低，为满足纺织业的发展需求，不得不引进外劳。1990—2000 年，毛里求斯接收我国纺织劳务人员数量不断增加，成为我国在本阶段向非洲外派劳务最多的国家之一。年末在毛里求斯的人数由 1990 年的 1162 人增加到 2000 年的 1. 56 万人，年均增幅约为 29. 66%。

中毛劳务合作的主要特征，一是规模增幅明显，累计签订合同 830 份，累计合同额 3. 17 亿美元，累计完成营业额 3. 72 亿美元，签订合同数量、合同额和完成营业额的年均增幅分别为 23. 59%、47. 95% 和 74. 40%；二是劳务人员收入高，20 世纪 90 年代初期，我国在毛里求斯的劳务人员底薪达到 250 美元/人/月，远高于同期国内收入水平。

（3）约旦市场。

2000 年前，约旦没有适用于外籍劳工的专门法律，实施的是 1996 年第 8 号劳工法，雇佣外劳的规定主要包括雇佣外籍雇员的条件、外籍雇员的优先雇佣权、外籍雇员的工作许可、试用期、工资标准、工作时间、假期以及加班补贴等。约旦缺乏熟练的缝纫技术工人，引进外籍劳务人员可以为约旦培养大批技术工人，因此，大量来自中国、印度、巴基斯坦、孟加拉国等国的外籍劳务人员成为约旦重要的纺织劳务人员供给国。

我国与约旦的劳务合作主要集中在纺织业。在向约旦外派的劳务人员中，80% 以上从事服装、成衣加工，约占约旦外籍制衣工人的 75%；主要来自江苏、浙江、陕西、福建、广东等省，分布在约旦的伊尔比德、塔基穆特、卡拉克和杜雷尔等四个约旦合作工业区。由于我国纺织工人的技术好、效率高，在约旦制衣行业中具有明显优势，因此，即使我国工人的工资高于印巴工人和约旦本地工人，许多工厂也愿意雇佣我国工人，尤其是当地的港口投资企业对我国工人更加青睐，约旦由此成为我国在中东地区开发的新兴劳务合作市场。

1990—2000 年的 11 年间，我国同约旦劳务合作规模的扩大比较明显。前期的 1990—1998 年，整体增幅不大，且个别指标波动较大，如年末在外人数 1992 年仅为9人，1993年增加了58人。1990年新签合同额和完成营业额出现很大降幅，两项指标分别由45万美元和150万美元均降至1997年的3万美元；后期的1999—2000年，规模迅速扩大，新签合同额、完成营业额和年末在外人数分别由1998年的17万美元、149万美元和45人跃升至2894万美元、667万美元和2521人，分别增加169倍、3.5倍和55倍。

2. 外派海员优势突显，潜力较大

“中国海员外派行业从无到有、从小到大，走过曲折，但正逐步走向成熟。1950年，为打破国际封锁，中国政府与波兰政府共同合资成立中波公司，公司船舶悬挂波兰国旗。当时在该公司船舶上服务的，既有中国海员也有波兰海员。1959年，中国政府相继在香港等地区成立了香港远洋等中资航运公司，公司船舶悬挂方便旗，国内航运企业负责选派海员到这些公司的船舶服务，中国海员打破了国际封锁，走向世界。1965年，中国政府专门为远洋海员签发一本代表海员身份的护照，并被世界各国所广泛接受。1979年，天津远洋首次向日本籍船舶‘目邦丸’号派遣4名中国海员，同年11月，实现向‘目邦丸’号全套派遣中国海员，中国的海员外派终于走出了向中资方便旗船舶派遣的禁锢，实现了向外资外籍船舶派遣海员的突破。随着我国对外贸易的迅速发展，海员外派行业更加活跃，管理日趋专业化和产业化，从国有体制、计划经济环境中率先实现了国际接轨、全方位发展的转变。”①

我国外派海员以普通船员为主，但持证的远洋高级海员包括船长、轮机长、大副、大管轮等的比例正在逐渐增加。外派海员业务的主要优势有：

一是具有较完善的海员管理制度。我国政府和相关组织制定了一系列规范和鼓励海员劳务发展的政策。对外贸易经济合作部国外经济合作司于1989年成立了中国外派海员协调机构（以下简称“协调机构”，1999年11月16日对外贸易经济合作部发出《关于将塞班、关岛和日本劳务项目的协调工作及有关机构转交商会的通知》后转交承包商会）。协调机构定期召开会议，协调与国（境）外相关组织机构的联系，组织市场调研，共同开拓国际市场，制定外派海员经营公司标准和《外派海员合同范本》，及时修订对外限价等。此外，由我国交通部海事局对海员资质的认定进行严格管理；1990年交通部召开船员外派工作会议，制订了外派船员五年计划，提出五年内外派船员人数达到2万人的目标。会议决定将外派船员劳务工作作为一项重要的议事日程，在全国范围内大力推进，为全国外派船员劳务工作创造了有利的政策环境。中远对外劳务合作公司等外派海员劳务公司先后成立；1995年对

① 福建海事局．我国海员外派行业发展问题及其对策［EB/OL］．(2022-09-12)［2022-10-10］．https：//www.wenmi.com/article/pxp3o200c1gu.html.

外贸易经济合作部、公安部、交通部制定的《关于规范外派海员办证、出境管理工作的通知》及其补充通知等。各海员劳务大公司纷纷加大力度进行外派船员队伍建设。

二是具有国际领先的航海教育。我国的航海教育已有近百年的历史，拥有完善的航海教育制度，教学质量和水准已得到国际航海教育界的肯定，形成由学历教育、职业技术教育组成的较为完善的体系和满足国际海事组织《海员培训、发证和值班标准国际公约》（以下简称“STCW 公约”）要求的航海教育、培训和管理体系，能够针对不同国家对高级航运人才的特殊要求，向世界航运人才市场输送大量经过严格教育和培训且符合 STCW 公约要求的高级航运人才。

三是具有丰富的海员资源。我国航海院校的数量、办学规模和所培养的各类船员人数均位居世界前列；一大批经过系统教育和海上实际工作训练，具有较高素质的海员人力资源受到国（境）外船东和国际海员市场的青睐。我国有着悠久的航运历史，是传统航海大国，拥有世界第五大远洋船队和丰富的海员人力资源。世界海员劳务市场对高素质低价格海员的长期需求，为我国海员劳务事业的发展提供了契机。

四是具有低廉的船员人力成本。这一阶段，与同质量的其他国家船员相比，我国船员仍具有成本较低的价值优势，比菲律宾船员的工资水平低 32%，对于需要通过低成本增加盈利水平的船东具有明显的吸引力。

中国香港地区、新加坡等亚洲地区和国家是我国海员的传统市场，欧洲是我国后续拓展的市场，我国派往欧洲的海员数量不多，但增长幅度较大。1990 年外派船员 5065 人，2000 年外派海船员达到 38164 人，增长了 6. 5 倍。

三、经济效益和社会效益显著

经过多年的发展，我国对外劳务合作取得了显著成绩，主要体现在经济效益和社会效益两个方面。

（一）经济效益方面

对外劳务合作增加了外派劳务人员的个人收入；增加了我国的外汇储备；带动了我国的商品出口。许多海外工程项目在开展外派劳务业务的同时，带动相关机械设备、材料等物质资料及设计、专利等出口，在促进我国商品出口和开展跨国经营等方面发挥了重要作用。

（二）社会效益方面

1. 对外有力促进了人员间的友好往来

（1）对外劳务合作有利于加强与劳务合作对象国和地区之间的交流与沟通，增进相互理解，也让世界更了解中国。同时，也有利于更加直接地了解国（境）外文化，更好地知晓世界。

（2）有利于吸引外商投资。通过对外劳务合作，外资企业看到我国拥有大量技术好、肯吃苦、价格低、好管理的优质劳动力，为我国引进外资进行了很好的宣传。

（3）缓解了劳务对象国的劳动力紧缺，缔结了深厚的友谊。大量外派劳务人员缓解了劳务对象国劳动力严重紧缺的棘手问题，依靠他们的辛勤付出和诚守履约，为劳务对象国中小企业注入了青春活力。特别是赴日本和韩国的研修生和技能实习生，同日、韩民众结下了深厚的情谊，成为我国对外开放和对外交往的“交往使者”。

2. 对内有利于改善民生、促进地区经济发展

（1）有利于缓解国内劳动力的就业压力。

（2）有利于提高我国劳动者的素质和技术水平。外派劳务人员经过出国（境）前的专门培训，既提高了运用当地语言沟通的水平，进一步掌握了专业技能，又了解了一些拟派往国家和地区的法律、法规、金融知识、当地的风俗民情及涉外礼仪，增长了知识，开阔了眼界；在国（境）外工作期间不但可以学到先进的生产技术、方法和管理经验，还可以提升自身综合素质。

（3）带动周边共同致富。劳务人员返回后，把学到的本领应用于再就业和创业实践，充分利用在国（境）外学到的先进技术和管理经验，自主创业，如开办农场、服装、建筑、餐饮等企业，积极带动身边的亲朋好友共同致富，成为我国经济发展的有生力量。

四、显现发展制约

我国对外劳务合作在取得显著成绩的同时，一些问题在一定程度上影响和制约对外劳务合作事业的发展。

（一）管理制度方面

1990—2000 年先后出台的对外劳务合作相关规章、管理办法以及通知等，涉及宏观管理，严格审查经营资格，建立并完善外派劳务人员的培训制度，加强对行业的规范管理等。首先是对外劳务合作定性不明，游离于“行政派遣”“企业雇佣”和“职业中介”之间，缺乏上位法，曾出现一个案例几种判决结果的情况；其次是重审批、轻服务、轻监管。随着对外劳务合作快速发展，出台的相关规章制度更多地强调对相关业务的审批，缺乏资格和项目批准后的监管和服务，缺少针对外派劳务人员和企业权益保护的相关规定；再次是激发经营主体活力的政策不足。

（二）市场秩序方面

由于政策规定不够健全，行业规范的约束和自律力度有限，尽管政府主管部门和行业组织先后制定了经营资格、合同备案、项目管理以及行业规范、国别市场和行业协调办法、服务费收取标准、国别（地区）市场最低工资标准等一系列规范、促进对外劳务合作行业发展的措施，经营秩序混乱问题依然存在。

一是法律缺位影响外派劳务纠纷处理。立法滞后导致政府主管部门管理和协调对外劳务合作关系时法律依据不足，处理外派劳务纠纷时应用法律界定纠纷及其责任时比较困难。

二是多头派遣格局影响市场规范运行和对外劳务合作的统筹发展。一直以来，对外贸易经济合作部负责对外劳务合作业务的归口管理，并形成了以《对外劳务合作经营资格管理办法》为依据的管理体系，但由于缺少统一、明确的法律规定，致使贯彻政策缺乏一致性，不能实行统一管理，政府各部门依据各自的部门规章管理外派劳务，滋生多头管理等问题，出现“党政工青妇，全民搞劳务”的局面，浪费了资源，导致市场秩序混乱。

三是少数企业违反有关政策和行业规范，违规操作、低价竞争、挂靠经营，既损害了经营公司的利益，也损害了劳务人员的利益，扰乱了正常的市场经营秩序。

（三）劳务资源方面

20 世纪 90 年代后期开始，东部沿海地区的外派劳务资源开始出现短缺，同时出现跨地域选派劳务人员的现象，虽然推动了内陆地区特别是中西部地区外派劳务的发展，但潜藏着资源培育不适应行业发展需求的问题。

快速发展阶段，我国对外劳务合作在管理体制机制、企业规范管理、市场拓展等方面都取得重大进展，形成以新加坡、日本和韩国等亚洲市场为主导的格局，纺织行业和外派海员达到一定规模，高端技能型劳务合作有所突破，取得了较好的经济效益和社会效益，形成良好的发展格局，奠定了我国对外劳务合作进一步发展的基础。

第四节　调整提高阶段
（2001—2011 年）

进入调整提高期，为不断适应行业发展需要，涉及政府主管部门相互协作、备用金制度、统计制度、培训制度、劳务资源培育、服务平台建设、市场秩序、行业自律服务、劳务纠纷处置、劳务人员权益保障等健全对外劳务合作宏观管理体制机制的办法和措施得到相应调整和完善，同时，对外交流进一步深入，市场规模得到进一步扩大，对外劳务合作经济效益和社会效益十分显著。

在“走出去”发展战略指引下，伴随着21世纪初期行业的高速增长，对外劳务合作行业呈现出规范与促进并举、开拓与巩固并重的重要特征。一方面，政府不断简政放权，充分调动对外劳务合作领域的市场活力。2004年7月，商务部、国家工商总局颁布了《对外劳务合作经营资格管理办法》，将对外劳务合作与对外承包工程分开管理，取消了对企业所有制形式的限制，并允许经批准的外商投资职业介绍机构或中外合资人才中介机构申请经营资格。该办法的实施优化了经营主体结构，加强了管理，为对外劳务合作的长足发展奠定了基础。这一时期，2011年具有对外劳务合作经营资格的公司达1024家。同时，规范对外劳务合作领域的备用金管理制度，修订统计制度，推出对外经济技术合作专项资金等相关支持措施，进行全国性清理整顿外派劳务市场专项行动，强化政府监管力度，建立起较为完善的宏观管理框架。另一方面，积极签署双边劳务合作协议，让更多的市场主体积极参与到对外劳务合作领域中来。在巩固市场的基础上，外派劳务业务规模进一步扩大，重点国别市场发展稳定，对外劳务合作业务形态形式多样，涌现出了大量真实感人的生动案例。中国对外劳务合作在快速发展的基础上得到调整和提高，为行业的规范运行奠定了坚实的基础。

一、政府高度重视对外劳务合作的发展

随着我国“走出去”战略的深入开展，对外承包工程和对外劳务合作事业的地位和作用显著提升，得到了党和政府以及社会各界的高度重视。2002年9月12日，江泽民总书记在全国再就业工作会议上指出：要努力开拓国际劳务市场，鼓励具有比较优势的产业和企业向境外发展，有组织地开展各类专业人员的劳务输出，带动就业增长。在2007年十届全国人大五次会议上，时任总理温家宝在政府工作报告中提出“发展对外承包工程与劳务合作”。2008年是我国对外劳务合作管理体制发生重大变化的一年。在十一届全国人大一次会议上，温家宝总理在政府工作报告中提出“理顺对外劳务合作管理体制”。2008年1月17日，时任商务部部长陈德铭在2008年全国商务工作会议上的报告中指出，要大力发展对外承包工程与劳务合作。“建立权责清晰的外派劳务管理机制，各地要加强外派劳务基地建设。”2009年在十一届全国人大二次会议上，温家宝总理在政府工作报告中再次提出“发展对外承包工程与劳务合作”。2010年3月在十一届全国人大三次会议上，温家宝总理在政府

工作报告中进一步提出“提高对外承包工程和劳务合作的质量”。为对外劳务合作营造了具有历史性的、良好的宏观发展环境。

二、形成“四位一体”的宏观管理体制

“十五”时期，在全面总结多年实践经验的基础上，我国对外劳务合作促进和服务体系建设取得了突破，有效促进和保障了对外劳务合作业务的健康稳定发展。2001—2011 年逐步建立健全了对外劳务合作的管理体制机制，形成了“商务部宏观管理、各部委协调合作、地方政府部门属地管理、行业组织协调自律、驻外经商机构一线监管、与有关劳务输入国共同管理”的基本管理框架。制定了包括经营资格核准与年审、对外劳务合作备用金、外派劳务统计、专项资金支持和外派劳务人员权益保障、外派劳务基地建设和人员培训等内容的一系列对外劳务合作促进、保障和监管制度。

这个基本管理框架构建了由“国务院商务主管部门、地方商务主管部门、驻外经商机构和行业组织”构成的、具有中国特色的“四位一体”① 部门宏观管理体制，显著特点是强化各部门管理责任，对境外经营行为形成有效的监管体系；对突发事件形成快速的反应和解决机制；建立了对劳务人员合法权益投诉、救援等保护机制；充分体现了“三个代表”和“以人为本”的重要思想，有利于维护市场经营秩序，保障经营企业和劳务人员的利益。

（一）健全部际合作机制

2003 年 3 月 10 日，第十届全国人民代表大会第一次会议通过国务院机构改革方案，撤销外经贸部和国家经贸委，把原国家经济贸易委员会内负责贸易的部门和原对外贸易经济合作部合并，设立商务部，主管国内外贸易和国际经济合作。

在对外劳务合作宏观管理方面，进一步明确各部门和地方政府责任，成立各有关部门参加的对外劳务合作部际协调机制，明确各部门职责分工，共同规范管理。其中：商务部门负责制定外派劳务法律法规和配套政策，加强宏观监测和调控，统一对外谈判和交涉，对外签署劳务合作协议，指导处理境外劳务事件；工商部门负责规范企业注册内容，严查各类外派劳务招聘广告，查处无证经营和超范围经营行为；公安部门负责外派劳务的护照和出入境管理，牵头打击涉嫌非法集资、诈骗、组织偷渡等非法外派行为；外交部门负责外派劳务领事保护，牵头处置各类在境外务工人员生命财产安全受到侵害的突发事件；国资委部门负责监督中央企业外派劳

① “四位一体”的概念首次引自 2008 年 6 月 10 日全国处理境外纠纷及突发事件电视电话会议。

务纠纷的处理财政、税收、保险等部门配合制定外派劳务促进措施；其他各有关部门根据职责分工落实相应责任通过下放管理权，充分发挥地方政府作用。将对外劳务合作从审批到管理全部交由各地人民政府负责，并承担相应监管责任。国务院有关部门除了制定必要的标准和原则、做好规划和指导外，其他都放到省里，赋予各省足够的决策权管理权和裁量权。

本阶段，商务部加强与国务院各部门的协调合作，围绕规范促进对外劳务合作发展，制定了设立对外劳务合作备用金，取消收取履约保证金，严禁派遣博彩色情劳务，加强和促进对外派海员、输港澳地区劳务、对台湾地区渔船船员劳务合作，实行外派劳务招收备案和不良行为记录，做好外派劳务人员信访工作，建设对外劳务合作服务平台以及防范处置境外劳务事件等一系列管理规章和制度，进一步健全和完善对外劳务合作管理机制。

2003 年 8 月 1 日商务部、国务院港澳办、中央政府驻澳门联络办联合发出《关于内地输澳劳务管理体制改革的通知》。同年 8 月 21 日和 10 月 29 日，商务部、财政部分别发出《关于修改〈对外劳务合作备用金暂行办法〉的决定》和《关于取消对外经济合作企业向外派劳务人员收取履约保证金的通知》。

2004 年 7 月 26 日，商务部、国家工商管理局颁布《对外劳务合作经营资格管理办法》。宗旨是加强对外劳务合作管理，规范对外劳务合作市场经营秩序，维护外派劳务人员合法权益，提高对外劳务合作质量和管理水平，促进对外劳务合作健康发展。为贯彻落实管理办法，2004 年 9 月 2 日商务部连续发出《商务部关于执行〈对外劳务合作经营资格管理办法〉有关问题的通知》和《商务部关于印发〈对外劳务合作经营资格证书管理办法〉的通知》。

2005 年 12 月，商务部、财政部印发《对外经济技术合作专项资金管理办法》，支持和鼓励有条件的企业开展对外经济技术合作。2006 年 4 月商务部、财政部又下发《关于对外经济技术合作专项资金支持政策有关问题的通知》，明确对外劳务合作企业申请专项资金支持的条件、内容和具体操作程序。

2008 年 9 月 5 日，商务部与外交部、公安部、工商总局联合发布了《关于实行外派劳务招收备案制的通知》，对招收并向境外派遣劳务人员实行备案制度。

2009 年 6 月 23 日和 8 月 10 日，商务部与外交部联合发出了《防范和处置境外劳务事件的规定》和《关于建立境外劳务群体性事件预警机制的通知》，明确“谁对外签约，谁负责”和“属地”的原则以及相关处置程序，强化预防和应急体系，落实管理责任，切实维护外派劳务人员和外派企业的合法权益。

2010 年 5 月 5 日，商务部、交通部发出《关于加强外派海员类对外劳务合作管理有关事宜的通知》，强化对外派海员劳务的管理。

2011 年 5 月 25 日，商务部、外交部、公安部、交通运输部、农业部、工商总局、国台办联合发出《关于促进对台渔船船员劳务合作有关问题的通知》，共同推动大陆方面对台湾渔船船员劳务合作业务。

在促进和推广重点劳务合作市场方面，商务部与其他部委（办）共同在对澳大利亚、新西兰、丹麦、瑞典等自贸区或双边经贸谈判中，积极推动对方劳务市场开放。

（二）中央与地方商务主管部门互动

中央和地方商务主管部门的高效互动对促进对外劳务发展起到了举足轻重的作用。进入 21 世纪，商务部多次印发促进、规范行业发展的通知、办法等，明确了责任划分的“属地”原则，即对外签约的企业注册地人民政府负责监督处置本地区对外劳务合作工作。各级商务主管部门快速、及时、高效地贯彻落实，负责牵头组织协调各部门按分工做好本地区外派劳务工作，维护对外劳务合作行业的规范发展。2009 年 1 月 22 日发出《商务部关于推进对外投资合作便利化，扩大省级商务主管部门管理权限的通知》（商合发〔2009〕35 号），在对外劳务合作管理方面，适时下放对外劳务合作经营资格审批和管理权限，除特殊行业或国家、地区外，逐步实现对外劳务合作经营资格和培训中心由企业注册地省级商务主管部门审批和监管。各地区根据标准按需认定外派劳务人员培训机构。

在国家相关政策的指导下，对外劳务合作的宏观管理秉承“谁养的孩子谁抱”的原则，将审批权下放地方政府，由地方政府制定规划并实施具体管理。各级地方政府针对本省市、地区的情况，相继出台了一些地方性的、旨在指导监督协调本地区对外劳务合作业务的政策和法规（见表 1 －1 －4 －1），有力地促进了当地对外劳务合作业务的发展。

表 1 －1 －4 －1　2001—2005 年地方政府部门出台的部分政策和管理规定

序号	部分政策和管理规定	颁布时间	颁布省市
1	《重庆市对外劳务统计制度实施细则》	2001. 01	重庆市
2	《重庆市关于办理外派劳务人员出国（境）手续的暂行办法》	2001. 01	重庆市
3	《重庆市鼓励扩大对外劳务合作规模若干优惠政策实施细则》	2001. 01	重庆市
4	《泰州市对外劳务合作管理暂行办法》	2001. 02	泰州市
5	《苏州市“走出去”扶持资金使用办法（试行）》	2003. 06	苏州市
6	《江苏省对外劳务合作管理暂行办法》	2004. 01	江苏省
7	《山东省外派劳务基地县试点工作指导意见》	2004. 02	山东省
8	《山东省外派劳务培训管理办法实施细则》	2004. 06	山东省
9	《天津市办理劳务人员出国手续办法的实施细则》	2004. 12	天津市
10	《山东省外派劳务（研修生）人员考试工作规程》	2005. 03	山东省

资料来源：根据商务部网站资料汇总整理。

（三）驻外使（领）馆实行一线监管

根据《对外劳务合作项目审查有关问题的规定》（外经贸合发〔2002〕137号），驻外使（领）馆对外劳务合作进行项目确认。当经营公司首次独立签约进入某国（地区）市场开展对外劳务合作业务或派出劳务人员数量较多或向服务行业派出女性劳务人员时，须向我驻外使（领）馆经商机构征求意见。驻外使（领）馆经商机构的项目确认函是经营公司在向各省级商务主管部门报送项目审查材料时的必要材料。

驻外使（领）馆充分发挥一线监管作用，对当地中资企业和派出人员情况实行登记备案管理，指导和监督企业守法合规经营，指导企业妥善处置纠纷和突发事件。

（四）充分发挥行业组织协调自律作用

自1988年始至本阶段，承包商会已经历了20年的发展历程。作为社会主义市场经济体制下的现代行业组织，承包商会坚持“协调、指导、咨询、服务”的办会宗旨，业务范围涉及行业自律、业务指导、市场协调、信用建设、信息咨询、会展培训、对外交流、维护劳务人员权益、处理境外突发事件、行业宣传、维护市场秩序等多个方面。设有11个部室，7个业务分支机构、4个海外机构、16个地方联络处和由工程、劳务、信息，法律等众多相关行业专家组成的专家委员会，会员数量由最初的76家上升到近1300家。积累了大量宝贵的办会经验，在政府和企业间发挥纽带与桥梁的作用，职能、作用不断扩大，影响力与日俱增，并朝着专业化、市场化、国际化的方向迈进。在对外劳务合作方面，主要体现为：

1. 制定了一系列对外劳务合作行业规范

（1）《中国对外承包工程和劳务合作行业规范（试行）》《对外劳务合作协调暂行办法》《对外劳务合作行业外派劳务基地指导办法（试行）》《对外劳务合作行业常态监督检查办法》等行业规范。

（2）中国中日研修生协力机构、中国外派海员协调机构和中国外派渔工协调机构等分支机构的工作条例、成员管理办法、成员公司行为准则和专家组管理暂行办法。

（3）北马里亚纳群岛联邦、毛里求斯、以色列、新加坡、纳米比亚、约旦、韩国等国别（地区）市场的劳务合作业务协调办法以及两岸渔船船员劳务合作业务协调办法、劳务纠纷和突发事件处理办法。

（4）《关于促进海外新兴劳务市场有序发展的指导意见》《关于进一步推动外派劳务基地建设的意见》《关于进一步加强外派劳务合法权益保护工作的意见》《关于建立对外劳务合作行业常态检查机制的意见》以及关于推进外派海员劳务合作进一

步发展、推动中日研修生合作进一步规范健康发展、推动对新加坡承包工程和劳务合作进一步规范健康发展等方面的指导意见；2007 年，为贯彻《国务院办公厅关于加快推进行业协会商会改革和发展的若干意见》，推动对外劳务合作行业发展方式的转变，印发了《关于进一步促进对外劳务合作行业健康发展的意见》。

（5）在日研修生失踪专项认证指导、对台渔工劳务合作团体保险、在韩研修生优惠汇款指南、赴日研修与技能实习合同（参考版）、对德厨师劳务合作合同（范本）以及对外劳务合作国别产业指导目录、赴德国厨师签证申请材料确认办法等服务项目。

（6）对日研修生诚信守约倡议书、正确开展技能实习合作倡议书和关于支持四川省开展对外劳务合作的倡议书（汶川大地震后）等倡议。

（7）赴日研修生、技能实习生服务费收入暂行办法等行业收费指导意见等。

2. 编印发布年度《中国对外劳务合作发展报告》

承包商会自 2004 年起，连续编印并发布年度《中国对外劳务合作发展报告》，分析我国对外劳务合作的行业状况，从宏观角度对我国对外劳务合作面临的国内外市场环境、对外劳务合作业务年度发展状况和主要特点以及今后一段时期内的业务发展趋势进行系统概括和预测。对于社会各界了解对外劳务合作行业的发展情况，研判未来发展趋势、提升综合竞争力，转变业务发展模式具有重要参考价值。

3. 开展对外劳务合作成果宣传和政策宣传

举行对外劳务合作业务交流，编辑整理《回国劳务人员创业事例集》《对日研修生合作业务研讨文集》和《中国对外劳务合作行业指南——政策篇、行规篇、市场篇》等，广泛宣传对外劳务合作成果和政策规定，增加社会各界对对外劳务合作的认知。

4. 提供专业化行业服务

重视网站宣传服务。2005 年，承包商会官网全新改版，专设对外劳务合作行业服务子网页（见图 1-1-4-1），分设“新闻公告”“法规政策”“行业规范”“劳务市场”“协调机构”“劳务基地”“供需平台”等栏目，及时反映行业发展动态，提供行业信息，提高服务效率和质量，并不断加强业务培训、

图 1-1-4-1 中国对外承包工程商会对外劳务合作行业服务子网页

专家在线咨询、相关推荐等协调服务工作。

5. 不断加深对外交流，健全协调磋商机制

与日本、德国、波兰、韩国、新加坡等驻华使（领）馆和日本国际研修协力机构（JITCO）、德国劳工局国际旅馆与餐饮业管理办公室（ZIHOGA）、丹麦船东协会等境外同行组织的联系与合作取得了长足发展，并定期举行工作磋商；组团出访日本、新加坡，举办业务说明会，邀请波兰、澳大利亚驻华使馆举办外劳政策、签证程序等业务知识讲座，帮助企业了解有关政策规定和签证办理条件，为会员企业的市场开拓和劳务人员权益保护提供指导和帮助。

2004 年 9 月 9 日至 13 日，中国中日研修生协力机构代表团访日，于 9 月 13 日在东京首次成功举办了“中国中日研修生协力机构对日研修生接收机关说明会”。近百名研修生接收机关代表、日本法务省、厚生劳动省以及我驻日使馆官员代表出席了会议。说明会上代表团现场发布了由中国中日研修生协力机构制定的《对日研修生派遣指针》和由李良杰作词、谷建芬作曲的《研修生之歌》CD 光盘。

6. 设立境外办事机构

这一阶段，相继设立了承包商会驻韩国、新加坡、日本三个境外代表处，为会员企业提供一线协调和服务。表 1－1－4－2 所示为 2005 年承包商会对外劳务合作专业分支机构和境外机构。

表 1－1－4－2　2005 年承包商会对外劳务合作专业分支机构和境外机构

序号	对外劳务合作专业机构和境外机构	成立年月
1	中国中日研修生协力机构	1992 年 3 月 24 日
2	中国外派海员协调机构	1989 年 8 月
3	中国外派渔工协调机构	2000 年 7 月 12 日
4	塞班中国经济发展协会	1997 年 6 月 19 日
5	中国对外承包劳务企业新加坡协会	2003 年 12 月 3 日
6	中国对外承包工程商会驻韩国办事处	2004 年 6 月 18 日
7	中国对外承包工程商会驻日本代表事务所	2004 年 9 月 9 日

资料来源：承包商会网站汇总整理（www. chinca. org）。

其中，2003 年 8 月 13 日经商务部人事教育劳动司批准，同意承包商会成立中国对外承包劳务企业新加坡协会（商人劳字〔2003〕195 号）。2003 年 12 月 3 日，商务部正式致函承包商会《商务部关于同意为中国对外承包劳务企业新加坡协会办理备案手续的批复》（商合批〔2003〕475 号），同意办理备案手续。中国对外承包劳务企业新加坡协会是隶属于承包商会的海外分支机构。协会由具有对外承包工程、劳务合作经营权的中国公司（企业）依法自愿组成的非营利性、自律性的社会团

体。于2004年12月8日在新加坡注册并于2007年8月14日在民政部国家民间组织管理局进行了社会团体分支（代表）机构登记。2011年有成员127家。为推动中国新加坡劳务合作，经双方同意，在中国设立了中国建筑工程总公司南京培训考试中心、浙江省建筑外派劳务培训中心、青建集团股份公司济南考试中心、北京万迅建筑业外派劳务培训中心和中电技定福庄考试中心等新加坡建筑劳务培训考试中心等6家考试中心，分布在北京、南京、浙江等地，对赴新建筑工人进行专业培训和考试。①

2003年9月4日，商务部人事教育劳动司发出《关于同意中国对外承包工程商会在日本设立协力机构办事处的批复》（商人劳字〔2003〕214号），2004年9月9日，中国对外承包工程商会驻日本代表事务所在东京成立并正式开展业务。②

2004年4月9日，商务部人事教育劳动司发出《关于同意成立中国对外承包工程商会驻韩国代表机构的批复》（商人劳字〔2004〕93号），2004年6月18日，中国对外承包工程商会驻韩国办事处在首尔正式成立并举行揭牌仪式。

7. 推进外派劳务资源基地建设

建设外派劳务基地是适应对外劳务合作业务迅速发展需要而出现的一种创新工作方式。受外派劳务资源需求的促动，外派劳务基地建设得到前所未有的关注和支持。作为对外劳务合作业务流程的上游环节，外派劳务基地在培养选育劳务人员、维护劳务人员合法权益等方面担负着重要的责任，得到政府主管部门的高度肯定和重视。2008年6月10日在全国处理境外纠纷及突发事件电视电话会议上，时任商务部部长陈德铭同志强调指出："要推进外派劳务基地和外派劳务援助体系建设。"

这一阶段，全国各地广泛建立外派劳务基地，部分省市不断推进和加快本地区的外派劳务基地建设进程。为促进外派劳务资源基地的专业化建设，2004年2月25日，承包商会印发了《对外劳务合作行业外派劳务基地指导办法（试行）》，包括业务规模、机构设置、制度建设、硬件环境、管理力度等7条标准。召开行业外派劳务基地推介大会，首批推荐山东青州、四川汉源、四川犍为为行业外派劳务基地。2005年，先后认定推介了3批15个"对外劳务合作行业外派劳务基地"。2007年4月23日又印发了《中国对外承包工程商会对外劳务合作行业劳务基地考核办法（暂行）的通知》，推动行业劳务基地的规范发展。

---

① 后又批准设立了浙江建筑工程总公司培训中心。

② 根据业务发展等具体情况，2013年11月26日承包商会发文注销中国对外承包劳务企业新加坡协会驻新加坡办事处和韩国办事处；2008年12月5日承包商会决定撤回塞班中国经济发展协会驻外工作人员，驻外办事处工作委托在岛企业代管；2016年承包商会发文《关于撤销日本相关代表机构的通知（承商办发〔2016〕31号）》，驻日本代表事务所于2016年12月正式撤销。

承包商会作为对外承包工程和劳务合作领域全国性行业组织，通过在国内外开展业务对接会、说明会等宣传和推广的方式，行业劳务基地建设的意义得到各方面的重视，在外派劳务业务中所发挥的作用越来越大。外派劳务资源基地的建设，减少了经营公司的成本，提高了对外劳务合作业务的总体效率，基本形成了劳务培养和劳务外派相结合的产业分工体系。截至2009年，承包商会先后在全国审核认定了35家“行业外派劳务基地”（见表1-1-4-3），覆盖15个省（市），也为2010年商务部在全国范围内推行对外劳务合作服务平台建设奠定了基础。

表1-1-4-3 2004—2009年承包商会设立对外劳务合作行业外派劳务基地

序号	挂牌时间	外派劳务基地名称
1	2004年	山东省青州市外派劳务基地
2	2005年4月	山东省临沂市外派劳务基地
3		河南省新县外派劳务基地
4		四川省犍为县外派劳务基地
5		四川省广安市广安区外派劳务基地
6		四川省仪陇县外派劳务基地
7	2005年11月	河北省故城县外派劳务基地
8		辽宁省清原县外派劳务基地
9		辽宁省桓仁满族自治县外派劳务基地
10		大连市友兰集团外派劳务基地
11		黑龙江省延寿县外派劳务基地
12		吉林省农安县外派劳务基地
13		吉林省永吉县外派劳务基地
14		吉林省和龙市外派劳务基地
15	2006年10月	湖北省宜昌市外派劳务基地
16	2007年6月	河北省承德市外派劳务基地
17		山东省宁阳县外派劳务基地
18		湖南省浏阳市外派劳务基地
19	2008年11月	湖北省竹山县外派劳务基地
20		江西省上高县外派劳务基地
21		安徽省肥东县外派劳务基地
22		安徽省太和县外派劳务基地
23		安徽省枞阳县外派劳务基地
24		山东省潍坊交运集团外派劳务基地
25		河南省嵩县外派劳务基地
26	2009年5月	重庆市铜梁县外派劳务基地
27	2009年6月	云南省楚雄彝族自治州外派劳务基地

续表

序号	挂牌时间	外派劳务基地名称
28	2009年12月	山东省垦利县外派劳务基地
29		湖南省衡阳县外派劳务基地
30		湖南省岳阳市湘北女校外派劳务基地
31		湖南省湘乡市外派劳务基地
32		河南省邓州市外派劳务基地
33		河南省社旗县外派劳务基地
34		江苏省东海县外派劳务基地
35		陕西省西安市灞桥区外派劳务基地

资料来源：承包商会网站汇总整理。

8. 开展对外劳务合作企业信用等级评价

早在2006年，承包商会就在中日研修生协力机构成员公司范围内开展对外劳务合作企业信用等级评价工作。在2006年7月24日召开的中日研修生协力机构第六次成员大会上，首次发布了20家“中日研修生合作诚信等级3A级企业”。

为进一步推进企业信用等级评价工作的开展，承包商会成立了对外承包工程与劳务合作企业信用等级评审委员会，发布了《对外承包工程与劳务合作企业信用信息管理办法》，促进企业信用信息的公开与共享，增强企业质量、安全和信用管理观念，倡导诚信经营的良好风气，完善守信激励、失信惩戒机制。2008年4月，在2008全球建筑峰会暨中国对外承包工程商会成立20周年纪念活动期间，首批对外劳务合作企业信用等级评价结果正式发布，并启动了第二批对外劳务合作企业信用等级评价。

9. 设立对外承包工程与劳务合作统计办公室

2011年4月，商务部对外承包工程与对外劳务合作统计工作转交承包商会办理，承包商会设立对外承包工程与劳务合作统计办公室，具体承担对外承包工程与劳务合作的业务数据统计、审核、汇总与初步分析、年报编制等专项工作。

10. 成立中国对外承包工程商会国际公司工作委员会

为了增强国际公司在国际市场的竞争力，加强公司间的联系与协作，并在政府和企业之间发挥桥梁和纽带作用，维护正常的经营秩序，维护国家利益和会员企业的合法权益。2001年9月28日由承包商会会员中的原各省市国际经济技术合作公司（窗口型公司）组成、正式成立了中国对外承包工程商会国际公司工作委员会（以下简称“承包商会国工委”或“国工委”，见图1－1－4－2）。承包商会国工委是中国对外承包工程商会的所属机构，接受中国对外承包工程商会的领导和监管，

图1－1－4－2　2001年承包商会国际公司分会召开成立国工委筹备工作会议、国际公司工作委员会筹备工作会议

旨在根据省市国际经济技术合作公司的特点，加强协调、指导、咨询和服务，制定行业规范，发挥整体优势。

11. 开展对外劳务合作企业从业人员培训

随着我国对外劳务合作事业的蓬勃发展，商务部新批准获得对外劳务合作经营资格的企业逐年增多，已获得对外劳务合作经营资格的企业也不断有新的职工上岗从业，对外劳务合作从业人员的队伍逐年扩大。因此，针对对外劳务合作企业从业人员进行对外劳务合作方针政策、相关法律法规以及行业发展状况、市场开拓与业务管理等方面的在职培训成为行业发展的客观需求。为此，承包商会根据《关于请做好对外劳务合作有关工作的函》（商合函〔2008〕690号），自2008年始连续三年开展了针对新获得商务部对外劳务合作经营资格证书的企业负责人、从业人员和已获得对外劳务合作经营资格证书企业的新上岗业务人员的业务培训，内容涉及政策解读、行业规范、国别（地区）市场、境外管理、业务流程、外派劳务基地建设、权益保障以及法律常识等内容。

三、对宏观管理进行适应性调整

2001—2011年是我国对外劳务合作宏观管理适应性调整力度较大的十年。先后出台了涉及加强经营资格管理、调整宏观管理职能、规范备用金管理、清理整顿市场秩序、对外劳务服务平台建设、加强境外安全管理以及外派劳务人员权益保障等方面的部门规章、管理办法等，有力促进了对外劳务合作事业的有序发展。

（一）将对外承包工程与劳务合作分开管理

自1979年以来，我国一直实行对外劳务合作许可制度。随着我国对外劳务合作行业的不断发展，外派劳务规模不断扩大，劳务人员在外所从事的行业也在不断增多。为了进一步激发市场活力，规范对外派劳务的管理，2004年7月商务部、国家工商总局颁布了《对外劳务合作经营资格管理办法》（以下简称《经营资格管理办法》）。

1. 《经营资格管理办法》与以往管理规定的区别

一是将对外劳务合作与对外承包工程分开，分别进行单独管理，对获得对外承包工程经营资格的企业赋予其向对外签约的境外承包工程项目派遣所需劳务人员的资格；

二是根据市场经济的要求，取消了对企业所有制形式的限制，不再要求国有控股，也不再将企业分成若干类型，所有企业均按统一的标准申请经营资格；

三是允许经批准的外商投资职业介绍机构或中外合资人才中介机构申请经营资格；

四是准入的门槛有所提升。首次将企业的负债率、经营场所面积和是否通过ISO9000质量管理体系认证等列入了申请条件，对于企业注册年限、注册资本、资产负债率、办公硬件、管理水平和业绩行为记录等反映企业经营实力等指标作出明确要求。已经获得经营资格的老企业，也要按此条件进行重新审核，限期达不到标准的经营公司，其经营资格将被取消。

2. 明确了企业进入对外劳务合作行业的标准

逐渐明确和细化企业进入对外劳务合作行业的条件。根据《经营资格管理办法》，分别对企业申请向国（境）外派遣非海员类劳务人员和申请外派海员类劳务人员时对外劳务合作经营资格应具备的条件作出明确规定。

（1）申请向国（境）外派遣非海员类劳务人员的企业应达到如下条件：

①依法登记注册的企业法人，注册3年以上，注册资本金不低于500万元人民币，中西部地区企业不低于300万元人民币；

②具有相当经营能力，资产负债率不超过50%，无不良行为记录；

③拥有固定的经营场所，办公面积不低于300平方米；

④具备健全的管理制度，通过ISO9000质量管理体系认证；

⑤具有足额交纳对外劳务合作备用金的能力；

⑥具有大专以上学历或中级以上职称的对外劳务合作专业人员不少于5人，专职培训管理人员和财务人员均不少于2人，法律人员不少于1人；

⑦具有相应市场开拓能力和现场管理能力；

⑧具有一定工作基础，近3年向具有对外劳务合作经营资格的企业提供外派劳务人员不少于300人。

（2）申请外派海员类对外劳务合作经营资格的企业，除上述一般条件外，还应具备：

①具有从事国际船舶运输、国际船舶管理或国内船舶运输的经营资质；

②建立安全管理体系并通过审核；

③有驾驶、轮机专业高级船员资质的管理人员不少于5人；

④具有相应的市场开拓能力；

⑤具有一定工作基础，近3年内向具有外派海员类对外劳务合作经营资格的企

业提供外派海员 300 人以上。

此外，经商务部批准具有对外承包工程经营资格的企业，可向其对外签约的境外承包工程项目派遣所需劳务人员。

《经营资格管理办法》的实施优化了经营主体结构，加强了从业主体构成管理，为对外劳务合作的长足发展奠定了基础。

3. 坚持由经营公司有组织地派遣，适合我国劳务人员的特点和需要

考虑到我国劳务人员大多来自农村、对外沟通能力欠缺、法律意识比较淡薄、自我保护能力较差的实际情况和特点，由经批准的对外劳务合作企业与境外雇主和外派劳务人员三方签约，有组织地派遣各类劳务人员到有关国家或地区为境外雇主提供服务，并通过经营公司对外派劳务人员进行后期跟踪管理，以最大限度地保护外派劳务人员的合法权益，维护国家形象。

（二）境外就业职能划归商务部

按照党的十七大提出的“探索实行职能有机统一大部门体制”的原则，《国务院办公厅关于印发商务部主要职责内设机构和人员编制规定的通知》（国办发〔2008〕77 号）规定将原劳动和社会保障部的境外就业管理职能划入商务部。2008 年 9 月人力资源和社会保障部、商务部联合发布《关于做好境外就业管理职能划转工作的通知》（人社部发〔2008〕75 号），标志着原劳动和社会保障部的境外就业职能正式划归商务部。

为保持境外就业工作的连续性和稳定性，2008 年 12 月，商务部先后印发了《商务部关于做好境外就业管理工作的通知》（商合发〔2008〕525 号）和《对外劳务合作和境外就业业务统计制度》的通知（商合发〔2008〕511 号），按照“统一政策、统一管理”的原则，将外派劳务和境外就业统称为对外劳务合作，并对外派劳务和境外就业进行了重新界定。

境外就业是指中国公民自行到境外工作的就业活动。境外就业中介是指企业为中国公民赴境外就业提供咨询、办理出境和境外工作手续，以及介绍境外工作岗位的职业中介活动。从事上述活动的企业称为境外就业中介企业。

外派劳务是指企业与境外允许招收或雇佣外籍劳务人员的公司、中介机构或私人雇主签订合同，并按照合同约定的条件有组织地招聘、选拔、派遣中国公民到境外为外方雇主提供劳务服务并进行管理的经济活动。从事上述境外劳务派遣活动的企业称为外派劳务企业。外派劳务的有关管理规定，按照现行对外劳务合作管理规定执行。

同时，根据《商务部关于做好境外就业管理工作的通知》（商合发〔2008〕525

号)，境外就业中介企业和外派劳务企业须于2009年2月底前完成《对外劳务合作(外派劳务)经营资格证书》和《对外劳务合作(境外就业)经营资格证书》的换证工作。

(三) 外派海员管理职责分工调整

2005年，在《对外劳务合作经营资格管理办法》的基础上，商务部制定了《外派海员类对外劳务合作经营资格管理规定》，这是我国第一个有关外派海员类的对外劳务合作经营资格的单独、明确的管理规定，有助于加强外派海员管理，规范外派海员市场经营秩序，保护外派海员的合法权益。

根据国务院职责分工安排，2010年5月5日，商务部、交通运输部发出《关于加强外派海员类对外劳务合作管理有关事宜的通知》(商合发〔2010〕148号)，通知规定，外派海员类对外劳务合作的各项促进、服务和监管办法应与对外劳务合作管理的总体要求相一致。商务部负责制定对外劳务合作总体规划、制定对外劳务合作相关法律法规和政策措施、签署双边劳务合作协议、归口数据统计等工作；交通运输部负责所有赴外籍船舶或港澳台地区籍船舶工作的外派海员类劳务人员的管理，包括外派企业经营资格管理、证件管理、人员培训、项目审查、项目招收备案、境外管理，会同国务院有关部门和地方政府处理境外突发事件和船员劳务纠纷、打击违规违法外派及整顿市场秩序、强化政府公共服务等。

为规范海员外派管理，提高我国外派海员的整体素质和国际形象，维护外派海员的合法权益，促进海员外派事业的健康发展，2011年3月7日，交通运输部发布实施《中华人民共和国海员外派管理规定》(中华人民共和国交通运输部令2011年第3号)，对海员外派机构资质、外派机构的责任与义务、突发事件处理、监督检查以及法律责任等做了明确规定。2011年6月21日，交通运输部海事局发出关于实施《中华人民共和国海员外派管理规定》有关事项的通知(海船员〔2011〕343号)，要求做好海员资质的换发、资质受理审批、备用金收缴、突发事件处理等工作。2011年6月21日，交通部海事局进一步发出关于印发《海员外派机构资质管理实施意见(试行)》的通知，对申请从事海员外派的主体及其办公场所，管理人员及其培训、岗位技能训练与法律事务处理能力，自有外派海员数量，注册资本，备用金交纳以及商业信誉、申请材料等都作出详细、明确的规定。

(四) 备用金管理规范化

2001年11月27日，对外贸易经济合作部和财政部联合发布了《对外劳务合作备用金暂行办法》，该办法指出，对外劳务合作备用金是指由对外经济合作企业交纳、用于解决突发事件的专用款项。该办法规定，凡是经营向境外派遣各类劳务人员的企业以及向境外派遣相关行业（含实施对外承包工程、对外设计、咨询、勘测业务等）所需的劳务人员的企业需交纳备用金。备用金的交纳标准为：派遣各类劳务人员的企业为100万元人民币；派遣相关行业劳务人员的企业为20万元人民币。当企业无力支付因突发事件造成外派劳务人员须即刻回国而发生的遣返费用时，方可动用该企业的备用金进行支付。该办法于2002年1月1日正式实施。2003年8月21日，商务部、财政部公布了《关于修改〈对外劳务合作备用金暂行办法〉的决定》，对第十四条、第十七条和第十八条进行了修改。其中在第十四条中增加了用保函形式交纳备用金的规定；在第十七条中增加了“企业无力按照人民法院的判决或仲裁机构的裁决赔偿劳务人员的损失时，可以向注册地省级商务主管部门申请动用备用金及利息”；将第十八条第四款修订为“省级商务主管部门在动用备用金后，应在10个工作日内向商务部、财政部备案并将动用备用金的书面通知送达有关企业”。

（五）出台对外经济技术合作专项资金支持政策

2005年12月，财政部、商务部出台《对外经济技术合作专项资金管理办法》，办法规定对境外投资，境外农、林和渔业合作，对外承包工程，对外劳务合作，境外高新技术研发平台，对外设计咨询等对外经济技术合作业务给予直接补助或贴息等方式的资金支持。其中，专项资金直接补助内容包括“境内企业在项目所在国注册（登记）境外企业之前，或与项目所在国单位签订境外经济技术合作协议（合同）之前，为获得项目而发生的相关费用，包括聘请第三方的法律、技术及商务咨询费、项目可行性研究报告编制费、规范性文件和标书的翻译费用；购买规范性文件和标书等资料费；对外劳务合作，境外高新技术研发平台，对外设计咨询项目运营费用等”。专项资金贴息内容包括“境外投资、合作和对外工程承包等项目所发生的境内银行中长期贷款”。这一专项资金的设立有助于解决对外承包工程和劳务合作等对外经济合作开拓市场和项目前期运作的资金问题。

（六）实行外派劳务培训和考试分离

为了进一步加强外派劳务培训工作，对外贸易经济合作部发出一系列关于外派劳务人员培训工作的规定（见表1-1-4-4）。各地方也相应制定了规范外派劳务培训的办法。如《江苏省物价局、江苏省财政厅关于规范培训收费管理的通知》（苏价费〔2003〕408号、苏财综〔2003〕157号）。2004年2月，商务部对外派劳务培训制度进行改革，发出关于印发《外派劳务培训管理办法》的通知，提出规范各省劳务培训中心、明确各省建设考试中心的要求和保证外派劳务人员应具备基本的派出条件。

表1-1-4-4 2001—2004年外派劳务人员培训工作相关规定

发布日期	文件名称	文号
2001年8月1日	对外贸易经济合作部关于印发《外派劳务人员培训工作管理规定》（修订稿）的通知	外经贸合发〔2001〕441号
2001年8月1日	对外贸易经济合作部关于印发《中华人民共和国外派劳务人员（研修生）培训资格证书管理办法》的通知	外经贸合发〔2001〕446号
2002年1月24日	《外派劳务人员培训工作管理规定》（修订稿）	对外贸易经济合作部令2002第1号
2004年2月16日	商务部关于印发《外派劳务培训管理办法》的通知	商合发〔2004〕63号
2004年9月23日	商务部办公厅关于进一步加强外派劳务培训管理工作有关问题的通知	商合字〔2004〕53号

《外派劳务培训管理办法》要求将外派劳务培训和考试分离，同时要求经营公司将对外派劳务人员的培训作为必须承担的义务，负责组织外派劳务人员培训，对培训质量负责，并通过考试检验外派劳务人员是否具有适应国（境）外工作的基本能力。要求地方商务主管部门委托一家专门机构作为本地区的外派劳务考试中心。考试中心可根据实际需要设立考试点。要求经营公司负责组织已培训的外派劳务人员到考试中心进行考试。外派劳务人员考试合格后，由考试中心向劳务人员发放《外派劳务人员（研修生）培训合格证》。规定外派劳务人员的培训费用原则上应自行负担，外派劳务考试费包含的培训费用中，由经营公司一次性收取，支付给培训机构和考试中心。

此外，《外派劳务培训管理办法》规定，经营公司和考试中心须以提高外派劳务人员素质为宗旨，切实加强外派劳务培训和考试工作，严格遵守国家有关法律、法规和政策，自觉接受各级商务主管部门的监督管理和承包商会的协调指导；经营公司与劳务人员签订的外派劳务合同主要条款中应包括外派劳务人员培训的内容；外派劳务培训检查结果作为经营公司年审的重要依据；经营公司违反外派劳务培训规定的，按对外劳务合作管理有关规定处理。

各地商务主管部门根据实际情况分别制定了培训管理办法。如山东省制定了《山东省外派劳务培训机构暂行管理办法》，规定了培训机构设立与核准、招收与培训考试程序和内容、收费要求、监督与管理要求等。

（七）统计制度常态化

随着我国国（境）外经济合作业务的不断发展，为加强国（境）外经济合作业务统计制度的常态化管理，对外贸易经济合作部曾于2000年11月30日和2002年12月6日分别制定发布了《国外经济合作业务统计制度》。

2002年出台的《国外经济合作业务统计制度》，强调实行统计工作的统一领导、分级管理；所针对的统计对象包括对外承包工程、对外劳务合作、对外设计咨询业务和国（境）外经济合作项下的出口业务；统计内容包括主要业务指标和主要财务指标。其中主要业务指标包括新签合同额、完成营业额、派出人数、期末在外人数；主要财务指标包括注册资本、实收资本、所有者权益、资产总额、负债总额、销售（营业）收入、利润总额、企业上缴税金（应交所得税和业务税金及附加）、实际结汇额等。

（八）开展清理整顿外派劳务市场专项行动

这一阶段，针对对外劳务合作领域存在的违法行为，开展过两次规模较大的清理整顿外派劳务市场秩序专项行动。

1. 开展清理整顿非法出入境中介活动的专项行动

2004年3月公安部会同商务部、外交部、国家工商总局、教育部、劳动和社会保障部、国家旅游局联合下发了《关于印发〈清理整顿非法出入境中介活动专项行动方案〉的通知》（公通字〔2004〕23号），要求各有关部门分工负责，密切协作，在全国范围内开展清理整顿非法出入境中介活动的专项行动。商务部为此发出《关于部署清理整顿对外劳务合作领域违法违规活动有关工作的通知》（商合发〔2004〕132号），明确规定各级商务主管部门要对本地区经营公司中可能存在的不规范经营行为进行一次全面整顿，并要求经营公司进行自查。对经营公司的经营行为进行认真检查，对检查中发现的问题，按照国家有关规定进行处理。与此同时，商务部会同公安部等有关部门组成联合检查组对各地的清理整顿情况进行监督检查，对工作开展好的地区或部门进行表扬，对工作不力的地区或部门进行了通报批评。

2. 开展清理整顿外派劳务市场秩序专项行动

党中央、国务院有关领导同志对我境外企业和外派人员在境外频繁出现纠纷和突发事件高度关注，多次作出重要批示和指示。2008年6月10日，商务部、外交部、国务院国资委联合召开了全国处理境外纠纷及突发事件电视电话会议。时任商务部部长陈德铭同志、副部长陈健同志、国务院国资委副主任黄淑和同志、外交部部长助理翟隽同志分别在会上讲话，要求各地商务主管部门认真贯彻落实，制定具体落实方案。以科学发展观为指导，以落实管理责任为核心，以加强制度建设为基础，以强化公共服务为保障，全面整治和规范对外投资合作的经营秩序。

为减少外派劳务纠纷和突发事件的发生，维护外派劳务人员合法权益，2009年经国务院同意，商务部会同外交部、公安部、监察部、交通运输部、国资委、工商总局等7部门自2009年6月10日至9月30日在全国范围内开展了清理整顿外派劳务市场秩序专项行动，旨在清理和淘汰一批违规外派劳务和中介企业，查处一批大案要案，惩处一批违法犯罪分子，形成强大震慑力，使外派劳务市场秩序得到好转，外派劳务人员和外派劳务企业的合法权益得到有效保障，形成对外劳务合作行业健康有序发展的局面。

2009 年 7 月 27—31 日，全国清理整顿外派劳务市场秩序专项行动督查组赴江苏、河南，对两省清理整顿外派劳务市场秩序专项行动的进展情况进行监督检查。督查组由专项行动领导小组成员单位商务部、外交部、公安部、监察部、交通运输部、工商总局和对外承包工程商会等七部门有关人员联合组成。

2009 年 10 月 13 日七部门联合在江苏省连云港市东海县召开了专项行动总结大会。据初步统计，在专项行动中各地公安机关破获外派劳务领域违法犯罪案件 112 起，抓获犯罪嫌疑人 146 名，上述案件涉案金额达 2. 6 亿元，共挽回经济损失 4076 万元；各地工商行政管理部门共检查出违法违规开展外派劳务业务的企业 974 家，吊销营业执照 161 家，查处非法外派劳务广告 6692 条；各地商务主管部门查处了 71 家违规经营的对外劳务合作和对外承包工程企业，对 170 家违规经营的原境外就业中介机构不予换发《对外劳务合作经营资格证书》，责令其不得继续从事相关外派活动。此外，专项行动通过重点查处大案要案、集中整治重点地区、集中处理境外劳务纠纷、扩大正面宣传引导、现场督办等方式方法，净化了外派劳务市场环境，遏制了境外劳务纠纷频发势头，市场秩序得以好转，有效保护了外派劳务人员和企业的合法权益，基本实现了预定目标。

根据商务部规范对日研修生市场经济秩序的要求，承包商会及时进行了“对日研修生派遣市场专项整治活动”，取得了较好效果，并提出了存在的问题和针对性的意见建议，对我完善对外劳务合作体制改革等相关工作具有参考作用。

2010 年 8 月 20 日，为进一步做好对外劳务合作工作，保护好劳务人员合法权益，根据国务院对外劳务合作管理体制改革精神，商务部、外交部联合向各省、自治区、直辖市、计划单列市人民政府及新疆生产建设兵团发出紧急通知要求进一步做好对外劳务工作。

（九）建立对外劳务合作服务平台

为进一步推进对外劳务合作管理体制改革，统筹对外劳务和国内劳务市场，强化政府服务，引导劳务人员通过正规渠道出境务工，维护劳务人员合法权益，在充分借鉴各地促进和规范对外劳务合作实践经验的基础上，2010 年 7 月 1 日，商务部、外交部、公安部、工商总局联合发布了《对外劳务合作服务平台建设试行办法的函》（商合函〔2010〕484 号），要求各地根据本地实际情况，在县级以上行政区域推进对外劳务合作服务平台建设工作。利用服务平台建立外派劳务报名窗口，方便劳务人员报名，使有意出国（境）务工人员都能找到正规渠道，也使政府管理部门准确掌握情况，同时挤压各类中介和非法渠道空间的作用。至2011年底，全国共建成对外劳务合作服务平台119家。

四、高度关注外派劳务人员权益保障

（一）建立外派劳务援助工作机制

随着对外劳务合作业务规模的不断扩大，外派劳务纠纷和突发事件随之增多，这些事件通常具有突发性、复杂性和社会性，处理不当不仅影响对外劳务合作事业的发展，也会影响国家声誉和形象，甚至诱发社会不稳定因素。为及时处理和解决外派劳务纠纷和突发事件，切实维护劳务人员的合法权益，2001年9月外经贸部在黑龙江、上海、江苏、浙江等地进行“外派劳务援助中心”试点工作。2003年对外贸易经济合作部向各省市发出《关于请协助建立外派劳务援助工作机制有关问题的函》（外经贸合函〔2003〕30号）和《商务部关于处理境外劳务纠纷或突发事件有关问题的通知》（商合发〔2003〕249号），希望尽快建立外派劳务援助工作机制，由外派劳务援助工作机制具体负责处理本地区具有对外劳务合作经营资格的企业所派出的劳务人员在境内外发生的劳务纠纷和突发事件；受理外派劳务人员投诉；向外派劳务人员提供政策咨询和法律援助。

2009年9月14日，商务部、外交部、信访局发出《关于做好外派劳务人员来信来访工作的函》（商合函〔2009〕51号），要求“依法按政策处理外派劳务人员反映的问题。按照《合同法》、《民法通则》、《刑法》和国务院《信访条例》等有关法律法规，引导外派劳务人员通过法律渠道解决问题，必要时向其提供法律援助。”

（二）成立“外派劳务人员投诉中心”

针对外派劳务人员反映问题比较集中、权益纠纷更加突出的特点，为妥善应对外派劳务人员诉求，保护外派劳务人员合法权益，商务部合作司和承包商会创新外派劳务人员权益保障工作机制，有效提升了重大纠纷处置和外派劳务人员权益保障能力。

2002年9月原对外贸易经济合作部人事教育劳动司批准，设立承包商会外派劳务人员投诉中心（以下简称“投诉中心”），投诉中心是承包商会的办事机构，接受承包商会的领导和管理。主要职能是受理国家批准具有对外劳务合作经营资格的公司外派劳务人员的投诉，负责对投诉事件进行调查、取证和处理，对违反国家规定的行为向有关主管部门提出处理意见；接受与投诉相关的政策咨询；指导、监督经营公司做好外派劳务人员合法权益保护工作。投诉中心的工作重点主要是在处理好日常投诉工作的基础上，通过典型案例分析，研究涉及权益保障的深层次问题及解决问题的方向和措施，为政府有关部门制定相关政策提供参考意见。在此基础上，投诉中心还在承包商会网站建立了相关网页，便于群众了解相关外派劳务信息。

2008 年，针对湖北籍赴日研修生劳务纠纷事件在社会上引起的较大反响，承包商会通过中央电视台发出行业组织声音，正面宣传对外劳务合作和对日研修业务，消除负面影响，维护了行业形象。

（三）开通全国对外劳务合作语音咨询电话

为进一步加强对外劳务合作服务体系建设，商务部于 2007 年 8 月 10 日在北京开通了“全国对外劳务合作语音咨询电话系统”，系统共设置 10 个部分的咨询事项，包括：出国（境）务工特别提示、外派劳务公司的合法性、外派劳务项目的真实性、报名前应注意事项、出国（境）务工的程序和条件、签署合同的注意事项、外派劳务收费标准、在国（境）外工作注意事项、外派劳务纠纷处理、各地商务主管部门联系电话查询等，基本涵盖了对外劳务合作业务的基本常识。系统的建成，将为有意出国（境）务工的劳务人员提供一个免费信息平台，使劳务人员通过便捷的电话查询手段，及时了解对外劳务合作政策，从而实现控制出国（境）风险，降低成本，保护自身合法权益的效果。

开通“全国对外劳务合作语音咨询电话系统”是商务部完善对外劳务合作政府服务体系的又一实践，旨在运用便利、快捷的电话查询手段，更好地服务劳务人员。系统的建成，为有意出国务工的劳务人员提供了一个免费信息平台，使劳务人员通过便捷的电话查询手段，及时了解对外劳务合作政策，从而实现控制出国风险，降低成本，保护自身合法权益的效果。

（四）建立外派劳务人员突发事件应急管理机制

2009 年，商务部、外交部连续发出《商务部外交部关于印送〈防范和处置境外劳务事件的规定〉的通知》（商合发〔2009〕303 号）和《商务部外交部关于建立境外劳务群体性事件预警机制的通知》（商合发〔2009〕392 号），要求各省市、驻外使（领）馆、承包商会和企业采取措施，积极防范境外劳务事件发生，按照“谁派出，谁负责”和“属地”原则，处置突发事件，将群体性事件的预警和防范作为常态管理的主要内容，始终将“以人为本”、维护外派劳务人员的合法权益放在首位。

（五）加强境外人员安全管理

随着“走出去”的深入实施，在外人员迅速增多，地域分布日趋广泛，国际形势日趋复杂，传统和非传统安全因素交织，在外人员安全受到威胁。为加强信息服务，增强经营实力，及时为对外劳务合作企业提供指导和帮助，2005 年、2010 年商务部会同有关主管部门根据业务发展需要和形势发展需要，分别采取了“保护境外人员安全”的若干举措。2005 年，商务部完成了“中国对外经济合作指南”网站的二期建设，各国和地区法律法规、税收政策、市场状况和企业资信等信息的内容更为丰富，便于及时查询。同年，国务院办公厅转发商务部等部门关于加强境外中资企业机构与人员安全保护工作意见的通知，要求建立长效机制，加强在外人员的安全保护。

五、对外劳务合作呈现多样化业务形态

（一）签署双边或地区间劳务合作协议

我国对外劳务合作相当一部分是通过对外经济合作、对外贸易、对外投资和对外援助的带动下发展起来的。由于劳务输入国和地区对就业和移民问题十分敏感，对外籍劳务进入本国和本地区市场都设有许多障碍。因此，本着互惠互利的原则，通过签署双边劳务合作的方式，将劳务输出纳入双边经济合作的项目和活动中，不给劳务输入国和地区造成就业和移民压力，可以打消劳务输入国和地区的顾虑，理顺与劳务输入国和地区的关系，有利于我国对外劳务合作的开展。

因此，在重点劳务合作市场的促进和推广方面，我国与劳务接收国和地区之间不断扩大签署双边和地区间劳务合作协议，为对外劳务合作企业在双边和地区劳务合作协议的框架下从事对外劳务合作业务提供方便。2006 年商务部与有关部委（办）共同推动了大陆方面对台湾地区渔工劳务合作业务的重新开放，与英国有关部门就外派护士劳务继续深入合作，在对澳大利亚、新西兰、丹麦、瑞典等自贸区或双边经贸谈判中积极推动对方劳务市场开放。2007 年，在双边经贸合作框架下，商务部积极推进双边人员往来便利化，与韩国签署劳务合作备忘录。2008 年，为促进和推广对外劳务合作业务，商务部代表中国政府与新西兰签署了《中华人民共和国政府与新西兰政府自由贸易协定》；2008 年 10 月我国政府与新加坡签署了《中国—新加坡自由贸易协定》，为在政府双边框架下开拓发达国家劳务市场奠定了基础。

除政府之间的双边劳务合作协议外，还有由海峡两岸关系协会与台湾海峡交流基金会于 2009 年 12 月 22 日签署的《海峡两岸渔船船员劳务合作协议》，中国对外承包工程商会塞班中国经济发展协会于 2004 年 11 月 23 日与北马里亚纳群岛联邦（简称“塞班”）司法部在北京正式签署的《〈关于确认中国公民申请进入北马里亚纳群岛联邦的备忘录〉补充协议》以及由承包商会等有关机构与国（境）外行业组

织等签署的中日研修生合作备忘录、中日技能实习合作备忘录、输港劳务合作有关规定、输澳劳务合作有关规定、中德专业护理人员合作项目备忘录、中德厨师劳务合作备忘录等。

（二）韩国研修制改为雇佣制

自1993年以来，韩国选拔外国劳动者一直实行产业研修制。韩国接收外国研修生的主要途径有四种：一是根据韩国劳动力短缺情况，由法务部与主管部或厅（通产部、中小企业厅）达成协议指定企业或有关社会团体（中小企业中央会、水产中央会）推荐接收企业；二是根据韩国《外汇管理法》在国外直接投资或与国外企业合资的企业；三是根据韩国《技术开发促进法》向国外提供技术的企业；四是根据韩国《对外贸易法》出口生产设备的企业。同时规定四种途径引进研修生的限额。研修生的研修期限最多两年，根据需要可再延长一年。

在这个框架下，中国对外承包工程商会与韩国水产业协同组合中央会于2004年2月12日在北京举行工作会谈，3月26日签署了合作协议。随后又与韩国建筑商会等签署了谅解备忘录或合作协议等。

2005年7月27日韩国外国人力政策委员会决定，从2007年1月1日起，取消产业研修制，实行统一的雇佣许可制。2007年4月10日中国商务部与韩国劳动部正式签订了MOU，揭开了我国派遣雇佣制许可制劳务的新篇章。本MOU的主要突破体现在我国获得了一般雇佣许可的合法资格。一般雇佣许可制劳务主要通过派遣国家的政府主管部门及公共机构组织派遣。

在政府规定的外国劳务者引进规模内，韩国劳动部和各产业研修生运营机构负责雇佣许可制劳务和本产业研修生的申请及选派工作。

2008年4月17日，商务部发出《关于中韩雇佣制劳务合作有关事宜的通知》（商合函〔2008〕10号），按照“积极稳妥、先行试点、逐步推开”的原则，保证中韩雇佣制劳务合作的顺利启动和有效实施。商务部经济合作局作为对韩派遣雇佣制劳务的中方执行机构，负责赴韩劳务人员的招募、选拔、制定求职者名簿和派遣工作。

2010年6月12日，商务部办公厅发出关于印送《中韩雇佣制劳务合作公共机构管理暂行办法》的函（商办合函〔2010〕856号），以加强中韩雇佣制劳务合作公共机构管理，促进中韩雇佣制劳务合作规范有序发展。按照地方公共机构的基本条件和要求，黑龙江、吉林省、山东省、河南省作为地方公共机构进行试点，并实行动态管理。

韩国实施雇佣许可制以来，我对韩陆地劳务合作一度基本处于停滞状态。承包商会还保留着与韩国水产业协同组合中央会合作框架下的近海渔船船员研修生合作项目，韩国外国人船员制度下的外派水协船员项目成为对韩劳务合作的主要业务。由双方共同指定的中方12家公司与韩方12家公司合作，于2008年又进一步缩减为双方各10家公司合作。相对于雇佣制下的企协、农协、建协等领域的外国劳动者，水协船员存在工资标准低、待遇差的现象，导致拖欠工资、脱岗现象频发，严重制约对韩近海渔船船员劳务合作业务的健康发展。

（三）日本全面推行技能实习制度

为了遏制部分接受机构扣押研修生护照、盘剥外国研修生的趋势，禁止外国派遣机构在研修生赴日前收取保证金和从研修生津贴中扣除管理费等行为。2007年12月26日日本法务省正式发布了《关于研修生、技能实习生入境、居留管理的指针》，旨在更加注重研修生的权益保护。

2009年3月6日日本法务省向日本国会正式提交了《出入国管理及难民认定法（改正案）》，提出将现行的“研修制度”调整过渡为“技能实习制度”，以改变现行研修制度中“实务研修”不适合日本劳动法律的状况，该法律的出台标志着日本以技能实习制度取代已有研修制度。修订后的技能实习制度从2010年4月试行，2010年7月正式实施。该法案涉及调整外国人技能实习制度的主要内容包括重新定义“研修”在留资格、专设“技能实习”在留资格、强化对违法行为的处罚、在留资格的审批严格化等四个方面。

2010年3月，承包商会所属中国中日研修生协力机构与日本国际研修协力机构签署了技能实习合作协议（R/D）。

（四）规范赴德厨师派遣管理与服务

1. 强化承包商会确认申请赴德厨师签证环节

2008年3月及6月，德国劳工局外劳职业介绍中心和德国驻华大使馆分别致函承包商会，反映我经营公司涉嫌材料造假问题，并暂停部分公司的输德厨师业务。2008年6月17日，承包商会召开由25家成员公司和12个厨师培训中心代表参加的德国厨师劳务合作业务协调会议，强调严格遵守“自签、自选、自派、自管”原则和行业规范，共同维护市场良性发展。2009年经德方评估，最终调整缩减为10家经营公司，并进一步强化了承包商会确认申请赴德厨师签证环节的重要性。

调整后中德厨师劳务合作的主要规定包含以下方面：一是经营主体，德国中餐馆雇主只能与双方认定的中国经营公司合作办理输德厨师业务，任何其他公司和个人不得从事此项业务，对从事对德劳务合作业务的我国经营公司实行优胜劣汰、动态管理；二是劳务合同，中餐馆雇主与中国厨师需签订中、德（英）文本的标准《劳务合同》，合同期限最长三年，期满后厨师必须返回中国，如需再次赴德工作，要在回国三年后方可签订新的劳务合同；三是厨师资质和培训，赴德厨师应取得中国劳动和社会保障部颁发的中级以上（含中级）技能等级证书，派出前须接受指定培训中心关于德国就业、风土人情、劳工法、语言、技能等内容的培训；四是厨师签证，德国驻中国大使馆只受理经过承包商会确认后的中国厨师申请签证材料并为其办理工作签证，因此，赴德中国厨师的签证材料在送交德国驻中国大使馆申请工作签证前需由具有从业资格的公司报送给承包商会予以确认，并出具确认件。

经过多年努力，我对德厨师劳务合作业务稳固发展，年度平均派遣规模保持在千人左右。据统计，自 1998 年至 2006 年末，累计派出 6304 人。

2. 赴德工作厨师可申请免缴在德社保费

为避免中德两国在对方国就业的人员承担双重缴纳社会保险费的义务，维护社会保障待遇的公平和公正，更好地促进两国之间经济发展和人才流动，中德两国政府于 2001 年 7 月 12 日正式签署了《中华人民共和国与德意志联邦共和国社会保险协定》（以下简称《中德社会保险协定》），并于 2002 年 4 月 4 日正式生效，这是我国在国际上签署的首个双边社会保险协定。

改革开放以来，我国与德国经济合作日益密切，人员往来频繁。德方根据本国法律从 20 世纪 90 年代就开始对我国中资机构和工作人员征收养老和失业保险费。以赴德厨师为例，在德平均时间为 3 ~5 年，月平均工资为 1000 多欧元。按照德国法律参加德国社会保险计划并缴纳社会保险费，养老保险费约为工资的 19.9%，失业保险费为工资的 2.8%，由雇主、雇员各负担 50%，数额比国内保险费要高得多，负担较重。而实际上大多数厨师最终要回国享受基本养老保险待遇。另外，申请返还保险费需厨师回国后 2 年，确认不再去德国就业，并填写一系列表格提交给德国退休保险机构审核后，才能领到退还的养老保险费。由于手续烦琐，沟通不便，中介代理费高，许多厨师不得不放弃对返还保险费的申请，带来了不必要的经济损失。

《中德社会保险协定》具体包括以下几个方面的内容：一是明确了适用相互免除缴纳社会保险费的范围，即主要适应法定基本养老保险费、失业保险费（德称“就业促进费”）（以下简称“两费”）；二是明确了适用的机构和人员；三是明确了协定实施的主管机关和经办机构。中方主管机关为人力资源和社会保障部，经办机构为人力资源和社会保障部社会保险事业管理中心；德方主管机关为联邦劳动和社会事务部，经办机构为德国医疗保险国际联络处。

该协定生效以来，由于双方对协定个别条款解读存在差异，特别是对我外派厨师在德工作期间是否可以免缴社会保险费问题存在分歧，造成我部分在德厨师出具的免缴证明没有得到德方承认。2009 年承包商会配合商务部、人力资源和社会保障部国际合作司和社保中心进行了调研，2009 年 12 月 14 日至 16 日，两国政府主管部门和承办方就协定执行情况在北京进行会晤并签署了《中德双方会谈纪要》，对我赴德厨师在德免缴社会保险费的问题达成了一致意见，较好地解决了这一问题。会谈纪要有关事项包括：

（1）严格受理范围。根据《中德社会保险协定》和《中德双方会谈纪要》，符合下列两种情况的外派厨师属受理范围：一是由我国企业派往其在德设立的企业或分支机构工作且在国内参加社会保险并持续缴费的厨师；二是由派出公司派往德国企业工作并领取报酬，但其劳动关系仍在国内，且继续在国内参加社会保险并缴纳社会保险费的厨师。

（2）严格受理条件。派出公司向德国派遣的中国厨师申请免缴证明需要具备两个条件，一是输德厨师与派出公司建立劳动关系并签订劳动合同；二是输德厨师继续参加我国的基本养老保险和失业保险，并由派出公司为其在中国继续缴纳基本养老保险和失业保险费。申请人或代理人必须出具厨师与派出公司签订的劳动合同和参保缴费证明的复印件，经办机构方可受理。除了需要提供劳动合同复印件之外，厨师申请免缴证明程序与其他人员完全一样。

赴德厨师申请免缴社会保险费时，需按程序申请互免《证明书》（赴德后要向德方提供），程序是：先填写《申请表》（通过 www. molss. gov. cn 下载），加盖所在单位印章；持填好的《申请表》（一式三份）到参保所在地的社会保险经办机构审核，加盖公章；将盖章后的《申请表》送或寄至人社部社保中心审核，自收到之日起的 10 个工作日办结并通知申请人。

（五）促进海峡两岸渔船船员劳务合作

对台渔工劳务合作始于 20 世纪 80 年代末，高峰时在台船工作的大陆渔工达 4 万多人，对台湾渔业的发展起到了积极的作用，成为两岸经贸合作的重要组成部分。

长期以来，由于两岸未能建立起有效的对口协调机制，大陆渔工的正当权益一直无法得到有效保护，致使各类纠纷和突发事件时有发生。在这种情况下，大陆不得已于 2001 年底全面暂停了对台渔工劳务合作业务。

考虑到台湾渔业界切实需要尽快恢复两岸渔工劳务合作业务，大陆方面主动为恢复合作创造条件，并支持两岸民间对口行业组织进行接触和举行对口商谈。经过两岸有关民间行业组织的共同努力，双方已就恢复渔工劳务合作的基本条件和合作中的具体问题达成原则共识，两岸有关民间行业组织已经建立起对口协调机制，这一机制和上述有关共识已得到大陆有关方面的原则认可。2005 年 2 月 8 日，商务部台港澳司负责人宣布恢复对台渔工劳务合作业务，并希望两岸有关民间行业组织尽快签署全面的合作协议，切实保障大陆渔工的正当权益。

2006年，根据国务院批准的原则，对台渔船船员劳务合作在浙江、福建、河南和四川四省进行试点。2009年12月22日，海峡两岸关系协会会长陈云林和台湾海峡交流基金会董事长江丙坤签署了《海峡两岸渔船船员劳务合作协议》（以下简称《协议》）。《协议》签署以来，两岸业务主管部门各自完善了制度建设，两岸渔船船员劳务合作日益规范，大陆渔船船员权益保护日益加强。为规范和促进对台渔船船员劳务合作，2010年3月24日，商务部办公厅发出《关于做好对台渔船船员劳务合作宣传工作的通知》（商办合函〔2010〕339号），希望将两岸渔船船员劳务合作的原则传递给公众，引导公众通过正规渠道赴台船务工。

根据国务院批准的对台渔船船员劳务合作采取“稳步实施，加强管理、保护权益”的原则，为进一步加强和促进两岸渔船船员劳务合作，落实好《协议》的各项规定，2011年5月25日，商务部、外交部、公安部、交通运输部、农业部、工商总局、国台办联合发出关于促进对台渔船船员劳务合作有关问题的通知（商合函〔2011〕333号），通知要求：调整试点招收范围，保障渔船船员安全权益，加强业务监管和协调。

2012年9月24—28日，海峡两岸渔工劳务合作协调委员会与台湾两岸渔业合作发展基金会在台北进行了第四次工作会谈。就业务合作中的突出问题、进一步完善大陆渔船船员团体综合保险、合同范本内容调整、加强安全管理等问题进行广泛交流。

（六）企业经营形式呈现多样化

截至2005年12月31日，对外劳务合作与对外承包工程分别进行单独管理后，新申请和经过核准获得对外劳务合作经营资格的企业有423家，经营形式呈现多样化特色。

产业经济学理论表明，产业结构决定企业行为，行业的集中度在一定程度上影响了行业的竞争程度。2005年我国对外劳务合作营业额前10名的企业营业额为20.05亿美元，占行业总额的41.7%，比2004年的比重又上升3个百分点。其中前四名中国国际技术智力合作公司、上海市对外服务有限公司、北京外企服务集团有限责任公司、广东新广国际集团有限公司营业额之和接近行业营业总额的30%。这一比例显示我对外劳务合作行业的业务有向大公司集中的趋势，但仍然属于垄断竞争市场[①]。即在市场中有大量的企业，每家占的市场份额都很小，单个企业只能对市场施加有限的影响，大企业也无法像寡头企业那样通过协作左右市场价格。优胜

---

① 按照“贝恩分类法”，如果行业集中度CR4（前四名最大公司业绩占全行业业绩的比率）小于30%，则该行业为竞争型行业。

劣汰的竞争中，以上述企业为代表的经营公司因为业绩突出、管理精良、服务到位、拥有良好信誉和竞争实力而脱颖而出，形成对外劳务合作行业的中坚力量。

这一时期，对外劳务合作企业的业务类型可分为以下三类：

第一类是综合型人力资源公司。如中国国际技术智力合作公司和上海对外服务有限公司，在从事对外劳务合作业务的同时开展外企人力资源服务、人力资源管理咨询和人力资源出国（境）服务等几项业务。

第二类是外经行业的“老牌”公司，如广东新广、大连国际、天津国际和山东外经等公司。从事外经业务多年，业务范围相当广泛，除对外劳务合作这一基本业务之外，还从事国际工程承包等其他业务，成为中国外经企业品牌的代表。

第三类是特色型的专业公司，如中远对外劳务合作公司、上海对外服务有限公司和北京外企服务公司。业务种类较为单一，但在该领域为龙头企业，占有可观的市场份额。

（七）境外就业的产生与管理

1. 境外就业的概念

根据2002年《境外就业中介管理规定》（15号令），境外就业是指“中国公民与境外雇主签订劳动合同，在境外提供劳动并获取劳动报酬的就业行为”。境外就业人员主要包括技术工人、厨师、海员、渔工、专家、演员、运动员、教练员、保姆、医生、护士等。

2. 实行境外就业中介机构许可制

改革开放以来，居民境外就业的人数增多。1992年，根据国务院协调意见，劳动部恢复管理中国公民个人出境就业工作。2000年《国务院关于加强出入境中介活动管理的通知》进一步明确授权劳动部负责规范管理境外就业中介市场，同时对出入境中介机构成立的条件、经营要求、监管措施、部门的职责和清理整顿等有关问题提出了要求。据此，2002年5月14日，劳动和社会保障部会同公安部和国家工商行政管理总局制定并颁布了《境外就业中介管理规定》。规定确立了境外就业中介行政许可制度，境外就业中介协议和劳动合同确认备案制度，境外就业广告审批制度，许可证年审制度和备用金制度。经营境外就业业务的中介机构须获得《境外就业中介机构经营许可证》。同时，各省（市）也分别出台了《境外就业中介管理规定》实施细则和相关配套政策，全国性境外就业管理体制逐步形成。

3. 境外就业规模不断扩大

自相关规定实施以后至2008年刺绣工作移交商务部期间，境外就业工作取得显著进展。一是市场化产业格局基本形成，截至2008年8月，由劳动和社会保障部批准的境外就业中介机构数量从1992年试点开始时的38家增加到608家，增加了近20倍；二是中介机构所有制结构呈现多元化，行业潜力得到发挥，中介机构的实力得到提升，基本形成以各类专业性境外就业中介服务企业集聚和发展为特征的格局；三是境外就业规模不断扩大，经济拉动效应显现。

4. 境外就业职能划转

2008年9月3日人力资源和社会保障部与商务部联合发布《关于做好境外就业管理职能划转工作的通知》，原劳动和社会保障部的境外就业职能正式划归商务部。通知指出，考虑到境外就业的历史和现状，持有2008年7月1日之后仍有效的《境外就业中介机构经营许可证》的境外就业中介机构，在足额缴纳对外劳务合作或境外就业中介备用金后，可向地方商务主管部门申请换领有效期为3年的《对外劳务合作（外派劳务）经营资格证书》或《对外劳务合作（境外就业）经营资格证书》。换领《对外劳务合作（外派劳务）经营资格证书》的，可按规定开展对外劳务合作业务，并应在有效期内达到《对外劳务合作经营资格管理办法》的规定，否则，其资格证书在有效期满后失效。换领《对外劳务合作（境外就业）经营资格证书》的，可按规定开展境外就业中介业务，并应在有效期内达到境外就业中介的有关规定。企业不得同时拥有外派劳务和境外就业中介经营资格。

随着对外劳务合作与境外就业管理并轨后的企业经营资格调整，拥有对外劳务合作经营资格（统称）的企业数量增加。2009年1月8日，商务部办公厅发出关于做好境外就业中介企业和外派劳务企业换证工作的通知，原劳动和社会保障部审批的608家拥有境外就业中介经营资格的企业与商务部审批的508家拥有对外劳务合作经营资格的企业换领对外劳务合作（外派劳务）经营资格证书或对外劳务合作（境外就业）经营资格证书。2008年拥有对外劳务合作经营资格的企业数由2007年的559家增至603家。2009年拥有对外劳务合作（外派劳务）经营资格证书和对外劳务合作（境外就业）经营资格证书的企业有850家，2010年增至1018家，2011年多达1024家。

（八）对外经济技术援助下的人力资源开发合作

随着对外经济技术援助工作中技术合作的广泛开展。2010—2012年的三年中，中国向50多个国家派遣2000多名各类专家，在农业、手工艺、广播电视、清洁能源、文化体育等领域广泛开展技术合作，转让适用技术，提高受援国技术管理水平。中国派出高级规划咨询专家，与其他发展中国家共同制定土地开发利用、清洁能源利用、河流治理以及经济合作等规划。中国专家在利比里亚开展竹藤编技术合作，向当地近500人传授竹藤编织技能，不仅有助于当地民众增加收入、扩大就业、摆脱贫困，也促进了利比里亚竹藤产业的发展。①

六、外派规模进一步扩大

（一）外派人数持续增长

这一阶段，当年外派人数由2001年的26.32万人增加至2011年的45.23万人，增加了0.7倍，其中承包工程项下和对外劳务合作项下均保持了稳步增长态势。

2011年我国对外劳务合作派出各类劳务人员45.2万人，比2010年增加4.1万人，同比增长10%。其中对外承包工程项下派出劳务人员24.3万人，同比增长8.5%，占全部派出人员总数的53.8%，对外劳务合作项下派出劳务人员20.9万人，同比增长11.8%，占全部派出人员总数的46.2%。2011年年末在外各类劳务人员81.2万人，由于利比亚人员撤回、日本“3·11”东北大地震等事件的影响，2011年比上年同期减少3.5万人，同比下降4.1%。截至2011年年末，我国累计派出各类劳务人员588万人次。

（二）亚非市场占比大

“十五”至“十二五”初期，在巩固传统市场的基础上，开拓新兴市场取得实质进展。我国分别与巴林、马来西亚、毛里求斯、约旦、英国签署了双边劳务合作协定。一些劳务人员成功进入德国、奥地利、挪威、瑞典、荷兰、澳大利亚等国市场，市场多元化进程加快。合作区域从初期的中东地区和少数国家扩展到180多个国家和地区。

2011年我国对外劳务合作主要分布在亚洲、非洲两个地区，合计派出各类劳务人员41.6万人，占当年派出人员总数的92%，累计在外人员占全部在外人员的92.6%，其中亚洲是对外劳务合作中最重要的市场，占比达66.4%，其次分别为非洲（25.7%）、欧洲（5.3%）、拉丁美洲（1.8%）、大洋洲（0.7%）和北美洲（0.2%）。

本阶段，影响对外劳务合作业务的因素较多。2002年初，由于大陆渔工权益得不到保护等原因，大陆全面暂停对台湾地区渔工劳务合作业务；2002年10月，以色列政府下令停止在建筑业引进新的外籍劳务，我国外派以色列的劳务业务没有增长，仍维持在1万人左右；2002年11月至2004年6月“非典”疫情在全国扩散，制约了人员往来。

---

① 中华人民共和国商务部官网．1978—1999年中国对外经济技术援助的改革发展阶段//商务历史—专题研究［EB/OL］．［2020-10-11］．http：//www.mofcom.gov.cn/.

海峡两岸渔船船员劳务合作过程中，先后出现渔工雇佣方式、在岛安置管理、培训和权益保障等问题，经过沟通协调都得到了相应的处理。2005 年初承包商会海峡两岸渔工劳务合作协调委员会与三家台湾民间渔业机构建立了对口磋商机制，签署了《关于加强渔工劳务合作备忘录》并与多家保险机构就对台渔工团体保险方案进行商讨，形成了旨在维护大陆渔工最大权益的团体保险方案。2006 年 2 月，大陆正式宣布恢复对台渔工合作业务。

（三）三大行业稳居前三位

在市场规模扩大的同时，业务领域从发展初期主要参与中小型劳动密集型工程承包的劳务和一些单纯的普通劳务输出，发展到可以承揽电力、化工、冶金、石油、通信等专业性和技术性较强的工程及劳务活动。

在上述领域中，建筑业、制造业和农林牧渔业始终是对外劳务合作派遣规模最大的行业。其中，建筑业劳务占比最高。2011 年年末我国在外各类劳务人员 81.2 万人，分布在这三个主要行业的外派劳务人员合计为 61.1 万人，占比达 75.2%。2001 年以来，这三个行业在外人数所占比重始终保持在 74%～80%（抽取三年数据制成图 1－1－4－3）。2011 年年末在外人数除建筑业出现同比下降外，制造业、农林牧渔业仍然保持一定数量的增长，但与上年相比增长速度放缓。

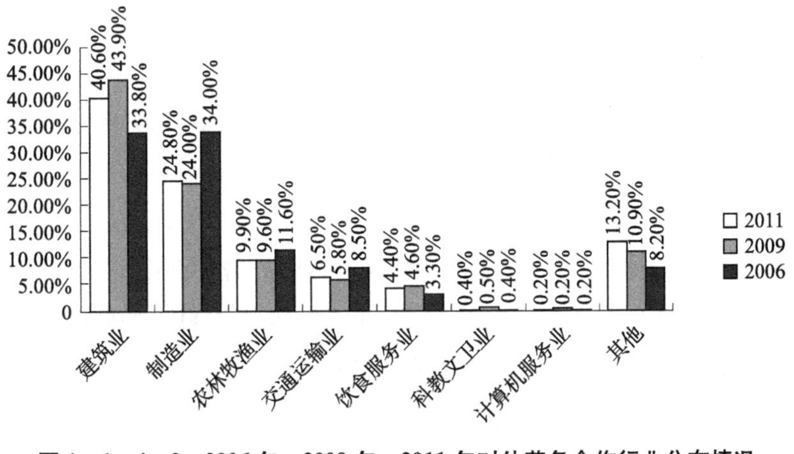

图 1－1－4－3　2006 年、2009 年、2011 年对外劳务合作行业分布情况

资料来源：2006—2012 年《中国对外劳务合作发展报告》。

2011 年年末建筑业在外劳务人员总数为 32.98 万人，与 2010 年同期相比减少 5.24 万人，同比下降 13.7%。中东局势动荡、特别是利比亚战乱是我国建筑业对外劳务在外人员减员的主要原因。

2011 年制造业在外劳务人员为 20.07 万人，比上年增加 0.23 万人，同比增长 1.2%。主要分布在纺织服装、机械加工、电子三个行业，在外人数集中在日本、新加坡等亚洲国家。其中，新加坡成为新增人数最多的市场，比上年增加 0.41 万人；日本市场新增人数比上年增加 0.38 万人。上述两个市场从事制造业的人数达 13.4 万人，占我国在这两个国家外派劳务人员总数的 53.47%。机械加工行业、电子行业在日本和新加坡的集中度越来越高。

2011 年农林牧渔业外派劳务人员 8.03 万人，比上年增长 0.10 万人，同比增长 1.3%。主要市场是韩国和日本，两个市场在外人数合计 5.26 万人，占农林牧渔业外派劳务人员总数的 65.46%。其中渔工行业劳务人员主要派往韩国和中国的台湾地区，在外人数合计为 3.20 万人，占渔工行业外派劳务人员总数的 69.81%；农业种植行业主要市场在日本，在外人数为 1.07 万人，占农业种植行业外派劳务人员总数的 63.64%。

此外，2011 年交通运输业、住宿和餐饮业、科教文卫业、计算机服务业等行业的外派劳务人员仍然较少，但略有增长。其中交通运输业增加 4000 人，同比增长 7.2%；计算机服务和软件业增加 300 人，同比增长 18.2%；住宿和餐饮业增长 500 人，同比增长 1.4%；科教文卫体业增加 200 人，同比增长 4.9%；其他行业增加1 万人，同比增长 11.1%。这些行业年末在外劳务人员仅占全部外派劳务人员的 11.4%。

（四）骨干企业优势凸显

1. 主要外派劳务企业完成营业额排名稳定

2011 年拥有对外劳务合作（外派劳务）经营资格和拥有对外劳务合作（境外就业）经营资格的企业数量达到 1024 家，包含已换领对外劳务合作（境外就业）经营资格的企业 32 家，大陆对台湾地区渔工劳务合作试点经营企业 10 家，内地输香港澳门劳务经营公司 19 家。上述企业中实际开展对外劳务合作业务的企业数量 797 家，平均每家企业派出劳务人员 262 人。派出人数超过 1000 人的外派劳务经营企业 109 家，年派出人数少于 100 人的外派劳务经营企业 236 家。外派劳务经营企业总体业务规模较小，经营主体呈现多样化分布。形成了一批竞争力强、经营有方、管理规范、信誉良好的对外劳务合作企业和集团。

2011 年我国对外劳务合作派出人数前二十名的企业，当年派出劳务人数总和 12.7 万人，占全部派出人数（不含工程项下劳务）的 60.73%；与 2010 年的 33.1%相比有较大提高。前二十名企业平均每家派出劳务人员为 0.63 万人，同比增长 105.27%，说明外派劳务经营企业中骨干企业的业务集中度有所提高。

2. 东部沿海省市外派劳务规模保持优势

从 2011 年我国各省（市、区）累计派出各类劳务人员数量看，东部沿海省份对外劳务合作依然保持优势。山东、江苏、河南、广东、福建、辽宁、湖北、吉林、上海、安徽等位列前十名的省份在外总人数达到50.68万人，占我国对外劳务合作外派劳务人员总数的62.38%，同比增长9.8%。

（五）纺织业进入调整期

自20世纪80年代以来，塞班、约旦逐渐成为我国重要的制衣劳务市场。但是，自2005年初始，全球纺织品贸易一体化后，在世界纺织品市场格局变化和工资水平快速上升的背景下，塞班、约旦连续出现制衣厂裁员、关闭等情况。

1. 塞班市场急剧萎缩

作为我国对外劳务合作传统优质市场的塞班制衣业市场，2005—2007年因全球纺织品贸易配额政策变化引发动荡，陆续关闭了近20家制衣厂。2007年2月5日，与我经营公司合作多年，塞班最大的制衣企业联泰制衣厂正式关闭。与雇佣近1.2万名中国劳务人员的历史高峰相比，在塞班的各类中国劳务人员减至1540人。

我国大批劳务人员面临劳务派遣合同未到期就必须提前回国的情况。市场的突然变化，造成部分劳务人员情绪不稳，在制衣厂宣布裁员、关闭时采取了比较偏激的手段反映自己的诉求，甚至出现了上千人聚集的群体事件。承包商会对此高度重视，即刻将有关情况报告商务部，并迅速启动了境外劳务纠纷及突发事件应急机制，立即成立了包括相关经营公司和塞班协会在内的专门工作组前往一线处理。在岛工作期间，与塞班协会一起反复与中国工人代表沟通，解释说明善后方案。在沟通过程中，针对工人的过激情绪和围困情况，召开紧急会议，与厂方认真分析劳务人员的实际困难，论证各项工作方案和应对措施，寻求解决办法。经过工作组和塞班协会的协调，绝大部分劳务派遣合同未到期劳务人员的服务费退还安排和工资补偿工作基本完成，劳务人员的情绪也逐渐稳定，因工厂关闭所引发的突发事件得到了妥善处理，没有酿成更大的群体突发事件。

2. 约旦制衣市场陆续关厂

自1999年约旦政府设立“合格工业区”以来，华商制衣企业陆续投资设厂，于2005年达到鼎盛，企业最多时近20家，雇佣中国劳务人员超过1.1万人。但2007年11月后，一是美元对人民币汇率持续下跌导致收入缩水，二是国内工资水平上扬抬高了劳务人员在海外工作收入的期望值，三是当地物价大幅上涨，导致约旦制衣业工人收入水平逐渐失去吸引力，制衣业出现了明显的劳资两头不稳现象，工业区内的新世纪、振大、约旦龙、菁华、台雅等10家服装厂的中国劳务人员陆续罢工或停工，约占17家华商服装企业数量的六成。此外，孟加拉国、斯里兰卡、越南等国制衣工人也多次出现较大规模罢工。与此同时，少数制衣企业陆续开始撤资。

七、外派劳务资源成为我国对外劳务合作的瓶颈制约

2011 年是我国“十二五”规划的开局之年，随着国民收入水平的不断提高，城市用工的劳动力资源相继出现紧缺。与此同时，我国在部分国别市场的劳务人员收入出现倒挂；一些魅力市场的劳务人员收入也在一定程度上出现收入差距缩小，市场的比较优势有所减弱，使得居民出国（境）务工的愿望随之降低。资源匮乏、招聘难成为 2011 年对外劳务合作企业面临的普遍性难题。因此，无论从现实看，还是从长远看，外派劳务资源都将是我国对外劳务合作的瓶颈制约。

另外，外派劳务结构也亟待调整。多年来，我国对外劳务合作以建筑业、制造业、服装加工等传统产业为主要优势，多属劳动密集型产业，劳动力成本低，境外服务要求高，管理难度大，抵御市场风险的能力相对较弱，往往是国际劳务市场风险首先冲击的对象。至 2011 年前的几年间，我国年末在外劳务人员的总规模一直维持在 80 万人左右的水平上，2011 年受市场冲击，当年在外人数减少 3.5 万人。受语言、文化差异等外部因素以及观念陈旧、投入不足、传统管理方法等内部因素的制约，一直以来，我国对外劳务合作企业在开拓技能型劳务以及高端劳务合作市场方面明显乏力，成为制约我国外派劳务整体规模突破性发展的重要原因。

八、对外劳务合作发展成果显著

（一）对东道国或地区的经济发展作出贡献

我国外派劳务人员为缓解东道国或地区的劳动力供给不足发挥了积极的补充作用。以日本为例，中国是日本重要的外籍劳务（研修生和技能实习生）来源国，一致保持着第一大外劳来源国地位。由于日本劳动力人口减少，日本政府不断扩大技能实习生的接收工种和数量，中国研修生和技能实习生有效缓解了日本劳动力短缺的问题，为日本维持经济发展提供了劳动力支持。

（二）劳务人员回国创业成果丰硕

首先，劳务人员通过出国劳务，在语言、技能、文化修养等方面均得到较大的提高。可以掌握东道国的语言，方便归国后与东道国和地区建立业务往来；其次，可以学习先进的生产、管理和经营技术，有利于归国创业。此外，外派经历使外派劳务人员更加熟悉东道国的法律、文化等环境，便于开拓东道国和地区经贸合作市场；归国劳务人员在当地创业、就业还产生了较好的示范和溢出效应，间接带动所在地经济发展。

（三）带动区域经济发展和对外开放

“派出一人、富裕一家、带动一片、安定一方”，成为对外劳务合作对地区经济发展的带动效应，见图1－1－4－4。随着我国“走出去”规模的扩大，我国在境外的各类投资合作人员不断增加，对外劳务合作对带动就业、促进经济社会发展、增加国民收入、促进双边友好交流发挥了积极作用。

“2007年河南新县外派劳务人员创汇1.1亿美元，为全县人均增收2214元，全县综合经济实力排名从全省的第118名上升到第52名。”[②] 四川省犍为县通过外派劳务创造了约10%的GDP。众多贫困县受益于外派劳务，整体经济发展水平实现了较快的提高。

图1－1－4－4 2006年河南省新县新集镇小木城村从新加坡、日本、韩国务工回国的劳务人员集中建成的居住小区[①]

据不完全统计，我国在外劳务人员每年汇回或带回的外汇收入超过40亿美元，400多万人的家庭经济状况因此得到改善，一些劳务人员利用在国外学到的先进技术和管理经验，回国自主创业，开办农场、服装、建筑、餐饮等企业，带动周围群众共同致富，社会效益显著。此外，我外派劳务人员吃苦耐劳，勤奋敬业、技能水平高，受到当地社会和政府的好评，成为增进人民友好关系的纽带。

至本阶段末，中国对外劳务合作伴随着改革开放经历了30多年的发展历程，经营主体规模不断壮大，业务规模不断扩大，经济效益和社会效益不断提高，为国民经济和社会发展发挥了积极作用。与此同时，外派劳务资源出现紧缺，市场秩序有待进一步整顿，随着我国法治环境的完善，对外开放的不断深化，加速对外劳务合作的法治化管理被提上议事日程。

第五节 规范发展阶段

（2012年至今）

规范发展阶段以《对外劳务合作管理条例》的颁布实施为开端，对外劳务合作

① 河南信阳涉外职业技术学院李太福理事长提供。

② 河南信阳涉外职业技术学院李太福理事长提供。

管理体制机制进一步完善，新市场的拓展得到稳步推进，企业不断探索转变发展方式的方法和途径，对外劳务合作业务得到规范、平稳发展。

《对外劳务合作管理条例》的颁布实施，是对外劳务合作行业具有里程碑意义的大事，意味着对外劳务合作由此步入法治化管理轨道。围绕外派劳务人员的权益保障，相关配套措施先后推出，全国性清理整顿外派劳务市场专项行动的开展、“双随机、一公开”监督检查的常态化，形成了较为完善的管理机制；对外劳务合作企业与劳务扶贫、乡村建设相结合，积极探索资源培育和储备的方法和途径，转变发展理念，维护了对外劳务合作业务的可持续发展。在新的历史时期，对外劳务合作企业以“一带一路”倡议为引领，融入实现民心相通、构建人类命运共同体理念，坚持以人民为中心的发展思想，努力实现打造国际人力资源服务商品牌的构想。

一、对外劳务合作步入法治化管理轨道

（一）《对外劳务合作管理条例》颁布实施

我国对外劳务合作所取得的显著成绩，对于实施“走出去”战略，增加国民收入，扩大国际交往，发挥了积极作用。与此同时，对外劳务合作领域也存在一些突出问题，特别是一些单位或个人非法组织劳务人员到境外务工，境外务工人员的权益受到侵害，境外劳务纠纷等群体性事件时有发生，不仅损害了劳务人员的合法权益，也损害了我国的国际形象。党中央、国务院领导同志对依靠法制手段规范对外劳务合作、促进对外劳务合作的健康发展高度重视，多次作出重要批示、指示，要求完善政策措施，抓紧制定对外劳务合作管理的行政法规，从制度上解决对外劳务合作中存在的问题，维护劳务人员合法权益，促进对外劳务合作健康发展。

为规范对外劳务市场秩序，促进对外劳务合作健康发展，2009 年 6 月 17 日至 7 月 1 日商务部着手起草《对外劳务合作管理条例（征求意见稿）》，随后进行网上公开征求意见，并通过其他形式广泛征求各地方及社会各界有关方面的意见，保证其可行性和可操作性。央视为此作了专门报道。

2012 年 3 月时任国务院总理温家宝在十一届全国人大五次会议政府工作报告中提出要“规范发展对外劳务合作”。2012 年 5 月 16 日，国务院第 203 次常务会议通过《对外劳务合作管理条例》。2012 年 6 月 4 日时任总理温家宝签署国务院令，公布了《对外劳务合作管理条例》，自 2012 年 8 月 1 日起施行。

1. 召开全国电视电话会议贯彻落实《对外劳务合作管理条例》

《对外劳务合作管理条例》是我国对外劳务合作领域第一部专门法规，其精神实质是正确处理规范和发展的关系，坚持对外劳务合作企业和劳务人员权利义务的

平衡，充分发挥地方人民政府的作用，强化服务，加强监管，最终目的是促进发展，保障劳务人员合法权益。对促进我国对外劳务合作事业的可持续发展具有十分重要的意义。《对外劳务合作管理条例》的出台标志着中国对外劳务合作步入法治化管理轨道。

2012 年 7 月 30 日商务部会同最高人民法院、最高人民检察院、外交部、公安部、人力资源社会保障部、交通运输部、工商总局、国务院法制办等部门召开全国电视电话会议，贯彻落实《对外劳务合作管理条例》。时任商务部部长陈德铭出席会议并指出，《对外劳务合作管理条例》作为我国对外劳务合作领域的首部专门法规，具有里程碑意义，将推动我国对外劳务合作进入有法可依的良性发展轨道。

《对外劳务合作管理条例》主要内容包括：一是按照“属地管理、权责一致”的原则，明确了“对外劳务合作由县级以上地方人民政府负责全过程监管以及各部门协调配合”的管理架构；二是严格经营资格管理，提高了对外劳务合作企业的注册资本要求和缴纳对外劳务合作风险防范备用金的标准，并授权省级地方商务主管部门或设区的市级商务主管部门负责审批；三是按照“谁派出，谁负责”的原则，明确外派企业和劳务人员的权利义务，规范经营行为；四是严厉打击非法外派，维护正常的市场秩序；五是加强政府服务和管理。①

2. 组织贯彻落实《对外劳务合作管理条例》宣讲活动和自查检查活动

为了深入贯彻条例精神，承包商会于 2012 年 7 月 11 日在济南召开的中国中日研修生协力机构第九届成员大会期间举行了《对外劳务合作行业工作会议》，商务部、国务院法制办、外交部、工商总局等有关部门的领导同志出席会议并宣讲条例相关内容（见图 1－1－5－1）。

图 1－1－5－1　承包商会在济南举行条例宣讲会

根据商务部关于深入开展贯彻落实《对外劳务合作管理条例》工作的通知，全国各地商务主管部门充分利用网络、报纸、电视和广播等各类媒体，及时提醒企业规范经营，防范风险；提醒劳务人员通过正规渠道到国（境）外工作，依法维护自身正当权益。并陆续分别举行各种形式的条例宣讲会和贯彻学习条例培训会，通

① 中华人民共和国商务部合作司．国务院法制办、商务部负责人就《对外劳务合作管理条例》答记者问［EB/OL］．（2012－06－12）［2020－06－10］．http：//www.mofcom.gov.cn/article/zcjd/jdtzhz/201206/20120608175099.shtml.

过扩大宣传，创造对外劳务合作的良好舆论环境。同时深入开展企业自查和各省级商务主管部门检查和抽查工作。按照《对外劳务合作管理条例》规定，各地商务主管部门在当地人民政府的领导下，会同有关部门尽快建立对外劳务合作工作机制，明确各自职责，加强协调配合。在此基础上，建立对外劳务合作投诉举报制度，公布投诉举报电话、传真和电子信箱，及时受理劳务人员和有关方面的投诉，并妥善处理和回复投诉人或举报人。对非法外派劳务案件或以商务、旅游、留学等名义外派劳务案件，按照《对外劳务合作管理条例》规定及时提请同级工商行政管理部门按照《无照经营查处取缔办法》[1] 进行查处；涉嫌犯罪的，移交公安机关追究刑事责任。进一步完善境外劳务突发事件处理机制，及时督办，并依照《对外劳务合作管理条例》对有关违法违规行为予以处理。

2013 年 6 月 27 日，承包商会所属中国中日研修生协力机构和日本国际协力机构在日本东京共同举办了中国《对外劳务合作管理条例》说明会，并现场回答了与会日本接收机构的提问。

3. 党和政府高度重视并积极推动对外劳务合作业务的开展

2013 年 11 月 12 日中国共产党第十八届中央委员会第三次全体会议通过《中共中央关于全面深化改革若干重大问题的决定》，明确提出扩大企业及个人对外投资，确立企业及个人对外投资主体地位，允许发挥自身优势到境外开展投资合作，允许自担风险到各国各地区自由承揽工程和劳务合作项目。李克强总理在 2013 年政府工作报告中提出，在走出去中提升竞争力。健全金融、法律、领事等服务保障，规范走出去秩序，促进产品出口、工程承包与劳务合作。从国家经济发展的整体布局上为对外劳务合作事业的发展创造开放、自主、规范、有序的市场环境。

党中央、国务院高度重视规范外派劳务经营秩序问题。2017 年 3 月，媒体报道我国在日技能实习生权益受侵事件，受到党中央、国务院领导以及社会有关方面的高度关注，规范中日技能实习生合作提到前所未有的重要议事日程上来。商务部组织工作组立即访问日本，表达了中方的高度关切，敦促日本政府主管部门加强对中国技能实习生合法权益的保护，核实查处媒体报道所涉及的相关单位和人员。同时，商务部组织召开由相关部委、新华社、行业组织和有关企业参加的对日技能实习合作座谈会，研讨规范开展对日技能实习合作相关问题。承包商会积极宣传正规合法

---

① 《无照经营查处取缔办法》由中华人民共和国国务院于 2003 年 1 月 6 日发布，自 2003 年 3 月 1 日起施行；2017 年 8 月 23 日，国务院发布第 684 号中华人民共和国国务院令，公布《无证无照经营查处办法》，2017 年 10 月 1 日正式施行，同时废止《无照经营查处取缔办法》。

派遣渠道和劳务合作典型案例，利用出访、会议等各种机会发放《回国技能实习生事例集》，引导企业规范合作，正确导入技能实习新制度运行。

（二）制定与《对外劳务合作管理条例》相配套的一系列政策规定和管理制度

继《对外劳务合作管理条例》颁布之后，相关配套办法也相继出台，其中涉及对外劳务合作经营资格管理、对外劳务合作风险处置备用金、对外投资合作在外人员分类管理、外派劳务人员权益保障等方面。

1. 明确对外劳务合作经营资格核准层级

2012 年 8 月 16 日，商务部印发《商务部关于对外劳务合作经营资格管理有关工作的函》（商合函〔2012〕644 号），明确对外劳务合作经营资格核准层级和管理要求，要求从事对外劳务合作的企业按照省、自治区、直辖市人民政府的规定，经省级或者设区的市级人民政府商务主管部门批准，取得对外劳务合作经营资格。同时各省、自治区、直辖市、计划单列市人民政府，新疆生产建设兵团尽快出台本地区对外劳务合作经营资格管理办法，明确本地区对外劳务合作经营资格核准的行政层级、企业申请经营资格需满足的条件和应提交的材料、经营资格的申请和受理程序以及相关管理要求等。要求 2013 年 4 月 30 日前企业集中换领《对外劳务合作经营资格证书》。

2. 实施对外投资合作在外人员的分类管理

随着“走出去”战略的加快实施，我国对外投资、承包工程、劳务合作等各类对外投资合作在外人员日益增多，为依法保障他们的合法权益，促进对外投资合作健康发展，根据《对外劳务合作管理条例》《对外承包工程管理条例》和对外投资合作相关管理规定，2013 年 10 月 15 日，商务部印发《商务部关于加强对外投资合作在外人员分类管理工作的通知》（商合函〔2013〕874 号），明确了对外劳务合作企业必须直接或通过经县级以上人民政府批准的对外劳务合作服务平台招收劳务人员，并与其签订符合规定的合同，不得允许其他任何单位和个人“借牌经营”以及委托其他任何单位和个人招收劳务人员；国（境）外雇主不得直接在中国境内招收劳务人员，必须由对外劳务合作企业向其派遣。任何不具备对外劳务合作经营资格的企业、单位或个人不得组织劳务人员为国（境）外雇主工作；公民个人自行取得出境手续在境外工作，不在《对外劳务合作管理条例》管辖范围内，通过商务、旅游、留学等签证出境的公民只能在当地从事与签证相符的活动。任何单位和个人通过办理上述签证变相组织人员出境工作属非法外派劳务行为。《通知》明确了对外投资、对外工程承包和对外劳务合作三项业务之间的关系，在一定程度上拓宽了对外劳务合作经营范围，为对外劳务合作企业带来了一定的发展机遇。

为全面掌握对外投资合作在外人员信息，做好对外投资合作业务宏观监测和运行分析，强化风险评估、预警和应对以及推进网上政务，根据《对外劳务合作管理条例》和对外投资合作在外人员管理的相关规定，商务部组织开发了对外投资合作在外人员信息管理系统。2013 年 5 月 6 日，商务部办公厅发出《关于启用对外投资合作在外人员信息管理系统的通知》（商办合函〔2013〕253 号）。管理系统是集对外投资合作在外人员信息采集、管理、通报和网上政务为一体的综合信息平台，整合了对外投资合作信息系统中现有相关在外人员信息数据库，将原“外派劳务人员基本信息数据库”和“对外投资合作企业在外人员相关信息备案系统”并入，按照实际工作需要对在外人员信息采集和管理重新进行了分类设置，开发了外派人员相关合同和人员信息备案功能，设有企业端、对外劳务合作服务平台端、地方商务主管部门端、商务部端等端口，并与驻外经商机构等实现互联互通。管理系统设在商务部网站“中国对外投资和经济合作”子站（http：//fec. mofcom. gov. cn）。由对外投资合作企业，包括对外投资企业、对外承包工程企业、对外劳务合作企业以及对外劳务合作服务平台实时填报。

2014 年 3 月 11 日出台《商务部办公厅关于继续做好对外劳务合作服务平台名单公布和数据填报工作的通知》（商办合函〔2014〕100 号）。该系统的开发有力推进对外劳务合作服务平台建设，对于进一步规范服务平台的建设和运营，引导劳务人员通过正规渠道出境务工，促进和规范对外劳务合作发展发挥了重要作用。

3. 出台对外劳务合作风险处置备用金管理办法

2013 年 3 月 22 日，商务部发出《商务部关于对外劳务合作风险处置备用金有关问题的通知》（商合函〔2013〕139 号），2014 年 1 月 21 日，商务部第 13 次部务会议审议通过《对外劳务合作风险处置备用金管理办法（试行）》，2014 年 7 月 18 日商务部和财政部联合发布《对外劳务合作风险处置备用金管理办法（试行）》（商务部、财政部令 2014 年第 2 号），自 2014 年 8 月 17 日起施行。办法规定了备用金的使用程序，在劳务人员向商务主管部门投诉并提供相关合同及收费凭证或者工资凭条等证据后，商务主管部门应书面通知对外劳务合作企业在 5 个工作日内退还或支付劳务人员有关费用。对外劳务合作企业在规定时间内未退还或支付有关费用的，商务主管部门应作出使用备用金的决定并书面通知有关企业和指定银行。指定银行根据书面通知，从备用金中将相应数额的款项以现金或转账方式支付给商务主管部门指定的劳务人员；办法规定商务主管部门凭人民法院判决、裁定及其他生效法律文书使用备用金的程序和劳务人员接受紧急救助时商务主管部门书面通知对外劳务合作企业在 5 个工作日内支付有关费用的程序；对外劳务合作企业在规定时间内未支付有关费用的，商务主管部门应作出使用备用金的决定，并书面通知有关企业和指定银行。指定银行根据书面通知，从备用金中将相应数额的款项以现金或转账方式支付给商务主管部门指定的人员或单位。备用金使用后，对外劳务合作企业应在使用之日起 20 个工作日内将备用金补足到 300 万元人民币。

本办法的出台进一步规范了对外劳务合作领域中的风险处置备用金制度，对处置外派劳务引起的风险提供了必要保证。

4. 发布实施对外投资合作和对外贸易领域不良信用记录试行办法

为促进对外投资合作和对外贸易规范发展，强化政府服务，有效提示风险，按照信息公开、社会监督和为公众负责的原则，商务部、外交部、公安部、住房城乡建设部、海关总署、税务总局、工商总局、质检总局、外汇局等九部门联合发出关于印发《对外投资合作和对外贸易领域不良信用记录试行办法》的通知（商合发〔2013〕248 号），对之前发布实施的《商务部外交部公安部工商总局关于印送〈对外劳务合作不良信用记录试行办法〉的函》（商合函〔2010〕462 号）进行了完善和补充。

在对外劳务合作方面，不良信用记录信息包括四种情况：一是针对境内企业、机构和个人未取得对外劳务合作经营资格，违规从事外派劳务。二是取得对外劳务合作经营资格的企业存在违反国家有关规定委托其他企业、中介机构和个人招收劳务人员，或者接受其他企业、中介机构和自然人挂靠经营；向劳务人员超标准收费以及向劳务人员收取或者变相收取履约保证金；未为劳务人员办理境外工作准证或者以旅游、商务签证等方式派出劳务人员；未与劳务人员签署合同或者未履行合同约定；发生重大劳务纠纷事件，并受到行政处罚或者造成恶劣影响，或者法院判决须承担法律责任等情形；未为劳务人员办理健康体检和预防接种；未对劳务人员进行安全文明守法培训；其他违法违规和侵害外派人员合法权益的行为；其他因企业原因给双边关系造成恶劣影响的行为。三是境外雇主、机构和个人直接在我国境内招收劳务人员；未按当地法律法规为劳务人员提供相应劳动和生活条件、健康体检和预防接种、未为劳务人员缴纳有关社会保险；拖欠或克扣劳务人员工资；恶意违约导致劳务人员提前返回；违约违法导致重大劳务纠纷事件；未为在境外染病的劳务人员提供救治，导致返回发病或者传播给他人；其他违法违规和侵害劳务人员合法权益的行为。四是劳务人员违反境内外法律法规的行为。

5. 修订发布对外承包工程业务统计制度和对外劳务合作业务统计制度

为科学有效地组织全国对外劳务合作业务统计工作，充分发挥统计信息、咨询、监督作用，依照《中华人民共和国统计法》《中华人民共和国统计法实施细则》以及《对外承包工程管理条例》和《对外劳务合作管理条例》，2014 年，结合近两年对外承包工程和劳务合作业务发展情况，商务部对《对外承包工程业务统计制度》《对外劳务合作业务统计制度》进行了修订：一是《对外承包工程业务统计制度》，在对外承包工程项目明细表（CB2）中增加“项目实施地点”及“项目承揽方式”两项统计内容。二是《对外劳务合作业务统计制度》将对外劳务合作外派人员、月末在外人员的行业构成表（LW1、LW2）根据中华人民共和国《国民经济行业分类》（GB/T4754—2011）标准进行了规范。

修订后的《对外劳务合作业务统计制度》适用于我国境内各级商务主管部门和获得对外劳务合作经营资格的企业以及海员外派机构（以下简称“企业”），业务统计实行统一领导，分级管理。商务部负责全国对外劳务合作业务统计工作，管理各省、自治区、直辖市、计划单列市商务主管部门，有关中央管理的企业的对外劳务合作统计工作，综合编制、汇总全国对外劳务合作业务统计资料；地方商务主管部门负责本行政区域内对外劳务合作业务统计工作，管理本行政区域内企业的统计工作；企业负责本单位的对外劳务合作业务统计工作，编制统计资料并上报地方商务主管部门或商务部。

中国公民个人到境外工作不属对外劳务合作业务统计范畴。企业与境外中资企业（包括中国企业为承揽境外承包工程项目而设立的境外企业）签订劳务合作合同，按照合同约定派人员赴境外工作的活动纳入对外劳务合作统计。

修订后的对外劳务合作业务统计制度，其主要指标包括派出人数、期末在外人数、新签劳务人员合同工资总额、劳务人员实际收入总额。在统计项目内调整或增加了采矿业、服务业、批发和零售业以及食品加工、空乘人员、厨师、护士等工种。

之后，商务部于 2017 年 1 月 12 日、2019 年 1 月 8 日以及 2022 年 1 月 12 日分别发布了《商务部关于印发〈对外承包工程业务统计调查制度〉和〈对外劳务合作业务统计调查制度〉的通知》，其中 2022 年的统计制度在以往对外劳务合作统计制度基础上，增加了质量控制相关内容，包括开展对外劳务合作业务统计培训、不定期开展统计数据核查等，为对外劳务合作企业如实、准确报送相关业务数据，各级商务主管部门更加精准地把握业务发展情况提供了指导和帮助。

6. 外派海员等劳务免征营业税

2012 年 6 月 15 日，财政部、国家税务总局发出《关于外派海员等劳务免征营业税的通知》（财税〔2012〕54 号），对我国境内单位提供的标的物在境外的建设工程监理、外派海员劳务和以对外劳务合作方式向境外单位提供的完全发生在境外的人员管理劳务，免征营业税。2016 年 5 月 6 日发出《国家税务总局关于发布〈营业税改征增值税跨境应税行为增值税免税管理办法（试行）〉的公告》，规定：“纳税人以对外劳务合作方式，向境外单位提供的完全在境外发生的人力资源服务，属于完全在境外消费的人力资源服务。”免征增值税（详见第二篇第五章第二节收费与税收政策）。

7. 取消海员出境证明

为便于海员出境，2013 年 12 月 19 日发出《交通运输部海事局关于取消〈海员出境证明〉的通知》（海船员〔2013〕827 号），要求各海事管理机构和有权签发《海员出境证明》的单位不再向海员签发《海员出境证明》。

8. 强调做好外派劳务人员合法权益保护

2012 年 11 月 26 日，我国外派新加坡的 171 名巴士司机因不满薪资低于其他外籍司机，引发罢工事件，导致我国 5 名司机被捕，29 名司机被遣返，在国内外造成较大影响。2012 年 12 月 10 日，商务部办公厅发出《关于进一步做好我外派劳务人员合法权益保护工作的紧急通知》（商办合函〔2012〕1237 号），督促对外劳务合作企业遵守驻在国或地区的法律法规。要求本行政区域内对外劳务合作企业在开展外派劳务业务时，必须深入了解境外各项与外派劳务人员工作、生活相关的法律法规，督促对外劳务合作企业切实履行社会责任，遵守所在国或地区的法律法规；保证我外派劳务人员与其他外籍劳务人员同工同酬。对外劳务合作企业在与境外雇主签订劳务合作合同时，必须要求雇主保证中国劳务人员与其他外籍劳务人员同工同酬，平等对待，并保留劳务人员向雇主追索相关赔偿的权利。要求各地商务主管部门在对外劳务合作企业报备有关合同时进行严格把关，加强督促检查。在对劳务人员进行出境前的适应性培训中，必须包括介绍境外相关法律法规主要内容，明确告知外派劳务人员遭遇不公正待遇时的投诉渠道。各外派劳务考试中心应严格对外派劳务人员的考核。对外劳务合作企业切实加强境外管理。根据《对外劳务合作管理条例》，对外劳务合作企业在向同一个国家或地区派出劳务人员超过 100 人时，必须安排随行管理人员，随时了解外派劳务人员诉求，协助劳务人员与雇主交涉，及时妥善解决外派劳务人员遇到的困难和问题。加强预警和防范，维护外派劳务人员合法权益。

二、加强对外劳务合作服务监管工作

（一）首播境外务工警示公益广告

为了巩固外派劳务市场秩序专项行动成果，进一步营造对外劳务合作良好宏观环境，商务部策划并首次制作了境外务工警示公益广告，向社会广泛宣传并指导出国（境）务工人员“出国（境）务工要走正规渠道，出现纠纷要用法律维权”。自

2010 年下半年始先后在中央一套、二套、四套、七套播出，各地方电视台纷纷插播，对外劳务合作服务平台、对外劳务合作企业也在招聘场地滚动播放，收到良好效果。

（二）开展规范外派劳务市场秩序专项行动

1. 开展对外劳务合作规范经营专项检查

商务部多次下发通知要求各地加强监管，及时查处各类违规违法经营行为，规范市场秩序，但仍有部分地方资格审批把关不严，事中事后监管不到位，造成监管漏洞。为杜绝违规违法经营，避免类似事件再次发生，2015 年 5 月 19 日商务部发出《关于开展对外劳务合作规范经营专项检查工作的通知》。通过开展专项检查，及时发现问题，查处违法违规行为。完善管理措施，堵塞监管漏洞，防范群体性劳务事件发生。保障劳务人员合法权益，维护社会稳定，促进对外劳务合作健康发展。

2. 开展规范外派劳务市场秩序专项行动

自《对外劳务合作管理条例》和《对外承包工程管理条例》实施以来，我国外派劳务市场秩序总体得到改善，大多数外派企业能够遵守各项法规政策，做到规范经营，自觉维护劳务人员合法权益。但仍有因违法违规外派、非法外派、境外雇主侵犯外派劳务人员合法权益等引发的境外劳务纠纷和突发事件时有发生，不仅危害劳务人员安全与合法权益，对中国企业形象、双边关系甚至国内社会稳定也造成负面影响，由此引起的外派劳务经营秩序问题受到党中央、国务院的高度重视。

为贯彻落实中央领导同志对规范外派劳务市场秩序的批示精神，杜绝违法违规现象，维护外派劳务人员合法权益和社会稳定，商务部会同外交部、公安部、国资委、工商总局等部门，决定于 2017 年 5 月至 9 月在全国范围内开展规范外派劳务市场秩序专项行动。通过专项行动，督促相关部门、单位齐抓共管，落实主体责任，及时发现问题，依照两条例严肃查处不规范经营行为。一是清理整顿对我承包工程项下外派劳务的违法违规行为；二是清理整顿对外劳务合作企业的违法违规行为；三是严厉打击未依法取得对外劳务合作经营资格从事外派劳务业务的行为。研究进一步完善管理措施，堵塞监管漏洞，防范群体性劳务事件发生。形成严厉打击外派劳务领域违法违规行为的高压态势，加强对劳务人员合法权益的保护，维护对外承包工程和对外劳务合作健康有序发展的新局面。

针对技能实习生安全、权保问题的频发现象，承包商会向涉事企业和全行业发出《关于妥善处理技能实习生劳资纠纷的通知》《关于做好暑期技能实习生安全防范工作的通知》等，从行业层面配合落实规范外派劳务市场秩序专项行动。

3. 开展企业走出去合规经营排查

为进一步规范企业海外经营行为，2018 年，商务部发出《商务部办公厅关于开展企业走出去合规经营排查工作的通知》。要求各地商务主管部门、有关行业组织和各中央管理企业进一步加强对企业海外经营的事中事后监管和行业协调自律，对本地区、本行业及所属行业走出去经营行为合规性进行全面排查，防范海外经营风险。在对外承包工程和对外劳务合作领域重点排查的内容主要包括是否履行对外承包工程项目备案和特定项目立项、对外劳务合作经营资格核准等手续；是否及时到驻外经商机构报到登记、如实填报境外项目和人员信息、接受驻外经商机构指导监督以及接受相关行业组织、境外中资企业商（协）会协调自律；是否遵守东道国吸引外资、劳工管理、外籍雇员管理、员工权益保障、反腐败、反洗钱、反垄断、生态环境保护、照章纳税等相关法律规定；是否合法合规竞争、为外派人员办理合法手续、履行社会责任、遵守东道国文化习俗和宗教习惯；遵守相关国际条约、国际规则和惯例以及遵守联合国及其他相关国际组织具有约束力和强制义务的决议等。

（三）开展“双随机、一公开”监督检查

为了进一步加强境外投资事中事后监管，按照“放管服”的要求，2017 年 10 月 30 日至 11 月 30 日，商务部开展了对外投资合作领域的首次“双随机、一公开”的检查。“双随机、一公开”工作是指商务部和省级商务主管部门开展对外劳务合作监督检查工作时，采取随机抽取检查对象、随机选派执法检查人员，及时公开检查情况和查处结果。对外劳务合作检查事项包括：一是对外劳务合作企业是否足额缴纳劳务备用金；二是对外劳务合作企业是否按规定报送统计资料；三是根据管理需要确定的其他事项。此次总计抽查境外投资类对象 40 个，对外承包工程类 40 个，对外劳务合作类对象 20 个。检查总体的合格率达到了 90% 以上。

2021 年，全国 24 个省（市、自治区）商务主管部门在商务部的统一指导下，为加强新型冠状病毒感染疫情期间企业合规经营监管，全年共开展 29 次对外劳务合作“双随机、一公开”抽查，涉及 61 家对外劳务合作企业，为指导对外劳务合作企业合规经营、维护健康有序的市场秩序、保障劳务人员的合法权益发挥了重要作用。

（四）全面推进对外劳务合作服务平台建设

在各级政府主管部门的领导下，各地对外劳务合作服务平台建设工作取得一定进展。截至 2012 年 2 月，全国共建立对外劳务合作服务平台 119 家，为强化政府公共服务，引导劳务人员通过正规渠道出境务工，保护劳务人员合法权益，2013 年财政部、商务部继续安排专项资金对对外劳务合作服务平台工作予以资金支持。截至 2019 年 5 月，全国共建立对外劳务合作服务平台 279 家。

（五）新编《对外投资合作在外人员适应性培训教材》

《对外劳务合作管理条例》明确规定，对外劳务合作企业应当安排劳务人员接

受赴国（境）外工作所需的职业技能、安全防范知识、外语以及用工项目所在国家或者地区相关法律、宗教信仰、风俗习惯等知识的培训；未安排劳务人员接受培训的，不得组织劳务人员赴国（境）外工作。劳务人员应当接受培训，掌握赴国（境）外工作所需的相关技能和知识，提高适应国（境）外工作岗位要求以及安全防范的能力。据此，商务部部署与条例相适应的适应性培训工作。

2013 年 7 月商务部合作司委托承包商会承担《对外投资合作在外人员适应性培训教材》（以下简称《培训教材》）编写工作。承包商会邀请了部分对外承包工程、对外劳务合作和对外投资企业、国家质检总局卫生检疫主管部门及境外安全与职业健康服务机构的 30 多家机构和专家共同组成了编写组，经过一年多的辛勤工作，最终完成了《培训教材》编纂工作（见图 1－1－5－2）。

图 1－1－5－2　2013 年编印的《对外投资合作在外人员适应性培训教材》

新版教材针对对外劳务合作人员、对外承包工程外派人员和对外投资企业在外人员的适应性培训需要，在素质教育、生活工作、安全管理方面丰富了适应时代需求的爱国、健康、心理、安全等方面的培训内容，将“依法务工、培养意识、提升能力、保障安全、依法维权”的理念贯穿于教材的各个方面，分别就适用法律、合同关系、境外生活及安全管理、健康管理等进行了说明，为培训对象在学习境外务工基本知识、养成良好生活工作习惯、掌握必需的语言沟通能力、提升境外岗位适应能力、知晓健康管理及安全保护技能等方面提供了较为全面而系统的指引与帮助。新版教材采用主体教材、简明手册、注意事项卡、视频教材等多种形式，方便使用、携带、传播和教学（见表 1－1－5－1）。

表 1－1－5－1　2013 年培训教材的构成及其主要内容

序号	教材构成	培训科目	培训内容
1	语言培训	英、法、俄、阿、日、韩、德、西、葡等语言篇共 9 分册	包括常用对话口语、应急用语、警示标识、常用非专业词汇、常用专业词汇等内容
2	综合性培训	《素质教育篇》《行前安全教育指引》《旅行与职业健康指南》及《简明手册》等共 4 册	主要包括劳务人员文明行为及素质教育、劳务人员基本权利与义务、服务合同与劳动合同的主要内容、劳务纠纷和突发事件应对及境外安全防范知识以及务工须知、出入境须知、生活须知、安全须知、健康须知等内容

续表

序号	教材构成	培训科目	培训内容
3	国别（地区）	《亚洲地区篇》《非洲地区篇》《拉美地区篇》《欧洲地区篇》《日本篇》《韩国篇》《新加坡篇》《俄罗斯篇》《德国篇》《澳门地区篇》及《台湾地区篇》等国别（地区）篇共11分册	主要包括用工项目所在国家或地区相关法律、宗教信仰、风俗习惯、国别资讯、法律法规、风俗禁忌等内容，涵盖39个国别或地区
4	随身携带卡片	随身携带卡片5套	包括注意事项折页、常用联系方式、生活与工作必知、安全与卫生必知、随身应急外语等内容
5	多媒体视频讲座	与全套24册《培训教材》配套的多媒体视频讲座	共12讲1200分钟

根据商务部安排，各地商务主管部门和对外投资合作企业、培训机构可在商务部网站免费下载《培训教材》作为对外投资合作企业外派劳务人员适应性培训基础教材使用。对外投资合作企业在本企业培训中也可根据境外雇主特别要求和劳务人员实际情况自行编写和使用补充教材。

2014年11月25日商务部办公厅发布使用《对外投资合作在外人员培训教材》的通知。2015年商务部办公厅发出关于印制外派劳务培训合格证有关事宜的函（商办合函〔2015〕170号），将外派劳务培训合格证印制工作下放至省级商务主管部门负责。

（六）地方商务主管部门积极采取不同形式的支持促进政策

为深入贯彻《对外劳务合作管理条例》精神，政府主管部门指导各地将对外劳务合作经营资格审批权下放至设区的市级商务主管部门，并做好后续培训、指导、衔接等工作。山东、江苏、河北等13省先后制定了《对外劳务合作经营资格管理办法》，细化了经营资格申请条件和程序、经营行为、规范市场准入和退出机制、下放经营资格审批权以及政府服务和管理、境外劳务纠纷处置等工作。

同时，各地方商务主管部门因地制宜推出不同的支持促进政策。有的设立财政资金给予资金支持；有的出台管理办法简化备案程序；有的设置小额贷款项目帮助劳务人员减轻负担，帮助企业完成外派项目；有的推出人身伤害保险等措施提供服务保障；有的牵头组织企业出访拓展市场，举办多种形式的中高端劳务市场拓展研讨，支持和鼓励企业开辟新的合作。

（七）开展对外劳务合作助力乡村振兴工作

2021年8月，人力资源和社会保障部、国家发展改革委、商务部等20部门联合印发了《关于劳务品牌建设的指导意见》。指出要围绕劳务品牌高质量发展，坚持市场化运作、规范化培育，强化技能化开发、规模化输出，实现品牌化推广、产业化发展，健全劳务品牌建设机制，塑造劳务品牌特色文化，扩大劳务品牌就业规模和产业容量，推动实现更加充分更高质量就业，满足人民群众对日益增长的美好生活需要，为全面推进乡村振兴、促进经济社会高质量发展提供强大助力。力争“十四五”期间，劳务品牌发现培育、发展提升、壮大升级的促进机制和支持体系基本健全，地域鲜明、行业领先、技能突出的领军劳务品牌持续涌现，劳务品牌知名度、认可度、美誉度明显提升，带动就业创业、助推产业发展效果显著增强。

2021 年 10 月，商务部印发《商务部办公厅关于深入开展对外劳务合作助力乡村振兴工作的通知》，要求相关单位不断完善和创新对外劳务帮扶举措，巩固拓展对外劳务帮扶成果，加强对外投资企业和劳务人员对接，提升服务保障水平，加强常态化疫情防控和外派劳务管理。同时，要及时总结和复制推广好经验好做法，通过各种方式和渠道扩大宣传，讲好对外劳务助力乡村振兴故事，促进对外劳务合作业务可持续发展。

（八）不断完善行业自律体系与行业服务体系

在新的历史时期，承包商会已成为中国对外承包工程、劳务合作、工程类投资及相关服务企业组成的全国性行业组织。不断充实调整服务职能，积极发挥“提供服务、反映诉求、规范行为”的职能，为推动会员企业业务实力的全面提升和我国对外投资与经济合作事业的快速、健康发展作出积极努力。在“全国行业协会商会评估”中，承包商会荣获最高的 5A 等级，并被评为“全国先进社会组织”。2018 年，承包商会成立 30 周年。经过 30 年的发展，承包商会拥有会员企业 1440 余家，其中约 1/3 为对外劳务合作会员企业。会员企业积累了丰富的国际市场经验，取得了骄人的业务成绩，赢得了国际市场的信赖和赞誉。

1. 丰富并完善行规体系

为贯彻《对外劳务合作管理条例》精神，健全完善与对外劳务合作新的管理体制机制相适应的行业协调自律体系，承包商会充分发挥行业协调自律职能，通过民主办会形式，对《中国对外劳务合作行业规范》《对外劳务合作协调办法》等行规以及对外劳务合作业务合同范本进行了必要修订，并于 2013 年 12 月经承包商会六届四次理事会审议通过，正式发布实施；2014 年 8 月 26 日经承包商会六届理事会第八次会长会议审议通过，在行业内发布实施《对外劳务合作行业收费自律指导意见》。指导意见以行业自律的形式明确了企业收取服务费、收取境外雇主的管理费和劳务人员应负担的培训费、招聘手续费等对外劳务合作业务环节中的四项收费标准，对于进一步理顺对外劳务合作企业、培训机构以及其他经济组织和机构之间的业务关系，建立公平、公正、健康、有序的市场经营环境发挥了积极作用。

随着新加坡博彩业的发展，在新人员入场赌博的现象增多。我少数劳务人员在新务工取得一定积蓄后受其利诱进入赌场赌博，沉溺其中、不能自拔，有的甚至在赌输后发生抢劫等严重犯罪行为，不仅损害自身利益，而且增加了当地社会的不稳定因素。为预防我赴新劳务人员蒙受赌博危害，经我驻新使馆经商处调研推荐，承包商会对外劳务合作行业发展委员会研究审议，决定在中新投资合作外派人员中推广使用新加坡“外国人赌场自愿禁门令”。

随着我国居民出境人数的增多，为维护中国人的整体形象，2013 年 9 月 29 日，承包商会发出中国对外投资合作在外人员文明行为倡议书，倡议对外投资合作在外人员文明礼貌，从我做起。恪守公德，讲究礼仪，努力塑造好中国员工在异国他乡的良好形象；尊重他国，增进友谊。自觉遵守当地的法律法规，尊重当地的风俗习惯、宗教信仰，保护自然环境，决不做有损国格、人格和两国关系的事情；爱岗敬业，诚实守信。以一丝不苟的扎实作风，刻苦学习，努力工作。拒绝利欲的诱惑，诚实做人，信守合同，依法维权，不贪不义之财，不做亏心之事，不越合同底线。坚决摒弃不文明行为，把中华民族的传统美德发扬光大。

2. 编制并推广对外劳务合作业务合同范本

为了配合条例的贯彻落实，用专业性、技术性的手段促进对外劳务合作业务的规范运行，以合同范本这种服务产品的形式落实改革后对外劳务合作业务的新要求和新程序，承包商会组织编写了对外劳务合作业务合同范本。合同范本包括通用型合同范本和国别（地区）市场合同范本两种类型。通用型合同范本包括三个不同的合同文本：一是对外劳务合作企业和境外雇主之间的劳务合作合同；二是对外劳务合作企业和外派劳务人员之间的服务合同；三是境外雇主和外派劳务人员之间的雇佣合同（合同要件）。重点国别（地区）市场合同范本主要包括中日技能实习生合作、中德厨师劳务合作、中德护理工劳务合作、中国新加坡劳务合作以及海峡两岸近海渔船船员劳务合作合同范本。

合同范本分别载明了工作内容、工作地点、工作时间、休息休假、合同期限、劳动报酬、社会保险、劳动条件、劳动保护、职业培训、福利待遇、生活条件、工作许可、伤害保险、补偿救助和违约责任等条款，力求客观反映法律主体之间的责、权、利关系。

3. 开展特色劳务领先企业认定推介活动

为推动对外劳务合作行业发展方式转变，激励对外劳务合作企业在发挥我国传统劳务密集型行业外派劳务比较优势的同时，积极拓展新的海外专业劳务市场，探索培育多种中高端劳务资源的方法和途径，2017 年承包商会推出《特色劳务领先企业认定推介活动实施办法》，并推介了 10 家特色劳务领先企业。

特色劳务是指对外劳务合作行业在发达国家或地区最新开拓的专业特色显著的行业领域、职业工种或企业连续经营多年，已形成专业特色、其经营业绩在全行业处于领先地位的对外劳务合作项目或专业工种，具有稳定有效的劳务资源培育模式、保持业务增长的示范效应以及良好的社会效益和经济收益。

4. 开展行业研究和行业宣传，进行专业指导

开展多种形式的行业务发展研究，编印正面引导宣传材料和专业性业务工具书，进行专业化市场指导工作。

2013 年编辑制作了《如何办理出国劳务》专题宣传片，将对外劳务合作管理条例的具体内容、改革后的业务流程、合同要素等内容纳入其中，通过会议发放和网站下载形式提供给企业和对外劳务合作服务平台宣传使用。

2018 年与对外经济贸易大学合作，以我国改革开放 40 周年为契机，回顾梳理我国对外劳务合作行业自改革开放以来的发展历程、展望行业未来发展方向，总结对外劳务合作行业发展的思考和认识，组织编撰《中国对外劳务合作发展 40 年》，为行业发展研究提供了翔实的参考依据。

编印了《对外劳务合作新尝试——中德劳务合作模式》《对外劳务合作政策与行规》《对外劳务合作业务合同范本》《2014 对外劳务合作业务研讨文集》《对日研修生合作业务研讨文集》《两岸渔船船员保险方案服务手册》等专业书籍，收集编撰了《学以致用实现自我——回国技能实习生事例集》和《扶志增智致富造福——回国劳务人员扶贫创业事例集》（见图 1－1－5－3）等对外劳务合作行业服务书籍，开展对外劳务合作成果宣传，增加社会各界对对外劳务合作的认知。

图 1－1－5－3 回国劳务人员创业事例集（1－7 集）

为加强对我国对外劳务合作行业的发展研究，全面分析和评估我国对外劳务合作发展面临的问题，为促进对外劳务合作事业的可持续发展提供决策参考，商务部与承包商会联合发布了 2017—2018 年、2018—2019 年《中国对外劳务合作发展报告》（见图 1－1－5－4）。报告以转变行业发展理念、巩固拓展海外市场和维护行

业可持续发展等内容为重点，较为详细地介绍了对外劳务合作国别和地区市场和省市发展状况、对外劳务合作促进措施以及特色行业（工种）发展方面的有关情况，加大了对行业发展的宏观与微观描述。报告分为综述篇、市场篇、省市篇和附录等四个部分。其中综述篇对我国对外劳务合作的国内外市场环境、行业发展现状和特点、发展趋势等进行了系统概括和预测；市场篇精选主要国别和地区市场，分别进行详细分析；省市篇对我国有关省市的业务开展情况和市场促进措施等进行了全面概述；附录篇收集汇总了政府主管部门新近发布的有关文件和统计信息。旨在能够对社会各界人士和行业发展有所裨益，为企业开展经营活动提供有益参考。

图 1－1－5－4 《中国对外劳务合作发展报告》（2004—2019 年）

5. 新设“对外劳务合作行业服务网页”

在承包商会官网优化对外劳务合作行业务服务网页，扩充政策行规、行业资讯、国别市场、企业展示、行业研究和资源对接栏目，统筹在线办事功能，形成新的行业服务支撑点和着力点。

6. 开展资源储备促进和资源对接交流活动

2014 年 8 月 11—13 日承包商会在甘肃省兰州市举办对外劳务合作行业 2014 年工作会议，这是对外劳务合作管理条例正式颁布实施以来的第一次行业工作会议，会议发布了五个新的行业规范，推介了十项行业服务产品，推介了资源储备多、服务好的服务平台。帮助广大经营公司研判发展形势，领会和把握对外劳务合作改革精神，进一步更新经营理念，规范经营行为，凝聚行业共识，明确工作重点，探索调整外派劳务结构、拓展新合作、谋求新发展的办法和途径，促进对外劳务合作企业和对外劳务合作服务平台之间的业务交流与合作。同时召开了第六届外派劳务资源对接大会。引导对外劳务合作企业积极挖掘中西部地区外派劳务资源潜力，促进全国范围内外派劳务资源的有效配置。来自 81 个地方商务主管部门和地方商协会领导以及36个县市对外劳务合作服务平台代表、131家对外劳务合作企业的代表370余人参加了会议。与会企业分别与甘肃省、湖北省、山东省、湖南省、云南省对外劳务合作服务平台现场签署了15份合作意向书。为及时宣传改革政策，交流业务拓展经验，发挥了促进作用。

为搭设两岸经营主体之间开展大陆地区新船员招募的交流合作平台，缓解船员资源供给不足、合作规模萎缩的突出问题，继续推动两岸渔船船员劳务合作业务的持续健康发展，2014年11月6日至8日，海峡两岸渔工劳务合作协调委员会与台湾两岸渔业合作发展基金会在山东省威海市联合召开了“海峡两岸渔船船员劳务资源对接交流会”，两岸企业间围绕渔船船员业务进行了深入、坦诚的交流。2015年与2019年，各地方商务主管部门相继举办了多场区域性外派劳务资源对接活动和培训会议。

7. 携手地方商协会共同发挥行业纽带作用

承包商会注重与各地方商务主管部门和商协会建立常态化工作联系，2003—2013年间，在各地方设立承包商会联络处16家，后经工作需要，改为吸收各地对外经济合作商协会为承包商会团体会员单位，制定了《承包商会地方商协会工作委员会工作办法》，共同发挥中介组织的纽带作用。截至2020年5月，已有各地方对外经济合作商协会团体会员单位22家。

（九）创新外派劳务人员咨询投诉受理工作机制

随着对外劳务合作业务规模的不断扩大，外派劳务权益纠纷和突发事件也逐渐增多。为切实做到对群体性事件及其苗头发现得早，化解得了、控制得住、处置得好，把问题解决在萌芽状态，解决在基层，维护社会安定大局。承包商会外派劳务人员投诉中心与有关省市外派劳务援助机构、承包商会海外分支机构等建立了较为完善的纠纷预警、通报、协调处理工作机制，基本形成商务系统外派劳务合法权益保护工作网络化、层级化的格局。

为进一步规范外派劳务投诉与咨询受理处置流程，提升咨询投诉受理业务工作水平，承包商会外派劳务人员投诉中心制定并完善了“一个流程四个机制”，即“投诉与咨询受理处置工作流程”与“投诉与咨询受理工作办法”“应急处理工作办法（预案）”“投诉举报处置跟踪工作办法”“投诉与咨询统计报告工作办法”。通过对大量纠纷案件的成因及善后处理深入分析，分类编写了案例汇编。2013年新编《对外劳务合作权益纠纷案例汇编》纳入对外投资合作在外人员适应性培训教材，作为案例教学的主要素材；2019年又编辑印制了《外派劳务100问》。建立微信公众号，随时与信访群众咨询互动，为信访群众提供便捷的新型通信服务，随时接受劳务人员的咨询与投诉。

（十）扩大对外劳务合作

1. 签署双边和行业组织之间的协议或备忘录

自2012年以来，我国政府和行业组织又分别与德国、以色列、奥地利以及国际劳工组织签署了劳务合作协议或备忘录，见表1－1－5－2。

表1－1－5－2　2012年以来我国政府和行业组织对外签署的劳务合作协议或备忘录

序号	劳务合作协议或备忘录		签署时间
1	政府之间	《中华人民共和国商务部和以色列国内政部关于招募中国工人在以色列国特定行业短期工作的协议》	2017年3月20日
2		《中华人民共和国商务部、人力资源和社会保障部与奥地利共和国联邦劳动、社会和消费者保护部关于专业厨师劳务合作谅解备忘录》	2016年11月28日
3	行业组织之间	中国对外承包工程商会与德国劳动总署外劳职业介绍中心（ZAV）签署的《中德护理工合作协议》	2012年11月
4		中国对外承包工程商会与德国劳动总署外劳职业介绍中心（ZAV）签署的《中德专业护理人员合作项目流程》	2013年8月26日
5		中国对外承包工程商会与国际劳工组织都轮灵培训中心关于双方开展劳务合作管理人员培训的备忘录	2014年3月
6		中国对外承包工程商会与以色列人口移民局签署的《关于招募中国工人在以色列国特定行业短期工作的实施细则（建筑行业）》	2017年3月21日
7		中国对外承包工程商会与奥地利劳动力市场服务公司签署的《中国厨师赴奥工作实施细则》	2017年

2. 增进与国际组织的交往

自2012年以来，商务部代表中国政府分别与有关国家举行了劳务合作磋商，承包商会作为行业组织分别与有关国家的行业组织或国际劳工组织①举行推进劳务合作的洽谈。

2013年2月，根据中国和新加坡关于双边劳务合作的谅解备忘录，中新劳务合作第二次工作组在北京举行，双方就加强雇主保护劳务人员的合法权益、加强劳务人员出国（境）前培训合作、共同采取措施打击非法中介等达成广泛共识；2013年7月31日，商务部与安哥拉劳务工作组举行了双方劳务工作组第一次会议，就规范发展投资合作项下的劳务合作进行了深入会谈；之后，分别与哈萨克斯坦、阿联酋

---

① 国际劳工组织成立于1919年，1946年成为与联合国建立联系的第一个专门机构。约有150多个成员，我国是其成员之一。总部设在日内瓦，在泰国首都曼谷开设有亚太地区局。

举行双边政府间劳务合作协议会谈，与韩国续签了雇佣制劳务合作备忘录；与奥地利签署了双边专业厨师劳务合作协议；与俄罗斯、中国澳门、中国台湾等国家或地区召开劳务合作工作组会议等。

2014年，启动了中以建筑劳务合作谈判，并就双边建筑劳务合作的具体事项进行了多次会谈，于2017年签署了双边劳务合作协议；2018—2019年与日本外务省、法务省、厚生劳动省就中日技能实习合作、特定技能劳务合作举行多轮会谈。

根据“中国移民管理能力建设项目（二期）”2013年度活动计划并受商务部合作司委托，承包商会承办了“促进正规对外劳务合作，打击非法外派”主题宣传活动。此项活动旨在帮助中国对外投资合作企业树立守法经营的理念，遵守国内外相关法律法规；帮助劳务人员认识通过合法正规渠道到境外务工的重要性，了解境外务工的常识、风险以及维护自身合法权益的方法和途径。自2013年5月至10月，承包商会按照工作计划分别完成了拍摄制作通过正规渠道出国（境）劳务宣传片《合法出国 安全致富——如何办理出国劳务》、制作发放招贴画和购物袋等实物宣传品、开设专题网页、发布网络短信、编写《对外投资合作在外人员知识手册》以及在沈阳、南京、北京等地举办“对外劳务合作中介机构能力建设培训研讨班”等各项工作。活动涉及面大，形式多样，宣传深入，效果显著，达到预期目的。

三、加强出入境管理和移民领域国际合作

为了加强党对移民和出入境管理工作的全面领导，进一步形成移民管理工作合力，更好地服务我国经济社会发展和对外开放新格局，2018年4月2日，按照《深化党和国家机构改革方案》，将公安部的出入境管理、边防检查职责整合，建立健全签证管理协调机制，组建国家移民管理局，加挂中华人民共和国出入境管理局牌子，由公安部管理。国家移民管理局的主要职责是，协调拟订移民政策并组织实施，负责出入境管理、口岸证件查验和边民往来管理，负责外国人停留居留和永久居留管理、难民管理、国籍管理，牵头协调非法入境、非法居留、非法就业外国人治理和非法移民遣返，负责中国公民因私出入国（境）服务管理，承担移民领域国际合作等。

2018年4月18日，新组建的国家国际发展合作署正式成立。根据《深化党和国家机构改革方案》，国家国际发展合作署是国务院直属机构，其主要职责是，拟订对外援助战略方针、规划、政策，统筹协调援外重大问题并提出建议，推进援外方式改革，编制对外援助方案和计划，确定对外援助项目并监督评估实施情况等。

四、业务呈现稳定发展态势

（一）业务总体发展平稳

2019 年我国在外各类劳务人员 99.22 万人，比 2018 年的 99.66 万人略减 0.44 万人，主要分布在日本、中国澳门、新加坡、中国香港、阿尔及利亚、沙特阿拉伯、印度尼西亚、老挝、安哥拉和马来西亚等国家和地区。2019 年派出各类劳务人员和年末在外各类劳务人员情况见表 1－1－5－3。

表 1－1－5－3　2019 年对外劳务合作业务分布的主要国家地区

派出各类劳务人员			年末在外各类劳务人员		
国家和地区	人数（人）	比重（%）	国家和地区	人数（人）	比重（%）
中国澳门	66 824	13.7	日本	144 150	14.5
中国香港	52 345	10.7	中国澳门	136 322	13.7
日本	41 341	8.5	新加坡	98 581	9.9
新加坡	36 531	7.5	中国香港	63 678	6.4
阿尔及利亚	18 377	3.8	阿尔及利亚	42 999	4.3
印度尼西亚	18 356	3.8	沙特阿拉伯	27 105	2.7
沙特阿拉伯	16 840	3.5	印度尼西亚	24 983	2.5
老挝	14 930	3.1	老挝	24 974	2.5
巴拿马	13 454	2.8	安哥拉	22 868	2.3
巴基斯坦	9 539	2.0	马来西亚	19 613	2.0
合计	288 537	59.4	合计	605 273	60.8

数据来源：《2019—2020 中国对外劳务合作行业发展报告》。

截至 2019 年年底，我国累计派出各类劳务人员达 1000.2 万人次，劳务合作遍及全球 180 多个国家和地区。如表 1－1－5－4 所示，2012—2019 年当年派出人数、年末在外人数，以及对外承包工程项下的年末在外人数和对外劳务合作项下的年末在外人数均保持相对稳定，表明我国对外劳务合作业务规模呈现平稳发展态势。

表 1－1－5－4　2012—2019 年派出人数、年末在外人数对比　（单位：万人）

年份	派出总人数	其中		在外总人数	其中	
		工程项下	劳务项下		工程项下	劳务项下
2012	51.18	23.34	27.84	85.02	34.46	50.56
2013	52.66	27.09	25.57	85.27	37.01	48.26
2014	56.18	26.92	29.26	100.58	40.89	59.69
2015	52.99	25.31	27.68	102.69	40.86	61.83
2016	49.42	23.02	26.40	96.89	37.29	59.60
2017	52.23	22.21	30.02	97.91	37.68	60.23

续表

年份	派出总人数	其中		在外总人数	其中	
		工程项下	劳务项下		工程项下	劳务项下
2018	49.20	22.70	26.50	99.66	39.05	60.61
2019	48.75	21.15	27.60	99.22	36.81	62.41

数据来源：《2019—2020 中国对外劳务合作行业发展报告》。

（二）重点国别（地区）和行业牵引和激励市场发展

1. 中国日本技能实习合作保持一定规模

面对日趋严峻的少子老龄化形势，日本政府为缓解劳动力不足，促进经济发展，多次修订政策，探讨引进外国劳动力的举措。2017 年，围绕技能实习制度改革进行深入研讨，以立法形式出台了《技能实习法》，2018 年 12 月 8 日，又推出了特定技能人才法案。此举意味着日本政府实质上已经正式打开了接收外国劳动力的大门，也意味着在今后一段时期内将实行技能实习与特定技能并轨运行的模式。随着日本对接收外劳政策的变化，中日技能实习合作和特定技能工人劳务合作管理体制也随之发生变化，签署政府间协议受到两国相关部门的共同关注。2019 年至 2020 年，中日双方围绕中日技能实习合作和中日特定技能工人劳务合作展开多轮磋商。根据磋商共识，双方旨在商讨签署中日特定技能工人劳务合作备忘录和中日技能实习合作备忘录，并分别指定执行机构签署实施细则。

据日方统计，截至 2019 年 10 月，日本外籍劳动者达 1 658 804 人，较 2018 年同期增加 198 341 人，同比增长 13.6%，再创历史新高。我国在日劳动者共 418 327 人，较 2018 年同期增加 7.5%，占所有外籍劳动者总数的 25.2%，规模继续居其他国别之首。2019 年，我对日新签劳务人员合同工资总额 14.68 亿美元，劳务人员实际收入总额 11.73 亿美元。承包工程和对外劳务合作项下派遣各类劳务人员 41 341 人，期末在日 144 150 人，占在外总规模的 14.5%，位居在外规模首位。

据日本法务省出入国管理厅资料显示，自 1992—2019 年，我国累计派遣研修生、技能实习生约 102.56 万人，见表 1－1－5－5，中国赴日研修生、技能实习生人数及其占比，占日本接收外国研修生、技能实习生总数的 48.77%。自 2012 年以来，我国赴日研修生、技能实习生人数占日本接收外国研修生、技能实习生总数的比例整体连续下滑，见图 1－1－5－5 中国赴日研修生和技能实习生人数及其与日本接收总数的占比态势。

表1－1－5－5　中国赴日研修生和技能实习生人数及其占比

年份	中国当年派遣（人）	其他国家合计当年派遣（人）	总数（人）	中国当年派遣人数占比（%）
1992	15 054	28 573	43 627	34.51
1993	15 688	24 077	39 765	39.45
1994	14 750	21 862	36 612	40.29
1995	16 009	24 582	40 591	39.44
1996	17 904	27 632	45 536	39.32
1997	21 340	28 254	49 594	43.03
1998	22 372	27 425	49 797	44.93
1999	22 041	25 944	47 985	45.93
2000	27 839	26 210	54 049	51.51
2001	32 894	26 170	59 064	55.69
2002	34 754	23 780	58 534	59.37
2003	38 319	26 498	64 817	59.12
2004	48 729	26 630	75 359	64.66
2005	55 156	28 163	83 319	66.20
2006	61 963	30 883	92 846	66.74
2007	68 188	33 830	102 018	66.84
2008	68 860	33 019	101 879	67.59
2009	53 876	26 604	80 480	66.94
2010	20 190	5 899	26 089	77.39
2011	50 279	16 993	67 272	74.74
2012	49 573	18 989	68 562	72.30
2013	45 263	23 581	68 844	65.75
2014	44 995	39 092	84 087	53.51
2015	39 598	59 559	99 157	39.93
2016	34 444	74 890	109 334	31.50
2017	33 771	89 473	123 244	27.40
2018	32 685	103 818	136 503	23.94
2019	39 105	155 037	194 142	20.14
合计	1 025 639	1 077 467	2 103 106	48.77
说明	1. 当年人数的统计时间为当年1月至12月，包括再入境人数； 2. 2010年以前的数据为研修生人数，2011年以后的数据为技能实习生人数。			

数据来源：日本法务省出入国管理厅。

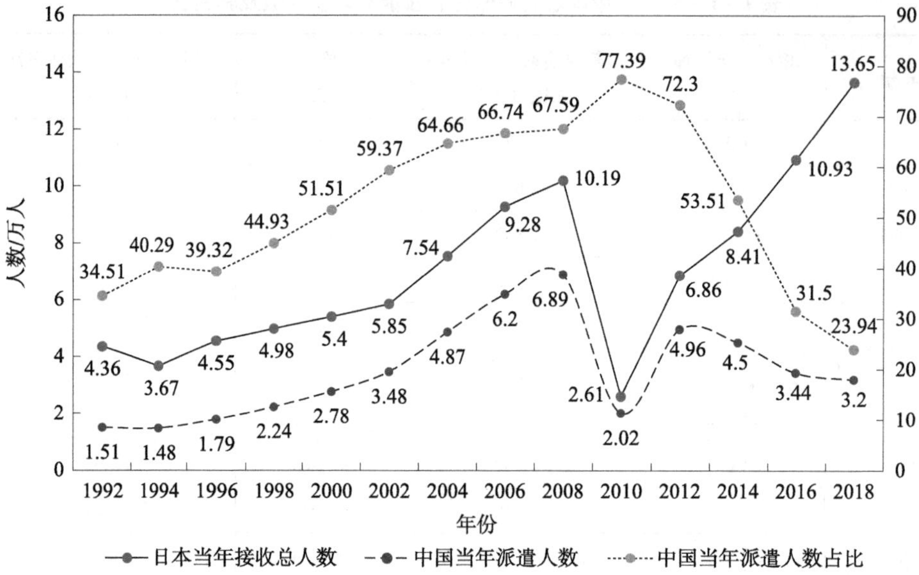

图 1-1-5-5　中国赴日研修生和技能实习生人数及其占日本接收总数的比例态势

2. 重启中国以色列建筑劳务合作

以色列曾经是我国重要的建筑劳务市场。由于各方面因素的影响，2002 年以色列实施暂停引进外籍建筑劳务的“关闭天空”政策，双方劳务合作进入长达十几年的停滞期。2013 年受以色列国内住房价格上涨的压力，以方主动向我国提出签订政府间劳务合作协议，但由于两国法律存在差异，双方在派遣机构、收费标准等关键问题上存在较大分歧。商务部合作司会同承包商会与以色列相关政府主管部门和驻华使馆举行多轮次的磋商，最终以方同意为中方提供区别于前期签约的罗马尼亚、保加利亚、摩尔多瓦等国家的特殊安排，首次将雇主向我国公司支付劳务人员管理费列入政府间劳务协议，并采取了灵活务实的方式，在合作模式、收费方面给予中方特殊安排。

2017 年 3 月 20 日，商务部钟山部长与随同以色列内塔尼亚胡总理访华的以色列经济与产业部部长艾里 · 科恩于分别代表中国商务部和以色列内政部共同签署《中华人民共和国商务部和以色列国内政部关于招募中国工人在以色列国特定行业短期工作的协议》后，3 月 21 日，承包商会房秋晨会长与以色列驻华大使何泽伟分别代表中以双方协议执行机构共同签署了《关于招募中国工人在以色列国特定行业短期工作的实施细则（建筑行业）》。商务部对外投资和经济合作司黄明元商务参赞、靳均一等秘书以及承包商会张翔如副秘书长等出席实施细则签字仪式（如图 1-1-5-6）。至此，中以两国劳务合作协议及实施细则历经 3 年多的谈判和磋商，最终得以全面签署。中以劳务合作是双边经贸合作的重要组成部分，签署劳务合作协议对于进一步开拓以色列劳务市场将迎来新的发展机遇，对于促进两国经贸关系具有重要里程碑意义。

图 1-1-5-6 中国以色列劳务合作实施细则签署仪式（右一为作者）

资料来源：《2017—2018 中国对外劳务合作行业发展报告》。

图 1-1-5-7 中以建筑劳务合作赴以建筑工人技能测试启动仪式

根据招募中国工人在以特定行业短期工作协议、招募中国工人在以特定行业短期工作实施细则和中以双方沟通达成的共识，中国以色列建筑劳务合作进入试点实质运行阶段，中以劳务合作试点阶段启动了 6000 名中国建筑劳务人员的招募选派工作，图 1-1-5-7 为中以建筑劳务合作赴以建筑工人技能测试启动仪式。试点阶段确定在中国江苏、山东两个省份选定中国江苏国际经济技术合作集团有限公司、江苏中澜境外就业服务有限公司、中国山东对外经济技术合作公司、威海国际经济技术合作股份有限公司 4 家企业作为试点经营企业开展对以建筑劳务派遣业务。首批招募中国工人约 6000 名。包含建筑木制模架、钢筋折弯、地板和墙壁瓷砖铺设、抹灰工作四个工种。

截至 2019 年年底，中以劳务合作试点阶段共派出赴以工人 5292 人，其中来自贫困地区的劳务人员占派出劳务人员的 17.76%，助力脱贫攻坚效果显著。

3. *启动中德护理工合作*

2012 年 11 月，承包商会与德国劳动总署外劳职业介绍中心在中德厨师成功合作的基础上，签署了《中德护理工合作协议》，就派遣中国专业护理人员到德国养老院工作达成共识。中国护理工在德国合法就业三年后，根据社保贡献可以获得永久居留许可。2013 年 8 月 19 日和 8 月 26 日双方签署了《中德专业护理人员合作项目流程》，对首批招收 150 名中国专业护理人员和护士的操作流程、工作条件等达成共识。

4. 启动中国奥地利厨师劳务合作

2017 年，根据商务部与德国联邦劳动、社会和消费保护部签署的《中华人民共和国商务部、人力资源和社会保障部与奥地利共和国联邦劳动、社会和消费者保护部关于专业厨师劳务合作谅解备忘录》，承包商会与奥地利劳动力市场服务公司签署了《中国厨师赴奥工作实施细则》并与奥劳动力市场服务公司建立了沟通渠道，就实施细则的相关问题及时交换意见。根据商务部合作司的指导意见，结合奥地利联邦劳动、社会和消费保护部起草的《中餐厨师赴奥工作实施细则》和我国人力资源社会保障部就业促进司提供的《奥地利厨师到中国工作审批程序》，制定了《中奥厨师劳务合作谅解备忘录实施细则》。随即启动了中奥厨师劳务合作。

5. 澳门经济持续增长，支撑内地输澳劳务持续增加

输澳劳务业务始于 20 世纪 60 年代，当时主要集中于快速发展的纺织、制衣、电子和玩具业等劳动密集型产业。输入外劳弥补了澳门自身劳动力供给的不足，使澳门保持了劳动密集型生产相对成本低廉的优势，为澳门经济发展作出重要贡献。

20 世纪 70 年代，澳门年均经济增长率达到 16.7%，超过了同期香港 10.4% 的增长速度，是世界经济增长最快的地区之一。进入 80 年代，澳门经济保持每年 7% 的增长，输入外劳使澳门出口加工业迅速发展，产品竞争力加强，超过当时博彩产业的 20%，居于各产业之首。

改革开放以来，澳门作为沟通内地与海外市场的桥梁和窗口，经济获得了更大发展。1999 年澳门回归后，在中央政府的大力支持下，澳门特区政府迅速实现了澳门政治社会的稳定，博彩经营权的开放使得博彩业及其相关行业得到迅速发展。2007 年澳门博彩收入超越美国赌城拉斯维加斯，一跃成为世界最大博彩之都。失业率由回归之初的 7% 降至 2009 年的 3%。居民人均月工资从 1999 年的 4900 澳门元上升到 2008 年的 8500 澳门元。进入 2010 年后，澳门的经济运行总体保持平稳。2016 年澳门就业人口为 38.97 万人，每月工作收入中位数为 15 万澳门元；其中本地就业居民为 27.69 万人，每月工作收入中位数达到了 18 万澳门元。

与此同时，澳门经济发展对内地劳务人员保持持续旺盛的需求，而输入外劳反过来又对澳门的经济发展起到了巨大的促进作用。首先，外劳在一定程度上解决了“劳工短缺”的燃眉之急，缓解了因劳动力不足而出现的经济发展制约；其次，输入外劳为产业结构提升奠定了基础，增强了澳门经济发展的国际竞争力，也更加有

利推进澳门产业结构多元化；最后，外劳大多是掌握一定专业技术的青壮年，能有效缓解澳门人口老龄化问题，为本地提供人口红利。

内地当年输澳劳务人员由2012年的52 581人增加至2019年的66 824人，期末在澳劳务人员由2012年的68 216人逐年增加至2019年的136 322人，增加了近1倍，占澳门就业人口总数的1/3，见表1－1－5－6。工作领域涵盖除博彩业以外的绝大部分行业，服务对象超过1.4万多家雇主，内地输澳劳务人员已成为补充澳门人力资源不足的主要来源，为澳门特区经济稳定快速发展作出了重要贡献。

表1－1－5－6　2012—2019年输澳劳务派出人数与期末在外人数　单位：人

年份	派出总人数	在外总人数
2012	52 581	68 216
2013	54 263	89 152
2014	71 158	60 306
2015	73 258	121 995
2016	69 717	122 636
2017	61 657	128 647
2018	73 085	132 198
2019	66 824	136 322

数据来源：《2012—2020中国对外劳务合作行业发展报告》。

6. 海员外派规模得到整体提升

受世界海运形势的影响，2012—2019年虽然我外派海员数量出现起伏，但需求不减，总体呈现增加态势。2013年我国在外海员7.4万人，2019年增加至12.33万人，见表1－1－5－7。

表1－1－5－7　2012—2019年海员派出人数

年份	在外总人数（万人）
2013	7.4
2014	11.2
2015	11.2
2016	9.6
2017	12.7
2018	10.7
2019	12.33

数据来源：《2013—2020中国对外劳务合作行业发展报告》。

海员外派业务已经成为利用国内劳动力资源、开拓国际劳务市场的一条有效途径。发展海员外派业务，扩大了我国的对外交流和对外影响，促进了我国海运业、航海教育和海员职业培训事业的发展，加快了我国与国际海事通行规则接轨的步伐，为我国经济发展和海运业的进步作出了突出贡献。

（三）第三国劳务悄然出现

根据对外投资合作在外人员分类管理办法，我国对外劳务合作在外人员包括对外投资合作和对外承包工程在外人员以及对外劳务合作外派劳务人员。由于我国经济结构的调整，2014 年下半年以来，对外承包工程项下外派人员供大于求，低成本劳动力优势逐渐失去。同时由于我国居民收入水平的提高和外汇市场波动的影响，采用第三国劳务的现象开始显现。主要表现为对外承包工程企业从劳动力成本较低的越南、柬埔寨、孟加拉国、尼泊尔、印度尼西亚、印度、斯里兰卡等国招收外籍务工人员，同时加大雇佣当地劳务人员。有的对外承包工程项目雇佣当地劳动力和采用第三国劳动力的人员规模超过项目员工总数的 60%。一些对外劳务合作企业也将一些在国内难以招聘的纯劳务合作项目投放到第三国，寻求项目合作。

（四）“互联网 +”在对外劳务合作行业得到广泛认可和应用

随着电子商务的广泛应用，“互联网 +”不仅在我国的流通领域得到广泛应用，也已开始在对外劳务合作行业得到广泛认可和应用。不少省市商务厅、地方外经商协会和对外劳务合作企业根据自身实际分别采用优化网站建设、开辟资源对接窗口以及通过设计 App 进行网上对接、视频面试、费用交付等不同方式，大大提高了招聘效率。2015 年以来，先后在全国范围内出现了出国快车、出国通等外派劳务资源网络对接平台。“互联网 +”在对外劳务合作行业的应用挤压了非法中介的活动空间，实现了有出国（境）意向的劳务人员与对外劳务合作企业的直接对接，对于实现外派劳务资源的有效配置，提高业务环节公开公正透明度，实现外派劳务资源的有效对接发挥了积极有效的作用。

五、对外劳务合作发展呈现新特点

（一）雇佣制框架下的自然人流动活跃

近年来，行业组织积极扩大国际合作，与国际移民组织和国际劳工组织广泛开展自然人流动框架下的业务探索和合作，寻找引领对外劳务合作行业转变发展方式的切入点，积极倡导新的对外劳务合作发展理念和与国际接轨促进自然人流动的方法和措施。广大经营企业认真研究降低招聘成本和寻求向雇主收费的方法和途径，加大培训选拔力度，一些类似免税商品导购、软件设计、酒店服务员等以自然人流动方式促进海外就业的业务开始在对外劳务合作企业发展和扩大。

（二）海外雇佣成为对外投资合作主要用工形式

由于我国居民收入水平的提高，对外承包工程所在国对外籍劳工的配额限制等原因，近年来，对外承包工程企业在对外承包工程项下出现属地化用工和第三国劳务用工，对外承包工程项下带出人员呈下降趋势。一方面规范属地化用工和第三国用工制度成为一个新的课题，另一方面也对我国企业国际化管理水平提出了新的要求和挑战。

（三）劳务扶贫是助力脱贫攻坚的重要形式

对外劳务合作自创立之日起，就与脱贫致富密切相关，是一项实实在在根植于“三农”、新农村建设乃至扶贫工作的对外经济合作业务，是劳动力向国（境）外转化的外向型人才交流合作业务。对外劳务合作的劳动力资源，绝大多数集中在农村，特别是经济欠发达地区。没有可外派劳动力资源，就没有可持续发展的对外劳务合作业务。

改革开放初期，外派劳务在我国具有较大的吸引力，对改善外派劳务人员的家庭经济状况发挥了重大作用。此后，由于我国居民特别是东部发达地区的居民对外派劳务的依赖程度有所减弱，外派劳务人员的来源地分布开始向中西部地区倾斜，对外劳务合作与精准扶贫产生了必然的联系。

商务部坚决贯彻党中央、国务院决策部署，切实完善商务扶贫工作机制，制定了落实《中共 中央国务院关于打赢脱贫攻坚战三年行动的指导意见》实施方案，构建商务扶贫新格局。对外劳务扶贫作为商务扶贫的重要内容和途径，对提高贫困人口收入、扩大贫困人口就业、促进贫困地区经济社会发展发挥着积极作用，承担着重要责任。

1. 着力加强顶层设计和统筹谋划

对外劳务扶贫是指将脱贫攻坚战与对外劳务合作有机结合起来，通过对外劳务合作拓宽贫困劳动力就业渠道，通过在境外工作增加贫困人员收入、开阔眼界、提高自身素质，最终带动贫困地区经济发展，帮助外派贫困劳动力脱贫致富。

据商务部统计，2015—2019 年，我国每年对外派出各类劳务人员约50 万人，劳务人员收入约 300 亿元人民币，常年在外劳务人员 100 万人左右，累计派出各类劳务人员超过 1000 万人次，对于带动贫困地区经济发展、帮助外派贫困劳动力脱贫致富发挥了重要作用。为进一步加大对外劳务扶贫力度，2017 年 12 月，商务部、财政部、国务院扶贫办、共青团中央印发《进一步加大对外劳务扶贫力度工作方案》，明确工作目标，到 2020 年外派劳务来自国家级和省级贫困县的比例不低于 10%。方案指出，对外劳务合作作为脱贫攻坚工作的重要内容和有效载体，对提高贫困人口收入、改善民生、消除贫困，促进地区经济社会发展、增强福祉、维护稳定，进而全面建成小康社会具有十分重要的作用。

2018 年又发出《商务部办公厅关于进一步做好对外劳务扶贫有关工作的通知》，要求各有关单位制定对外劳务扶贫工作方案，建立对外劳务扶贫统计台账，开展对外劳务扶贫试点，并做好总结和宣传工作。同时要求各单位充分认识对外劳务扶贫工作的重要性，切实提高政治站位，强化目标导向，强化责任担当，推动对外劳务扶贫各项工作全面落实，确保如期完成目标任务；加强对外劳务扶贫领域作风建设，严格遵守国务院扶贫开发领导小组《关于开展扶贫领域作风问题专项治理的通知》要求，严格遵守各项纪律规定；在推进对外劳务扶贫工作中，持续抓好规范外派劳务市场秩序工作，严肃查处外派企业不规范经营行为，维护贫困地区外派劳务人员合法权益。

2. 相继出台精准扶贫具体举措

大力推动对外劳务扶贫，助力脱贫攻坚，成为地方政府精准扶贫的有效手段之一。各级地方政府部门高度重视劳务扶贫工作，相继出台具体措施加大扶贫力度。有的省出台促进对外劳务输出精准扶贫的实施意见，有的省向贫困县对外劳务服务平台拨付专款给予资金支持，并专项列支资金对贫困县劳务人员予以资金补助，还有的省对贫困劳务人员给予适应性培训补贴或向贫困劳务人员提供专项贷款等。

3. 行业组织和外派企业积极参与劳务扶贫

2018 年承包商会与湖南省商务厅合作召开“对外劳务扶贫对接交流会议”，参会企业与贫困县代表现场签署劳务扶贫合作框架协议；2019 年 9 月承包商会与湖北省商务厅联合举办以“搭建出国（境）务工对接平台、助力对外劳务精准扶贫”为主题的对外劳务扶贫对接交流会。指导中以劳务合作试点企业优先招收贫困劳务人员，有的企业向贫困地区重点推出收入稳定的项目，对贫困劳务人员优推零收费项目，并提供出国（境）费用减免，分期付款等支持措施。

随着劳务扶贫工作的不断深入，很多贫困地区、贫困县也积极行动起来，立足扶志扶智，把对外劳务当作一项促进当地贫困人口脱贫致富的主要途径。不少劳务人员通过对外劳务合作拓宽了就业渠道，增加了收入，开阔了眼界，提高了自身素质，最终带动贫困地区经济发展，实现了脱贫致富。

以河南省新县为例，近年来，河南省新县紧盯国际劳务市场变化，通过涉外劳务培训帮助贫困群众走出国门闯世界。具体做法：一是思想扶贫转观念。扶贫培训立足与做人做事和创业相结合，重建自信，转变观念；二是技能扶贫学本领。建成 20 多个实训车间，教给一技之长；三是出国（境）扶贫快致富。向 20 多个国家和地区外派技能人员 3.6 万人，实现出国（境）人员脱贫致富；四是创业扶贫帮他人。协调银行贷款、财政贴息、土地优惠等政策支持，为返回劳务人员搭设创业平台，积极引导返回人员创业，以创业带动就业。通过上述办法，有效加快了新县脱贫攻坚进程。全县综合贫困发生率降至 1.12%，所有贫困村全部退出，顺利通过国务院扶贫开发领导小组专项评估检查。2018 年 8 月 2 日河南省政府正式批准新县退出贫困县序列，在大别山革命老区率先实现脱贫摘帽。①

河南省信阳市新县田铺乡田铺大塆村的韩光莹，亲属中有 7 人先后出国（境）务工。韩光莹通过在国（境）外务工所积累的经验和胆识，看到发达国家农村优美的环境，坚信老家的未来对城里人一定具有吸引力。韩光莹利用从国（境）外获得的收入，开办了新县第一家成规模的民俗店，为发展乡村旅游打开了思路。现在田铺大塆已发展到 14 家民俗店，韩光莹成为民俗合作社的社长，在他的带领下，统一了对外宣传，统一了高质量的服务标准，保证田铺大塆的可持续发展。

2019 年，我国对外劳务合作来自国家级贫困县、省级贫困县的在外劳务人员（简称“在外贫困地区劳务人员”）127 051 人，涉及 1049 个贫困县，分布在 190 个国家（地区）。其中对外劳务合作类人员 100 301 人，对外承包工程类人员 9946 人，其他 16 804 人。在外贫困地区劳务人员主要分布在日本、新加坡、中国澳门、阿尔及利亚、老挝、沙特阿拉伯、安哥拉、韩国、马来西亚和中国香港等国别（地区）。2019 年我国当年派出贫困地区劳务人员 23 643 人次。派出人员主要来自河南省、湖南省、陕西省、辽宁省、山东省、河北省、广西壮族自治区、湖北省、四川省和黑龙江省等。

（四）外派劳务资源成为前所未有的瓶颈制约

1. 劳动适龄人口数量逐年下降

据国家统计局 2017 年 1 月 20 日发布的相关数据，2014 年全国 16~59 周岁的劳动适龄人口总数为 91583 万，占总人口的比重为 67.0%，比上年减少了 371 万，这是我国劳动年龄人口连续第三年绝对数量下降。而且未来数十年内可能都难以再改变这一趋势。根据社科院发布的《社会蓝皮书：2015 年中国社会形势分析与预测》，在 2020 年之前，我国劳动年龄人口将年均减少 155 万人；2020—2030 年将年均减少 790 万人，2030—2050 年将年均减少 835 万人。总计到 2050 年，中国的劳动年龄人口将减少 2.5 亿，按照劳动参与率推算，中国未来减少的劳动力人口，将在 2 亿左右。劳动年龄人口占总人口的比重下降，意味着未来中国的青年劳动力不足。进一

---

① 河南人大网．陈润儿调研报告：关于外出务工人员返乡创业情况的调查［R/OL］.（2019-04-15）［2020-10-05］. https://www.henanrd.gov.cn/2019/04-15/9200.html.

步研究分析，我国在16～34岁这个人类最富有创造力、体力也最好的年龄段，人口只有4亿左右。35～60岁的中老年人，则有5亿左右。而十年之后，青年劳动年龄人口还将下降1亿左右，而中老年劳动力年龄人口，将增加5000万至1亿左右。因此，尽管中国劳动年龄人口总数仍然可观，但真正的精锐劳动年龄人口却比较少，十年后将不足总人口的1/4。如果算劳动力人口，这3亿多人口还要再减去几千万不参与劳动的大学生，中国有效的劳动力人口将更是远少于3亿。

2. 新一代劳动力外派优势明显降低

首先，劳动力成本高涨。2001年产业工人工资500～600元，不仅低于东南亚国家，而且是欧美日等发达国家工人工资的1/30～1/20。随着我国居民收入水平的提高，基本工资已经普遍达到3000～4000元，五险一金占工资总额的40%～50%。我国居民不仅工资远高于东南亚，而且社保缴费是东南亚国家的4.6倍。其次，老一代工人基础教育扎实，吃苦耐劳，服从意识强。而新一代的工人更加注重维护自身权益保护，外派劳务企业选拔、培训和管理的成本加大。

六、新型冠状病毒感染疫情严重影响人员往来

自2020年年初以来，受新型冠状病毒感染疫情及其衍生的各种政治经济风险因素的影响，我国对外劳务合作遭遇到前所未有的困难和挑战。对外劳务合作企业外派业务被迫按下了“暂停键”，业务链条受到严重冲击，业务规模出现大幅下滑；大量中资企业海外项目停工停产，在外人员的安全防疫和工作生活遇到难以克服的困难；经面试培训的劳务人员无法如期派出、在外人员不能按期返回，由此引发退费、劳务人员权益受侵等大量劳务纠纷。

2020年我国当年派出各类劳务人员30.10万人，同比减少38.3%。其中，对外劳务合作和对外承包工程当年派出劳务人员分别为16.23万人和13.87万人，同比减少了41.2%和34.4%。期末在外各类劳务人员62.32万人，同比减少37.2%。其中，对外劳务合作和对外承包工程期末在外劳务人员分别为34.98万人和27.34万人，同比减少了44.0%和25.7%。首次出现当年外派人数与期末在外人数同时下滑的现象。

面对疫情带来的严峻挑战，商务部深入贯彻落实中共中央、国务院关于新型冠状病毒感染疫情防控工作部署，先后发出《商务部办公厅关于积极指导帮助走出去企业做好新冠肺炎疫情应对工作的通知》《商务部：关于开展新冠肺炎疫情对境外企业/项目影响在线问卷调查的通知》《商务部办公厅关于加强疫情期间境外工程项目和在外人员统计的通知》和《商务部合作司关于制订并发布〈境外企业和项目新

冠肺炎疫情防控指引〉的通知》等一系列通知，指导企业积极做好疫情防控，帮助企业共渡难关；各级政府主管部门坚决贯彻落实“六稳”“六保”总体要求，加大政策支持和服务监管力度，努力为企业纾难解困；行业组织及时反映企业诉求，助力企业防疫抗疫和复产复工；广大对外劳务合作企业正视疫情影响现实，积极采取应对措施，主动履行社会责任，勇于探索、尝试和拓展新的业务形态。在各方的共同努力下，努力维护疫情严重影响形势下对外劳务合作行业的平稳发展。

七、对外劳务合作行业继续保持稳定发展

2019 年，在“一带一路”倡议的引领下，各级政府主管部门协同相关部门及行业组织，坚持以人民为中心的发展思想，不断加强规划引导，完善监管服务，努力营造良好的业务发展环境。广大对外劳务合作企业积极创新经营模式，不断拓宽经营渠道，主动调整业务结构，坚持多元经营策略，多措并举，迎难而上，推动对外劳务合作实现平稳、有序、健康发展。

2020 年，虽然受新型冠状病毒感染疫情影响，不少国家和地区对我国公民采取了不同程度的入境限制措施，给我国对外劳务合作业务带来了严重影响。但是，广大对外劳务合作企业在积极献计出力支援抗疫、主动履行社会责任的同时，不等不靠，灵活采取各种措施复工复业，努力将疫情影响降到最低程度，力争确保全年业务继续得到平稳发展。从市场角度看，2020 年重点国别（地区）市场的拉动作用将继续显现。从国内资源角度看，定点培养、定向招收、互联网培训等多元化劳务资源培育方式的优势将进一步凸显。我们相信，在党中央的坚强领导下，在各级政府主管部门的正确指导下，通过广大对外劳务合作企业的不懈努力，对外劳务合作行业一定能够战胜疫情影响，恢复正常业务运行，仍将继续保持健康稳定发展。

我国对外劳务合作在法制轨道上运行，企业的合规经营能力增强，外派劳务人员的维权意识增强，对外劳务合作业务稳定发展，大大压缩了非法中介的活动空间。随着国际市场对人力资源的持续需求，我国外派劳务资源更加紧缺的现状将形成新的挑战，转变经营理念，丰富经营方式，扩大对外交往，延伸对外劳务合作产业链条，形成独具特色的技能人才国内外双循环培育模式，向着国际人力资源服务商的目标迈进成为众多行业人士的普遍共识。

第二章　对外劳务合作发展规模

对外劳务合作作为我国最早走出国门并取得显著成绩的服务贸易行业，改革开放以来，业务范围不断拓展，经营队伍不断扩大，行业工种不断增加，取得了良好的经济效益和社会效益，并促进了对外交往与合作。

本章从40多年来对外劳务合作的总体发展概况、主要特点、各个阶段的发展状况分析、经营主体和行业协调服务等五个方面，概括总结对外劳务合作的发展规模。

第一节　发展概况

本节从改革开放以来对外劳务合作的综合业绩，对外劳务合作新签合同、完成营业额、当年外派人数与期末在外人数以及外派人员的结构变化等主要指标，政府或行业组织劳务合作协议与备忘录签署情况等几个方面，简略勾画对外劳务合作的总体情况。

一、综合业绩

改革开放以来，经过40多年的不懈努力，我国对外劳务合作不断发展，取得了骄人业绩。根据对外劳务合作业务统计制度所确定的统计指标，当年外派人数反映我国不同年份对外劳务合作的流量情况，期末在外人数则是反映我国对外劳务合作整体规模的存量指标。40多年来，我国对外劳务合作当年外派人数、期末在外人数、新签合同额、完成营业额、劳务人员实际收入等主要指标总体呈现持续增长态势，见表1－2－1－1。

表 1-2-1-1　改革开放以来中国对外劳务合作业绩

（截至 2019 年，不完全统计）

阶段	年份	当年外派人数（万人）			期末在外人数（万人）			新签合同额（亿美元）	完成营业额（亿美元）
		总数	工程项下	劳务项下	总数	工程项下	劳务项下		
起步阶段	1978								
	1979							0. 18	
	1980							0. 45	0. 47
	1981							2. 28	
	1982				3. 17	0. 85	2. 32	1. 61	1. 59
稳步发展阶段	1983				3. 08	1. 31	1. 77	1. 25	1. 37
	1984				4. 95	2. 19	2. 76	1. 99	1. 29
	1985				5. 55	3. 06	2. 49	1. 49	1. 72
	1986				4. 64	2. 74	1. 90	1. 70	1. 54
	1987				6. 33	3. 13	3. 20	2. 41	1. 46
	1988				6. 98	3. 00	3. 98	3. 59	1. 77
	1989	5. 34			6. 71	2. 40	4. 31	4. 31	2. 02
快速发展阶段	1990	5. 29	1. 79	3. 50	5. 79	2. 18	3. 61	4. 78	2. 23
	1991	8. 71	1. 98	6. 71	8. 98	2. 15	6. 83	10. 85	3. 93
	1992	11. 82	2. 66	9. 16	13. 1	2. 54	10. 56	13. 35	6. 46
	1993	13. 67	3. 21	10. 46	16. 51	3. 42	13. 09	16. 11	8. 70
	1994	16. 96	3. 46	13. 49	22. 26	3. 83	18. 43	19. 60	10. 95
	1995	19. 43			26. 43	3. 84	22. 59	20. 07	13. 47
	1996	19. 95			28. 54	3. 88	24. 66	22. 80	17. 12
	1997	23. 50			33. 33	4. 78	28. 55	25. 50	21. 65
	1998	23. 06			35. 19	6. 11	29. 08	23. 90	22. 76
	1999	23. 39			38. 18	5. 53	32. 65	26. 32	26. 23
	2000	25. 26			42. 49	5. 56	36. 93	29. 91	28. 12
调整提高阶段	2001	26. 37			47. 47	6. 00	41. 47	33. 28	31. 77
	2002	21. 3			48. 89	7. 85	41. 04	27. 52	30. 71
	2003	21. 00			52. 37	9. 40	42. 97	30. 87	33. 09
	2004	24. 68	7. 38	17. 30	53. 41	11. 47	41. 94	35. 03	37. 53
	2005	27. 29	8. 95	18. 34	56. 35	14. 48	41. 87	42. 45	47. 86
	2006	34. 96	13. 48	21. 48	67. 38	19. 86	47. 52	52. 33	53. 73
	2007	36. 97	15. 48	21. 49	74. 11	23. 60	50. 51	66. 99	67. 67
	2008	42. 50	20. 01	22. 49	73. 87	27. 16	46. 71	75. 64	80. 57
	2009	39. 43	21. 42	18. 01	77. 72	32. 69	45. 03	74. 73	89. 11
	2010	41. 14	22. 46	18. 68	84. 66	37. 65	47. 01	87. 25	88. 80
	2011	45. 23	24. 32	20. 91	81. 24	32. 40	48. 84	101. 39	100. 95

续表

阶段	年份	当年外派人数（万人）			期末在外人数（万人）			新签合同额（亿美元）	完成营业额（亿美元）
		总数	工程项下	劳务项下	总数	工程项下	劳务项下		
规范发展阶段	2012	51.18	23.34	27.84	85.02	34.46	50.56	50.45	49.16
	2013	52.66	27.09	25.57	85.27	37.01	48.26	50.78	51.79
	2014	56.18	26.92	29.26	100.58	40.89	59.69	120.12	63.24
	2015	52.99	25.31	27.68	102.69	40.86	61.83	58.20	60.80
	2016	49.42	23.02	26.40	96.89	37.29	59.60	46.98	54.26
	2017	52.23	22.21	30.02	97.91	37.68	60.23	46.01	59.60
	2018	49.20	22.70	26.50	99.66	39.05	60.61	48.74	56.79
	2019	48.75	21.15	27.60	99.22	36.81	62.41	45.99	63.52

数据来源：《中国统计年鉴》，2004—2020 年《中国对外劳务合作发展报告》。

截至 2019 年，我国已累计外派各类劳务人员 1002 万人次，累计完成营业额超过 1295 亿美元。

二、主要指标

（一）新签合同额和营业额维持增长

据不完全统计，新签合同额由 1979 年的 0.18 亿美元增加至 2019 年的 45.99 亿美元；完成营业额由 1980 年的 0.47 亿美元增加至 2019 年的 63.52 亿美元，见图 1-2-1-1。新签合同额和完成营业额自 1979—2011 年的 20 多年间一直保持增长状态，由于受 2011 年我国在利比亚人员撤回、日本“3·11”大地震事件的影响，自 2012 年起分别跌至 50 亿美元的台阶徘徊或呈现微增长状态。

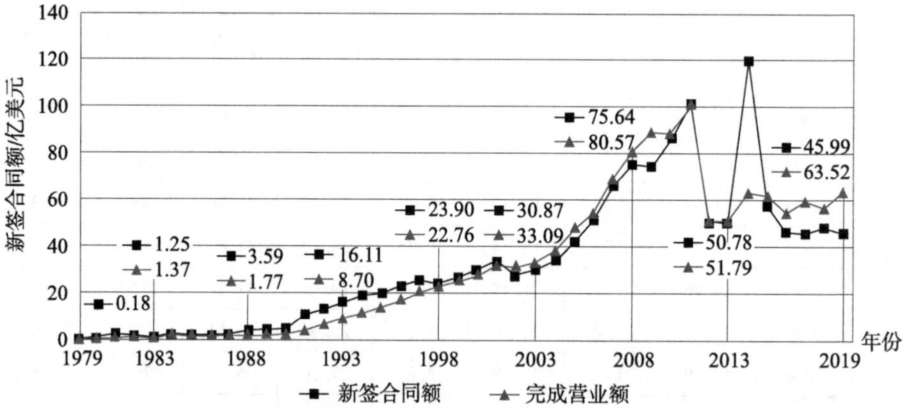

图 1-2-1-1 1979—2019 年对外劳务合作新签合同额和完成营业额情况

自1980—2019年，我国对外劳务合作完成营业额总额达1295.8亿美元，为支持国家建设、改善劳务人员生活、带动区域经济发展发挥了积极作用。

（二）外派人数持续增长

外派人数从1989年的5.34万人增至2019年的48.75万人，总体呈现增长态势，如图1-2-1-2，期间出现过三次起伏。

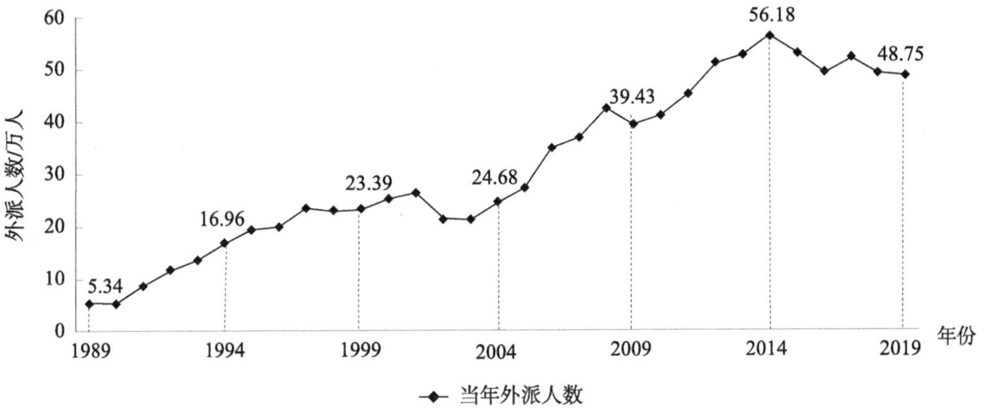

图1-2-1-2　1989—2019对外劳务合作当年外派人数情况

第一次大的跌幅出现在2003年，跌幅多达约5万人。一是由于2002年初大陆渔工权益得不到保护等原因，大陆全面暂停对台湾地区渔工劳务合作业务。二是2002年10月，以色列政府下令停止在建筑业引进新的外籍劳务，我国外派以色列的劳务业务没有增长，仍维持在1万人左右。三是2002年5月14日，劳动和社会保障部会同公安部和国家工商行政管理总局制定并颁布了《境外就业中介管理规定》，部分同时拥有劳动和社会保障部系统境外就业资质和商务系统对外劳务合作经营资格的企业申报统计数据分流。据原劳动和社会保障部不完全统计，截至2008年底，我国累计出境就业人数500多万人，当年出境就业50万人。四是2002年11月至2004年6月"非典"疫情在全国扩散，影响对外交往和人员派出。

第二次跌幅出现在2009年，较2008年减少约3万人。主要由于2008年亚洲金融危机对外派劳务带来较大影响。一是境外雇主需求大幅减少，部分合作项目被推迟，有的甚至取消了已签约劳务人员的出境计划；二是金融危机导致境外雇主经营困难，关厂、转产以及拖欠劳务人员工资等现象多发，劳务纠纷和突发事件增多，导致劳务人员返回。如2009年年初发生在罗马尼亚涉及千余名劳务人员的纠纷；三是经济不景气和当地货币贬值导致劳务人员实际收入大幅缩水，劳务人员出境务工意愿减弱。以韩国为例，2009年赴韩国劳务人员的实际收入比2008年下降超过40%。

第三次跌幅出现在2015年，较上年减幅达3万余人，并出现徘徊。主要由于国内资源紧缺所致。一是日本、新加坡等亚洲市场向劳动力成本较低的东南亚国家转移，缩减我市场需求与市场占有份额；二是我国国民收入水平普遍提高，出国（境）魅力减弱，出现前所未有的招聘难，订单需求得不到有效满足；三是承包工程项下出现第三国劳务、属地化用工替代外派人员，同时对外劳务合作企业也在东南亚国家设点招聘满足雇主需求，致使劳务合作项下外派人员数量也相应减少。

（三）外派人员结构发生变化

在外派人员结构中，劳务合作项下外派人员数量由于受我国可外派劳务资源培育乏力、居民境外就业收入魅力减弱、中高端外派劳务资源尚未有效对接等因素的制约，总体数量在起伏中维持一定规模；承包工程项下外派人员由于属地化用工管理要求、现地雇佣人数增多、第三国劳务用工比例加大等因素，外派人数由稳步增加趋于逐年减少。如图1－2－1－3所示。

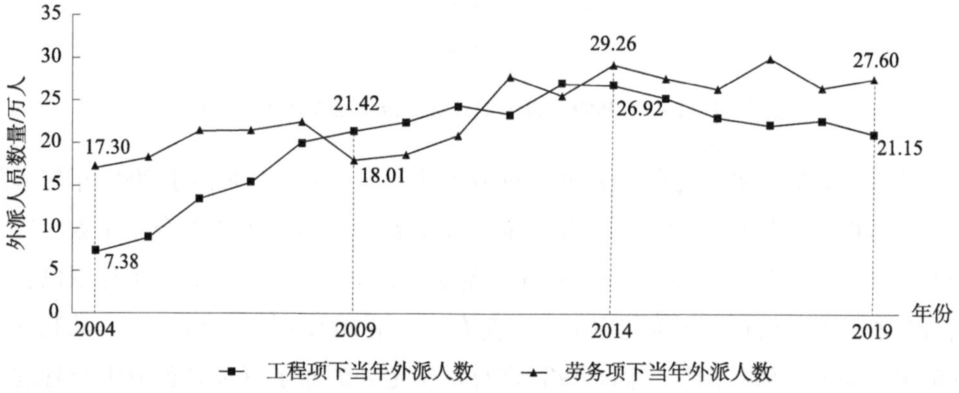

图1－2－1－3 2004—2019年对外劳务合作工程项下和劳务项下当年外派人数情况

（四）在外人数保持增长

自1982—2007年的25年，我国对外劳务合作在外人数逐年攀升，2008—2019年的11年间，人数虽有起伏，但总体呈现增加态势。承包工程项下外派人员和劳务合作项下外派人员均保持不同程度的增加态势。截至2019年12月底，我国对外劳务合作业务累计外派各类劳务人员已逾1000.2万人次。如图1－2－1－4所示。

三、政府或行业组织劳务合作协议与备忘录签署情况

（一）政府签署的对外劳务合作协议或备忘录及其基本类型

1. 政府签署的对外劳务合作协议或备忘录基本情况

截至目前，我国与16个国家签署了双边劳务合作协议或备忘录，见表1－2－1－2。

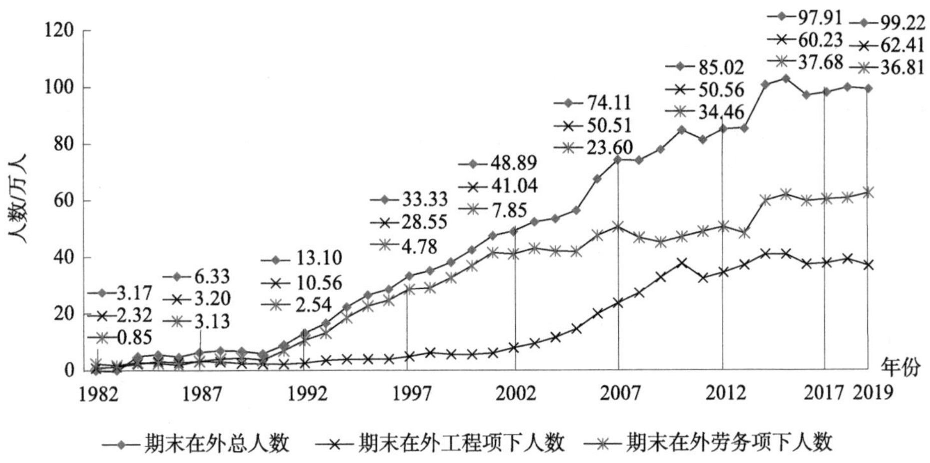

图1-2-1-4　1982—2019 对外劳务合作期末在外人数情况

表1-2-1-2　我国政府部门签署的双边劳务合作协议或备忘录①

序号	名称	签署时间
1	《中华人民共和国对外贸易经济合作部与北马里亚纳群岛联邦关于双方劳务合作的备忘录》	1997 年 5 月 8 日
2	《关于中华人民共和国公民在俄罗斯联邦和俄罗斯联邦公民在中华人民共和国的短期劳务协定》	2000 年 11 月 3 日
3	《中华人民共和国政府和巴林王国政府关于劳务合作及职业培训领域的合作协定》	2002 年 5 月 16 日
4	中华人民共和国政府和马来西亚政府《关于雇佣中国劳务人员合作谅解备忘录》	2003 年 9 月
5	《中华人民共和国政府和毛里求斯共和国政府关于双边劳务合作的协定》	2005 年 1 月 24 日
6	《中华人民共和国商务部和大不列颠及北爱尔兰联合王国卫生部关于招聘护理专业人员合作意向书》	2005 年 6 月
7	《中华人民共和国政府和约旦哈希姆王国政府关于双边劳务合作的协定》	2005 年 12 月 12 日
8	中华人民共和国商务部与澳大利亚移民和公民事务部《关于为招聘技术劳务人员提供便利的合作谅解备忘录》	2007 年 9 月 5 日
9	《中华人民共和国政府和阿拉伯联合酋长国政府关于双边劳务合作的谅解备忘录》	2007 年 11 月 5 日

① 不完全收录，未完全包括人社部、交通部（2008 年后为交通运输部）等部门所签署的与对外劳务合作相关的协议或备忘录。

续表

序号	名称	签署时间
10	《中华人民共和国人力资源和社会保障部和新西兰劳工部关于劳动合作谅解备忘录》《中国自然人临时雇佣安排》	2008 年 4 月 1 日
11	《中华人民共和国政府和卡塔尔国政府关于规范卡塔尔雇佣中国劳务人员的协议》	2008 年 6 月 23 日 2011 年 9 月 28 日
12	《中华人民共和国政府和新加坡共和国政府关于双边劳务合作的谅解备忘录》	2008 年 10 月 23 日
13	《中华人民共和国商务部和大韩民国劳动部关于启动雇佣许可制劳务合作的谅解备忘录》	2010 年 5 月 28 日
14	《中华人民共和国政府和安哥拉共和国政府关于在劳务领域的合作协定》	2011 年 5 月 23 日
15	《中华人民共和国商务部、人力资源和社会保障部与奥地利共和国联邦劳动、社会和消费者保护部关于专业厨师劳务合作谅解备忘录》	2016 年 11 月 28 日
16	《中华人民共和国商务部和以色列国内政部关于招募中国工人在以色列国特定行业短期工作的协议》	2017 年 3 月 20 日

资料来源：中华人民共和国商务部网站汇总整理。

2. 协议或备忘录的基本类型

（1）单向全方位合作型。规定外方雇主须通过中方推荐的经营公司招收劳务人员；确定雇佣合同的基本条款，雇主须与中国劳务人员签订雇佣合同；劳务人员权益受当地法律保护；劳务输入国应为劳务人员提供工作许可和签证便利；建立定期磋商机制，及时研究解决合作中出现的问题。

（2）单向便利化型。专门规定对方应为我投资合作项目所需人员（包括劳务人员）在办理工作许可、出入境手续等方面提供便利；项目所需劳务人员数量由我驻外使（领）馆提出，报对方主管部门备案。

（3）单向特殊安排型。针对某些国家特殊行业或特殊管理体制签署的劳务合作协议，一般会有某些特殊规定。

（4）双向就业型。对我人员到外方工作和外方人员到我国工作均作出规定，涉及就业技能、养老、医疗、职业健康、培训等诸多问题；由商务部、人社部、外专局共同参与，商务部代表中国政府对外签署。

（二）行业组织签署的对外劳务合作协议与备忘录

据不完全统计，我国政府有关组织和行业组织与国（境）外相关组织或行业组织之间共签署劳务合作协议（或备忘录）15 份，见表 1 -2 -1 -3。

表 1-2-1-3　我国政府组织和行业组织对外劳务合作协议或备忘录签署情况①

序号	名称	签署时间
1	对外经济贸易部中日研修生协力机构与日本国际研修机构在东京签署的研修合作备忘录（R/D）	1992 年 6 月 29 日
2	对外贸易经济合作部国外经济合作司与德国劳工局国际旅馆与餐饮业管理办公室（ZIHOGA）签署的关于向德国派遣厨师业务的《会谈纪要》	1997 年 10 月
3	中国对外承包工程商会与德国劳工局国际旅馆与餐饮业管理办公室（ZIHOGA）签署的关于向德国派遣厨师业务的《会谈纪要（协议）》	2000 年 9 月
4	中国对外承包工程商会所属塞班中国经济发展协会与北马里亚纳群岛联邦（简称“塞班”）司法部在北京正式签署的《〈关于确认中国公民申请进入北马里亚纳群岛联邦的备忘录〉补充协议》	2004 年 11 月 23 日
5	中国对外承包工程商会与韩国水产业协同组合中央会签署的双方合作协议，与韩国建筑商会等签署的谅解备忘录或合作协议等	2004 年 3 月 26 日
6	中国对外承包工程商会所属中国外派海员协调机构与新加坡高级海员联合会签署的海员劳务合作备忘录	2005 年 10 月 17 日
7	中国对外承包工程商会所属中国外派海员协调机构与挪威船东协会签署的《中国外派海员协调机构和挪威船东协会关于进一步加强海员劳务合作的备忘录》	2006 年 9 月 18 日
8	中国对外承包工程商会所属中国外派海员协调机构与丹麦船东协会在上海签署的《关于加强海员劳务合作的备忘录》	2007 年 6 月 12 日
9	海峡两岸关系协会会长陈云林和台湾海峡交流基金会董事长江丙坤签署的《海峡两岸渔船船员劳务合作协议》	2009 年 12 月 22 日
10	中国对外承包工程商会所属中国中日研修生协力机构与日本国际研修协力机构签署的中日技能实习会谈纪要（R/D）	2010 年 3 月 31 日
11	中国对外承包工程商会与德国劳动总署外劳职业介绍中心（ZAV）签署的《中德护理工合作协议》	2012 年 11 月
12	中国对外承包工程商会与德国劳动总署外劳职业介绍中心（ZAV）签署的《中德专业护理人员合作项目流程》	2013 年 8 月 26 日
13	中国对外承包工程商会与联合国国际劳工组织国际培训中心关于培训合作的备忘录	2014 年 8 月 15 日
14	中国对外承包工程商会与以色列人口移民局签署的《关于招募中国工人在以色列国特定行业短期工作的实施细则（建筑行业）》	2017 年 3 月 21 日
15	中国对外承包工程商会与奥地利劳动力市场服务公司签署的《中国厨师赴奥工作实施细则》	2017 年

① 不完全收录，未完全包括与人社部、交通部等部门业务相关的行业组织所签署的有关对外劳务合作协议或备忘录。

40 多年来，对外劳务合作在波折中前进，在前进中完善、业务规模发展壮大的同时，外派劳务人员的结构也在发生变化。由于外派劳务人员的结构变化引发外派劳务资源培育的深度思考，引发企业经营理念更新的方法思考，也引发以质取胜的可持续发展战略思考。

第二节 主要特点

对外劳务合作的业务特点随发展阶段的不同而不同，以发展规模较大、行业工种较为齐全的规范发展阶段（2012 年至今）为对象进行分析，主要体现出亚洲市场占主导、传统行业占比高、调整结构见端倪、省市排序较稳定、重点市场拉动大、海外雇佣比例高、行业集中度居高等特点，而且具有鲜明的时代特征。

一、亚洲市场占主导

2012—2019 年，就我国外派劳务人员和期末在外劳务人员在全球各大洲的分布情况来看，主要集中在亚洲和非洲，其中，亚洲地区占比最大，不低于 60%，非洲地区占比为 20% 左右，欧洲、拉丁美洲、大洋洲和北美洲等地区合计占比不低于 10%。

2012—2019 年，我国当年外派劳务人员和期末在外劳务人员在亚洲地区的分布比例总体呈现上升态势，2018 年、2019 年当年外派劳务人员和期末在外人员均已达到或超过 70%，见表 1－2－2－1、图 1－2－2－1，其中中国澳门、日本、中国香港、新加坡等国别（地区）市场持续发挥了业务拉动作用。

表 1－2－2－1 2012—2019 年我国外派劳务人员和期末在外劳务人员在亚洲地区占比

年份	当年外派人员		期末在外人员	
	人数（万人）	占比（%）	人数（万人）	占比（%）
2012	33.1	64.6	57.4	67.0
2013	32.9	62.4	56.3	66.0
2014	35.8	63.7	63.5	63.1
2015	34.8	65.7	65.5	63.8
2016	34.9	70.6	64.4	66.5
2017	36.1	69.1	66.8	68.2
2018	35.7	72.5	69.8	70.0
2019	35.3	72.5	71.1	71.7

数据来源：2012—2020 年《中国对外劳务合作发展报告》。

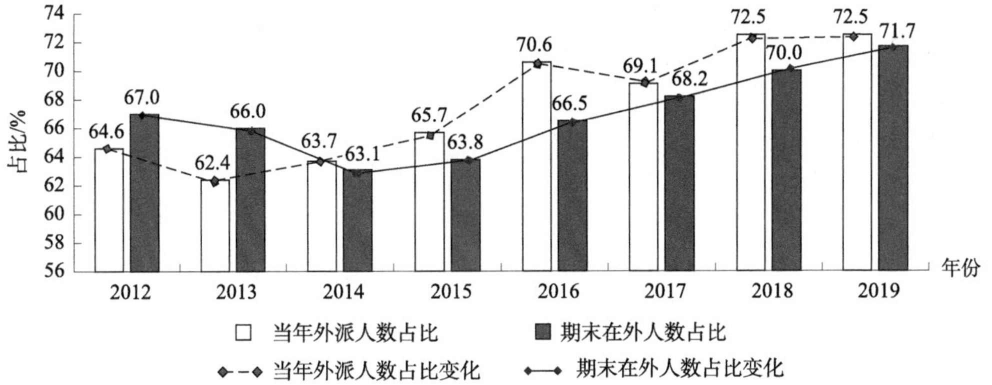

图 1－2－2－1　2012—2019 年我国当年外派劳务人数和期末在外劳务人数在亚洲地区占比

二、传统行业占比高

2012—2019 年，在农林牧渔业（含渔船船员、农业种植等）、制造业（含纺织服装、电子、机械加工等）、建筑业（含设计监理等）、交通运输业（含海员、空乘人员等）、计算机服务和软件业、住宿和餐饮业（含厨师等）、科教文卫体业（含护士等）和其他行业中，建筑业、制造业和交通运输业三大行业始终是我国在外各类劳务人员行业构成中占比最大的行业，一直稳定在 70% 以上，见表 1－2－2－2、图 1－2－2－2。其中建筑业主要分布在阿尔及利亚、中国澳门等，制造业主要分布在日本、新加坡、中国澳门等，交通运输业主要分布在中国香港、新加坡、巴拿马等。

表 1－2－2－2　2012—2019 年建筑业、制造业和交通运输业三大行业占比

年份	期末在外人员	
	总数（万人）	占比（%）
2012	61.3	72.1
2013	63.7	74.6
2014	76.0	75.5
2015	76.7	74.7
2016	70.6	72.8
2017	71.8	73.3
2018	72.9	73.0
2019	71.9	72.4

数据来源：根据 2012—2020 年《中国对外劳务合作发展报告》整理。

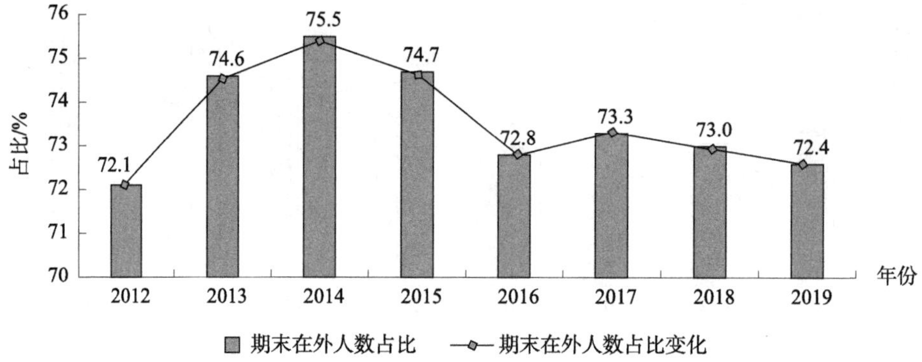

图 1-2-2-2　2012—2019 年建筑业、制造业和交通运输业三大行业占比

在三大行业中，建筑业占比最大。以 2019 年为例，建筑业在外劳务人员 42.5 万人（含在外设计咨询监理人员 3136 人），占 2019 年对外劳务合作在外人员总数 99.2 万人的 42.8%，见表 1-2-2-3；占三大行业总数 71.9 万人的 59.1%，主要分布在亚洲和非洲。分布在亚洲和非洲的建筑业在外劳务人员占建筑业在外劳务人员总数的 92.7%，欧洲、拉丁美洲、大洋洲、北美洲只占不足 8%。

表 1-2-2-3　2015—2019 年建筑业在外劳务人数情况

年份	在外人数（万人）	同比增减比例
2015	48.8	2.09
2016	45.1	-7.58
2017	42.5	-5.76
2018	45.4	6.82
2019	42.5	-6.26

数据来源：2015—2020 年《中国对外劳务合作发展报告》。

三、调整结构见端倪

进入 21 世纪以来，外派劳务人员招聘难问题开始显现。特别是 2008 年金融危机后招聘难问题凸显，我国外派劳务市场开始由订单型市场转为资源型市场，外派劳务资源甚至成为制约对外劳务合作业务发展的瓶颈。广大对外劳务合作企业积极调整外派劳务人员结构，不断拓展新兴市场，一些新的潜力型工种开始呈现缓慢增加态势。为了客观反映对外劳务合作业务的发展状况，商务部先后于 2010 年 12 月、2012 年 12 月、2014 年 12 月和 2017 年 1 月、2022 年 1 月发出关于印发对外承包工程业务统计制度、对外劳务合作业务统计制度的通知，扩充并加强了对海员、空乘、护士、信息传输、软件和信息服务业、批发和零售业、住宿和餐饮业、厨师、文化、体育和娱乐业等工种的数据统计工作，从统计数据看，上述行业（笔者称为新兴行业）2012—2019 年的期末在外劳务人员占比已经逼近 20%，见表 1 -2 -2 -4、图 1 -2 -2 -3，合计人数呈现缓慢增加态势。

表 1 -2 -2 -4 2012—2019 年新兴行业期末在外劳务人员占比

年份	人数（万人）							合计（万人）	占期末在外人员总数比例（%）
	海员	空乘	护士	信息传输、软件和信息服务业	批发和零售业	住宿和餐饮业	文化、体育和娱乐业		
2012	8.1	0.04	0.08	0.02	—	3.97	0.37	12.71	15.0
2013	7.4	0.04	0.08	0.22	—	3.9	0.4	11.92	14.0
2014	11.2	0.03	0.09	0.34	—	4.3	0.52	16.36	16.3
2015	11.16	0.07	0.09	0.35	—	4.79	0.66	17.03	16.6
2016	9.6	0.10	0.09	0.34	—	5.2	0.6	15.83	16.3
2017	12.7	0.12	0.09	0.32	—	5.5	1.79	20.52	21.0
2018	10.7	0.16	0.11	0.29	—	5.84	0.81	17.91	18.0
2019	12.33	0.2	0.19	0.28	—	6	0.6	19.60	19.8

数据来源：根据 2012—2020 年《中国对外劳务合作发展报告》整理制作。

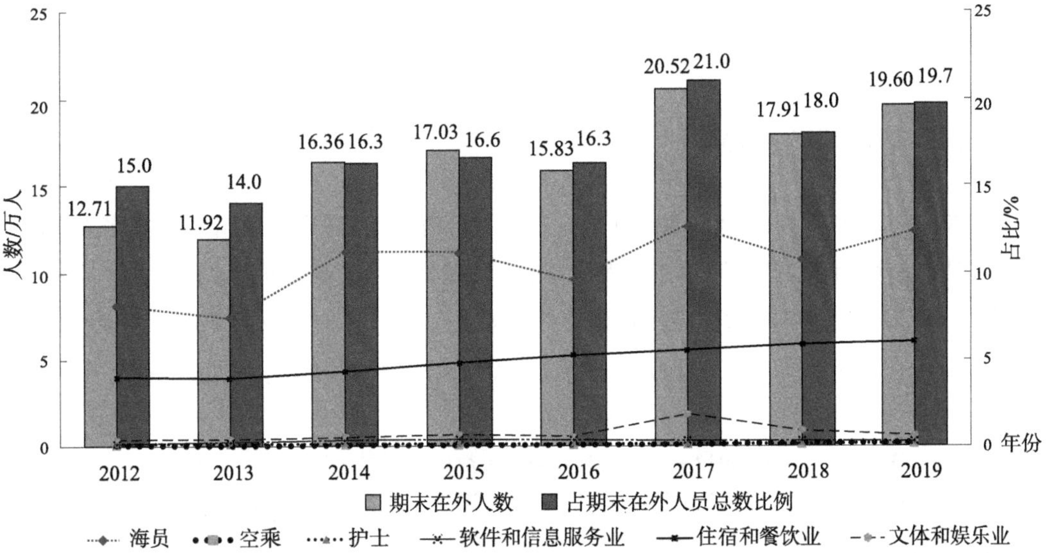

图 1 -2 -2 -3 2012—2019 年新兴行业期末在外劳务人员占比情况

2019 年 12 月末，在我国在外各类劳务人员的行业构成中（见表 1 -2 -2 -5），农林牧渔业（含渔船船员、农业种植等）、制造业（含纺织服装、电子、机械加工等）、交通运输业（含海员等）、住宿和餐饮业和科教文卫体业呈现增加。其中海员增幅最大，多达约 1.6 万人；而建筑业、计算机服务和软件业、其他行业呈现减少，其中建筑业由于我国对外承包工程企业属地化用工和第三国劳务用工比例加大，外派人员减少幅度最大，多达约 2.8 万人。

表 1-2-2-5 2019 年 12 月末我国在外各类劳务人员行业构成情况

行业类别	在外各类劳务人员（万人）	占比（%）	较上年同期增减（人）
农林牧渔业	5.40	5.4	763
其中：渔船船员	2.58	2.6	2350
农业种植	1.41	1.4	449
制造业	15.86	16.0	1349
其中：纺织服装	1.74	1.8	-1823
电子	1.39	1.4	-2810
机械加工	1.98	2.0	474
建筑业	42.55	42.9	-28448
交通运输业	13.49	13.6	17118
其中：海员	12.33	12.4	16300
计算机服务和软件业	0.28	0.3	-137
住宿和餐饮业	5.98	6.0	1413
科教文卫体业	0.80	0.8	1125
其他行业	11.72	11.8	-401
合计（不含设计咨询人员等）	96.08	100.0	-4416

数据来源：2019—2020 年《中国对外劳务合作行业发展报告》。

四、省市排序较稳定

2012—2019 年，我国东部省（区、市）当年外派人数和期末在外人数占比持续走高，其中业务排序位列前 10 的省份占比基本维持在 58% 至 75% 之间，见表 1-2-2-6、图1-2-2-4，而且较为稳定。在当年外派人数与期末在外人数业务排序前 10 省份中，山东省、江苏省、广东省、福建省自 2015—2019 年的 5 年间连续保持在前五位内。

表 1-2-2-6 2012—2019 年当年外派人数与期末在外人数前 10 省份占比

年份	当年外派人数		期末在外人数	
	总数（万人）	占比（%）	总数（万人）	占比（%）
2012	29.8	58.2	50.1	58.9
2013	30.8	58.5	51.1	59.9
2014	34.2	60.9	67.6	74.7
2015	32.1	60.6	61.6	65.0
2016	30.8	62.3	60.9	62.9
2017	34.6	66.3	60.8	62.1
2018	33.2	67.5	63.1	63.3
2019	34.3	70.4	64.9	65.4

数据来源：2012—2020 年《中国对外劳务合作发展报告》。

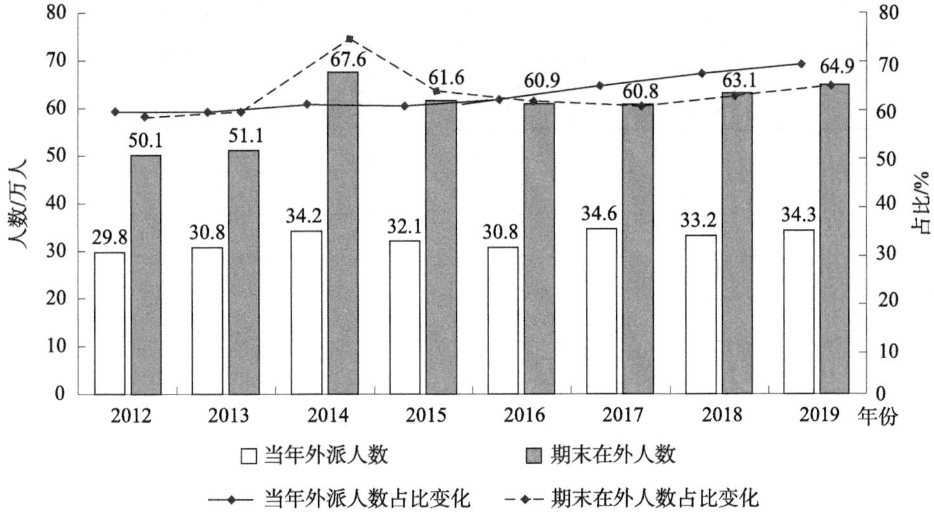

图1－2－2－4　2012—2019年当年外派人数（含设计咨询人员）与期末在外人数前10省份占比

五、重点市场拉动大

2012—2019年当年外派人数与期末在外人数排序前10位的国别（地区）市场占比基本维持在52%～66%，保持在60%左右，见图1－2－2－5、表1－2－2－7。其中，在当年外派人数与期末在外人数前10位的国别（地区）市场中，中国澳门、日本、中国香港、新加坡、阿尔及利亚、沙特阿拉伯自2015—2019年的5年间连续保持在前10位国别（地区）市场内。

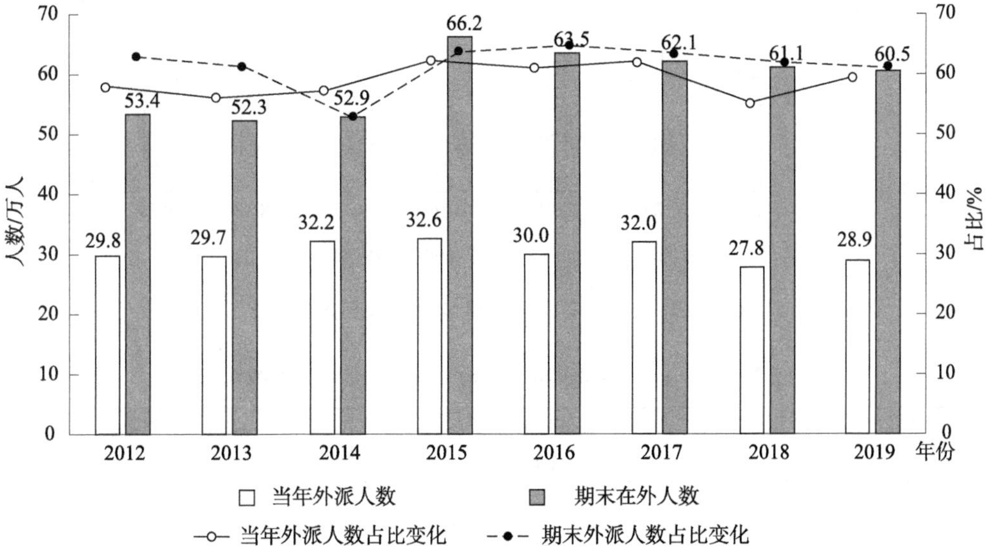

图1－2－2－5　2012—2019年当年外派人数与期末在外人数前10位的国别（地区）市场占比

表 1-2-2-7 2012—2019 年当年外派人数与期末在外人数前 10 位的国别（地区）市场占比

年份	当年外派人数		期末在外人数	
	总数（万人）	占比（%）	总数（万人）	占比（%）
2012	29.8	58.2	53.4	62.8
2013	29.7	56.4	52.3	61.3
2014	32.2	57.3	52.9	52.6
2015	32.6	61.5	66.2	64.5
2016	30	60.7	63.5	65.5
2017	32	61.3	62.1	63.4
2018	27.8	56.5	61.1	61.3
2019	28.9	59.3	60.5	61.0

数据来源：根据 2012—2020 年《中国对外劳务合作发展报告》整理。

六、海外雇佣比例高

2012—2019 年我国企业海外雇佣项目所在国和地区人员从 2012 年的 60 多万人逐渐攀升至 2019 年的近 78 万人，其中 2018 年较 2017 年增长 13.73%，见图 1-2-2-6、表1-2-2-8；主要分布在亚洲、非洲地区，合计占 92%，欧洲、拉丁美洲、北美洲、大洋洲占比不足 8%。

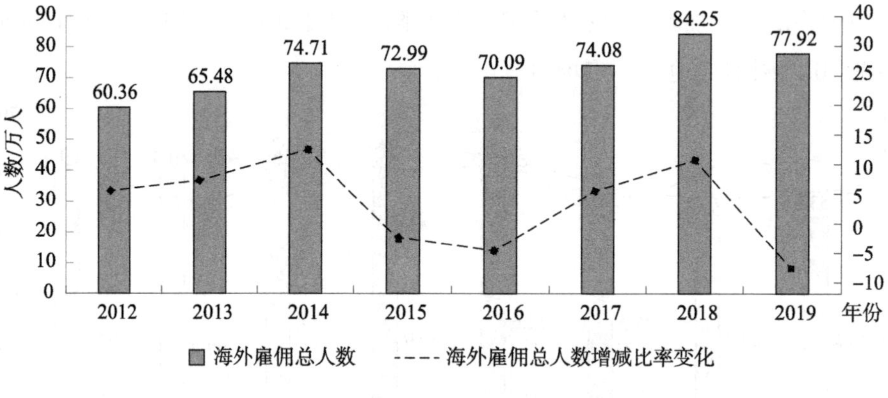

图 1-2-2-6 2012—2019 年海外雇佣人数占比

表 1-2-2-8 2012—2019 年海外雇佣人数及其增减比率

年份	海外雇佣总人数（万人）	较上年增减比率（%）
2012	60.36	5.9
2013	65.48	8.5
2014	74.71	14.1

续表

年份	海外雇佣总人数（万人）	较上年增减比率（%）
2015	72.99	-2.3
2016	70.09	-3.97
2017	74.08	5.7
2018	84.25	13.7
2019	77.92	-7.5

数据来源：2012—2020 年《中国对外劳务合作发展报告》。

由于国内居民收入水平、福利待遇、保险条件的提高，承包工程项目外派劳务人员受成本升高的制约，承包工程项下外派人数减少，属地化用工呈现增加趋势。

我国承包工程企业的境外承包工程项目的海外用工由外派人数、属地化用工、雇佣第三国劳务人员等构成。以 2019 年为例，承包工程项下在外人员 36.8 万人，在不考虑雇佣第三国劳务人数的情况下，这一数字只占我国承包工程企业境外承包工程项目全部用工总数的 32%，从目前情况看，由于属地化用工和雇佣第三国劳务或将长期维持在一定规模，使得外派人员规模难以扩大，成为近年来承包工程项下外派人员减少的直接原因。

七、行业集中度居高

2012—2019 年，由于国际市场的需求结构发生变化，中高端劳务的需求份额逐渐增多，挤压普通型劳务人员的需求，市场竞争加剧；国内可外派劳务资源的培育成本加大，受招聘难问题的困扰，企业经营压力加大；面临新的经营环境，有的企业积极调整外派劳务工种结构，进行业务整合，出现新的转机。有的企业经营乏力，疲于频繁跟进市场，业务不断滑坡。经营主体队伍形成两极分化，优胜劣汰态势明显；个别区域对外劳务合作的观念比较陈旧，虽然外派劳务宣介工作量大，但经营氛围不够理想。因此，从对外劳务合作行业整体看，行业集中度持续走高，主要体现在以下三个方面。

（一）骨干企业比重大

2012—2019 年当年外派人数排序前 20 名的企业业务占比 30% 左右，也就是说，前 20 家企业的外派人数占到全行业外派人数的近 1/3。另外，期末在外人数业务排序前 20 名的企业业务占比保持在 20% 左右，也就是说，前 20 家企业的在外人数占到全行业外派人数的近五分之一，见表 1-2-2-9、图 1-2-2-7。分析对外劳务合作企业的业绩分布可以看出，业务规模排名前列的企业占据较大份额，对外劳务合作业务集中度高的现象反映明显。

表 1-2-2-9 2012—2019 年当年外派人数与期末在外人数前 20 家企业的人数占比

年份	当年外派人数		期末在外人数	
	总数（万人）	占比（%）	总数（万人）	占比（%）
2012	8.50	30.40	13.94	16.40
2013	15.40	29.22	16.31	19.12
2014	15.76	28.10	18.96	18.90
2015	15.44	29.14	21.49	20.93
2016	14.63	29.61	17.66	18.22
2017	14.16	27.10	19.21	18.90
2018	14.00	28.40	19.08	19.10
2019	13.81	28.30	19.81	20.00

数据来源：2012—2020 年《中国对外劳务合作发展报告》。

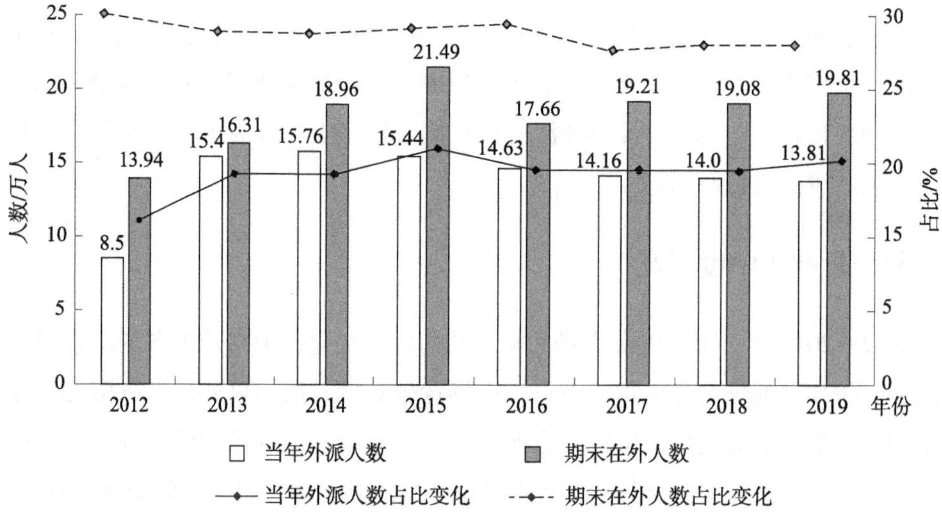

图 1-2-2-7 2012—2019 年当年外派人数与期末在外人数前 20 家企业业务占比

以 2019 年为例，从外派人数、在外人数、企业业绩规模分布三个角度进一步分析行业集中度时，可以看出，由于骨干企业的牵引，对外劳务合作业务不仅维持一定的发展规模，而且行业集中程度也已形成两极分化的格局。

1. 企业业绩规模分布

在商务部对外劳务合作统计系统中，2019 年有统计信息的经营企业共 2165 家，其中当年有劳务人员派遣业绩的经营企业 1262 家，共派遣各类劳务人员 487 490 人。无派遣业绩的经营企业 903 家；年末有在外劳务人员的企业 1838 家，在外各类劳务人员共 992 140 人，无在外劳务人员的经营企业 327 家。

从企业业绩规模的分布看，2017—2019 年各类业绩规模区间的企业数量变化不大，如图 1－2－2－8。其中 2019 年具有外派劳务人员统计信息的经营企业共 2165 家，派出人数在 5000 人以上的企业有 14 家；1001～5000 人的企业有 96 家；501～1000 人的企业有 107 家；101～500 人的企业有 422 家；1～100 人的企业有 623 家；0 人的企业有 903 家。

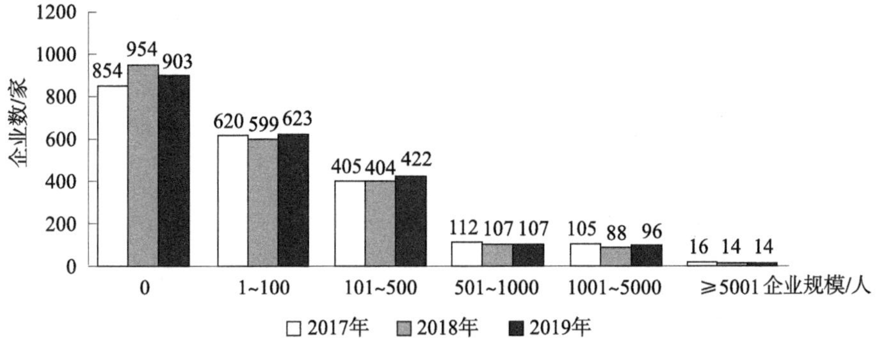

图 1－2－2－8　2019 年对外劳务合作派遣业绩的企业分布情况

数据来源：《2019—2020 中国对外劳务合作行业发展报告》。

2. 外派劳务人数分布

2019 年派遣业绩前 100 名的经营企业，派出各类劳务人员 280 794 人，超过其余 2065 家企业派遣人数的总和，占全国总派遣人数的 57. 6%；而这 100 家经营企业之间的业绩差距也较大，业绩排序前 50 名的经营企业派出 213 040 人，占全国的 43. 7%；51～100 名的经营企业派出 67 754 人，占全国的 13. 9%，即派遣人数超过 2000 人的企业较少，但派出人数所占比例较高；而派遣人数低于 1000 人的企业较多，派出人数所占比例却较少，见图 1－2－2－9。

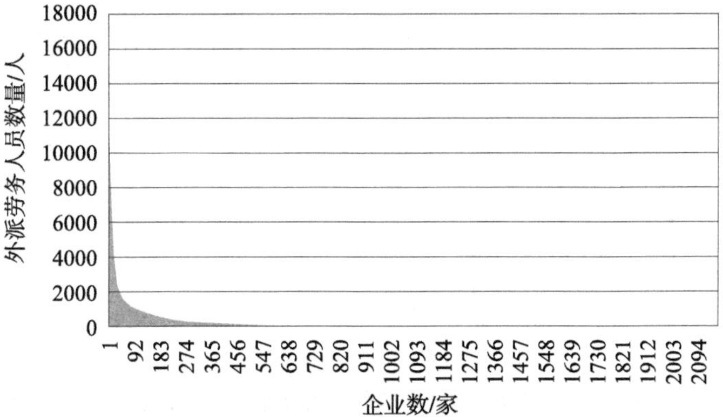

图 1－2－2－9　2019 年度经营企业及其当年派出各类劳务人员人数的分布范围

数据来源：《2019—2020 中国对外劳务合作行业发展报告》。

3. 在外劳务人数分布

2019年在外人数前100名经营企业年末在外各类劳务人员529 116人，占全国在外总人数的53.3%，占比继续走高，已超过半数。其中前50名经营企业在外人数为400 357人，占比40.4%；而51～100名的经营企业在外人数为128 759人，占比13.0%，即在外人数超过2000人的企业较少，但在外人数所占比例较高；而在外人数低于1000人的企业较多，在外人数所占比例却较少，见图1-2-2-10。

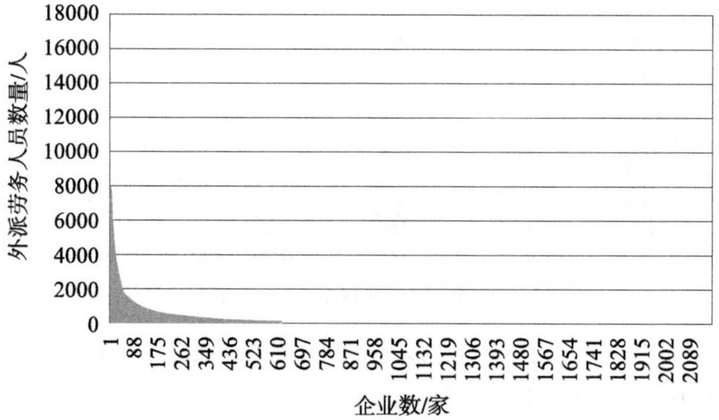

图1-2-2-10 2019年度经营企业在外各类劳务人员业绩分布

数据来源：《2019—2020中国对外劳务合作行业发展报告》。

（二）东部省市比例大

我国东部省市①当年合计外派劳务人数一直占据半壁江山。2012—2019年当年合计外派人数占比逐年增大，达到2019年的66.5%，见图1-2-2-11、表1-2-2-10。其中山东省、江苏省连续保持位于全国前列。

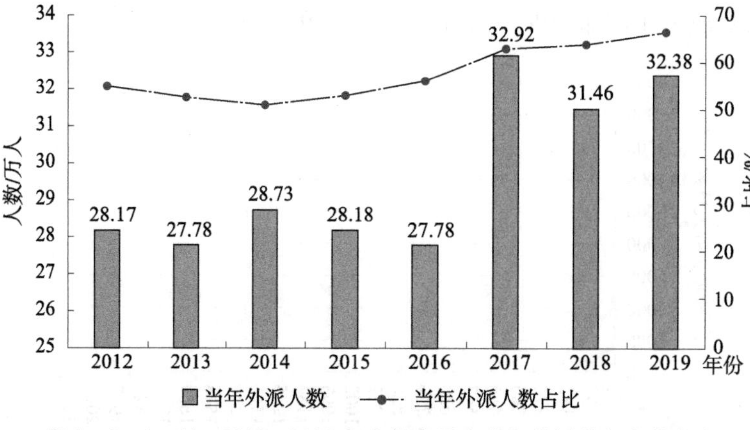

图1-2-2-11 2012—2019年东部省区市当年外派劳务人数占比

① 1986年，全国人大六届四次会议通过的“七五”计划正式公布将我国划分为东部、中部、西部三个地区。东部地区包括北京、天津、河北、辽宁、上海、江苏、浙江、福建、山东、广东和海南等11个省（市）。

表 1-2-2-10 2012—2019 年东部省区市当年外派劳务人数占比

年份	东部 11 省区市当年外派人数	
	总数（万人）	占当年外派总人数比例（%）
2012	28.17	55.0
2013	27.78	52.8
2014	28.73	51.1
2015	28.18	53.2
2016	27.78	56.2
2017	32.92	63.0
2018	31.46	63.9
2019	32.38	66.4

数据来源：《中国对外劳务合作发展报告》（2012—2020）。

（三）央企地方差距大

由于国内国外两个市场的变化，中央企业和地方企业 2012—2019 年当年外派人员总数基本表现为一减一增。反映在国内市场上，一方面外派劳务的资源禀赋相对集中在农村欠发达地区，另一方面随着订单市场向资源市场的转移，中央企业的订单优势相对减弱，且不占据资源优势，因此，业务占比总体呈现缩小趋势，见图 1-2-2-12、表 1-2-2-11，相反，地方企业的业务占比总体呈现增加态势。

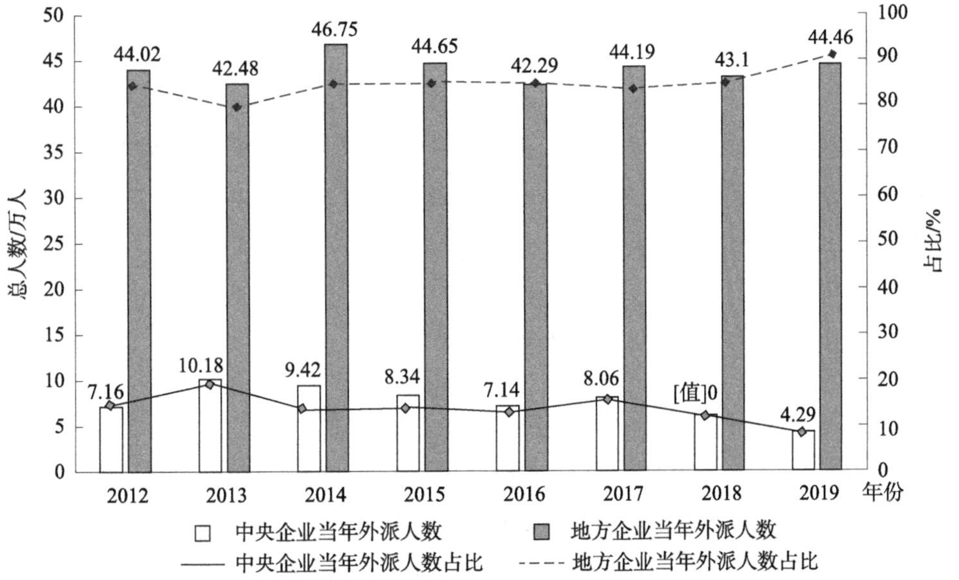

图 1-2-2-12 2012—2019 年中央企业与地方企业业务占比

表 1－2－2－11 2012—2019 年中央企业与地方企业业务占比

年份	中央企业当年外派人数		地方企业当年外派人数	
	总数（万人）	占比（%）	总数（万人）	占比（%）
2012	7.16	14.0	44.02	86.0
2013	10.18	19.3	42.48	80.7
2014	9.42	16.8	46.75	83.2
2015	8.34	15.7	44.65	84.3
2016	7.14	14.4	42.29	85.6
2017	8.06	15.4	44.19	84.6
2018	6.10	12.4	43.10	87.6
2019	4.29	8.8	44.46	91.2

数据来源：2012—2020 年《中国对外劳务合作发展报告》。

外派劳务人员的结构多元化，行业集中度的持续走高，为对外劳务合作企业带来富有挑战性的深度思考，成为中长期内对外劳务合作行业实现可持续发展的风向标。适应市场需求、强化资源培育、确立发展定位、规避经营风险、发挥竞争优势，成为对外劳务合作企业在新时期迎接新挑战的正确选择。

第三节 阶段分析

对外劳务合作的五个发展阶段，由于时代背景不同，发展过程不同，业务状态和业务规模也随之不同，但每个阶段的发展特征与起步、稳步发展、快速发展、调整提高、规范发展等五个阶段的冠名基本吻合。

一、起步阶段（1978—1982 年）

1982 年，我在外劳务人员总数已达 3.18 万人，其中，承包工程项下外派人员 0.85 万人，劳务合作项下外派人员 2.3 万人；新签合同额 1.61 亿美元，完成营业额 1.59 亿美元。其间，1980 年 9 月 22 日两伊战争爆发，中东不稳定的局势致使国际承包工程市场受挫，工人逐渐撤离，1981 年营业额骤然下滑，跌至谷底，如图 1－2－3－1。

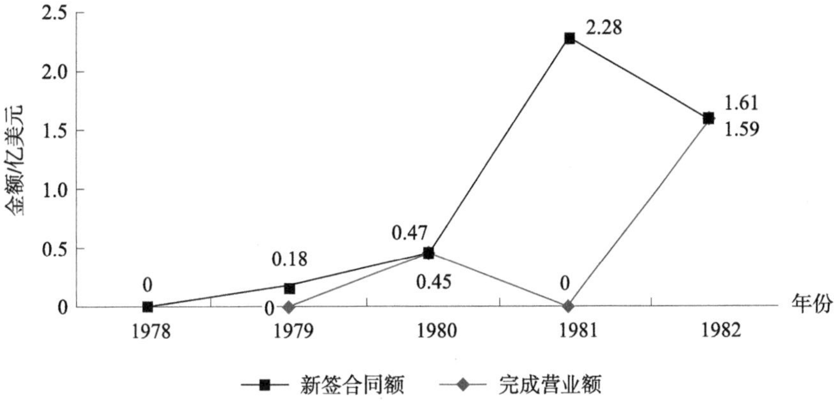

图 1-2-3-1 1978—1982 年对外劳务合作新签合同额和完成营业额情况

资料来源：《中国对外经济统计年鉴》。

二、稳定发展阶段（1983—1989 年）

稳步发展阶段，经营主体规模迅速扩大，经营公司数量由 1984 年的 29 家增加至 1989 年的 91 家，业务规模随之稳步扩大。除 1986 年因数据统计原因出现跌幅外，对外劳务合作外派人员、在外人员以及新签合同额、完成营业额均体现稳步增长趋势。其中，期末在外人员由 1983 年的 3.08 万人增加至 1989 年的 6.71 万人，增加了近 1.2 倍，见图 1-2-3-2。

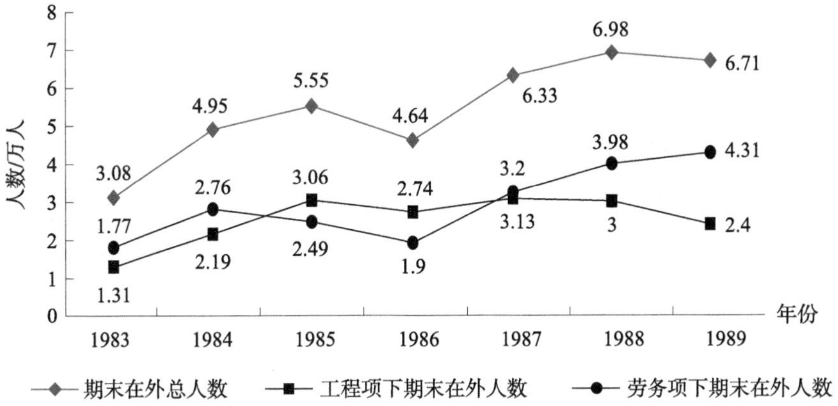

图 1-2-3-2 1983—1989 对外劳务合作期末在外人数情况

资料来源：《中国对外经济统计年鉴》。

新签合同额、完成营业额分别由 1983 年的 1.25 亿美元和 1.37 亿美元增加至 1989 年的 4.31 亿美元和 2.02 亿美元，增加了约 2.4 倍和约 0.5 倍，见图 1-2-3-3。

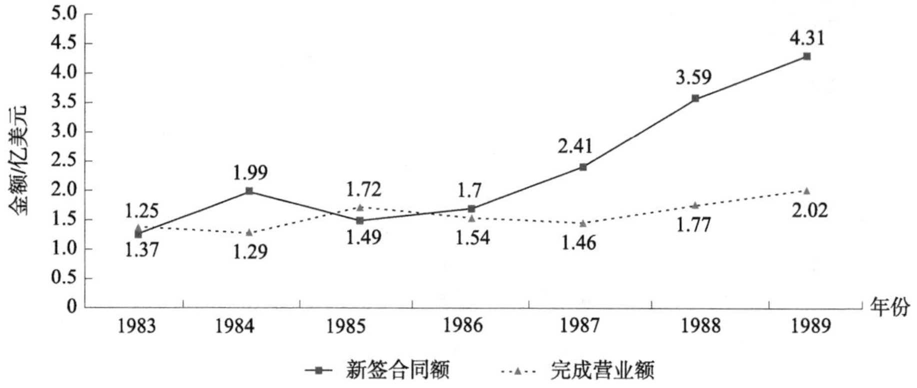

图 1－2－3－3 1983—1989 年对外劳务合作新签合同额和完成营业额情况

资料来源：《中国对外经济统计年鉴》。

三、快速发展阶段（1990—2000 年）

1990—2000 年是我国对外劳务合作的快速发展时期，除 1998 年亚洲金融危机影响雇佣形势、对对外交往和签署合作协议产生一定影响外，对外劳务合作新签合同额、完成营业额、当年外派人数以及期末在外人数等各项指标均呈现不断攀升的态势。

（一）业务规模快速扩大

1. 外派人数连年增加

1990—2000 年间，对外劳务合作的年派出人数由 1990 年的 5. 29 万人增加至 2000 年的 25. 26 万人，增长了约 3. 78 倍，年均增长率约为 16. 92%；其间，除 1998 年亚洲金融危机导致外派人数减少外，其他年份均为逐年增加。其中，1992—1995 年间，外派人数同比增长率较高，随后至 2000 年间出现波动，增速有所减缓，2000 年出现回升，同比增长率达 8. 00%。详见图 1－2－3－4、表 1－2－3－1，平均增速为 12. 45%。

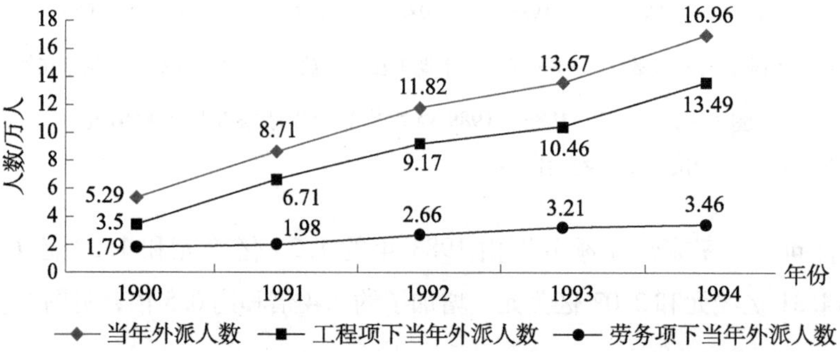

图 1－2－3－4 1990—1994 年对外劳务合作当年外派人数

表 1-2-3-1　1990—2000 年对外劳务合作当年外派人数

年度	派出人数（万人）	年增长率（%）	年度	派出人数（万人）	年增长率（%）
1990	5.29	—	1996	19.95	2.69
1991	8.71	64.65	1997	23.50	17.79
1992	11.82	35.71	1998	23.06	-1.87
1993	13.67	15.65	1999	23.39	1.43
1994	16.96	24.07	2000	25.26	8.00
1995	19.43	14.56			

资料来源：《中国对外经济统计年鉴》，商务部统计年报 www.mofcom.gov.cn。

2. 期末在外人数大幅提升

与当年外派人数不同的是，1990—2000 年间，我国期末在外人数持续上升，未出现总规模缩减的情形。从 1990 年的 5.79 万人增加到 2000 年的 42.49 万人，增加了约 6.34 倍，年均增长率达 22.10%，约是当年外派人数年均增长率的 1.31 倍。其中，1991—1996 年间是期末在外人数的高速增长阶段，1996 年以后，整体增长较为乏力，1998 年达到了 10 年间的最低值 5.58%，详见图 1-2-3-5、表 1-2-3-2。

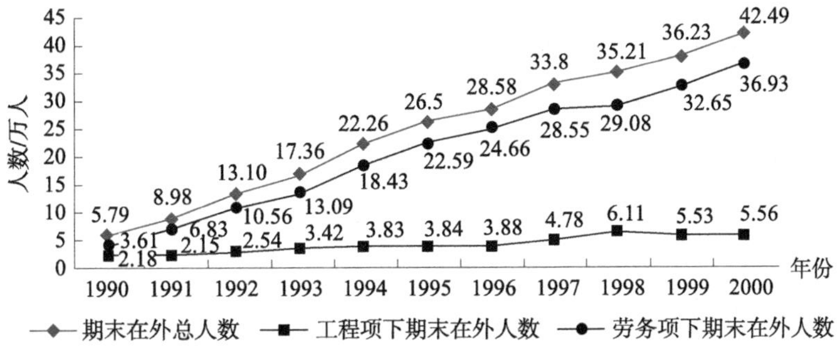

图 1-2-3-5　1990—2000 年对外劳务合作期末在外人数

表 1-2-3-2　1990—2000 年对外劳务合作期末在外人数

年度	期末在外人数（万人）	期末在外人数增长率（%）	年度	期末在外人数（万人）	期末在外人数增长率（%）
1990	5.79	—	1996	28.54	7.98
1991	8.98	55.10	1997	33.33	16.78
1992	13.10	45.88	1998	35.19	5.58
1993	16.51	26.03	1999	38.18	8.50
1994	22.26	34.83	2000	42.49	11.29
1995	26.43	18.73			

资料来源：《中国对外经济统计年鉴》，商务部统计年报 www.mofcom.gov.cn。

3. 合同额和营业额不断攀升

1990—2000 年间，我国对外劳务合作的年度新签合同额、完成营业额与外派人数增势一致，均呈现大幅增长态势。1998 年的金融危机使我国对外劳务合作的新签合同额受到一定影响，但在 1999 年又恢复了继续增长的态势。我国对外劳务合作新签合同额由 1990 年的 4.78 亿美元增加至 2000 年的 29.91 亿美元，年均增长率约为 20.13%；从新签合同额的年增长率来看，这 10 年间的变化幅度较大，新签合同额在 20 世纪 90 年代初期高速增长，1990—1994 年的年增长率均超过 20%；1995—2000 年间增速有所减缓，伴有波动，1998 年出现负增长，详见图 1-2-3-6。

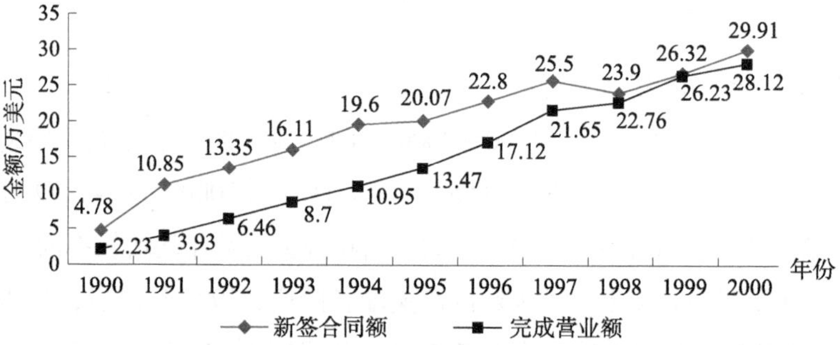

图 1-2-3-6 1990—2000 年对外劳务合作新签合同额和完成营业额情况

同期，与我国对外劳务合作的新签合同额不同的是完成营业额在此阶段稳步增长，从 1990 年的 2.23 亿美元增加至 2000 年的 28.12 亿美元，年均增长率约为 28.85%，是新签合同额年均增长率的约 1.43 倍；而且，完成营业额呈现不断增长的态势，未出现过下降；从年增长率来看，1990—1997 年间，保持了高速增长，尤其是 1992 年同比增长率达到了 64.38%，1998—2000 年间，同比增长率减缓，见表1-2-3-3。

表 1-2-3-3 1990—2000 年对外劳务合作新签合同额和完成营业额

年度	新签合同额（亿美元）	新签合同额年增长率（%）	完成营业额（亿美元）	完成营业额年增长率（%）
1990	4.78	—	2.23	—
1991	10.85	126.99	3.93	76.23
1992	13.35	23.04	6.46	64.38
1993	16.11	20.67	8.7	34.67
1994	19.60	21.66	10.95	25.86
1995	20.07	2.40	13.47	23.01
1996	22.80	13.60	17.12	27.10
1997	25.50	11.84	21.65	26.46

续表

年度	新签合同额（亿美元）	新签合同额年增长率（%）	完成营业额（亿美元）	完成营业额年增长率（%）
1998	25.30	-0.78	23.65	9.24
1999	26.32	4.03	26.23	10.91
2000	29.91	13.64	28.12	7.21

资料来源：《中国对外经济统计年鉴》，商务部统计年报 www.mofcom.gov.cn。

（二）行业工种更加齐全

随着科技进步和全球产业结构的不断调整，国际上对人力资源的需求发生了重大变化：一是对技术和专业人才需求大幅增加。对信息产业、生物工程、环保工程、计算机软件和硬件、电信、金融、保险、商业流动等领域的技术和专业人才的需求日益增加，发达国家和地区（如欧洲、澳大利亚、美国和加拿大等）为此制定了专门政策吸引高级专业人才来本国就业，如给予优先配额、加快就业审批手续、提供长期居留权、为配偶提供就业许可等。经合组织的报告显示，OECD 成员国引进的外籍劳动力数量按照接受教育程度由高到低急剧减少。二是非技术劳务者待遇下降明显。发展中国家劳动力资源丰富，但同时受教育程度也比较低，主要从事劳动密集型产业工作，劳动力同质现象明显，输出的劳务以非技术劳务为主。随着对普通劳务限制的国家和措施的日渐增多，普通劳务之间的竞争日益激烈，截至 2001 年，已有 44% 的国家颁布了限制引进移民的政策和措施，主要针对专业水平较低的劳务人员，主要措施包括限定市场范围、指定行业、配额管理，严格签证和工作许可证发放条件、限定最长工作年限等。这在很大程度上限制了发展中国家的劳务输出，使得发展中国家企业之间激烈的竞争成为必然，这种不断加剧的竞争使得劳务人员的工资收入、用于支付工资的外汇比例以及食宿标准和福利等大大降低。

在国际劳务市场发展的大背景下，相比于对外劳务合作的起步阶段，我国在快速发展阶段，行业工种进一步扩展，不仅包括传统的农林牧渔业、加工制造业、建筑业，还包括医疗和社区服务、交通运输、计算机服务、法律服务、会计、审计服务、广告、管理咨询、包装、会议以及翻译等服务行业。

四、调整提高阶段（2001—2011 年）

2008 年 9 月发生的全球金融风暴，到 11 月开始对中国的对外贸易产生了实质性影响，2009 年蔓延到全国的各个经济领域，第一季度的进出口增速出现负值，大量企业关门倒闭或减产，在短短的一两年时间内，中国经济经历了一场大起大落的波动。突如其来的全球金融危机使得国际市场发生了巨大变化，雇佣减少，裁员和失业增加，使得2009年体现对外劳务合作业绩的外派人数、在外人数、新签合同额和完成营业额都受到一定程度的影响。

这一阶段，对外劳务合作业务在调整中提高，当年外派人数由2004年的24.68万人增加至2011年的45.23万人，是2004年的约1.8倍，如图1－2－3－7，其中承包工程项下和对外劳务合作项下的当年外派人数均保持了稳步增长态势。

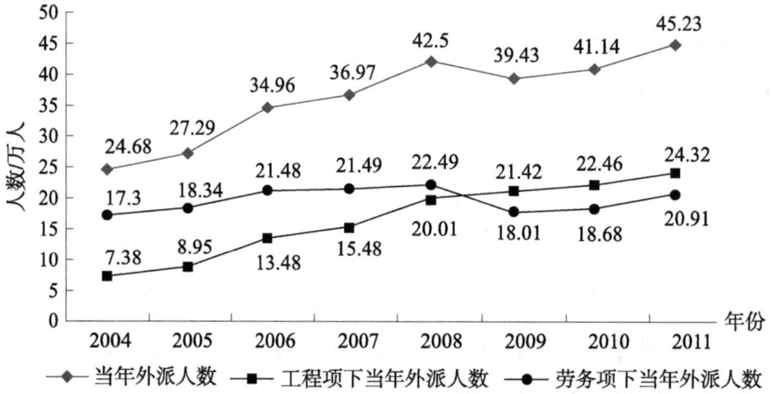

图1－2－3－7　2004—2011年对外劳务合作当年外派人数情况

与此同时，期末在外人数增势明显，由2001年的47.47万人增加至2011年的81.24万人，是2001年的约1.7倍，总体体现平稳增加态势，如图1－2－3－8。

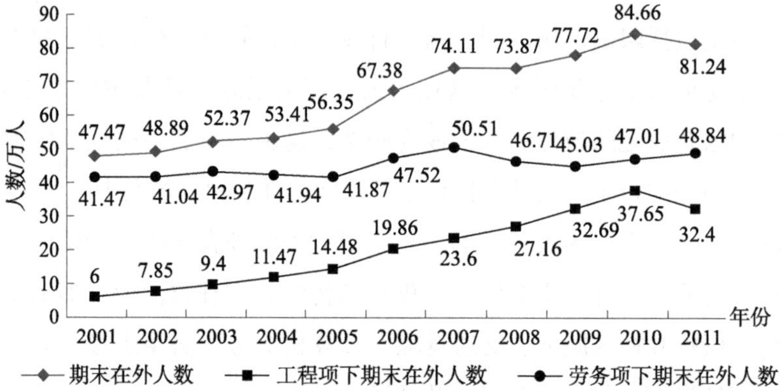

图1－2－3－8　2001—2011年对外劳务合作期末在外人数情况

新签合同额和完成营业额并驾齐驱，分别自2001年的33.28亿美元和31.77亿美元增加至2011年的101.39亿美元和100.95亿美元，分别约增长了2倍和2.18倍。见图1－2－3－9。

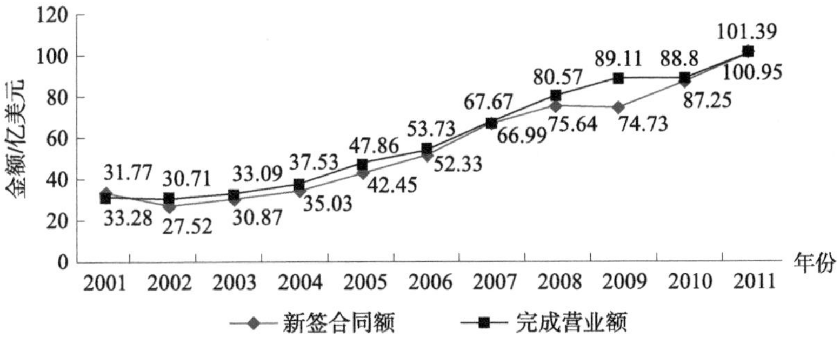

图 1-2-3-9　2001—2011 年对外劳务合作新签合同额和完成营业额情况

五、规范发展阶段（2012 年至今）

《对外劳务合作管理条例》发布后，对外劳务合作行业走向法治化管理轨道。对外劳务合作业务在法治化管理环境下，业务整体体现平稳发展态势。

由于受外派劳务资源制约等因素的影响，这一阶段的当年外派人数自 2012 年的 51.18 万人波动起伏，徘徊至 2019 年的 48.75 万人，基本保持平稳水平；期末在外人数自 2012 年的 85.02 万人提升至 2019 年 99.22 万人，连续六年基本维持在同一水平，如图 1-2-3-10。

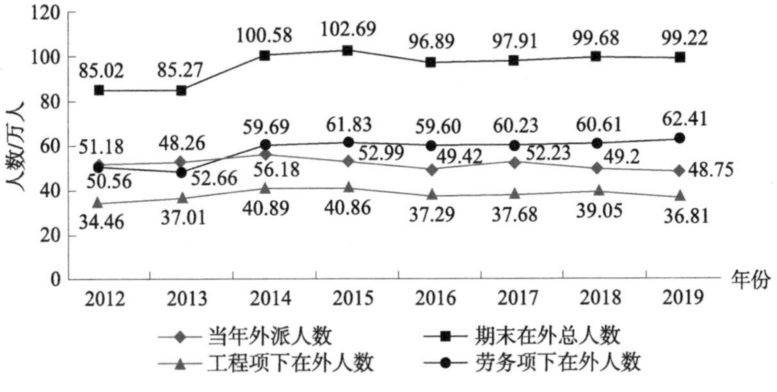

图 1-2-3-10　2012—2019 年对外劳务合作期末在外人数情况

数据来源：《中国统计年鉴》。

同时，新签合同额除 2014 年外，基本维持在四五十亿美元，而完成营业额则在 50 亿美元与 64 亿美元之间浮动，见图 1-2-3-11。

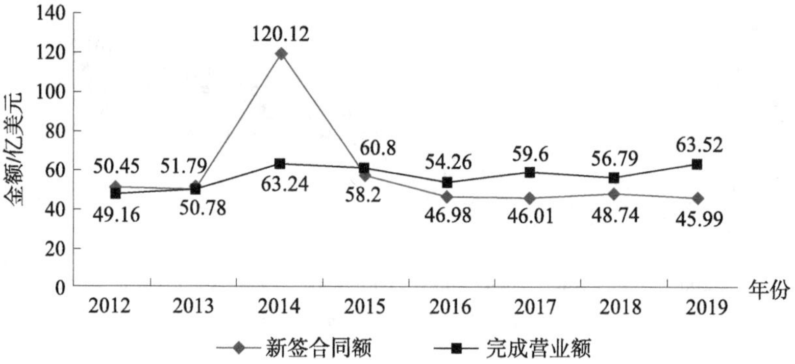

图 1-2-3-11 2012—2019 年对外劳务合作新签合同额和完成营业额情况

数据来源：《中国统计年鉴》。

但是，受新型冠状病毒感染疫情影响，2020 年我国当年派出各类劳务人员 30.10 万人，同比减少 38.3%。其中，对外劳务合作和对外承包工程当年派出劳务人员分别为 16.23 万人和 13.87 万人，同比减少了 41.2% 和 34.4%；我国期末在外各类劳务人员 62.32 万人，同比减少 37.2%。其中，2020 年对外劳务合作和对外承包工程期末在外劳务人员分别为 34.98 万人和 27.34 万人，同比减少了 44.0% 和 25.7%。

对外劳务合作的五个发展阶段，分别记录了各个阶段时代变革的历史瞬间，记录了对外劳务合作企业的成长过程，记录了对外劳务合作行业的发展历程，记录了一代又一代劳务人的辛勤付出和激情人生。在历史的长河中，深深地镌刻着我国对外经济合作的时代烙印，为我国对外经济合作留下了热血沸腾和拼搏进取的辉煌篇章。

第四节 经营主体

对外劳务合作经营主体队伍是改革开放以来形成的一支对外经济合作新生力量，是涉外经营业务的生力军。正是由于有这样一支涉外经济合作经营群体，创立了我国独特的对外劳务合作经营方式和特色经营文化，打造了利国利民的绿色产业，培育了我国参与国际人力资源服务的综合竞争优势，谱写了履行社会责任的历史篇章，不仅使我国在国际人力资源服务领域具有一席之地，而且占据了不可小觑的市场份额。

一、经营资格的变更

“对外劳务合作”业务自诞生以来，经过不同时期，其经营主体所拥有的经营资格的名称也随之发生过几次变更，概括起来，主要有以下五个变更过程。

（一）“窗口型公司”所拥有的经营资格

1979 年 2 月，在 1959 年 11 月成立的“中国成套设备出口公司”基础上新成立了 3 家公司，成为最早的 4 家外经公司。在此基础上，按照国务院关于“每个省市、每个部委设立一家公司”进行试点的指示精神，至 1982 年，国务院及对外经济贸易部共陆续批准组建了 27 家专业公司和省市经营对外承包与劳务的“窗口型”专业公司，形成中央“窗口型专业公司”与地方“国际经济技术合作公司”两种形态，赋予其“对外工程承包和劳务合作经营资格”，从事对外承包工程与劳务合作业务。

（二）向实体公司过渡后的经营公司经营资格

1999 年 4 月 9 日，对外贸易经济合作部发出《关于调整企业申请对外承包劳务经营权的资格条件及加强后期管理等问题的通知》，扩大企业自主权，放宽经营资格，要求企业向实体经济过渡，具有“国外承包工程、劳务合作经营许可证”的企业从 1982 年的 27 家发展到 1989 年的 91 家。随着对外劳务合作业务经济效益和社会效益的显现，根据宏观管理需要和行业发展需求，2003 年具有“对外经济合作经营资格证书”的企业发展到 1600 家，其中约半数企业同时开展对外承包工程业务，部分试点企业集团还同时拥有三类商品的对外贸易进出口经营资格。

（三）实行对外承包工程与劳务合作业务分别管理后对外劳务合作经营资格

2004 年 7 月 26 日，商务部、国家工商总局颁布了《对外劳务合作经营资格管理办法》。该办法规定将对外劳务合作与对外承包工程分开，分别进行单独管理。至 2008 年拥有“对外劳务合作经营资格”的企业达 603 家，其中部分企业同时拥有对外承包工程经营资格。

（四）境外就业管理职能划转后的对外劳务合作经营资格

2008 年 9 月，人力资源和社会保障部与商务部联合发布《关于做好境外就业管理职能划转工作的通知》，2008 年 12 月商务部发出《关于做好境外就业管理工作的通知》（商合发〔2008〕525 号），2009 年 1 月商务部办公厅发出关于做好境外就业中介企业和外派劳务企业换证工作的通知。境外就业中介企业和外派劳务企业于 2009 年 2 月底前完成《对外劳务合作（外派劳务）经营资格证书》或《对外劳务合作（境外就业）经营资格证书》的换证工作。后来，又将从事对外劳务合作业务的经营公司分别拥有“对外劳务合作（外派劳务）经营资格”和“对外劳务合作（境外就业）经营资格”统一整合为“对外劳务合作经营资格”。

2010 年 5 月，商务部、交通运输部发出关于加强外派海员类对外劳务合作管理有关事宜的通知，至2011年拥有“对外劳务合作经营资格”的企业达1024家。其中包括在具有对外劳务合作经营资格的基础上，同时从事外派海员业务的经营公司251家，内地输香港劳务经营公司19家，内地输澳门劳务经营公司19家，大陆对台渔工劳务合作试点经营公司5家。

（五）条例出台后的对外劳务合作经营资格

2012年《对外劳务合作管理条例》颁布实施后，拥有“对外劳务合作经营资格”的963家企业，按照《对外劳务合作管理条例》的要求，补交备用金并经核准、换领“对外劳务合作经营资格证书”。2019年拥有“对外劳务合作经营资格”的企业有812家，其中包括在具有对外劳务合作经营资格的基础上，同时从事外派海员业务的经营公司251家，内地输香港劳务经营公司19家，内地输澳门劳务经营公司19家，大陆对台渔工劳务合作试点经营公司5家。表1－2－4－1为不同时期拥有对外劳务合作经营资格的企业数量，表1－2－4－2为我国对外劳务合作企业与对外劳务合作服务平台分省市区数量。

表1－2－4－1　不同时期拥有对外劳务合作经营资格的企业数量[1]　　单位：家

阶段	起步阶段										
年份	1978		1979		1980		1981		1982		
数量	1		5		12		14		27		
阶段	稳步发展阶段										
年份	1983	1984	1985	1986	1987		1988		1989		
数量		29	63	68	74		84		91（88）		
阶段	快速发展阶段										
年份	1990	1991	1992	1993	1994	1995	1996	1997	1998	1999	2000
数量											
阶段	调整提高阶段										
年份	2001	2002	2003	2004	2005	2006	2007	2008	2009	2010	2011
数量			1600	1477	1900（纯劳务423）	502	559	603	850[2]	1018	1024
阶段	规范发展阶段										
年份	2012	2013	2014	2015	2016	2017	2018	2019	2020		
数量	963	920	920	820	828	805	820	812	834		

① 数据截至2019年，为不完全统计。

② 2009年经原劳动保障部批准境外就业中介机构共508家，经商务部批准的对外劳务合作企业共608家，境外就业职能划归商务部后，截至2009年底，换证后的企业总数为850家，部分企业年底前尚未完成换证手续。

数据来源：据商务部网站数据汇总整理。

表 1－2－4－2 我国对外劳务合作企业与对外劳务合作服务平台分省市区数量

序号	省市（地区）	对外劳务合作企业数量（单位：家） 2020 年 5 月	对外劳务合作服务平台数量（单位：家） 2019 年 5 月
1	山东省	128	70
	其中：青岛市	34	
2	福建省	27	3
	其中：厦门市	11	1
3	广东省	13	
	其中：深圳市	4	
4	江苏省	128	31
5	北京市	62	
6	上海市	22	
7	河南省	45	24
8	天津市	5	
9	辽宁省	122	5
	其中：大连市	74	
10	浙江省	19	
	其中：宁波市	2	
11	湖南省	22	40
12	湖北省	24	36
13	陕西省	13	3
14	安徽省	36	7
15	吉林省	28	37
16	云南省	13	
17	四川省	33	18
18	江西省	9	
19	河北省	19	
20	黑龙江省	14	
21	甘肃省	14	3
22	山西省	11	1
23	贵州省	1	
24	广西壮族自治区	5	

续表

序号	省市（地区）	对外劳务合作企业数量（单位：家）2020 年 5 月	对外劳务合作服务平台数量（单位：家）2019 年 5 月
25	新疆维吾尔自治区	0	
26	新疆生产建设兵团	1	
27	重庆市	12	1
28	内蒙古自治区	2	
29	宁夏回族自治区	2	
30	青海省	3	
31	海南省	1	
32	西藏自治区	0	
合计		834	279

数据来源：据商务部网站统计数据汇总整理。

二、经营特色

对外劳务合作是具有中国特色的双边劳务合作方式，对外劳务合作经营企业的经营管理方式，同样是具有中国特色的对外经济合作经营管理模式。经过 40 多年的经验积累，对外劳务合作企业已形成独特的经营理念和特色业务运转模式，具有与国际人力资源服务模式对接的基础和条件，是服务贸易的重要组成部分。

（一）经营属性①

《对外劳务合作管理条例》规定，“对外劳务合作是组织劳务人员赴其他国家或者地区为国外的企业或者机构（国外雇主）工作的经营性活动”。同时指出：“组织劳务人员赴香港特别行政区、澳门特别行政区、台湾地区工作的，参照本条例的规定执行。”

1. 经营性活动的内涵

就企业而言，围绕“组织劳务人员”所开展的一系列工作是经营性活动的基础、内涵和依据。

笔者认为，“组织”是一个动词。“组织”的过程是对外劳务合作经营活动的过程，是企业经营手段的体现；“经营性活动”是“组织”工作的本质体现，是对外劳务合作企业经营活动的总体概括，也是对外劳务合作企业的经营属性。说到底，

① 参见本书“第二篇第二章第一节基本概念”中的详细表述。

“经营性活动”就是提供有偿服务的过程。

笔者将体现“经营性活动”的过程划分为三段，称为“对外劳务合作业务三段法”，包括前期的市场拓展、项目确认、可外派人员选育；中期的适应性培训教育和职业技能培训、工作许可申请、出境手续办理；后期的协助雇主境外管理、劳务纠纷与突发事件处置、劳务人员服务和援助等。随着对外劳务合作业务的不断深入，不少企业积极吸收国际人力资源服务理念，探索延伸产业链条，碰撞出不少思想火花，延伸出许多新的业务内容，包括在前期阶段增加了开展劳动力转化，通过劳动力转化培训，部分劳动力在国内就业，部分选择出国（境）务工。有的企业已将出国（境）劳务人员培训中心打造成注册民办教育机构或职业教育院校；中期阶段增加了出国（境）就业中介服务，移民与留学业务；后期阶段增加了返回人员创业指导，返回劳务人员再就业中介服务等业务，丰富了对外劳务合作经营性活动的内涵。

2. 对外劳务合作业务与居民境外就业业务的本质不同

境外就业是指中国公民与境外雇主签订劳动合同，在境外提供劳动并获取劳动报酬的就业行为。境外就业中介是指为中国公民境外就业或者为境外雇主在中国境内招聘中国公民到境外就业提供相关服务的活动。从事该项活动的机构为境外就业中介机构。

（二）经营资格

申请经营资格应该具备的条件和申请程序：

（1）前置许可条件。符合企业法人条件；实缴注册资本不低于600万元人民币；有3名以上熟悉对外劳务合作业务的管理人员；有健全的内部管理制度和突发事件应急处置制度；法定代表人没有故意犯罪记录。

（2）后置许可程序。获得工商部门核发（预发）的营业许可后，前往商务主管部门缴存不低于300万元人民币的对外劳务合作风险处置备用金，方可正式获得“对外劳务合作经营资格证书”。

（三）经营文化

对外劳务合作企业实质上是涉外经营企业，为了培养团队，打造品牌，营造对外交往良好氛围，提高国际竞争力，企业逐渐建立了自己的经营理念和经营目标，不少企业创作了司歌、设计了司徽、统一了标识和着装等，呈现出积极向上、拼搏进取的精神风貌，致力于将对外劳务合作行业打造成能够履行社会责任的绿色行业，形成社会贡献度较高的特色对外经济合作业务。部分企业见表1-2-4-3所示。

表 1-2-4-3 部分对外劳务合作企业的经营理念和宗旨①

企业名称	经营理念和宗旨	司歌	司徽
北京冠华英才国际经济技术合作有限公司	公司理念：根植古都大地、服务全球精英，以人为本，客户至上。潜心专注，胸怀四海 服务宗旨：精准定位客户需求，定制落地解决方案	誉载冠华、德聚英才	有
沧州市对外经济技术合作有限公司	宗旨：扩大劳务输出 造福千家万户 培养优秀人才 促进对外开放 经营理念：诚实守信 精益求精 和谐经营 稳步发展		有
辽宁精英国际合作有限公司	经营理念：知识创造市场；人才创造价值；信誉创造生命 宗旨：为客户的成功而服务 愿景：人尽其才，纵横天下		有
山东国际合作联合有限公司	宗旨：规范管理、优质服务、持续发展 目标：打造综合性国际人力资源服务集团公司		有
山东日昇国际经济技术合作有限公司	经营方针：视客户需求为追求，以客户满意为目标 企业精神：付出、双赢、团队、感恩 核心竞争力：决策力、忠诚度、执行力 员工准则：做精品人、干精品事 企业愿景：社会认可，员工幸福，企业持续发展	走向强盛	有
山东润泽国际经济技术合作有限公司	经营理念：以人为本 回报社会 经营目标：树常青企业 创百年公司 经营方针：谋求长远发展 诚信守法经营 行动准则：团结 拼搏 自强 进取 豁达 勤奋 行动指南：人本凝聚力量 质量决定生存 卓越彰显一流 创新引领常青 诚信铸就品牌 服务编织未来 质量方针：一丝不苟，寻求境外安全可靠就业环境；精益求精，提供境内合格优质外派劳工；认真细致，高效办理合法出境入境手续；持续改进，不断增强国内国外顾客满意	永不放弃	有
山东恒德国际经济技术合作有限公司	经营理念：持之以恒，德行天下 宗旨：以人为本，诚信经营，互利共赢，恒德立业		有
山东金江国际经济技术合作有限公司	经营理念：以人为本、服务社会 经营宗旨：为接收企业、技能实习生提供值得信赖的服务	最美小金花	有
青岛环太经济合作有限公司	经营理念：诚信、守约、薄利、重义，全心全意为顾客服务 员工精神：忠诚、敬业、协作、高效 环太学校校训：诚信、守约；服从、敬业；勤奋、好学 技能实习目标：干好三年，学好三年，着眼于回国后三十年		有

① 笔者在企业调研过程中的不完全收录，按拼音排序。

续表

企业名称	经营理念和宗旨	司歌	司徽
青岛辛迪加国际经济技术合作有限公司	经营原则：为雇主负责，为出国工作人员负责 经营理念：创市场开发之路，走人才培养之道 目标：打造“境外雇主＋出国工作人员＋家属＋辛迪加”四位一体的利益共同体		有
青岛知行国际经济技术有限公司	经营理念：让政府省心！让企业舒心！让人才安心 服务宗旨：诚信为本，注重细节，追求完美，勇于担当 企业愿景：以国际人力资源服务为主导，以信息科技为手段，以交互场景为支持，以数据共享为资源，打造现代人力资源服务平台		有
威海市联桥国际合作集团有限公司	经营理念：感恩 责任 宗旨和愿景：创卓越品牌，做幸福企业		有
威海万方人才合作股份有限公司	理念宗旨：诚信 包容 关爱 创新 卓越		有
烟台和易国际经济技术合作有限公司	公司愿景：努力打造以人为本、专注持续、对合作伙伴和社会负责任的人力资源与人才服务标杆企业 公司精神：和易以思，近说远怀；自强不息，厚德载物 公司信念：感恩、诚信、负责、勤勉、高效、创新 公司颂词： 和风暖日送帆樯，易气平心看沧浪。 国泰民安闯世界，际会风云走四方。 事善功倍万家乐，业峻鸿绩千重浪。 兴来临风祝良辰，旺气九霄接大荒		
中国大连国合集团公司	企业精神：携手合作，立业五洲	携起手	有
中国江苏国际经济技术合作有限公司	发展愿景：国际知名、国内一流 企业精神：合作、超越、尽责、守信 企业使命：满足客户需求，实现员工价值，承担社会责任		有
中国交远国际经济技术合作公司	经营理念：诚信敬业、求实创新、责任使命、奉献共赢 宗旨：利用外交服务工作的经验，开拓国际经济合作的市场		有
镇江国际经济技术合作有限公司	经营理念：品质就是生命，细节决定成败 公司宗旨：为业主创造价值，为员工创造财富，为社会创造效益	镇江国际之歌	

续表

企业名称	经营理念和宗旨	司歌	司徽
中国山东对外经济技术合作集团有限公司	企业愿景：在国际人力资源合作领域，“走出去”和“引进来”相结合，做世界一流的人力资源合作服务商 企业使用：为客户提供价值；为合作伙伴实现利益；为员工谋取福利 企业精神：精诚 融合 团结 奉献	有	有
中国中轻国际控股有限公司	经营理念：科学发展 全面创新 以人为本 和谐共赢 公司宗旨：积极开拓，努力进取，不断提高经营管理水平，努力推动技术创新、管理创新、制度创新，努力提高经济效益，实现股东和企业价值最大化，并积极承担社会责任		有

（四）培训体系

1. 全面丰富的适应性培训内容

图1-2-4-1 企业自行编制的出国（境）劳务人员培训系列教材（梁云龙提供）

众多对外劳务合作企业，特别是从事对日技能实习合作的企业，从实际需求出发，在一般3~6个月的短期培训时间里，合理制定了内容丰富、全面具体的出国（境）前适应性培训教学计划。自编以提高综合素质为主线的短期培训教材（见图1-2-4-1），内容涉及遵纪守法、遵章守规的法律常识教育，报效祖国、立志创业的理想道德和品德情操思想教育，注重简单生活会话、用专业术语现场交流的外语语言强化教育，增进国民交往、维护自身形象的外事礼仪教育，独立自炊、料理生活的厨艺和生活常识教育，培育集体观念、积蓄劳动体能的技能训练和军事训练教育，心理素质、情绪疏导方面的心理干预援助教育以及能够与所在国家或地区企业员工进行业余文化交流的地方曲艺、手工、才艺表演等文体教育等。劳务人员接收适应性培训的过程，同时又是培训中心对其品行考察、不良习惯矫正和综合素质熏陶的过程。培训中心针对性制定了培训管理、考试、军训、安全、教学评估、学员守则以及受训人员档案等管理制度，确保培训、考试、颁证等一系列工作有章可循、有规可依。

2. 生动鲜活的模拟体验场景

图1－2－4－2 外语教学多媒体教室（梁云龙提供）

为了便于接受培训的劳务人员尽快适应异域生活，消除陌生感和孤独感，减少事故和纠纷的发生，培育劳务人员的境外集体生活、处理问题的能力和满足项目需求的工作能力，很多企业的培训机构根据自身条件，设置了生动鲜活的模拟体验场景（见图1－2－4－2、图1－2－4－3、图1－2－4－4）。以赴日本技能实习生的培训为例，以不同形式设置了课桌式教室、电化听力教室、体能训练场地等硬件设施；银行、邮局、公用电话、交通信号灯、小超市、医院等模拟教室；食堂、宿舍、卫生间等模拟生活场景；楼梯、走廊、宿舍、教室等场所张贴招贴画和对应生活用语以及急救用语的标语；设置榻榻米房间、配备拖鞋、浴袍等特色生活用品；集中展示急救箱、劳保用品、专业工具（器具）等工作用品用具等。

图1－2－4－3 进行国（境）外生活习惯实景培训（梁云龙提供）

图1－2－4－4 国（境）外生活实景体验教室（梁云龙提供）

3. 诚实履约的权益保障体系

合同讲解、项目介绍和维权教育是出国（境）前适应性培训不可或缺的重要环节。对外劳务合作企业从境外履约、维护客户关系、保障劳务人员自身合法权益的角度出发，安排公司领导或项目主要负责人专门介绍境外工作接收企业（雇主）情况、工种要求、规章制度、工资福利待遇、操作规程要领以及费用收取、人身意外保险、问题解决渠道等；强调集体意识、团结合作、互相帮助、为国争光的履职要求，讲解企业与劳务人员签署的《服务合同》的内容，协助劳务人员与境外雇主签署《雇佣合同》；告知急救电话、企业境内外管理人员联系方式和我驻外使（领）馆领事保护联系方式等。

4. 现身说法的实战教师队伍

不少企业的培训师资是由专业院校毕业生、回国技能实习生、外教、外事公安等政府官员和企业管理人员等不同角色组成的实用性师资梯队，共同特点是任用回国技能实习生充实培训教师成为骨干师资力量的居多。他们言传身教，传授本企业劳务合作项目的工作要求、经验和技能、诀窍；发挥各自优势，汇总技能实习生正反两方面的案例，编辑成册，进行诚实履约教育；汇总常用专业词汇，印制生活用语口袋本，方便技能实习生随时翻阅应用；向培训人员传授记日记、抒发心得体会的良好习惯，丰富和记录异国生活经历；点评和讲授优秀书信、外语演讲比赛的成功案例；宣讲优秀回国技能实习生创业事例，激励技能实习生奋发上进、增智长志，回国后能够致富创业、造福一方；主办演讲、文艺演出、才艺展示活动，激发青年人的学习兴趣和自信心；帮助进行职业规划，点燃不言败不气馁、学有所成、回报社会的理想之光。

5. 短期速成的人才转化机构

对外劳务合作企业所设立的出国（境）劳务人员培训中心，时间最长的已达30余年，由于其特色教育实用性强，投入少、见效快，受到社会的充分肯定。以日语培训为例，对外劳务合作企业经过出国（境）劳务人员培训中心获得日本语一级考试的学生已经超过国家正规院校同年度日语毕业生的数量。因此，不少培训中心已申请获得了地方教育部门批准的民办教育资质，成为名副其实的职业培训教育学校或学院，是对外劳务合作企业开拓中高端劳务市场的重要依托和生源地。

图1-2-4-5 济南市日昇工商旅游学校（石林林提供）

图1-2-4-5为济南市日昇工商旅游学校，原为山东日昇国际经济技术合作有限公司外派劳务培训中心。2005年经济南市教育局批准成为直属学校，并更为现名。学校以培养国际化人才为目标，通过与日本高端企业合作，采取产教融合海外实习的模式，延伸职业教育，为国家培养造就了一大批职业技能人才，成为当地“学成归国创业、就业达人”的集聚地。现开设11个适合市场需求的专业，不仅奠定了学生的职业发展基础，提高了生活质量，也为振兴地方经济注入了活力。

（五）人才团队

人才队伍是支撑“国际公司”发展的基础。由于“国际公司”的业务特点和具有实践锻炼的条件，多年来，对外劳务合作企业培养了一支熟悉国际经济合作业务和运作规则的人才队伍，专业技术熟练，门类相对齐全，人员综合素质较高，许多从业人员同时具备专业技术和海外商务运作知识，在工作中积累了丰富的经验教训，为“国际公司”实施“走出去”战略奠定了坚实的基础。许多承包工程劳务企业的人才队伍由过去只限于项目投标、施工管理的单一工作，扩展到项目策划、经济分析、咨询服务、一体化经营等新的业务领域，扩展了经营范围和发展空间，公司业务由劳动密集型向智力密集型转变。

（六）境外跟踪管理服务

劳务人员在境外为国（境）外雇主工作期间，雇主承担着主要管理责任。根据我国对外劳务合作政策精神，对外劳务合作企业承担协助雇主管理的责任。为维护劳务人员的合法权益，对外劳务合作企业具有境外管理服务责任。企业在境外设立的分支机构或办事处，奔走于雇主与劳务人员之间实行定期走访，听取劳务人员诉求，帮助协调解决雇主与劳务人员之间的疑惑和问题，帮助劳务人员解决境外工作期间的实际困难。同时奔走于接收团体与雇主之间，从事市场拓展与巩固活动，发挥一线机构服务、管理的作用；有的培训中心的老师利用自己在培训期间与学员建立的师生感情，与劳务人员保持书信往来，及时沟通思想，帮助答疑解惑，实行跟踪服务，协助境外管理，起到针对劳务人员扶智扶志、维护在外劳务人员整体队伍稳定的作用。

（七）成为对外经济合作的交流平台

对外劳务合作企业所从事的是涉外经济合作业务，企业通过与境外客户的频繁接触，对境外雇主单位的经营特点、经营范围、生产过程、工艺要求以及产品销路有了一定程度的了解。一方面，对外劳务合作企业利用这一特点和优势，不断延伸对外劳务合作产业链条，在外派劳务人员资源培育阶段，注重劳动力转化，部分经过短期培训的劳务人员在国内寻找就业机会，部分在对外劳务合作企业的国（境）外订单中寻找到适合的岗位，为解决劳动力转化、以劳务扶贫方式助力脱贫攻坚做出贡献；另一方面，将外派劳务业务作为对外经济交流的平台，与境外雇主探讨开展经济合作，或合作开办合资工厂，或进行产品代理，或进行进出口贸易，衍生出新的合作业务，扩大经营范围，实行多种经营，拓展出新的业务发展路径。

（八）形成国际人力资源服务商雏形

随着国际劳动力市场的需求变化和我国劳动力资源的储备现状，对外劳务合作企业不断适应市场需求，拓宽业务领域，不少对外劳务合作企业逐渐尝试并初步形成以国际人力资源服务为主要内容的业务；在对外劳务合作业务的基础上，加强与对外投资合作企业、对外承包工程企业在招选外派人员方面的合作，探讨开发第三国劳务资源，为我“一带一路”沿线的“走出去”企业进行人力资源服务；有的企业兼营境外就业中介、出国留学、电商营销等业务，形成相互补充、促进的业务机制；有的企业致力于国际人力资源服务的总目标，并在“新三版”上市，旨在将企业打造成为能够向国际化企业提供各类人力资源的综合性国际人力资源服务机构。

对外劳务合作企业为丰富我国的对外经济合作作出了不可磨灭的历史性贡献。站在新的历史起点上，对外劳务合作业务作为打造国际人力资源服务商的直接形式，是实现“民心相通”的有效载体，承载着践行“一带一路”倡议、构建人类命运共同体的新任务和新使命。

第五节 协调服务

改革开放的不断深入，助推社会组织的能力建设，培育和催生了经济社会发展新动力，社会组织获得了改革赋予的发展契机。进入新的历史时期，社会组织承担着越来越多的公共服务责任。根据国别（地区）劳务合作协议和对外劳务合作的业务特点，对外劳务合作的行业自律和市场协调工作，分别由商会、协会和政府公共事业机构承担，它们利用自身优势，提供了行业自律、项目执行机构、市场协调、会员服务等各具特色的服务，发挥了中介组织的桥梁和纽带作用，成为行业发展不可或缺的重要组成部分。

2010年，根据国务院职责分工安排，商务部负责制定对外劳务合作总体规划、制定对外劳务合作相关法律法规和政策措施、签署双边劳务合作协议、归口数据统计等工作；交通运输部负责所有赴外籍船舶或港澳台地区籍船舶工作的外派海员类劳务人员的管理，包括外派企业经营资格管理、证件管理、人员培训、项目审查、项目招收备案、境外管理，会同国务院有关部门和地方政府处理境外突发事件和船员劳务纠纷等工作①。

在上述政府管理框架下，由不同机构分别承担对外劳务合作行业协调服务工作。中国对外承包工程商会（以下简称“承包商会”）“按照依法制定的章程开展活动，为成员提供服务，发挥自律作用”。中资（澳门）职业介绍所协会具体负责内地输

---

① 根据《国务院办公厅关于印发商务部主要职责内设机构和人员编制规定的通知》（国办发〔2008〕77号）。

澳劳务的内部协调、服务、监督和管理工作，商务部投资促进局具体负责中国韩国雇佣制劳务人员的招募、选拔、编制传送求职者名簿和派遣工作；此外，各地商（协）会配合地方政府主管部门开展对外经济合作相关的会员服务和市场促进工作，形成较为完善的社会组织中介服务体系。

一、与商务部对外劳务合作业务相关的行业协调机构

（一）中国对外承包工程商会

1988年承包商会成立。1999年，对外贸易经济合作部将中国中日研修生协力机构、塞班中国经济发展协会，关岛中国承包商协会、中国外派海员协调机构以及输德厨师劳务的确认手续转交承包商会①。之后，承包商会先后制定、修订并推行《中国对外劳务合作行业规范》和《对外劳务合作协调暂行办法》，根据市场发展需要分别设立了针对不同国别（地区）市场的业务协调小组（机构、协会、委员会），见表1-2-5-1；制定了日本、韩国、毛里求斯、塞班、约旦等重点市场近30个协调管理办法、行为规范、合同范本、行业自律性费用标准，设立了4个国别行业市场协调机构，8个市场和项目业务协调小组，4个常设驻外机构。协调工作在促进企业和行业发展、维护市场经营秩序，实现行业自律、维护企业利益和劳务人员合法权益等方面取得了明显的效果。

表1-2-5-1　对外劳务合作国别（地区）市场业务协调小组（机构、协会、委员会）

序号	成立年份	业务协调小组（机构、协会）名称
1	1991	中国中日研修生协力机构
2	1997	塞班中国经济发展协会 （见图1-2-5-2，2002年4月举办全国外派塞班劳务协调工作会议）
3	1997	关岛中国承包商协会
4	1989	中国外派海员协调机构
5	2001	承包商会对北马里亚纳群岛联邦（塞班）劳务合作业务协调小组
6	2002	承包商会毛里求斯劳务合作业务协调小组
7	2003	承包商会以色列劳务合作业务协调小组
8	2003	承包商会新加坡劳务合作业务协调小组
9	2003	承包商会对纳米比亚劳务合作业务协调小组
10	2003	承包商会对约旦劳务合作业务协调小组
11	2003	承包商会对德国厨师劳务合作业务协调小组
12	2003	承包商会赴韩研修生业务协调小组

---

① 根据1998年12月10日对外贸易经济合作部办公厅发布的《关于转交国外经济合作项目协调职能的通知》（〔1998〕外经贸合字第23号）。

续表

序号	成立年份	业务协调小组（机构、协会）名称
13	2000	中国外派渔工协调机构 （见图1－2－5－1，2000年7月12－14日中国外派渔工协调机构成立大会暨第一届成员公司大会。截至2005年3月，拥有机构成员公司76家）
14	2004	承包商会对外劳务合作行业外派劳务基地建设协调委员会
15	2005	承包商会对外劳务合作行业发展委员会
16	2005	中国对外承包劳务企业新加坡协会
17	2010	海峡两岸渔工劳务合作协调委员会
18	2012	承包商会中国德国专业护理人员合作业务协调小组
19	2017	承包商会对以色列劳务合作（建筑行业）业务协调小组
20	2018	承包商会中国奥地利厨师劳务合作业务协调小组

图1－2－5－1 2000年7月12—14日中国外派渔工协调机构成立大会暨第一届成员公司大会

图1－2－5－2 2002年4月举办全国外派塞班劳务协调工作会议

1. 中国中日研修生协力机构

1991年12月31日，“根据日本扩大接收外国研修生的趋势，为推动我国增加向日本派遣劳务性质的研修生”，外经贸部印发《关于我部成立中日研修生协调管理小组的通知》。同时决定成立“中日研修劳务协调机构”，对外称“中日研修生协调机构”。1992年3月24日至25日，中日研修生协调机构在北京举行第一次全体成员公司大会，讨论并通过了《中日研修生协调机构章程》。1995年11月27日，经外经贸部人事教育劳动司批准，将“中国中日研修生协调机构”更名为“中国中日研修生协力机构”，简称“SJTCOC”。至2018年，中国中日研修生协力机构已举行过十一次全体成员大会，见表1－2－5－2，中国中日研修生协力机构历届成员大会，如图1－2－5－3所示，中国中日研修生协力机构第九届全体成员大会。自第一届至第十一届理事会共举行过近30次理事会及理事会扩大会议。

表 1－2－5－2　中国中日研修生协力机构历届成员大会

序号	会议名称	时间与地点	成员单位（家）
1	中国中日研修生协调机构第一届全体成员大会	1992 年 3 月 24—25 日，北京	26
2	中国中日研修生协调机构第二届全体成员大会	1994 年 6 月 21—23 日，沈阳	60
3	中国中日研修生协调机构第三届全体成员大会	1995 年 8 月 30—31 日，太原	66
4	中国中日研修生协力机构第四届成员公司大会	1997 年 12 月 29—30 日，上海	77
5	中国中日研修生协力机构成员公司特别大会（97 家公司参会）	1999 年 9 月 1—3 日，北京	103
6	中国中日研修生协力机构第五届全体成员大会	2000 年 9 月 5—7 日，大连	83
7	中国中日研修生协力机构第六届全体成员大会	2003 年 9 月 6—7 日，威海	119
8	中国中日研修生协力机构第七届全体成员大会	2006 年 10 月 16—18 日，北京	176
9	中国中日研修生协力机构第八届全体成员大会	2009 年 10 月 28—29 日，西安	205
10	中国中日研修生协力机构第九届全体成员大会	2012 年 7 月 10—13 日，济南	282
11	中国中日研修生协力机构第十届全体成员大会	2015 年 9 月 29—30 日，宜昌	236
12	中国中日研修生协力机构第十一届全体成员大会	2018 年 11 月 6—7 日，秦皇岛	182

图 1－2－5－3　中国中日研修生协力机构第九届全体成员大会

2002 年 9 月 27 日，中国中日研修生协力机构在北京举行了成立十周年庆典活动。外经贸部、外交部等政府部门有关负责人，日本驻华使馆、财团法人国际研修协力机构和部分日本接收机构代表应邀出席，中外嘉宾 200 余人参加。庆典会议上，表彰了“中国派遣日本研修生十佳企业”和“日本接收中国研修生十佳组合”，颁发了奖牌，并举办了中日研修生合作论坛，见表 1－2－5－3。

表 1-2-5-3 2002 年中国中日研修生协力机构表彰的
"中国派遣日本研修生十佳企业"和"日本接收中国研修生十佳组合"

序号	中国派遣日本研修生十佳企业	序号	日本接收中国研修生十佳组合
1	中国上海外经（集团）有限公司	1	东京中小企业海外业务开发促进协同组合
2	中国大连国际合作（集团）股份有限公司	2	财团法人国际劳务管理财团
3	上海轻纺工业对外经济技术合作公司	3	日本输出缝制品工业协同组合联合会
4	中国轻工业对外经济技术合作公司	4	塔库协同组合
5	中国天津国际经济技术合作公司	5	神崎电装品事业协同组合
6	中国江西国际经济技术合作公司	6	国际交流协同组合
7	中国国际技术智力合作公司	7	爱媛县缝制品工业组合
8	中国山东国际经济技术合作公司	8	静冈县中小企业经友会事业协同组合
9	辽阳国际经济技术合作公司	9	创意时装岐阜协同组合
10	中国青岛国际经济技术合作公司	10	静浦干鱼协同组合

2. 中国外派海员协调机构

中国外派海员协调机构（以下简称"COSE"）经中华人民共和国原对外贸易经济合作部批准，于 1989 年 8 月成立，是中国对外承包工程商会领导和管理的专业性分支机构，是由从事外派海员业务的公司（企业）依法自愿组成的行业性组织。中国外派海员协调机构坚持协调、指导、咨询、服务的宗旨，协助政府有关部门协调和指导成员公司开展外派海员业务；根据国家有关政策、法律法规和国际惯例制定协调规则，监督各成员公司开展外派海员业务；代表成员公司对外协调有关事宜，维护国家、成员公司、外派海员的合法权益；积极与国内、国（境）外有关行业组织建立业务联系；促进成员公司与国（境）外船东建立业务往来和开展互利合作；维护外派海员业务正常经营秩序，促进外派海员劳务合作稳定、健康地发展。

中国外派海员协调机构积极扩大对外交往与国内外有关行业组织建立业务联系。2006 年 9 月 18 日在奥斯陆与挪威船东协会签署《关于进一步加强海员劳务合作的备忘录》，2007 年 6 月 12 日与丹麦船东协会签署《中丹海员劳务合作备忘录》，2006 年 10 月与新加坡高级海员联合会签署合作备忘录。与希腊船东协会、日本船东协会、全日本海员工会、香港船东会等国（境）外行业组织建立了沟通联系机制。2002—2007 年间，与英国劳氏会议名录公司连续举办了三届"劳氏中国船员装备和培训会议"，加强了海员机构会员单位与船东的联系，让国（境）外船东更加了解中国海员的现状。

中国外派海员劳务合作是中国对外劳务合作事业的重要组成部分，始于 20 世纪 70 年代末。主要集中在美国、德国、挪威、希腊、新加坡、日本、韩国、中国香港、中国台湾等国家和地区，其中中国香港、中国台湾、新加坡、日本、韩国是五个主要外派海员劳务合作市场（见表1－2－5－4），新签合同额、外派人数约占全年外派海员总数的60%。在欧洲的外派海员业务主要集中在挪威、德国和希腊。

表1－2－5－4　2006年我国外派海员国别（地区）分布

国别（地区）	外派人数（人）	占比（%）
中国香港	15897	36.9
新加坡	6386	14.8
中国台湾	5506	12.8
日本	3602	8.4
韩国	2597	6.0
美国	1510	3.5
泰国	1162	2.7
德国	1002	2.3
马来西亚	789	1.8
挪威	710	1.6

中国外派海员的技术层次不断提高，从初期的普通船员扩大到包括船长、轮机长、大副、大管轮在内的所有级别的高级船员和服务生等各级船员，派遣形式由过去的只能派零散船员、半套船员班子扩大到全套船员班子以及根据船东需求提供固定板块轮换等多种形式，服务船舶种类由过去的干、散货船发展到包括集装箱船、油船、化学船、渔船及先进的第五代集装箱船、LNG船、LPG船、滚装船等特种船只和豪华邮轮等在内的各种船舶。

中国外派海员劳务合作增进了中国和海员接收国家及地区的交往和友谊，推动了双边的经济发展，既为中国培养了大批优秀航海专业人才，提升了中国海员的整体素质，也为海员接收国家和地区解决了海员资源短缺的问题。目前，中国海员以其良好的综合素质在国际市场受到越来越多的船东的瞩目。

中国外派海员协调机构成员公司拥有现代化的办公设备和各种专业管理人才。成员公司按照质量认证体系，建立了规范的质量管理和船员培训体系，能够按照国际标准要求向客户提供合格船员。中国海员均持有中国海事局颁发的、符合国际海事组织（IMO）《船员培训、发证与值班标准公约》（STCW95公约）所要求的适任证书和培训证书。

截至2007年，中国外派海员协调机构共有成员公司52家，其中理事单位10家，副会长单位5家。中国公司已向国（境）外船东提供了60多万名海员，中国海员以其良好的技术素质和职业道德而深受国（境）外船东的欢迎。[①]

中国外派海员协调机构自成立以来，共举行过八次全体成员大会[②]，见表1-2-5-5。2001—2007年主要对外交往活动大事见表1-2-5-6。

表1-2-5-5 中国外派海员协调机构历届成员大会

序号	会议名称	时间地点	成员单位
1	中国外派海员协调机构第一届成员大会	1989年8月1—3日，山东威海	17
2	中国外派海员协调机构第二届成员大会	1991年10月8—12日，福建泉州	20
3	中国外派海员协调机构第三届成员大会	1994年5月11—12日，广东佛山	29
4	中国外派海员协调机构第四届成员大会	1997年4月11—13日，浙江宁波	47
5	中国外派海员协调机构第五届成员大会	2000年9月20—22日，福建泉州	50
6	中国外派海员协调机构第六届成员大会	2003年9月8—9日，山东威海	50
7	中国外派海员协调机构第七届成员大会	2006年8月3—4日，福建厦门	51
8	中国外派海员协调机构第八届成员大会	2009年9月9—10日，上海	54

表1-2-5-6 2001—2007年中国外派海员协调机构主要对外交往活动大事

序号	时间	主要对外交往活动
1	2001年	派代表参加在菲律宾马尼拉召开的“亚太船员配备和培训会议”，并在大会上发言
2	2001年5月	中国外派海员协调机构会长李荣民在上海与瑞典船东协会总经理 hakan friberg 进行会谈
3	2002年5月	承包商会乌兰木伦名誉会长率领由从事承包工程和劳务合作的15家企业组成的访欧代表团对瑞典、挪威、奥地利、英国等欧洲四国重点考察了瑞典、挪威、英国的海员劳务市场
4	2002年	协调机构领导在京会见了日本船主协会海员事务代表团
5	2002年	协调机构领导会见了国际劳工组织海上人力资源项目专家组代表
6	2002年10月29—30日	中国外派海员协调机构与英国劳氏会议名录公司在上海联合举办了“中国首届劳氏船员配备和培训会议”
7	2003年11月24—26日	派代表参加了在菲律宾马尼拉举办的第五届亚太船员配备及培训会议
8	2004年10月25—28日	与英国劳氏会议名录公司在上海共同举办了第二届劳氏中国船员配备和培训会议
9	2005年4月21—22日	派代表出席了劳氏船级社亚洲船东委员会2005年度会议

① 引自《中国外派海员协调机构简介》(2007年版)。

② 第一至四届由对外贸易经济合作部国外经济合作司主办，第五至八届由承包商会主办。

续表

序号	时间	主要对外交往活动
10	2005 年 10 月 16—22 日	出访了新加坡，考察了中国香港，拜访了新加坡高级海员联合会、香港船东会，并分别在两地召开了中国外派海员业务说明会
11	2005 年 10 月 17 日	中国外派海员协调机构和新加坡高级海员联合会签署海员劳务合作备忘录
12	2006 年 3 月 7—8 日	派代表参加了在印度孟买召开的第二届劳氏孟买船员配备和培训会议
13	2006 年 4 月 19—20 日	承包商会刁春和会长在 2006 深圳国际海事论坛上作了题为《发挥行业组织的作用促进海员配备业的国际合作》的演讲
14	2006 年 8 月 28—9 月 7 日	协调机构组织公司代表团出访挪威、丹麦和德国，并与三国船东协会共同举办了“中国海员劳务合作研讨会”
15	2006 年 9 月 18 日	在商务部部长和挪威贸工大臣的见证下，协调机构刁春和会长和挪威船东协会玛丽安·莱总干事签署了《中国外派海员协调机构和挪威船东协会关于进一步加强海员劳务合作的备忘录》
16	2007 年 3 月 19—20 日	协调机构与英国劳氏会议名录公司在上海联合举办“第三届劳氏中国船员配备和培训会议”
17	2007 年 6 月	中国外派海员协调机构与丹船东协会在上海签署《关于加强海员劳务合作的备忘录》
18	2007 年 9 月 17—26 日	机构组织代表团出访日本、新加坡。出访期间，与日本船东协会、全日本海员工会、新加坡高级海员联合会举行了工作会谈

3. 中国对外承包工程商会国际公司工作委员会

中国对外承包工程商会国际公司工作委员会（以下简称“承包商会国工委”或“国工委”）于 2001 年 9 月 28 日正式成立，是中国对外承包工程商会的所属机构，接受中国对外承包工程商会的领导和监管。承包商会国工委的宗旨是：根据省市国际经济技术合作公司的特点，加强协调、指导、咨询和服务，制定行业规范，发挥整体优势，增强在国际市场的竞争力，加强公司间的联系与协作，并在政府和企业之间发挥桥梁和纽带作用，维护正常的经营秩序，维护国家利益和会员企业的合法权益。承包商会国工委主要由商会会员中的原各省市国际经济技术合作公司组成。

国工委自 2001 年成立以来，每四年换届选举一次，先后选举产生了四届会长、副会长单位。国工委秘书处设在会长单位，负责国工委的日常联络、沟通协调、日常会务等工作。第一届（2001—2004 年）、第二届（2005—2008 年）会长单位为大连国际合作（集团）股份有限公司，第三届（2009—2012 年）会长单位为威海国际经济技术合作股份有限公司，第四届（2013 年到现在）会长单位为中国江西国际经济技术合作公司（2019 年 10 月，在西安召开了中国对外承包工程商会国际公司工作委员会四届十一次会议)。国工委每年召开一至两次会议，每次会议都会根据国际经济形势、国家发展战略确定一个主题，与会代表围绕主题进行充分交流，近几年的交流主题包括对外投资与转型升级、多元化经营、援外工作与走出去、合作共赢、改革创新、抱团出海、属地化经营等。会议还邀请商务部合作司、国内金融机构、承包商会的领导和专家到会解读有关政策，推荐先进经验，进行行业指导。

(二) 中资(澳门)职业介绍所协会

中资(澳门)职业介绍所协会(以下简称“中职协会”)，是中央人民政府驻澳门联络办公室的直管机构。经商务部批准，2004 年在澳门正式注册成立，现有 19 家在澳中资职业介绍所会员。中职协会按照商务部、国务院港澳办的政策要求，在中央人民政府驻澳门联络办公室的指导下，负责内地输澳劳务的内部协调、服务、监督和管理工作。

多年来，中职协会始终贯彻落实“一国两制”方针和澳门基本法，坚持配合和支持特区政府在劳务领域依法施政，加强与澳门各界社团和雇主企业沟通协作，妥善处理劳资纠纷和突发事件，有效维护了劳务人员合法权益，确保了输澳劳务合作事业健康发展。

2004 年，中职协会成立之初时，内地输澳劳务人员数量只有 1. 9 万人，以后逐年增加，到 2019 年底，首次超过 12 万人，占澳门就业人口总数的 1/3，工作领域涵盖除博彩业以外的绝大部分行业，服务对象超过 1. 4 万多家雇主，内地输澳劳务人员成为补充澳门人力资源不足的主要来源，为澳门特区经济稳定快速发展作出了重要贡献。①

(三) 商务部投资促进事务局

根据 2008 年 4 月中国商务部与韩国雇佣劳动部签订的《劳动力派遣与谅解备忘录》，中国商务部确定国际经济合作事务局作为执行机构，负责中韩雇佣制劳务人员的招募、选拔、编制传送求职者名簿和派遣工作。同时，按照“积极稳妥、先行试点、逐步推开”的原则，选定黑龙江省、吉林省、山东省、河南省进行试点。2008 年 8 月，商务部根据优选结果，公布了上述四省的地方公共机构，即山东省潍坊市青州外派劳务服务中心、河南省新县对外劳务合作管理局、吉林省对外经济合作事务中心、黑龙江旅游职业技术学院。地方公共机构协助商务部国际合作事务局开展工作。

2013 年 11 月，因业务调整，执行机构变更为商务部投资促进事务局。作为商

---

① 摘自中资(澳门)职业介绍所协会有关资料(2020 年 3 月)。

务部指定的中方唯一派遣机构，在商务部的指导和监督下，负责组织赴韩国劳务人员的招募、选拔、制定求职者名簿和派遣等执行工作，同时具体指导各地方公共机构开展行前教育等相关工作。①

二、与交通运输部外派海员业务相关的行业组织

截至2019年，交通运输部系统核准具有外派海员经营资质的公司约有251家。各省设立的相关行业协会约有10家，分别是江苏省船员服务协会、上海船员服务协会、广东省船员服务协会、深圳市前海深港国际海员现代服务协会、辽宁省船员服务行业协会、天津市船员服务行业协会、福建省船员服务行业协会、河北省船员服务行业协会、湖北省船员服务行业协会和山东船员服务协会等。

另外，与外派海员业务相关的行业组织还有中国海员建设工会全国委员会、中国船东协会等。

三、各地方省市商（协）会

为适应行业发展需要，全国各地先后设立了对外经济合作或承包工程与劳务商（协）会（见表1-2-5-7），开展行业自律、市场促进、境外考察、业务对接、行业培训、经验交流等活动，有效发挥了对外劳务合作市场协调服务和自律作用。

表1-2-5-7 各地方省市商（协）会一览表②

序号	地方省市商（协）会名称
1	贵州省国际经济技术合作协会
2	南通市国际经济技术合作协会
3	天津市对外经济合作协会
4	广东省对外经济合作企业协会
5	南京市对外经济技术合作协会
6	四川省对外经济合作商会
7	云南省对外投资合作协会
8	深圳市对外经济技术合作促进会
9	陕西省国际经济合作促进会
10	浙江省对外承包工程商会
11	河南省企业国际合作协会
12	河北省对外投资和经济合作协会

① 摘自商务部投资促进事务局有关资料。

② 根据承包商会有关资料整理（截至2020年3月，不完全统计）。

续表

序号	地方省市商（协）会名称
13	湖南省对外经济合作企业协会
14	山东对外投资与经济合作商会（原名山东省国际承包劳务商会）
15	安徽省国际经济合作商会
16	江西省国际经济合作促进会
17	大连市外经企业协会
18	广西国际经济技术合作协会
19	重庆市国际经济技术合作促进会
20	上海国际经济技术合作协会
21	宁波国际经济技术合作联合会
22	江苏省进出口商会

新时代赋予社会组织新使命，新征程期待社会组织新作为。习近平新时代中国特色社会主义思想激发了社会组织的内在活力，根据中共中央办公厅 国务院办公厅印发《关于改革社会组织管理制度促进社会组织健康有序发展的意见》（中办发〔2016〕46号）精神，对外劳务合作行业组织和政府公共机构将进一步丰富服务职能，深化服务内涵，发挥更具特色、更加有效的桥梁纽带作用，助力行业健康可持续发展。

第三章　对外劳务合作发展环境

近年来，我国对外劳务合作逐渐呈现出与国际人力资源合作包容发展的势头。国际人力资源合作是服务贸易的主要方式之一，是国际经济活动的重要组成部分，其发展方向与全球人口、就业状况、世界经济的发展形势等密切相关。就国际市场而言，劳务输入国对外籍劳动力的限制壁垒依然很高，加之国际产业布局调整，我国与其他劳务输出国之间的竞争日益激烈；就国内外派劳务资源市场而言，由于我国多年来以建筑业、制造业等传统行业为基本特色，中高端技能型劳务所占比例较小。随着国民收入水平的提高，维护对外劳务合作的可持续发展必须摆脱传统劳务的竞争，在高技能、高效率和高薪酬的工种上另辟蹊径，形成具有适应市场需求的外派劳务结构，才能彰显适应新时期国际人力资源市场的竞争优势。

本章从对外劳务合作国内外市场因素、对外劳务合作所产生的社会效应以及影响对外劳务合作的重大历史事件等几个方面，阐述对外劳务合作的发展环境。

第一节　市场因素

本节从对外劳务合作国内外市场的发展动力、竞争要素以及我国对外劳务合作的资源禀赋、潜力空间和所遇到的挑战影响等方面，分析对外劳务合作所处的国内外市场环境。

一、对外劳务合作国际市场环境

在人类社会的发展历史上，自古以来就有劳动力跨地区乃至跨国间的流动，只是由于当时生产力水平低下、交通工具落后等原因，其流动规模和距离极其有限。

随着资本主义生产方式的出现和形成，国际大规模和远距离的劳动力流动开始出现。15 世纪哥伦布发现“新大陆”后的 300 多年间，西欧国家的大量移民移至北美，不少欧洲殖民帝国还将大量的非洲黑人奴隶贩卖到美国。这个时期华工也成为新大陆重要的劳动力来源。进入 20 世纪初，国际人口向美洲、大洋洲的转移进一步加快。第二次世界大战后，经济化趋势促使经济较为落后、劳动力资源较丰富的国家和地区向经济较发达或正迅速发展，或劳动力资源短缺的国家和地区的流动更为频繁。同时，一些高水平的劳务也开始从发达国家流向部分发展中国家。到 20 世纪 60 年代，西欧和北美一些国家随着经济的繁荣发展，对劳动力的需求大量增加，对外来移民及劳务输入限制较松，由此导致北美尤其是西欧成为这一时期国际劳动力的主要市场。如阿尔及利亚、西班牙、葡萄牙、突尼斯、摩洛哥等国大批劳工流入法国，土耳其、南斯拉夫、意大利、希腊等国的大量劳工流入联邦德国等。20 世纪 70 年代，中东一些石油输出国由于两次石油提价获利颇丰，纷纷制订现代化计划，大兴土木，开始吸引大量外籍工人，以弥补人烟稀少、劳动力严重不足的状况。到 20 世纪 80 年代初，中东国家共吸引了 600 多万与国际承包工程密切相关的大中型基本建设项目工程技术人员、管理人员和建筑工人为主体的外籍劳务人员，成为举世瞩目的劳务大市场。进入 20 世纪 80 年代以来，亚洲特别是东亚和东南亚一些国家开始了大规模的经济建设，成为日益重要的国际性劳务市场，国际劳务合作随即进入了一个崭新的发展时期。作为生产要素的劳动力大规模国际流动，对世界经济的发展产生了积极的促进作用。

随着经济全球化和地区经济一体化进程的加深，区域内各经济体不断降低各类要素（商品、资本、人员和劳务）流通的壁垒，优化资源配置，实现区域内国家的共同发展，总体显现自然人流动增多、人员往来频繁的趋势。从经济学的角度来讲，只要世界经济发展水平存在差异，劳动力跨地区的流动必然存在，经济发展水平差异越大，流动规模也相应增大。我国对外劳务合作的发展历程，与不同时期国际劳动力资源的需求和流动环境有着密切联系。具体地说，从微观角度来看，劳动力的国际流动主要受经济利益因素的驱动；而从宏观角度来看，国际劳动力流动则主要受经济全球化与区域经济一体化、发达国家的人口老龄化、劳动力接收国经济的稳定增长和就业结构的全球性转变等几大因素的影响。

（一）建筑制造业等奠定了国际劳动力流动的发展基础

在世界经济增长的带动下，全球投资规模不断扩大，建筑业、制造业、采油采矿业等工业部门成为国际劳务市场的主要组成部分，也是菲律宾、墨西哥、孟加拉国和中国等国劳务输出的主要行业。尤其是发达国家、中东产油国及新兴工业化国家对建筑工人都保持着相当规模的需求，发展中国家是普通建筑工人的主要供应国，工人常以工程劳务分包的形式在引进国工作。但由于建筑业是影响东道国就业率的敏感行业，建筑劳务市场开放受劳务输入国就业政策影响很大。同时，加工制造业由于受到输入国普遍采取的非技术劳务进入的政策限制，使得名义需求减少，地位逐渐下降。

在我国对外劳务合作起步阶段的初期，北美和西欧一直是外籍劳工的主要目的地，吸收来自周边国家的初级工人和世界各地的专业人才。中东产油国曾是亚洲劳务的主要流入地，但 20 世纪 90 年代以后，随着油价下跌，中东产油国的吸引力有所降低。而东南亚经济崛起，使一些东南亚国家逐渐演变为劳动力接收国或者既输出又输入劳动力的国家，除南亚的巴基斯坦、斯里兰卡等国仍以海湾国家为主要目的国之外，东南亚国家的劳务也开始在区域内的新加坡、中国香港、中国澳门、韩国、日本等国家和地区寻找工作机会。所以，在我国对外劳务合作起步阶段，建筑业、制造业同样奠定了我国对外劳务合作的发展基础。

（二）移民工人为派遣国经济发展发挥重要作用

2005—2010 年，科伦坡进程①成员国移民工人存量增长 42%，总数达 4470 万人。每年亚洲国家约有 250 万工人到海外就业。移民工人为派遣国经济增长、就业和人民生活改善作出较大的贡献。2009 年，进程成员国侨汇收入高达 1730 亿美元，侨汇成为一些国家的主要经济来源，孟加拉国侨汇收入占国内生产总值（GDP）的 11%；海外劳工成为派遣国的重要就业渠道，斯里兰卡每 4 个工人就有一个海外劳工。移民工人为派遣国经济发展发挥着重要作用。

（三）金融危机与非经济性干扰因素导致外劳政策收紧

1. 金融危机严重影响实体经济和劳动就业

2008 年，美国次贷危机引发的金融危机严重影响世界经济正常运行，并逐渐影响到实体经济。就业和经济增长密切相关，由于全球经济衰退导致失业增加，劳动力需求减少。增加失业和减少居民收入，进而导致消费需求减少和通货紧缩，许多外籍劳务人员因此失去了工作。在全球经济萎靡不振的大环境之下，迫于国内政治和经济压力，许多传统的劳务输入国开始重新审视并收紧移民政策，采取削减外籍劳务配额、鼓励外籍劳务人员回国、加大对非法移民的打击力度，为本国居民就业创造机会。我在新加坡、日本的劳务合作均受到一定程度的影响。

---

① 科伦坡进程是亚洲主要劳务输出国关于海外雇佣的区域性非正式磋商进程，旨在促进主要劳工派遣国之间关于移民劳工管理的对话及合作，于 2003 年正式启动。目前，该进程有阿富汗、孟加拉国、中国、印度、印度尼西亚、尼泊尔、巴基斯坦、菲律宾、斯里兰卡、泰国、越南等 11 个成员国。首届部长级会议于 2003 年在斯里兰卡科伦坡举行，科伦坡进程由此得名。

2012 年，由于欧债危机恶化使本已脆弱的世界经济复苏态势再陷困境。人们预期的全球经济复苏并未如期而至，高企的失业人数未能下降。国际劳工组织 2012 年 1 月 22 日在日内瓦发表《2012 年世界青年就业趋势》报告称，自 2008 金融危机以来，全球失业率普遍增加。2013 年全球经济缓慢复苏并未带来劳动力市场的改善，全球劳动力市场复苏困难的根源在于总需求不足，同时全球经济复苏的不平衡造成地区间就业水平的巨大差异。

2015 年，全球经济增长放缓导致全球失业率进一步增加。2016 年世界经济和贸易增长率创 7 年来新低，全球 GDP 增长率仅为 3.1%。随着国际金融市场波动加剧，全球经济的不确定性仍在持续上升。世界各国都面临着修复危机造成的损害和为新的劳动力市场创造优质就业机会的双重挑战。受此影响，我外派劳务资源储备与培训随之进行了需求结构的对应性调整，派遣成本随之提高。

2. 非经济性干扰因素增加，失业率持续高企

后金融危机时代，虽然全球经济开始复苏，但随着各国经济刺激政策的陆续推出，各经济体内部需求并未完全恢复，实体经济发展仍然缺乏活力。伴随着世界经济的缓慢复苏，各种非经济性干扰因素明显增加。2010 年 2 月，中东、北非地区出现严重的动荡、紧张局势和突发事件，随后英法美等国对利比亚实施军事打击。2010 年 3 月 11 日，日本发生 9.0 级地震，引发海啸和福岛核泄漏事件。2011 年，“阿拉伯之春”如潮水般席卷整个阿拉伯世界，西亚北非国家政局经历了一场几十年未有的巨大动荡。区域政局动荡，全球安全形势严峻以及非经济性干扰因素增加，导致商业投资下降，就业岗位不足，失业率持续高企。2020 年以来，新型冠状病毒感染疫情肆虐全球，国际人员往来几乎同时按下了“暂停键”，对全球人员流动影响巨大。

在经济复苏不显著，失业问题继续困扰世界各国的形势下，国际劳工市场保护主义盛行。各国出于解决国内就业、鼓励企业提高生产力、促进经济增长等考虑，纷纷出台或收紧移民和外劳政策，一定程度上限制了劳工的跨国流动。我对外劳务合作企业几经挫折，部分企业的业务几次出现断档，经营实体的业绩规模总体缩小。

3. “非正常移民工人”困扰国际劳务合作市场

由于不同劳动力需求的旺盛，“非正常移民工人”（通过非法手段和没有官方记载而进入他国务工人员的统称）也随之增多，带来治安、权益保护、种族冲突等很多社会问题，加大了劳务输入国社会的担忧。同时由于恐怖主义的出现，部分国家民族主义思潮的兴起，排外事件时有发生，使各国政府对外籍劳务市场的开放持更加谨慎的态度，进一步限制和阻碍了国际劳动力市场的发展。

4. 市场竞争更为激烈，非技术工人的工资大幅下降

劳动力资源相对丰富、经济发展水平相对落后的发展中国家为了扩大劳动力就

业、提高人民生活和促进本国经济发展，采取各种办法鼓励本国劳动力的输出，造成劳动力同质现象严重，很多工种形成买方市场。发展中国家劳务输出企业为获得市场份额，展开了激烈的竞争，致使劳动力价格一再下跌。20 世纪 70 年代，海湾地区的外籍普通劳务的平均工资每月可达到 500 美元，后来由于市场萎缩，竞争加剧，外籍劳务的工资一降再降，平均月工资降至 150 美元左右。我对日技能实习合作多年来一直保持日本技能实习国别首位，近年来一些制造业的传统项目以及水产加工、铸造、建筑野外作业等技术含量较低、收入水平低、劳动环境较差的工种项目逐渐让位于东南亚国家，而电子加工、食品加工、精密加工、汽车制造等行业的派遣人数相比有所增加。

虽然全球经济危机和非经济性干扰增加等因素对国际劳务市场带来一定的影响，但从长远来看，劳动力国际流动的基本趋势没有改变，发达国家受人口增长缓慢甚至负增长、人口老龄化、劳动力供给不足等因素的影响，对移民工人仍保持一定的需求。

二、我国外派劳务资源市场状况

（一）我国劳动人口达到峰值并开始出现下降

1. *人口老龄化加剧*

目前，我国 15 ~ 59 岁的劳动年龄人口总量已经出现下降，使得未来新增就业人数维持在一个相对稳定的水平。随着中国人口红利的逐渐削弱和国内工资水平的不断提高，国内劳动力成本逐年提高，为外派劳务带来一定难度。图 1 - 3 - 1 - 1 为我国人口与劳动力发展趋势。

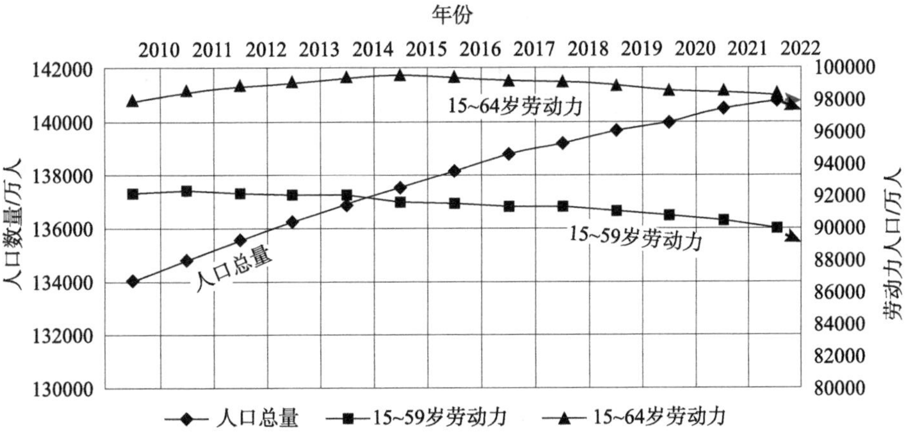

图 1 - 3 - 1 - 1　我国人口与劳动力发展趋势

资料来源：根据国务院发展研究中心资料整理。

“十二五”时期，2014 年我国总人口达到峰值 13.68 亿人。2011 年 15 ~59 岁劳动年龄人口达到峰值 9.25 亿人后，逐年开始下降。第七次全国人口普查数据显示，2020 年我国人口抚养比为 45.9%，与 2010 年相比，增长了 11.7 个百分点，这表明随着我国人口老龄化进程的推进，人口抚养比的下降趋势在过去十年发生了逆转。当前我国仍然处于人口抚养比低于 50% 的人口红利期，但由低人口抚养比带来的人口红利逐步减少。

2. 人口生育率下降

2021 年 5 月公布的我国于 2020 年 11 月进行的第七次人口普查数据显示，我国人口呈现老龄化、少子化、不婚化、城市群化、阶层固化五大新特征新趋势。人口高速甚至超高速增长的时期已渐行渐远，人口零增长乃至负增长的时代则渐行渐近。目前世界平均生育率为 2.41，而 2020 年我国育龄妇女总和生育率为 1.30，[①] 甚至比高龄少子化的日本（1.34）还低，并将在“十四五”时期陷入负增长。另外，我国经济腾飞和社会进步催生出远超发达国家平均水平的高收入岗位，加之计划生育政策惯性仍发挥着不可忽视的作用，当代年轻人的婚姻观已由对生儿育女、传宗接代的核心需求转变为对情感的需求和满足。2010 年我国平均家庭户规模为 3.1 人，2020 年减少为 2.62 人，[②] 已无法满足“三口之家”的标准。生育率降低是经济社会结构变化的必然结果，不难看出，在有限的可外派资源范围内，匹配国际劳务市场高素质技能人才需求的外派劳务资源制约将更加严峻。

（二）对外劳务合作企业所面临的资源困扰随之增多

随着国际劳务市场的结构性变化和我国对外劳务合作事业的可持续发展需求，我国对外劳务合作企业所面临的资源困扰也随之增多。一是多年来我国外派劳务以建筑、制造业等传统行业为基本特色，中高端技能型劳务所占比例较小，制约我国对外劳务合作的语言、技能门槛始终未能逾越，形成外派劳务的瓶颈制约；二是近年来由于国民收入水平的提高，许多国别市场对我国劳务人员已经失去魅力；三是维护对外劳务合作的可持续发展必须摆脱传统劳务的竞争，实现行业升级，满足国际市场对高端劳务需求趋势，在高技能领域施展中国优势，开辟新的对外劳务合作市场。我国劳务人员在传统劳务市场上依靠同等条件下的低成本竞争已不具备优势，巩固和发展传统国别市场，必须摆脱恶性低价竞争，在高技能、高效率和高薪酬的

① 宁吉喆．第七次全国人口普查主要数据情况［EB/OL］．国家统计局政府信息公开．（2021－05－11）［2022－03－11］．http：//www.stats.gov.cn/xxgk/sjfb/zxfb2020/202105/t20210511_1817195.html.

② 宁吉喆．第七次全国人口普查主要数据情况［EB/OL］．国家统计局政府信息公开．（2021－05－11）［2022－03－11］．http：//www.stats.gov.cn/xxgk/sjfb/zxfb2020/202105/t20210511_1817195.html.

工种上另辟蹊径，形成具有适应市场需求的外派劳务结构，彰显新的竞争优势；四是改革开放以来，广大劳务人员的知识视野、法律意识有了很大提高，出国（境）期望已经由单纯的经济收入转向对高收入、安全可靠、附加值高的行业工种以及由此所呈现出的多元化追求，选拔、培育可外派劳务资源的成本升高。

剖析当前外派劳务“招聘难”的成因，可概括为“四个交织”：一是总量因素与结构因素的交织。就我国劳动力资源总量而言尚有一定空间，但从可外派劳务人员的年龄和学历结构来看已现紧缺。二是区域因素与产业因素的交织。走差异化竞争之路，需要培养中高端技能型劳务，而目前外派劳务的资源地绝大部分分布在农村，特别是中西部地区，培育成本高，选拔区域受限。三是短期因素和长期因素的交织。从短期看，选拔面试培训的经营模式尚可满足业务需求，但从长远看劳动力供给将进入缓慢增长期，即招即派的经营模式面临挑战，校企结合的资源培育方式或将扩大。四是客观因素与主观因素的交织。国际劳务市场的客观需求大多为强度大、技能要求高的工作，而“90后”新生代劳务人员更加看重就业预期、工作环境，不愿从事收入较高但强度大的工作。

（三）宏观支持体系尚需完善

我国对外劳务合作已制定了一整套较为完整的管理框架和制度体系，同时也推出了一些鼓励政策和优惠措施。但是，从宏观层面的政策和机制角度分析，我国政府对于对外劳务合作的重视和支持力度还不足。一是缺乏像对外投资、对外贸易那样的减税、退税等支持政策，针对对外劳务合作企业在财政、金融、税收、保险等政策上的支持力度不足；二是缺少保护劳务人员合法权益的公益性法律援助和支持机制，对于境外发生的劳务纠纷和突发事件，过分依赖派遣公司出面解决；三是对外劳务合作社会效应的宣传力度不够，不少人还停留在对外派劳务的传统认知上；四是缺少一个能够承担搜集并向派遣公司和劳务人员有效传递国际劳务市场信息的网络平台；五是缺乏对劳务人员在信息咨询、出国（境）信贷、出国（境）费用、返回创业和就业等方面的相应优惠和鼓励政策；六是希望参与世贸组织服务贸易项下的自然人移动谈判，为我国劳务人员进入国际劳务市场争取尽可能宽松的市场环境。应充分利用双边经贸联委会、混委会和自贸区谈判等经济合作框架及平台，要求有关国家取消相关壁垒和歧视性做法，增强人员往来便利化，加强资质互认；加强政府间的谈判力度，与世界主要劳务输入国签订政府间劳务合作协议，构建良好的市场准入环境。

我国对外劳务合作的发展历程，与不同时期国际劳动力资源的需求和流动环境有着密切联系。但是，只要世界经济发展水平存在差异，劳动力跨地区的流动必然存在，经济发展水平差异越大，流动规模也相应增大。只要我国重视并做好外派劳务资源培育工作，就一定能够为对外劳务合作带来新的发展机遇和发展空间。

第二节 社会效应

对外劳务合作从无到有、从小到大，经过40多年波澜壮阔的发展历程，留下了许许多多可歌可泣的历史瞬间和荡气回肠的动人事迹；对外劳务合作是最早走出国门的服务行业之一，是以增进人民福祉为初心的涉外业务，是一项利国利民的事业；对外劳务合作业务的发展，不仅取得了良好的经济效益，而且具有广泛而深远的社会效应。

一、对外劳务合作是我国对外经济合作的重要组成部分

对外劳务合作伴随着改革开放应运而生，风雨兼程走过40余年的发展历程，是我国最早走出国门的服务贸易之一；对外劳务合作从无到有、从小到大，与世界上180多个国家和地区开展合作，是我国对外经济合作的重要组成部分；对外劳务合作立足“三农”，立德树人，是一项助力新农村建设的绿色产业；对外劳务合作增加了国家的外汇和财政收入，带动了国内民航、金融、保险、邮电等相关服务行业的发展，是一项利国利民的事业。

在我国宏观经济领域，对外劳务合作业务与对外投资合作、对外承包工程同属对外投资合作的范畴，是我国对外经贸和对外交往的窗口之一。据不完全统计，自1980年至2019年，我国对外劳务合作累计外派劳务人员突破1000万人次，累计完成营业额达1295.8亿美元，为支持我国经济建设、提高劳务人员的生活水平、带动地方经济发展发挥了积极作用。

二、对外劳务合作缓解了劳务项目所在国和地区的劳动力紧缺

（一）为助力劳务项目所在国和地区的企业发展发挥了不可替代的作用

对外劳务合作的业务属性是根据国（境）外雇主的工作需求，由具有合法经营资格的经营公司组织劳务人员赴国（境）外为国（境）外的雇主提供服务的经营性活动。雇主的工作需要是合作的基础，满足雇主的工作需要是业务合作的基本目的。通过对外劳务合作使国（境）外雇主企业及时得到劳动力补充，有效缓解了支撑东

道国和地区经济发展的企业的劳动力紧缺问题。

以日本和中国澳门为例，截至 2020 年 3 月，日本接收外国技能实习生分布在 81 个行业，从事着从农业、水产加工到电子装配、机械加工、数控机床操作等 143 个不同工种的行业。截至 2019 年，我国累计对日派遣各类研修生、技能实习生已逾 102. 56 万人次。我国研修生、技能实习生善于交流，勤于思考，肯于吃苦，操作灵活，一直是日本对外合作人数最多的群体之一，为解决支撑日本经济发展的中小企业的劳动力短缺发挥了不可替代的作用。到 2019 年年底，内地输澳门的各类劳务人员首次达到 12 万人，占澳门就业人口总数的 1/3，工作领域涵盖除博彩业以外的绝大部分行业，服务对象超过 1. 4 万多家雇主，成为补充澳门人力资源不足的主要来源，为澳门特区经济稳定快速发展作出了重要贡献。

（二）为促进人员往来、增进国别（地区）友好关系发挥了积极作用

对外劳务合作企业和广大劳务人员谱写了许许多多友好交往的动人事迹。许多劳务人员通过境外务工，与雇主企业和职员友好交往，有的成为在华合资企业的翻译、项目负责人或总经理等，有的合资合作在华兴办企业，开展了互利共赢的合作；对外投资合作在外人员和对外承包工程外派人员不仅为项目所在地区修桥筑路，捐资捐助，将社会责任播撒在国（境）外，而且尊重当地风俗习惯，与当地人民友好相处，广泛开展异文化交流，受到项目所在国政府和人民的爱戴。日本 3 · 11 大地震发生后，我国中日研修生协力机构 41 家成员公司向日本地震灾区捐款 134. 0285 万元，表达对日本地震受灾地区技能实习生接收机构的深切慰问，巩固了两国业已建立的业务合作关系。同时，许多日本接收企业的管理人员先将我技能实习生安排在安全地带后，自己和家人再前往避难场所；有的管理人员先安排技能实习生转移后自身或家人已经来不及转移就被海啸吞没，留下了中日两国人民友好交往的动人事迹。

三、对外劳务合作振兴地方经济、助力脱贫攻坚成效显著

（一）对外劳务合作是振兴地方经济的有效途径之一

“出国一人、富裕一家，带动一片、造福一方”，是对外劳务合作社会效应的真实写照。对外劳务合作的资源培育形式为农村劳动力转化开辟了一条成功之路，一定程度上缓解了国内的就业压力；同时，对外劳务合作又是劳动力向国（境）外转化的一种外向型人才交流合作的涉外业务，在一定程度上拓宽了劳务人员的就业、创业和兴业的渠道。劳务人员返回后不仅可以改善家庭生活，而且更多的是返回后的自主创业，开办工厂、农场、服装、建筑、餐饮、修车行、洗衣店、超市等企业，

带动周围群众共同致富，为振兴地方经济、建设新农村作出了突出贡献。

河南省新县大力发展涉外劳务，截至 2018 年 10 月，先后向日本、韩国、新加坡等 20 多个国家和地区外派劳务人员 3.8 万余人次，其中贫困劳动力占输出总人数的 85%，人均年收入 10 万元以上，累计创汇 100 多亿元。现在常年在国（境）外达 8000 余人，年创外汇 1.5 亿多美元（约合人民币 10 亿元），仅此一项全县年人均增收 2800 多元。

（二）对外劳务合作是根植于“三农”事业的绿色产业，是助力脱贫攻坚和乡村建设的重要形式和有效载体

对外劳务合作自创立之日起，就与脱贫致富密切相关，是一项实实在在根植于“三农”、助力乡村建设的对外经济合作业务，是助力脱贫攻坚的重要形式和有效载体。对外劳务合作的社会贡献度集中体现在促进“三农”经济、振兴乡村建设、助力脱贫攻坚、带动地区经济发展等方面，数千万个贫困家庭脱贫致富，凸显劳务扶贫的作用和成果，对提高贫困人口收入、改善民生、消除贫困、增强福祉、维护稳定，进而全面建成小康社会作出了不可磨灭的历史性贡献。

对外劳务合作的劳动力资源，绝大多数集中在农村，特别是经济欠发达地区。没有这些可外派劳动力资源支撑，就没有促进可持续发展的对外劳务合作业务。外派劳务基地建设是最早切入农村劳动力资源转化的一项工作。承包商会早在 2004 年就致力于外派劳务资源培育，开展了对外劳务合作行业外派劳务基地建设工作，率先在商务部对口帮扶的四川省广安市、仪陇县建设外派劳务行业基地。至 2009 年，已在全国建立了外派劳务基地 35 家。劳务基地立足于外派劳务资源的培育、孵化，对支持“三农”建设以及农村青年“走出去”发挥了重要作用，也为外派劳务基地向对外劳务合作服务平台转化奠定了基础。

2010 年，商务部为了统筹对外劳务和国内劳务市场，强化政府服务，引导劳务人员通过正规渠道出国（境）务工，维护劳务人员的合法权益，出台了《对外劳务合作服务平台建设办法》，平台建设的初衷就是接轨农村、接轨劳动力需求，造福有志青年的正规渠道和便捷服务形式；同时，商务部高度重视对外劳务扶贫工作，在重点项目上推进对外劳务扶贫对接。据不完全统计，2014—2018 年期间，来自国家级和省级贫困县的在外劳务人员累计达 4.6 万人，其中来自国家级贫困县 2 万人，来自省级贫困县约 2.6 万人。在商务部的具体指导下，承包商会在承担中国以色列建筑劳务合作执行机构的工作中，引导试点经营公司将推进项目实施与扶贫工作相结合。在中以劳务合作项目试点阶段，已出境人员中来自国家级贫困县的有 282 人，来自省级贫困县 658 人，合计 1398 人，占全部派出人数的 17.76%，为助力脱贫攻

坚发挥了显著作用。

河南省新县将涉外劳务作为老区贫困群众脱贫致富的“金钥匙”，作为产业脱贫、群众致富的重要抓手，做大做强涉外劳务产业。① 主要做法如下。

1. 大力发展涉外劳务，探索扶贫脱贫新模式

为适应国际劳务市场变化，更好地服务城乡困难群众，2002 年成立了全国唯一的外派劳务管理机构——新县对外劳务合作管理局。2011 年设立全省首所涉外高等教育专科学校——信阳涉外职业技术学院，逐渐探索出了一条“涉外职业教育 + 国外就业 + 回国创业”的预防贫困代际传递的扶贫新模式。

2. 创新外派劳务新方式，贴心服务贫困群众

实施“特色脱贫”工程，利用外派劳务优势，积极宣传推介，找准贫困人口出国（境）适龄对象。对贫困人口出国（境）免费培训，优先推荐面试，简化出国（境）手续，开辟出国（境）绿色通道，帮助贫困人口实现快速脱贫致富。

3. 实施回归工程，放大涉外扶贫效应

积极优化投资环境，出台回归学员创业优惠政策，开通创业“绿色通道”，在用地、用水、用电、手续办理、融资贷款等方面给予大力支持。依托县产业集聚区，打造医药制造、智能制造、农副产品加工、文化旅游四个百亿级产业集群，引导外出涉外劳务人员返乡发展上下游产业，以创业带动就业，带领周边更多贫困群众脱贫致富。

四、数以千万计的回国（境）劳务人员创业致富成果丰硕

四十多年来，各级商务主管部门、有关商协会多措并举、积极促进和支持对外劳务合作事业的发展，广大经营企业奋力打拼、巩固和拓展对外劳务合作市场，各有关方面通力合作、共同努力为劳务人员走出国门创造条件、铺设道路，对外劳务合作在带动就业、改善民生、促进经济社会发展的过程中，为培养我国现代化建设所需要的国际化人才发挥了显著作用。截至 2021 年底，我国已累计派出 1062.6 万人次的各类劳务人员，这些数以千万计的回国（境）劳务人员通过“走出去”，开阔了视野，增长了见识，增加了收入，增强了素质，提高了管理能力和业务技能，在改善自身家庭生活状况的同时，积极报效祖国，投身创业，成果丰硕，对带动地方经济发展产生了良好的社会效应。不少劳务人员利用自己出国（境）劳务赚取的

① 河南省商务厅．开展对外劳务 助力脱贫攻坚——新县外派劳务成为脱贫致富的金钥匙［EB/OL］．河南商务简报 2018（110）．（2018 - 10 - 12）［2020 - 10 - 11］．https：//hnsswt. henan. gov. cn/2018/10 - 12/1995918. html.

"第一桶金"，改变了自己的人生，回国（境）后成为岗位建功带头人、自主创业引路人、帮贫致富生力军、中外友好代言人，谱写了利国利民、可圈可点的辉煌业绩。

为宣传对外劳务合作的积极意义，树立典型形象，引导有意出国（境）务工的青年循正规途径赴境外务工，2010 年 3 月 5 日，商务部办公厅发出《关于请报送归国劳务人员创业典型事例的函》（商办合函〔2010〕258 号），征集并宣传归国劳务人员自主创业、帮扶群众就业致富等方面的先进事迹。同时，为提高全社会对回国劳务人员创业的认知度和支持度，更好地激励劳务人员积极向上，回报社会，承包商会自 2005 年起，已连续收集编撰了 7 本回国劳务人员创业事例集（见图 1 - 1 - 5 - 3）。这些事例充分体现了回国劳务人员拼搏向上、诚实履约、勤劳致富、回报祖国的精神风貌，为展示对外劳务合作扶贫成果和铭记对外劳务合作事业的初心发挥了积极作用。

五、对外劳务合作形成了具有中国特色的独特经营方式

（一）创立并形成了对外劳务合作独特的业务模式

对外劳务合作的业务主体是具有对外劳务合作经营资格的经营企业。对外劳务合作企业通过开展对外劳务合作业务，锻炼了员工队伍，提升了企业竞争力，形成了独特的企业文化和经营方式，是企业延伸产业链条，扩大经营范围、实行多种经营的业务载体和发展平台；对外劳务合作企业通过从事涉外经营业务，形成了出国（境）劳务人员适应性培训短期强化训练的独特方式，在对外经贸合作领域独树一帜；通过对外交流合作，创立并形成了对外劳务合作企业独特的业务流程、经营理念和经营目标；不少对外劳务合作企业以对外劳务合作业务为平台，延伸其他经济合作项目，培育了新的经济增长点，呈现出积极向上、拼搏进取的精神风貌，通过他们的努力，对外劳务合作行业已成为社会贡献度很高的绿色特色产业。

（二）多措并举走出资源培育创新之路

1. 企业全方位开展外派劳务资源培育

外派劳务资源培育是农村劳动力向技能型人才转化的重要途径之一。广大对外劳务合作企业秉持以质取胜理念，注重外派劳务结构调整，与对外劳务合作服务平台等相关机构合作，多措并举探索与创新资源培育工作。一是企业进平台，支撑对外劳务合作服务平台开展和运营业务工作；二是利用平台进校园的时机，接洽培育中高端技能型劳务（蓝领和白领）的具体方式；三是校企合作，针对境外雇主工作需要，企业与职业院校直接合作，开设订单班、冠名班，开展定点定向培训，注入外语和出国（境）工作的相关技能培训；四是企业联手平台，共建对外劳务合作服

务平台，合作运营外派资源储备、培训和人员推介等业务；五是企业采取深入县乡村直招、保汇率的一体化思路、贷款缴费担保以及劳务人员出国（境）后分期付费等便捷方式，将实惠和便利直接、实质性地提供给劳务人员；六是采取超前出国（境）培训模式，储备护理护士专业和英语水平要求高的高端技能劳务；七是应用互联网优势，设计App，开辟网上招聘、面试及办事平台，引入在外人员心理干预服务等，丰富对外劳务合作的业务运营方式。

2. 各级政府主管部门分别出台不同的扶持促进措施

不少地方商务部门与人社部门等形成联动机制，合理利用阳光工程、雨露工程等劳动力转化资金；有的地方商务主管部门在重视国内劳动力技能培养的同时鼓励通过境外务工渠道获得技能，指导劳务人员学有所成后回国创业，并给予创业资金扶持，介绍就业岗位等。如山西省推行“人人持证、技能社会”措施，人社部门与商务部门合作，与全国骨干企业合作，推进本省劳务合作；有的地方出台小额贷款、服务费减免等各种优惠措施，帮助劳务人员破解费用难题；有的面向出国（境）劳务人员提供保险保障，如江苏省为出国（境）劳务人员承担人身伤害意外保险80%的保费等，提高劳务人员的保险覆盖面；有的地区实行部门一盘棋合作，简化劳务人员护照办理、合同备案等手续流程，面向出国（境）劳务人员提供法律咨询和援助等。

3. 行业组织搭设对外劳务资源对接交流平台

承包商会作为从事对外投资、对外承包工程和劳务合作的全国性行业组织，积极探讨并丰富对外劳务资源对接服务方式。一是举办各种形式的研讨会，分析国际劳务市场需求，利用市场反馈的信息，有针对性地引导国内劳务资源的培育方向；二是积极探讨企业进平台、校企合作、“互联网+”等模式进行资源培育，举行多种形式的研讨会交流经验，探讨新形势下资源培育和摆脱资源瓶颈的有效方法；三是举行不同形式的全国性或区域资源对接大会，迄今已举办过七届全国性外派劳务资源对接大会；四是推动对外劳务合作业务与劳务扶贫相结合，2015年始在甘肃省连续举办了多次对接活动，帮助甘肃省开展对外劳务扶贫工作。2018—2019年，在商务部合作司的指导下，分别与湖南省、湖北省合作召开以“推进劳务扶贫、助力脱贫攻坚”为主题的外派劳务扶贫专场对接活动，面向贫困地区提供优质订单，助力对外劳务扶贫取得实效。

（三）不断改进劳务人员咨询投诉受理工作

外派劳务人员投诉中心优化劳务人员咨询投诉受理工作，针对劳务人员的不同咨询需求，聚焦问题，探讨改进行业服务方法。通过调整改进网络服务、增加微信服务、畅通与地方商务厅交流解决途径等方式，及时为劳务人员释疑解惑。同时还编印了《在外投资合作人员知识手册》《出国务工常识》《外派劳务100问》等小册子，以不同方式向劳务人员（特别是中西部地区劳务人员）提供有效服务。

六、对外劳务合作是打造国际人力资源服务商的直接形式

在WTO框架下，对外劳务合作属于服务贸易范畴，以国际人力资源流动为标的。就企业而言，对外劳务合作业务是劳动力商品的中介服务形式。根据国际移民组织对移民的概念，对外劳务合作框架下的外派劳务人员属于劳务移民的范畴。对外劳务合作事业作为我国独特的对外经济合作形式，经过40余年的实践，锻炼了企业职工队伍，形成了独特的企业文化和业务运转形式，形成了较为完整的产业链条；对外劳务合作同时又是与国际接轨、打造国际人力资源服务商的直接形式，为开展国际人力资源交流合作积累了经验，奠定了基础。

七、对外劳务合作是人类命运共同体的实践载体

对外劳务合作是对外劳务合作企业履行社会责任的平台，是实现“民心相通”的实践载体，是国家软实力的组成部分之一，承载着践行“一带一路”倡议、构建人类命运共同体的新任务和新使命。

在新的历史时期，对外劳务合作企业要以历史责任担当和社会责任意识为己任，以对劳务人员“扶智扶志”为切入点，深入细致地探讨促进对外劳务合作可持续发展的有效措施和途径，深入宣传回国创业、报效祖国的典型事例，扶持劳务人员增加建设祖国的智力和本领，帮助确立回报社会的理想和信念，激励劳务人员为创业兴业、造福社会贡献力量。凝心聚力，共同续写新时期对外劳务合作事业的壮丽篇章！

第三节 影响事件

对外劳务合作伴随着改革开放一路前行，经历了不少艰难险阻，留下了许许多多动人的故事，谱写了一曲曲可歌可泣的绚丽华章。对外劳务合作40多年的不平凡历程是一部波澜壮阔的对外交往史，一部荡气回肠的团结奋斗史，一部励精图治的创新发展史，许多影响对外劳务合作事业发展的历史瞬间和重大事件，值得我们回首、记忆和珍视……

一、坦赞铁路——中非友谊的不朽丰碑

坦赞铁路是中国最具代表性的援外项目，具有划时代的历史意义。20 世纪 60 年代，刚刚获得独立的坦桑尼亚、赞比亚急需一条铁路运输线，以打破封锁、发展经济、维护独立，毛泽东主席、周恩来总理等老一辈领导人高瞻远瞩，作出援建坦赞铁路的伟大决策。当时中国的经济并不发达，修建这样一条铁路困难之大难以想象，中国人民想非洲人民之所想，急非洲人民之所急，先后派出技术人员 5 万多人次，高峰时现场作业人员达 2 万人，中坦赞三国人民奋战在这条全长 1860.5 公里，技术标准高于东南部非洲其他铁路的施工线上，用真诚、汗水乃至生命谱写了一曲不朽的赞歌。时至今日，坦赞铁路仍被非洲人民亲切地称为“自由之路”“友谊之路”，被视为见证中非友好的不朽丰碑①。在坦赞铁路建设工程及后来技术合作过程中，中方有 68 人为之献出了宝贵的生命。

二、海湾战争造成我大批承包劳务人员紧急撤离

1990 年爆发的海湾战争，造成我大批承包劳务人员从伊拉克紧急撤离，我驻伊使馆经商参处及许多公司驻伊办事处或项目处财产在战火中遭受严重损失。

海湾战争以及 2008 年发生的东南亚金融危机使我国在亚洲地区传统市场的承包劳务业务受到很大冲击。我国企业在政府引导下，及时调整市场格局，基本形成了“亚洲为主、发展非洲、恢复中东、开拓欧美和南太”的多元化市场格局，与此同时，政策支持体系日趋完善，企业群体不断壮大，承揽和实施项目的能力不断增强，业务领域广泛，我国对外承包工程和劳务合作业务步入快速增长时期。②

三、首次全国对外承包工程、劳务合作工作会议

1982 年 5 月，中央领导同志提出“守约、保质、薄利、重义”③ 的八字经营方针和统一计划、统一政策、联合对外的原则，体现了从事对外经济合作坚守平等互利、共同发展的宗旨，成为对外承包工程和劳务合作企业的经营原则，确立了我国开展对外劳务合作的指导思想。在这个背景下，1982 年 11 月 19 日至30 日，对外经

---

① 引自《商务微新闻——坐上非洲的这趟列车，去看看我国援建的坦赞铁路》(2017 年 5 月 8 日)。

② 引自《商务历史》(对外承包工程的起步与发展)。

③ 引自《商务历史》1982 年 5 月中共中央总书记胡耀邦提出对外经济合作“守约、保质、薄利、重义”的经营原则，体现中国在对外经济合作中坚守平等互利、共同发展的宗旨，以后成为我国对外承包工程的和劳务合作的企业的经营原则。

济贸易部首次在北京召开全国对外承包工程、劳务合作工作会议。会议总结了三年多的工作经验，提出了开创对外承包工程和劳务合作新局面的要求和措施，对动员各部门、各地区积极开展对外承包工程和劳务合作起到了重要作用。

四、推动外派劳务培训制度化

针对我国外派劳动人员的综合素质和结构问题，为解决对外劳务合作不断增长的瓶颈制约，时任国务院副总理的李岚清同志对加强外派劳务培训做了重要批示。1994 年 5 月 23 日，对外贸易经济合作部颁发了《关于实行外派劳务培训的暂行办法》。要求经营公司凡组织派遣到境外的各类劳务人员（包括普通劳务、高级劳务和研修生），在派出前均需接受培训；要求进行爱国主义和外事纪律教育，根据派往国家（地区）的特点和要求，开设外语、适应性技能、国别概况、风俗民情、涉外礼仪等课程。进行转变观念的教育，遵纪守法，学习国（境）外先进技术和管理经验，服从管理，认真履行合同，在短期内提高外派劳务人员的素质和能力。要求各级主管部门或具有外派劳务经营权的公司，应建立固定的培训中心，培训中心要具备一定的教育条件、师资力量、教学设备以及教学大纲；对通用教材内容的培训一般不得少于一周；由学员自行负担或由派出单位负担培训费用，做到“不培训、不派出”。

自 1994 年试行外派劳务培训制度以来，外派劳务人员培训中心建设在全国迅速推开。至 1995 年 8 月，经外经贸部审批成立的外派劳务培训中心已近百家。截至 1998 年末，全国成立了 150 多家外派劳务培训中心，高峰时达到 164 家。为了加强和规范外派劳务培训工作，1996 年 3 月 5 日，对外贸易经济合作部发出《关于外派劳务培训收费标准的规定的通知》，规定了不同培训课时的培训费。培训结束考试合格后，由对外贸易经济合作部或授权的培训中心颁发一次性或定期使用的《外派劳务培训合格证》。同时分别于 1995 年、2000 年、2013 年三次统编外派劳务培训教材。

五、“非典”导致对外劳务合作业务严重受阻

“非典”自 2002 年 11 月在我国内地出现病例并开始大范围流行。2002 年 11 月至 2003 年 3 月，疫情主要发生在粤港两地；2003 年 3 月以后，疫情向全国扩散，其中尤以北京为烈。2004 年 6 月 24 日，世界卫生组织（WHO）宣布解除对北京的旅游禁令，表明中国内地抗击“非典”取得胜利。

我国对外劳务合作的主要境外劳务市场，因“非典”的突袭，合同额、营业额

以及派出人数都受到很大程度的影响。主要表现在：

一是近130个国家和地区对来自疫区的人员采取了严格的入境限制及检疫措施，导致我劳务人员派遣工作受阻，经营公司同国（境）外雇主签订的外派劳务合同不能如期执行；二是世界卫生组织公布中国香港及中国内地的部分省市为疫区之后，国（境）外雇主出于自身安全的考虑，纷纷取消或暂缓来华考工，造成国内许多经营公司及待派劳务人员被动等待；三是由于我外派劳务人员入境受到限制，国（境）外雇主为保证正常运营，转而寻求其他国家的外劳资源以替代中国劳务人员；四是“非典”疫情期间，受国内外各种因素的影响，我国内经济运行放缓，商务活动也有所减少。出国考察、洽谈团组、项目执行等工作均受到不同程度的阻碍，影响了市场的进一步开拓。①

六、相继实行备用金、履约保证金以及护照改革

20世纪初期，政府主管部门先后对对外劳务合作业务进行了一系列重大调整改革，其中包括要求企业交纳备用金、取消向劳务人员收取履约保证金、外派劳务人员改持普通护照等，对对外劳务合作业务发展产生了重大影响。

（一）要求企业交纳备用金

对外贸易经济合作部与财政部于2001年11月27日联合发布《对外劳务合作备用金暂行办法》，决定对对外经济合作企业实行对外劳务合作备用金制度。备用金由对外经济合作企业交纳，用于解决突发事件的专用款项。企业备用金的核定、动用、退补、管理等由其注册地省级外经贸主管部门负责。企业向境外派遣各类劳务人员时，备用金交纳标准为100万元人民币，企业向境外派遣相关行业（含实施对外承包工程、对外设计、咨询、勘测、监理业务等）所需的劳务人员时，备用金交纳标准为20万元人民币。企业交纳的备用金应为现金，不得以有价证券或资产抵押等其他形式交纳（2012年《对外劳务合作管理条例》颁布实施后，备用金统一调整为300万元人民币）。

（二）劳务人员出国改持普通护照

2002年3月12日，对外贸易经济合作部、外交部、公安部联合发出《办理劳务人员出国手续的办法》，为进一步简化劳务人员出国审批手续，逐步与国际通行做法接轨，决定劳务人员出国，由向外事部门申办因公普通护照改为向公安机关申办中华人民共和国普通护照，劳务人员的签证由经营公司统一通过外交部或其授权

① 承包商会劳务部. 承受考验，坚定信心——我对外劳务合作在“非典”过后重整旗鼓［J］. 国际工程与劳务，2003（8）：12-13.

的地方外事办公室或自办单位办理。

（三）取消企业向劳务人员收取履约保证金

2003 年 10 月 29 日，财政部、商务部发布《关于取消对外经济合作企业向外派劳务人员收取履约保证金的通知》，决定取消企业向外派劳务人员收取履约保证金，改由外派劳务人员投保“履约保证保险”。同时规定企业不得由此向外派劳务人员加收管理费及其他费用或要求外派劳务人员提供其他任何形式的担保、抵押。

取消向劳务人员收取履约保证金的通知发出后，企业反响强烈，承包商会曾数次反映企业呼声。2008 年 3 月 6 日，第十一届全国人大代表、沧州市对外经济技术合作有限公司总经理尹广军代表行业向十一届全国人大一次会议提出《关于对对外劳务输出经营行为依法进行规范的建议》（第 6321 号），主要认为“对外劳务输出经营公司同出国劳务人员之间存在的是一个民事合同法律关系，双方之间的合同是一个平等主体之间设立、变更、终止民事权利义务关系的协议”。向出国劳务人员收取履约保证金是一种合法行为，建议不应强行取消。2008 年 6 月 24 日，商务部发出《对十一届全国人大一次会议第 6321 号建议的答复》，认为：取消履约保证金的目的是减轻外派劳务人员经济负担和维护社会稳定；取消履约保证金后，企业经营风险可以通过履约保证保险进行化解；收取履约保证金不是对外劳务合作企业管理外派劳务人员的唯一手段。

2012 年颁布的《对外劳务合作管理条例》明确规定“对外劳务合作企业不得以任何名目向劳务人员收取押金或者要求劳务人员提供财产担保”。

七、亚洲金融危机冲击国际劳务市场

2008 年，美国次贷危机引发的金融危机给全球金融市场带来巨大冲击，严重影响世界经济正常运行，并逐渐影响到实体经济。接收外籍劳务较多的发达国家的劳动力市场因金融危机的影响而迅速衰退。许多传统的劳务输入国开始重新审视并收紧移民政策，采取削减外籍劳务配额、鼓励外籍劳务人员回国、加大对非法移民的打击力度等措施，为本国居民就业创造机会。

据经济合作与发展组织和国际劳工组织当年预测，受世界经济增速放缓等因素的影响，2009 年全球失业人数达到创纪录的 2.1 亿。经合组织（OECD）发表预测称，日美欧等发达成员国面临严重衰退，2010 年失业人口由 2008 年的 3400 万激增 23%，达到 4200 万人，其中，日本将新增失业 29 万人。建筑、汽车等行业的失业人数将大幅上升。

金融危机一方面影响我国对外劳务合作业务的稳定增长，另一方面不利于我国继续开拓发达国家的劳务市场。长期以来，普通劳务一直是我国外派劳务的主体，技能性劳务和技术性劳务所占比重不高。受金融危机影响的国际劳务市场，普通劳动力是最先被冲击的对象，对我国对外劳务合作受到的影响逐步显现。其主要表现，一是导致境外雇主经营困难，关厂、转产以及拖欠劳务人员工资等现象多发，劳务纠纷和突发事件增多。2009 年初发生在罗马尼亚涉及千余名劳务人员的纠纷即属此例。二是境外雇主需求大幅减少，部分合作项目被推迟，有的甚至取消了已签约劳务人员的出境计划。三是经济不景气和汇率的剧烈变动使得当地货币贬值导致劳务人员实际收入大幅下降，以韩国为例，2008 年年末赴韩国劳务人员的实际收入比年初下降超过 40%。

据商务部统计，2008 年 12 月新签合同额比上年同期下降 13.7%，2009 年 1 月新签合同额继续以 5.7%的比例下降。据中国对外承包工程商会针对约 300 家对外劳务合作企业进行的问卷调查，随着金融危机向实体经济的快速传导，我对外劳务合作业务受到严重影响。受冲击较大的市场主要是日本、新加坡、中国澳门、俄罗斯等，主要行业涉及建筑、汽车、纺织、机械、电子、海员等。从反馈的 98 家企业调查问卷中，有 89 家企业反映业务受到影响，占 91%。涉及劳务人员提前从国（境）外返回、已录用人员停派、在留劳务人员因工厂或项目产能不足，工作量减少，加班大幅度减少甚至取消，劳务人员收入大幅度贬值等。

八、对境外就业与海员管理职能的划转

（一）境外就业职能划归商务部

2008 年是我国对外劳务合作管理体制发生重大变化的一年。新一届政府高度重视对外劳务合作，按照党的“十七大”提出的“探索实行职能有机统一的大部门体制”的原则，将原劳动和社会保障部的境外就业管理职能划入商务部。2008 年 9 月，人力资源和社会保障部与商务部联合发布《关于做好境外就业管理职能划转工作的通知》，标志着原劳动和社会保障部的境外就业职能正式划归商务部。境外就业中介机构派出人员约 10 万人。为保持境外就业工作的连续性，商务部先后印发了《关于做好境外就业管理工作的通知》《对外劳务合作和境外就业业务统计制度》的通知和《关于做好境外就业中介企业和外派劳务企业换证工作的通知》，按照“统一政策、统一管理”的原则，将外派劳务和境外就业统称为对外劳务合作，并对外派劳务和境外就业进行了重新界定。此次职能调整，有利于解决长期困扰对外劳务合作行业的多渠道对外问题，促进了行业朝着统一政策、统一管理、统一协调的方向迈进。

（二）外派海员管理职能调整

2010年5月，依据对外劳务合作管理体制改革的总体思路，商务部、交通运输部联合下发《关于加强外派海员类对外劳务合作管理有关事宜的通知》，对商务部和交通部外派海员管理职责作出调整。根据分工，商务部负责制定对外劳务合作总体规划、制定对外劳务合作相关法律法规和政策措施等工作。交通运输部负责所有赴外籍船舶或港澳台地区籍船舶工作的外派海员类劳务人员的管理，包括外派企业经营资格管理、证件管理、人员培训、项目审查、项目招收备案、境外管理等。

九、开展清理整顿外派劳务市场秩序专项行动

进入20世纪以来，三次外派劳务市场秩序专项整治行动所产生的社会影响较大。

（一）2004年清理整顿非法出入境中介活动专项行动

2004年3月公安部会同商务部、外交部、国家工商总局、教育部、劳动和社会保障部、国家旅游局联合下发了《关于印发〈清理整顿非法出入境中介活动专项行动方案〉的通知》，要求各有关部门分工负责，密切协作，在全国范围内开展清理整顿非法出入境中介活动的专项行动。商务部为此发出《关于部署清理整顿对外劳务合作领域违法违规活动有关工作的通知》，明确规定各级商务主管部门要对本地区经营公司中可能存在的不规范经营行为进行一次全面整顿，并要求经营公司进行自查。各地商务主管部门对本地区经营公司中可能存在的不规范经营活动进行了一次全面整顿，并对经营公司的经营行为进行认真检查，对检查中发现的问题，按照国家有关规定进行处理。与此同时，商务部会同公安部等有关部门组成联合检查组对各地的清理整顿情况进行监督检查，对工作开展好的地区或部门进行表扬，对工作不力的地区或部门进行了通报批评。

（二）2009年清理整顿外派劳务市场秩序专项行动

为减少外派劳务纠纷和突发事件的发生，维护外派劳务人员合法权益，2009年6月1日，经国务院同意，商务部会同外交部、公安部、监察部、交通运输部、国资委、工商总局等七部门联合发出《关于开展清理整顿外派劳务市场秩序专项行动的通知》（商合发〔2009〕261号），自2009年6月10日至9月30日在全国范围内开展了清理整顿外派劳务市场秩序专项行动。专项行动期间，全国清理整顿外派劳务市场秩序专项行动督查组分四批对江苏、山东、吉林、河南、大连、北京等地对清理整顿外派劳务市场秩序专项行动的进展情况进行监督检查。督查组由专项行动领导小组成员单位商务部、外交部、公安部、监察部、交通运输部、工商总局和对

外承包工程商会等七部门有关人员联合组成。10 月 13 日七部门联合在江苏省连云港市东海县召开了专项行动总结大会。据初步统计，在专项行动中各地公安机关共立案 332 起，破获外派劳务领域违法犯罪案件 117 起，抓获犯罪嫌疑人 154 名，上述案件涉案金额达 2.7 亿元，共挽回经济损失 4476 万元；各地工商行政管理部门共检查出违法违规开展外派劳务业务的企业 1820 家，吊销营业执照 164 家，查处非法外派劳务广告 6826 条；各地商务主管部门查处了 77 家违规经营的对外劳务合作和对外承包工程企业，对 170 家违规经营的原境外就业中介机构不予换发《对外劳务合作经营资格证书》，责令其不得继续从事相关外派活动。此外，专项行动通过重点查处大案要案、集中整治重点地区、集中处理境外劳务纠纷、扩大正面宣传引导、现场督办等方式方法，净化了外派劳务市场环境，遏制了境外劳务纠纷频发势头，市场秩序得以好转，有效保护了外派劳务人员和企业的合法权益，基本实现了预定目标。

根据商务部规范对日研修生市场经济秩序的要求，承包商会"及时进行了'对日研修生派遣市场专项整治活动'，取得了较好效果，并提出了存在的问题和针对性的意见建议，对我完善对外劳务合作体制改革等相关工作具有参考作用"。

（三）2017 年规范外派劳务市场秩序专项行动

2017 年 3 月，媒体报道我在日技能实习生权益受侵事件，受到相关部门和社会各界的高度关注，规范中日技能实习生合作提到前所未有的重要议事日程上来。商务部组织由承包商会房秋晨会长、张翔如副秘书长和伏林林译员组成的工作组立即访问日本，表达了中方的高度关切，敦促日本政府主管部门加强对中国技能实习生合法权益的保护，核实查处媒体报道所涉及的相关单位和人员。同年，针对迪拜劳务人员纠纷事件，中央领导和国务院领导分别作出重要批示。

为贯彻落实中央领导和国务院领导对规范外派劳务市场秩序的批示精神，杜绝违法违规现象，维护外派劳务人员合法权益和社会稳定，2017 年 5 月至 9 月，商务部会同外交部、公安部、国资委、工商总局等部门在全国范围内开展规范外派劳务市场秩序专项行动。督促相关部门、单位落实主体责任，及时发现问题，依照《对外承包工程管理条例》和《对外劳务合作管理条例》严肃查处不规范经营行为，形成各地方、各部门齐抓共管：一是清理整顿对我承包工程项下外派劳务的违法违规行为；二是清理整顿对外劳务合作企业的违法违规行为；三是严厉打击未依法取得对外劳务合作经营资格从事外派劳务业务的行为。研究进一步完善管理措施，堵塞监管漏洞，防范群体性劳务事件发生。形成严厉打击外派劳务领域违法违规行为的高压态势，加强对劳务人员合法权益的保护，维护对外承包工程和对外劳务合作健康有序发展的新局面。针对赴日技能实习生安全、权益保障问题，承包商会向涉事企业和全行业发出《关于妥善处理技能实习生劳资纠纷的通知》《关于做好暑期技能实习生安全防范工作的通知》等，同时，宣传正规合法派遣渠道和典型合作案例，利用出访、会议等各种机会发放《回国技能实习生事例集》，引导企业规范合作，正确导入技能实习新制度运行，从行业层面配合落实规范外派劳务市场秩序专项行动。

十、首播对外劳务公益广告

为了加强政府公共服务，保护劳务人员合法权益，引导劳务人员通过正规渠道出境务工，普及风险防范合法维权知识，巩固外派劳务市场秩序专项行动成果，进一步营造对外劳务合作良好宏观环境，2010 年，商务部首次策划制作了 2 则对外劳务公益广告，向社会广泛宣传并指导出国（境）务工人员“出国（境）务工要走正规渠道，出现纠纷要用法律维权”。广告时长 30 秒，片中人物由青年影视演员宋佳、夏雨扮演。拍制完成后，自 2011 年春节开始先后在中央一套、二套、四套、七套播出。其中，“晓之以理篇”通过演员讲述的方式，提醒劳务人员出国（境）务工要“看清企业资质，签订正式合同，认准工作签证，只交规定费用”；“动之以情篇”通过母亲在机场送别即将出国（境）务工儿子的温情场景，向劳务人员传达“走正规渠道，让妈妈放心”的提示。为扩大宣传面和突出宣传效果，各地政府还组织在省、市、县级地方电视台播出①。对外劳务合作服务平台、对外劳务合作企业也在招聘场地滚动播放，起到了良好的宣传效果。

十一、中国撤离在利比亚人员

2011 年 2 月 16 日，利比亚安全形势发生重大变化。事发后，中国政府高度重视，时任总书记胡锦涛、总理温家宝作出重要指示，国务院决定成立应急指挥部，立即采取派船、派飞机等措施展开撤离行动。自 2011 年 2 月 22 日开始，中国政府分批组织包括港澳台同胞在内的在利比亚人员安全有序撤离。截至北京时间 3 月 5 日 23 时 15 分，我国将有回国意愿的在利比亚中国公民全部接回国，共计 35860 人。至此，中国撤离在利比亚人员行动圆满结束。

这次撤离行动是新中国成立以来中国政府最大规模的有组织撤离海外中国公民行动，情况复杂，规模空前，挑战史无前例，创造了“七个第一”：第一次大规模、有组织地撤离海外人员；第一次海陆空联动；第一次采用摆渡中转方式撤离；第一次租用外国邮轮、飞机、汽车撤离；第一次为大量护照丢失人员开具一张纸的“回国证明”；第一次派出军舰与军机参与撤离；第一次在撤离中动员众多友好国家进行协助。

---

① 资料来源：商务部网站《商务部制作播放对外劳务公益广告》（2010 年 3 月 17 日）。

在利比亚爆发的骚乱及流血冲突事件中，我国多个企业在利项目驻地也遭到抢劫，甚至有的企业人员被迫离开项目营地，3 万多中国同胞身处险境。针对利比亚突变的形势，中国对外承包工程商会迅速启动境外突发事件应急预案，向有关会员企业连续发出多个通知，同时，第一时间在网站醒目位置开设了“利比亚紧急事件应对”板块，以“紧急救援措施”“利比亚安全动态”“利比亚局势快报”“专家观点”四个专栏动态播报各类消息，同时开通 24 小时救援咨询服务电话，为企业提供有效的信息支持，积极配合政府有关部门撤离我在利同胞，从安全预警、人身安全、紧急事件后期的援助和服务等环节指导企业尽全力保障劳务人员的安全和利益。及时编制并发布了《承包商会会员企业利比亚紧急事件应急指导》《承包商会会员企业防灾减损指导》等，详细介绍了医疗转运、紧急撤离、保险理赔等服务措施，并从法律事务、资产事务、财务管理、保险理赔等方面作出了资产保全指导。[①]

十二、3·11 日本地震以及协力灾后重建

2011 年 3 月 11 日，日本东部沿海发生了史上罕见的里氏 9 级大地震（史称东日本大地震），地震引发浪高 10 米的特大海啸，并导致福岛核电站损毁，为日本地震观测史之最。受地震、海啸影响的地区主要包括宫城、岩手、福岛三个县。震源区从岩手县近海到茨城县近海南北长约 500 公里，东西宽约 200 公里，范围非常广。地震引发了供应链断裂、供电不足、核泄漏危害等二次受灾现象，给日本人员、财产带来了巨大损失。共导致 15 844 人死亡，3450 人失踪，避难或者搬家者达到 334 786 人，经济损失约 16 兆 9 千亿日元。地震造成我国不少在日技能实习生被迫回国，而整装待发的技能实习生不能如期赴日。

3·11 日本地震发生当天，通信中断、道路阻塞、物流瘫痪，中国大使馆迅速投入紧急工作状态，24 小时坚守岗位，展开自救，成为在日中国人和国内亲人互相联系、确认平安的重要中转站。大地震发生前，全日本约有 17 万中国技能实习生，其中宫城、岩手、福岛、茨城等重灾四县近 2 万人。在我驻日大使馆的安排下，重灾区从事农业、渔业、水产加工业的中国技能实习生大都安全撤离，没有发生重大伤亡。值得一提的是，茨城县的农业技能实习生们与当地农民和接收组合一起坚守，从事农业生产和加工，体现了在困难时同舟共济的精神。灾后不久中国技能实习生逐渐重返日本。2011 年 11 月在财团法人国际研修协力机构纪念成立 20 周年大会

① 摘编自承包商会简报总第 376 期，2011 年 3 月 22 日。

上，高度评价了中国技能实习生的表现。①

地震发生后，中国商务部会同相关部门及时组织开展在日受灾技能实习生救援工作，并责成承包商会所属中国中日研修生协力机构组织开展在日受灾技能实习生安全统计和撤离安置工作。

承包商会及所属中国中日研修生协力机构立即展开抗震救灾工作。一是积极开展在日受灾技能实习生安全统计和撤离安置工作。在地震发生后的第一时间及时向经营公司发出预警信息，向在日技能实习生发出了慰问信；针对部分媒体的不恰当宣传和在日技能实习生情绪不稳定状态，及时向派遣公司和在日技能实习生发布了公开信（见图1－3－3－1），呼吁大家顾全大局，同舟共济，树立必胜信念，团结一致，齐心协力，共同摆脱当前困境，并组织召开了新闻发布会。及时召开中国中日研修生协力机构八届三次理事会（见图1－3－3－2），向全行业发出倡议书，号召派遣公司着眼于两国经贸关系的大局和行业长远发展，重合同，守信用，巩固与日方合作伙伴业已建立的合作关系。对于广大经营公司树立信心、巩固业务、构建互利共赢合作机制发挥了积极的作用。其间连续发布系列“紧急通知”、预警信息、各类动态消息等60余篇，上报统计信息、高层汇报材料、各类工作建议50余篇，发出各类通知300余份。地震期间我在日技能实习生约17.18万人，其中，涉灾地区2.6万人，因灾回国6000人，确认死亡2人，返回日本工作岗位的500余人。二是在全行业开展向日本地震灾区合作伙伴捐款慰问活动。根据中国中日研修生协力机构八届三次理事会发出的倡议，41家成员公司向日本地震灾区捐款134.0285万元。为表达承包商会暨中国中日研修生协力机构对日本地震受灾地区我技能实习生、派遣公司驻日管理人员和日本技能实习生接收机构的深切慰问，巩固中日两国间业

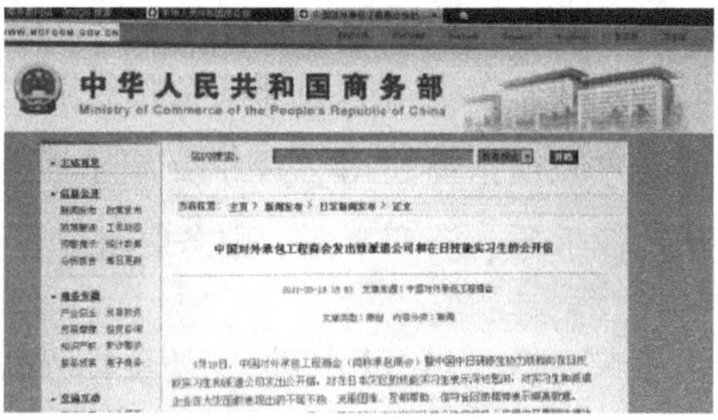

图1－3－3－1 向派遣公司和在日技能实习生发布公开信

图1－3－3－2 中国中日研修生协力机构八届三次理事会

① 摘编自中新网2011年12月28日电《中国驻日公使称中日经贸合作须顺势而为》，日本《中文导报》记者杨文凯。

已建立的技能实习业务合作关系，带着广大成员公司的重托，2011 年 4 月 26 日至 28 日时任中国中日研修生协力机构王玉成副会长、张翔如秘书长率领赴日慰问团赴日本进行了慰问访问，代表我经营公司通过日本国际研修协力机构转交我 41 家经营公司自愿捐助的善款 134.0285 万元人民币，用于日本灾区的恢复重建工作。并于 4 月 26 日在东京举行了捐款仪式（见图 1－3－3－3），签署了捐款协议，深入震区看望了坚持岗位工作的技能实习生，就恢复震后业务、进一步巩固中日技能实习合作业务与日本国际研修协力机构进行了磋商。6 月 14 日日本国际研修协力机构理事长率团专访承包商会，作为承包商会赴日慰问的回访，就双方合作进行了务实交流。三是积极组织参与震后业务恢复重建工作。针对日本地震后出现的前所未有的招人难现象，及时向全行业发布了《关于巩固发展对日技能实习生合作指导意见》，引导企业树立信心，尽快恢复巩固业务；同时为预防日本可能再度发生的地震，与我驻日代表处密切合作，配合驻日使馆做好可能发生地震的静冈、爱知两县的技能实习生分布摸底调查。在整个救援活动中彰显了中国经营企业的社会责任意识。

图 1－3－3－3　中国中日研修生协力机构在东京王子饭店举行我经营公司向东日本大地震受灾地区技能实习生接收机构的捐款赠送仪式（右一为作者）

为加强灾后重建合作，时任承包商会会长刁春和、中国中日研修生协力机构秘书长张翔如率团赴日深入灾区考察灾后重建情况，并接收了日本 NHK 专访，与日方就扩大技能实习生接收额度、开放二次入境政策、扩大工作范围等交换了意见，并与日本国际研修协力机构就加强中日技能实习生合作、联合举办相关活动等事宜达成共识。①

为落实温家宝总理与日本时任首相菅直人首相就加强灾后重建合作达成的一系列共识，2012 年 2 月，时任承包商会王玉成副会长、中国中日研修生协力机构张翔如秘书长参加由商务部崇泉副部长率团访日的日本灾后重建贸易投资促进代表团。其间，分别参加了与日中经济协会、国际研修协力机构等进行的灾后重建交流，走访了仙台、福岛、茨城等受灾严重地区，并在核泄漏地区福岛参加了灾害重建座谈会。

---

① 根据承包商会网站报道整理。

十三、《对外劳务合作管理条例》颁布实施[1]

在对外劳务合作发展过程中，同时存在着亟待解决的问题：一是企业违规经营问题，主要表现在外派企业层层委托，高额收费，不落实劳务人员的劳动关系，逃避境外管理责任；二是非法外派问题，主要表现是无资质外派，以旅游、商务、留学等名义变相外派，甚至从事诈骗活动；三是劳务人员违规问题，主要表现在外派劳务人员违反合同，不遵守当地法律，不服从国家作出的紧急避险安排；四是监管不严问题，主要表现在外派企业准入门槛偏低，风险防范能力不足，一些地方政府部门监管不到位。

为了促进对外劳务合作科学发展，根据党中央、国务院部署，2010 年以来，商务部会同国务院有关部门全面推进对外劳务合作管理体制改革，并通过制定《对外劳务合作管理条例》将改革的各项措施以法规的形式确定下来。商务部会同有关部门不断深化对外劳务合作管理体制改革，完善相关政策措施，积极推动《对外劳务合作管理条例》的出台。经国务院批准，2012 年 8 月 1 日，《对外劳务合作管理条例》正式实施。

《对外劳务合作管理条例》是我国对外劳务合作领域的第一部专门法规，标志着对外劳务合作管理体制改革取得了阶段性成果，是我国对外劳务合作发展史上具有里程碑意义的事件，对促进对外劳务合作的科学发展具有重要意义。商务部等九部门就落实条例联合召开全国电视电话会议。2012 年 7 月 30 日，商务部会同最高人民法院、最高人民检察院、外交部、公安部、人力资源社会保障部、交通运输部、工商总局、国务院法制办等部门召开全国电视电话会议，贯彻落实《对外劳务合作管理条例》。时任商务部副部长陈健主持会议。最高人民法院、外交部、公安部、交通运输部、工商总局、国务院法制办等有关部门领导从不同角度对条例进行解读。部分中央企业代表出席会议。各省、自治区、直辖市、计划单列市人民政府和新疆生产建设兵团的领导及有关部门负责同志在各地分会场参加了会议。

时任商务部部长陈德铭出席会议并指出，《对外劳务合作管理条例》作为我国对外劳务合作领域的首部专门法规，具有里程碑意义，将推动我国对外劳务合作进入有法可依的良性发展轨道。陈德铭表示，随着我国“走出去”规模的扩大，我在境外的各类投资合作人员不断增加，截至目前，已累计派出各类劳务人员 609 万人

---

① 商务部新闻办公室. 对外劳务合作管理条例将于 8 月 1 日正式实施 商务部等九部门就落实《条例》联合召开全国电视电话会议［EB/OL］.（2012－07－30）［2020－08－11］. http：//www. mofcom. gov. cn/aarticle/ae/ai/201207/20120708258787. html.

次，遍及160多个国家和地区。对外劳务合作对带动就业、促进经济社会发展、增加国民收入、促进双边友好交流发挥了积极作用。据不完全统计，我在外劳务人员每年汇回或带回的外汇收入超过40亿美元，400多万人的家庭经济状况因此得到改善，一些劳务人员利用在国（境）外学到的先进技术和管理经验，自主创业，带动周围群众共同致富，社会效益显著。[①]

陈德铭要求，要以《对外劳务合作管理条例》出台为契机，继续深化对外劳务合作管理体制改革。商务部将会同有关部门根据条例和改革需要，建立全国对外劳务合作部际协调机制，加强组织领导，同时抓紧完善条例和改革的各项配套措施，开展条例专题培训和宣传等工作。各级地方人民政府要认真学习和领会条例精神，依据条例建立本地区的对外劳务合作工作机制，有针对性地出台或完善符合本地区实际的对外劳务合作管理办法，加大条例的宣传贯彻力度，特别是要结合条例出台，在本地区集中开展一次清理整顿外派劳务市场秩序的行动，营造良好的市场环境。

十四、遭受新型冠状病毒感染疫情的严重影响

发生于2020年的新型冠状病毒感染疫情，致使不少劳务接收对象国相继采取入境限制等手段，给以“人”为主要服务对象的对外劳务合作企业带来很大影响。对外劳务合作企业多属中小型或小微企业，抵御不可抗力的能力不足，疫情带来的重大影响，一是劳务接收对象国和地区采取入境和签证审查限制，100多个国家和地区采取不同程度的入境限制措施，直接影响劳务人员如期赴境外就劳、合同期满按期回国（境）。二是境外雇主取消合作意向，订单取消或减少，人员招募培训难度大，劳务人员放弃出国（境）务工，成本升高，对外劳务合作年度业绩规模下滑，遭到前所未有的业务打击，部分企业已难以为继。国际劳工组织专家称，这不再只是一场全球公共卫生危机，还是一场严重的就业和经济危机。联合国秘书长古特雷斯表示，新型冠状病毒感染疫情是自联合国成立以来共同面对的最大考验。对世界经济影响超过2008年全球金融危机，甚至超过20世纪二三十年代的经济大萧条。

无论如何，人们都不能忘记对外劳务合作事业的壮阔与豪迈。老一辈“外经人”励精图治的创业品格留给我们的是协力前行的力量，劳务人员忍辱负重的辛勤付出带给我们的是报效祖国的信念，对外劳务合作企业坚守经营的拼搏精神展现出的是打造品牌的勇气，各级政府主管部门以人为本的本色证实了践行初心使命的承

---

① 陈德铭．陈德铭部长在贯彻落实《对外劳务合作管理条例》全国电视电话会议上的讲话［J］．商务通讯（商务部办公厅），2012（48）：1－11．

诺；人们不会忘记一批批回国劳务人员丰硕的创业成果，不会忘记中外派遣接收机构联手抗击东日本大地震、新型冠状病毒感染疫情谱写的友好佳话，不会忘记罗马尼亚、塞班、新加坡劳务事件引发的酸楚和维护合法权益的重任。我们的脚步更加坚实，我们的一切都还在路上……

第二篇

对外劳务合作法规政策与行业规范

第一章　对外劳务合作相关文件综合

我国对外劳务合作模式没有先例参考，在实践中不断探索，在探索中不断完善，已逐渐形成具有中国特色的对外劳务合作模式。对外劳务合作既是我国对外投资合作的重要组成部分，也是国际人力资源流动体系的重要组成部分。我国对外劳务合作政策主要包括宏观管理、企业经营资格管理、劳务项目管理、外派劳务培训、备用金与履约保证金、出国（境）手续、服务平台建设、统计制度、规范经营秩序、劳务权益保障、劳务事件处理以及国别（地区）市场有关规定等。对外劳务合作行业规范作为维护市场经营秩序和企业经营行为的自律性规定，以行业自律为主线，主要包括行业规范、国别（地区）市场协调办法、分支机构管理办法、常态监督检查办法、突发事件应急机制、行业收费指导意见、执行机构执行办法以及合同范本、业务指导意见等。对外劳务合作法规政策和行业规范共同构成我国对外劳务合作较为完整的宏观管理和行业自律体系。

本章以文件综合的形式，“第一节对外劳务合作相关法律法规和政策”汇总了历年来发布的大部分对外劳务合作法律法规、部门规章和规范性政策文件，“第二节对外劳务合作行业规范”汇总了历年来发布的大部分对外劳务合作行业规范。本篇列表提供对外劳务合作相关法律法规、政策规定和行业规范有关文件的主要意图是方便读者查阅，并提供分析研究政策的依据、政策体系构成以及制度的发展完善过程。

第一节　对外劳务合作相关法规政策

党和政府十分关心对外劳务合作事业的规范化发展。自 1979—2022 年的 40 余年间，颁布了《对外劳务合作管理条例》《中华人民共和国船员条例》等行政法规。

据不完全统计，在不同时期先后发布的对外劳务合作相关的法律法规、政策和业务指导与规范性文件约243份（见表2-1-1-1至表2-1-1-31）。其中包括法律法规（4份）、宏观管理（49份）、企业经营资格管理（16份）、劳务项目管理（15份）、外派劳务培训（17份）、备用金与履约保证金（9份）、出国（境）手续（11份）、服务平台建设（5份）、统计制度（12份）、规范经营秩序（14份）、劳务权益保障（4份）、劳务事件处理（5份）、海员业务（13份）以及17个国别（地区）市场的有关规定（69份）等。在上述文件以外，笔者还收录了不同时期先后发布的约63份与对外劳务合作相关联的部分法律法规、政策规定和业务指导与规范性文件。

本篇分析研究的对外劳务合作法规与政策文件，主要来源和依据于以下四个方面。

一是《中国对外投资合作法规和政策汇编》（商务部跨国经营管理人才培训教材编写组编，2018年12月第一版）收录的与对外劳务合作业务相关的文件，本章标记为“○”。

二是依据中华人民共和国商务部公告（2013年第23号），附件1：商务部现行有效规章目录（截至2013年1月1日）；附件2：商务部现行有效规范性文件目录（截至2013年1月1日）所公布的文件，本章标记为“◎”。

三是商务部于2021年10月14日发布的《商务部关于废止一批行政规范性文件的公告》（商务部公告2021年第24号）59份文件中涉及对外劳务合作业务的5份文件，本章标记为“●”。

四是2014—2022年1月商务部等相关部门发布的部分与对外劳务合作业务相关的文件以及上述现行有效规章和有效规范性文件所涉及的文件。

表2-1-1-1 对外劳务合作相关法律法规①

序号	标记	发布日期	法律与规章名称	文号
1		2004年7月1日	中华人民共和国对外贸易法②	
2		2007年4月14日	中华人民共和国船员条例	国务院令第494号
3	○	2008年7月21日	对外承包工程管理条例	国务院令第527号
4	○	2012年6月4日	对外劳务合作管理条例	国务院令第620号

① 按时间顺序分类排列，部分摘录。

② 1994年5月12日第八届全国人民代表大会常务委员会第七次会议通过，2004年4月6日第十届全国人民代表大会常务委员会第八次会议修订，根据2016年11月7日第十二届全国人民代表大会常务委员会第二十四次会议《关于修改〈中华人民共和国对外贸易法〉等十二部法律的决定》修正。

表 2－1－1－2 对外劳务合作相关政策规定：宏观管理

序号	标记	发布日期	规章名称或相关内容	文号
1		1984 年 4 月	颁发关于对外承包、劳务合作、劳动制度的几项暂行规定，规定凡是国内派出的劳务人员和工程承包项目一律实行经济合同制	
2		1990 年 2 月 21 日	对外经济贸易部关于颁发《关于我国对外承包工程和劳务合作的管理规定》的通知	〔90〕外经贸合字第 19 号
3		1993 年 11 月 5 日	对外贸易经济合作部、国家体改委和国家经贸委关于印发《对外劳务合作管理暂行办法》的通知	〔1993〕外经贸合发第 582 号
4	◎	1995 年 5 月 12 日	对外贸易经济合作部关于印发《地方外经贸委（厅、局）归口管理本地区对外承包劳务业务的主要职责》的通知	外经贸合发〔1995〕265 号
5		1995 年 7 月 4 日	财政部、对外贸易经济合作部关于印发《对外经济合作企业外派人员工资管理办法》的通知	财外字〔1995〕259 号
6		1996 年 4 月 24 日	对外贸易经济合作部、监察部、公安部、国家工商行政管理局关于加强对外劳务合作归口管理有关问题的通知	〔1996〕外经贸合发第 285 号
7		1997 年 1 月 16 日	财政部、外经贸部关于印发《对外经济合作企业外派人员工资管理办法的补充规定》的通知	财外字〔1997〕8 号
8		1998 年 12 月 10 日	对外贸易经济合作部办公厅关于转交国外经济合作项目协调职能的通知	〔1998〕外经贸合字第 23 号
9		1999 年 1 月 11 日	中华人民共和国对外贸易经济合作部关于我边境地区与毗邻国家开展经济技术合作有关问题的通知	〔1999〕外经贸合函字第 1 号
10	◎	1999 年 6 月 4 日	对外贸易经济合作部关于印发《关于加强我国驻外使（领）馆经商参处（室）对外承包工程和劳务合作业务管理的规定》的通知	外经贸合发〔1999〕第 332 号
11		1999 年 6 月 4 日	对外贸易经济合作部关于下放劳务项目审批权有关事宜的通知	〔1999〕外经贸合发第 333 号
12	◎	1999 年 1 月 20 日	对外贸易经济合作部办公厅关于对机电商会和承包商会项目协调职能进行重新分工意见的函	〔1999〕外经贸办字第 72 号
13		1999 年 9 月 17 日	中华人民共和国对外贸易经济合作部关于调整生产企业申请成立进出口公司和开展对外经济技术合作业务资格条件有关事项的通知	〔1999〕外经贸政审函字第 1772 号
14		1999 年 9 月 29 日	对外贸易经济合作部关于重新核定现有企业对外承包工程劳务合作和设计咨询经营范围的通知	〔1999〕外经贸合发第 583 号
15		1999 年 11 月 8 日	对外贸易经济合作部关于下放塞班、关岛劳务合作项目审批权取消承包工程项目备案制有关事宜的通知	〔1999〕外经贸合发第 647 号

续表

序号	标记	发布日期	规章名称或相关内容	文号
16		1999年11月16日	对外贸易经济合作部办公厅关于将外派劳务人员和外经企业经营管理人员培训的部分工作转交承包商会的通知	〔1999〕外经贸合字第31号
17		1999年11月16日	对外贸易经济合作部关于塞班、关岛和日本劳务项目的协调工作及有关机构转交商会的通知	〔1999〕外经贸合发第671号
18		1999年11月17日	对外贸易经济合作部关于将输德厨师劳务的确认手续转交中国对外承包工程商会办理的通知	〔1999〕外经贸合三字第860号
19	◎	2000年1月28日	对外贸易经济合作部办公厅关于转发《中国对外承包工程和劳务合作行业规范（试行）》的通知	外经贸合字〔2000〕第5号
20		2000年3月9日	对外贸易经济合作部人事教育劳动司关于同意中国对外承包工程商会成立三个分支机构的批复	〔2000〕外经贸人劳字第75号
21		2000年7月24日	对外贸易经济合作部办公厅关于向海湾国家派遣劳务应注意的几个问题的紧急通知	〔2000〕外经贸合字第23号
22		2000年8月30日	对外贸易经济合作部关于进一步加强对外劳务合作管理的紧急通知	〔2000〕外经贸合发第459号
23		2001年5月31日	对外贸易经济合作部、外交部《关于对与我无外交关系的国家开展经济合作有关问题的通知》	外经贸合发〔2001〕292号
24		2000年9月11日	国务院关于加强出入境中介活动管理的通知	国发〔2000〕25号
25		2003年8月13日	关于同意中国对外承包工程商会在新加坡设置代表机构的批复	商人劳字〔2003〕195号
26		2003年9月4日	关于同意中国对外承包工程商会在日本设立协力机构办事处的批复	商人劳字〔2003〕214号
27		2004年4月9日	关于同意成立中国对外承包工程商会驻韩国代表机构的批复	商人劳字〔2004〕93号
28	◎	2005年1月4日	商务部、外交部关于重申加强对外经济合作管理的紧急通知	商合字〔2004〕660号
29	○◎	2005年6月28日	商务部、外交部关于加强我驻外使（领）馆对对外劳务合作业务管理的通知	商合字〔2005〕285号
30		2007年9月17号	商务部关于启用外派劳务人员基本信息数据库的通知	商合函〔2007〕36号
31		2008年9月3日	人力资源和社会保障部、商务部关于做好境外就业管理职能划转工作的通知	人社部发〔2008〕75号
32	◎	2008年12月29日	商务部关于做好境外就业管理工作的通知	商合发〔2008〕525号

续表

序号	标记	发布日期	规章名称或相关内容	文号
33		2009 年 1 月 8 日	商务部办公厅关于做好境外就业中介企业和外派劳务企业换证工作的通知	商合字〔2009〕3 号
34		2010 年 3 月 5 日	商务部办公厅关于请报送归国劳务人员创业典型事例的函	商办合函〔2010〕258 号
35		2012 年 6 月 15 日	财政部、国家税务总局关于外派海员等劳务免征营业税的通知	财税〔2012〕54 号
36		2013 年 1 月 25 日	商务部关于深入开展贯彻落实《对外劳务合作管理条例》工作的通知	商合函〔2013〕18 号
37	○	2013 年 5 月 5 日	商务部办公厅关于启用对外投资合作在外人员信息管理系统的通知	商办合函〔2013〕253 号
38	○	2013 年 10 月 15 日	商务部关于加强对外投资合作在外人员分类管理工作的通知	商合函〔2013〕874 号
39	○	2014 年 9 月 5 日	商务部关于加强对外劳务合作管理的通知	商合函〔2014〕733 号
40	○	2015 年 1 月 20 日	商务部办公厅关于继续做好对外劳务合作管理有关工作的通知	商办合函〔2015〕35 号
41		2015 年 4 月 7 日	商务部办公厅关于对外劳务合作管理工作情况的通报	商办合函〔2015〕122 号
42	○	2017 年 7 月 14 日	商务部办公厅关于进一步加强对外劳务合作管理的通知	商合字〔2017〕9 号
43		2017 年 10 月 26 日	商务部办公厅关于印发《对外投资合作“双随机、一公开”监管工作细则（试行）》的通知（已废止）	商办合函〔2017〕426 号
44		2017 年 12 月 26 日	商务部、财政部、国务院扶贫办、共青团中央关于印发《进一步加大对外劳务扶贫力度工作方案》的通知	商合函〔2017〕967 号
45		2018 年	商务部办公厅关于进一步做好对外劳务扶贫有关工作的通知	商办合函〔2010〕120 号
46		2019 年 11 月 20 日	关于做好对外劳务扶贫统计有关工作的函	商合综函〔2019〕210 号
47		2020 年 1 月 9 日	商务部办公厅关于做好外派劳务欠薪问题清理工作的通知	商办合函〔2020〕13 号
48		2021 年 10 月 29	商务部办公厅关于深入开展对外劳务合作助力乡村振兴工作的通知	商办合函〔2021〕345 号
49		2021 年 9 月 6 日	商务部办公厅关于印发《对外投资合作“双随机、一公开”监管工作细则（试行）》的通知	商办合规函〔2021〕289 号

表 2-1-1-3 对外劳务合作相关政策规定：企业经营资格管理

序号	标记	发布日期	规章名称或相关内容	文号
1		1991 年 2 月 2 日	对外经济贸易部关于实行外派劳务人员许可证制度的通知	〔1991〕外经贸合发第 46 号
2		1994 年 6 月 27 日	对外贸易经济合作部关于颁发《外派劳务人员许可证管理暂行办法》的通知	〔1994〕外经贸合发第 368 号
3		1995 年 8 月 18 日	对外贸易经济合作部关于加强《外派劳务人员许可证》管理的通知	〔1995〕外经贸合发第 522 号
4		1998 年 4 月 30 日	对外贸易经济合作部、国家发展计划委员会、国家经济贸易委员会关于赋予试点企业集团进出口经营权和对外承包劳务经营权有关事项的通知	〔1998〕外经贸政发第 348 号
5		1999 年 1 月 8 日	对外贸易经济合作部关于赋予国家确定的 1000 家重点企业对外承包劳务经营权有关事项的通知	〔1998〕外经贸政发第 984 号
6		1999 年 4 月 9 日	对外贸易经济合作部关于调整企业申请对外承包劳务经营权的资格条件及加强后期管理等问题的通知	〔1999〕外经贸政审函字第 748 号
7		2000 年 12 月 26 日	对外贸易经济合作部关于印发《中华人民共和国对外经济合作经营资格证书管理办法》的通知	〔2000〕外经贸合发第 685 号
8		2001 年 5 月 8 日	对外贸易经济合作部办公厅关于部分调整对外承包工程、劳务合作经营资格条件的通知	外经贸发展字〔2001〕第 735 号
9		2002 年 4 月 2 日	对外贸易经济合作部办公厅关于边境小额贸易企业劳务合作备用金收取问题的复函	外经贸合字〔2002〕9 号
10		2004 年 7 月 26 日	对外劳务合作经营资格管理办法	商务部、国家工商总局 2004 年第 3 号令
11		2004 年 9 月 2 日	商务部关于执行《对外劳务合作经营资格管理办法》有关问题的通知	商合发〔2004〕第 473 号
12		2004 年 12 月 17 日	商务部办公厅关于边境小额贸易企业申领或换领《对外劳务合作经营资格证书》有关问题的通知	商合字〔2004〕第 81 号
13		2005 年 1 月 6 日	商务部办公厅关于对对外劳务合作经营资格核准实行网上公示的通知	商合字〔2004〕85 号
14		2005 年 8 月 15 日	《对外劳务合作经营资格管理办法》补充规定	商务部、国家工商总局 2005 年第 14 号令
15	○ ●	2010 年 9 月 15 日	商务部关于对外劳务合作经营资格核准有关事宜的通知	商合发〔2010〕375 号
16	○ ◎	2012 年 8 月 16 日	商务部关于对外劳务合作经营资格管理有关工作的函	商合函〔2012〕644 号

表2－1－1－4　对外劳务合作相关政策规定：劳务项目管理

序号	标记	发布日期	规章名称或相关内容	文号
1	◎	1996年2月13日	对外贸易经济合作部关于印发《劳务输出合同主要条款内容》的通知	〔1996〕外经贸合发第105号
2	◎	2000年5月17日	对外贸易经济合作部关于严格审批对外劳务合作项目的紧急通知	〔2000〕外经贸合发第261号
3	○◎●	2002年3月14日	对外贸易经济合作部关于印发《对外劳务合作项目审查有关问题的规定》的通知	外经贸合发〔2002〕137号
4	○◎●	2003年4月9日	商务部关于印发《对外劳务合作项目审查有关问题的补充通知》的通知	商合发〔2003〕44号
5	○	2006年1月10号	商务部关于印发《对外承包工程项下外派劳务管理暂行办法》的通知	商合发〔2005〕726号
6	○◎	2007年3月23日	商务部办公厅关于做好对外劳务合作项目确认工作的通知	商合字〔2007〕27号
7	◎	2008年4月25日	商务部关于切实做好对外承包工程项下外派劳务管理工作的紧急通知	商合函〔2008〕11号
8	◎	2008年6月13日	商务部办公厅关于进一步强调对外承包工程项下外派劳务工作有关问题的紧急通知	商办合函〔2008〕54号
9	○◎	2008年9月5日	商务部、外交部、公安部、工商总局关于实行外派劳务招收备案制的通知	商合发〔2008〕343号
10	○◎	2008年9月25日	商务部关于做好外派劳务招收备案工作的通知	商合发〔2008〕382号
11		2010年12月23日	商务部办公厅、外交部办公厅、财政部办公厅、住房城乡建设部办公厅、国资委办公厅、安全监管总局办公厅《关于切实做好对外承包工程外派人员管理工作的通知》	商办合函〔2010〕1673号
12	◎	2011年4月11日	商务部、住房城乡建设部关于加强对外承包工程外派人员管理工作的紧急通知	商合函〔2011〕201号
13	○	2015年10月21日	商务部、外交部、国资委关于规范对外承包工程外派人员管理的通知	商合函〔2015〕877号
14	○	2017年9月27日	商务部办公厅、海关总署办公厅、质检总局办公厅关于做好对外承包工程资格审批取消后有关政策衔接工作的通知	商办合函〔2017〕390号
15	○	2017年11月22日	商务部办公厅关于做好对外承包工程项目备案管理的通知	商办合函〔2017〕455号

表 2-1-1-5 对外劳务合作相关政策规定：外派劳务培训

序号	标记	发布日期	规章名称或相关内容	文号
1		1994 年 5 月 23 日	对外贸易经济合作部关于印发《关于实行外派劳务培训的暂行办法》的通知	〔1994〕外经贸合发第 328 号
2		1994 年 8 月 5 日	对外贸易经济合作部、外交部、公安部关于先行向外派日本、韩国、新加坡三国的劳务人员进行培训的通知	〔1994〕外经贸合发第 426 号
3		1995 年 3 月 13 日	对外贸易经济合作部、外交部、公安部关于向独联体国家、蒙古及欧洲各国派遣劳务人员实行培训的通知	〔1995〕外经贸合发第 174 号
4	◎	1995 年 8 月 1 日	对外贸易经济合作部、外交部、公安部关于全面实行外派劳务培训的通知	〔1995〕外经贸合发第 459 号
5		1996 年 2 月 14 日	对外贸易经济合作部关于印发《外派劳务人员培训工作管理规定》的通知	〔1996〕外经贸合发第 101 号
6	○◎ ●	1996 年 3 月 5 日	对外贸易经济合作部关于外派劳务培训收费标准的规定的通知	外经贸合函字〔1996〕第 8 号
7		1996 年 10 月 18 日	对外贸易经济合作部关于使用《外派劳务培训统编教材》有关事宜的通知	〔1996〕外经贸合函字第 102 号
8		1998 年 2 月 6 日	对外贸易经济合作部关于颁布实施国际经济合作企业中高级经营管理人员培训制度的通知	〔1998〕外经贸合发第 70 号
9		1998 年 2 月 27 日	对外贸易经济合作部关于加强外派渔工培训有关问题的通知	〔1998〕外经贸合函字第 14 号
10		1998 年 4 月 21 日	国家发展计划委员会、财政部关于《外派劳务培训合格证》和《外派研修生培训合格证》收费标准的通知	计价费〔1998〕710 号
11		2000 年 5 月 26 日	对外贸易经济合作部办公厅关于进一步加强外派劳务培训工作的通知	〔2000〕外经贸合字第 17 号
12	◎	2001 年 8 月 1 日	对外贸易经济合作部关于印发《外派劳务人员培训工作管理规定》（修订稿）的通知	外经贸合发〔2001〕441 号
13		2001 年 8 月 1 日	对外贸易经济合作部关于印发《中华人民共和国外派劳务人员（研修生）培训资格证书管理办法》的通知	外经贸合发〔2001〕446 号
14	○◎	2002 年 1 月 24 日	外派劳务人员培训工作管理规定（修订稿）	对外贸易经济合作部 2002 年第 1 号令
15	○◎	2004 年 2 月 16 日	商务部关于印发《外派劳务培训管理办法》的通知	商合发〔2004〕63 号
16	○◎ ●	2004 年 9 月 23 日	商务部办公厅关于进一步加强外派劳务培训管理工作有关问题的通知	商合字〔2004〕53 号
17	○	2014 年 11 月 25 日	商务部办公厅关于发布《对外投资合作在外人员培训教材》的通知	商办合函〔2014〕756 号

表 2-1-1-6　对外劳务合作相关政策规定：备用金和履约保证金

序号	标记	发布日期	规章名称或相关内容	文号
1	◎	2001 年 11 月 27 日	对外劳务合作备用金暂行办法	外经贸部、财政部令 2001 年第 7 号令
2		2002 年 4 月 2 日	对外贸易经济合作部办公厅关于边境小额贸易公司劳务合作备用金收取问题的复函	外经贸合字〔2002〕9 号
3		2002 年 11 月 27 日	对外劳务合作备用金暂行办法	对外贸易经济合作部财政部令 2021 年第 7 号
4	◎	2003 年 8 月 21 日	商务部、财政部关于修改《对外劳务合作备用金暂行办法》的决定	商务部、财政部 2003 年第 2 号令
5	○	2003 年 10 月 29 日	财政部、商务部关于取消对外经济合作企业向外派劳务人员收取履约保证金的通知	财企〔2003〕278 号
6	◎	2003 年 11 月 12 日	商务部办公厅关于贯彻落实《财政部商务部关于取消对外经济合作企业向外派劳务人员收取履约保证金的通知》的通知	商合字〔2003〕37 号
7		2007 年 1 月 29 日	商务部办公厅关于请严格执行对外劳务合作备用金制度的通知	商合字〔2007〕11 号
8		2013 年 3 月 22 日	商务部关于对外劳务合作风险处置备用金有关问题的通知	商合函〔2013〕139 号
9	○	2014 年 7 月 18 日	对外劳务合作风险处置备用金管理办法（试行）	商务部、财政部令 2014 年第 2 号

表 2-1-1-7　对外劳务合作相关政策规定：出国（境）手续

序号	标记	发布日期	规章名称或相关内容	文号
1		1990 年 12 月 14 日	国务院办公厅关于转发经贸部等部门《关于外派劳务人员出国审批手续和办理护照的暂行规定》的通知	国办发〔1990〕71 号
2		1991 年 12 月 30 日	外交部、对外经济贸易部关于外派劳务人员申办因公护照等事项的通知	领三函〔1991〕271 号
3		1997 年 1 月 20 日	对外贸易经济合作部、外交部、公安部关于印发《办理外派劳务人员出国手续的暂行规定》的通知	〔1996〕外经贸合发第 818 号
4		1997 年 4 月 25 日	公安部关于公安机关执行《关于办理外派劳务人员出国手续暂行规定》有关问题的通知	公境出〔1997〕235 号
5	◎	1997 年 7 月 22 日	对外贸易经济合作部关于转发《关于公安机关执行〈办理外派劳务人员出国手续的暂行规定〉有关问题的通知》的通知	〔1997〕外经贸合字第 1237 号

续表

序号	标记	发布日期	规章名称或相关内容	文号
6		2000年12月15日	公安部出入境管理局、对外贸易经济合作部国外经济合作司关于进一步简化劳务人员出国手续有关问题的通知	公境会〔2000〕60号
7	◎○	2002年3月12日	办理劳务人员出国手续的办法	对外贸易经济合作部、外交部、公安部2002年第2号令
8		2002年3月6日	外交部关于外派劳务人员申办签证实施细则（试行）	领七函〔2002〕222号
9		2002年3月15日	公安部关于执行《办理劳务人员出国手续的办法》有关问题的通知	公境出〔2002〕302号
10		2003年3月17日	公安部关于执行《办理劳务人员出国手续的办法》有关问题的补充通知	公境出〔2003〕352号
11	○◎	2003年3月26日	商务部关于转发《关于执行〈办理劳务人员出国手续的办法〉有关问题的补充通知》的通知	商合函〔2003〕7号

表2-1-1-8 对外劳务合作相关政策规定：服务平台

序号	标记	发布日期	规章名称或相关内容	文号
1	○◎	2010年7月1日	商务部、外交部、公安部、工商总局关于印送《对外劳务合作服务平台建设试行办法》的函	商合函〔2010〕484号
2	◎	2010年9月	商务部办公厅关于在商务部政府网站开设对外劳务合作服务平台专栏的通知	商办合函〔2010〕1327号
3		2011年8月12日	财政部、商务部关于做好2011年对外劳务合作服务平台支持资金管理工作的通知	财企〔2011〕228号
4		2013年6月25日	财政部、商务部关于做好2013年对外劳务合作服务平台支持资金管理工作的通知	财企〔2013〕134号
5	○	2014年3月11日	商务部办公厅关于继续做好对外劳务合作服务平台名单公布和数据填报工作的通知	商办合函〔2014〕100号

表2-1-1-9 对外劳务合作相关政策规定：统计制度

序号	标记	发布日期	规章名称或相关内容	文号
1		1983年初	对外承包工程、劳务合作统计制度和计划编制试行办法	
2		1990年10月1日	对外经济贸易部、国家统计局关于印发《对外承包工程和劳务合作统计制度》的通知	（90）外经贸计经字第1484号

续表

序号	标记	发布日期	规章名称或相关内容	文号
3		2000年11月30日	对外贸易经济合作部关于印发《国外经济合作业务统计制度》的通知	〔2000〕外经贸合发第653号
4		2002年12月6日	国外经济合作业务统计制度	外经贸合发〔2002〕571号
5		2004年12月30日	商务部关于印发《对外承包工程、对外劳务合作和设计咨询业务统计制度》的通知	商合发〔2004〕690号
6		2008年12月20日	商务部关于印发《对外承包工程业务统计制度》《对外劳务合作和境外就业业务统计制度》的通知	商合发〔2008〕511号
7		2010年12月30日	商务部关于印发《对外承包工程业务统计制度》《对外劳务合作业务统计制度》的通知	商合发〔2010〕519号
8	◎	2012年12月13日	商务部关于印发《对外承包工程业务统计制度》《对外劳务合作业务统计制度》的通知	商合函〔2012〕1105号
9		2014年12月16日	商务部关于印发《对外承包工程业务统计制度》和《对外劳务合作业务统计制度》的通知	商合函〔2014〕976号
10	○	2017年1月12日	商务部关于印发《对外承包工程业务统计制度》和《对外劳务合作业务统计制度》的通知	商合函〔2017〕16号
11		2019年1月8日	商务部关于印发《对外承包工程业务统计调查制度》和《对外劳务合作业务统计调查制度》的通知	商合函〔2019〕10号
12		2022年1月12日	商务部关于印发《对外承包工程业务统计调查制度》和《对外劳务合作业务统计调查制度》的通知	商合函〔2022〕5号

表2-1-1-10　对外劳务合作相关政策规定：规范经营秩序

序号	标记	发布日期	规章名称或相关内容	文号
1		1991年2月2日	对外经济贸易部关于防止利用公派劳务渠道进行非法移民问题的通知	〔1991〕外经贸合发第83号
2		1993年8月21日	对外贸易经济合作部关于严禁和查处利用公派劳务渠道非法移民的通知	〔1993〕外经贸合发第392号
3		1993年10月5日	对外贸易与经济合作部关于严禁向境外娱乐场所派遣女青年的紧急通知	〔1993〕外经贸合发第491号
4		1997年12月12日	对外贸易与经济合作部关于重申严禁以“外派劳务”等名义向境外派遣女青年从事色情服务的通知	〔1997〕外经贸合发第803号
5		1998年2月11日	对外贸易与经济合作部关于防范以对外劳务合作为名进行诈骗的紧急通知	〔1998〕外经贸合发第89号
6		2004年3月23日	商务部关于部署清理整顿对外劳务合作领域违法违规活动有关工作的通知	商合发〔2004〕132号

续表

序号	标记	发布日期	规章名称或相关内容	文号
7	○◎	2005 年 6 月 30 日	商务部、公安部关于严禁向境外博彩色情经营场所派遣劳务人员的通知	商合发〔2005〕318 号
8		2008 年 10 月 7 日	商务部关于组织开展对外劳务合作企业自查自纠专项活动有关情况的通报	商合函〔2008〕76 号
9		2009 年 6 月 1 日	商务部、外交部、公安部、监察部、交通运输部、国务院国有资产监督管理委员会、国家工商行政管理总局关于开展清理整顿外派劳务市场秩序专项行动的通知	商合发〔2009〕261 号
10	○◎	2010 年 6 月 25 日	商务部、外交部、公安部、工商总局关于印送《对外劳务合作不良信用记录试行办法》的函	商合函〔2010〕462 号
11	◎	2010 年 9 月 10 日	商务部办公厅关于在商务部政府网站开设对外劳务合作不良信用记录专栏的通知	商办合函〔2010〕1327 号
12		2013 年 7 月 5 日	商务部、外交部、公安部、住房城乡建设部、海关总署、税务总局、工商总局、质检总局、外汇局关于印发《对外投资合作和对外贸易领域不良信用记录试行办法》的通知	商合发〔2013〕248 号
13		2015 年 5 月 19 日	商务部关于开展对外劳务合作规范经营专项检查工作的通知	
14		2017 年 5 月 31 日	商务部办公厅关于开展规范外派劳务市场秩序专项行动的通知	商办合函〔2017〕215 号

表 2-1-1-11 对外劳务合作相关政策规定：劳务权益保障

序号	标记	发布日期	规章名称或相关内容	文号
1	○	1994 年 10 月 25 日	对外贸易经济合作部、劳动部关于切实加强保护外派劳务人员合法权益的通知	〔1994〕外经贸合发第 654 号
2	○◎●	2003 年 1 月 10 日	对外贸易经济合作部关于请协助建立外派劳务援助工作机制有关问题的函	外经贸合函〔2003〕30 号
3	◎	2004 年 9 月 2 日	商务部关于加强境外劳务人员安全保障工作的通知	商合字〔2004〕459 号
4	○◎	2009 年 9 月 14 日	商务部、外交部、信访局关于做好外派劳务人员来信来访工作的函	商合函〔2009〕51 号

表2-1-1-12 对外劳务合作相关政策规定：劳务事件处理

序号	标记	发布日期	规章名称或相关内容	文号
1	○	2003年7月30日	商务部关于处理境外劳务纠纷或突发事件有关问题的通知	商合发〔2003〕249号
2	○◎	2009年6月23日	商务部、外交部关于印送《防范和处置境外劳务事件的规定》的通知	商合发〔2009〕303号
3	○◎	2009年8月10日	商务部、外交部关于建立境外劳务群体性事件预警机制的通知	商合发〔2009〕392号
4	○	2012年12月10日	商务部办公厅关于进一步做好我外派劳务人员合法权益保护工作的紧急通知	商办合函〔2012〕1237号
5	○	2016年3月16日	商务部 外交部 公安部 工商总局关于印发《涉外劳务纠纷投诉举报处置办法》的通知	商合发〔2016〕87号

表2-1-1-13 对外劳务合作相关政策规定：海员业务管理

序号	标记	发布日期	规章名称或相关内容	文号
1		1991年11月18日	对外经济贸易部关于进一步加强协调，搞好外派海员劳务业务的通知	〔1991〕外经贸合函第245号
2		1995年3月30日	对外贸易经济合作部、公安部、交通部关于规范外派海员办证、出境管理工作的通知	〔1995〕外经贸合发第187号
3		1995年9月22日	对外贸易经济合作部、公安部、交通部关于对《关于规范外派海员办证、出境管理工作的通知》的补充通知	〔1995〕外经贸合发第574号
4		2005年11月23日	外派海员类对外劳务合作经营资格管理规定	商务部2005年第15号令
5		2008年5月4日	中华人民共和国船员注册管理办法	交通运输部令2008年第1号
6		2008年7月22日	中华人民共和国船员服务管理规定	交通运输部令2008年第6号
7		2010年1月26日	《外派海员类对外劳务合作经营资格管理规定》补充规定	商务部令2010年第1号
8	○◎	2010年5月5日	商务部、交通运输部关于加强外派海员类对外劳务合作管理有关事宜的通知	商合发〔2010〕148号
9		2011年3月7日	中华人民共和国海员外派管理规定	交通运输部令2011年第3号

续表

序号	标记	发布日期	规章名称或相关内容	文号
10		2011 年 6 月 21 日	国家海事局关于实施《中华人民共和国海员外派管理规定》有关事项的通知	海船员〔2011〕343 号
11		2011 年 6 月 21 日	海事局关于印发《海员外派机构资质管理实施意见（试行）》的通知	海船员〔2011〕344 号
12		2013 年 12 月 19 日	交通运输部海事局关于取消《海员出境证明》的通知	海船号〔2013〕827 号
13		2014 年 5 月 23 日	中华人民共和国渔业船员管理办法	中华人民共和国农业部令 2014 年第 4 号

表 2-1-1-14 对外劳务合作相关政策规定：国别和地区（中国香港）

序号	标记	发布日期	规章名称或相关内容	文号
1		1990 年 8 月 24 日	对外经济贸易部关于向香港提供普通劳务有关问题的通知	〔90〕外经贸合字第 129 号
2		1992 年 2 月 25 日	对外经济贸易部关于印发《关于输往香港普通劳务审批管理规定》的通知	〔1992〕外经贸合发第 20 号
3		1994 年 3 月 3 日	对外贸易经济合作部关于协调输港劳务公司数量的通知	〔1994〕外经贸合函字第 3 号
4		1994 年 9 月 7 日	对外贸易经济合作部关于第五批输港劳务实行人数控制指标管理办法的通知	〔1994〕外经贸合函字第 63 号
5		1996 年 4 月 24 日	对外贸易经济合作部关于加强输港劳务业务管理的紧急通知	〔1996〕外经贸合函字第 16 号
6	◎	1996 年 9 月 5 日	对外贸易经济合作部关于印发《对香港地区开展劳务合作管理办法》的通知	〔1996〕外经贸合发第 605 号
7	◎	1998 年 1 月 24 日	对外贸易经济合作部关于印发《驻香港劳务管理人员审批管理办法》及有关问题的通知	〔1998〕外经贸合发第 3 号
8	◎	2000 年 12 月 25 日	对外贸易经济合作部关于印发《对香港特别行政区开展高级劳务合作业务的暂行管理办法》的通知	〔2000〕外经贸合发第 660 号
9	○	2003 年 6 月 25 日	商务部关于不再受理高级劳务人员赴港申请的通知	商合函〔2003〕142 号
10	○	2004 年 7 月 29 日	公安部关于印发《内地居民从事劳务往来香港或者澳门特别行政区审批管理工作暂行办法》的通知（本通知涉及两个市场）	公境港〔2004〕1136 号
11		2007 年 12 月 21 日	商务部办公厅关于备案登记输港澳劳务合作项目的通知（本通知涉及两个市场）	商办合函〔2007〕116 号

续表

序号	标记	发布日期	规章名称或相关内容	文号
12	◎	2011 年 1 月 21 日	商务部办公厅关于内地输港澳劳务合作项目立项审核有关工作的通知（本通知涉及两个市场）	商办合函〔2011〕第 46 号
13	◎	2012 年 10 月 15 日	商务部、国务院港澳办关于商请开展内地输澳家政人员合作试点工作的函	商合函〔2012〕938 号
14	○	2016 年 5 月 16 日	商务部关于内地输港澳劳务合作项目备案有关工作的通知（本通知涉及两个市场）	商合函〔2016〕216 号

表 2－1－1－15　对外劳务合作相关政策：国别和地区（苏联、俄罗斯）

序号	标记	发布日期	规章名称	文号
1		1990 年 10 月 12 日	对外贸易经济合作部关于印发《中华人民共和国政府和苏维埃社会主义共和国联盟政府关于派遣和吸收中国公民在苏联企业、联合公司及机构工作的原则协定》的通知	〔90〕外经贸合字第 173 号
2		1991 年 8 月 9 日	对外经济贸易部关于允许从事对苏业务的外贸、外经公司业务交叉有关问题的通知	〔1991〕外经贸合发第 501 号
3	○	2001 年 6 月 3 日	对外贸易经济合作部、劳动和社会保障部、国家外国专家局关于印发《中华人民共和国政府和俄罗斯联邦政府关于中华人民共和国公民在俄罗斯联邦和俄罗斯联邦公民在中华人民共和国的短期劳务协定》的通知	〔2001〕外经贸合发 123 号

表 2－1－1－16　对外劳务合作相关政策：国别和地区（塞班岛）

序号	标记	发布日期	规章名称或相关内容	文号
1		1992 年 1 月 10 日	对外经济贸易部关于我国公司在塞班岛开展制衣劳务业务的补充通知	〔1992〕外经贸合函字第 1 号
2		1993 年 4 月 14 日	对外贸易经济合作部关于加强向塞班岛陈氏企业派遣制衣劳务管理的通知	〔1993〕外经贸合函字第 19 号
3		1996 年 8 月 23 日	对外贸易经济合作部关于整顿输往塞班劳务招工秩序的紧急通知	〔1996〕外经贸合四字第 901 号
4	◎	1997 年 6 月 3 日	关于印发《中华人民共和国对外贸易经济合作部和北马里亚纳群岛联邦关于双方劳务合作的备忘录》的通知	外经贸合字〔1997〕第 12 号
5	◎	2001 年 11 月 5 日	对外贸易经济合作部关于在塞班、关岛开展承包工程劳务合作有关问题的通知（本通知涉及两个市场）	外经贸合发〔2001〕571 号

表 2-1-1-17 对外劳务合作相关政策：国别和地区（新加坡）

序号	发布日期	规章名称或相关内容	文号
1	1991 年	对外贸易经济合作部关于向新加坡派遣劳务人员有关问题的通知	〔1991〕外经贸合三字第 334 号
2	1996 年 5 月 9 日	对外贸易经济合作部、外交部关于加强对我国公司在新加坡开展劳务合作业务管理的通知	〔1996〕外经贸合发第 327 号
3	1996 年 6 月 17 日	对外贸易经济合作部关于办理赴新加坡劳务审批手续有关问题的通知	〔1996〕外经贸合函字第 51 号
4	2001 年 5 月 22 日	对外贸易经济合作部关于整顿和规范对新加坡劳务合作市场秩序的紧急通知	外经贸合发〔2001〕268 号

表 2-1-1-18 对外劳务合作相关政策：国别和地区（韩国）

序号	标记	发布日期	规章名称或相关内容	文号
1		1991 年 12 月 31 日	对外经济贸易部关于对南朝鲜开展经济合作有关问题的通知（附件：商谈渔工劳务合同的具体要求）	〔1991〕外经贸合发第 786 号
2		1995 年 11 月 3 日	对外贸易经济合作部关于印发《在韩国本土开展承包工程和研修生合作有关问题的规定》的通知	〔1995〕外经贸合发第 671 号
3		1996 年	对外贸易经济合作部关于加强赴韩研修生立项管理工作的通知	〔1996〕外经贸合发第 12 号
4	○◎	2008 年 4 月 17 日	商务部关于中韩雇佣制劳务合作有关事宜的通知	商合函〔2008〕10 号
5		2010 年 5 月 28 日	中华人民共和国商务部和大韩民国劳动部关于启动雇佣许可制劳务合作的谅解备忘录	
6	○◎	2010 年 6 月 12 日	商务部办公厅关于印送《中韩雇佣制劳务合作公共机构管理暂行办法》的函	商办合函〔2010〕856 号
7	○◎	2010 年 7 月 20 日	商务部办公厅关于启动中韩雇佣制劳务合作有关工作的通知	商办合函〔2010〕1063 号
8	○	2013 年 12 月 6 日	商务部办公厅关于变更中韩雇佣制劳务合作执行机构的通知	商办合函〔2013〕900 号

表 2-1-1-19 对外劳务合作相关政策：国别和地区（关岛）

序号	标记	发布日期	规章名称或相关内容	文号
1		1992 年 3 月 17 日	对外贸易经济合作部关于请报送我公司在关岛开展承包劳务业务情况的通知	〔1992〕外经贸合函字第 58 号
2	◎	2001 年 11 月 5 日	对外贸易经济合作部关于在塞班、关岛开展承包工程劳务合作有关问题的通知（本通知涉及两个市场）	外经贸合发〔2001〕571 号

表 2-1-1-20　对外劳务合作相关政策：国别和地区（日本）

序号	标记	发布日期	规章名称或相关内容	文号
1		1992 年 8 月 4 日	对外经济贸易部合作司关于印发中国中日研修生协力机构与日本国际研修协力机构会谈纪要的通知	〔1992〕外经贸合三字第 498 号
2		1999 年 9 月 16 日	对外贸易经济合作部关于转发《中日研修生协力机构成员公司特别大会会议纪要》的通知	〔1999〕外经贸合字第 27 号
3	◎	2005 年 1 月 27 日	商务部办公厅关于启用“中国外派劳务（研修生）培训考试专用章”的通知	商合字〔2005〕第 5 号

表 2-1-1-21　对外劳务合作相关政策：国别和地区（毛里求斯）

序号	发布日期	规章名称或相关内容	文号
1	1993 年 11 月 10 日	对外贸易经济合作部关于转发毛里求斯劳务协调会会议纪要的通知	〔1993〕外经贸合二字第 960 号
2	2001 年 6 月 22 日	对外贸易经济合作部办公厅关于转发毛里求斯劳务合作业务工作会议纪要的通知	外经贸合字〔2001〕第 19 号

表 2-1-1-22　对外劳务合作相关政策：国别和地区（以色列）

序号	发布日期	规章名称或相关内容	文号
1	1995 年	对外贸易经济合作部关于对以色列开展承包工程和劳务合作的几点意见	〔1995〕外经贸合函字第 33 号
2	1995 年	对外贸易经济合作部关于对以色列劳务合作中慎用第三国中间商问题的通知	〔1995〕外经贸合二字第 468 号
3	1996 年	对外贸易经济合作部关于对《关于对开展以色列承包工程和劳务合作的几点意见》的补充通知	〔1996〕外经贸合函字第 74 号
4	1999 年	对外贸易经济合作部关于向以色列服务行业派遣劳务人员应注意问题的通知	〔1999〕外经贸合发第 17 号
5	2017 年 3 月 20 日	中华人民共和国商务部和以色列国内政部关于招募中国工人在以色列国特定行业短期工作的协议	

表 2-1-1-23　对外劳务合作相关政策：国别和地区（中国台湾）

序号	标记	发布日期	规章名称或相关内容	文号
1		1995 年 5 月 3 日	对外贸易经济合作部关于加强向台湾地区渔轮派遣短期渔工劳务管理的通知	〔1995〕外经贸合发第 294 号
2		1996 年 3 月 27 日	对外贸易经济合作部关于印发《关于向台湾地区远洋渔轮派遣渔工劳务有关问题的暂行规定》的通知	〔1996〕外经贸合发字第 186 号
3		1996 年 11 月 25 日	对外贸易经济合作部关于向台湾地区远洋渔轮派遣渔工劳务有关问题的紧急通知	〔1996〕外经贸合函字第 24 号

续表

序号	标记	发布日期	规章名称或相关内容	文号
4		1998 年 7 月 17 日	对外贸易经济合作部关于向台湾地区远洋渔轮派遣渔工劳务有关问题的紧急通知	〔1998〕外经贸合发第 514 号
5		2001 年 12 月 29 日	对外贸易经济合作部、国务院台湾事务办公室、外交部、公安部、交通部、农业部关于全面暂停对台渔工劳务合作业务的通知	外经贸合发〔2001〕664 号
6		2009 年 12 月 22 日	海峡两岸关系协会和海峡交流基金会《海峡两岸渔船船员劳务合作协议》	
7		2010 年 3 月 24 日	商务部办公厅关于做好对台渔船船员劳务合作宣传工作的通知	商办合函〔2010〕339 号
8	○◎	2011 年 5 月 25 日	商务部、外交部、公安部、交通运输部、农业部、工商总局、国台办关于促进对台渔船船员劳务合作有关问题的通知	商合函〔2011〕333 号

表 2-1-1-24　对外劳务合作相关政策：国别和地区（中国澳门）

序号	标记	发布日期	规章名称或相关内容	文号
1		1998 年 7 月 27 日	对外贸易经济合作部、国务院港澳事务办公厅关于印发《对澳门地区开展普通劳务合作管理办法》的通知	〔1998〕外经贸合发第 430 号
2		1998 年 7 月 31 日	中华人民共和国对外贸易经济合作部关于《中澳服务有限公司对内地输澳门普通劳务业务的管理办法》的复函	〔1998〕外经贸合函字第 62 号
3	○◎	2003 年 8 月 1 日	商务部、国务院港澳办、中央政府驻澳门联络办关于内地输澳劳务管理体制改革的通知	商合发〔2003〕262 号
4	○◎	2004 年 6 月 14 日	商务部办公厅关于贯彻落实内地输澳劳务管理体制改革（有关问题）的紧急通知	商合字〔2004〕28 号
5		2004 年 7 月 7 日	国务院港澳办、公安部、商务部关于调整内地赴港澳劳务人员审批办证手续的通知	（2004）港办交字第 261 号
6	○	2004 年 7 月 29 日	公安部关于印发《内地居民从事劳务往来香港或者澳门特别行政区审批管理工作暂行办法》的通知（本通知涉及两个市场）	公境港〔2004〕1136 号
7		2007 年 12 月 21 日	商务部办公厅关于备案登记输港澳劳务合作项目的通知（本通知涉及两个市场）	商办合函〔2007〕116 号
8	◎	2011 年 1 月 21 日	商务部办公厅关于内地输港澳劳务合作项目立项审核有关工作的通知（本通知涉及两个市场）	商办合函〔2011〕第 46 号
9	○◎	2011 年 10 月 9 日	商务部办公厅关于内地输澳门劳务合作管理有关事宜的通知	商办合函〔2011〕1056 号

续表

序号	标记	发布日期	规章名称或相关内容	文号
10	◎	2012 年 10 月 15 日	商务部、国务院港澳办关于商请开展内地输澳家政人员合作试点工作的函	商合函〔2012〕938 号
11	○	2013 年 12 月 16 日	商务部、国务院港澳办关于开展内地输澳门家政人员合作有关事宜的通知	商合函〔2013〕1018 号
12	○	2016 年 5 月 16 日	商务部关于内地输港澳劳务合作项目备案有关工作的通知	商合函〔2016〕216 号

表 2-1-1-25　对外劳务合作相关政策：国别和地区（德国）

序号	发布日期	规章名称或相关内容	文号
1	1997 年	对外贸易经济合作部关于印发《中国对外贸易经济合作部合作司和德国联邦劳工局国际旅馆与餐饮业管理办公室“会议纪要”》的通知	〔1997〕外经贸合发第 1861 号
2	1997 年	对外贸易经济合作部关于办理赴德厨师有关手续的函	〔1997〕外经贸合发第 2097 号
3	1998 年 7 月 27 日	对外贸易经济合作部关于中德厨师合作中应注意的有关问题的通知	〔1998〕外经贸合四字第 1102 号

表 2-1-1-26　对外劳务合作相关政策：国别和地区（伊朗）

序号	发布日期	规章名称或相关内容	文号
1	1998 年 8 月 12 日	对外贸易经济合作部关于与伊朗渔业合作中有关问题的紧急通知	〔1989〕外经贸合函字第 63 号

表 2-1-1-27　对外劳务合作相关政策：国别和地区（柬埔寨）

序号	发布日期	规章名称或相关内容	文号
1	2002 年 2 月 9 日	对外贸易经济合作部关于发送柬埔寨输入中国劳务管理办法的函	外经贸合函〔2002〕104 号

表 2-1-1-28　对外劳务合作相关政策：国别和地区（巴林）

序号	发布日期	规章名称或相关内容	文号
1	2002 年 7 月 1 日	对外贸易经济合作部关于请承担《中华人民共和国政府和巴林王国政府关于劳务合作及职业培训领域的合作协定》具体执行工作的通知	外经贸合发〔2002〕392 号

表 2－1－1－29 对外劳务合作相关政策：国别和地区（澳大利亚）

序号	标记	发布日期	规章名称或相关内容	文号
1	◎	2007 年 12 月 19 日	商务部办公厅关于对澳大利亚开展劳务合作有关问题的通知	商合字〔2007〕114 号

表 2－1－1－30 对外劳务合作相关政策：国别和地区（新西兰）

序号	发布日期	规章名称或相关内容	文号
1	2010 年 7 月 16 日	商务部关于对新西兰开展劳务合作有关工作的通知	商合服函〔2010〕179 号

表 2－1－1－31 与对外劳务合作有关的部分法律法规和政策规定

（按照时间顺序排列）

序号	标记	发布日期	法律与规章名称或相关内容	文号
1		1979 年	国家基本建设委员会、对外经济联络部关于拟开展对外承包建筑工程的报告	
2		1991 年 10 月 6 日	国务院办公厅转发国务院港澳办公室等部门关于驻港澳地区中资机构归口管理办法的通知	国办发〔1991〕61 号
3		1992 年 2 月 9 日	国务院关于发布《涉外人员守则》的通知	国发〔1992〕5 号
4		1992 年 2 月 27 日	对外经济贸易部关于印发《关于国际公司国外机构审批和管理的有关规定》的通知	〔1992〕外经贸合发第 86 号
5		1992 年 11 月 3 日	国务院批转对外经济贸易部、中国人民银行、国务院港澳办公室关于在港澳地区设立机构审批办法的通知	国发〔1992〕62 号
6		1999 年 4 月 26 日	对外贸易经济合作部、国家林业局关于加强中俄森林资源开发和利用业务管理的通知	〔1999〕外经贸合发第 245 号
7		2000 年 4 月 7 日	国务院办公厅转发外经贸部等部门关于大力发展对外承包工程意见的通知	国办发〔2000〕32 号
8		2000 年 5 月 8 日	对外贸易经济合作部办公厅关于转发《国务院办公厅转发外经贸部等部门关于大力发展对外承包工程意见的通知》的通知	〔2000〕外经贸合字第 14 号
9		2001 年 6 月 13 日	对外贸易经济合作部、财政部关于印发《中小企业国际市场开拓资金管理办法实施细则》的通知	外经贸计财发〔2001〕270 号
10	◎	2002 年 3 月 12 日	对外贸易经济合作部关于印发《关于成立境外中资企业商会（协会）的暂行规定》的通知	外经贸合发〔2002〕101 号
11	○◎	2005 年 9 月 14 日	商务部关于印发《境外中资企业（机构）报到登记制度》的通知	商合发〔2005〕447 号

续表

序号	标记	发布日期	法律与规章名称或相关内容	文号
12	◎	2005 年 9 月 28 日	国务院办公厅转发商务部等部门关于加强境外中资企业机构与人员安全保护工作意见的通知	国办发〔2005〕48 号
13	◎	2005 年 11 月 25 日	全国整规办、国资委关于印发《商会协会行业信用建设工作指导意见》的通知	整规办发〔2005〕第 29 号
14		2005 年 12 月 9 日	财政部、商务部关于印发《对外经济技术合作专项资金管理办法》的通知	财企〔2005〕255 号
15	○◎	2006 年 1 月 22 日	商务部关于规范境外中资企业及机构冠名有关事项的通知	商合函〔2006〕1 号
16		2006 年 5 月 8 日	财政部、商务部关于对外经济技术合作专项资金支持政策有关问题的通知	财企〔2006〕124 号
17	◎	2007 年 1 月 15 日	全国整规办、国资委行业协会联系办公室关于加强行业信用评价试点管理工作的通知	整规办发〔2007〕第 3 号
18		2007 年 4 月 19 日	财政部、商务部关于 2006 年对外经济技术合作专项资金支持政策有关问题的通知	财企〔2007〕75 号
19		2007 年 10 月 15 日	商务部关于进一步加强援外出国人员思想政治建设的指导意见	商合促发〔2007〕405 号
20	○◎	2007 年 12 月 19 日	商务部办公厅关于规范境外中资企业撤销手续的通知	商合字〔2007〕111 号
21	○◎	2008 年 6 月 6 日	商务部、外交部、国资委关于进一步规范我国企业对外投资合作的通知	商合发〔2008〕222 号
22	○	2008 年 7 月 17 日	商务部关于加强我国驻外使（领）馆经商参处（室）管理对外投资合作的指导意见	商办发〔2008〕270 号
23		2009 年 4 月 17 日	商务部办公厅关于启用“境外投资管理系统”和《企业境外投资证书》《企业境外机构证书》等有关事项的通知	商合字〔2009〕65 号
24	◎	2009 年 5 月 8 日	商务部、国务院台湾事务办公室关于大陆企业赴台湾地区投资或设立非企业法人有关事项的通知	商合发〔2009〕219 号
25		2010 年 5 月 7 日	财政部、商务部关于做好 2010 年对外经济技术合作专项资金申报工作的通知	财企〔2010〕77 号
26		2010 年 5 月 24 日	财政部、商务部关于印发《中小企业国际市场开拓资金管理办法》的通知	财企〔2010〕87 号
27	◎	2010 年 8 月 13 日	商务部、外交部、发展改革委、公安部、国资委、安全监管总局、全国工商联关于印发《境外中资企业机构和人员安全管理规定》的通知	商合发〔2010〕313 号

续表

序号	标记	发布日期	法律与规章名称或相关内容	文号
28	◎	2010年8月26日	商务部关于印发《对外投资合作境外安全风险预警和信息通报制度》的通知	商合发〔2010〕348号
29	◎	2010年9月10日	商务部办公厅关于在商务部政府网站开设对外劳务合作不良信用记录专栏的通知	商办合函〔2010〕1301号
30	◎	2010年10月22日	商务部、外交部关于印发《对外投资合作企业在外人员相关信息备案制度》的通知	商合发〔2010〕419号
31		2010年12月20日	工伤保险条例	国务院令第586号
32	○◎	2011年3月14日	商务部、外交部、国资委、全国工商联关于印发《境外中资企业（机构）员工管理指引》的通知	商合发〔2011〕64号
33		2011年4月18日	财政部、商务部关于做好2011年对外经济技术合作专项资金申报工作的通知	财企〔2011〕76号
34	◎	2011年11月9日	商务部关于“十二五”期间加强商务领域信用建设的指导意见	商秩发〔2011〕422号
35	◎	2012年1月11日	商务部关于印发《境外中资企业机构和人员安全管理指南》的通知	商合函〔2012〕28号
36	◎	2012年4月9日	商务部等七部门关于印发《中国境外企业文化建设若干意见》的通知	商政发〔2012〕104号
37		2012年5月17日	商务部办公厅关于加强境外中资企业安全生产管理工作的函	商办合函〔2012〕371号
38	○	2012年6月15日	财政部、国家税务总局关于外派海员等劳务免征营业税的通知	财税〔2012〕54号
39		2012年6月30日	中华人民共和国出境入境管理法	中华人民共和国主席令第57号
40		2012年9月5日	商务部关于印发《对外承包工程行业社会责任指引》的通知	商合函〔2012〕779号
41		2012年12月28日	中华人民共和国劳动合同法(2013年版)	中华人民共和国主席令第73号
42	○◎	2013年3月18日	商务部关于印发《规范对外投资合作领域竞争行为的规定》的通知	商合发〔2013〕88号
43		2013年4月25日	中华人民共和国旅游法	中华人民共和国主席令第3号
44		2013年6月14日	财政部、商务部关于印发《对外投资合作专项资金管理办法》的通知	财企〔2013〕124号
45		1994年7月5日	中华人民共和国劳动法（2018年12月29日第二次修订）	

续表

序号	标记	发布日期	法律与规章名称或相关内容	文号
46		2013年7月1日	商务部、外交部、住房城乡建设部、卫生计生委、国资委、安全监督总局关于印发《对外投资合作境外安全事件应急响应和处置规定》的通知	商合发〔2013〕242号
47	○	2013年7月5日	商务部、外交部、公安部、住房城乡建设部、海关总署、税务总局、工商总局、质检总局、外汇局关于印发《对外投资合作和对外贸易领域不良信用记录试行办法》的通知	商合发〔2013〕248号
48	○	2013年8月19日	商务部关于印发《境外中资企业商（协）会建设指引》的通知	商合函〔2013〕620号
49		2014年4月9日	财政部、商务部关于印发《外经贸发展专项资金管理办法》的通知	财企〔2014〕36号
50	○	2015年2月9日	商务部关于新形势下做好境外中资企业商（协）会工作的通知	商合函〔2015〕47号
51		2016年	关于进一步规范对外投资合作领域经营行为有关问题的通知	
52		2016年6月23日	财政部、商务部关于2016年度外经贸发展专项资金重点工作的通知	财行〔2016〕212号
53	○	2016年5月6日	国家税务总局关于发布《营业税改征增值税跨境应税行为增值税免税管理办法（试行）》的公告	国家税务总局公告2016年第29号
54		2017年9月27日	商务部办公厅、海关总署办公厅、质检总局办公厅关于做好对外承包工程资格审批取消后有关政策衔接工作的通知	商办合函〔2017〕390号
55	○	2017年10月26日	商务部办公厅关于印发《对外投资合作“双随机、一公开”监管工作细则（试行）》的通知（已废止）	商办合函〔2017〕426号
56	○	2017年10月31日	发改委、商务部等28部门关于加强对外经济合作领域信用体系建设的指导意见	发改外资〔2017〕1893号
57		2017年11月22日	商务部办公厅关于做好对外承包工程项目备案管理的通知	商办合函〔2017〕455号
58		2018年6月27日	商务部办公厅关于开展企业走出去合规经营排查工作的通知	商办合函〔2018〕215号
59		2020年2月11日	商务部办公厅关于积极指导帮助走出去企业做好新冠肺炎疫情应对规章的通知	商办合函〔2020〕50号
60		2020年5月19日	商务部办公厅关于加强疫情期间境外工程项目和在外人员统计的通知	商办合函〔2020〕179号

续表

序号	标记	发布日期	法律与规章名称或相关内容	文号
61		2020年8月17日	商务部办公厅关于印发《商务部市场监管执法事项“双随机、一公开”事项清单》(第二版)的通知	商办建函〔2020〕294号
62		2021年8月24日	人力资源社会保障部、国家发展改革委等20部门《关于劳务品牌建设的指导意见》	人社部发〔2021〕66号
63		2021年9月6日	商务部办公厅关于印发《对外投资合作“双随机、一公开”监管工作细则(试行)》的通知	商办合规函〔2021〕289号

随着社会主义法治化宏观环境和市场体系的不断完善，对外劳务合作的管理体制机制也将随之不断具体和细化，既体现合理分工和有效资源配置，又体现开放包容和合规经营，为维护对外劳务合作的可持续发展营造了良好的宏观环境。

第二节　对外劳务合作相关行业规范

自1999年对外贸易经济合作部将部分工作转交承包商会办理以来，承包商会先后制定了一系列相关行业规范性文件。2000年1月28日，对外贸易经济合作部办公厅发出关于转发《中国对外承包工程和劳务合作行业规范(试行)》的通知(〔2000〕外经贸合字第5号)，之后，承包商会通过民主办会形式，又制定或修订了对外劳务合作行业规范、国别(地区)市场协调办法和执行机构执行办法、分支机构管理办法、常态监督检查办法、突发事件应急处置办法、行业收费指导意见以及业务合同范本等一系列行业服务产品和业务发展与自律性指导文件。本节收录的92份文件(见表2-1-2-1)是原对外贸易经济合作部部分职能转交以后制定的部分行规和行业发展指导意见等。其中，3份系中国国际工程咨询协会于1999年制定，其余89份系承包商会于1999—2018年间先后制定或修订的有代表性的文件。

上述文件资料来源于承包商会编印的《中国对外劳务合作行业指南—行规篇》(2004年版)、《对外劳务合作政策与行规》(2014年7月版)和历年发布的《中国对外劳务合作发展报告》以及承包商会官网信息等。

表 2-1-2-1　对外劳务合作相关行业规范文件

（按时间顺序排列，部分摘录）

序号	发布日期	行规名称	文号
1	1999 年 9 月 8 日	中国国际工程咨询协会关于发布“中国国际工程咨询业务协调（暂行）规程”和“在敏感国家开展国际工程咨询、设计、监理类劳务项目协调（暂行）办法”的通知	〔99〕外经贸咨协字第 039 号
2	1999 年 9 月 8 日	中国国际工程咨询业务协调（暂行）规程	
3	1999 年 9 月 8 日	中国国际工程咨询协会关于《在敏感国家开展国际工程咨询、设计、监理类劳务项目协调（暂行）办法》	
4	1999 年 9 月 22 日	关于加强对新加坡劳务合作项目协调工作的通知	〔1999〕承商字第 07 号
5	2000 年 1 月 13 日	中国对外承包工程和劳务合作行业规范（试行）	
6	2000 年 4 月 6 日	对外劳务合作协调暂行办法	
7	2001 年 3 月 29 日	中国对外承包工程商会分支机构管理暂行办法	
8	2001 年	中国对外承包工程商会专家委员会及专家管理办法	
9	2001 年 11 月 5 日	中国对外承包工程商会对北马里亚纳群岛联邦劳务合作业务协调暂行办法	
10	2002 年 11 月 8 日	中国对外承包工程商会毛里求斯劳务合作业务协调管理暂行办法	
11	2003 年 1 月 1 日	中国对外承包工程商会以色列劳务合作业务协调管理暂行办法	
12	2003 年 7 月 22 日	中国对外承包工程商会新加坡劳务合作业务协调管理暂行办法	
13	2003 年 7 月 22 日	中国对外承包工程商会对德国厨师劳务合作业务协调管理暂行办法	
14	2003 年 7 月 28 日	中国对外承包工程商会对纳米比亚劳务合作业务协调管理暂行办法	
15	2003 年	中国外派渔工协调机构工作条例	
16	2003 年	中国外派渔工协调机构成员公司行为规范	
17	2003 年 9 月 7 日	中国中日研修生协力机构工作条例	
18	2003 年 9 月 7 日	中国中日研修生协力机构成员公司行为准则	
19	2003 年 9 月 7 日	中国中日研修生协力机构成员管理办法	
20	2007 年 9 月 7 日	中国中日研修生协力机构专家组管理暂行办法	
21	2003 年 9 月 7 日	关于研修事业协议书	
22	2003 年 9 月 7 日	关于研修、技能实习事业协议书	
23	2003 年 9 月 9 日	中国外派海员协调机构工作条例	
24	2003 年 9 月 9 日	中国外派海员协调机构成员管理办法	

续表

序号	发布日期	行规名称	文号
25	2003 年 9 月 9 日	中国外派海员协调机构专家组管理暂行办法	
26	2003 年 10 月 29 日	中国对外承包工程商会对约旦劳务合作业务协调管理暂行办法	
27	2003 年 12 月 25 日	中国对外承包工程商会赴韩研修生业务协调小组成员公司行为规范	
28	2004 年	对外劳务合作行业外派劳务基地指导办法（试行）	
29	2006 年	关于推进外派海员劳务合作进一步发展的意见	
30	2006 年	关于推动中日研修生合作进一步规范健康发展的意见和建议	
31	2006 年	关于推动对新加坡承包工程和劳务合作进一步规范健康发展的意见	
32	2006 年	对台渔工劳务合作团体保险	
33	2006 年	在日研修生失踪专项认证指导	
34	2006 年	在韩研修生优惠汇款指南	
35	2007 年	关于进一步促进对外劳务合作业务健康发展的意见	
36	2007 年	关于进一步推动对新加坡承包劳务合作业务规范健康稳定发展的意见	
37	2007 年	关于对开展新型劳务市场有关意见的通知	
38	2007 年	对台渔工劳务合作业务协调办法	
39	2007 年	关于进一步推动外派劳务基地建设的意见	
40	2007 年	关于进一步加强外派劳务合法权益保护工作的意见	
41	2007 年	中国对外承包工程和劳务合作行业和谐发展公约	承商综发〔2017〕118 号
42	2008 年	中国对外劳务合作行业规范（草案）	
43	2008 年	对外劳务合作协调暂行办法修改要点	
44	2008 年	关于建立对外劳务合作行业常态检查机制的意见	
45	2008 年	对外劳务培训制度（草案）	
46	2008 年	对外劳务合作企业与劳务人员以及境外就业中介机构与境外就业人员权利义务（草案）	
47	2008 年	外派劳务人员权益保护标准（草案）	
48	2008 年	对外劳务合作国别产业指导目录	
49	2008 年	中国对外承包工程商会赴德国厨师签证申请材料确认办法	
50	2008 年	赴日研修生、技能实习生服务费收入暂行办法	
51	2008 年	赴日研修、技能实习合同（参考版）	
52	2008 年	对日研修生诚信守约倡议书	

续表

序号	发布日期	行规名称	文号
53	2008 年	关于支持四川省开展对外劳务合作的倡议书	
54	2008 年	关于促进海外新兴劳务市场有序发展的指导意见	
55	2008 年	关于加强新兴市场外派劳务管理的通知	
56	2009 年 10 月	对外劳务合作行业常态监督检查办法	
57	2009 年 11 月	中国对外劳务合作行业规范	
58	2009 年 11 月	对外劳务合作协调暂行办法	
59	2009 年	行业外派劳务基地常态检查监督办法	
60	2009 年	对德厨师劳务合作合同（范本）	
61	2010 年 6 月 21 日	关于实施对日技能实习合作“三个业务合同”和“三个费用标准”的通知	承商劳发〔2010〕006 号
62	2010 年 6 月 21 日	关于妥善应对日本技能实习制度改革若干举措的报告	承商劳发〔2010〕007 号
63	2010 年 6 月 21 日	关于发布实施《技能实习事业协议书（参考版）》等“三个业务合同”的通知	中日研发〔2010〕001 号
64	2010 年 6 月 21 日	关于发布实施技能实习期间中方管理费等“三个费用标准”的通知	中日研发〔2010〕002 号
65	2010 年 6 月 21 日	关于发布《正确开展技能实习合作倡议书》的通知	中日研发〔2010〕003 号
66	2010 年 8 月 10 日	海峡两岸渔工劳务合作协调委员会两岸渔船船员劳务合作业务协调办法	
67	2010 年 8 月 10 日	两岸渔船船员劳务合作经营公司派遣业务流程	
68	2010 年 8 月 10 日	两岸渔船船员劳务合作劳务纠纷和突发事件处理办法	
69	2010 年 12 月 20 日	中国对外承包工程商会分支机构管理暂行办法	
70	2011 年 3 月 4 日	中国中日研修生协力机构成员管理办法	
71	2011 年 3 月 28 日	中国对外承包工程商会专家委员会管理办法	
72	2012 年 10 月 1 日	中德厨师劳务合作协调办法	
73	2012 年	关于中德护理工合作意向书	
74	2013 年 5 月 23 日	中国日本研修生协力机构工作条例	
75	2013 年 5 月 23 日	中国中日研修生协力机构理事会议事规则	
76	2013 年 9 月 29 日	中国对外投资合作在外人员文明行为倡议书	
77	2013 年 12 月 11 日	中国对外劳务合作行业规范	
78	2013 年 12 月 11 日	对外劳务合作协调办法	
79	2013 年	中德专业护理人员合作业务流程	
80	2014 年 9 月 22 日	关于印发《中国对外承包工程商会六届理事会第八次会长会议纪要》的函（包括通过《对外劳务合作行业收费自律指导意见》）	承商综函〔2014〕4005 号

续表

序号	发布日期	行规名称	文号
81	2014 年	对外劳务合作业务合同范本（包括通用型合同范本和国别（地区）市场合同范本）	
82	2014 年 5 月 29 日	关于在中新投资合作外派人员中推广使用新加坡赌场自愿禁门令的通知	承商劳发〔2014〕3534 号
83	2015 年	关于开辟外派劳务资源对接网络平台的通知	
84	2016 年	关于请做好日本震区技能实习生安全防范工作的通知	
85	2017 年	关于做好技能实习生权益保障工作的通知	
86	2017 年	对外承包工程和劳务合作企业信用等级评价管理办法（2017 修订版）	
87	2017 年 7 月 27 日	对以色列劳务合作（建筑行业）业务执行办法（试行）	
88	2017 年 7 月 27 日	赴以色列建筑劳务突发事件应急处置工作预案	
89	2017 年 7 月 27 日	赴以色列建筑劳务突发事件应急处置工作指导书	
90	2017 年 7 月 27 日	中以劳务合作试点经营公司驻以代表管理暂行办法	
91	2017 年 7 月 27 日	驻以机构财务管理暂行办法	
92	2018 年	中国奥地利厨师劳务合作管理办法	

对外劳务合作行业规范是对外劳务合作管理体制机制框架下的必然产物，是对外劳务合作行业自我规范、自我协调的自律性行为机制；对外劳务合作行业规范一方面承载着遵守和贯彻国家对外劳务合作法律法规和相关政策的神圣职责，另一方面包含着对行业共同利益的监督和维护机能，是维护市场秩序、保持公平竞争、促进行业健康发展具有普遍约束力的重要措施。随着对外劳务合作事业的不断发展和各项管理制度的深化，对外劳务合作行业规范也将更加健全和完善，以构建富有中国特色的行业自律管理体系，发挥更加有效的自律作用。

第二章　对外劳务合作基本框架

本章重点从对外劳务合作的基本概念、体系构成和管理框架等三个部分概括对外劳务合作相关法规和政策的基本框架，为阐述对外劳务合作经营资格、经营活动和宏观管理奠定基础。

第一节　基本概念

全面理解对外劳务合作的基本概念，包括通俗表述及《对外劳务合作管理条例》规定的定义和对外劳务合作的广义概念等部分。对外劳务合作的定义所涉及的经营资格、经营范围、业务流程、合同关系、企业责任、培训体系、经营文化、法律责任等在第一篇第二章第四节中已有部分阐述；对外劳务合作的广义概念包括对外劳务合作的历史沿革、主要特点、原则立场、管理框架、制约因素、发展展望、社会效应以及与境外就业中介的区别、国际劳工组织对劳务移民的概念、对外劳务合作与“自然人移动”的对应关系等，在本章作具体阐述；其余内容均在本篇相关章节作具体阐述。

一、对外劳务合作的基本概念

（一）对外劳务合作的通俗表述

《对外劳务合作管理条例》（以下简称《条例》）颁布前，业界对对外劳务合作的一般性认识理解和通俗表述是：中国对外劳务合作是指经政府部门批准、有对外劳务合作经营资格的企业按照境外雇主的要求，有组织、有管理地向劳务输入国或地区派遣其短缺的劳动力，参与当地经济建设的一种经济合作方式。在《商务部关于做好境外就业管理工作的通知》（商合发〔2008〕525 号）中表述为："外派劳务是指企业与境外允许招收或雇佣外籍劳务人员的公司、中介机构或私人雇主签订合同，并按照合同约定的条件有组织地招聘、选拔、派遣中国公民到境外为外方雇主提供劳务服务并进行管理的经济活动。从事上述境外劳务派遣活动的企业称为外派劳务企业。"

"对外劳务合作是国际服务贸易自然人移动的重要组成部分。根据世界贸易组织（WTO）规则，自然人移动涉及一国的服务提供者短期进入另一国消费者的所在地，为另一国消费者提供服务并获取相应报酬。我国的对外劳务合作就是由经国家批准的对外劳务合作企业受境外雇主的委托，有组织地选派我国各类劳务人员到有关国家或地区为境外雇主提供服务，并通过经营企业对外派劳务人员进行后期服务和跟踪管理，以最大限度地保护外派劳务人员合法权益的一项双边经济合作活动。"①

（二）《条例》关于对外劳务合作的定义

2012 年 6 月 4 日国务院颁布、自 2012 年 8 月 1 日起施行的《对外劳务合作管理条例》明确了对外劳务合作的定义。《条例》指出，"本条例所称对外劳务合作，是指组织劳务人员赴其他国家或者地区为国外的企业或者机构（以下统称国外雇主）工作的经营性活动"。（《条例》第二条）同时指出，"组织劳务人员赴香港特别行政区、澳门特别行政区、台湾地区工作的，参照本条例的规定执行"。（《条例》第五十条）

二、对外劳务合作基本概念释义

《条例》规定的对外劳务合作的定义，全面阐述了对外劳务合作的法律主体、经营活动的手段、目的和属性（见表 2 -2 -1 -1）。其中，从事对外劳务合作的"组织"除经营主体也就是对外劳务合作企业以外，还包括管理服务这个组织过程的各级政府主管部门、驻外使（领）馆等有关方面以及提供协调自律服务的行业组织等。

表 2 -2 -1 -1 对外劳务合作基本概念释义

主语	谓语	定语成分			宾语
对外劳务合作	是指	1	组织	手段	经营性活动
		2	劳务人员	对象	
		3	赴其他国家或者地区	方向	
		4	为国外的企业或者机构（以下统称国外雇主）工作的	目的	

① 中华人民共和国商务部合作司．大力发展对外劳务合作 提高对外劳务合作水平［D/OL］．（2007 - 08 - 16）［2022 - 02 - 11］．https：//wenku. baidu. com/view/7b44d733c181e53a580216fc700abb68a982ad15. html.

就对外劳务合作企业而言，对外劳务合作的基本概念揭示出两个基本含义：

一是规定了三个业务主体：劳务人员、国外雇主和组织者（对外劳务合作企业）；二是明确了两层业务内涵关系，也就是“组织”和“经营性活动”的关系。“组织”是一个动词，是企业经营手段的体现，是对外劳务合作企业经营活动的总体概括，而“经营性活动”是“组织”过程的本质体现，也是对外劳务合作企业的经营属性。

（一）三个业务主体

这里所说的业务主体，也就是法律主体。它包括对外劳务合作企业、国外雇主和劳务人员。

（1）对外劳务合作企业，是指经负责审批的商务主管部门核准、具有对外劳务合作经营资格的企业法人。

（2）国外雇主，是指符合用工项目所在国家或者地区有关规定的具有接收外籍（外地）劳动者经营资格的合法企业或机构。

国外雇主的实体规模大到跨国公司，小到小微企业。在实际运行过程中，实体规模呈现多元化特征，其中包括一些个体经营者，如农户或家庭；同时，国外雇主的业态几乎涉及各个产业。

国外雇主的接收方式，可以直接与我国具有对外劳务合作经营资格的企业建立劳务合作关系，在此基础上再与我国劳务人员建立雇佣关系，也可以通过本国具有合法经营资格的外籍劳动者招聘中介机构与我国具有对外劳务合作经营资格的企业建立劳务合作关系，招聘劳动者，并与其建立雇佣关系。

值得提出的两点：

① 港澳台劳务参照《条例》规定执行。

② 根据《商务部关于加强对外投资合作在外人员分类管理工作的通知》（以下简称《分类管理工作》）规定，“国外雇主包括在国外依法注册的中资企业或机构。对外投资企业和对外承包工程企业在境外设立的企业作为国外雇主与对外劳务合作企业签订《劳务合作合同》，由对外劳务合作企业向其派出劳务人员，属对外劳务合作”。

（3）劳务人员是指根据《对外劳务合作管理条例》由对外劳务合作企业组织赴其他国家或者地区为国外的企业或者机构（以下称国外雇主）工作的人员。（《分类管理工作》三），即指经对外劳务合作企业按照国外雇主用工要求选拔、培训派往其他国家或者地区为国外雇主工作、与国外雇主确立雇佣关系、并满足国外雇主需求的具有赴国外工作所需职业技能、安全防范知识、语言以及用工项目所在国家或者地区相关法律、宗教信仰、风俗习惯等知识的人员。劳务人员不得从事损害国家安全和国家利益的活动。

外派劳务人员作为自然人流动方式下服务贸易主体，与一般的商品属性有很大的差别。外派劳务人员是劳动力的载体，有思想、有人格、有民族属性，其行为需要规范，人格需要尊重，权益需要保护。

"公民个人自行取得出境手续在境外工作，不在《对外劳务合作管理条例》管辖范围内。通过商务、旅游、留学等签证出境的公民只能在当地从事与签证相符的活动。任何单位和个人通过办理上述签证变相组织人员出境工作属非法外派劳务行为。"[《分类管理工作》三（五）]

（二）两层业务内涵关系

表2-2-1-1中，对于作为对外劳务合作经营主体的对外劳务合作企业而言，强调构成其经营性活动的对外劳务合作主要包括"组织"（手段）、"劳务人员"（对象）、"赴其他国家或者地区"（方向）、"为国外的企业或者机构（即国外雇主）工作"（目的）等要素。

1. "组织"的含义

"组织"派遣劳务人员是对外劳务合作的手段，包括组织的过程、组织的内容、组织者的资格、组织的对象、组织的目的以及对组织的要求等方面。

（1）组织的过程，是对外劳务合作企业经营性活动的过程，贯穿对外劳务合作产业链事前、事中、事后服务管理的全过程，是构成经营性活动的基本要件、前提和依据；特别是组织过程所强调的事后服务与管理，区别于境外就业中介活动，更区别于协助办理投亲访友手续的活动，后者的境外就业中介活动与协助办理投亲访友手续的活动没有事后（指出境后跟踪服务管理）服务的环节。

（2）组织的内容，包含对外劳务合作企业从事市场开拓、资源培育、人员招聘、面试选拔、境外工作许可的获得、协助劳务人员办理出境手续、开展出国（境）前适应性培训、签署合同、境外一线服务与管理、纠纷处置、紧急避险安排以及回国（境）就业指导等，体现在对外劳务合作产业链上的各个环节。

（3）组织者的资格，指必须是具有对外劳务合作经营资格的对外劳务合作企业。

（4）组织的对象是指经对外劳务合作企业按照国（境）外雇主用工要求选拔、培训派往其他国家或者地区为国（境）外雇主工作、与国（境）外雇主确立雇佣关系并满足国（境）外雇主需求的劳务人员。

（5）组织的目的是"为国（境）外雇主工作"。"工作"的基本要求是指对外劳务合作企业必须协助劳务人员取得国（境）外居留、务工工作许可，不得无劳可务，更不能从事非法劳务。必须保证劳务人员能够同工同酬，不得受到歧视性待遇等。

（6）对组织的要求，指必须在中国相关法律法规和用工项目所在国或者地区的相关法律法规框架内合法合规地开展经营活动。

2. “经营性活动”的含义

“经营性活动”意味着对外劳务合作企业可以依照中国以及用工项目所在国或地区有关规定收取劳务人员的服务费和国（境）外雇主的招聘中介费等。

（1）首先，经营性活动必须能够体现服务特性。服务是对外劳务合作企业经营性活动的核心和本质属性，贯穿经营性活动的全过程。它包括服务对象、服务内容、服务手段、服务标准、服务质量、服务阶段、服务目的以及服务效果评价及其反馈等。

（2）其次，经营性活动是有报酬的活动。即需要作为对外劳务合作企业服务对象的劳务人员和国（境）外雇主依规为对外劳务合作企业支付一定的报酬。

所以，深刻理解对外劳务合作的含义，对于保障各方权益、增强履约意识，构建互利共赢关系，具有重要的现实意义。

（三）对外劳务合作业务三段法

为研究问题、阐述概念和对外交涉的方便，笔者通常将对外劳务合作“经营性活动”的过程划分为三段，称为“对外劳务合作业务三段法”。分别是：第一段，前期的市场拓展与人员选育；第二段，中期的适应性培训与手续办理；第三段，后期的境外管理与跟踪服务（参阅第一篇第二章第四节经营主体中的“经营属性”）。

第一段，前期的市场拓展与人员选育。这是对外劳务合作产业链的前端，即供给侧。在当前市场拓展难、外派劳务资源受到严重制约的情况下，“经营性活动”在企业中所占比重较大。经营成本高、人员投入大、经营手段要求高，是企业经营规模、市场竞争力、经营软实力和经营质量的集中体现。具体体现在国内国外两个市场和两种资源上，一方面企业利用各种渠道拓展海外市场，设立海外办事机构，利用各种商务交流契机延伸触角，拓展市场，对项目的真实可靠性、满足劳务人员出国（境）预期负责；另一方面通过对外劳务合作企业直接招收、自主选拔，或通过服务平台招收，或采取校企合作以及设立企业分支机构代为招收等形式，形成适合本企业项目需求的市场供给机制和人员培育机制。

第二段，中期的适应性培训与手续办理。这是企业经营机制、团队实力、工作效率、服务质量、企业形象以及经营管理水平的集中体现。大多数企业采用自主培训方式，培训场地、培训教材、培训师资、培训考核等已形成制度体系。有的企业的培训中心已发展成民办教育机构，成为劳动力转化的有效载体之一。同时，企业在报名登记、项目宣讲、面试选拔、合同签署、手续办理、出国（境）指导、定期家访等方面已形成富有特色的“一条龙”涉外服务管理模式；与乡村建设相结合，履行企业社会责任。接受政府主管部门的监管，履行统计报表、诚实纳税等义务；有的企业还将心理测试量表用于面试选拔，针对劳务人员适时开展心理健康科普教育、心理咨询等心理健康服务。

第三段，后期的境外管理与跟踪服务。这是对外劳务合作产业链的末端，即需求侧。它是企业满足境外雇主、出国（境）劳务人员两个服务对象需求的具体体现，是企业实现良性循环、树立形象、打造品牌的重要组成部分。它涉及协助劳务人员协调与雇主的工作关系，帮助劳务人员解决境外务工期间的家庭困难，帮助劳务人员维护合法权益；协助处理雇主企业停业后对劳务人员的安排，协助做好境外劳务纠纷、突发事件的处置和境外紧急避险安排；为劳务人员做好回国（境）就业指导，举行回国（境）劳务人员联谊活动等。

笔者在从事对外劳务合作行业协调自律服务和对外劳务合作谈判中，用“对外劳务合作业务三段法”解释对外劳务合作“经营性活动”，体会到这种方式具有将抽象概念以形象化解释的便利性，特别是为争取境外管理服务费提供了富有说服力的依据，有利于体现中国对外劳务合作的特点，体现中国对外劳务合作企业的责任和与国际人力资源服务对接的理念。

三、对外劳务合作的广义概念

（一）历史沿革

中国对外劳务合作发展历程按照时间进程划分为起步（1979—1982 年）、稳步发展（1983—1989 年）、快速发展（1990—2000 年）、调整提高（2001—2011 年）和规范发展（2012 年至今）等五个阶段。

（二）原则立场

中国政府致力于加强双边劳务合作，截至 2017 年，已与英国、韩国、俄罗斯、安哥拉、以色列等 16 个国家或地区签订了劳务合作协议或备忘录（详见表 1 - 2 - 1 - 2）。同时，在双边经贸合作框架内，与许多国家建立了双边劳务合作的工作机制，研究和解决双边劳务合作中存在的问题，疏通正规渠道，并采取有效措施遏制非法渠道，以促进双边劳务合作的规范、有序发展，促进双边经贸关系和友好往来。

中国对外劳务合作的基本原则和立场是：

（1）中国不谋求对外输出劳动力，中国的就业依靠中国自身的经济发展来解决。中国劳务人员由中国具有对外劳务合作经营资格的企业有组织地派至具有需求的国外雇主工作，在国外工作期满后由对外劳务合作企业组织返回，不会给当地造成就业和移民压力。

（2）中国对外劳务合作属于双边经济合作的一种形式，是按照互利共赢的原则，有组织、有管理地向境外派遣当地不能满足的劳动力，参与当地的经济建设，提高劳务输入国或地区的产业竞争力，实现相互合作和优势互补，不是单纯的劳务或劳动力输出。

（3）中国政府要求中国对外劳务合作企业对劳务人员进行出国前适应性培训，安排劳务人员接受赴国外工作所需的职业技能、安全防范知识、外语以及用工项目所在国家或者地区相关法律、宗教信仰、风俗习惯等知识的培训。要求对外劳务合作企业和劳务人员遵守用工项目所在国家或者地区的法律，尊重当地的宗教信仰、风俗习惯和文化传统，遵守合同，与当地社会和谐共处。

（4）中国政府要求任何单位和个人不得以商务、旅游、留学等名义组织劳务人员赴国外工作。同时要求国外的企业、机构或者个人不得在中国境内直接招收劳务人员赴国外工作。

（5）中国政府要求劳务输入国政府按照当地的法律法规，保护中国劳务人员的合法权益。

（6）中国对外劳务合作是在双边经贸合作框架下进行的。中国商务部在双边经贸联委会、混委会和自贸区谈判等经济合作框架内，与劳务输入国建立双边劳务合作机制，通过签署双边劳务合作协议和定期工作磋商等方式，促进双边劳务合作的规范有序、健康长期发展。

（7）中国政府愿意与各国政府，无论是劳务输出国还是劳务输入国以及国际移民组织、国际劳工组织等国际组织加强合作。在相互平等和尊重的基础上，加强对话和沟通，共同促进公正、有序的国际劳动力流动，努力解决国际劳动力移民存在的问题和面临的挑战。

同时，近年来，中国已成为世界上对外投资的主要输出国，越来越多的中国企业在国外投资办厂、并购，为当地创造了大量就业机会。中方愿意与有关各国以及国际移民组织、国际劳工组织开展更广泛、更深入的务实合作。通过双方合作，除了帮助中国对外劳务合作企业提高跨国劳动力流动的管理能力外，还要帮助中国对外投资、对外承包工程企业了解国际劳工标准、公约，欧盟各国的移民、劳工政策等，提高中国企业的国际化经营管理水平，维护中国外派劳务人员的合法权益，共同促进公正、有序的国际劳动力流动。

（三）主要特点

一是从历史发展看，四十多年来，对外劳务合作在波折中前进，在前进中完善，业务规模发展壮大，已成为对外投资合作的重要组成部分。

二是从宏观管理看，《对外劳务合作管理条例》以及相关政策规定已经形成较为完善而相对稳定的宏观经营环境，为行业发展提供了政策保障。

三是从发展现状看，中国对外劳务合作主要体现为亚洲市场占主导、传统行业占比高、调整结构见端倪、省市排序较稳定、重点市场拉动大、海外雇佣比例高、行业集中度居高等主要特点，而且具有鲜明的时代特征。

四是从经营主体看，由于市场竞争加剧，企业之间的经营状况形成两极分化，部分企业经过业务调整已经步入稳步发展，而为数不少的企业业务滑坡，甚至难以为继，致使行业集中度持续走高。

五是从资源培育看，由于外派劳务人员的结构发生变化，企业既面临招聘难，又面临着中高端技能型劳务培育成本高、周期长的现实，引发企业经营理念更新和可持续发展战略调整。

六是从市场秩序看，资源紧缺引发非法中介的存在，企业维继业务难引发违规经营，加强合规经营将是今后相当时期内市场监管的主旋律。

七是从行业发展看，企业必须适应市场需求，强化资源培育，确立发展定位，规避经营风险，拓展新的市场，彰显竞争优势，才能在新时期迎接新挑战，开启新未来。

（四）社会效应

对外劳务合作的社会效应广泛而深远，主要体现在以下五个层面。

（1）在宏观管理和经济合作层面。对外劳务合作是最早走出国门的服务行业之一，是以增进人民福祉为初心的涉外业务，是对外投资合作的重要组成部分，是一项利国利民的事业；对于缓解东道国劳动力紧缺、增进双边友好合作关系发挥了重要作用。

（2）在企业经营层面。对外劳务合作业务锻炼了队伍，提升了企业竞争力，形成了独特的企业文化和经营方式，是企业延伸产业链条，扩大经营范围、实行多种经营的业务载体和企业发展的平台。

（3）在劳务人员成长层面。从普遍意义上说，对外劳务合作扩大了劳务人员的视野，增加了劳务人员的收入，改善了劳务人员的生活状况。不少劳务人员通过出国劳务改变了自己的人生，回国后成为岗位建功带头人、自主创业引路人、帮贫致富生力军、中外友好代言人。

（4）在社会效应和业务贡献度方面。开展对外劳务合作业务，实现了“出国一人、富裕一家，带动一片、造福一方”的良好社会效应；对外劳务合作是助力脱贫攻坚的有效载体，为促进“三农”经济、振兴乡村建设、带动区域经济发展发挥了积极作用。

（5）站在新的历史起点上，对外劳务合作业务是打造国际人力资源服务商的直接形式，是实现“民心相通”的有效载体，承载着践行“一带一路”倡议、构建人类命运共同体的新任务和新使命。

（五）制约因素

近年来，由于国际政治经济形势、劳务接收国或地区的外籍劳工政策、个别国别市场的收入水平下降等因素致使我国劳务人员出国意向减弱，加之我国外派劳务有效资源不足、对外劳务合作企业经营理念陈旧、资源培育周期长成本高等多种因素制约对外劳务合作业务的发展。就对外劳务合作人员结构变化而言，主要有以下制约因素：

一是近年来传统劳务（水产加工、缝纫、建筑等）受到市场冲击，中高端技能型劳务受到青睐，市场需求结构发生变化，资源培育也面临相应调整，因此劳务资源培育需求的变化促使企业与职业教育产生日益紧密的结合；

二是随着国内收入水平的提高，由于劳务人员出国劳务的意向减弱，广大劳务企业面临的“招人难”问题日益凸显，所以迫使出国教育强化对劳务人员的理想教育和创业教育；

三是语言和技能一直是制约劳务人员“走出去”的重要因素。为此，对外劳务合作企业和相关单位更加注重开展各种方式的培训，坚持走以质取胜的经营之路。

（六）对外劳务合作企业与境外就业中介的区别

2002 年 5 月 14 日，劳动和社会保障部、公安部、国家工商行政管理总局联合发布的《境外就业中介管理规定》中指出：“本规定所称境外就业是指中国公民与境外雇主签订劳动合同，在境外提供劳动并获取劳动报酬的就业行为。本规定所称境外就业中介，是指为中国公民境外就业或者为境外雇主在中国境内招聘中国公民到境外就业提供相关服务的活动。经批准，从事该项活动的机构为境外就业中介机构。”也就是说，境外就业是指中国公民自行到境外工作的就业活动。境外就业中介是指企业为中国公民赴境外就业提供咨询、办理出境和境外工作手续以及介绍境外工作岗位的职业中介机构。

1. 对外劳务合作企业和境外就业中介的主要不同点

（1）主体行为的内涵不同。对外劳务合作企业是组织劳务人员赴其他国家或者地区为国（境）外的企业或者机构（以下统称“国（境）外雇主”）工作而开展经营性活动；而境外就业中介是为中国公民境外就业或者为境外雇主在中国境内招聘中国公民到境外就业提供相关服务的机构。二者的服务内涵不同，前者是围绕各个组织的环节所开展的经营性活动；后者则是单纯为公民提供境外就业服务的活动。

（2）服务对象的工作性质不同。对外劳务合作项下的劳务人员在对外劳务合作企业与境外机构所签订的劳务合作合同或协议框架下从事约定的工作，持工作准证或特定活动工作许可签证，期满后回国或续签一定期限后回国；在境外就业中介框架下的中国公民在与雇主所确定的雇佣关系框架下工作，持工作签证，期满后双方根据各自需要决定是否续签合同，有的还可以办理移民等。

（3）所构成的合同关系不同。对外劳务合作企业与外派劳务人员签署服务合同，服务内容贯穿出境至期满回国（境）的全过程；境外中介机构与境外就业公民只签署境外就业中介合同，侧重于向境外就业公民提供出境就业的中介服务，其境外就业的中介过程不具有服务的连续性，即并不覆盖境外就业公民在境外就业期间的全过程。

（4）所承担的责任不同。对外劳务合作企业须直接与国（境）外雇主签订劳务合作合同，负责项目实施，并承担全部履约责任。按照合同规定招收、培训和派遣劳务人员到境外为雇主提供服务，负责劳务人员的境外管理，保护劳务人员利益，处理劳务纠纷和突发事件。而通过中介机构所从事的境外就业属于个人就业行为，个人直接与境外雇主签订雇佣合同，承担合同义务和责任。境外就业中介企业不对外签约，是在个人对外签约并承担履约责任的基础上，提供资信调查、合同审定、职业介绍、协助办理出境手续和法律援助等服务，并不承担境外管理义务。

2. 原境外就业和外派劳务统称为对外劳务合作

《商务部关于做好境外就业管理工作的通知》（商合发〔2008〕525 号）称：“根据《国务院办公厅关于印发商务部主要职责内设机构和人员编制规定的通知》（国办发〔2008〕77 号），境外就业管理职责划入商务部。”按照“统一政策，统一管理”的原则，将“境外就业和外派劳务统称为对外劳务合作”。同时，“根据国家对外劳务合作、职业介绍、人才和广告等相关管理法规和规定，境外企业、自然人及外国驻华机构不得直接在中国境内招收劳务人员或境外就业人员”。

（七）国际移民组织关于劳务移民的概念

国际移民组织将迁徙、留学、旅游、劳务、经济活动人员往来等统称为移民。其中，对于劳务移民的表述是：公民通过劳务输出或者出国劳务签证到达某个地区或国家，然后再获得永久居住权的一种移民方式。接受劳务移民的国家有美国、加拿大、澳大利亚、新西兰、新加坡等，如在加拿大劳务工作两年后，就可以申请加拿大经验类移民（CEC）。多个国家既是输出国，同时又是中转国，也是输入国。

劳务移民的概念被借用到国内，一般将农民工在城市的务工安置称为劳务移民，是缓解“用工荒”的重要措施。

中国自2001年起成为国际移民组织的观察员国，2016年6月30日正式成为国际移民组织的成员国。根据联合国相关统计数据显示，全世界共有2.32亿国际移民和7.4亿国内移民，中国近年来的国际移民总量和国内移民人口持续增长。在2000—2013年，中国的国际移民总量增长超过50%。截至2013年，中国的海外移民已达933.4万人，成为全球第四大移民输出国；在国内移民方面，2010年中国的国内移民人口超过2.2亿。

按照国际移民组织的数据，全世界国际移民的平均比例是3%，发达国家平均比例为10%，其中美国达到20%，发展中国家平均比例是1.6%，但中国的国际移民比例仅为0.04%。

在中国历史上，曾出现过三次海外移民高潮。第一次移民高潮从16世纪末开始持续到19世纪中叶，其原因是欧洲人相继在东南亚进行商务扩张和殖民地开拓，导致对中国商贩和劳动力的巨大需求。第二次移民高潮是19世纪中期以后的大规模华工出国和20世纪上半叶前往南洋的自由移民。如我国华侨巨商陈嘉庚、朱执信、司徒美堂等，大多是从一把剪刀或一把菜刀或一把剃刀起家，含辛茹苦，连年操劳而成为一代巨富。第三次移民高潮涌现在20世纪70年代，持续至今，时称“新移民潮”。与1950年以前的海外中国移民多目不识丁、身无长物，主要是来自闽粤的贫困农民不同，中国新移民具有高学历的特点。除了留学生前往发达国家外，非熟练劳动力以及技术移民和商务移民也以发达国家为主要移民目的地，其原因是中国移民输出地与发达国家的巨大收入差距。①

（八）发展趋势研判

首先，应该客观看待我国外派劳务资源的潜力空间。当前，在人口仍然保持增长的情况下，即使劳动年龄人口比重不再增加、劳动年龄人口总量开始减少，劳动力资源还有很大的开发利用空间。因为一方面从劳动年龄人口开始负增长到总人口开始负增长还有一个时间段，另一方面可以通过提高劳动力参与率、提高劳动力资源素质、开发老年人力资源等措施调整劳动力结构。在劳动力供求失衡中，还有大量劳动力有待开发利用。

因此笔者认为：未来一段时期内的劳动力总量尚为外派劳务的资源优势；劳动力结构变化缓解对普通劳动力主体的需求；居民收入差距仍然是出国务劳的动因；

---

① 庄国土．全球化时代中国海外移民的新特点［J］．人民论坛·学术前沿，2015（8）：87－94．．

外派劳务人员回国创业的社会效益影响广泛而深远。

其次，要以更加开放、包容、发展的眼光看待我国对外劳务合作的发展趋势。根据我国人口资源的现状和优势，以亚洲为主导的重点国别（地区）市场将在一定程度上发挥激活和拉动市场的作用；以客户需求为导向，顺应国际市场需求，技能型行业领域的比例将会增加，形式多样的资源培育方式将会进一步显现，中高端技能型劳务资源将成为新的竞争优势；企业将打破思维定势，转变发展方式，以坚持"中国特色"为基础，进一步提升国际竞争力。与此同时，经营主体规模将会出现新的适应性整合，优胜劣汰局面将进一步加剧；在合规经营的前提下，企业用国际人力资源服务商的理念参与市场竞争，积极探索和拓展新的业务形态，打造中国劳务品牌，将为对外劳务合作注入新的内涵和活力。

四、对外劳务合作与"自然人移动"的对应关系

（一）"自然人移动"的形式及壁垒

跨境交付、境外消费、商业存在、自然人移动是国际服务贸易的四种模式，其中，"自然人移动"模式的贸易规模较小但发展空间巨大。根据 WTO《服务贸易总协定》第一条第二款（d）项，"自然人移动"是指"一成员的服务提供者通过在任何其他成员领土内的自然人存在提供服务"。这种移动是暂时性的，目的是提供服务。①"自然人移动"包括公司内部调任人员、商务访客、合同服务提供者、独立专家、其他类别等五种形式。

"自然人移动"对各国政治、经济和文化的影响是其他几种方式所无法比拟的。"自然人移动"主要包括以下几种壁垒形式②，见表 2－2－1－2。

表 2－2－1－2　"自然人移动"的主要壁垒形式

壁垒形式	壁垒内容
1. 东道国市场准入限制	对入境的外国自然人在教育、培训和资历等方面的限制，包括：（1）经济需求测试；（2）劳动力市场需求测试；（3）专业资格认证；（4）数量配额；（5）入境和停留时间；（6）预先雇佣；（7）工作许可；（8）最低工资限制；（9）国籍和住所
2. 东道国签证制度限制	对签证配额、签证的歧视性待遇、签证制度和签证效率等方面的限制，包括：（1）签证数量限制；（2）签证时间限制；（3）签证程序繁琐与低效率；（4）签证费用高，申请人承担的机会成本较大

① 汪震．国际服务贸易发展的需要：世贸组织自然人移动谈判简介［J］．WTO 经济导刊，2003（6）：24.

② 陈昭，刘文静．我国自然人移动现状、问题与对策［J］．中国经贸导刊，2014（6）：34－36.

续表

壁垒形式	壁垒内容
3. 国民待遇歧视	通过同等工资、双重征税、居留限制和劳动力市场的本地保护等措施对外国的服务提供者实行有别于本国国民的歧视性待遇和限制，包括：（1）移动限制（跨部门、跨地域）；（2）双重征税；（3）安全限制措施；（4）外汇限制；（5）融资限制；（6）对国内工人补贴；（7）限制购买不动产；（8）在政府行政管理方面，大量模糊的名词和定义为行政管理的随意性留下了很大的操作空间

（二）“自然人移动”的特点

我国对外劳务合作作为国际劳务输出的一部分，属于世贸组织服务贸易中“自然人移动”的范畴，但定义和分类均与世贸组织谈判中的自然人有所不同。世贸组织服务贸易中“自然人移动”主要是指一成员方的服务提供者在另一成员方境内通过自然人存在的形式提供服务。其特征：一是“自然人移动”是一种国际服务贸易方式；二是“自然人移动”的主体是服务提供者；三是“自然人移动”的期限一般局限于短期。

“自然人移动”的流向分为四类：一是发达国家向发展中国家的移动；二是发展中国家向发达国家的移动；三是发达国家之间的移动；四是发展中国家之间的移动。其中，发达国家与发展中国家之间的劳动力资源的互补性最强。

（三）对外劳务合作与“自然人移动”的对应关系

对外劳务合作即国际劳务合作，是中国特有的定义，是国际经济合作的基本形式之一，是劳动力要素在国际重新组合配置的一种形式。对外劳务合作所内含的内容十分广泛，既有生产性劳务合作，又有服务性劳务合作。生产要素国际分布的不平衡是劳务合作的基础，国际经济发展的不平衡是劳务合作发展的根本原因，世界产业结构的调整和国际分工的发展是劳务合作发展的重要原因。作为国际经济合作的一种重要形式，对外劳务合作已成为当今国际经济关系的重要纽带之一。

“自然人移动”并不是自然人移民。“自然人移动”包含公司内部调任人员、商务访客、合同服务提供者、独立专家、其他类别等五种形式。公司内部调任人员相当于我国实施对外投资合作项目时，临时性将持工作签证或商务签证的高层管理人员派至项目所在国所设立的分支机构或分公司工作的人员；商务访客相当于我国企业在准备实施对外投资合作项目时，为建立工厂、设立代表处或实施项目派出持有商务访问签证的国内员工出访其他国家或地区的人员；合同服务提供者相当于我国对外劳务合作企业在履行对外劳务合作项目时，按照雇主要求、合同规定，有组织地派遣具有一定技能、已获得工作签证为其他国家或地区的雇主工作的劳务人员；独立专家相当于我国具有较高外语水平、拥有相关专业知识背景和资质的自然人以独立专业人员的身份，与其他国家或地区业主签订服务合同并获得就业许可，持工作签证在境外就业的人员；其他类别相当于安装人员或售后服务人员、中文教师、艺术家、运动员、时装模特、专家配偶和特殊职业者等。在上述五类人员中，我国在统计上尚未对商务访客、独立服务提供者进行区分，在称谓上将出口自然人称为“对外劳务合作”。

世贸组织关于自然人的类别包括但不限于对外劳务合作。目前，我国从事服务贸易的人员大多数为有组织、有管理地派往境外，并在合同完成后全部返回境内。其中，既包括对外承包工程项下带动的自然人出口和单纯在对外劳务合作合同项下的自然人出口两个部分，还包括在境外从事对外投资和实施承包工程时带到境外的国内自有职工或招聘的工人。

我国对外劳务合作是中国对外经济合作的重要组成部分，按照“互利共赢”的原则，通过有对外劳务合作经营资格的企业，有组织、有管理地向劳务输入国派遣其短缺的劳动力，参与当地经济建设的一种经济合作方式。我国对外劳务合作，其实质是国际劳务输出的一部分；属于国际服务贸易中“自然人移动”的范畴。其特点是：我国对外劳务合作是在双边经贸合作框架下，通过对外劳务合作企业、境外雇主和劳务人员三方签约，有组织、有管理地按照双边经济合作项目的方式进行的。通过对外劳务合作渠道派出的劳务人员在履行完合同后，由对外劳务合作企业负责组织其返回中国，不给劳务输入国带来就业、移民等社会问题。

由此可知，对外劳务合作是我国“自然人移动”的主要形式，也是世贸组织谈判自然人类别中“合同服务提供者”的主要来源。20 世纪 80 年代末以前，我国对外劳务合作以对外承包工程带动的建筑业劳务为主，90 年代开始，单纯劳务输出合同项下输出的自然人成为对外劳务合作的主流。

第二节 体系构成

改革开放四十多年来，随着经济体制机制改革的不断深化，对外劳务合作的政策体系得到不断完善。从第一章第一节“对外劳务合作相关法律法规政策”所汇总的文件看，有关政府主管部门根据对外劳务合作相关法律法规制定了一系列对外劳务合作的相关政策，形成了比较完整且富有特色的机制和体制。为便于对外劳务合作企业领会和应用对外劳务合作的相关政策，围绕对外劳务合作经营活动的各个环节，对外劳务合作政策体系主要体现在宏观管理、经营资格管理、劳务项目管理、外派劳务培训、备用金和履约保证金、出国（境）手续、服务平台、统计制度、规范经营秩序、劳务权益保护、海员业务管理、国别（地区）市场以及企业驻外机构建设、对外投资合作企业的境外管理、企业信用建设、收费与税收政策和市场监管等方面，如表2－2－2－1所示。对外劳务合作行业规范体系主要体现在行业规范、协调办法、分支机构管理、自律性指导意见、常态监督检查、行业服务产品、行业倡议与公约、应急处置与权益保障、信用评价等方面，见表2－2－2－2。

表2－2－2－1　对外劳务合作政策体系

（以第二篇第一章“对外劳务合作相关文件综合”所列文件为依据）

分类构成	相关文件所涉及的主要内容
总体遵循	《对外劳务合作管理条例》
宏观管理	对外投资合作在外人员分类管理
	对外投资合作在外人员信息管理
	地方商务主管部门归口管理职责
	加强驻外使（领）馆对对外劳务合作企业的一线管理
	深入开展对外劳务合作助力乡村振兴工作
经营资格管理	对外劳务合作经营资格核准与管理
劳务项目管理	对外劳务合作项目审查有关问题的规定
	做好对外劳务合作项目确认工作
	实行外派劳务招收备案制
	劳务输出合同主要条款内容
	承包工程项下外派劳务人员管理
外派劳务培训	全面实行外派劳务培训
	培训管理办法与规定
	对外投资合作在外人员培训教材
	印制外派劳务培训合格证有关事宜
备用金和履约保证金	对外劳务合作风险处置备用金管理
	取消收取履约保证金
出国（境）手续	办理劳务人员出国（境）手续办法
服务平台	对外劳务合作服务平台建设
	对外劳务合作服务平台名单公布与数据填报
统计制度	对外劳务合作业务统计制度
规范经营秩序	对外劳务合作不良行为记录
	严禁向境外博彩色情场所派遣劳务人员
	开展规范外派劳务市场秩序专项行动

续表

分类构成	相关文件所涉及的主要内容
劳务权益保护	切实加强保护外派劳务人员合法权益
	建立外派劳务援助工作机制
	防范和处置境外劳务事件的规定
	建立境外劳务群体性事件预警机制
	做好外派劳务人员来信来访工作
	涉外劳务纠纷投诉举报处置
海员业务管理	加强外派海员类对外劳务合作管理
	外派海员类对外劳务合作经营资格管理规定
	船员注册管理与船员服务管理规定
国别（地区）市场	日本、韩国、新加坡、以色列、澳大利亚、俄罗斯以及我国港澳台等有关管理规定
企业驻外机构建设	驻外机构冠名、建设、管理、安全等规定
对外投资合作企业的境外管理	对外投资合作企业在外人员信息备案制度
	驻外使（领）馆管理对外投资合作指导意见
	对外投资合作境外安全事件应急响应和处置规定
企业信用建设	加强对外经济合作领域信用体系建设
收费与税收政策	对外劳务合作企业服务费收取依据
	劳务企业缴纳的税种及其税率
	减免税费项目及其税率
市场监管	对外投资合作和对外贸易领域不良行为记录
	规范对外投资合作领域经营行为和竞争行为
	开展企业“走出去”合规经营排查工作
	对外投资合作“双随机、一公开”监管工作

表 2-2-2-2　对外劳务合作行业规范体系

（以第二篇第一章“对外劳务合作相关文件综合”所列文件为依据）

分类构成	相关文件所涉及的主要内容
行业规范	中国对外劳务合作行业规范
协调办法	对外劳务合作协调办法
	对日本、韩国、新加坡、以色列、德国、奥地利等国别（地区）市场协调办法以及海峡两岸渔船船员劳务合作业务协调办法
分支机构管理	中国对外承包工程商会分支机构管理暂行办法
	中国对外承包工程商会专家委员会及专家管理办法
	中国中日研修生协力机构工作条例与成员管理办法
	中国外派海员协调机构工作条例与成员管理办法
	中国外派渔工协调机构与成员公司行为准则

续表

分类构成	相关文件所涉及的主要内容
自律性指导意见	对外劳务合作行业收费自律指导意见
	进一步促进对外劳务合作业务健康发展的意见
	促进海外新兴劳务市场有序发展的指导意见
	推进外派海员劳务合作进一步发展的意见
	进一步推动外派劳务基地建设的意见
常态监督检查	建立对外劳务合作行业常态检查机制的意见
	对外劳务合作行业常态监督检查办法
行业服务产品	对外劳务合作业务合同范本［包括通用型合同范本和国别（地区）市场合同范本］
	在日研修生失踪专项认证指导
	对台渔工劳务合作团体保险
	中德专业护理人员合作业务流程
行业倡议与公约	中国对外投资合作在外人员文明行为倡议书
	在中新投资合作外派人员中推广使用新加坡赌场自愿禁门令的通知
	正确开展技能实习合作倡议书
	对日研修生诚信守约倡议书
应急处置与权益保障	做好技能实习生权益保障工作的通知
	进一步加强外派劳务合法权益保护工作的意见
	突发事件应急处置工作预案
信用评价	对外承包工程和劳务合作企业信用等级评价管理办法

第三节　管理框架

一、中国对外劳务合作管理体系

中国对外劳务合作经过改革开放四十多年来的发展，已基本形成“商务部宏观管理、各部门协调合作、地方政府部门属地管理、行业组织协调自律、驻外经商机构一线监管、与有关劳务输入国共同管理”的管理体系。这个管理体系主要包括六个方面。[①]

① 中华人民共和国商务部合作司．大力开展对外劳务合作 提高对外劳务合作水平［D/OL］．（2007－08－16）［2022－02－11］．https：//wenku. baidu. com/view/7b44d733c181e53a580216fc700abb68a982ad15. html.

（一）商务部制定促进管理政策

主要包括有关经营资格核准和年审、外派劳务项目确认和项目审查、外派劳务人员招收备案、外派劳务培训、对外劳务合作风险处置备用金、外派劳务统计、外派劳务人员投诉援助等制度。

（二）各部门协调合作

商务部与公安部门共同完善便利外派劳务人员出国（境）手续的办法；与外事部门共同建立了境外劳务纠纷或突发事件处理机制；与公安、工商、外事等部门共同整顿市场经营秩序；与财政部门合作制定了外派劳务收费制度和一系列促进和鼓励措施等。

（三）对经营企业实行属地管理

发挥各地方政府部门的组织领导作用，严格项目审查和外派劳务招收备案，监督经营公司依法经营，协调解决对外劳务合作工作中出现的问题。《条例》强调县级以上地方人民政府的服务与管理职责。

1. 总则

“县级以上地方人民政府统一领导、组织、协调本行政区域的对外劳务合作监督管理工作。”（《条例》第四条）

2. 分工

“县级以上地方人民政府商务主管部门负责本行政区域的对外劳务合作监督管理工作，其他有关部门在各自职责范围内负责对外劳务合作监督管理的相关工作。”（《条例》第四条）

3. 职责

（1）建立对外劳务合作服务平台。“县级以上地方人民政府根据本地区开展对外劳务合作的实际情况，按照国务院商务主管部门会同国务院有关部门的规定，组织建立对外劳务合作服务平台（以下简称服务平台），为对外劳务合作企业和劳务人员无偿提供相关服务，鼓励、引导对外劳务合作企业通过服务平台招收劳务人员。”（《条例》第三十四条）

（2）对外劳务合作突发事件应急处置。“对外劳务合作突发事件应急处置由组织劳务人员赴国外工作的单位或者个人所在地的省、自治区、直辖市人民政府负责，劳务人员户籍所在地的省、自治区、直辖市人民政府予以配合。”（《条例》第三十六条）

（3）突发事件预警、防范和应急处置。“国务院有关部门、有关县级以上地方人民政府应当建立健全对外劳务合作突发事件预警、防范和应急处置机制，制定对

外劳务合作突发事件应急预案。”（《条例》第三十六条）

（四）行业组织协调自律

通过行业组织建立协调机制，对经营企业进行指导、协调，并提供咨询和服务；与劳务输入国有关行业组织建立工作机制，协助企业开拓国际劳务市场，维护经营秩序。

（五）驻外使（领）馆经商机构一线监管

由驻外使（领）馆经商机构对对外劳务合作项目进行确认，保证项目的真实性，避免劳务人员上当受骗；协调与驻在国主管部门的关系，加强对外交涉；指导、监督经营企业的工作，协助国内有关省份处理劳务突发事件。

（六）双边政府间合作

充分利用双边经贸联委会、自贸区等框架，商务部与主要劳务输入国或地区建立政府间磋商机制，并积极签署双边劳务合作协议。

二、中国对外劳务合作“四位一体”的宏观管理构架

从我国对外劳务合作宏观管理的角度出发，在对外劳务合作管理体系的基础上，已建立和完善了由“国务院商务主管部门、地方商务主管部门、驻外经商机构和行业组织”构成的、具有中国特色的“四位一体”宏观管理体制构架。《条例》明确了除对外劳务合作企业以外，与对外劳务合作相关的宏观服务与管理、行业自律以及其他业务相关主体及其责任，见图2－2－3－1。

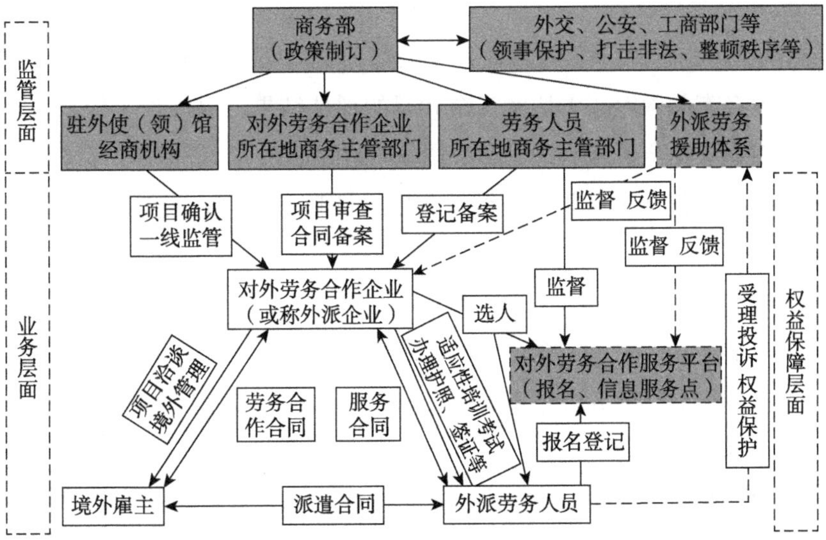

图2－2－3－1　对外劳务合作管理框架示意图

（一）国务院商务主管部门的服务与管理

1. 总则

“国务院有关部门制定和完善促进对外劳务合作发展的政策措施，建立健全对外劳务合作服务体系以及风险防范和处置机制。”（《条例》第三条）

2. 分工

“国务院商务主管部门负责全国的对外劳务合作监督管理工作。国务院外交、公安、人力资源社会保障、交通运输、住房城乡建设、渔业、工商行政管理等有关部门在各自职责范围内，负责对外劳务合作监督管理的相关工作。”（《条例》第四条）

“国务院有关部门、有关县级以上地方人民政府应当建立健全对外劳务合作突发事件预警、防范和应急处置机制，制定对外劳务合作突发事件应急预案。”（《条例》第三十六条）

“对违反本条例规定组织劳务人员赴国外工作，以及其他违反本条例规定的行为，任何单位和个人有权向商务、公安、工商行政管理等有关部门举报。接到举报的部门应当在职责范围内及时处理。”（《条例》第三十八条）

3. 国务院商务主管部门的具体职责

（1）信息收集与通报。

“国务院商务主管部门会同国务院有关部门建立对外劳务合作信息收集、通报制度，为对外劳务合作企业和劳务人员无偿提供信息服务。”（《条例》第三十条）

（2）风险监测和评估。

“国务院商务主管部门会同国务院有关部门建立对外劳务合作风险监测和评估机制，及时发布有关国家或者地区安全状况的评估结果，提供预警信息，指导对外劳务合作企业做好安全风险防范；有关国家或者地区安全状况难以保障劳务人员人身安全的，对外劳务合作企业不得组织劳务人员赴上述国家或者地区工作。”（《条例》第三十一条）

（3）统计汇总分析。

“国务院商务主管部门会同国务院统计部门建立对外劳务合作统计制度，及时掌握并汇总、分析对外劳务合作发展情况。”（《条例》第三十二条）

（4）培训指导与监督。

“国家财政对劳务人员培训给予必要的支持。国务院商务主管部门会同国务院人力资源社会保障部门应当加强对劳务人员培训的指导和监督。”（《条例》第三十三条）

（5）指导监督对外劳务合作服务平台运行。

“国务院商务主管部门会同国务院有关部门应当加强对服务平台运行的指导和监督。”（《条例》第三十四条）

（6）不良信用记录和公告。

“国务院商务主管部门会同国务院有关部门建立对外劳务合作不良信用记录和公告制度，公布对外劳务合作企业和国外雇主不履行合同约定、侵害劳务人员合法权益的行为，以及对对外劳务合作企业违法行为的处罚决定。”（《条例》第三十七条）

（7）防范和制止非法行为。

“国务院商务主管部门会同国务院公安、工商行政管理等有关部门，建立健全相关管理制度，防范和制止非法组织劳务人员赴国外工作的行为。”（《条例》第三十八条）

（8）通报有资质企业名单。

国务院商务主管部门应当及时将依法取得对外劳务合作经营资格证书并办理登记的企业通报中国驻外使馆、领馆。（《条例》第七条）

（9）备用金缴存、使用和监督。

“备用金缴存、使用和监督管理的具体办法由国务院商务主管部门会同国务院财政部门制定。”（《条例》第十条）

（二）地方商务主管部门的服务与管理

1. 经营资格审批

“……经省级或者设区的市级人民政府商务主管部门批准，取得对外劳务合作经营资格。”（《条例》第五条）

负责审批的商务主管部门应当将依法取得对外劳务合作经营资格证书并办理登记的企业名单报至国务院商务主管部门。（《条例》第七条）

2. 备用金缴存、使用和监督

“对外劳务合作企业应当自工商行政管理部门登记之日起5个工作日内，在负责审批的商务主管部门指定的银行开设专门账户，缴存不低于300万元人民币的对外劳务合作风险处置备用金（以下简称备用金）。备用金也可以通过向负责审批的商务主管部门提交等额银行保函的方式缴存。负责审批的商务主管部门应当将缴存备用金的对外劳务合作企业名单向社会公布。”（《条例》第九条）

3. 接收并报送企业停业后的人员安排方案

“对外劳务合作企业停止开展对外劳务合作的，应当对其派出的尚在国外工作的劳务人员作出妥善安排，并将安排方案报负责审批的商务主管部门备案。负责审批的商务主管部门应当将安排方案报至国务院商务主管部门，……”（《条例》第十九条）

4. 突发事件预警、防范和应急处置

“国务院有关部门、有关县级以上地方人民政府应当建立健全对外劳务合作突发事件预警、防范和应急处置机制，制定对外劳务合作突发事件应急预案。”（《条例》第三十六条）

5. 举报受理与处理

“对违反本条例规定组织劳务人员赴国外工作，以及其他违反本条例规定的行为，任何单位和个人有权向商务、公安、工商行政管理等有关部门举报。接到举报的部门应当在职责范围内及时处理。”（《条例》第三十八条）

6. 不良信息的收集和发布

“在地方各级人民政府的指导下，各级商务主管部门会同外事、公安、工商行政管理部门建立所辖行政区域内对外劳务合作不良信用记录收集和发布机制，及时发现、收集不良信息，通过政府网站、报刊、广播电视等媒体向社会发布。”“各地商务、外事、公安、工商行政管理等部门应当根据有关法律法规对相关对外劳务合作不良信用记录涉及的企业、中介机构和自然人的违规违法行为依法予以查处。”“地方各级人民政府应加强对本行政区域内对外劳务合作不良信用记录工作的指导、监督和管理，促进本地区对外劳务合作规范发展，切实维护劳务人员的合法权益。”[《商务部、外交部、公安部、国家工商总局关于印送〈对外劳务合作不良信用记录试行办法〉的函》（商合函〔2010〕462 号）]

7. 严格项目确认

各地商务主管部门不得批准本地区企业向境外博彩、色情经营场所提供劳务人员的项目；各地公安机关不得为辖区内赴境外博彩、色情经营场所工作的人员办理出入境证件。根据有关部门提供的名单等信息，公安机关可视情限制曾赴境外博彩、色情经营场所工作人员 1 至 5 年内不准出境。[《商务部、公安部关于严禁向境外博彩色情经营场所派遣劳务人员的通知》（商合发〔2005〕318 号）]

（三）驻外使（领）馆一线协调

发挥驻外使（领）馆的一线管理、协调作用，是我国对外劳务合作“四位一体”管理框架的重要组成部分。《对外贸易经济合作部关于印发〈关于加强我国驻外使（领）馆经商参处（室）对对外承包工程和劳务合作业务管理的规定〉的通知》（外经贸合发〔1999〕第 332 号，以下简称《加强业务管理规定》）指出：“驻外经商机构是我国驻外使（领）馆主管对外经贸业务的机构，负责指导我国企业在驻在国开展对外承包工程和劳务合作业务，监督我国企业遵守我国的法规政策及驻在国的法律、规定，维护我国企业和外派劳务人员的合法权益；协调我国企业在重大问题和项目上一致对外，根据业务发展的需要，及时组建我国企业间的协调机构并直接领导其工作。”

商务主管部门高度重视加强我国驻外使（领）馆经商参处（室）对对外承包工程和劳务合作业务的一线管理、协调工作。根据我国驻外使（领）馆经济商务参赞处（室）（以下简称“驻外经商机构”）主要任务和职责及此项业务的发展需要，对外贸易经济合作部于1999年发出《加强业务管理规定》；2005年，商务部、外交部又联合发出《关于加强我驻外使（领）馆对对外劳务合作业务管理的通知》（商合发〔2005〕285号，以下简称《加强业务管理通知》）；2008年，商务部发出《关于加强我国驻外使（领）馆经商参处（室）管理对外投资合作工作的指导意见》（商合发〔2008〕270号，以下简称《指导意见》）；2012年颁发的《对外劳务合作管理条例》进一步明确了驻外使（领）馆对对外劳务合作管理的作用。归纳上述规范性文件和法规对发挥我国驻外使（领）馆一线管理、协调作用的要求和规定，主要包括以下几个方面。

1. 驻外经商机构管理服务总体要求

《指导意见》指出，驻外经商机构应围绕“信息、服务、协调、调研、交涉、保护”十二字方针，认真做好对外投资、对外承包工程、对外劳务合作等对外投资工作业务的管理和服务工作。主要包括：

（1）重点做好对驻在国（地区）与投资合作相关重要信息的收集和分析；

（2）指导和监督我国企业在当地守法经营，履行社会责任，重信守诺，实现互利双赢；

（3）协调我国企业在重大问题和项目上一致对外；

（4）提高服务水平，积极开展对外交涉，维护国家、企业和人员的合法权益。

2. 实行登记备案管理，加强指导监管服务

（1）接受对外劳务合作企业的项目报告和人员备案。

《条例》第十四条、第十六条、第十七条、第十八条和第十九条分别规定：对外劳务合作企业组织劳务人员出境后，应当及时将有关情况向中国驻用工项目所在国使馆、领馆报告；对外劳务合作企业向同一国家或者地区派出的劳务人员数量超过100人的，应当安排随行管理人员，并将随行管理人员名单报中国驻用工项目所在国使馆、领馆备案；对外劳务合作企业应当制定突发事件应急预案。国外发生突

发事件的，对外劳务合作企业应当及时、妥善处理，并立即向中国驻用工项目所在国使馆、领馆和国内有关部门报告；用工项目所在国家或者地区发生战争、暴乱、重大自然灾害等突发事件，中国政府作出相应避险安排的，对外劳务合作企业和劳务人员应当服从安排，予以配合；对外劳务合作企业停止开展对外劳务合作的，应当对其派出的尚在国外工作的劳务人员作出妥善安排，并将安排方案报负责审批的商务主管部门备案。负责审批的商务主管部门应当将安排方案报至国务院商务主管部门，国务院商务主管部门应当及时通报中国驻用工项目所在国使馆、领馆。

（2）对当地中资企业实行登记备案管理。

《指导意见》指出，驻外经商机构应对当地中资企业实行登记备案管理，建立企业档案，全面掌握企业数量、经营状况等方面的情况，定期与部内主管司局核对，并敦促有关企业履行国内核准手续。

《加强业务管理规定》明确指出：

①所有中国企业首次或重新进入某国（地区）市场开展对外承包工程、劳务合作业务，应首先向我国驻该国（地区）的经商机构登记，并征得驻外经商机构的同意。

②驻外经商机构应根据我国外经贸政策和驻在国的有关法规政策、市场总量、项目类型以及我经营公司的规模等情况，尽快对有关登记企业可否进入当地市场、开展某方面或某项业务作出答复并提出指导性意见。

③企业登记应采用书面（如信函、传真、电报）或派代表到有关驻外经商机构当面汇报的方式进行。

④企业登记时，应向驻外经商机构报告以下情况：

企业的基本情况［包括企业营业执照复印件、《国外承包工程、劳务合作经营许可证》复印件］；外方合作对象（包括业主、雇主、出资方、合资方、代理人、中介人等）的基本情况；企业拟在该国（地区）设立机构或委派代表、负责人的基本情况；企业在该国（地区）拟从事业务的领域或项目、进展情况及以往的业绩。

⑤企业要按驻外经商机构的要求定期汇报工作。在下列情况下，企业必须向驻外经商机构报告：

参加大型承包工程项目的投标或议标；参加对我国对外政治、经贸关系有较大影响项目的投标或议标；多家公司竞争同一承包工程项目；签订派出劳务人员较多项目的合同；在政局不稳或有战争、动乱危险的国家（地区）开展业务；在外设立的机构或代表、负责人撤离、变更；发生其他重大事项时。

派出劳务人员较多项目的标准由各驻外经商机构根据驻在国实际情况制定及调整。

（3）定期摸排和巡查，及时制止和纠正违法违规行为。

《指导意见》要求，对外派劳务人员较多的项目，要定期摸排和巡查，避免群体性事件发生；对企业不服从协调或未经批准擅自投标、把项目层层转包、进行商业贿赂、相互拆台、擅自对外承诺我国政府部门和金融机构提供信贷、向工人提供的工资和福利待遇不符合当地法律规定等违法违规行为要坚决制止、及时纠正。

（4）指导中资企业提高社会责任意识。

《指导意见》要求组织中资企业积极参与当地公益事业，教育企业严格遵守当地环保、劳务等方面的法规，尊重当地宗教、风俗习惯，学会与所在国社会各界和谐相处、平等相待；鼓励企业开展属地化经营，妥善处理劳资关系，增强政治敏感性，避免卷入当地利益集团纷争。

（5）对违规企业进行批评教育，提供报请处理意见。

《加强业务管理规定》强调指出："对未严格执行本规定的企业，有关驻外经商机构一经发现应对其进行严肃的批评教育，并将有关情况及处理意见报我部（合作司）。"

3. 加大调研力度，跟踪分析市场

（1）《指导意见》要求，驻外经商机构要加强对驻在国（地区）投资合作环境的调研。密切跟踪分析当地政治局势、经济运行、法律政策、市场容量、发展规划、产业状况、重要投资信息等情况以及我国企业在经营中遇到的主要政策障碍；加强对当地中资企业经营情况的分析研究。密切关注当地政府、议会、群众团体及主流媒体等社会各界对我国企业的评价和报道，及时总结我国企业及有代表性的第三国企业在当地的成功经验、失败教训和受奖惩情况；与当地政府部门建立联系工作机制，实现信息互换共享。

（2）《加强业务管理通知》要求，使（领）馆应与驻在国相关部门建立磋商机制，定期通报双边劳务合作的总体情况及存在问题，共同探讨解决方法，并要求其加强对雇主的监管。

（3）《加强业务管理规定》指出，驻外经商机构应对企业报告中涉及的有关商业秘密予以保密。同时要及时报告企业登记情况、业务开展情况及驻外经商机构的意见、建议和重要情况。

4. 建立协调机制，疏通对话渠道

《加强业务管理规定》指出，驻外经商机构负责我国企业在驻在国开展对外承包工程和劳务合作业务的一线协调工作。

按照《指导意见》要求，在境外中资企业比较集中的国家（地区），驻外经商机构要积极组织中资企业成立商（协）会，并对商（协）会的筹备、成立、注册和运作给予必要的指导和协助。在商（协）会成立前，应将章程、会长、理事会成员和会员名单以及筹建方案报商务部备案。在商会成立后，要按照《商务部 外交部 国资委关于支持和发展境外中资企业商会的指导意见》（商合发〔2008〕8 号）精神要求，在对外交涉和对内协调工作中充分发挥商会的作用，积极主动研究商会的发展问题，指导其加强自身建设、提高工作水平。驻在国（地区）中资企业较少的，可指导建立相应的协调机构，就市场、客户、价格、质量等问题进行内部协商，避免内部恶性竞争。

对外派人数较多的对外承包工程项目，驻外经商机构要建立由驻外经商机构、劳务人员代表、企业项目现场管理人员、企业国内本部共同组成的外派劳务人员对话机制，定期沟通情况，妥善处理各种矛盾。对普通外派劳务，也要主动采取措施，前移监管关口，指导外派企业建立劳务人员、经营公司代表、雇主沟通机制，并定期走访劳务人员，听取并协调解决劳务人员的合理诉求，及时发现倾向性和苗头性问题。同时，指导企业加强对劳务人员的宣传教育，引导其通过正当渠道反映问题，避免采取过激行为。

《加强业务管理通知》要求使（领）馆经商处（室）和领事部在馆党委领导下，各司其职，发挥各自优势，密切配合，共同妥善处理各类劳务事件。

（1）使（领）馆经商处（室）应做好以下工作。

①指定专人负责对外劳务合作业务，组织有关经营公司派驻机构（以下简称“中资机构”）负责人或委托管理代表成立劳务工作小组，定期组织座谈会或经验交流会，分析当地劳务市场供求变化趋势及对我方业务的影响；探讨规范市场经营秩序，加强劳务人员管理的措施；切实做好项目确认工作。

②指导中资机构或委托管理代表建立“劳务人员—经营公司代表—雇主”三方沟通机制；要求经营公司代表对劳务人员遇到的困难、问题和思想状况做到早了解、早发现、早沟通、早解决，并及时向雇主反映、交涉，要求其严格履行合同条款，尊重我方劳务人员的合法权益；对不认真履行职责或现场管理不力的经营公司代表，可建议公司总部予以撤换。

③指导和督促中资机构或委托管理代表加强宣传教育，提高劳务人员自觉遵守当地法规和认真履行合同的意识，增强自我保护能力，冷静对待当地有关部门的执法行为；设立咨询、投诉电话，并向全体劳务人员公布，为劳务人员反映情况提供正常渠道，注意引导劳务人员通过正当渠道反映问题，避免采取过激行为。

（2）领事部应做好以下工作。

①研究加强对外派劳务人员领事保护工作的措施，依法保护我方外派劳务人员合法权益。

②促请驻在国有关部门公正合理地处理涉及我方外派劳务人员事件，并为有关

人员提供必要的领事保护和协助。

③与经商处（室）一起，定期或不定期到劳务人员中走访，全面了解和掌握劳务人员的工作、生活及思想动态等方面的情况。

5. 及时发布相关信息，指导企业防范风险

《指导意见》要求，驻外经商机构要充分利用自身网络平台，及时发布驻在国与投资合作相关信息，指导企业防范风险，规范经营行为。在日常工作中形成的政务信息和调研报告，凡不涉密的均应在网站上发布；做好“对外投资与合作信息服务系统”的建设、运行和维护工作，把此项工作作为驻外经商机构信息建设的重要内容，加强对驻在国基本情况、投资环境、中资企业开展业务情况等信息的收集、录入及更新工作，实现国内国外互联互通、信息共享，提高管理和服务水平。

2010 年，商务部、外交部、公安部、国家工商总局《关于印送〈对外劳务合作不良信用记录试行办法〉的函》（商合函〔2010〕462 号）进一步指出：“各驻外使（领）馆建立驻在国对外劳务合作不良信用记录收集和发布机制，及时发现、收集不良信息，通过政府网站、报刊等媒体向社会发布。”

6. 做好防范预警工作，协助处置境外纠纷和突发事件

《条例》第三十六条规定：“……对外劳务合作突发事件应急处置由组织劳务人员赴国外工作的单位或者个人所在地的省、自治区、直辖市人民政府负责，劳务人员户籍所在地的省、自治区、直辖市人民政府予以配合。中国驻外使馆、领馆协助处置对外劳务合作突发事件。”

《加强业务管理通知》指出，对外劳务合作业务涉及面广、政策性强，劳务事件对外影响大，使（领）馆应从讲政治的高度出发，把对外劳务合作的管理和促进列入日常工作范围，并作为一项重要内容来抓。

《指导意见》强调，驻外经商机构要高度重视境外纠纷和突发事件的防范、预警和处置工作。要建立和完善专门的工作机制和制度，主要负责人要亲自挂帅，并指派专人负责，要配合使（领）馆有关部门加强对安全信息的收集和对各类矛盾、问题的监测，积极争取驻在国军队、内务、警察等部门的支持，及时掌握各类群体性事件的发生苗头和可能危及我国企业和人员安全的情报信息，并向国内有关部门和当地中资企业、人员通报。

境外纠纷或突发事件发生后，驻外经商机构主要负责人要第一时间介入处理，及时与当地政府部门交涉协调，做好有关人员的思想稳定工作。关键阶段必须派人盯守现场，靠前指挥，防止事态失控。要迅速摸清事件基本情况，做出初步评估并提出处理建议，报相关地方人民政府（涉及地方企业）或中央企业集团总部（涉及

中央企业），同时，抄报商务部、外交部、国资委（涉及中央企业）、安监总局（涉及安全生产）、住房城乡建设部（涉及工程质量）及其他相关政府部门。要指导并协助有关企业和国内派出工作组开展工作，并根据需要提供有关证明材料。因发生突发或纠纷事件，我方外派劳务人员须即刻回国（境）而企业无力支付遣返费用时，应尽快将发生的事件电告有关省级商务主管部门及相关地方人民政府，以启动对外劳务合作备用金动用程序。对因雇主或驻在国（地区）政府部门原因导致我国企业或人员遭受伤亡或损失的，要指导和协助有关企业对外交涉，争取合理赔偿。

《加强业务管理通知》要求：如驻在国发生涉及我国劳务人员的重大劳务事件，使（领）馆在做好劳务人员思想稳定工作、指导并协助有关公司妥善处理的同时，应立即将有关情况和处理意见报国内。如劳务人员通过具有对外劳务合作经营资格的公司派出，径告公司注册地商务主管部门和承包商会；如劳务人员通过其他渠道派出或自行出国（境）务工，径报公司注册地或劳务人员户籍所在地省级人民政府；有关情况视情抄报商务部、人社部、外交部、公安部及劳务人员所在地省级人民政府。

7. 做好诉求受理、咨询解答和项目确认工作，提供必要的法律协助

《商务部 公安部关于严禁向境外博彩色情经营场所派遣劳务人员的通知》（商合发〔2005〕318 号）要求各驻外经商机构严格项目确认，不得为企业向驻在国（地区）博彩、色情经营场所提供劳务人员的项目出具确认意见。

《指导意见》指出，驻外经商机构要把好市场准入关。外派劳务企业首次签约进入当地劳务市场、向同一项目派出劳务人员超过 50 人或向服务业派出女性，须首先向驻外经商机构提出《劳务项目确认申请》。驻外经商机构要在认真审核的基础上在 10 日内出具审核意见。凡向驻在国（地区）博彩、色情经营场所派遣劳务人员的项目一律不予确认。为加强工程项下劳务管理，凡需自带劳务的对外承包工程项目，驻外经商机构要出具明确意见。

《条例》第三十五条规定："中国驻外使馆、领馆为对外劳务合作企业了解国外雇主和用工项目的情况以及用工项目所在国家或者地区的法律提供必要的协助，依据职责维护对外劳务合作企业和劳务人员在国外的正当权益，发现违反本条例规定的行为及时通报国务院商务主管部门和有关省、自治区、直辖市人民政府。"

8. 加强对外磋商和宣传，维护企业和劳务人员的合法权益

《指导意见》指出，驻外经商机构要加大对外工作力度。对当地政府出台对我国企业明显不利或歧视性法律规定，以及对我国企业和人员采取不公正法律行动，要及时报回，并在使馆统一领导下，与使馆有关部门密切配合，积极开展对外交涉，

维护我国企业和人员合法权益。要协调解决我国企业在经营中遇到的办理工作准证、入境签证、通关手续等突出困难，推动重点投资合作项目的签约和实施。开展上述工作，既要积极主动，又要实事求是，遵循国际惯例和市场规则，尽量避免将有关问题“政治化”。

要积极配合做好双边投资保护协定、双边劳务合作协定、加强基础设施领域合作协定以及与重点发展中国家双边经贸合作中长期发展规划的商签和组织实施工作，配合国内有关部门和金融机构做好对外提供优惠出口买方信贷的落实工作。

要利用各种场合和渠道宣传我国开展对外投资合作的原则立场和主张，阐明中国的对外劳务合作是按照双边经济合作项目，有组织、有管理地进行。中国劳务人员履约完毕后全部返回中国，不会给当地造成就业和移民等社会问题。主动介绍我国企业在当地开展业务情况，及时澄清当地媒体的负面报道；要及时制止和纠正经营企业利用当地媒体对项目进行虚假宣传。对造成不良后果的，要及时将有关情况报告外交部和商务部（国有企业报国资委或企业所在地省级国资管理部门）。

《条例》第三十五条要求中国驻外使馆、领馆“依据职责维护对外劳务合作企业和劳务人员在国外的正当权益，发现违反本条例规定的行为及时通报国务院商务主管部门和有关省、自治区、直辖市人民政府”。同时规定，“劳务人员可以合法、有序地向中国驻外使馆、领馆反映相关诉求，不得干扰使馆、领馆正常工作秩序”。

（四）行业组织发挥自律作用

1. 发挥自律作用

“有关对外劳务合作的商会按照依法制定的章程开展活动，为成员提供服务，发挥自律作用。”（《条例》第四十八条）

2. 组织编写培训教材

“对外投资合作企业应当遵守国内外有关劳动用工的法律规定，落实外派人员的劳动关系。要按规定组织外派人员培训和行前教育，明确告知外派人员的权利义务以及遇到问题时的投诉渠道。对外承包工程商会要认真组织编写对外投资合作在外人员培训教材，突出案例教育和安全教育，增强实用性。”（《商务部关于加强对外投资合作在外人员分类管理工作的通知》商合函〔2013〕874 号）

3. 不良信息的收集和发布

“中国对外承包工程商会建立对外劳务合作行业不良信用记录收集和发布机制，及时发现、收集不良信息，通过行业网站、报刊、广播电视等媒体向社会发布。”［商务部 外交部 公安部 工商总局《关于印送〈对外劳务合作不良信用记录试行办法〉的函》（商合函〔2010〕462 号）］

第三章　对外劳务合作经营资格

从事对外劳务合作业务必须具有对外劳务合作经营资格。《中华人民共和国对外贸易法》[①] 第十条明确规定："从事国际服务贸易，应当遵守本法和其他有关法律、行政法规的规定。从事对外劳务合作的单位，应当具备相应的资质。具体办法由国务院规定。"该规定以法律的形式明确了从事对外劳务合作经营资格应具备相应的资质、履行相应的许可程序。

《对外劳务合作管理条例》发布前，对外劳务合作经营资格经历了外派劳务人员许可证向对外承包劳务经营权、对外经济合作经营资格证书过渡的过程。实行对外承包工程经营资格与对外劳务合作经营资格分别管理后，商务部又作出加强对外劳务合作经营资格核准以及下放经营资格审批权等有关规定。

2012 年 8 月 1 日实施的《对外劳务合作管理条例》（以下简称《条例》）第五条明确规定，"从事对外劳务合作，应当按照省、自治区、直辖市人民政府的规定，经省级或者设区的市级人民政府商务主管部门批准，取得对外劳务合作经营资格"。《条例》还明确规定，对外劳务合作实行经营资格许可制管理。未依法取得对外劳务合作经营资格并向工商行政管理部门办理登记，任何单位和个人不得从事对外劳务合作；任何单位和个人不得以商务、旅游、留学等名义组织劳务人员赴国外工作；对外劳务合作企业不得允许其他单位或者个人以本企业的名义组织劳务人员赴国外工作；对违法从事对外劳务经营活动的，任何单位和个人有权向商务、公安、工商行政管理等有关部门举报；国务院商务主管部门会同国务院公安、工商行政管理等有关部门建立健全相关管理制度，防范和制止非法从事对外劳务经营活动的行为；对非法从事对外劳务经营活动的，依法予以取缔。另外，境外雇主不得直接在中国

① 1994 年 5 月 12 日第八届全国人民代表大会常务委员会第七次会议通过，2004 年 4 月 6 日第十届全国人民代表大会常务委员会第八次会议修订，根据 2016 年 11 月 7 日第十二届全国人民代表大会常务委员会第二十四次会议《关于修改〈中华人民共和国对外贸易法〉等十二部法律的决定》修正颁布。

境内招收劳务人员赴国外工作等。①

第一节 经营资格的核准程序

一、经营资格核准的行政层级

根据《条例》第七条的规定，申请对外劳务合作经营资格的企业，应当向所在地省级或者设区的市级人民政府商务主管部门（以下简称“负责审批的商务主管部门”）提交其符合本条例第六条规定条件的证明材料。2012 年 8 月 16 日，《商务部关于对外劳务合作经营资格管理有关工作的函》（商办合函〔2012〕644 号）要求各地方根据《条例》第二章和第四章的规定，明确本地区对外劳务合作经营资格核准的行政层级、企业申请经营资格需满足的条件和应提交的材料、经营资格的申请和受理程序，以及相关管理要求等。

二、申请经营资格需要满足的条件

（一）前置许可条件（企业的设立）

第一，《条例》第六条规定，申请对外劳务合作经营资格，应当具备下列条件：

（1）符合企业法人条件；

（2）实缴注册资本不低于 600 万元人民币；

（3）有 3 名以上熟悉对外劳务合作业务的管理人员；

（4）有健全的内部管理制度和突发事件应急处置制度；

（5）法定代表人没有故意犯罪记录。

第二，值得注意的是：

（1）对外劳务合作企业（有限责任公司）应该具备法人资格条件，指的是：①股东符合法定人数；②股东出资需达到法定资本最低数额；③股东共同制定公司章程；④有公司名称，建立符合有限责任公司要求的组织；⑤有公司住所。

（2）对外劳务合作属于特定行业，“实缴注册资本不低于 600 万元人民币”，是一个硬性指标。一是强调实缴，而不是认缴；二是强调现金，而不是实物或房产，

① 《对外劳务合作管理条例》同时规定：“组织劳务人员赴香港特别行政区、澳门特别行政区、台湾地区工作的，参照本条例的规定执行。”

也就是设立时注册资本必须到位。

（3）“法定代表人没有故意犯罪记录”是对作为法定代表人提出的明确要求。根据《中华人民共和国公司法》第一百四十六条的规定，“有下列情形之一的，不得担任公司的董事、监事、高级管理人员：

①无民事行为能力或者限制民事行为能力；

②因贪污、贿赂、侵占财产、挪用财产或者破坏社会主义市场经济秩序，被判处刑罚，执行期满未逾五年，或者因犯罪被剥夺政治权利，执行期满未逾五年；

③担任破产清算的公司、企业的董事或者厂长、经理，对该公司、企业的破产负有个人责任的，自该公司、企业破产清算完结之日起未逾三年；

④担任因违法被吊销营业执照、责令关闭的公司、企业的法定代表人，并负有个人责任的，自该公司、企业被吊销营业执照之日起未逾三年；

⑤个人所负数额较大的债务到期未清偿。

公司违反前款规定选举、委派董事、监事或者聘任高级管理人员的，该选举、委派或者聘任无效。

董事、监事、高级管理人员在任职期间出现本条第一款所列情形的，公司应当解除其职务。”

第三，企业设立的分公司不能单独从事对外劳务合作业务，须按照《条例》第六条申请对外劳务合作经营资格。因为对外劳务合作经营资格证书只授予具有法人资格的企业，因此，对外劳务合作企业不能设立分公司在异地从事经营活动。《条例》第七条规定：“未依法取得对外劳务合作经营资格证书并办理登记，不得从事对外劳务合作”。第八条规定“对外劳务合作企业不得允许其他单位或者个人以本企业的名义组织劳务人员赴国外工作。任何单位和个人不得以商务、旅游、留学等名义组织劳务人员赴国外工作”。

（二）后置许可条件（缴存备用金）

《条例》第九条规定：“对外劳务合作企业应当自工商行政管理部门登记之日起5个工作日内，在负责审批的商务主管部门指定的银行开设专门账户，缴存不低于300万元人民币的对外劳务合作风险处置备用金（以下简称备用金）。备用金也可以通过向负责审批的商务主管部门提交等额银行保函的方式缴存。负责审批的商务主管部门应当将缴存备用金的对外劳务合作企业名单向社会公布。”

三、经营资格的核准程序

（一）应提交的申请材料

随着政府行政手续的简化，各地方受理对外劳务合作经营资格的申请材料有所不同。根据《对外劳务合作经营资格管理办法》(2004 年 7 月 26 日发布，商务部、国家工商总局 2004 年第 3 号令）和《对外劳务合作经营资格管理办法补充规定》(2005 年 7 月 4 日审议通过，商务部、国家工商总局 2005 年第 14 号令)，一般来说，申请对外劳务合作经营资格的企业须提交以下材料：①

（1）企业申请报告（含拟开展对外劳务合作的国别、地区及可行性报告）；

（2）企业法人营业执照复印件或企业名称预先核准通知书复印件；

（3）银行资信证明原件和会计师事务所出具的企业实缴注册资本验资报告、上一年度审计报告复印件；

（4）公司章程、经营管理制度、突发事件应急处置制度等，ISO9000 质量管理体系认证证书复印件；

（5）相关专业管理人员在有经营资格的对外劳务合作企业从事对外劳务合作业务工作 5 年以上，企业为其购买的参（社）保等相关证明原件及其他身份证明材料；

（6）公安机关出具的企业法定代表人无犯罪记录证明原件；

（7）法律法规要求的其他材料。

企业提交的上述相关复印件及材料，一般来说，均需加盖企业公章。

（二）核准经营资格的具体程序

1. 提交申请（依据《条例》第七条）

申请对外劳务合作经营资格的企业，向负责审批的商务主管部门提交其符合《条例》第六条规定条件的证明材料和书面申请。

2. 审查批准（依据《条例》第七条）

负责审批的商务主管部门自收到企业全部申请材料之日起 20 个工作日内进行审查，作出批准或者不予批准的决定。

（1）予以批准的，书面批复申请企业（如属设区的市级人民政府商务主管部门书面批复的、应抄报省商务厅)，颁发《对外劳务合作经营资格证书》；

（2）不予批准的，书面通知申请企业并说明理由。

3. 工商登记（依据《条例》第七条）

（1）新设立的对外劳务合作企业，应自取得《对外劳务合作经营资格证书》之日起的一定期限内，向工商行政管理部门申请设立登记；

（2）已设立的企业申请开展对外劳务合作经营业务的，应自取得《对外劳务合

---

① 参考山东省商务厅山东省工商行政管理局关于印发《山东省对外劳务合作经营资格管理办法》的通知（鲁商办发〔2014〕17 号）。

作经营资格证书》之日起的一定期限内，向工商行政管理部门申请经营范围变更登记。

4. 缴存备用金（依据《条例》第九条）

（1）备用金缴存。对外劳务合作企业自工商行政管理部门登记之日起 5 个工作日内，在负责审批的商务主管部门和财政主管部门指定的对外劳务合作风险处置备用金（以下简称备用金）缴存银行开设专门账户，缴存不低于 300 万元人民币的备用金。备用金也可以通过向负责审批的商务主管部门提交等额银行保函的方式缴存。

（2）备用金缴存、使用和监督管理。备用金缴存、使用和监督管理按《对外劳务合作风险处置备用金管理办法（试行）》（商务部、财政部 2014 年第 2 号令）和省级商务、财政部门的实施意见办理。

5. 名单公布（依据《条例》第九条）

负责审批的商务主管部门如属设区的市级人民政府商务主管部门，在企业缴存备用金后及时将对外劳务合作企业名单向社会公布，并报省商务厅备案。

6. 名单报备（依据《条例》第七条）

（1）负责审批的商务主管部门如属设区的市级人民政府商务主管部门将对外劳务合作企业名单向社会公布的同时报省级商务主管部门备案；

（2）省级商务主管部门将依法取得对外劳务合作经营资格证书并办理登记的对外劳务合作企业名单报至国务院商务主管部门。

7. 通报驻外使（领）馆（依据《条例》第七条）

国务院商务主管部门及时通报中国驻用工项目所在国使（领）馆。

四、经营资格的查询

根据《条例》规定，负责审批的商务主管部门如属设区的市级人民政府商务主管部门，在企业缴存备用金后及时将对外劳务合作企业名单向社会公布，并报省商务厅备案。（《条例》第九条）同时规定，负责审批的商务主管部门将依法取得对外劳务合作经营资格证书并办理登记的企业（对外劳务合作企业）名单报至国务院商务主管部门。（《条例》第七条）

通过商务部网站可点击查看具有对外劳务合作经营资格的企业名单，并可以分别查询“外派劳务企业名单”“海员外派机构”“大陆对台渔工劳务合作试点企业名单”“内地输澳门劳务经营公司名单”和“内地输香港劳务经营公司名单”。

第二节 对外劳务合作企业经营范围

《条例》规定，“本条例所称对外劳务合作，是指组织劳务人员赴其他国家或者地区为国外的企业或者机构（以下统称国外雇主）工作的经营性活动”。这一规定，既明确了对外劳务合作的定义，也明确了对外劳务合作的业务范围。在这个基础上，《条例》进一步阐述了对外劳务合作的业务范围，在明确对对外劳务合作企业的经营范围和责任义务的同时，指出对外劳务合作经营资格和经营活动的“十五个不得”。2013年10月15日发布的《商务部关于加强对外投资合作在外人员分类管理工作的通知》（商合函〔2013〕874号）（以下简称《分类管理办法》），除明确了对外劳务合作企业除与境外雇主的合作关系外，还明确了与对外承包工程企业和对外投资合作企业在外派人员方面存在的业务合作关系。

一、对外劳务合作经营活动的“十五个不得”

《条例》在明确对外劳务合作企业经营范围和责任义务的同时，指出对外劳务合作经营资格和经营活动的“十五个不得”（见表2-3-2-1）。

表2-3-2-1 对外劳务合作经营活动的“十五个不得”

序号	针对对象	业务板块	经营活动要求的内容	依据
1	境外机构	经营资格与业务范围	“国外的企业、机构或者个人不得在中国境内招收劳务人员赴国外工作。”	《条例》第二条
			“国外雇主不得直接在中国境内招收劳务人员，必须由对外劳务合作企业向其派遣。任何不具备对外劳务合作经营资格的企业、单位或个人不得组织劳务人员为国外雇主工作。”	《分类管理办法》
2	经营企业		“未依法取得对外劳务合作经营资格证书并办理登记，不得从事对外劳务合作。”	《条例》第七条
3			“对外劳务合作企业不得允许其他单位或者个人以本企业的名义组织劳务人员赴国外工作。”	《条例》第八条
			“对外劳务合作企业必须直接或通过经县级以上人民政府批准的对外劳务合作服务平台（以下称服务平台）招收劳务人员，并与其签订符合规定的合同，不得允许其他任何单位和个人“借牌经营”以及委托其他任何单位和个人招收劳务人员。”	《分类管理办法》

续表

序号	针对对象	业务板块	经营活动要求的内容	依据
4	经营企业	经营资格与业务范围	“任何单位和个人不得以商务、旅游、留学等名义组织劳务人员赴国外工作。”	《条例》第八条
			“对外投资合作企业[①]从国内派出人员时，应按驻在国政府有关规定取得用工指标；在外人员必须取得工作许可，禁止持旅游、商务签证在外工作；人员数量应符合当地用工比例规定。”	《分类管理办法》
5			“本条例施行前按照国家有关规定经批准从事对外劳务合作的企业，不具备本条例规定条件的，应当在国务院商务主管部门规定的期限内达到本条例规定的条件；逾期达不到本条例规定条件的，不得继续从事对外劳务合作。”	《条例》第五十二条
6		经营活动	“对外劳务合作企业不得组织劳务人员赴国外从事与赌博、色情活动相关的工作。”	《条例》第十一条
7			“对外劳务合作企业应当安排劳务人员接受赴国外工作所需的职业技能、安全防范知识、外语以及用工项目所在国家或者地区相关法律、宗教信仰、风俗习惯等知识的培训；未安排劳务人员接受培训的，不得组织劳务人员赴国外工作。”	《条例》第十二条
8			“对外劳务合作企业、劳务人员应当遵守用工项目所在国家或者地区的法律，尊重当地的宗教信仰、风俗习惯和文化传统。对外劳务合作企业、劳务人员不得从事损害国家安全和国家利益的活动。”	《条例》第十五条
9			“对外劳务合作企业应当与国外雇主订立书面劳务合作合同；未与国外雇主订立书面劳务合作合同的，不得组织劳务人员赴国外工作。”	《条例》第二十一条
10			“对外劳务合作企业与国外雇主订立劳务合作合同，应当事先了解国外雇主和用工项目的情况以及用工项目所在国家或者地区的相关法律。用工项目所在国家或者地区法律规定企业或者机构使用外籍劳务人员需经批准的，对外劳务合作企业只能与经批准的企业或者机构订立劳务合作合同。对外劳务合作企业不得与国外的个人订立劳务合作合同。”	《条例》第二十二条
			对外劳务合作企业应当核实国外雇主的合法性和项目的真实性，不得组织劳务人员为国外自然人雇主或未经所在国政府批准可以引进外籍劳务的国外法人雇主工作。	《分类管理办法》

① 根据《分类管理办法》，对外投资合作企业是指在中华人民共和国境内依法设立的开展境外投资、对外承包工程和对外劳务合作等对外投资合作业务的企业。

续表

序号	针对对象	业务板块	经营活动要求的内容	依据
11	经营企业	经营活动	“除本条第二款规定的情形外，对外劳务合作企业应当与劳务人员订立书面服务合同；未与劳务人员订立书面服务合同的，不得组织劳务人员赴国外工作。服务合同应当载明劳务合作合同中与劳务人员权益保障相关的事项，以及服务项目、服务费及其收取方式、违约责任。”	《条例》第二十三条
12			“对外劳务合作企业组织与其建立劳动关系的劳务人员赴国外工作的，与劳务人员订立的劳动合同应当载明劳务合作合同中与劳务人员权益保障相关的事项；未与劳务人员订立劳动合同的，不得组织劳务人员赴国外工作。”	《条例》第二十三条
13			“对外劳务合作企业与劳务人员订立服务合同或者劳动合同时，应当将劳务合作合同中与劳务人员权益保障相关的事项以及劳务人员要求了解的其他情况如实告知劳务人员，并向劳务人员明确提示包括人身安全风险在内的赴国外工作的风险，不得向劳务人员隐瞒有关信息或者提供虚假信息。对外劳务合作企业有权了解劳务人员与订立服务合同、劳动合同直接相关的个人基本情况，劳务人员应当如实说明。”	《条例》第二十四条
14			“对外劳务合作企业向与其订立服务合同的劳务人员收取服务费，应当符合国务院价格主管部门会同国务院商务主管部门制定的有关规定。对外劳务合作企业不得向与其订立劳动合同的劳务人员收取服务费。”	《条例》第二十五条
15			“对外劳务合作企业不得以任何名目向劳务人员收取押金或者要求劳务人员提供财产担保。”	《条例》第二十五条

二、对外劳务合作企业与对外投资和承包工程企业的业务关系

根据《条例》精神和对外投资合作在外人员分类管理办法，对外劳务合作企业除了可以与境外雇主产生劳务合作关系外，也可以与对外承包工程企业和对外投资合作企业在外派人员方面产生一定的业务合作关系（见表2－3－2－2）。

第一，对外劳务合作企业可以与对外承包工程企业和对外投资合作企业签署委托招收劳务人员的协议，向其选派劳务人员，但是不参与管理，只是存在委托招收人员的关系，不能“包清工”；此时，劳务企业为对外承包工程企业和对外投资合作企业只是代替招收了人，劳务人员与对外承包工程企业和对外投资合作企业之间是一种劳动关系。

第二，对外劳务合作企业可以与对外承包工程企业和对外投资合作企业的境外机构（也可称为境外雇主）签署劳务合作合同，这时，需要按照对外劳务合作的方

式选派人员，也就是说，必须协助开展境外管理；此时，劳务企业为对外承包工程企业和对外投资合作企业的境外机构，也就是境外现地法人招聘了劳务人员，这时，劳务人员与这些境外机构，也就是境外现地法人，或称境外雇主形成了雇佣关系，劳务企业与这些境外机构（也就是境外现地法人或称境外雇主）形成的是对外劳务合作关系。

因此，围绕着用人单位的不同，即雇主法律主体的不同，构成合同关系的劳动和劳务关系也不同。在具体业务中，由于对这个关系的混淆，引出不少纠纷，必须引起足够重视。

表 2－3－2－2　对外劳务合作企业与对外投资和承包工程企业的业务关系

<table>
<tr><th colspan="2">类型</th><th>内容</th><th>依据</th></tr>
<tr><td colspan="2">国（境）外雇主的界定</td><td>国（境）外雇主包括在国（境）外依法注册的中资企业或机构。对外投资企业和对外承包工程企业在境外设立的企业作为国（境）外雇主与对外劳务合作企业签订《劳务合作合同》，由对外劳务合作企业向其派出劳务人员，属对外劳务合作，人员招收和境外管理由对外劳务合作企业负责，对外投资企业和对外承包工程企业应按照对外投资合作有关规定要求其境外企业承担相应的雇主责任。①</td><td>《分类管理办法》</td></tr>
<tr><td rowspan="2">公民个人自行出境工作</td><td>例外界定</td><td>公民个人自行取得出境手续在境外工作，不在《对外劳务合作管理条例》管辖范围内</td><td>《分类管理办法》</td></tr>
<tr><td>非法界定</td><td>通过商务、旅游、留学等签证出境的公民只能在当地从事与签证相符的活动。任何单位和个人通过办理上述签证变相组织人员出境工作属非法外派劳务行为</td><td>《分类管理办法》</td></tr>
<tr><td rowspan="5">对外承包工程外派人员</td><td>概念</td><td>是指对外承包工程企业向其在境外承揽的工程项目派遣的人员</td><td rowspan="5">《分类管理办法》</td></tr>
<tr><td>劳动关系</td><td>对外承包工程企业可以向其在境外承揽的工程项目派遣所需人员，但必须已经与所派人员签订《劳动合同》</td></tr>
<tr><td>通过劳务企业招聘人员</td><td>对外承包工程企业可通过对外劳务合作企业或服务平台招聘并外派人员，但必须与外派人员签订与项目工期相当的《劳动合同》，相关社会保险可按项目所在地的法律法规执行。外派人员的管理均由对外承包工程企业负责②</td></tr>
<tr><td>须经具有资质的公司</td><td>对外承包工程企业不得通过未取得对外劳务合作经营资格的中介机构招用外派人员</td></tr>
<tr><td>分包须有资质且不能单独分包人员</td><td>对外承包工程企业可作为总包单位将部分境外承包工程项目分包，但不得将外派人员单独分包。分包单位为外派人员办理外派手续，应当具备对外承包工程或对外劳务合作经营资格，否则应由总包单位为外派人员办理外派手续③</td></tr>
</table>

① 劳务企业可采用纯劳务模式操作。

② 劳务企业可为对外承包工程企业招聘外派人员，但只招收，不派遣、不签合同、不负责管理。

③ 不得单独分包境外承包工程项目的外派人员，即：劳务企业不得“包清工”。

续表

类型		内容	依据
对外投资合作在外人员	概念	是指对外投资企业向其境外企业派出的人员	《分类管理办法》
	劳动关系	对外投资企业可向其境外企业派出已经与其签订《劳动合同》的自有员工，并为外派员工办理符合派驻地法律规定的工作手续	
	人员招聘须有资质	对外投资企业直接为其境外投资项目招收和外派人员，必须取得对外承包工程或对外劳务合作经营资格	
	与工程企业合作	对外投资企业的境外企业可作为境外项目业主，与对外承包工程企业合作，由对外承包工程企业承揽其工程项目，并外派项目所需人员①	

第三节　经营资格的管理

一、经营资格的有效期

根据2004年9月2日商务部发布的《关于印发〈对外劳务合作经营资格证书管理办法〉的通知》附件《对外劳务合作经营资格证书管理办法》，《对外劳务合作经营资格证书》（以下简称《经营资格证书》）的有效期一般为6年。对外劳务合作企业应在《经营资格证书》有效期满前（一般为30日），向负责审批的商务主管部门提出换证申请。对外劳务合作企业须妥善保管《经营资格证书》，不得涂改、转借、转让或出租。

二、《经营资格证书》的年审

根据《对外劳务合作经营资格证书管理办法》有关规定，《经营资格证书》的年审由地方商务主管部门负责组织实施。

（一）《经营资格证书》年审的主要内容

（1）符合对外劳务合作经营资格的申请条件；

（2）遵守国家有关法律法规和对外劳务合作政策，包括对外劳务合作项目确认、项目审查、培训、收费、业务统计、境外劳务纠纷或突发事件处理、境外管理等制度；遵守国家关于不得以旅游、商务签证形式外派劳务人员以及不得为其他企

① 可采取纯劳务操作模式。

业申请对外劳务经营资格虚开外派劳务人数证明等政策规定；

（3）遵守《对外劳务合作经营资格证书管理办法》的有关规定。

（二）《经营资格证书》年审需要提交的材料

经营公司须按规定及时参加年审，并提交相关材料。所提交的年审材料一般包括：

（1）年审申请报告（包括企业基本情况、合规经营情况和经营业绩情况等）；

（2）年审申请表；

（3）经营业绩报表；

（4）《经营资格证书》原件。

（三）年审结果的处理

对符合规定的企业，地方商务主管部门准予年审合格，并在其《经营资格证书》年审情况栏中加盖公章，并在30日内要将本地区的年审工作报告报商务部；对一年内受到商务部门警告行政处罚的经营公司，地方商务主管部门将在《经营资格证书》年审栏中注明，但允许其通过年审，并重点加强监管；对违反《对外劳务合作经营资格证书管理办法》有关规定或一年内受到商务部门暂停对外劳务合作经营资格的经营公司，不予通过年审。

未通过年审的经营公司，其《经营资格证书》由地方商务主管部门在年审结束后的30日内收回；不得继续对外签订新的《劳务合作合同》，并须承担已派出劳务人员的管理责任，地方商务主管部门须对其经营行为进行重点管理；连续两年未通过年审的经营公司，其对外劳务合作经营资格自动丧失；对在年审工作中发现不符合对外劳务合作经营资格申请条件的经营公司，地方商务主管部门应及时注销其对外劳务合作经营资格。

三、经营资格的变更

根据《对外劳务合作管理条例》的有关规定，结合《对外劳务合作经营资格管理办法》（商务部、国家工商行政管理总局令2004年第3号，以下简称《管理办法》）和《对外劳务合作经营资格管理办法补充规定》（商务部、国家工商总局2005年第14号令，以下简称《管理办法补充规定》），企业合并、分立和信息变更后的经营资格需做相应处理。

（一）企业合并

具有对外劳务合作经营资格的企业与其他企业合并，原具有对外劳务合作经营资格的企业已注销，合并后存续的企业或新设企业符合规定的申请对外劳务合作经营资格应当具备的条件时，可以依照规定，重新申请办理并换领《经营资格证书》，在企业经营范围内继续从事对外劳务合作业务。

（二）企业分立

具有对外劳务合作经营资格的企业分立，原企业已注销或放弃经营资格，其对外劳务合作业务整体划入分立后的新设企业。分立后的新设企业符合规定的申请对外劳务合作经营资格应当具备的条件时，可以依照规定，重新申请办理并换领《经营资格证书》，在新设企业经营范围内继续从事对外劳务合作业务。

（三）信息变更

根据《管理办法》第十二条和《对外劳务合作经营资格证书管理办法》第十三条规定的基本精神，具有对外劳务合作经营资格的企业名称、经营场所、法定代表人、注册资本等发生变更时，应当自负责登记的工商行政管理部门核准变更登记之日起的一定期限内（一般 30 个工作日），向负责审批的商务主管部门办理《经营资格证书》变更手续，换领新的《经营资格证书》。负责审批的商务主管部门将及时公布企业变更信息并报省级商务主管部门备案。

四、企业停业安排

《条例》第十九条规定：

（1）对外劳务合作企业停止开展对外劳务合作的，应当对其派出的尚在国外工作的劳务人员作出妥善安排，并将安排方案报负责审批的商务主管部门备案；

（2）负责审批的商务主管部门应当将安排方案报至国务院商务主管部门，国务院商务主管部门应当及时通报中国驻用工项目所在国使（领）馆。

五、吊销与注销

《对外劳务合作经营资格管理办法》第十七条规定，“具有对外劳务合作经营资格的企业被依法吊销、注销后，其经营资格自动丧失”。《对外劳务合作经营资格证书管理办法》第十八条规定，“经营公司被依法吊销、注销或因违反国家有关法律法规被依法撤销对外劳务合作经营资格的，其《资格证书》由地方商务主管部门负责在吊销、撤销或处罚通知下发之日起的 30 日内收回，并上缴商务部”。

六、《经营资格证书》的印制、发放、换发和补发

目前，由省级商务主管部门负责本地区《经营资格证书》的印制、发放、换发和补发等工作。

七、法律责任

（依据《条例》第三十九条）未依法取得对外劳务合作经营资格，擅自从事对外劳务合作经营活动的，负责审批的商务主管部门将提请工商行政管理部门依照《无照经营查处取缔办法》的规定查处取缔；构成犯罪的，依法追究刑事责任。

第四章　对外劳务合作经营活动

按照对外劳务合作的业务流程和特点，围绕对外劳务合作经营活动的主要环节，包括合同关系、对外劳务合作企业的权利义务和责任、劳务人员的权利义务和责任、外派劳务培训、承包工程项下外派劳务、对外劳务合作服务平台、项目确认审查与招收备案、外派海员业务、港澳台劳务、出国（境）手续与境外管理、权益保障与纠纷处理等，本章根据相关文件内容加以摘要归纳，并结合笔者工作实践进行分析和说明。

第一节　合同关系

一、业务流程

根据《对外劳务合作管理条例》（以下简称《条例》）精神，对外劳务合作的基本流程为：对外劳务合作企业与国（境）外雇主签订《劳务合作合同》，招收选拔劳务人员，组织劳务人员体检并参加培训和考试，与劳务人员签订《服务合同》，协助劳务人员办理出境手续，安排随行人员，协助劳务人员与国（境）外雇主签订《雇佣合同》，办理劳务人员境外工作许可，做好境外管理，劳务人员完成合同后组织回国（境），见图 2－4－1－1。

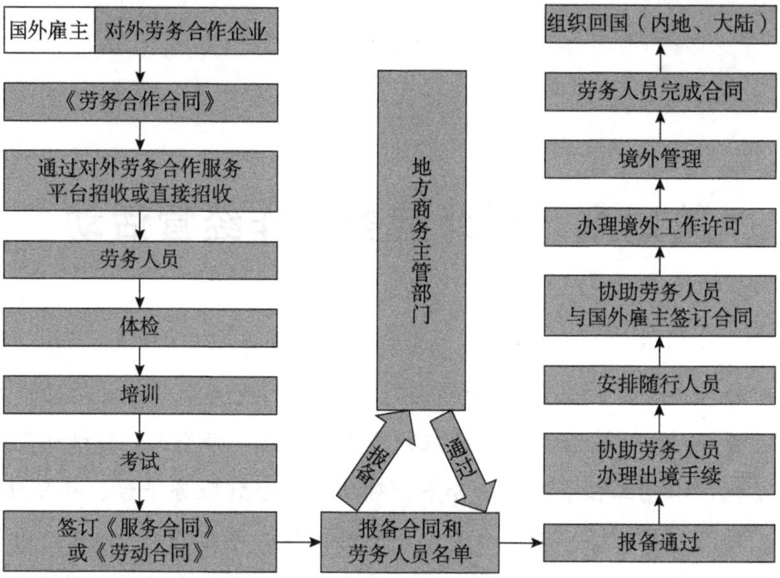

图 2-4-1-1 对外劳务合作业务流程

二、合同关系

根据《条例》对对外劳务合作的定义，所涉及的三个业务主体之间构成三个稳定的合同关系，见图 2-4-1-2。

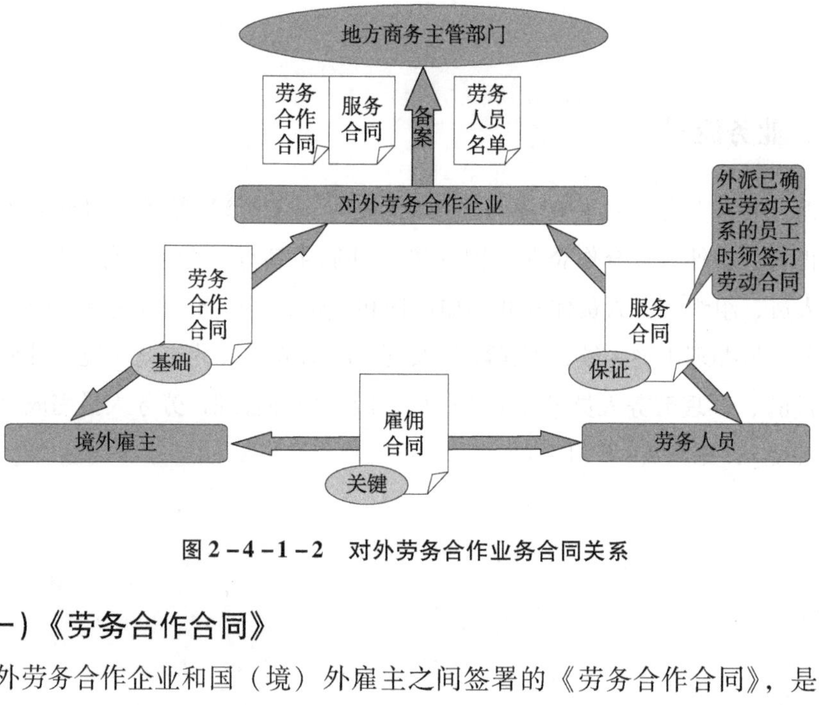

图 2-4-1-2 对外劳务合作业务合同关系

（一）《劳务合作合同》

对外劳务合作企业和国（境）外雇主之间签署的《劳务合作合同》，是整个业务合同关系的基础。《条例》第二十一条规定，“对外劳务合作企业应当与国外雇主订立书面劳务合作合同；未与国外雇主订立书面劳务合作合同的，不得组织劳务人员赴国外工作”。

《条例》第二十一条同时规定：

劳务合作合同应当载明与劳务人员权益保障相关的下列事项：

（1）劳务人员的工作内容、工作地点、工作时间和休息休假；

（2）合同期限；

（3）劳务人员的劳动报酬及其支付方式；

（4）劳务人员社会保险费的缴纳；

（5）劳务人员的劳动条件、劳动保护、职业培训和职业危害防护；

（6）劳务人员的福利待遇和生活条件；

（7）劳务人员在国外居留、工作许可等手续的办理；

（8）劳务人员人身意外伤害保险的购买；

（9）因国外雇主原因解除与劳务人员的合同对劳务人员的经济补偿；

（10）发生突发事件对劳务人员的协助、救助；

（11）违约责任。

也就是说，构成对外《劳务合作合同》关系的要素，包括以下16个方面（见表2－4－1－1）。

表2－4－1－1　对外劳务合作业务合同要素

序号	合同要素	序号	合同要素	序号	合同要素	序号	合同要素
1	工作内容	5	合同期限	9	劳动保护	13	工作许可
2	工作地点	6	劳动报酬	10	职业培训	14	伤害保险
3	工作时间	7	社会保险	11	福利待遇	15	补偿救助
4	休息休假	8	劳动条件	12	生活条件	16	违约责任

为了保证合同项目的真实性和可操作性，切实保护劳务人员的合法权益，《条例》第二十二条规定：“对外劳务合作企业与国外雇主订立劳务合作合同，应当事先了解国外雇主和用工项目的情况以及用工项目所在国家或者地区的相关法律。用工项目所在国家或者地区法律规定企业或者机构使用外籍劳务人员需经批准的，对外劳务合作企业只能与经批准的企业或者机构订立劳务合作合同。对外劳务合作企业不得与国外的个人订立劳务合作合同。”

（二）《服务合同》

派遣企业和劳务人员之间签署的《服务合同》，是业务合同关系的保证。签署

《服务合同》时，必须明确服务合同与劳动合同的签署对象，告知和提示劳务人员境外务工风险，掌握劳务人员的基本情况，向商务部门报备合同。同时做到依规收取服务费，不得收取押金或者要求劳务人员提供财产担保。

1. 明确《服务合同》与《劳动合同》的签署对象

（1）同与本企业没有劳动关系的劳务人员签署的是《服务合同》。《条例》第二十三条规定："除本条第二款规定的情形外，对外劳务合作企业应当与劳务人员订立书面服务合同；未与劳务人员订立书面服务合同的，不得组织劳务人员赴国外工作。服务合同应当载明劳务合作合同中与劳务人员权益保障相关的事项，以及服务项目、服务费及其收取方式、违约责任。"

（2）同与本企业有劳动关系的劳务人员签署的是《劳动合同》。《条例》第二十三条第二款规定："对外劳务合作企业组织与其建立劳动关系的劳务人员赴国外工作的，与劳务人员订立的劳动合同应当载明劳务合作合同中与劳务人员权益保障相关的事项；未与劳务人员订立劳动合同的，不得组织劳务人员赴国外工作。"

2. 告知和提示劳务人员境外务工风险

《条例》第二十四条规定："对外劳务合作企业与劳务人员订立服务合同或者劳动合同时，应当将劳务合作合同中与劳务人员权益保障相关的事项以及劳务人员要求了解的其他情况如实告知劳务人员，并向劳务人员明确提示包括人身安全风险在内的赴国外工作的风险，不得向劳务人员隐瞒有关信息或者提供虚假信息。"

3. 掌握劳务人员的基本情况

《条例》第二十四条还规定："对外劳务合作企业有权了解劳务人员与订立服务合同、劳动合同直接相关的个人基本情况，劳务人员应当如实说明。"

4. 依规收取服务费

《条例》第二十五条规定："对外劳务合作企业向与其订立服务合同的劳务人员收取服务费，应当符合国务院价格主管部门会同国务院商务主管部门制定的有关规定。"但是，"对外劳务合作企业不得向与其订立劳动合同的劳务人员收取服务费"。

5. 不得收取押金等

《条例》第二十五条同时规定："对外劳务合作企业不得以任何名目向劳务人员收取押金或者要求劳务人员提供财产担保。"

6. 进行合同报备

向负责审批的商务主管部门报备《服务合同》（或者《劳动合同》）、《劳务合作合同》副本以及劳务人员名单（即两份合同和一份名单，见图2－4－1－2）。

《条例》第二十六条规定："对外劳务合作企业应当自与劳务人员订立服务合同或者劳动合同之日起10个工作日内，将服务合同或者劳动合同、劳务合作合同副本以及劳务人员名单报负责审批的商务主管部门备案。负责审批的商务主管部门应当将用工项目、国外雇主的有关信息以及劳务人员名单报至国务院商务主管部门。

商务主管部门发现服务合同或者劳动合同、劳务合作合同未依照本条例规定载明必备事项的，应当要求对外劳务合作企业补正。"

（三）《雇佣合同》

劳务人员和国（境）外雇主之间签署《雇佣合同》，这是履行整个合同关系的关键。《条例》从保障劳务人员合法权益的角度出发，特别强调对外劳务合作企业协助劳务人员与国（境）外雇主签署雇佣合同时的责任和义务。

1. 协助而不是代替

对外劳务合作企业只是协助劳务人员与国（境）外雇主订立确定劳动关系的合同，而不能代替或敷衍；同时，必须协助劳务人员维护合法权益，否则因对外劳务合作企业未能协助劳务人员维权，将会承担相应的赔偿责任。

2. 保证合同条款一致

《条例》第二十七条规定："对外劳务合作企业应当负责协助劳务人员与国外雇主订立确定劳动关系的合同，并保证合同中有关劳务人员权益保障的条款与劳务合作合同相应条款的内容一致。"

3. 信守合同

《条例》第二十八条强调："对外劳务合作企业、劳务人员应当信守合同，全面履行合同约定的各自的义务。"

4. 协助维权，否则承担赔偿责任

《条例》第二十九条阐述了国外雇主、对外劳务合作企业在履约方面可能招致劳务人员合法权益受损时，对外劳务合作企业所应承担的赔偿责任。具体规定：

（1）劳务人员实际享有的权益不符合合同约定（雇主原因）。"劳务人员在国外实际享有的权益不符合合同约定的，对外劳务合作企业应当协助劳务人员维护合法权益，要求国外雇主履行约定义务、赔偿损失；劳务人员未得到应有赔偿的，有权要求对外劳务合作企业承担相应的赔偿责任。对外劳务合作企业不协助劳务人员向国外雇主要求赔偿的，劳务人员可以直接向对外劳务合作企业要求赔偿。"

（2）劳务人员实际享有的权益不符合项目所在国家或者地区法律规定（雇主原因）。“劳务人员在国外实际享有的权益不符合用工项目所在国家或者地区法律规定的，对外劳务合作企业应当协助劳务人员维护合法权益，要求国外雇主履行法律规定的义务、赔偿损失。”

（3）劳务人员实际享有的权益不符合合同约定（企业原因）。“因对外劳务合作企业隐瞒有关信息或者提供虚假信息等原因，导致劳务人员在国外实际享有的权益不符合合同约定的，对外劳务合作企业应当承担赔偿责任。”

三、法律责任

（一）未按照规定签署有关合同等

《条例》第四十三条规定：“对外劳务合作企业有下列情形之一的，由商务主管部门责令改正，处10万元以上20万元以下的罚款，并对其主要负责人处2万元以上5万元以下的罚款；在国外引起重大劳务纠纷、突发事件或者造成其他严重后果的，吊销其对外劳务合作经营资格证书：

（1）未与国外雇主订立劳务合作合同，组织劳务人员赴国外工作；

（2）未依照本条例规定与劳务人员订立服务合同或者劳动合同，组织劳务人员赴国外工作；

（3）违反本条例规定，与未经批准的国外雇主或者与国外的个人订立劳务合作合同，组织劳务人员赴国外工作；

（4）与劳务人员订立服务合同或者劳动合同，隐瞒有关信息或者提供虚假信息；

（5）在国外发生突发事件时不及时处理；

（6）停止开展对外劳务合作，未对其派出的尚在国外工作的劳务人员作出安排。

有前款第四项规定情形，构成犯罪的，依法追究刑事责任。”

（二）违规向劳务人员收取服务费、押金或要求提供财产担保

《条例》第四十四条规定：“对外劳务合作企业向与其订立服务合同的劳务人员收取服务费不符合国家有关规定，或者向劳务人员收取押金、要求劳务人员提供财产担保的，由价格主管部门依照有关价格的法律、行政法规的规定处罚。

对外劳务合作企业向与其订立劳动合同的劳务人员收取费用的，依照《中华人民共和国劳动合同法》的规定处罚。”

（三）未履行合同报备和未向使（领）馆报告

《条例》第四十五条规定：“对外劳务合作企业有下列情形之一的，由商务主管

部门责令改正；拒不改正的，处1万元以上2万元以下的罚款，并对其主要负责人处2000元以上5000元以下的罚款：

（1）未将服务合同或者劳动合同、劳务合作合同副本以及劳务人员名单报商务主管部门备案；

（2）组织劳务人员出境后，未将有关情况向中国驻用工项目所在国使馆、领馆报告，或者未依照本条例规定将随行管理人员名单报负责审批的商务主管部门备案；

（3）未制定突发事件应急预案；

（4）停止开展对外劳务合作，未将其对劳务人员的安排方案报商务主管部门备案。

对外劳务合作企业拒不将服务合同或者劳动合同、劳务合作合同副本报商务主管部门备案，且合同未载明本条例规定的必备事项，或者在合同备案后拒不按照商务主管部门的要求补正合同必备事项的，依照本条例第四十三条的规定处罚。”①

第二节　对外劳务合作企业的权利、责任与义务

一、对外劳务合作企业的权利

根据《条例》相关规定，对外劳务合作企业享有以下权利。

（一）依规收取服务费

《条例》第二十五条规定：“对外劳务合作企业向与其订立服务合同的劳务人员收取服务费，应当符合国务院价格主管部门会同国务院商务主管部门制定的有关规定。”

（二）有权了解劳务人员相关个人基本情况

《条例》第二十四条规定：“对外劳务合作企业有权了解劳务人员与订立服务合同、劳动合同直接相关的个人基本情况，劳务人员应当如实说明。”

（三）享受政府有关部门无偿提供的信息服务

《条例》第三十条规定：“国务院商务主管部门会同国务院有关部门建立对外劳务合作信息收集、通报制度，为对外劳务合作企业和劳务人员无偿提供信息服务。”

《条例》第三十四条规定：“县级以上地方人民政府根据本地区开展对外劳务合

① 《条例》第四十三条的规定就是本节“三（一）未按照规定签署有关合同等”情形的处罚。

作的实际情况，按照国务院商务主管部门会同国务院有关部门的规定，组织建立对外劳务合作服务平台（以下简称服务平台），为对外劳务合作企业和劳务人员无偿提供相关服务，鼓励、引导对外劳务合作企业通过服务平台招收劳务人员。”

（四）享受国家给予劳务人员培训支持和指导与监督

《条例》第三十三条规定：“国家财政对劳务人员培训给予必要的支持。国务院商务主管部门会同国务院人力资源社会保障部门应当加强对劳务人员培训的指导和监督。”

（五）享受驻外使（领）馆给予的了解项目情况的协助和维权服务

《条例》第三十五条规定：“中国驻外使馆、领馆为对外劳务合作企业了解国外雇主和用工项目的情况以及用工项目所在国家或者地区的法律提供必要的协助，依据职责维护对外劳务合作企业和劳务人员在国外的正当权益，发现违反本条例规定的行为及时通报国务院商务主管部门和有关省、自治区、直辖市人民政府。”

二、对外劳务合作企业的责任与义务

《条例》对对外劳务合作企业的责任和义务作出了明确规定，分别体现在出国（境）培训、落实保险、办理手续、维护形象、跟踪服务、报送信息、应急处置、避险安排、停业安排、合同备案、履行合同、赔偿损失等方面。

（一）出国（境）培训

《条例》指出：“对外劳务合作企业应当安排劳务人员接受赴国外工作所需的职业技能、安全防范知识、外语以及用工项目所在国家或者地区相关法律、宗教信仰、风俗习惯等知识的培训；未安排劳务人员接受培训的，不得组织劳务人员赴国外工作。”（《条例》第十二条）

（二）落实保险

“对外劳务合作企业应当为劳务人员购买在国外工作期间的人身意外伤害保险。但是，对外劳务合作企业与国外雇主约定由国外雇主为劳务人员购买的除外。”（《条例》第十三条）

（三）办理手续

“对外劳务合作企业应当为劳务人员办理出境手续，并协助办理劳务人员在国外的居留、工作许可等手续。

对外劳务合作企业组织劳务人员出境后，应当及时将有关情况向中国驻用工项目所在国使馆、领馆报告。”（《条例》第十四条）

（四）维护形象

“对外劳务合作企业、劳务人员应当遵守用工项目所在国家或者地区的法律，尊重当地的宗教信仰、风俗习惯和文化传统。

对外劳务合作企业、劳务人员不得从事损害国家安全和国家利益的活动。”（《条例》第十五条）

（五）跟踪服务

“对外劳务合作企业应当跟踪了解劳务人员在国外的工作、生活情况，协助解决劳务人员工作、生活中的困难和问题，及时向国外雇主反映劳务人员的合理要求。

对外劳务合作企业向同一国家或者地区派出的劳务人员数量超过100人的，应当安排随行管理人员，并将随行管理人员名单报中国驻用工项目所在国使馆、领馆备案。”（《条例》第十六条）

（六）报送信息

根据商务部、外交部联合发出的《关于印发〈对外投资合作企业在外人员相关信息备案制度〉的通知》（商合发〔2010〕419号）要求，对外承包工程企业和对外劳务合作企业通过该系统将外派人员合同的必备条款以及外派人员名单报地方商务主管部门备案；对外劳务合作企业在开展对外劳务合作的过程中，除应严格执行现行对外投资合作信息报送规定外，还有义务在人员派出的同时，通过填写《对外投资合作企业在外人员相关信息备案表》的方式，将在外各类人员相关信息通过传真或电子邮件方式报送驻在国或地区使（领）馆，办理在外人员相关信息备案；对外投资合作企业在外人员相关信息如发生变化，应及时在备案系统中进行更新。

根据《商务部关于印发〈对外承包工程业务统计调查制度〉和〈对外劳务合作业务统计调查制度〉的通知》（商合函〔2022〕5号）要求，“企业应当按照国家有关规定设置原始记录、统计台账，建立健全统计资料的审核、签署、交接、归档等管理制度”。“企业要认真履行对外劳务合作统计报表填报义务，明确统计责任，不得虚报、瞒报、漏报、重报统计数据。”

同时，企业是否按照统计制度要求报送对外劳务合作业务统计资料，已列入商务部市场监管执法事项“双随机、一公开”抽查内容。根据《商务部办公厅关于印发〈对外投资合作“双随机、一公开”监管工作细则（试行）〉的通知》（商办合规函〔2021〕289号）要求，在对外投资合作随机抽查事项清单内，针对对外劳务合作的检查事项如表2－4－2－1所示。

表 2-4-2-1 对外劳务合作检查事项清单

序号	事项名称	检查依据	检查内容	
3	对外劳务合作检查	《对外劳务合作管理条例》（国务院令第 620 号）	统筹推进境外疫情防控和生产经营情况	1. 境外疫情防控情况； 2. 是否发生聚集性感染事件，有关处理措施和处理结果； 3. 克服疫情影响保障生产经营情况 （※疫情防控为阶段性工作，至疫情结束为止）
			落实合规经营主体责任情况	1. 与国（境）外雇主订立劳务合作合同、与劳务人员订立服务或劳动合同情况； 2. 是否存在允许其他单位或个人以本企业名义组织劳务人员赴国（境）外工作情况； 3. 是否存在以商务、旅游、留学等名义组织劳务人员赴国（境）外工作情况； 4. 是否存在组织劳务人员赴国（境）外从事与赌博、色情活动相关的工作情况； 5. 是否按规定安排随行管理人员； 6. 组织劳务人员出境后，是否将有关情况向中国驻用工项目所在国使（领）馆报告； 7. 是否按规定通过对外投资合作在外人员信息系统办理有关合同及人员名单备案，并及时准确填报统计资料； 8. 根据管理需要确定的其他事项
			防范化解境外风险、落实安全主体责任情况	1. 安排劳务人员接受安全防范知识、外语及相关法律、宗教信仰、风俗习惯等知识培训情况； 2. 是否按规定足额缴纳或及时补足备用金； 3. 是否为劳务人员购买相关保险； 4. 是否制定境外劳务纠纷和突发事件应急预案； 5. 处置境外劳务纠纷和突发事件情况

（七）应急处置

“对外劳务合作企业应当制定突发事件应急预案。国外发生突发事件的，对外劳务合作企业应当及时、妥善处理，并立即向中国驻用工项目所在国使馆、领馆和国内有关部门报告。”（《条例》第十七条）

（八）避险安排

“用工项目所在国家或者地区发生战争、暴乱、重大自然灾害等突发事件，中国政府作出相应避险安排的，对外劳务合作企业和劳务人员应当服从安排，予以配合。”（《条例》第十八条）

（九）停业安排

“对外劳务合作企业停止开展对外劳务合作的，应当对其派出的尚在国外工作的劳务人员作出妥善安排，并将安排方案报负责审批的商务主管部门备案。负责审批的商务主管部门应当将安排方案报至国务院商务主管部门，国务院商务主管部门应当及时通报中国驻用工项目所在国使馆、领馆。”（《条例》第十九条）

（十）合同备案

“对外劳务合作企业应当自与劳务人员订立服务合同或者劳动合同之日起10个工作日内，将服务合同或者劳动合同、劳务合作合同副本以及劳务人员名单报负责审批的商务主管部门备案。负责审批的商务主管部门应当将用工项目、国外雇主的有关信息以及劳务人员名单报至国务院商务主管部门。

商务主管部门发现服务合同或者劳动合同、劳务合作合同未依照本条例规定载明必备事项的，应当要求对外劳务合作企业补正。”（《条例》第二十六条）

（十一）履行合同

对外劳务合作企业应当信守合同，全面履行合同约定的各自的义务。（《条例》第二十八条）

（十二）赔偿损失

《条例》第二十九条规定：“劳务人员在国外实际享有的权益不符合合同约定的，对外劳务合作企业应当协助劳务人员维护合法权益，要求国外雇主履行约定义务、赔偿损失；劳务人员未得到应有赔偿的，有权要求对外劳务合作企业承担相应的赔偿责任。对外劳务合作企业不协助劳务人员向国外雇主要求赔偿的，劳务人员可以直接向对外劳务合作企业要求赔偿。”

“劳务人员在国外实际享有的权益不符合用工项目所在国家或者地区法律规定的，对外劳务合作企业应当协助劳务人员维护合法权益，要求国外雇主履行法律规定的义务、赔偿损失。”

“因对外劳务合作企业隐瞒有关信息或者提供虚假信息等原因，导致劳务人员在国外实际享有的权益不符合合同约定的，对外劳务合作企业应当承担赔偿责任。”（《条例》第二十九条）

以上内容概括起来讲就是，从事对外劳务合作必须取得经营资格。未取得经营资格的任何企业、单位或个人开展对外劳务合作，依照《无照经营查处取缔办法》予以取缔；构成犯罪的，依法追究刑事责任。对外劳务合作企业不得允许其他单位或个人以本企业名义开展对外劳务合作。任何单位或个人不得以商务、旅游、留学等名义组织劳务人员赴国（境）外工作。境外的企业、机构或个人不得在中国境内招收劳务人员赴国（境）外工作。

按照“谁派出，谁负责”的原则，对外劳务合作企业负责落实劳务人员的劳动关系，应当安排劳务人员培训；对外劳务合作企业按标准收取服务费，不得超标准收费和乱收费；对外劳务合作企业应当承担劳务人员的境外管理责任，妥善处置境外劳务纠纷。

三、认真履行三项备案与两项报告

（一）三项备案

1. 合同以及劳务人员备案

“对外劳务合作企业应当自与劳务人员订立服务合同或者劳动合同之日起 10 个工作日内，将服务合同或者劳动合同、劳务合作合同副本以及劳务人员名单报负责审批的商务主管部门备案。……商务主管部门发现服务合同或者劳动合同、劳务合作合同未依照本条例规定载明必备事项的，应当要求对外劳务合作企业补正。”（《条例》第二十六条）

2. 境外随行管理人员备案

“对外劳务合作企业向同一国家或者地区派出的劳务人员数量超过100 人的，应当安排随行管理人员，并将随行管理人员名单报中国驻用工项目所在国使馆、领馆备案。”（《条例》第十六条）

3. 停业后人员安排方案备案

“对外劳务合作企业停止开展对外劳务合作的，应当对其派出的尚在国外工作的劳务人员作出妥善安排，并将安排方案报负责审批的商务主管部门备案。”（《条例》第十九条）

（二）两项报告

1. 劳务人员出境后报告

“对外劳务合作企业组织劳务人员出境后，应当及时将有关情况向中国驻用工项目所在国使馆、领馆报告。”（《条例》第十四条）

2. 发生境外突发事件后报告

“对外劳务合作企业应当制定突发事件应急预案。国外发生突发事件的，对外劳务合作企业应当及时、妥善处理，并立即向中国驻用工项目所在国使馆、领馆和国内有关部门报告。”（《条例》第十七条）

四、对外劳务合作企业相关法律责任

《条例》特别针对出国（境）培训、购买保险、安排随行人员；签订合同、停业安排、突发事件处置、违规收费；备案与报告等方面的违规违法行为分别给予责令改正、罚款、吊销经营资格证书等处罚，构成犯罪的，依法追究刑事责任。

第四十二条规定："对外劳务合作企业有下列情形之一的，由商务主管部门责令改正；拒不改正的，处5万元以上10万元以下的罚款，并对其主要负责人处1万元以上3万元以下的罚款：（一）未安排劳务人员接受培训，组织劳务人员赴国外工作；（二）未依照本条例规定为劳务人员购买在国外工作期间的人身意外伤害保险；（三）未依照本条例规定安排随行管理人员。"

第四十三条规定："对外劳务合作企业有下列情形之一的，由商务主管部门责令改正，处10万元以上20万元以下的罚款，并对其主要负责人处2万元以上5万元以下的罚款；在国外引起重大劳务纠纷、突发事件或者造成其他严重后果的，吊销其对外劳务合作经营资格证书：（一）未与国外雇主订立劳务合作合同，组织劳务人员赴国外工作；（二）未依照本条例规定与劳务人员订立服务合同或者劳动合同，组织劳务人员赴国外工作；（三）违反本条例规定，与未经批准的国外雇主或者与国外的个人订立劳务合作合同，组织劳务人员赴国外工作；（四）与劳务人员订立服务合同或者劳动合同，隐瞒有关信息或者提供虚假信息；（五）在国外发生突发事件时不及时处理；（六）停止开展对外劳务合作，未对其派出的尚在国外工作的劳务人员作出安排。

有前款第四项规定情形，构成犯罪的，依法追究刑事责任。"

第四十四条规定："对外劳务合作企业向与其订立服务合同的劳务人员收取服务费不符合国家有关规定，或者向劳务人员收取押金、要求劳务人员提供财产担保的，由价格主管部门依照有关价格的法律、行政法规的规定处罚。对外劳务合作企业向与其订立劳动合同的劳务人员收取费用的，依照《中华人民共和国劳动合同法》的规定处罚。"

第四十五条规定："对外劳务合作企业有下列情形之一的，由商务主管部门责令改正；拒不改正的，处1万元以上2万元以下的罚款，并对其主要负责人处2000元以上5000元以下的罚款：（一）未将服务合同或者劳动合同、劳务合作合同副本以及劳务人员名单报商务主管部门备案；（二）组织劳务人员出境后，未将有关情况向中国驻用工项目所在国使馆、领馆报告，或者未依照本条例规定将随行管理人员名单报负责审批的商务主管部门备案；（三）未制定突发事件应急预案；（四）停止开展对外劳务合作，未将其对劳务人员的安排方案报商务主管部门备案。

对外劳务合作企业拒不将服务合同或者劳动合同、劳务合作合同副本报商务主管部门备案，且合同未载明本条例规定的必备事项，或者在合同备案后拒不按照商务主管部门的要求补正合同必备事项的，依照本条例第四十三条的规定处罚。"

第三节 劳务人员的权利、义务和责任

《对外劳务合作管理条例》高度重视保护劳务人员的合法权益。在第一章总则第一条明确提出“为了规范对外劳务合作，保障劳务人员的合法权益，促进对外劳务合作健康发展，制定本条例”。对外派劳务人员的权利、义务和责任的有关规定主要体现在以下方面。

一、劳务人员的权利

（一）具有知情权

劳务人员享有对我国对外劳务合作有关法律政策、有关行业规范的知情权；有权要求对外劳务合作企业出示《对外劳务合作经营资格证书》或《对外承包工程经营资格证书》及公司《营业执照》；具有自愿与对外劳务合作企业签订有关合同的权利；有自愿与外方雇主签订符合劳务输入国有关法律的《雇佣合同》的权利；有了解有关合同条款的主要内容的权利。

（二）有权投诉和反映诉求

“劳务人员有权向商务主管部门和其他有关部门投诉对外劳务合作企业违反合同约定或者其他侵害劳务人员合法权益的行为。接受投诉的部门应当按照职责依法及时处理，并将处理情况向投诉人反馈。”（《条例》第二十条）“劳务人员可以合法、有序地向中国驻外使馆、领馆反映相关诉求，不得干扰使馆、领馆正常工作秩序。”（《条例》第三十五条）

（三）有权维护权益

“劳务人员在国外实际享有的权益不符合合同约定的，对外劳务合作企业应当协助劳务人员维护合法权益，要求国外雇主履行约定义务、赔偿损失；劳务人员未得到应有赔偿的，有权要求对外劳务合作企业承担相应的赔偿责任。对外劳务合作企业不协助劳务人员向国外雇主要求赔偿的，劳务人员可以直接向对外劳务合作企业要求赔偿。

劳务人员在国外实际享有的权益不符合用工项目所在国家或者地区法律规定的，对外劳务合作企业应当协助劳务人员维护合法权益，要求国外雇主履行法律规定的义务、赔偿损失。

因对外劳务合作企业隐瞒有关信息或者提供虚假信息等原因，导致劳务人员在

国外实际享有的权益不符合合同约定的，对外劳务合作企业应当承担赔偿责任。”（《条例》第二十九条）

二、劳务人员的义务和责任

（一）应如实说明个人情况

“对外劳务合作企业有权了解劳务人员与订立服务合同、劳动合同直接相关的个人基本情况，劳务人员应当如实说明。”（《条例》第二十四条）劳务人员应当及时、准确、如实地提供个人真实信息，承担隐瞒或提供虚假信息的法律责任。

（二）须遵纪守法

《条例》第十五条要求，在出国（境）务工期间，劳务人员应当遵守用工项目所在国家或者地区的法律，尊重当地的宗教信仰、风俗习惯和文化传统。不得从事损害国家安全和国家利益的活动。

（三）须接受培训

“劳务人员应当接受培训，掌握赴国外工作所需的相关技能和知识，提高适应国外工作岗位要求以及安全防范的能力。”（《条例》第十二条）在出国（境）务工前，劳务人员应当参加适应性培训和考试，取得培训合格证；应当参加体检、办理护照和国际旅行健康检查证明书。

（四）须服从避险安排

“用工项目所在国家或者地区发生战争、暴乱、重大自然灾害等突发事件，中国政府作出相应避险安排的，对外劳务合作企业和劳务人员应当服从安排，予以配合。”（《条例》第十八条）要冷静对待，尽快与对外劳务合作企业或我国驻劳务输入国使（领）馆联系，寻求帮助，服从驻外使（领）馆作出的紧急避险安排。

（五）须信守合同

在出国（境）务工期间，“……劳务人员应当信守合同，全面履行合同约定的各自的义务。”（《条例》第二十八条）应当诚实履约，不擅自脱离工作岗位，合同到期后应按期返回；未经许可脱离原岗位，或合同到期后滞留不归等违反我国和所在国或地区相关规定以及合同约定的行为，劳务人员须承担相应的责任及由此引起的后果；不得进行色情、赌博活动，不能在境外怀孕等。

第四节　外派劳务培训

加强外派劳务培训的若干规定主要涉及培训管理、培训形式、培训内容、培训课时与费用、培训考试与培训证发放、培训教材的编制以及培训中心建设、培训法律责任等方面，是我国对外劳务合作宏观管理体系中时间跨度大、规定最具体、最富特色的政策规定。

一、外派劳务培训的概念和意义

（一）外派劳务培训的概念

根据《商务部关于印发〈外派劳务培训管理办法〉的通知》（商合发〔2004〕63号），“外派劳务培训”是指具有对外劳务合作经营资格的企业（以下简称“经营公司”）对外派劳务人员（含技能实习生）在出国（境）前进行的适应性培训。

适应性培训是指外派劳务人员必须了解和掌握的国内外法律规章教育、外事教育、所在国（地区）风俗习惯和日常语言教育。

（二）外派劳务培训的意义

外派劳务培训是对外劳务合作业务的重要内容之一。外派劳务培训是增强外派劳务人员在国（境）外工作的安全防范意识、适应能力和自我保护能力、提高外派劳务人员素质、保护外派劳务人员的合法权益、促进对外劳务合作持续健康发展的重要保证。

二、外派劳务培训的要求和法律责任

（一）《条例》对外派劳务培训的要求

（1）对于对外劳务合作企业，《条例》第十二条规定：“对外劳务合作企业应当安排劳务人员接受赴国外工作所需的职业技能、安全防范知识、外语以及用工项目所在国家或者地区相关法律、宗教信仰、风俗习惯等知识的培训；未安排劳务人员接受培训的，不得组织劳务人员赴国外工作。”

（2）对于外派劳务人员，《条例》第十二条规定：“劳务人员应当接受培训，掌握赴国外工作所需的相关技能和知识，提高适应国外工作岗位要求以及安全防范的能力。”

（二）《外派劳务人员培训工作管理规定》对培训内容的要求

《外派劳务人员培训工作管理规定》（修订稿）（外经贸合发〔2001〕441号）（以下简称《培训管理规定》）第十条规定，培训内容主要包括：

（1）我国对外劳务合作方面的法律、法规和规定；

（2）安全保密、外事纪律、涉外礼仪等方面的出国常识；

（3）派出单位与国外雇主、劳务人员所签合同的内容与条款的具体含义；

（4）从事国（境）外劳务工作应承担的义务和享有的权利及正确处理与外方雇主的关系、提高服务意识、保证工作质量、依法履行合同和正当保护自身合法权益等；

（5）派往国家（地区）的政治、经济、人文、地理等方面的情况；

（6）派往国家（地区）的有关法律、宗教、民俗等方面的情况，特别要提高对带有反动性质的外国宗教势力和邪教组织的鉴别与抵制能力；

（7）语言、专业技能及其他需要培训的内容。

（三）法律责任

《条例》第四十二条规定：对外劳务合作企业未安排劳务人员接受培训，组织劳务人员赴国外工作的，由商务主管部门责令改正；拒不改正的，处5万元以上10万元以下的罚款，并对其主要负责人处1万元以上3万元以下的罚款。

三、外派劳务培训的相关具体规定

（一）对培训形式的相关规定

《外派劳务培训管理办法》（以下简称《培训管理办法》）第四条规定：“经营公司对外派劳务人员的培训可采取自行组织培训或委托相关培训机构培训的方式进行。”

（二）对培训教材的相关规定

1. 教材编写

《培训管理办法》第六条规定：“外派劳务培训教材由中国对外承包工程商会（以下简称“承包商会”）统一编写，供外派劳务人员使用。”

2. 教材内容

《培训管理规定》第十一条规定：

（1）培训教材包括公共课教材、语言培训教材和专业技能教材；

（2）公共课、语言培训课的教材、教学大纲和考核大纲由承包商会根据外经贸部制订的标准和要求，统一组织编写和修订。专业技能教材，各培训中心可根据我国或派往国家（地区）有关技术标准及国（境）外业主的要求编写。根据培训工作的需要，外经贸部委托承包商会或其他单位组织编写专业技能补充教材；

（3）各培训中心应严格执行外经贸部审定的教学大纲和考核大纲。在实施培训中，公共课必须使用统编教材，外派劳务人员要人手一册。非公共课教材，各培训中心可根据外派劳务项目的实际需要自行选编。

3. 新版教材使用要求

2014 年 11 月 25 日，在《商务部办公厅关于发布〈对外投资合作在外人员培训教材〉的通知》中指出，为保障对外投资合作在外人员（以下简称“投资合作人员”）合法权益，指导各地做好投资合作人员出境前教育培训工作，提高投资合作人员综合素质和境外工作适应能力，根据《条例》等相关规定，商务部委托中国对外承包工程商会编写了《对外投资合作在外人员适应性培训教材》（以下简称《新版培训教材》），并在商务部网站对外投资合作在外人员信息管理系统发布。教材的情况介绍如下。

（1）《新版培训教材》共 24 册，其中：综合性教材 4 册，分别是《素质教育》、《行前安全教育指引》、《旅行与职业健康指南》和《简明手册》；国别（地区）教材 11 册，包括亚洲、非洲、拉美和欧洲等四大洲以及日本、韩国、新加坡、俄罗斯、德国、中国澳门和中国台湾等重点国别和地区的法律法规、风俗禁忌、国别咨询以及工作生活、出入境和安全须知等。语言教材 9 册，包括英、法、俄、阿、日、韩、德、西、葡等语言的日常用语、应急用语和警示标识等。此外，录制了配套的视频讲座 12 讲（共 1200 分钟），制作了包含有注意事项、常用联系方式、应急外语等内容的随身携带卡片。

（2）各地商务主管部门、对外投资合作企业和对外劳务合作服务平台可登录对外投资合作在外人员信息管理系统免费下载《新版培训教材》。视频讲座光盘和随身携带卡片另发至各地商务主管部门。

（3）对外投资合作企业和对外劳务合作服务平台可将《新版培训教材》作为基础教材，组织投资合作人员开展出境前适应性培训，也可根据投资合作人员实际情况和境外雇主要求，自行编写适应性培训教材。

（4）各地商务主管部门要高度重视投资合作人员培训工作，加强指导和监督，确保培训质量。

（5）中国对外承包工程商会要做好投资合作人员培训的师资能力建设，并对培训教材定期修改完善。

（6）适应性培训中的意见和建议请及时反馈商务部（合作司），对《新版培训教材》内容的意见和建议请及时反馈中国对外承包工程商会。

（7）《新版培训教材》的版权归商务部所有，仅作为投资合作人员适应性培训使用，不得用于任何商业目的，不得向投资合作人员收取与《新版培训教材》相关的任何费用。

（三）对培训时间与费用的相关规定

1. 培训时间

《培训管理规定》第十三条规定：

（1）公共课程内容的培训一般不得少于40个课时；

（2）语言培训时间应根据劳务人员拟派往国家企业提出的标准进行安排，如外语水平未达到第十二条所述标准，至少需进行40课时的简单生活用语和工作用语的强化培训；

（3）专业技能的培训时间，由外派单位根据劳务人员的技术情况和国外雇主的要求与培训中心协商确定。

同时，关于语言培训，《培训管理规定》第十二条规定："具有初级以上职称（含初级职称）从事技术劳务的，如已熟练掌握拟派往国家（地区）的官方语言或相应技术，凭外语考试证书（成绩表）或技术职称证书，可不进行外语培训或技能培训，只进行规定时间内的公共课程培训。"

2. 培训费用

《培训管理办法》对培训费的构成和负担方式做了明确规定：

（1）外派劳务人员的培训费用原则上应自行负担。（第十一条）

（2）外派劳务考试费包含在培训费中；（第十二条）培训费（含考试费，下同）由经营公司向外派劳务人员一次性收取，支付给培训机构和考试中心。经营公司收取培训费须按国家有关规定明示标准，不得巧立名目多收费、乱收费。（第十三条）

（3）未通过考试需再培训或再考试的外派劳务人员，不得另行收取费用。（第十四条）

（四）对培训机构的相关规定

1. 培训机构（中心）应具备的条件

《培训管理规定》第八条规定，培训机构（中心）应具备的条件：

（1）拥有固定的培训场所和培训设施，可同时培训100人以上；

（2）拥有熟悉对外劳务合作业务及政策、具备良好政治素质、职业道德和较高教学水平的专、兼职教师队伍。原则上专职教师人数应不少于3人，并有明确的教学分工；

（3）拥有保证外派劳务培训工作正常运行的管理人员和规章制度；

（4）拥有适应国际劳务市场需求变化、及时调整培训方向和培训方式的能力。

2. 培训机构（中心）的师资和教学

《培训管理规定》第十五条规定，培训机构（中心）的师资和教学是：

（1）各培训机构（中心）的教师应具备相应的学历，专业技能课教师应具有相应的实践经验。对于培训经验丰富、教学质量较高的教师，学历要求可适当放宽；

（2）各培训机构（中心）的教师应根据教学大纲和培训计划的要求搞好教学工作，并根据外派劳务的特点进行教学研究，改进教学方法，提高培训质量；

（3）承包商会应不定期组织培训机构（中心）的师资培训和教学经验交流会；并配合外经贸部对部分培训机构（中心）业务进行年度评估。

（4）各培训机构（中心）可充分利用网络培训方式，大力发挥兼职教师的作用，以适应外派劳务培训多专业、多层次的特点；

（5）各培训机构（中心）应不断完善管理系统，建立健全教学管理、考核和教学质量检查评估制度，建立培训人员档案。

（五）对培训考试的相关规定

1. 考试要求

《培训管理规定》第十六条规定，为保证培训质量，参加培训的外派劳务人员，应在规定的培训时间内接受所有规定培训内容的培训。培训结束时，培训机构（中心）须按考核大纲对劳务人员进行考试；对考试不合格者，不能发给资格证书。

2. 考点安排

《培训管理办法》第七条规定：各省、自治区、直辖市及计划单列市商务主管部门应委托1家专门机构作为本地区的外派劳务考试中心。考试中心可根据本地区实际需要设立考试点。考试中心或考试点须与培训机构分开。

3. 职责分工

经营公司负责组织已培训的外派劳务人员到考试中心进行考试；（《培训管理办法》第八条）外派劳务培训考试试卷由承包商会统一命题，供考试中心使用。地方商务主管部门和承包商会负责对考试情况进行监督和检查。（《培训管理办法》第九条）

（六）对培训证的印制发放的相关规定

《培训管理规定》第二十六条规定，《合格证》的有效期为三年，根据劳务合同需要，可适当延长；在《合格证》有效期内，如果劳务人员派往《合格证》规定以外的国家（地区），在接受相应的国别（地区）概况和语言培训后，可申请办理新的《合格证》；有效期满后两年内派往同一国家（地区），可凭原《合格证》和派出单位证明办理新的《合格证》，超过两年需重新接受培训。

（七）培训管理

各省、自治区、直辖市及计划单列市外经贸委（厅、局）（以下简称“省级地方外经贸主管部门”）负责归口管理本地区的外派劳务培训工作；（《培训管理规定》第四条规定）制定本地区的外派劳务培训及考试工作实施细则。（《培训管理办法》第二十条）

承包商会依照外经贸部制定的有关规定和政策，具体负责协调、指导培训机构（中心）的工作（《培训管理办法》第二十条）；制定与外派劳务培训教材、考试试卷及《合格证》相关的实施办法（《培训管理规定》第十四条）。

为减轻劳务人员的经济负担，劳务人员应尽可能就地、就近培训。（《培训管理规定》第十四条）经营公司应指定专门的外派劳务培训管理人员，负责组织外派劳务人员培训，对培训质量负责，并通过考试检验外派劳务人员是否具备适应国（境）外工作的基本能力（《培训管理办法》第五条）。

第五节　承包工程项下外派劳务

对外承包工程项下劳务人员是我国对外承包工程的重要组成部分，为提升对外承包工程企业的国际竞争优势，保证工程质量，确保工期以及顺利完成工程项目，都作出了积极的贡献。2021 年我国当年派出各类劳务人员 32.27 万人，其中，对外承包工程项下当年派出 13.29 万人，占 41.18%；期末在外各类劳务人员 59.23 万人，其中，对外承包工程项下期末在外劳务人员为 25.84 万人，占 43.63%。

一般来说，工程项下劳务的派遣形式，一是对外承包工程企业直接或通过有经营资格的工程分包企业或劳务企业招收劳务人员，然后签订劳动合同，统一管理；二是企业在国（境）外的分支机构或在境外注册的公司，通过有经营资格的劳务企业招收劳务人员。承包工程项下外派劳务具有同一项目一次性招用劳务人员多、劳务人员来源地比较集中、选派中间环节多、易引发群体纠纷等特点。因此，加强承包工程项下外派劳务人员招收、培训、派出和境外工作生活的管理，对于对外承包工程项目的顺利实施，对于维护中国人的整体形象和双边经贸关系具有十分重要的作用。

一、对外承包工程项下外派劳务的概念

根据《商务部关于印发〈对外承包工程项下外派劳务管理暂行办法〉的通知》（商合发〔2005〕726 号，以下简称《工程项下外派劳务管理办法》）第二条规定：

“本办法所称‘对外承包工程项下外派劳务’是指具有对外承包工程经营资格的企业（以下简称有关企业）向其在境外签约实施的承包工程项目（含分包项目）派遣各类劳务人员的经济活动。所派各类劳务人员受雇有关企业，而非外方雇主。”

同时，根据《商务部关于加强对外投资合作在外人员分类管理工作的通知》（商合函〔2013〕874号，以下简称《分类管理通知》），“对外承包工程外派人员是指对外承包工程企业向其在境外承揽的工程项目派遣的人员”。

二、对外承包工程项下外派劳务的文件依据

根据商务部现行有效规范性文件目录和《中国对外投资合作法规和政策汇编》，涉及对外承包工程项下与外派劳务相关的主要规章和规范性文件见表2-4-5-1。

表2-4-5-1 对外承包工程项下与外派劳务相关的主要规章和规范性文件

（摘要，不完全收录）

序号	发布日期	规章或规范性文件名称	文号
1	2006年1月10日	商务部关于印发《对外承包工程项下外派劳务管理暂行办法》的通知	商合发〔2005〕726号
2	2008年4月25日	商务部关于切实做好对外承包工程项下外派劳务管理工作的紧急通知	商合函〔2008〕11号
3	2008年6月13日	商务部办公厅关于进一步强调对外承包工程项下外派劳务工作有关问题的紧急通知	商办合函〔2008〕54号
4	2008年7月21日	对外承包工程管理条例	国务院令第527号
5	2010年6月25日	商务部、外交部、公安部、工商总局关于印送《对外劳务合作不良信用记录试行办法》的函	商合函〔2010〕462号
6	2010年12月23日	商务部办公厅、外交部办公厅、财政部办公厅、住房城乡建设部办公厅、国资委办公厅、安全监管总局办公厅《关于切实做好对外承包工程外派人员管理工作的通知》	商办合函〔2010〕1673号
7	2011年4月11日	商务部、住房城乡建设部关于加强对外承包工程外派人员管理工作的紧急通知	商合函〔2011〕201号
8	2012年6月4日	对外劳务合作管理条例	国务院令第620号
9	2013年7月5日	商务部、外交部、公安部、住房城乡建设部、海关总署、税务总局、工商总局、质检总局、外汇局关于印发《对外投资合作和对外贸易领域不良信用记录试行办法》的通知	商合发〔2013〕248号
10	2013年10月15日	商务部关于加强对外投资合作在外人员分类管理工作的通知	商合函〔2013〕874号

续表

序号	发布日期	规章或规范性文件名称	文号
11	2015 年 10 月 21 日	商务部、外交部、国资委关于规范对外承包工程外派人员管理的通知	商合函〔2015〕877 号
12	2017 年 9 月 27 日	商务部办公厅、海关总署办公厅、质检总局办公厅关于做好对外承包工程资格审批取消后有关政策衔接工作的通知	商办合函〔2017〕390 号
13	2017 年 10 月 31 日	国家发展改革委关于进一步规范打捆切块项目中央预算内投资计划管理的通知	发改外资〔2017〕1897 号
14	2017 年 11 月 22 日	商务部办公厅关于做好对外承包工程项目备案管理的通知	商办合函〔2017〕455 号
15	2021 年 9 月 6 日	商务部办公厅关于印发《对外投资合作“双随机、一公开”监管工作细则（试行）》的通知	商办合规函〔2021〕289 号

三、对外承包工程项下外派劳务管理规定

（一）加强宏观管理

在对外承包工程项下外派劳务宏观管理的总体规定方面，《条例》第四十九条规定：“对外承包工程项下外派人员赴国外工作的管理，依照《对外承包工程管理条例》以及国务院商务主管部门、国务院住房城乡建设主管部门的规定执行。”同时，对于对外承包工程的境外管理，《对外承包工程管理条例》（以下简称《工程条例》）第十六条规定：“对外承包工程的单位应当接受中国驻该工程项目所在国使馆（领馆）在突发事件防范、工程质量、安全生产及外派人员保护等方面的指导。”

以维护国家、企业的整体形象和外派劳务人员的合法权益为立足点，表2－4－5－1中所列文件在对外承包工程项下外派劳务宏观管理方面的具体规定主要体现在加强管理监督和责任追究、重视人员管理和制度完善、健全对外劳务合作不良信用记录和公告制度以及维护国家企业形象和外派劳务合法权益等方面。

（二）严格项目管理

对于对外承包工程企业而言，严格外派人员的项目管理主要包括提交项目审查有关材料、正确处理总包和分包的关系、搞好出国（境）前培训等内容。

1. 提交项目审查有关材料

《工程项下外派劳务管理办法》第十二条规定：有关企业在申办需自带劳务的对外承包工程项目的投（议）标许可时，除按现行相关文件要求向商务部提交有关

材料外，需提交以下材料①：

第一，《对外承包工程项下外派劳务事项表》。内容包括：项目名称、工期、预计施工总人数、项目总包商及其联系人和联系方式、项目分包商及其联系人和联系方式、人员安排计划，其中管理人员及其人数、构成和来源、工人及其人数与来源明细等。

如总包商将承包工程中的部分工程连同项下外派劳务业务整体分包，总包商需提交分包合同及由分包商填写的《对外承包工程项下外派劳务事项表》。

第二，我驻外使（领）馆经济商务机构对工程项下外派劳务出具的明确意见。

2. 正确处理总包与分包的关系

（1）总包与分包的关系。关于总包与分包的业务关系，有关文件都先后作出明确规定。总的原则是：总包商不得将工程项下外派劳务单独分包或转包；接受工程连同其项下外派劳务整体分包的分包商必须具有相应资质；总包企业对整个项目项下外派劳务管理负总责。相关规定的具体内容是：

《工程项下外派劳务管理办法》规定："对外承包工程项下外派劳务应由总包商（对外签约单位）自营，或由总包商通过签署分包合同将承包工程中的部分工程连同其项下外派劳务整体分包给具有对外承包工程经营资格的分包商。"（第四条）同时，"总包商不得将工程项下外派劳务单独分包或转包。分包商不得将其承包的工程及项下外派劳务再分包或转包。"（第五条）

《加强承包工程外派人员管理紧急通知》进一步指出："对外承包工程总包企业对对外承包工程项目负总责，如需将工程项目分包给其他单位，必须分包给具有建设行政主管部门颁发的相应资质的单位，并对分包单位进行监督管理，分包单位也必须遵守对外承包工程各项管理规定。"

《切实做好工程项下外派劳务管理的紧急通知》指出："总包企业只能将部分工程连同其项下外派劳务整体分包给具有对外承包工程经营资格的分包商，不得将工程项下外派劳务单独分包或转包；分包企业不得将其承包的工程及项下外派劳务再分包或转包；总包企业对整个项目项下外派劳务管理负总责。"

（2）外派人员的外派手续应由具备对外承包工程或对外劳务合作经营资格的分包单位办理，否则由总包单位办理。《分类管理通知》指出："对外承包工程企业可作为总包单位将部分境外承包工程项目分包，但不得将外派人员单独分包。分包单

---

① 2017 年，根据《国务院关于取消一批行政许可事项的决定》（国发〔2017〕46 号），取消对外承包工程项目投（议）标核准。根据商务部办公厅发出的《关于做好对外承包工程项目备案管理的通知》，要求做好核准取消后的备案报告工作。

位为外派人员办理外派手续，应当具备对外承包工程或对外劳务合作经营资格，否则应由总包单位为外派人员办理外派手续。”

（3）建立统一的外派人员合同签订、工资支付、工作生活条件、日常管理和人员变化情况报备等管理体系和制度。

《商务部办公厅关于进一步强调对外承包工程项下外派劳务工作有关问题的紧急通知》（商办合函〔2008〕54号）强调指出，必须严格依据有关规定做好工程项下外派劳务的管理工作，特别是不得将工程分包给不具有对外承包工程经营资格的分包商或境外机构，严格按合同约定结算和发放劳务人员工资，依法延长加班时间，并按照当地劳动法规定足额支付加班费。

《规范承包工程外派人员管理通知》指出：“对外承包工程总包企业应对项目的外派人员管理全面负责，建立统一的外派人员管理体系和制度，对分包企业外派人员的合同签订、工资支付、工作生活条件和日常管理等提出明确要求并定期检查。总包企业不得将劳务单独分包或转包，分包企业不得将其承包的工程及项下外派劳务再分包或转包。”同时“对外承包工程企业应当做好外派人员的现场管理，按照项目所在国家、地区法律法规和合同约定为其提供生产生活条件并足额按时支付工资，定期向驻外使（领）馆报备项目进展和人员变化情况”。

3. 搞好出国（境）前培训

《工程条例》第十三条明确规定：“对外承包工程的单位应当根据工程项目所在国家或者地区的安全状况，有针对性地对外派人员进行安全防范教育和应急知识培训，增强外派人员的安全防范意识和自我保护能力。”

（1）对外派人员进行派出前的适应性培训时，应如实告知派往国别（地区）和项目的有关情况、工资待遇、工作生活条件等情况，并教育外派劳务人员遵守当地法律法规，提高外派人员素质和技能水平。

《工程项下外派劳务管理办法》第十条规定：“总包商和分包商须在对外派劳务进行出国前培训时，全面、详细、如实地向外派劳务介绍派往国别（地区）和项目的有关情况、工作生活条件及工资待遇，并教育外派劳务遵守项目所在国法律法规，不应采取任何不正当方式激化矛盾。”

《规范承包工程外派人员管理通知》指出：“对外承包工程企业应当加强外派人员的派出前适应性培训工作，提高外派人员素质和技能水平，如实告知外派人员的工资待遇、工作生活条件等情况，教育外派人员尊重当地宗教信仰和风土人情，遵守当地法律规定和公司各项管理制度，避免过激维权。”

（2）外派劳务人员应取得《外派劳务培训合格证》。《切实做好工程项下外派劳务管理的紧急通知》进一步指出：“企业应该加强外派劳务出国前培训，并取得

《外派劳务培训合格证》。有关企业在培训中应如实告知派往国别（地区）工资待遇、工作生活条件等情况，并教育外派劳务遵守当地法律法规。”

（3）将对话沟通机制作为培训内容。《切实做好工程项下外派劳务管理的紧急通知》指出，为保证外派劳务人员的合理要求及意见建议能得到充分重视和及时处理，各驻外经商机构和企业应依据以下原则立即建立起由外派劳务人员代表、企业项目现场管理人员、企业国内本部及驻外经商机构共同构成的外派劳务人员对话沟通机制。企业应在外派劳务培训期间将上述机制作为培训内容周知所有劳务人员：

一是企业组织外派劳务人员应在出国（境）培训期间推选产生代表负责收集反映劳务人员诉求，并在工作中对外派劳务人员诉求予以充分重视和及时疏导，不得强压；

二是总包企业和分包企业应指派专人负责在项目现场全面了解和掌握外派劳务思想动态，受理外派劳务人员代表反映的有关情况，并将重要问题及时报告驻当地经商机构、本企业及项目总包企业国内母体；

三是各驻外经商机构应指派专人定期巡查，与外派劳务代表及企业现场劳务工作负责人沟通情况，对相关工作作出指导，并监督劳务人员意见的处理反馈情况。

（三）疏通招聘渠道

对外承包工程企业可通过对外劳务合作企业或服务平台招聘并外派人员，并须与外派人员签订与项目工期相当的《劳动合同》，承担管理责任；不得通过未取得对外劳务合作经营资格的中介机构招用外派人员。具体规定是：

《工程条例》第十一条规定：“从事对外承包工程外派人员中介服务的机构应当取得国务院商务主管部门的许可，并按照国务院商务主管部门的规定从事对外承包工程外派人员中介服务。对外承包工程的单位通过中介机构招用外派人员的，应当选择依法取得许可并合法经营的中介机构，不得通过未依法取得许可或者有重大违法行为的中介机构招用外派人员。”

《加强承包工程外派人员管理紧急通知》指出：“各地应根据《商务部 外交部 公安部 工商总局关于印发〈对外劳务合作服务平台建设试行办法〉的通知》（商合函〔2010〕484 号），加快推进对外劳务合作服务平台建设，为外派人员报名以及对外承包工程企业和分包单位招聘外派人员提供便利化服务。”

《分类管理通知》进一步明确指出：“对外承包工程企业可通过对外劳务合作企业或服务平台招聘并外派人员，但必须与外派人员签订与项目工期相当的《劳动合同》，相关社会保险可按项目所在地的法律法规执行。外派人员的管理均由对外承包工程企业负责。”同时规定：“对外承包工程企业不得通过未取得对外劳务合作经营资格的中介机构招用外派人员。”

（四）明确劳动关系

《工程条例》对对外承包工程企业与外派人员之间的劳动关系作出明确规定，指出："对外承包工程的单位应当依法与其招用的外派人员订立劳动合同，按照合同约定向外派人员提供工作条件和支付报酬，履行用人单位义务。"（第十二条）

1. 总包商和分包商对外派劳务人员具有相应的管理责任与义务

《工程项下外派劳务管理办法》规定："总包商或分包商须直接与外派劳务人员签订《劳务派遣和雇用合同》，不得委托任何中介机构或个人招收外派劳务。"（第六条）"总包商和分包商依据双方签署的分包合同明确各自的责任与义务。分包商应接受总包商对其承包的工程项下外派劳务的相关管理，总包商对整个工程项下外派劳务管理负总责。"（第七条）

《分类管理通知》也明确指出："对外承包工程企业可以向其在境外承揽的工程项目派遣所需人员，但必须已经与所派人员签订《劳动合同》。"

2. 不得转嫁劳动关系

《加强承包工程外派人员管理紧急通知》强调指出："对外承包工程企业和分包单位必须与外派人员签订劳动合同，履行用人单位责任，不得滥用国内劳务派遣，转嫁劳动关系。对未与外派人员签订劳动合同的对外承包工程企业和分包单位，商务、建设等有关主管部门按规定依法予以查处，直至取消相关资格和资质。"

（五）规范合同内容

1. 合同条款要齐全，工资收入须保证

《工程项下外派劳务管理办法》第九条规定："总包商和分包商须在外派劳务离境赴项目现场前与其签订《劳务派遣和雇用合同》。所签合同应符合《对外贸易经济合作部关于印发〈劳务输出合同主要条款内容〉的通知》（〔1996〕外经贸合发第105号）的有关规定，并保证外派劳务人员的工资水平不低于项目所在地同工种人员的工资水平，以切实维护和保障劳务人员的合法权益。"

《切实做好工程项下外派劳务管理的紧急通知》有关外派劳务人员收入强调指出："企业必须依据项目所在国劳动法及我有关法律法规，与外派劳务签订劳动合同。自本通知施行之日起，企业在其与外派劳务已签及新签劳动合同中都应充分考虑汇率因素，并采取固定汇率等有效措施保证外派劳务工资不缩水。"

2. 劳动条件要明确，伤害保险不能少

《加强承包工程外派人员管理紧急通知》指出："对外承包工程企业和分包单位与外派人员签订的劳动合同中必须包括劳动报酬、劳动条件、社会保险、紧急情况下的协助和救助、不可抗力等必备条款；并根据合同约定及时支付外派人员工资。"

《规范承包工程外派人员管理通知》指出："对外承包工程企业应当按照《对外承包工程管理条例》与其招用的外派人员订立劳动合同，办理工伤、意外伤害等保险，履行用人单位的职责。通过对外劳务合作企业招用外派人员的，应按照《对外劳务合作管理条例》，协助外派人员与境外公司订立确定劳动关系的合同。"

3. 项目合同签订后，及时报备要做到

《工程条例》第十六条规定："对外承包工程的单位与境外工程项目发包人订立合同后，应当及时向中国驻该工程项目所在国使馆（领馆）报告。"

（六）严禁违规收费

《加强承包工程外派人员管理紧急通知》指出："对外承包工程企业和分包单位不得向外派人员收取服务费、中介费、保证金、押金等任何费用，不得要求外派人员提供财产担保。"

《规范承包工程外派人员管理通知》指出："对外承包工程企业……不得通过未取得资质的中介机构招收外派人员，不得向外派人员收取押金或者要求提供财产担保。"

（七）强化风险防范

1. 落实人身和财产安全管理工作

《工程条例》第十三条规定："对外承包工程的单位应当有专门的安全管理机构和人员，负责保护外派人员的人身和财产安全，并根据所承包工程项目的具体情况，制定保护外派人员人身和财产安全的方案，落实所需经费。"《加强承包工程外派人员管理紧急通知》指出："对外承包工程企业外派人员必须经我驻外使（领）馆经商机构出具同意函，并经省级商务主管部门审查。有关部门在审查对外承包工程企业外派人员时严格执行安全一票否决制。"

2. 购买境外人身意外伤害保险

《工程条例》第十四条规定："对外承包工程的单位应当为外派人员购买境外人身意外伤害保险。"《加强承包工程外派人员管理紧急通知》进一步强调指出："对外承包工程企业必须为外派人员购买境外人身意外伤害保险。"

3. 缴存备用金

（1）执行对外劳务合作备用金制度。《工程项下外派劳务管理办法》第八条规定："总包商和分包商均须参照《对外劳务合作备用金暂行办法》（对外贸易经济合作部、财政部令 2001 年第 7 号）和《关于修改〈对外劳务合作备用金暂行办法〉的决定》（商务部、财政部令 2003 年第 2 号）的规定，执行对外劳务合作备用金制度。"

（2）备用金的作用。《工程条例》第十五条明确规定："对外承包工程的单位应当按照国务院商务主管部门和国务院财政部门的规定，及时存缴备用金。

前款规定的备用金，用于支付对外承包工程的单位拒绝承担或者无力承担的下列费用：（一）外派人员的报酬；（二）因发生突发事件，外派人员回国或者接受其他紧急救助所需费用；（三）依法应当对外派人员的损失进行赔偿所需费用。"

（3）取消对外承包工程资格审批后要求将备用金及时补足至300万元。2017年，根据国务院关于取消对外承包工程资格审批的决定，商务部印发了《关于废止和修改部分规章的决定》（商务部令2017年第3号）。为落实该决定精神，深入推进"放管服"改革，商务部办公厅、海关总署办公厅、质检总局办公厅联合发出《关于做好对外承包工程资格审批取消后有关政策衔接工作的通知》，要求做好资格审批取消后的对外承包工程项下外派人员管理、设备材料出口及检验检疫等政策的衔接。通知要求对外承包工程企业应当按照修订后的《对外劳务合作风险处置备用金管理办法（试行）》（商务部 财政部令2014年第2号）第二十三条规定缴存备用金。在国务院第676号令公布前已取得《资格证书》的企业，需在本通知下发后20个工作日内将备用金补足至300万元人民币。省级商务主管部门应在备用金缴存或动用后3个工作日内，登录对外承包工程企业信息登记系统，更新相关企业备用金状态。在国务院第676号令公布前已取得《资格证书》但不再从事对外承包工程业务的企业，可向注册地省级商务主管部门申请退还备用金或撤销保函，具体办理程序参照《对外劳务合作风险处置备用金管理办法（试行）》第十七条。

（八）妥善处理纠纷

1. 制定应急处置预案

《工程条例》第十七条规定："对外承包工程的单位应当制定突发事件应急预案；在境外发生突发事件时，应当及时、妥善处理，并立即向中国驻该工程项目所在国使馆（领馆）和国内有关主管部门报告。国务院商务主管部门应当会同国务院有关部门，按照预防和处置并重的原则，建立、健全对外承包工程突发事件预警、防范和应急处置机制，制定对外承包工程突发事件应急预案。"

《规范承包工程外派人员管理通知》指出："对外承包工程企业应当建立专门的外派人员管理队伍，制订境外纠纷应急处置预案，随时了解外派人员的思想动态，做好心理疏导工作，出现纠纷苗头后及时化解矛盾，并按照预案妥善处置，重大情况及时向驻外使领馆汇报。"

2. 妥善受理处置纠纷

《工程项下外派劳务管理办法》规定："在项目实施过程中，总包商和分包商对外派劳务反映的问题和提出的合理要求应予以认真对待，及时答复，妥善解决。”（第十一条）“各地商务主管部门、各驻外使（领）馆经济商务机构及各有关企业应高度重视对外承包工程项下劳务纠纷和突发事件处理工作，尽快建立健全对外承包工程项下外派劳务纠纷或突发事件快速反应机制，做到出现问题及时、妥善处理，以保护外派劳务人员的合法权益，避免造成有损我国声誉或引起外交争端的涉外事件。”（第十三条）“各驻外使（领）馆经济商务机构应指派专人负责受理和处置劳务纠纷或突发事件。”（第十五条）“在发生劳务纠纷或突发事件时，各有关企业不得以任何方式限制外派劳务通过适当方式向我驻当地使（领）馆经济商务机构反映情况。”（第十六条）在处理对外承包工程项下劳务纠纷和突发事件过程中，各相关部门分工及处理程序可参照《商务部关于处理境外劳务纠纷或突发事件有关问题的通知》（商合发〔2003〕249 号）执行。（第十七条）

《加强承包工程外派人员管理紧急通知》指出：“对外承包工程企业要按照‘总包负总责’的原则，派驻专职管理人员加强对外派人员的管理，及时解决外派人员的合理诉求，妥善处理纠纷，避免发生群体性事件。”

《规范承包工程外派人员管理通知》强调指出：“各地商务主管部门和中央企业应当建立并完善境外纠纷处置工作机制，按照‘谁派出、谁负责’的原则，及时处理对外承包工程外派人员纠纷和突发事件。驻外使领馆充分发挥一线监管作用，对当地中资企业和派出人员情况实行登记备案管理，指导、监督企业守法合规经营，指导企业妥善处置纠纷和突发事件，及时协调，避免事态恶化。”

《切实做好工程项下外派劳务管理的紧急通知》进一步指出：“各地方、各驻外经商机构和企业应参照《商务部关于处理境外劳务纠纷或突发事件有关问题的通知》（商合发〔2003〕249 号）处理工程项下劳务纠纷和突发事件。各驻外经商机构应保证第一时间介入纠纷处理，并及时与驻在国政府相关部门进行协调，关键阶段必须派人盯守现场，靠前指挥，防止事态失控，导致人员伤亡。”

（九）严查非法活动

《加强承包工程外派人员管理紧急通知》要求：“各地应根据清理整顿外派劳务市场秩序专项行动的要求，严厉打击非法中介机构和个人，坚决取缔非法中介活动。”

《切实做好工程项下外派劳务管理的紧急通知》指出：“企业应切实杜绝低价竞标和恶性竞争行为，避免因项目效益不好和赶工期损害外派劳务的工资收入和合法权益；企业不得向外派劳务违规或变相收取履约保证金。”

（十）加强监督检查

《规范承包工程外派人员管理通知》要求指出：“请各地商务主管部门对本地对

外承包工程企业外派人员管理情况开展专项检查，发现问题及时整改，违规企业严肃查处，查处情况按照不良信用记录管理办法向社会公布。……”

商务部办公厅《关于印发〈对外投资合作“双随机、一公开”监管工作细则（试行）〉的通知》（商办合规函〔2021〕289号）指出，对于对外承包工程的检查，涉及外派劳务人员管理的主要检查内容包括：

（1）是否存在通过未依法取得许可或者有重大违法行为的中介机构招用外派人员、不按合同约定向外派人员提供工作条件和支付报酬等情况；

（2）是否有专门的安全管理机构和人员、制定突发事件应急预案、为外派人员购买境外人身意外伤害保险；

（3）对外派人员进行安全防范教育和应急知识培训、制定保护外派人员人身和财产安全方案并落实所需经费情况；

（4）是否按规定足额缴纳备用金；

（5）处置境外突发事件情况；

（6）是否发生聚集性感染事件，有关处理措施和处理结果等。

2017年，根据《国务院关于取消一批行政许可事项的决定》（国发〔2017〕46号），取消对外承包工程项目投（议）标核准。为落实国务院决定，商务部办公厅发出《关于做好对外承包工程项目备案管理的通知》，要求做好核准取消后的备案报告和事中事后监管。强调指出，依据“谁备案、谁监管”原则，商务主管部门对所负责备案的项目信息开展“双随机、一公开”抽查，或根据举报进行调查，对影响重大的项目不定期开展专项检查。发现违法违规行为的，依照《对外承包工程管理条例》予以处理并会同有关部门列入对外投资合作领域不良信用记录；对未及时办理备案，或备案信息不真实、对监督检查不予配合的企业，商务主管部门可采取约谈、通报、限期整改等方式予以处理；逾期不整改或情节严重的，依法依规严肃处理。

四、对外承包工程项下外派劳务相关法律责任

第一，对于未建立并严格执行工程质量和安全生产管理的规章制度；没有配备专门的安全管理机构和人员、制定人身和财产安全保护方案、未落实所需经费的；未对外派人员进行培训；未制定突发事件应急预案，或未及时、妥善处理境外发生突发事件的，《工程条例》第二十条规定：

“对外承包工程的单位有下列情形之一的，由商务主管部门责令改正，处10万元以上20万元以下的罚款，对其主要负责人处1万元以上2万元以下的罚款；拒不

改正的，商务主管部门可以禁止其在1年以上3年以下的期限内对外承包新的工程项目；造成重大工程质量问题、发生较大事故以上生产安全事故或者造成其他严重后果的，商务主管部门可以吊销其对外承包工程资格证书；对工程建设类单位，建设主管部门或者其他有关主管部门可以降低其资质等级或者吊销其资质证书：

（1）未建立并严格执行工程质量和安全生产管理的规章制度的；

（2）没有专门的安全管理机构和人员负责保护外派人员的人身和财产安全，或者未根据所承包工程项目的具体情况制定保护外派人员人身和财产安全的方案并落实所需经费的；

（3）未对外派人员进行安全防范教育和应急知识培训的；

（4）未制定突发事件应急预案，或者在境外发生突发事件，未及时、妥善处理的。”

第二，对于未及时向中国驻外使馆（领馆）报告境外工程项目合同；未立即向中国驻外使馆（领馆）和国内有关主管部门报告境外发生突发事件的；未定期向有关部门报告对外承包工程开展情况或未报送业务统计资料的，《对外承包工程管理条例》第二十二条规定：

“对外承包工程的单位有下列情形之一的，由商务主管部门责令改正，处2万元以上5万元以下的罚款；拒不改正的，对其主要负责人处5000元以上1万元以下的罚款：

（1）与境外工程项目发包人订立合同后，未及时向中国驻该工程项目所在国使馆（领馆）报告的；

（2）在境外发生突发事件，未立即向中国驻该工程项目所在国使馆（领馆）和国内有关主管部门报告的；

（3）未定期向商务主管部门报告其开展对外承包工程的情况，或者未按照规定向有关部门报送业务统计资料的。”

第三，对于通过未依法取得许可或者有重大违法行为的中介机构招用外派人员，或不为外派人员购买境外人身意外伤害保险；未按照规定存缴备用金的；未取得主管部门许可擅自从事对外承包工程外派人员中介服务的，《对外承包工程管理条例》第二十三条规定：

“对外承包工程的单位通过未依法取得许可或者有重大违法行为的中介机构招用外派人员，或者不依照本条例规定为外派人员购买境外人身意外伤害保险，或者未按照规定存缴备用金的，由商务主管部门责令限期改正，处5万元以上10万元以下的罚款，对其主要负责人处5000元以上1万元以下的罚款；逾期不改正的，商务主管部门可以禁止其在1年以上3年以下的期限内对外承包新的工程项目。未取得国务院商务主管部门的许可，擅自从事对外承包工程外派人员中介服务的，由国务院商务主管部门责令改正，处10万元以上20万元以下的罚款；有违法所得的，没收违法所得；对其主要负责人处5万元以上10万元以下的罚款。”

第六节　对外劳务合作服务平台

对外劳务合作服务平台建设是对外劳务合作管理体制改革的重要内容之一。2010年发布的对外劳务合作服务平台建设办法明确了建设要求、资金支持、数据填报、信息公开等内容，2012年《对外劳务合作管理条例》颁布后进一步明确了对外劳务合作服务平台的功能和作用，并陆续提出了对外劳务合作服务平台的运营与管理要求。

一、对外劳务合作服务平台的概念

为进一步推进对外劳务合作管理体制改革，统筹对外劳务和国内劳务市场，强化政府服务，引导劳务人员通过正规渠道出境务工，维护劳务人员合法权益，在充分借鉴各地促进和规范对外劳务合作实践经验的基础上，2010年，商务部、外交部、公安部、工商总局联合发出《关于印送〈对外劳务合作服务平台建设试行办法〉的函》（商合函〔2010〕484号，简称《服务平台建设办法》），《服务平台建设办法》规定：

对外劳务合作服务平台（以下简称“服务平台”）是政府建立的向对外投资合作企业（以下简称“外派企业”）提供劳务人员的唯一平台。服务平台非企业性质，是集对外劳务合作服务、促进、保障、规范和管理为一体的政府公共服务机构。

根据《商务部关于加强对外投资合作在外人员分类管理工作的通知》（商合函〔2013〕874号），“对外投资合作企业是指在中华人民共和国境内依法设立的开展境外投资、对外承包工程和对外劳务合作等对外投资合作业务的企业”。“劳务人员是指根据《对外劳务合作管理条例》由对外劳务合作企业组织赴其他国家或者地区为国外的企业或者机构（以下称国外雇主）工作的人员。”

二、对外劳务合作服务平台的建设

服务平台建设是对外劳务合作管理体制改革的重点内容和创新举措。《服务平台建设办法》，对服务平台的建设要求、作用、责任以及管理等作出明确界定和要求。

（一）服务平台的建设要求

《服务平台建设办法》对服务平台的建设要求是：

（1）境外劳务人员数量超过1000人的县级行政区域；

（2）由县级或县级以上人民政府根据本地区外派劳务业务发展的实际情况单独建立，也可依托现有各类机构、外派劳务服务中心及外派劳务基地等机构建立；

（3）由县级以上人民政府认定并予以扶持，国家将根据各地服务平台建设情况予以相应的支持；

（4）外派企业通过服务平台招收劳务人员，不得委托招收劳务人员，也不允许任何企业、单位或个人挂靠经营，严禁在社会上“私招乱募”。

（二）服务平台的作用

为促进和规范对外劳务合作，强化政府公共服务，为劳务人员把关，维护劳务人员的合法权益，《服务平台建设办法》规定服务平台的服务内容包括以下十个方面：

一是为劳务人员和外派企业免费提供对接服务；二是设立劳务人员报名窗口，接受有意出国（境）务工人员报名，并建立劳务人员信息系统，统一录入劳务人员信息和出国（境）务工意向，做好统计；三是发布外派企业招收的准确信息，向外派企业推荐合格的劳务人员并组织招聘；四是监督外派企业与劳务人员依法签署合同，落实相关劳动保障；五是为劳务人员提供政策咨询、就业指导、认证、体检、保险等相关服务；六是对劳务人员进行出国前的适应性培训；七是加强对劳务人员的宣传教育和出境后的跟踪服务，掌握境外劳务人员动态；八是为劳务人员提供纠纷调解和司法援助等各项服务；九是为归返劳务人员就业和创业提供服务；十是提供其他必要的服务事项。

（三）服务平台的责任

《服务平台建设办法》明确规定，服务平台承担以下责任：一是“促进本地区对外劳务合作规范发展”；二是“加强对本地有意出国务工人员的宣传教育，引导劳务人员通过服务平台报名，循正规渠道出境务工”；三是“监督外派企业通过服务平台在本地区招收劳务人员”；四是“监督服务平台以外的任何企业、单位和个人不得向外派企业提供劳务人员”；五是“核实外派企业的经营资格、项目审查和招收备案等情况”；六是“核查外派企业招收信息的准确性、合同的合法性、劳务人员权利义务的公正性、境外工作生活条件的合理性、收费标准的合规性等情况”；七是“对不符合条件的外派企业，不得允许其在本地区招收劳务人员”；八是“对不符合境外务工条件的劳务人员，不得向外派企业推荐”；九是“建立外派企业和劳务人员不良记录档案。对有不良记录的外派企业，不向其推荐劳务人员；对有不良记录的劳务人员，告知外派企业”；十是“发生境外劳务纠纷后，协助外派企业妥善处理，维护劳务人员合法权益，做好劳务人员家属工作”。

三、对外劳务合作服务平台的管理

（1）按照《服务平台建设办法》的规定，服务平台在地方人民政府领导下，由商务部门以及外事、公安、工商行政管理等部门具体指导，开展本地区的对外劳务合作服务工作。地方各级人民政府应加强对服务平台的指导、服务、监督和管理，严格要求各有关部门切实负起责任，保障服务平台的平稳运行，规范和促进本地区对外劳务合作。

（2）《对外劳务合作管理条例》第三十四条规定，“县级以上地方人民政府根据本地区开展对外劳务合作的实际情况，按照国务院商务主管部门会同国务院有关部门的规定，组织建立对外劳务合作服务平台（以下简称服务平台），为对外劳务合作企业和劳务人员无偿提供相关服务，鼓励、引导对外劳务合作企业通过服务平台招收劳务人员。国务院商务主管部门会同国务院有关部门应当加强对服务平台运行的指导和监督”。

（3）《商务部办公厅关于在商务部政府网站开设对外劳务合作服务平台专栏的通知》（商办合函〔2010〕1327号）指出，各省级商务主管部门应高度重视服务平台建设工作，指派专人负责，及时报送和更新本行政区域内对外劳务合作服务平台建设情况。各省级商务主管部门、中国对外承包工程商会应加强宣传，引导劳务人员通过服务平台专栏中公布的服务平台报名；应根据《服务平台建设办法》的要求，加强监管和行业自律，要求对外投资合作企业通过服务平台专栏中公布的服务平台招收劳务人员，促进对外劳务合作规范发展。

（4）《财政部商务部关于2016年度外经贸发展专项资金重点工作的通知》（财行〔2016〕212号）指出，为完善对外劳务合作公共服务，强化信息咨询、素质培训、权益保障、规范引导等服务功能，给予对外劳务合作服务平台一定的资金支持，支持对外劳务合作公共服务平台建设。

四、对外劳务合作服务平台的运营

（一）公布服务平台信息

《商务部办公厅关于在商务部政府网站开设对外劳务合作服务平台专栏的通知》

（商办合函〔2010〕1327号）指出，商务部决定在商务部政府网站开设“对外劳务合作服务平台专栏”（以下简称“服务平台专栏”）。

（1）服务平台专栏的查询。服务平台专栏分别开设在商务部合作司子站（http：//hzs. mofcom. gov. cn）、中国对外投资和经济合作网站（http：//fec. mofcom. gov. cn）、出国劳务网（http：//chinalabor. mofcom. gov. cn）。

（2）服务平台信息报送。各省级商务主管部门应及时将本行政区域内经县级以上地方人民政府认定且符合《服务平台建设办法》要求的服务平台名单、县级以上地方人民政府的认定文件、服务平台性质及功能简介（控制在800字左右）以及办公地址、联系人、联系方式等材料报送商务部（以电子版形式传至fwpt·mofcom. gov. cn）。

（3）服务平台信息公布。商务部对各地服务平台的材料进行审核后，将各地服务平台名单、简介及联系方式在服务平台专栏公布。

《商务部办公厅关于继续做好对外劳务合作服务平台名单公布和数据填报工作的通知》（商办合函〔2014〕100号）进一步要求各地商务主管部门加强对本地区服务平台建设和运营的指导和服务，做好服务平台名单公布的有关工作。要求本部门政府网站开设对外劳务合作服务平台专栏，及时公布本地区服务平台名单，包括名称、简介和联系方式等。商务部将在政府网站对外劳务合作服务平台专栏中建立各地服务平台专栏的链接。

（二）服务平台的数据填报

根据《服务平台建设办法》和《对外劳务合作管理条例》的要求，为进一步规范服务平台的建设和运营，《商务部办公厅关于继续做好对外劳务合作服务平台名单公布和数据填报工作的通知》（商办合函〔2014〕100号）要求各地商务主管部门指导和督促服务平台做好服务平台数据填报的相关工作。

（1）要求服务平台及时在对外投资合作在外人员信息管理系统（以下简称信息管理系统）填报报名劳务人员信息和被外派企业选中信息。

根据《商务部关于加强对外投资合作在外人员分类管理工作的通知》（商合函〔2013〕874号），“对外投资合作企业的派出人员统称对外投资合作在外人员，包括劳务人员、对外承包工程外派人员和对外投资外派人员”。

（2）要求从服务平台招收劳务人员的外派企业及时填报劳务人员派出信息。

（3）统一为尚未开通信息管理系统端口的服务平台在中国国际电子商务中心代表处免费开通VPN专网账号，并向中国国际电子商务中心免费领取系统账号密码，指导服务平台及时填报有关数据。

（4）服务平台填报的被外派企业选中并经外派企业在信息管理系统中确认派出

的劳务人员数量，将作为享受相关扶持政策的依据。

（三）受理投诉举报

在对外劳务合作服务平台专栏公布投诉举报电话、传真、电子邮箱等联系方式，指定专人负责受理投诉举报。

第七节　项目确认、审查与招收备案

一、对外劳务合作项目确认

根据《对外贸易经济合作部关于严格审批对外劳务合作项目的紧急通知》（外经贸合发〔2000〕第261号）和《商务部办公厅关于做好对外劳务合作项目确认工作的通知》（商合字〔2007〕27号）要求，对外劳务合作项目确认包括项目确认的对象、内容、手续以及项目确认的应用等几个方面。

（一）项目确认的必要性

随着我国对外劳务合作规模的扩大，一些境内外不法商人利用我企业急于对外开展业务、部分劳务人员急于出国挣钱的心理和自我保护意识较差等弱点，虚构劳务合作项目进行诈骗，曾经发生过致使劳务人员出国后无劳可务的现象，不仅严重扰乱了对外劳务合作正常的经营秩序，损害了企业的利益和劳务人员的合法权益，对外造成恶劣影响，也给国内的社会稳定带来隐患，所以，有必要在审批对外劳务合作项目时严格把关。为有效防范我外派劳务人员可能面临的出境后无劳可务等风险；以及由此引发的境外劳务纠纷或突发事件，原外经贸部及商务部曾陆续下发《关于印发〈对外劳务合作项目审查有关问题的规定〉的通知》（外经贸合发〔2002〕137号）和《关于印发〈对外劳务合作项目审查有关问题的补充通知〉的通知》（商合发〔2003〕44号），要求驻外使（领）馆经商机构对境外雇主和项目的真实性以及项目的可行性进行确认（上述137号和44号文件商务部部令2021年第2号于2021年5月10日决定废止）。在此基础上，2007年3月又发出《商务部办公厅关于做好对外劳务合作项目确认工作的通知》（商合字〔2007〕27号，以下简称《项目确认通知》），要求派遣人数较多的劳务合作项目必须征求我驻有关国家使（领）馆经商参处（室）的意见。

（二）项目确认的对象

进行项目确认的对象是经负责审批的商务主管部门批准的对外劳务合作企业

（以下简称“经营公司”）所开展的对外劳务合作项目。经营公司名单可通过商务部网站合作司子站“在线查询栏目”中的“对外劳务合作企业名录”查询。

经营公司是项目确认的申请人，我驻外使（领）馆经商机构是项目确认者。

值得说明的是，通过其他渠道出境务工或就业的人员属“中国公民个人出境谋生”性质，不在项目确认之列。

（三）项目确认的内容

《项目确认通知》明确指出，项目确认的内容主要包括以下三个方面：一是境外雇主是否真实存在，是否有接收外籍劳务资格，在雇佣中国劳务人员方面是否曾有过不良记录；二是外派劳务项目是否真实；三是其他应提醒经营公司注意的事项。

（四）项目确认的手续

1. 项目确认

项目确认的申请人（经营公司）在下列情况下须向我驻外使（领）馆经商机构提交“对外劳务合作项目确认申请”：

（1）经营公司首次签约进入某国（地区）市场开展对外劳务合作业务；

（2）经营公司向同一项目派出劳务人员超过50人；

（3）经营公司向服务行业派出女性；

（4）其他须我驻外使（领）馆经商机构确认的事项。

“对外劳务合作项目确认申请”所包含的申请确认内容是：首次签约的国家（地区）、合作方名称、工作单位名称、派遣人数及其工种；申请人（经营公司）联系人、电话、传真和电子邮件，经营公司盖章等。其中，关于所需确认的对外劳务合作项目情况须做详细说明，内容包括：中外文表述的项目名称、境外雇主（名称、联系人及电话、地址）、境外工作单位（名称、电话、地址），项目简要信息等。

2. 确认流程

接收项目确认的我驻外使（领）馆经商机构在收到“对外劳务合作项目确认申请”的10日内完成项目确认工作，向经营公司回复“对外劳务合作项目确认函”并抄送经营公司所在地负责审批的商务主管部门。对于不符合条件的项目提出明确意见。

“对外劳务合作项目确认函”所包含的确认内容是：对于经营公司某月某日关于拟与某国家（地区）的某公司合作向某工厂（公司）派遣多少名劳务人员的对外劳务合作项目确认申请函悉；经了解，提出具体的确认意见；我驻外大使馆（总领馆）经商处（室）名称与盖章等。

（五）项目确认的应用

负责审批的商务主管部门将在项目审查时严格审核经营公司是否具有驻外使（领）馆经商机构出具的“对外劳务合作项目确认函”。

对外承包工程项下派出劳务人员的确认工作参照本规定执行。

二、对外劳务合作项目审查

根据《商务部关于做好外派劳务招收备案工作的通知》（商合发〔2008〕382号）精神，外派企业所在地负责审批的商务主管部门负责为本地区外派企业办理外派劳务项目审查手续。

（一）外派劳务项目审查的内容

外派劳务项目审查的内容主要包括：

（1）外派企业与外方雇主签订的合同是否符合国家有关规定；

（2）需由我驻外使领馆经商参处（室）进行项目确认的项目是否已经确认；

（3）外派企业是否向国家禁止的博彩、色情等行业派遣劳务人员；

（4）外派劳务人员前往的国家或地区是否为国家有关部门劝告勿前往、建议谨慎前往或提醒留意安全风险的国家或地区；

（5）外派企业是否超范围经营以及是否通过上年度经营资格年审。

（二）外派企业办理项目审查须提交的材料

外派企业在办理项目审查手续时，须提交以下材料，并对所提供的材料的真实性负全责。

（1）填写完整、准确的《外派劳务项目审查表》；

（2）与外方雇主签订的《劳务合作合同》；

（3）需要进行项目确认的，应按规定提供我驻外使领馆经商参处（室）出具的《对外劳务合作项目确认函》；

（4）对外承包工程项目劳务需提供经我驻外使领馆经商参处（室）确认的《对外承包工程项下外派劳务事项表》；

（5）向国家有关部门建议谨慎前往或提醒留意安全风险的国家或地区派遣劳务人员，须提交我驻外使馆的意见。

《外派劳务项目审查表》的主要内容包括：外派企业名称、对外劳务合作经营资格证书号码、中外文表述的项目名称以及外方雇主和（或）中介名称、合同名称及项目简要说明、招收人数、派往国家（地区）、工作期限以及外派企业及其负责人签字盖章、负责审批的商务主管部门负责人签字盖章、批准号、审核人与经办人等。

三、对外劳务合作项目招收备案

（一）实行外派劳务招收备案制的必要性

为加强对外劳务合作管理，规范外派劳务市场秩序，遏制违规违法行为，净化市场环境，实现管理关口前移，有效防范风险，维护劳务人员的合法权益，商务部、外交部、公安部、国家工商总局研究决定，对招收并向境外派遣劳务人员实行备案制度。分别发出《商务部、外交部、公安部、工商总局关于实行外派劳务招收备案制的通知》（商合发〔2008〕343 号）和《商务部关于做好外派劳务招收备案工作的通知》（商合发〔2008〕382 号）。

（二）招收备案的主体

招收备案的对象是外派劳务人员。根据《商务部、外交部、公安部、工商总局关于实行外派劳务招收备案制的通知》（商合发〔2008〕343 号），“本《通知》所称外派劳务人员，是指外派企业按照与国（境）外的机构、企业或个人所签订的劳务合作、承包工程、设计咨询等合同规定而派出的人员，外派企业的经营管理人员除外”。

提交招收备案手续的是经营公司，即经负责审批的商务部门批准具备对外劳务合作经营资格的企业；受理招收备案的是外派劳务人员户籍所在地负责审批的商务主管部门，即外派劳务人员户籍所在地负责审批的商务主管部门负责为在本地区招收劳务人员的经营公司办理招收备案手续；办理外派劳务招收备案手续的时间节点为经营公司完成上述项目确认、项目审查后，正式开始招收外派劳务人员之前。也就是说，经营公司必须在办理外派劳务招收备案手续后，才能招收外派劳务人员。

（三）招收备案的手续

（1）经营公司办理备案手续应提交的材料：

①填写完整、准确的《外派劳务人员招收备案表》（以下简称《备案表》）；

②经营公司所在地负责审批的商务主管部门或外交部（领事司）授权自办签证的企业[①]盖章确认的《外派劳务项目审查表》（以下简称《审查表》）。

（2）外派劳务人员户籍所在地负责审批的商务主管部门在收到经营公司的备案申请材料后，3 个工作日内为经营公司办理备案手续，对符合规定的在《备案表》上盖章确认，并抄送本级人民政府公安机关和外事主管部门。对不符合规定的向经

① 根据《商务部关于做好外派劳务招收备案工作的通知》（商合发〔2008〕382 号）规定，“具有外交部（领事司）授权自办签证的企业可自行审查外派劳务项目”。

营公司书面反馈意见。

(3) 办理招收备案的注意事项：

①负责审批的商务主管部门不为经营公司以外的任何单位、企业和个人办理外派劳务备案手续；

②在下列情况下，外派劳务人员户籍所在地负责审批的商务主管部门可拒绝为经营公司办理备案手续，一是上述备案申请材料不全；二是经营公司在当地招收劳务人员有正在处理或久拖未决的劳务纠纷和突发事件；

③经营公司如未经备案即开展招收劳务人员，商务部门将视情节轻重，予以警告、不予通过《对外劳务合作经营资格证书》年审、宣布其丧失对外劳务合作经营资格；

④广告发布者发布涉及招收外派劳务人员内容的广告时，应查验负责审批的商务主管部门出具的《备案表》，并据此核实广告内容。内容不实或者证明不全的广告，不得发布。如果广告发布者未查验《备案表》发布招收外派劳务人员广告时，将由工商行政管理机关依照《广告管理条例施行细则》有关规定予以处罚；

⑤输港澳台地区和未建交国家劳务项目在招收劳务人员时，也须凭有关批准文件向劳务人员户籍所在地负责审批的商务部门备案。

经营公司向与我无外交关系的国家派遣劳务时，应报商务部立项，并须提供该国代管的驻外使（领）馆经商参处（或已派驻该国的商务代表机构）的意见。

（四）项目备案与信息填报要求

1. 报备业务合同和劳务人员名单

《对外劳务合作管理条例》第二十六条规定："对外劳务合作企业应当自与劳务人员订立服务合同或者劳动合同之日起 10 个工作日内，将服务合同或者劳动合同、劳务合作合同副本以及劳务人员名单报负责审批的商务主管部门备案。负责审批的商务主管部门应当将用工项目、国外雇主的有关信息以及劳务人员名单报至国务院商务主管部门。商务主管部门发现服务合同或者劳动合同、劳务合作合同未依照本条例规定载明必备事项的，应当要求对外劳务合作企业补正。"

在实际工作过程中，也有的省份为简化手续，提高效率，对有一定信誉的经营公司在本区域内招收外派劳务人员前，采取同时提交《审查表》和《备案表》的办法，由负责审批的商务主管部门一并办理审查和备案手续。待招收劳务人员后，再行补交与劳务人员订立的服务合同或者劳动合同以及劳务人员名单进行报备。劳务人员出境后，再按照有关规定向我驻外使（领）馆经商机构报备劳务人员名单。

2. 填报劳务人员相关信息

经营公司在劳务人员出境后，应严格按照《商务部关于启用外派劳务人员基本信息数据库的通知》（商合函〔2007〕36 号）的规定及时填报劳务人员的相关信息。

第八节 外派海员业务

海员业务是我国对外劳务合作的优势行业。20 世纪 70 年代末，我国外派海员业务在改革开放中应运而生，经过 40 余年的发展，累计外派海员已逾 100 多万人次。截至 2016 年底，我国持有各级职务适任证书的海员约 26 万人，正在从“海员大国”向“海员强国”迈进。有关外派海员业务的管理规定涉及商务公安交通等部门的协调、外派海员类对外劳务合作经营资格管理、海员外派管理规定、办理外派海员出国（境）手续、船员注册管理等方面，是我国对外劳务合作宏观管理的重要组成部分。

一、外派海员宏观管理

《对外劳务合作管理条例》规定，外派海员类（不含渔业船员）对外劳务合作的管理办法，由国务院交通运输主管部门根据《中华人民共和国船员条例》以及本条例的有关规定另行制定。

2010 年 5 月 5 日，商务部、交通运输部《关于加强外派海员类对外劳务合作管理有关事宜的通知》（商合发〔2010〕148 号）指出，为促进外派海员业务健康发展，积极拓展中高端外派劳务市场，充分发挥各职能部门的作用，加强管理和规范外派海员类对外劳务合作。

（一）工作原则

结合海员行业的专业性和特殊性，充分发挥商务部和交通运输部的各自管理优势，加强和完善外派海员类对外劳务合作的管理，在“平稳过渡、责权一致”的前提下，实现外派海员管理职责分工的合理调整。

（二）职责分工

（1）商务部负责制定对外劳务合作总体规划、制定对外劳务合作相关法律法规和政策措施、签署双边劳务合作协议、归口数据统计等工作。

（2）交通运输部负责所有赴外籍船舶或港澳台地区籍船舶工作的外派海员类劳务人员的管理，包括外派企业经营资格管理、证件管理、人员培训、项目审查、项目招收备案、境外管理，会同国务院有关部门和地方政府处理境外突发事件和船员劳务纠纷、打击违规违法外派及整顿市场秩序、强化政府公共服务等。

根据《中华人民共和国海员外派管理规定》，交通运输部主管全国海员外派工作；国家海事管理机构负责统一实施全国海员外派的监督管理工作；交通运输部直属海事管理机构依照各自职责负责具体实施海员外派的监督管理工作；海员外派遵循“谁派出，谁负责”的原则。从事海员外派的机构应当对其派出的外派海员负责，做好外派海员在船工作期间及登、离船过程中的各项保障工作。

同时根据《中华人民共和国船员培训管理规则》（第三次修正，以下简称《船员培训规则》），交通运输部主管全国船员培训工作，按照国家有关法律、行政法规和我国缔结或者加入的有关国际公约的规定，确定船员培训的具体项目，制定相应的培训大纲，并向社会公布；中华人民共和国海事局（以下简称“海事局”）负责统一实施船员培训管理工作；各级海事管理机构依照各自职责具体负责船员培训的监督管理工作。船员培训实行社会化，从事船员培训业务应当依法经营，诚实信用，公平竞争。船员培训管理应当公平、公正、公开和便民。

（3）外派海员类对外劳务合作的各项促进、服务和监管办法应与对外劳务合作管理的总体要求相一致。

（4）在已经签有双边劳务合作协议的国家和地区开展外派海员类对外劳务合作，依据协议办理。

（三）统计归口

交通运输部按照国家对外劳务合作统计制度的要求，责成外派海员企业按规定向商务部和交通运输部报送统计数据。

（四）政策扶持

外派海员业务作为船员管理和国家对外劳务合作的重要组成部分，按照国家规定享受支持船员和对外劳务合作发展的相关优惠、促进和服务政策。

（五）行业自律

继续发挥中国对外承包工程商会所属外派海员协调机构在外派海员业务中的行业协调自律、反映诉求、提供服务、开展国际间行业交往方面的积极作用，要求具有外派海员对外劳务合作经营资格的企业加入中国外派海员协调机构，中国外派海员协调机构接受商务部和交通运输部的业务指导。

（六）热线咨询

为便利服务船员，及时解答船员职业、政务服务等相关业务问题，中华人民共和国海事局自 2022 年 6 月 24 日起正式运行“全国船员业务咨询热线”，受理船员从业、培训、考试和发证等相关船员业务咨询。船员可直接拨打热线号码或通过微信公众号“幸福船员”的“微服务”栏目、“中国船员”的“船员服务”栏目进入“全国船员业务咨询热线”一键拨号咨询。

另外，海事局还组织编制了《船员职业常识百问百答（2022 版）》和《船员从业及维权指南》，方便船员查询、了解船员职业和权益保护等方面知识。船员可在海事局官方网站下载浏览或通过微信公众号“幸福船员”的“微服务”栏目、“中国船员”的“船员服务”栏目浏览相关内容。

二、海员外派机构资质管理

根据商务部、交通运输部《关于加强外派海员类对外劳务合作管理有关事宜的通知》，交通运输部负责按照船员管理和对外劳务合作企业经营资格管理等有关法规，制定符合海员外派管理专业特点和实际需要的经营资格管理办法（以下简称“新办法”），商务部后颁布施行。交通运输部及其下属授权机构负责按照新办法的规定审批新申请的外派海员类经营资格并签发相应的资格证书。

《中华人民共和国海员外派管理规定》2011 年 7 月 1 日发布后，2016 年、2019 年和 2021 年分别作了部分修改，《中华人民共和国海员外派管理规定（2021 年修订）》（以下简称《海员外派管理规定》）明确了外派海员机构资质申请、责任义务、监督管理和有关法律责任等。

《海员外派管理规定》同时指出，境外船东是指外国籍或港澳台地区籍船舶的所有人、经营人或管理人；自有外派海员是指仅与本海员外派机构签订劳动合同的船员；海员外派是指为外国籍或者港澳台地区籍船舶提供配员的船员服务活动。

为贯彻实施《海员外派管理规定》，交通运输部海事局发出关于印发《海员外派机构资质管理实施意见（试行）》的通知（海船员〔2011〕344 号，以下简称《资质管理实施意见》）。

（一）海员外派机构申请条件

关于申请从事海员外派的主体，《海员外派管理规定》要求，境外企业、机构在中国境内招收外派海员，应当委托海员外派机构进行；外国驻华代表机构不得在境内开展海员外派业务；经批准设立的外商投资职业介绍机构或者中外合资人才中介机构拟开展招聘海员出境业务，应当按照本规定申请从事海员外派。除提交申请从事海员外派规定的材料外，还应当提交外商投资企业批准证书和外商投资企业营业执照复印件。《资质管理实施意见》指出，申请主体应为中华人民共和国境内依法注册登记的独立法人。申请主体为香港在内地设立的独资、合资或合作国际船舶管理公司，符合《内地与香港关于建立更紧密经贸关系的安排》补充协议六规定的，无须具备外商投资职业介绍机构或人才中介机构资格。

1. 申请条件

2021 年修订版《海员外派管理规定》指出，从事海员外派的机构，应当符合下列条件：

（1）符合企业法人条件；

（2）实缴注册资本不低于 600 万元人民币；

（3）有 3 名以上熟悉海员外派业务的管理人员；

（4）有健全的内部管理制度和突发事件应急处置制度；

（5）法定代表人没有故意犯罪记录。

已按《中华人民共和国船员服务管理规定》取得甲级海船船员服务机构资质的机构，应当按本规定申请海员外派机构资质，方可从事海员外派。

《资质管理实施意见》指出，申请从事海员外派的机构应该具备满足以下要求：

（1）办公场所应是固定场所，可为自有、租赁或其他（划拨、调拨等），与工商注册住所不一致的，应提交书面说明；办公场所的面积和基本功能应与外派规模相适应。满足机构所有工作人员的办公需要，配备必需的办公设备，具有开展外派海员任职前培训和岗位技能训练的独立空间，可存放海员外派活动相关文书、书籍、档案等资料的场地及设施；

（2）管理人员应为具有国际航行海船管理级船员（船长、大副、轮机长、大管轮）任职资历（持海船船员适任证书并实际任职不少于 6 个月）的专职管理人员；具有甲板部任职资历和轮机部任职资历至少各 1 人，并与机构签订 2 年以上劳动合同，专职从事海员外派管理工作；在本机构注册所在地为专职管理人员按照国家有关规定参加工伤保险、医疗保险、养老保险、失业保险以及其他社会保险。同时应有具有两年以上海员外派相关从业经历（包括外派海员从业经历和船员调配、证件申办等船员服务相关岗位的从业经历）的管理人员，应与机构签订 2 年以上劳动合同，并专职从事海员外派管理工作，在本机构注册所在地为上述管理人员按照国家有关规定参加工伤保险、医疗保险、养老保险、失业保险以及其他社会保险；

（3）具有开展外派海员任职前培训和岗位技能训练的能力，具有教育培训和训练的制度和所需的师资（自有或外聘）、场地、设施设备；

（4）具有处理海员外派相关法律事务的能力，配备具体处理法律事务的相关制度、专业人员（包括自有专业法律人员、与律师事务所签订海员外派法律事务协作协议、集团内部统一法律事务管理部门等方式的人员）；

（5）具有系统、完整、可操作的海员外派管理制度，包括：船员服务质量管理制度（含服务质量的宗旨、业务内容和工作程序及要求、船员用工制度、服务收费管理制度、船员服务信息档案管理制度)、人员和资源保障制度(含海员外派机构内设部门和岗位安排、开展海员外派业务所需设施、设备和资料的保障、处理突发事件时的资金保障)、教育培训制度(管理人员培训制度、船员日常培训、船员任职前培训)、应急处理制度(含应急事件的种类、应急事件报告的事项、内部报告流程、24小时畅通的应急联络通道及联系人和联系方式的应急联系库、各类应急事件的处理预案)、服务业务报告制度(含海员外派机构资质条件变更的报告、船员服务信息及业务统计报告)、海员外派管理制度的其他要求(含工作记录、质量管理体系、船员服务管理制度、改进工作记录)等;

(6)自有外派海员数量在100人以上(不包括退休船员和渔业船员),并与机构按照《劳动合同法》的有关规定签订2年以上的劳动合同,在本机构注册所在地为自有外派海员按照国家和地方有关规定参加工伤保险、医疗保险、养老保险、失业保险以及其他社会保险;

(7)具有良好的商业信誉,最近3年内没有重大违约行为和重大违法记录。

2. 提交材料

申请从事海员外派的机构,应当提交符合上述申请条件所规定的相关证明材料。

(二)资质管理

1. 受理与审批

(1)提出申请。申请从事海员外派,应当向其工商注册地的交通运输部直属海事管理机构提出,工商注册地没有交通运输部直属海事管理机构的,应当向国家海事管理机构指定的交通运输部直属海事管理机构提出。

(2)审批流程。直属海事管理机构自受理申请之日起10个工作日内完成申请材料的书面审核和现场核验,并将审核意见和核验情况连同申请材料一并报国家海事管理机构审批;国家海事管理机构收到报送材料后,根据直属海事管理机构的审核意见、核验情况以及机构申请材料,于10个工作日内作出批准或者不予批准的决定。

2. 颁发资质证书

国家海事管理机构作出准予从事海员外派决定的,向申请机构颁发海员外派机构资质证书;海员外派机构资质证书的有效期最长不超过5年。

3. 年审与延续

(1)年审。海员外派机构资质实施年审制度。交通运输部直属海事管理机构应当于每年度的2月份至4月份负责组织实施所属辖区的海员外派机构资质年审工作。年审主要审查海员外派机构的资质条件符合情况及合法经营、规范运作情况。

海员外派机构应当于每年的 2 月 1 日前向所在辖区的海事管理机构申请进行年审，并提交下列材料：年审申请文书；年审报告书，包含海员外派机构资质条件符合情况、各项制度有效运行以及本规定执行情况。

海员外派机构通过年审的，海事管理机构应当在其海员外派机构资质证书的年审情况栏中予以签注；海员外派机构年审不合格的，海事管理机构责令限期改正；如期改正的，海事管理机构应当在海员外派机构资质证书的年审情况栏中注明情况，予以通过年审；逾期未改正的，应当及时报请国家海事管理机构撤销其海员外派机构资质并依法办理注销手续。

年审中被海事管理机构责令限期改正的，海员外派机构在改正期内不得继续选派船员及对外签订新的船舶配员协议，但仍应当承担对已派出外派海员的管理责任。

《资质管理实施意见》指出，申请《海员外派机构资质证书》年审，应当提交下列材料：年审申请文书（《海员外派机构资质证书》年审申请表）；年审报告书，包含海员外派机构资质条件符合情况、各项制度有效运行以及本规定执行情况；《海员外派机构资质证书》副本。

（2）延续。海员外派机构应当在海员外派机构资质证书有效期届满之日 60 日以前向所在辖区的海事管理机构申请办理海员外派机构资质证书延续手续。

《资质管理实施意见》指出，申请《海员外派机构资质证书》延续，应当提交下列材料：海员外派机构资质证书延续申请；《中华人民共和国海员外派管理规定》中申请从事海员外派所应提交的材料；委托证明及委托人和被委托人身份证明及其复印件（委托他人办理时）。

4. 注销与变更

（1）注销手续。有下列情形之一的，海员外派机构应当到核发证书的海事管理机构办理资质证书注销手续：海员外派机构自行申请注销的；法人依法终止的；海员外派机构资质证书被依法撤销或者吊销的。

《资质管理实施意见》指出，申请《海员外派机构资质证书》注销，海员外派机构应向所在辖区的直属海事管理机构提出注销申请，并提交下列材料：《海员外派机构资质证书》正、副本原件；《海员外派机构资质证书》注销申请书；法人依法终止的，应提交相关主管部门出具的法人注销证明文件；委托证明及委托人和被委托人身份证明及其复印件（委托他人办理时）。

（2）变更手续。海员外派机构资质证书上记载的机构名称、地址、法定代表人等发生变更的，海员外派机构应当自变更发生之日起 30 个工作日内到海事管理机构办理变更手续。

《资质管理实施意见》指出，申请办理海员外派机构资质证书变更手续，应当提交下列材料：《海员外派机构资质》变更申请表；最新的企业营业执照或事业单位法人证书；新的经营场所产权证明或者固定场所租赁证明（仅适用于固定办公场所变更）；委托证明及委托人和被委托人身份证明及其复印件（委托他人办理时）。

5. 备用金管理

（1）海员外派备用金实行专户存储，专款专用；

（2）备用金的使用管理应当遵守国家关于对外劳务合作备用金管理制度；

（3）当海员外派机构拒绝承担或者无力承担发生突发事件责任时，可以动用海员外派备用金，用于支付外派海员回国（境）或者接受其他紧急救助所需费用；

（4）海员外派备用金动用后，海员外派机构应当于30日内补齐备用金。

三、海员外派机构的责任与义务

（一）遵纪守法，诚实守信

（1）海员外派机构应当遵守国家船员管理、船员服务管理、船员证件管理、劳动和社会保障及对外劳务合作等有关规定，遵守中华人民共和国缔结或加入的国际公约，履行诚实守信义务。

（2）海员外派机构应当保证《海员外派管理规定》所规定的各项海员外派管理制度的有效运行。即：按照国家海事管理机构的规定，建立船员服务质量管理制度、人员和资源保障制度、教育培训制度、应急处理制度和服务业务报告制度等海员外派管理制度。

（二）规范合同，合规经营

海员外派机构应当与境外船东签订船舶配员服务协议、与外派海员签订上船协议、并协助外派海员签订劳动合同。海员外派机构资质被暂停、吊销、撤销的，应当继续履行已签订的合同及协议。

1. 协助外派海员签订劳动合同

海员外派机构为海员提供海员外派服务，应当保证外派海员与下列单位之一签订有劳动合同：本机构；境外船东；我国的航运公司或者其他相关行业单位。

（1）外派海员与我国的航运公司或者其他相关行业单位签订劳动合同的，海员外派机构在外派该海员时，应当事先经过外派海员用人单位同意；

（2）外派海员与境外船东签订劳动合同的，海员外派机构应当负责审查劳动合同的内容，发现劳动合同内容不符合法律法规、相关国际公约规定或者存在侵害外派海员利益条款的，应当要求境外船东及时予以纠正。

2. 海员外派机构与境外船东签订船舶配员服务协议

海员外派机构应当在充分了解并确保境外船东资信和运营情况良好的前提下，方可与境外船东签订船舶配员服务协议。

海员外派机构与境外船东签订的船舶配员服务协议，应当符合国内法律、法规和相关国际公约要求，并将船舶配员服务协议中与外派海员利益有关的内容如实告知外派海员。该协议至少包括以下内容：

（1）海员外派机构及境外船东的责任、权利和义务。包括外派船员的数量、素质要求，派出频率，培训责任，外派机构对船员违规行为的责任分担等；

（2）外派海员的工作、生活条件；

（3）协议期限和外派海员上下船安排；

（4）工资福利待遇及其支付方式；

（5）正常工作时间、加班、额外劳动和休息休假；

（6）船舶适航状况及船舶航行区域；

（7）境外船东为外派海员购买的人身意外、疾病保险和处理标准；

（8）社会保险的缴纳；

（9）外派海员跟踪管理；

（10）突发事件处理；

（11）外派海员遣返；

（12）外派海员伤病亡处理；

（13）外派海员免责条款；

（14）特殊情况及争议的处理；

（15）违约责任。

3. 海员外派机构与外派海员签订上船协议

（1）海员外派机构应当在外派海员上船工作前，与其签订上船协议，协议内容应当至少包括下列内容：船舶配员服务协议中涉及外派海员利益的所有条款；海员外派机构对外派海员工作期间的管理和服务责任；外派海员在境外发生紧急情况时海员外派机构对其的安置责任；违约责任。

（2）海员外派机构不得把海员外派到下列公司或者船舶：被港口国监督检查中列入黑名单的船舶；非经中国境内保险机构或者国际保赔协会成员保险的船舶；未建立安全营运和防治船舶污染管理体系的公司或者船舶。

（三）落实保险，保障权益

《规定》要求，海员外派机构应当为外派海员购买境外人身意外伤害保险。

为进一步加强对海员外派机构的监督管理，维护外派海员的合法权益，2017 年 12 月 25 日，交通运输部海事局根据《交通运输部、人力资源和社会保障部关于履行〈2006 年海事劳工公约〉的公告》（2016 年第 48 号）的规定，发出《关于进一步加强对海员外派机构监督管理的通知》（海船员函〔2017〕1492 号，以下简称《监督管理通知》），《监督管理通知》指出，《2006 年海事劳工公约》（以下简称“公约”）于 2016 年 11 月 12 日对我国生效实施，其中对海员外派机构有专门的管理要求，要求各单位在推进公约实施过程中，按照两部公告的规定，督促辖区各海员外派机构完善公司管理机制，做好外派海员的社会保险安排。我国海员适用的社会保险类别为：养老保险、医疗保险、工伤保险、失业保险和生育保险。

（四）加强培训，确保质量

《海员外派管理规定》要求，海员外派机构应当根据派往船舶的船旗国和公司情况对外派海员进行相关法律法规、管理制度、风俗习惯和注意事项等任职前培训，并根据海员外派实际需要对外派海员进行必要的岗位技能训练。

（五）跟踪管理，沟通协调

（1）海员外派机构应当建立与境外船东、外派海员的沟通机制，及时核查并妥善处理各种投诉。

（2）海员外派机构应当对外派海员工作期间有关人身安全、身体健康、工作技能及职业发展等方面进行跟踪管理，为外派海员履行船舶配员服务合同提供必要支持。

（六）不得收费，禁收押金

（1）海员外派机构不得因提供就业机会而向外派海员收取费用。不得克扣外派海员的劳动报酬。

（2）海员外派机构不得要求外派海员提供抵押金或担保金等。

（七）信息建档，统计报送

（1）海员外派机构应当为所服务的每名外派海员建立信息档案，主要包括：外派海员船上任职资历（包括所服务的船舶公司和船舶的名称、船籍港、所属国家、上船工作起始时间等情况）；外派海员基本安全培训、适任培训和特殊培训情况；外派海员适任状况、安全记录和健康情况；外派海员劳动合同、船舶配员服务协议、上船协议等。

（2）海员外派机构应当按有关规定报送统计数据，并将自有外派海员名册、非自有外派海员名册及上述档案信息按要求定期报海事管理机构备案。

四、对海员外派机构的监督管理

（一）突发事件处置

《海员外派管理规定》指出，所谓突发事件是指外派海员所在船舶或其本人突然发生意外情况，造成或者可能对外派海员造成危害，需要采取应急处置措施予以应对的事件。

1. 总体原则

境外突发事件的处理按对外劳务合作有关规定执行。

2. 启动应急机制

突发事件发生时，海员外派机构应当按照应急处理制度的规定，立即启动应急预案，并及时向海事管理机构报告。

3. 妥善处理事件

海员外派机构应当与境外船东共同做好突发事件的处置工作。当境外船东未能及时全面履行突发事件责任时，海员外派机构应妥善处理突发事件，避免外派海员利益受损。

4. 强化报备制度

《监督管理通知》要求，强化报备制度、跟踪突发事件处置。

（1）各单位应进一步加强辖区海员外派机构突发事件的报备制度，要求海员外派机构认真对待，及时报备，随时通报进展，避免激化矛盾，控制事态发展；

（2）各单位要建立针对海员外派机构突发事件实行督查督办制度，指定专人负责，跟踪海员外派机构突发事件的处置情况，督促其切实履行责任。

（二）监督检查

1. 海事管理机构实施常态化监督检查

（1）海事管理机构应当建立健全辖区内海员外派机构的管理档案，加强对海员外派机构的监督检查。

（2）海事管理机构实施监督检查，可以询问当事人，向有关海员外派机构或者个人了解情况，查阅、复制有关资料，并保守被调查海员外派机构的商业秘密或者个人隐私。

（3）海事管理机构实施监督检查时发现海员外派机构不再具备规定条件的，由海事管理机构责令限期改正。

（4）海事管理机构应当定期向社会公布海员外派机构名单及机构概况，以及依法履行相应职责和承担法律义务、维护外派海员合法权益、诚实守信等情况。

（5）海员外派机构在规定期限内未能改正的，应当依法撤销海员外派机构资质，并依法办理海员外派机构资质证书的注销手续。

2. 海员外派机构或者个人不得拒绝接受检查

接受海事管理机构监督检查的海员外派机构或者个人，应当如实反映情况和提供资料，不得以任何理由拒绝或阻扰检查。

3. 突出管理重点，加大监督检查力度

《监督管理通知》要求，各单位应依据《中华人民共和国船员条例》和《规定》的要求，结合日常监管或年审，加强对于辖区海员外派机构履行法定责任和义务情况的监督检查，并对下列事项实施重点核查：外派海员的服务合同或劳动合同签订情况，特别是核查外聘海员或个体海员的服务合同或劳动合同签订情况；外派海员意外伤害保险的购买情况；对境外船东相关信息的核实情况以及船舶配员协议签订情况；外派海员社会保险的缴费情况。

（三）海员外派机构的法律责任

违反《海员外派管理规定》的海员外派机构和海事管理机构工作人员应分别承担相应的法律责任。

1. 对于未经批准擅自从事海员外派活动

未经批准擅自从事海员外派活动，有下列情形之一的，由海事管理机构提请市场监督管理部门依照《无证无照经营查处办法》的规定查处：未取得海员外派机构资质擅自开展海员外派的；以欺骗、贿赂、提供虚假材料等非法手段取得海员外派机构资质的；超出海员外派机构资质证书有效期擅自开展海员外派的；海员外派机构资质被依法暂停期间擅自开展海员外派的；伪造或者变造海员外派机构资质证书擅自开展海员外派的。

2. 对于外派海员未签署相关合同

海员外派机构有下列情形之一的，由海事管理机构依照《对外劳务合作管理条例》第四十三条的规定进行处罚：未与境外船东签订船舶配员服务协议，开展海员外派服务的；未与外派海员签订上船协议或者劳动合同，开展海员外派服务的；与外派海员签订上船协议或者劳动合同，隐瞒有关信息或者提供虚假信息的；在国（境）外发生突发事件时不及时处理的。

3. 对于海事管理机构工作人员的违规情节

海事管理机构工作人员有下列情形之一的，依法给予行政处分：违反规定批准海员外派机构资质；不依法履行监督检查职责；不依法实施行政强制或者行政处罚；

滥用职权、玩忽职守的其他行为。

五、船员管理

《中华人民共和国船员条例（2020修订）》（以下简称《船员条例》）对船员注册、船员任职、船员培训、船员职业保障以及提供船员服务等活动作出明确规定。

（一）职能分工

国务院交通主管部门主管全国船员管理工作。国家海事管理机构依照本条例负责统一实施船员管理工作。负责管理中央管辖水域的海事管理机构和负责管理其他水域的地方海事管理机构（以下统称“海事管理机构”），依照各自职责具体负责船员管理工作。

（二）船员注册与任职资格

1. 船员的概念

船员是指依照本条例的规定取得船员适任证书的人员。包括：

（1）船长，指取得船长任职资格，负责管理和指挥船舶的人员；

（2）高级船员，指取得相应任职资格的大副、二副、三副、轮机长、大管轮、二管轮、三管轮、通信人员以及其他在船舶上任职的高级技术或者管理人员；

（3）普通船员，指除船长、高级船员外的其他船员。

2. 船员任职资格

（1）申请船员适任证书，应当具备的条件：年满18周岁（在船实习、见习人员年满16周岁）且初次申请不超过60周岁；符合船员任职岗位健康要求；经过船员基本安全培训。

参加航行和轮机值班的船员还应经过相应的船员适任培训、特殊培训，具备相应的船员任职资历，并且任职表现和安全记录良好。国际航行船舶的船员申请适任证书的，还应当通过船员专业外语考试。

对符合规定条件并通过国家海事管理机构组织的船员任职考试的，海事管理机构发给相应的船员适任证书及船员服务簿。参加航行和轮机值班的船员适任证书的有效期不超过5年。

申请参加取得船员适任证书考试，应当按照国家有关规定交纳考试费用。

船员专业技术职称的取得和专业技术职务的聘任工作，按照国家有关规定实施。

（2）海员证的申请。以海员身份出入国境和在国（境）外船舶上从事工作的中国籍船员，应当向国家海事管理机构指定的海事管理机构申请中华人民共和国海员证（以下简称“海员证”）。海员证是中国籍船员在境外执行任务时表明其中华人民共和国公民身份的证件。海员证遗失、被盗或者损毁的，应向海事管理机构申请补发。船员在境外的，应向我驻外使馆、领馆申请补发。

申请海员证应当符合下列条件：是中华人民共和国公民；持有国际航行船舶船员适任证书或者有确定的船员出境任务；无法律、行政法规规定禁止出境的情形。

海员证的有效期不超过5年。持有海员证的船员，在其他国家、地区享有按照当地法律、有关国际条约以及我国与有关国家签订的海运或者航运协定规定的权利和通行便利。

（三）船员职责

1. 船员在船工作期间的要求

（1）携带《船员条例》规定的有效证件；

（2）掌握船舶的适航状况和航线的通航保障情况以及有关航区气象、海况等必要的信息；

（3）遵守船舶的管理制度和值班规定，按照水上交通安全和防治船舶污染的操作规则操纵、控制和管理船舶，如实填写有关船舶法定文书，不得隐匿、篡改或者销毁有关船舶法定证书、文书；

（4）参加船舶应急训练、演习，按照船舶应急部署的要求，落实各项应急预防措施；

（5）遵守船舶报告制度，发现或者发生险情、事故、保安事件或者影响航行安全的情况，应当及时报告；

（6）在不严重危及自身安全的情况下，尽力救助遇险人员；

（7）不得利用船舶私载旅客、货物，不得携带违禁物品。

2. 船长责任

船长在保障水上人身与财产安全、船舶保安、防治船舶污染水域方面，具有独立决定权，并负有最终责任。船舶在海上航行时，船长为保障船舶上人员和船舶的安全，可以依照法律的规定对在船舶上进行违法、犯罪活动的人采取禁闭或者其他必要措施。船长在其职权范围内发布的命令，船舶上所有人员必须执行。高级船员应当组织下属船员执行船长命令，督促下属船员履行职责。船长、高级船员在航次中，不得擅自辞职、离职或者中止职务。

（四）船员培训与船员服务

1. 培训要求

申请在船舶上工作的船员，应当按照国务院交通主管部门的规定，完成相应的船员基本安全培训、船员适任培训。在危险品船、客船等特殊船舶上工作的船员，还应当完成相应的特殊培训。

从事船员培训业务的机构，应当按照国务院交通主管部门规定的船员培训大纲和水上交通安全、防治船舶污染、船舶保安等要求，在核定的范围内开展船员培训，确保船员培训质量。

2. 培训机构的条件（详见“六、船员培训管理”）

依法设立的培训机构从事船员培训，应当符合下列条件：

（1）有符合船员培训要求的场地、设施和设备；

（2）有与船员培训相适应的教学人员、管理人员；

（3）有健全的船员培训管理制度、安全防护制度；

（4）有符合国务院交通主管部门规定的船员培训质量控制体系。

3. 培训机构的申请与批准

依法设立的培训机构从事船员培训业务，应当向国家海事管理机构提出申请，并附送符合培训机构规定设立条件的证明材料。国家海事管理机构应当自受理申请之日起 30 日内，作出批准或者不予批准的决定。予以批准的，发给船员培训许可证；不予批准的，书面通知申请人并说明理由。

4. 船员相关服务机构

从事向中国籍船舶派遣船员业务的机构，应当按照《中华人民共和国劳动合同法》的规定取得劳务派遣许可。

从事代理船员办理申请培训、考试、申领证书（包括外国海洋船舶船员证书）等有关手续，代理船员用人单位管理船员事务，提供船舶配员等船员服务业务的机构（以下简称“船员服务机构”）应当建立船员档案，加强船舶配员管理，掌握船员的培训、任职资历、安全记录、健康状况等情况并将上述情况定期报监管机构备案。关于船员劳务派遣业务的信息报劳动保障行政部门备案，关于其他业务的信息报海事管理机构备案。船员用人单位直接招用船员的，也应遵守本款的规定。

船员服务机构应当向社会公布服务项目和收费标准；为船员提供服务，应当诚实守信，不得提供虚假信息，不得损害船员的合法权益；为船员用人单位提供船舶配员服务，应当按照相关法律、行政法规的规定订立合同；为船员用人单位提供的船员受伤、失踪或者死亡的，应当配合船员用人单位做好善后工作。

除《船员条例》对船员用人单位及船员的劳动和社会保障有特别规定外，船员用人单位及船员应当执行有关劳动和社会保障的法律、行政法规以及国家有关规定。

（五）船员职业保障

船员用人单位和船员应当按照国家有关规定参加工伤保险、医疗保险、养老保险、失业保险以及其他社会保险，并依法、按时、足额缴纳各项保险费用。

船员工会组织应当加强对船员合法权益的保护，指导、帮助船员与船员用人单位订立劳动合同。

（六）船员管理的监督检查

海事管理机构应当建立健全船员管理的监督检查制度，重点加强对船员注册、任职资格、履行职责、安全记录，船员培训机构培训质量，船员服务机构诚实守信以及船员用人单位保护船员合法权益等情况的监督检查，督促船员用人单位、船舶所有人以及相关的机构建立健全船员在船舶上的人身安全、卫生、健康和劳动安全保障制度，落实相应的保障措施。

（七）船员管理的法律责任

船员、船员服务机构、船员用人单位、船员培训机构、船舶所有人以及海事管理机构工作人员违反《船员条例》规定的，分别承担相应的法律责任。

六、船员培训管理

为加强船员培训管理，保证船员培训质量，提高船员素质，依据《中华人民共和国船员条例》以及中华人民共和国缔结或者加入的有关国际公约，2019 年 2 月 5 日交通运输部印发《关于修改〈中华人民共和国船员培训管理规则〉的决定》（第三次修正，简称《船员培训规则》），对船员培训的内容、培训许可、培训证管理以及如何实施培训、培训的法律责任等都作出明确规定。

（一）培训内容及其分类

船员培训按照培训内容分为船员基本安全培训、船员适任培训和特殊培训三类。其中：

（1）船员基本安全培训，指船员在上船任职前接受的个人求生技能、消防、基本急救以及个人安全和社会责任等方面的培训，包含以下培训项目：海船船员基本安全；内河船舶船员基本安全。

（2）船员适任培训，指船员在取得适任证书前接受的使船员适应拟任岗位所需的专业技术知识和专业技能的培训，包括船员岗位适任培训和船员专业技能适任培训。

①船员岗位适任培训分为海船船员岗位适任培训和内河船舶船员岗位适任培训。其中：

海船船员岗位适任培训包含以下培训项目：船长；轮机长；大副；大管轮；三副；三管轮；电子电气员；值班机工；值班水手；电子技工；全球海上遇险和安全

系统（GMDSS）操作员；引航员；非自航船舶船员；地效翼船船员；游艇操作人员；摩托艇驾驶员。

内河船舶船员岗位适任培训包含以下培训项目：驾驶岗位；轮机岗位；引航员。

②船员专业技能适任培训仅针对海船船员，包含以下培训项目：精通救生艇筏和救助艇；精通快速救助艇；高级消防；精通急救；船上医护；保安意识；负有指定保安职责船员；船舶保安员；船上厨师和膳食服务辅助人员。

（3）特殊培训，指针对在危险品船、客船、大型船舶等特殊船舶上工作的船员所进行的培训，分为海船船员特殊培训和内河船舶船员特殊培训。其中：

①海船船员特殊培训包含以下培训项目：油船和化学品船货物操作基本培训；油船货物操作高级培训；化学品船货物操作高级培训；液化气船货物操作基本培训；液化气船货物操作高级培训；客船船员特殊培训；大型船舶操纵特殊培训；高速船船员特殊培训；船舶装载散装固体危险和有害物质作业特殊培训；船舶装载包装危险和有害物质作业特殊培训；使用气体或者其他低闪点燃料船舶船员基本培训；使用气体或者其他低闪点燃料船舶船员高级培训；极地水域船舶操作船员基本培训；极地水域船舶操作船员高级培训；水上飞机驾驶员特殊培训。

②内河船舶船员特殊培训包含以下培训项目：油船；散装化学品船；液化气船；客船；高速船；滚装船；载运包装危险货物船舶；液化气燃料动力装置船；水上飞机；地效翼船；特定航线江海直达船舶船员行驶资格证明培训。

船员按照培训对象分为海船船员培训和内河船舶船员培训两类。

（二）船员培训许可

1. 船员培训许可制

船员培训实行许可制度。

2. 船员培训机构的资质要求及申请条件

培训机构是指依法成立的院校、企事业单位或者社会团体。培训机构从事船员培训业务，其开展培训的类别和项目，应当符合《海事行政许可条件规定》规定的条件。

培训机构应当针对不同的船员培训项目，申请并取得特定的船员培训许可，方可开展相应的船员培训业务。除为本单位自有的公务船船员开展培训外，任何国家机关以及船员培训和考试的主管部门均不得举办或者参与举办船员培训。

培训机构申请从事船员培训业务，应当向海事局提出申请，提交相关申请材料。

3. 培训机构的资质批准

海事局应当自受理申请之日起 30 日内（含对申请材料实质内容的核实时间），

作出批准或者不予批准的决定。予以批准的，发给《中华人民共和国船员培训许可证》（以下简称《船员培训许可证》）；不予批准的，书面通知申请人并说明理由。《船员培训许可证》由海事局统一印制，《船员培训许可证》的有效期为5年。

4.《船员培训许可证》的管理

（1）变更。《船员培训许可证》记载事项发生变更的，培训机构应向海事局申请办理变更手续。增加培训项目的，应当按照本规则的规定重新提出申请。

（2）中期核查。《船员培训许可证》实施中期核查制度。海事局应当自《船员培训许可证》发证之日起第2周年至第3周年之间对培训机构开展中期核查。中期核查合格的，在《船员培训许可证》上进行签注；中期核查不合格的，应当责令限期改正。培训机构在规定期限内未能改正的，应依法撤销相应的《船员培训许可证》。

（3）延续。培训机构应在《船员培训许可证》有效期届满之日30日以前，向海事局申请办理《船员培训许可证》延续手续。海事局应当自受理延续申请之日起30日内，作出批准或者不予批准的决定。

（4）注销。有下列情形之一的，海事局应当办理《船员培训许可证》注销手续：培训机构自行申请注销的；法人依法终止的；《船员培训许可证》被依法撤销或者吊销的。

（三）船员培训的实施

1. 持证合规开展培训

培训机构应当按照《船员培训许可证》载明的培训项目、培训地点和培训规模开展船员培训；应当按照交通运输部规定的船员培训大纲和水上交通安全、防治船舶污染等要求设置培训课程、制订培训计划并开展培训。开展培训的课程应当经过海事管理机构确认；应当将《船员培训许可证》悬挂在经营场所的醒目位置，公示其培训项目、收费项目、收费标准以及师资等情况。不得采取欺骗学员等不正当竞争手段开展培训、经营活动；培训机构所有的培训场地、设施、设备应当处于良好的使用状态，并应当具备足够的备用品，培训的易耗品应当得到及时补充，以保障培训的正常进行。培训机构在招生时应当向学员告知海事局规定的有关培训项目中对船员年龄、持证情况、船上服务资历、见习资历、安全任职记录、身体健康状况等方面的要求。

2. 配备专职培训师资

从事船员培训的教员不得在两个以上的培训机构担任自有教员（指与培训机构所订立劳动合同的期限在1年以上的教员）。

3. 实行培训过程管理

培训机构应当按照海事局的规定对培训活动如实做好记录，确保船员培训质量，规范使用培训器材，进行船员培训考试评估。

（四）培训监督检查

海事管理机构应当建立健全船员培训监督检查制度，督促培训机构、航运公司等落实船员培训管理制度和安全防护制度。应当公开船员培训的管理事项、办事程序、举报电话、通信地址、电子邮件信箱等信息，自觉接受社会监督。进行日常监管与指导，开展培训情况随机抽查。

（五）船员培训管理相关法律责任

对于违反《船员培训规则》有关规定的培训机构及其工作人员，将分别承担相应的法律责任。情节严重、构成犯罪的，依法追究刑事责任。

第九节 港澳台劳务

根据原对外贸易经济合作部关于印发《关于加强我国驻外使（领）馆经商参处（室）对对外承包工程和劳务合作业务管理的规定》的通知（外经贸合发〔1999〕第332号），“企业在港澳台地区、未建交国家（地区）开展对外承包工程和劳务合作业务时，仍按国家有关管理规定执行”。商务部商公安部、国务院港澳办、国台办等有关部门共同制定了相关规定。

一、输港澳劳务合作的项目备案与出境审批

（一）实行项目备案管理

香港经济稳步发展，与内地经贸联系日益密切。澳门对内地劳务需求日益增加，内地与澳门劳务合作规模不断扩大。为进一步提高工作效率，简化程序，加强地方商务主管部门对输港澳劳务合作项目的管理，保证输港澳劳务合作的顺利进行，促进港澳经济繁荣和稳定，根据国家有关对港澳劳务合作管理政策，商务部分别于2007年12月21日、2016年5月16日发出《商务部办公厅关于备案登记输港澳劳务合作项目的通知》和《商务部关于内地输港澳劳务合作项目备案有关工作的通知》（商合发〔2016〕第216号，简称《备案通知》），就内地输港澳劳务合作项目有关事宜做出具体规定。

2008年2月至2016年5月间，输港澳劳务合作由地方商务主管部门立项审核，

商务部备案登记。根据“属地管理”原则，自2008年2月1日起，由各有关地方商务主管部门对各有关输港澳劳务合作经营企业提交的输港澳劳务合作项目材料进行立项审核，（除输澳门酒店等服务行业劳务合作项目仍须报商务部办理立项手续外）商务部不再对输港澳劳务合作项目进行立项审核，改为备案登记；地方商务主管部门对通过立项审核的项目在商务部网上政务系统办理备案登记后，由商务部对符合要求的项目出具《对香港、澳门特别行政区劳务合作项目备案登记表》。须完整准确地记录和保存经营公司备案登记信息和材料，建立备案登记档案，同时，立项审核授权签字人须报商务部备案。

1. 自2016年6月1日起，由地方商务主管部门立项审核改为备案管理

（1）输港澳劳务合作经营企业通过项目管理系统备案。《备案通知》要求，根据《对外劳务合作管理条例》第二十六条，输港澳劳务合作经营企业自与劳务人员订立服务合同之日起10个工作日内，通过商务部输港澳劳务合作项目管理系统，将《对港、澳劳务合作项目备案表》报北京市商务委、上海市商务委、福建省商务厅以及广东省商务厅（以下简称“有关地方商务主管部门”）。

（2）办理劳务人员往来港澳通行证件。按照公安部门的规定，凭经营公司出具的《关于办理内地劳务人员赴香港（澳门）证件的函》向公安机关出入境管理部门办理劳务人员往来港澳通行证件。

2. 加强监管与协调，违规严肃处理

（1）加强监管与违规处理。《备案通知》要求，有关地方商务主管部门要切实履行职责，加强输港澳劳务合作事中事后监管，对未按规定进行备案及违反往来港澳通行证件办理规定的经营公司，要严格按照《对外劳务合作管理条例》以及输港澳劳务合作政策，依法严肃处理。

（2）接受行业组织的协调与指导。各经营公司须严格执行对外劳务合作法律法规和输港澳劳务合作政策，接受中资（澳门）职介所协会的协调和指导，遵守行业规范和协调办法。

（3）禁止向博彩色情经营场外派劳务人员。各经营公司须严格执行《商务部、公安部关于严禁向境外博彩色情经营场所派遣劳务人员的通知》（商合发〔2005〕318号），不得向博彩色情经营场所派遣劳务人员。

（二）出境手续实行审批管理

2004年8月1日施行的公安部《关于印发〈内地居民从事劳务往来香港或者澳门特别行政区审批管理工作暂行办法〉的通知》（公境港〔2004〕1136号，以下简称《审批管理办法》），确定了内地居民从事劳务往来香港或者澳门特别行政区（以

下简称“港澳地区”）的申请与受理、申请材料、出境审批、证件签发、延期签注、遗失证件补办与证件换发等管理办法。

1. 申请与受理

经香港或者澳门特别行政区政府有关部门批准赴港澳地区从事劳务的内地居民，可由本人或者通过商务部指定的劳务经营公司（名单可通过商务部网站查询）向其常住户口所在地的公安机关出入境管理部门申请往来港澳地区。内地居民通过劳务经营公司办理有关手续的，由本人常住户口所在地或者劳务经营公司所在地的地（市）级或者省级公安机关出入境管理部门受理申请。

2. 申请材料

内地居民申请往来港澳地区须提供以下申请材料：

（1）填写完整并贴有申请人近期正面免冠彩色照片（48mm×33mm）的《中国公民往来港澳地区申请审批表》（以下简称《申请审批表》）和相同规格照片一张。

（2）申请人有效居民身份证、户口簿原件并提交复印件。（已持有效通行证，再次申请往来香港或者澳门的，还须提交通行证。）

（3）工作单位或者公安派出所意见。已实行按需申领护照的地区，除有关国家工作人员按照《印发〈关于加强国家工作人员因私事出国（境）管理的暂行规定〉的通知》（公通字〔2003〕13 号）有关规定办理外，其他人员申请时无须提交该意见。

（4）与赴香港或者澳门事由相应的证明材料：

赴香港从事劳务的，提交香港入境事务处签发的补充劳工计划类“进入许可”；商务部《对香港、澳门特别行政区劳务合作项目审批表》复印件；劳务经营公司出具的赴香港从事劳务的证明。

赴澳门从事劳务的，提交经澳门治安警察局出入境事务厅核准的“受雇非本地劳工预报名单”；商务部《对香港、澳门特别行政区劳务合作项目审批表》复印件；劳务经营公司出具的赴澳门从事劳务的证明。

3. 出境审批

（1）内地居民通过劳务经营公司在非常住户口所在地申请赴香港或者澳门从事劳务的，审批机关应向申请人常住户口所在地公安机关出入境管理部门发函核查申请人是否具有法定不准出境的情形、是否属于登记备案的国家工作人员以及是否重复申领往来港澳通行证。

（2）内地居民因从事劳务或者应聘在澳门教育、科技、文化、卫生等部门工作赴港澳地区的申请，由地（市）级或者省级公安机关出入境管理部门做出审批决定。

4. 证件签发

（1）内地居民从事劳务申请往来香港的，经批准后，发给往来港澳通行证及赴香港就业签注（J）。签注首次进入截止日期、有效期根据香港“进入许可”确定，签注多次进入有效。

（2）内地居民从事劳务申请往来澳门的，经批准后，发给往来港澳通行证及赴澳门就业签注（J）。签注首次进入截止日期与有效期相同，具体期限根据澳门治安警察局出入境事务厅核准的“受雇非本地劳工预报名单”上注明的劳务人员工作期限确定，签注多次进入有效。

5. 延期签注

（1）延期签注申请。

在香港或者澳门从事劳务的内地居民所持证件的签注有效期届满，需继续留港澳地区从事劳务的，可由原派遣劳务人员的劳务经营公司在港澳地区设立的机构或者该机构通过香港或者澳门中国旅行社向广东省公安厅深圳出入境签证办事处（以下简称“深圳签证处”）或者珠海出入境签证办事处（以下简称“珠海签证处”）申请办理延期签注。赴港劳务人员申请延期签注时须提交香港入境事务处签发的补充劳工计划类“延期逗留”标签，并提交商务部或者中央人民政府驻香港联络办公室有关部门出具的公函。赴澳劳务人员申请时须提交澳门经济财政司的批准文件，并提交商务部出具的公函。

（2）审批发证。

深圳或者珠海签证处负责受理在香港或者澳门的内地居民往来港澳延期签注申请，经批准后为申请人办理延期签注。

发给在香港申请人的延期签注进入截止期限和有效期与香港入境事务处签发的“延期逗留”标签规定的准许逗留的截止日期相同，签发地栏填写“深圳签证处”；发给在澳门申请人的延期签注进入截止期限和有效期相同，根据澳门有关部门的批准文件确定，签发地栏填写“珠海签证处”。

6. 遗失证件补办

（1）证件补办申请。

赴港澳地区从事劳务的内地居民遗失往来港澳通行证的，可由原派遣劳务人员的劳务经营公司在香港或者澳门设立的机构或者该机构通过香港或者澳门中国旅行社向深圳或者珠海签证处申请补发往来港澳通行证和就业签注。

在香港劳务人员申请时须提供香港入境事务处发给的在港劳务人员身份的确认

函件；在澳门劳务人员申请时须提供澳门治安警察局出入境事务厅签发的“非本地劳工身份咭”。

（2）审批补发证件。

深圳或者珠海签证处负责受理在香港或者澳门内地居民的补发通行证件申请，经批准后为申请人办理往来港澳通行证和相应签注。

（3）签注填写。

补发的赴香港签注字头同原签注，进入截止期限和有效期与香港劳务人员身份的确认函件规定的准许逗留的截止日期相同，签注签发地栏填写“深圳签证处”；补发的赴澳门签注字头同原签注，进入截止期限和有效期相同，根据澳门“非本地劳工身份咭”确定，签注签发地栏填写“珠海签证处”。

7. 换发证件

（1）换发证件申请。

持往来港澳通行证在香港或者澳门从事劳务的内地居民，如有《中华人民共和国往来港澳通行证签注审批、签发管理工作规范》规定的证件换发情形之一的，由原派遣劳务人员的劳务经营公司在香港或者澳门设立的机构或者该机构通过香港或者澳门中国旅行社向深圳或者珠海签证处申请换发通行证件。

（2）审批换发证件。

深圳或者珠海签证处负责受理在香港或者澳门内地居民的换发通行证件申请，经批准后为申请人换发往来港澳通行证，并将申请人原持用的通行证件打孔或剪角后交还申请人，与新证件同时使用。

8. 审批工作时限

（1）地（市）级或者省级公安机关出入境管理部门受理内地居民赴港澳地区从事劳务申请的，应自受理申请之日起10个工作日内完成证件、签注的制作。

（2）赴港澳地区从事劳务的内地居民因合同期限等原因急需办证的，公安机关出入境管理部门应按照急事急办的原则，优先审批办理。

二、输澳劳务合作

2003年8月1日印发、2003年9月1日实施的《商务部、国务院港澳办、中央政府驻澳门联络办关于内地输澳劳务管理体制改革的通知》（商合发〔2003〕262号，以下简称《通知》）指出，自20世纪80年代内地与澳门开展劳务合作业务以来，密切了两地联系，扩大了两地交流，促进了澳门经济与社会发展。为维护劳资双方合法权益，规范内地经营公司经营行为，促进两地劳务合作持续、健康发展和澳门社会稳定与经济发展，决定对输澳劳务管理体制进行改革，并确定了内地输澳劳务合作的具体实施办法。

改革的内容，一是改变输澳劳务管理办法与管理方式，减少管理层次，全面实施《内地对澳门特别行政区开展劳务合作暂行管理办法》（以下简称《管理办法》）。撤销中澳服务有限公司，不再设立归口管理公司。经重新核定的具有输澳劳务经营资格的内地经营公司在澳门注册设立职业介绍所，依法经营；二是减少经营公司数量。根据澳门回归后经济和社会发展需要及各经营公司的管理水平和经营规模，重新核定《具有输澳劳务经营资格的公司名单》，将原有的40家经营公司减少至17家；三是理顺劳务合作各方的法律关系，明确各方权利、义务，实现权、责、利统一。经营公司在澳职业介绍所与雇主、经营公司与劳务人员、雇主与劳务人员须根据澳门特区政府与内地政府主管部门商定的《外地雇员输入/续期申请之提供劳务合同》《赴澳门特别行政区劳务派遣合同》《外地雇员输入/续期申请之劳动合同》标准合同范本签订合同；四是建立行业自律组织，规范经营秩序。成立内地经营公司在澳所设职业介绍所的行业自律组织——中资（澳门）职业介绍所协会。该协会按照商务部和国务院港澳事务办公室的政策要求，在中央人民政府驻澳门特别行政区联络办公室的指导下，负责内地输澳劳务在澳门的内部协调、服务、监督和管理；五是要求各经营公司始终把维护澳门社会稳定放在首位，不能片面追求商业利益。应严格执行《管理办法》，依法经营，严格履约，加强对劳务人员的选派、培训和管理工作。经重新核定具有输澳劳务经营权的经营公司应为在澳职业介绍所配备具有一定政策水平和业务能力的劳务管理人员，切实维护劳务人员的合法权益。

为全面贯彻落实《通知》精神，《商务部办公厅关于贯彻落实内地输澳劳务管理体制改革（有关问题）的紧急通知》（商合字〔2004〕28号，以下简称《紧急通知》）对落实《管理办法》提出进一步要求。

（一）输澳劳务管理框架

1. 管理体制

商务部负责对在澳门特区开展劳务合作业务的归口管理；国务院港澳事务办公室（以下简称"港澳办"）负责对澳门特区开展劳务合作业务的总体政策指导和协调；中央人民政府驻澳门特别行政区联络办公室（以下简称"中联办"）负责联系并协助内地主管部门管理输澳劳务经营公司（以下简称"经营公司"）在澳注册设立的职业介绍所，并指导中资（澳门）职业介绍所协会（以下简称"协会"）的工作。

各有关省市、自治区、直辖市及计划单列市外经贸委（厅、局）（以下简称

“地方主管部门”）在地方人民政府的指导下负责管理并监督辖区内经营公司依法经营，协调、处理经营公司派出劳务人员的劳务纠纷和突发事件。

协会是经商务部批准依法在澳注册的非营利性自律组织，由经批准开展输澳劳务业务的经营公司在澳职业介绍所组成。协会应按照国家有关政策要求，在中联办的指导下，本着公正、公平、公开的原则，负责做好内地输澳劳务人员在澳门的内部协调、服务、监督和管理。

经营公司应按照国家关于在境外设立企业的有关政策、法规以及澳门特区法律，在澳门特区注册设立职业介绍所，配备劳务管理人员，依法经营。不得进行不正当竞争，不得向博彩等经营场所输送内地劳务人员。

2. 经营公司及其职业介绍所的核定

商务部会同港澳办，征求中联办的意见后，核定内地对澳门特区开展劳务合作业务经营公司的名单。未经核定的公司不得开展对澳门特区劳务合作业务。

商务部会同港澳办审批经营公司在澳设立职业介绍所，核定职业介绍所劳务管理人员编制，并根据经营公司业务情况，对经营公司在澳职业介绍所的劳务管理人员编制每两年进行一次审核。

商务部会同港澳办及中联办对经营公司的经营活动进行检查，并依据经营公司经营状况和检查结果对输澳劳务经营公司名单进行调整。

3. 业务关系及其三个合同的签署

经营公司在澳职业介绍所应直接与雇主签订《外地雇员输入/续期申请之提供劳务合同》（以下简称《提供劳务合同》）。

经营公司应严格按照其职业介绍所与澳门特区雇主签订的合同，与拟选派的内地劳务人员签订《赴澳门特别行政区劳务派遣合同》（以下简称《派遣合同》）。

内地劳务人员应与澳门特区雇主直接签订《外地雇员输入/续期申请之劳动合同》（以下简称《劳动合同》），该合同中与劳务人员合法权益相关的条款应与职业介绍所与雇主所签《提供劳务合同》一致。

《紧急通知》要求，《提供劳务合同》和《劳动合同》以内地主管部门与特区政府主管部门商定并由特区政府主管部门下发的标准合同文本为准；《派遣合同》须由经营公司与外派劳务人员直接签订，标准合同参照《紧急通知》发布的标准合同范本；《劳动合同》须由劳务人员与雇主直接签订，不得由经营公司代签。

（二）输澳劳务经营公司职责

1. 经营公司

（1）经营公司负责为劳务人员办理赴澳《通行证》和签注，督促其在澳职业介绍所及时为劳务人员办理《通行证》的换发、补发、签注延期、免税本等手续。

（2）经营公司在申办劳务人员赴澳或其职业介绍所在澳办理续期手续时，所需材料应如实填报，不得弄虚作假。

对于普通劳务项目，在劳务人员派出后10个工作日内填报人员信息，同时报送一份《派遣合同》复印件。

（3）经营公司应依据商务部会同港澳办核定的职业介绍所劳务管理人员编制配备人员，并向港澳办申办派驻人员手续。有关人员赴澳工作前，应参加赴港澳中资机构常驻人员培训班。职业介绍所主要负责人抵澳门后应及时向中联办和协会秘书处报到。

（4）经营公司应根据国家有关规定组织对拟赴澳门劳务人员到指定培训机构进行培训。

（5）如属经营公司原因导致劳务人员无法继续履行劳动合同，经营公司应退还履约保证金，并依据合同实际执行时间按比例减收或退还服务费和按比例赔偿劳务人员负担的各项赴澳费用。

2. 经营公司及其在澳职业介绍所

（1）经营公司及其在澳职业介绍所应依法保护劳务人员的合法权益，妥善处理突发事件。发生重大事件应及时向中联办、所属地方政府、商务部、港澳办报告。《紧急通知》指出，经营公司及其在澳职业介绍所须建立健全各项管理制度，制定应急预案，加强与雇主和劳务人员的联系和沟通，切实维护劳务人员合法权益。

（2）经营公司及其在澳职业介绍所应保证劳务人员在合同期满后或不能继续在澳履约时按时返回内地，及时收回其《通行证》并送发证机关注销。

（3）《紧急通知》指出，各经营公司及职业介绍所须严格执行《通知》的有关规定及协会制定的行业规范，经营公司及职业介绍所如违规，将按《通知》规定严肃处理。

3. 经营公司在澳职业介绍所

（1）经营公司应督促其在澳职业介绍所管理人员严格依据《管理办法》以及澳门特区有关法律和外劳政策开展内地输澳劳务业务，切实履行职责，维护劳务人员的合法权益，服从协会的协调、监督和管理。《紧急通知》指出，经批准的职业介绍所内派人员须全部到位，明确责任，切实加强管理。

（2）经营公司应督促其在澳职业介绍所严格履行与雇主签订《提供劳务合同》，并依据《管理办法》和《提供劳务合同》及与劳务人员签订的《派遣合同》，协助劳务人员与雇主签订《劳动合同》。

（3）经营公司在澳职业介绍所应为劳务人员办理工作时间以外在澳人身意外伤害及医疗保险，并按《管理办法》规定，与劳务人员各承担一半保费。

（4）如因雇主原因，导致劳务人员无法继续履行劳动合同，经营公司应督促其在澳职业介绍所依法妥善安置其在澳转工或返回内地。对返回内地的劳务人员，经营公司还应退还履约保证金，并依据合同实际执行时间按比例减收或退还服务费。对劳务人员因此发生经济损失的，经营公司应督促其在澳职业介绍所进行交涉，并协助其获得合法赔偿；

（5）经营公司应督促其在澳职业介绍所严格实行值班制度，值班地点和联系电话应向劳务人员公布，并报协会秘书处汇总后报中联办备案。

（6）经营公司应督促其在澳职业介绍所按月向协会秘书处书面报送业务情况报告。报告内容应包括：本公司月末在澳劳务人员人数（分行业、分雇主）及人员资料、月度对外签约份数、合同人数及合同复印件、履约情况、通行证注销情况、重大事件处理情况及存在的主要问题等。

（三）输澳劳务业务管理

1. 审批办证程序

（1）立项审批。

经营公司在澳职业介绍所与雇主签订《提供劳务合同》获澳门特区政府批准后，应报商务部立项审批。商务部在收到下列材料之日起5个工作日内作出批准或不批准的决定，对审核合格的项目，商务部出具《对香港、澳门特别行政区劳务合作项目审批表》；对审核不合格的项目，亦将作出说明。

①公司申请报告（包括合同号、合同类型、雇主名称、合同人数、工作期限、雇主履约特别是欠薪情况等内容）；

②澳门特区政府经济财政司批准雇主引进外地劳务的文件（副本）；

③澳门特区政府劳工暨就业局通知雇主批准引进外地劳务的文件（副本）；

④对于普通劳务项目，提交经澳门特区政府批准的《劳务合作共同声明书》；对于技术劳务项目，提交《派遣合同》和经澳门特区政府批准的《劳务合作共同声明书》，同时填报人员信息。

（2）立项审核。

立项申请获准后，经营公司将拟派赴澳劳务人员相关材料报送港澳办审核。港澳办在收到下列材料之日起5个工作日内作出批准或不批准的决定，对审核合格的人员，港澳办出具《赴澳劳务人员审核意见》；对审核不合格的项目，亦将作出说明。

①公司申请报告（包括合同号、批准指标数、指标使用情况、拟派出人员名单、工作期限、雇主履约特别是欠薪情况等）；

②商务部《对香港、澳门特别行政区劳务合作项目审批表》（副本）；

③经澳门特区治安警察局出入境事务厅审核过的《受雇非本地劳工名单》（副本）；

④劳务人员培训合格证（副本）；

⑤经营公司在劳务人员户籍所在地派出所或乡镇以上人民政府，或原单位出具证明的基础上为劳务人员提供的无犯罪记录和无政治问题的证明。

赴澳劳务人员，经营公司应在《提供劳务合同》生效后6个月内办理派出手续。逾期者，不予受理。

⑥对于劳务人员的替换，经营公司除向港澳办提交上述①～⑤所列材料之外，还应提交发证机关出具的被替换劳务人员《通行证》注销证明原件以及替换原因和相关证明材料。

对于《提供劳务合同》有效期不满6个月的劳务人员替换申请，原则上不予受理。

（3）办理《通行证》。

经营公司办理劳务人员《通行证》及赴澳劳务签注应向港澳办提交下列材料：

①港澳办《赴澳劳务人员审核意见》（副本）；

②《申请因公往来香港澳门特别行政区通行证及签注事项表》。

（4）合同期满签订续约申请与批准。

经营公司在澳职业介绍所与雇主签订的《提供劳务合同》期满后签订续约《提供劳务合同》时，如签约方（职业介绍所、雇主）中任何一方发生变化，由拟签约方职业介绍所通过其经营公司向商务部提出申请，并抄送协会秘书处，经商务部批准后方可签订。签约后按《管理办法》上述立项审批、立项审核、办理《通行证》、合同期满签订续约申请与批准所规定的申办合同立项及劳务人员赴澳手续。

（5）合同期满续期申请与核准。

对于《提供劳务合同》期满后继续由原经营公司在澳职业介绍所与原雇主签订的不更换劳务人员的合同，由经营公司在澳职业介绍所向协会秘书处申请办理续期手续，协会秘书处将出具《提供劳务合同》核准函。应提交的材料如下：

①公司申请报告（包括合同号、批准指标数、指标使用情况、拟延期人数及名单、工作期限、雇主履约特别是欠薪情况等）；

②商务部原《对香港、澳门特别行政区劳务合作项目审批表》（副本）；

③港澳办原《赴澳劳务人员审核意见》（副本）；

④经澳门特区治安警察局出入境事务厅复核的《受雇非本地劳工名单》（副本）；

⑤《管理办法》立项审批规定应提交的②、③、④、⑤项文件。

（6）对于合同期满留澳续约劳务人员。

对于《提供劳务合同》期满后继续留澳工作的续约劳务人员，其在澳职业介绍所应向协会秘书处申请办理劳务人员续期手续，应提交的材料如下：

①公司申请报告；

②商务部《对香港、澳门特别行政区劳务合作项目审批表》（正本）；

③港澳办原《赴澳劳务人员审核意见》（正本）；

④经澳门特区治安警察局出入境事务厅复核的《受雇非本地劳工名单》（正本）；

⑤《管理办法》立项审批规定应提交的②、③、④、⑤项文件。

经营公司在澳职业介绍所凭协会秘书处的《续约劳务人员核准函》在外交部驻澳门特别行政区特派员公署（以下简称“公署”）领事部办理劳务签注延期手续。协会秘书处的审核意见函应抄报中联办、商务部、港澳办备案。

（7）对于合同期内因故转换工作的劳务人员。

对于经批准派往澳门特区后因故在合同期内需转换工作的劳务人员，经营公司在澳职业介绍所向协会秘书处申请办理转工手续，应提交的材料如下：

①公司申请报告（包括合同号、批准指标数、指标使用情况、拟转工人数、转工原因、工作期限、拟转工雇主的履约特别是欠薪情况等）；

②商务部原《对香港、澳门特别行政区劳务合作项目审批表》（副本）；

③港澳办原《赴澳劳务人员审核意见》（副本）；

④经澳门特区治安警察局出入境事务厅复核的《受雇非本地劳工名单》（副本）；

⑤《管理办法》立项审批规定应提交的②、③、④、⑤项文件。

经营公司在澳职业介绍所凭协会秘书处的《劳务人员转工核准函》在公署领事部办理劳务签注变更手续，并根据澳门特区有关规定办理转工手续。协会秘书处的审核意见函应抄报中联办、商务部、港澳办备案。

2. 选拔派遣

（1）经营公司应直接招聘劳务人员，严禁委托境内外其他公司或人员代为招工。

（2）赴澳劳务人员应年满 18 岁，派出时原则上不超过 55 岁，在当地连续工作时间一般不超过 6 年。

（3）赴澳劳务人员经考试合格并取得《外派劳务培训合格证》后方可派出。

（4）经营公司按合同要求选派合格劳务人员，并按照《管理办法》规定负责办理劳务人员赴澳手续。

3. 费用收取

（1）经营公司收取劳务人员的服务费。

根据财政部和原外经贸部联合颁发的《关于印发〈对外经济合作企业外派人员工资管理办法〉的通知》（财外字〔1995〕259号）及《关于印发〈对外经济合作企业外派人员工资管理办法的补充规定〉的通知》（财外字〔1997〕8号）的有关规定，经营公司可向劳务人员收取服务费，服务费可在劳务人员派出前一次性收取。经营公司向劳务人员收取的服务费不得超过劳务合同工资总额的12.5%。一次性收取有困难的，由经营公司与劳务人员协商解决。

《紧急通知》指出，协会可在国家和特区政府法律法规及相关政策范围内，制定有关经营公司服务费收费、为在澳劳务人员办理通行证额外收费及职业介绍所缴纳会费等行业规范，各经营公司和职业介绍所须严格按照执行。另，《通知》中关于"'职介所'按月向'协会'秘书处书面报送业务情况报告"的内容，须包括经营公司向外派劳务人员的收费情况。

（2）经营公司不得向劳务人员收取履约保证金。

《紧急通知》强调指出，在《紧急通知》下发之日起一个月内须全额退还劳务人员所收取的履约保证金，经营公司可要求劳务人员投保履约保证保险。

（3）劳务人员在澳人身意外伤害及医疗保险。

经营公司在澳职业介绍所为劳务人员办理工作时间以外在澳人身意外伤害及医疗保险的保费，由经营公司和劳务人员各承担一半。

《紧急通知》指出，职业介绍所应为新入澳、替换及续约劳务人员在一个月内办妥工作时间以外在澳人身意外伤害及医疗保险，并按照协会的要求，每月按规定时间报备。

（4）证件工本费、体检费和培训费等其他费用。

经营公司及其在澳职业介绍所为劳务人员办理赴澳《通行证》或《通行证》的换发、补发、签注延期以及免税本等手续时，只能向劳务人员收取办证部门实际收取的工本费。体检费、培训费由劳务人员按实际付费金额自行负担。

（5）禁止另行收费。

经营公司及其在澳职业介绍所不得在上述规定之外以任何理由向劳务人员另行收费。

4. 内地输澳家政人员合作

为满足澳门社会对家政服务的需求，商务部、国务院港澳办发出《关于开展内地输澳门家政人员合作有关事宜的通知》（商合函〔2013〕1018 号），决定于 2013 年年底前启动内地输澳门家政人员合作，按照“先行试点、积极稳妥、逐步推进”的原则，合作初期试点省份为广东和福建省，由两省根据“属地管理”原则监督管理本省企业开展输澳门家政人员业务，并制定管理办法。

（四）输澳劳务违规责任

1. 给予违规经营公司通报批评

对于存在以下行为的经营公司，给予通报批评：

（1）在劳务人员合法权益遭受侵害时，未能提供有效协助；

（2）劳务人员合同期满后或不能继续在澳履约时，不能确保其及时返回内地或不能及时收回注销其所持通行证。

（3）未按规定赔偿或退还劳务人员赴澳费用、服务费、履约保证金。

2. 不予受理违规经营公司的输澳劳务项目立项申请

对于存在以下行为的经营公司，商务部将在 1 年内不予受理有关经营公司的输澳劳务项目立项申请。

（1）向博彩等经营场所输送劳务人员；

（2）将劳务管理人员专项指标挪为他用；

（3）委托境内外其他公司或人员代为招工、管理；

（4）提供虚假伪造材料；

（5）在澳对劳务人员管理不力，造成不良社会影响。

3. 重新核定名单，不再受理违规经营公司的输澳劳务经营申请

对于存在以下行为的经营公司，在重新核定内地对澳门特区开展劳务合作业务经营公司名单时，商务部、港澳办和中联办将不再受理其输澳劳务经营申请。

（1）违反内地及澳门特区法规，造成恶劣影响；

（2）恶性竞争扰乱市场经营秩序；

（3）多收费用或巧立名目增加收费；

（4）弄虚作假，骗取《通行证》及劳务签注；

（5）在劳务人员合法权益遭受侵害时未能采取有效措施，造成严重后果和重大社会影响。

三、对台渔船船员劳务合作

2006 年，根据国务院批准的原则，对台渔船船员劳务合作在浙江、福建、河南和四川四省进行试点。2009 年 12 月 22 日，海峡两岸关系协会会长陈云林和台湾海

峡交流基金会董事长江丙坤在台中举行“两会”第四次会谈，签署了《海峡两岸渔船船员劳务合作协议》（以下简称《协议》），《协议》在签署后90天内生效，两岸业务主管部门各自完善制度建设。《协议》的签署，是两岸渔船船员劳务合作中的大事，两岸渔船船员劳务合作将纳入两岸主管部门的统一监管，对业务的规范发展，保护渔船船员和船主的权益，深化两岸渔船船员劳务合作和人员交流，具有重要意义。

（一）《协议》的主要内容①

1. 《协议》的构成

《协议》由正文和附件两部分组成。正文部分明确了两岸渔船船员劳务合作基本原则，附件《海峡两岸渔船船员劳务合作具体安排》进一步阐述了有关原则。

（1）合作范围：双方同意在符合双方各自雇用渔船船员规定下，进行近海、远洋渔船船员（以下简称“船员”）劳务合作，并对近海与远洋劳务合作分别采取不同的管理方式。

（2）经营主体：两岸渔船船员劳务合作应通过双方各自确定的经营主体办理，双方将各自建立风险保证制度来约束其经营主体。

（3）权益保护：《协议》明确了渔船船员和船主的基本权益。

（4）机制建立：双方将建立协处机制和工作会晤机制。双方同意各自建立船员、船主申诉制度和两岸船员劳务合作突发事件处理机制，并指导经营主体解决劳务纠纷和突发事件。如遇重大安全事件等情形，双方应及时通报，共同采取措施，妥善处理。并严格处理违反协议的经营主体。双方同意定期进行工作会晤、交流互访，评估协议执行情况。协议议定事项，由双方业务主管部门指定的联络人相互联系实施，经双方同意可指定其他单位负责实施。

此外，《协议》还就渔船船员劳务合作合同、船员证件、接驳船安全标准以及船员岸置等事宜进行了明确。

2. 《协议》关于规范两岸渔船船员劳务合作的内容

（1）双方业务主管部门各自确定经营主体开展两岸渔船船员劳务合作，并建立风险保证制度规范经营主体。双方将交换并公布经营主体名单（《协议》第二条）。

（2）建立船员、船主申诉制度和两岸船员劳务合作突发事件处理机制（《协议》第六条）。

（3）要求两岸渔船船员劳务合作签订4份合同，即劳务合作合同、劳务合同、外派劳务合同和委托劳务合同（《协议》附件第二条）。

---

① 中华人民共和国商务部对外投资与经济合作司．海峡两岸渔船船员劳务合作协议解读［EB/OL］.（2010－03－30）［2020－10－11］. http：//hzs. mofcom. gov. cn/article/zcfb/d/201003/20100306845308. shtml.

(4) 明确劳务合作合同和劳务合同的要件(《协议》附件第三条)。

(5) 确认近海船员须持登轮作业证、远洋船员须持海员证(《协议》附件第四条)。

(6) 双方制定转船程序(《协议》附件第六条)。

3. 《协议》关于保护渔船船员合法权益的内容

双方同意保障船员以下基本权益:①

(1) 船员受签订合同(契约)议定的工资保护;

(2) 同船同职务船员在船上享有相同福利及劳动保护;

(3) 在指定场所休息、整补或回港避险;

(4) 工伤保险、人身意外及医疗保险,具体保障项目为身故保险(含意外及疾病死亡)、残疾保险和意外门急诊及住院医疗保险;

(5) 往返交通费;

(6) 船主应履行合同(契约)的义务;

(7) 双方商定的其他权益。

此外,《协议》还对渔船船员人身意外及医疗保险(《协议》附件第五条)、接驳船舶安全标准(《协议》附件第七条)、船员在暂置场所休息的权利(《协议》附件第九条))等事宜进行明确。

4. 《协议》关于保障渔船船主合法权益的内容

双方同意保障渔船船主(以下简称“船主”)以下基本权益:②

(1) 船员体检及技能培训应符合双方各自规定;

(2) 船员应遵守相关管理规定;

(3) 船员应接受船主、船长合理的指挥监督;

(4) 船员应履行合同(契约)的义务;

(5) 双方商定的其他权益。

5. 核发证件

双方同意各自核发船员身份或查验证件。

(二) 海峡两岸渔船船员劳务合作具体安排

1. 经营主体

大陆方面经营主体为业务主管部门核准的渔船船员劳务合作经营公司,台湾方

---

① 中华人民共和国商务部对外投资与经济合作司.《海峡两岸渔船船员劳务合作协议》修正文件一[EB/OL].(2014-08-04)[2020-10-11]. http://fec.mofcom.gov.cn/article/ywzn/ywznn/article01.shtml.

② 中华人民共和国商务部对外投资与经济合作司.《海峡两岸渔船船员劳务合作协议》修正文件一[EB/OL].(2014-08-04)[2020-10-11]. http://fec.mofcom.gov.cn/article/ywzn/ywznn/article01.shtml.

面经营主体为业务主管部门核准的中介机构。

2. 合同（契约）种类

两岸船员劳务合作须签订以下合同（契约）：

（1）经营公司与中介机构签订劳务合作合同（契约）；

（2）经营公司与船员签订外派劳务合同（契约）；

（3）船主与船员签订劳务合同（契约）；

（4）中介机构与船主签订委托劳务合同（契约）。

3. 合同（契约）要件

（1）经营公司与中介机构签订劳务合作合同（契约）要件如下：船主名称、服务船舶名称、作业渔场区域、拟雇佣船员的职务及合同（契约）期限；船员资格条件及应遵守事项；应给付船员工资额度及支付方式；船员工伤保险，人身意外及医疗保险，具体保障项目为身故保险（含意外及疾病死亡）、残疾保险和意外门急诊及住院医疗保险；船员往返双方口岸及返乡交通费分担标准；船员及船主基本权益保障事项；船主及船员违约处理；可归责船员或船主的故意或重大过失行为造成对方损失，由经营公司与船员或中介机构与船主负连带赔偿责任；纠纷调处及违反合同（契约）处理；其他经双方议定事项。①

（2）船主与船员签订劳务合同（契约）要件如下：船主名称、船员姓名及其住址、服务船舶名称、作业渔场区域、船员的职务及合同（契约）期限；船员工资；工伤保险、人身意外及医疗保险，具体保障项目为身故保险（含意外及疾病死亡）、残疾保险和意外门急诊及住院医疗保险；交通费；支付方式；船员劳动保护、在暂置场所休息和避险的权利、食宿、福利；船员遵守事项；船主提供福利；纠纷调处及违反合同（契约）处理；其他经双方议定事项。②

（3）船员工伤保险、人身意外及医疗保险：双方共同议定船员工伤保险、人身意外及医疗保险等事项，具体保障项目为身故保险（含意外及疾病死亡）、残疾保险和意外门急诊及住院医疗保险。③

4. 证件查验

近海船员须持登轮作业证件领取当地查验证件；远洋船员须持海员证件。在双

---

① 中华人民共和国商务部对外投资与经济合作司.《海峡两岸渔船船员劳务合作协议》附件《海峡两岸渔船船员劳务合作具体安排》修正文件二［EB/OL］.（2014－08－04）［2020－10－11］. http：//fec. mofcom. gov. cn/article/ywzn/ywznn/article01. shtml.

② 中华人民共和国商务部对外投资与经济合作司.《海峡两岸渔船船员劳务合作协议》修正文件一［EB/OL］.（2014－08－04）［2020－10－11］. http：//fec. mofcom. gov. cn/article/ywzn/ywznn/article01. shtml.

③ 中华人民共和国商务部对外投资与经济合作司.《海峡两岸渔船船员劳务合作协议》修正文件一［EB/OL］.（2014－08－04）［2020－10－11］. http：//fec. mofcom. gov. cn/article/ywzn/ywznn/article01. shtml.

方商定的过渡期内，近海船员可持登轮作业证件或身份证件领取当地查验证件。

5. 船员人身意外及医疗保险

双方共同议定船员人身意外及医疗保险等事项。

6. 转船程序

双方同意严格界定船员合理转船和违规转船事项，具体程序由双方商定。

7. 接驳船舶

双方同意船员接驳船舶须符合对客船等有关技术安全标准要求，并持有相关主管部门颁发的可搭载非本船船员人数的证明文件。

8. 近海船员登船港口

大陆方面近海船员登船港口为：福建省福州平潭东澳、厦门东渡同益、漳州漳浦旧镇、泉州惠安崇武、莆田湄洲宫下、宁德霞浦三沙、宁德福鼎沙埕；浙江省舟山沈家门、温州霞关。近海登船港口可视需要调整，并知会对方。

9. 暂置场所

（1）台湾方面岸置处所（略）；

（2）台湾方面划设暂置区域之渔港（略）；

（3）船员第一次进港台湾方面查验渔港（略）。

暂置场所可视需要调整，并知会对方。

10. 过渡安排（略）

（三）促进对台渔船船员劳务合作

2011 年 5 月 25 日，《商务部、外交部、公安部、交通运输部、农业部、工商总局、国台办关于促进对台渔船船员劳务合作有关问题的通知》（商合函〔2011〕333 号）指出，根据国务院批准的对台渔船船员劳务合作采取“稳步实施、加强管理、保护权益”的原则，要落实好《协议》的各项规定，进一步加强两岸渔船船员劳务合作。

1. 调整试点招收范围

（1）放宽对台渔船船员劳务合作试点企业（以下简称“试点企业”）招收对台渔船船员的范围，允许在全国范围内招收渔船船员，但应从对外劳务合作服务平台招收。

（2）要求试点省份商务主管部门对本省试点企业进行调整，优胜劣汰。根据《关于做好对台渔工劳务合作管理工作的通知》（商合发〔2006〕95 号）的要求，对本省试点企业开展对台渔船船员劳务合作情况进行评估，淘汰近年来开展对台劳务合作业绩不佳、管理不到位的企业，增补管理规范、具有开展对台渔船船员劳务合作能力的企业。调整后的企业名单报商务部，商务部在征求有关部门和行业组织意见后确定。

2. 保障渔船船员安全权益

试点企业负责对台渔船船员派出后的管理和安全权益保护，各地服务平台负责协助管理；试点企业确保所招收的渔船船员经农业部认定的对台渔船船员培训机构培训合格，并对其进行行前适应性培训，以保证赴台渔船船员胜任所从事的工作和作业安全；同时必须保证大陆渔船船员持两岸认可的有效证件和指定的交通方式赴台船工作，以保证大陆渔船船员的安全权益。

3. 加强业务监管和协调

（1）要求试点省份完善本省对台渔船船员劳务合作管理措施，督促本省试点企业严格遵守对台渔船船员劳务合作各项政策，根据《协议》的原则开展对台渔船船员劳务合作，服务平台所在省予以配合；各地对违反国家对台渔船船员劳务合作政策和对外劳务合作规定的试点企业和服务平台进行查处，必要时可建议商务部取消试点企业及服务平台资格。

（2）海峡两岸渔工劳务合作协调委员会负责协调试点企业间、试点企业与各地服务平台间的业务协调，组织实施《协议》议定事项。

（3）各地区、有关部门和海峡两岸渔工劳务合作协调委员会应加强对台渔船船员劳务合作政策宣传，引导大陆渔船船员通过正规渠道到台船工作。

（4）各地区、有关部门在各自职责范围内对无证经营、超范围经营、以旅游和商务等名义组织对台渔船船员劳务合作业务、非法组织私登台船等行为予以严肃查处。

（四）赴台湾渔船工作须知①

1. 赴台船工作需要满足的资质条件和应办理的手续

赴台船工作首先必须取得作为渔船船员的资质证明，即《渔业船员专业培训合格证》。此外，还必须到县级以上医院进行健康检查，体检合格者方可赴台船工作。

此外赴台船工作必须办理《对台劳务人员登轮作业证》，由经营公司协助办理。办理《对台劳务人员登轮作业证》时，必须提供《渔业船员专业培训合格证》《外派劳务人员培训合格证》和《出海渔民证》；此外，还必须与经营公司签订外派劳务合同，与台湾船主签订《劳务合同》，以保护船员合法权益。合同要件包括：船主名称、船员姓名及其住址、服务船舶名称、作业渔场区域、船员的职务及合同

① 中华人民共和国商务部对外投资与经济合作司．赴台湾渔船工作问答［EB/OL］．（2010－03－30）［2020－10－11］．http：//hzs. mofcom. gov. cn/article/zcfb/d/201003/20100306845312. shtml.

(契约) 期限；船员工资、人身意外及医疗保险、交通费和支付方式；船员劳动保护、在暂置场所休息和避险的权利、食宿、福利；船员遵守事项；船主提供福利；纠纷调处及违反合同（契约）处理；其他经双方议定事项。

2. 船员在台船工作享受的基本权益

根据《海峡两岸渔船船员劳务合作协议》，船员享有以下基本权益：

(1) 受签订合同（契约）议定的工资保护；

(2) 同船同职务船员在船上享有相同福利及劳动保护；

(3) 在指定场所休息、整补或回港避险；

(4) 人身意外及医疗保险；

(5) 往返交通费；

(6) 船主应履行合同（契约）的义务。

3. 船员在台船工作需履行的基本义务

根据《海峡两岸渔船船员劳务合作协议》，船员需履行以下义务：

(1) 船员体检及技能培训应符合规定；

(2) 船员应遵守相关管理规定；

(3) 船员应接受船主、船长合理的指挥监督；

(4) 船员应履行合同（契约）的义务。

4. 船员赴台船工作需要交纳的费用

赴台船前，船员需要支付并不再退还的费用有：

(1) 体检费：费用按照医院实际收取支付；

(2) 外派劳务培训费：按实际收取支付；

(3)《对台劳务人员登轮作业证》，按实际收取支付；

(4) 服务费：服务费是经营公司为船员赴台船务工提供组织和管理服务所发生的费用。服务费不能超过船员在台船工作期间得到所有合同工资的12.5%。具体交费多少，要根据合同认真计算。交纳各种费用时，一定要索取收据，并保存好，作为一旦发生劳务纠纷解决和处理问题的依据；

(5) 不用交纳任何形式的履约保证金，但经营公司可以要求船员投保履约保证保险。

5. 在台湾渔船工作期间发生劳务纠纷和突发事件的处理

要认真履行《外派劳务合同》和《劳务合同》。船员如果与船主发生劳务纠纷，首先要根据《劳务合同》与船主协商解决，无法解决的，可向船员派出公司寻求帮助。重大劳务纠纷和突发事件，可向海峡两岸渔工劳务合作协调委员会投诉中心反映。

如果船员与派出公司发生纠纷，首先要根据《外派劳务合同》与派出公司协商解决，无法解决的，可向公司所在地商务主管部门反映问题，也可以向海峡两岸渔工劳务合作协调委员会投诉中心反映。

第十节 出入境与境外管理

一、出入境手续

根据2013年7月1日施行的《中华人民共和国出境入境管理法》（以下简称《出入境管理法》），“出境，是指由中国内地前往其他国家或者地区，由中国内地前往香港特别行政区、澳门特别行政区，由中国大陆前往台湾地区”。“入境，是指由其他国家或者地区进入中国内地，由香港特别行政区、澳门特别行政区进入中国内地，由台湾地区进入中国大陆。”国家保护中国公民出境入境的合法权益。

《条例》规定，对外劳务合作企业应当为劳务人员办理出境手续，并协助办理劳务人员在国外的居留、工作许可等手续。（第十四条）

（一）协助办理居留、工作许可手续

对外劳务合作企业协助办理劳务人员在国（境）外的居留、工作许可等手续。如办理新加坡工作准证，需协助劳务人员向新加坡雇主提供办理工作准证所需的身份证或护照复印件、本人简历；办理日本技能实习在留资格，需协助劳务人员通过日本接收机构向日本出入国管理部门提交申请在留资格所需的劳务人员履历书、申告书、在职企业证明书、与日本接收企业签署的《雇佣合同》以及本人与派遣企业签署的《服务合同》、派遣企业的费用明细书、誓约书、推荐状、技能实习讲习机关概要书，事前讲习计划书和讲习内容安排等。

（二）办理出入境手续

根据《办理劳务人员出国手续的办法》（外经贸部、外交部、公安部二○○二年第2号令）（以下简称《办法》）和《关于执行〈办理劳务人员出国手续的办法〉有关问题的通知》（公境出〔2002〕302号）（以下简称《通知》）以及公安部《关于执行〈办理劳务人员出国手续的办法〉有关问题的补充通知》（公境出〔2003〕352号）（以下简称《补充通知》）精神，劳务人员办理出境的有关手续主要包括以下方面。

1. 办理护照或通行证件

《出入境管理法》规定，中国公民出境入境，应当依法申请办理护照或者其他旅行证件。中国公民以海员身份出境入境和在国外船舶上从事工作的，应当依法申请办理海员证；中国公民往来内地与香港特别行政区、澳门特别行政区，中国公民往来大陆与台湾地区，应当依法申请办理通行证件，并遵守本法有关规定。

《通知》指出，自 2002 年 4 月 1 日起，劳务人员（含海员、渔工，但不包含向我国香港、澳门特别行政区和台湾地区派出的劳务人员）统一改持由公安机关签发的中华人民共和国普通护照（以下简称“护照”），并按国家物价部门核准的收费标准交费；劳务人员可直接向户口所在地公安机关申请办理护照，也可由经营公司凭劳务项目说明和劳务人员名单，集中向劳务人员户口所在地的地、市级公安机关出入境管理部门代劳务人员申请办理护照。如履行项目时间紧急且劳务人员分散在同一省（区）的多个地区，也可由经营公司直接向省（区）公安厅出入境管理处申请办理。公安机关可在受理申请或颁发护照环节面见申请人。

2. 跨地区招聘、办理手续

取消跨地区选派劳务人员的限制，允许经营公司跨省、跨地区招聘劳务人员，办理有关手续。各地方根据具体情况办理有关手续的要求不同，有的地方劳务人员办理护照需要派遣公司协助提供项目说明书、对外劳务合作经营资格证书、《服务合同》以及赴境外工作的工作许可证明等；有的地方需要向劳务人员户籍地确认劳务人员是否涉及非法出境、网络赌博等。

3. 办理签证

《出入境管理法》规定，中国公民前往其他国家或者地区，还需要取得前往国签证或者其他入境许可证明。但是，中国政府与其他国家政府签订互免签证协议或者公安部、外交部另有规定的除外；签证、外国人停留居留证件等出境入境证件发生损毁、遗失、被盗抢或者签发后发现持证人不符合签发条件等情形的，由签发机关宣布该出境入境证件作废；伪造、变造、骗取或者被证件签发机关宣布作废的出境入境证件无效。

公安机关可以对前款规定的或被他人冒用的出境入境证件予以注销或者收缴。

《办法》指出，劳务人员的签证由经营公司统一通过外交部或其授权的地方外事办公室（以下简称“外事部门”）或自办单位办理。外事部门在受理经营公司签证申请时，主要审查下列内容：经营公司是否具有对外经济合作经营资格；省、自治区、直辖市及计划单列市外经贸主管部门（以下简称“地方外经贸主管部门”）对经营公司的对外劳务合作项目的审查意见。同时，外事部门应公布经当地物价部门核准的签证代办费及各国签证的相应收费标准和收费项目。

以办理赴日本技能实习签证为例，派遣企业需通过外事部门向日本驻华使（领）馆领事部门提交签证申请表、护照原件、在留资格认定证明书、本人户口本复印件、劳务人员与派遣机构签署的《服务合同》、申立书（在日工作超过3个月时由日本接收机构出具）、受理凭证等。

4. 接受边检

《补充通知》指出，边防检查机关在严格查验，防止不法分子利用外派劳务渠道从事非法出入境活动的同时，要尽力为劳务人员出境提供便利。公安机关出入境管理部门主要负责审查劳务出国（境）申请人的身份资料的真实性和是否具有法定不准出境的情形以及经营公司是否具有外派劳务经营资格，依法审批办理护照，不干预经营公司正常的经营活动。劳务项目的合法、真实、可靠性由经营公司承担全部责任。

《出入境管理法》规定，根据维护国家安全和出境入境管理秩序的需要，出入境边防检查机关可以对出境入境人员携带的物品实施边防检查；根据维护国家安全和出境入境管理秩序的需要，必要时，出入境边防检查机关可以对出境入境的人员进行人身检查。人身检查应当由两名与受检查人同性别的边防检查人员进行；经国务院批准，公安部、外交部根据出境入境管理的需要，可以对留存出境入境人员的指纹等人体生物识别信息作出规定。

中国公民出境入境，应当向出入境边防检查机关交验本人的护照或者其他旅行证件等出境入境证件，履行规定的手续，经查验准许，方可出境入境。但是，中国公民有下列情形之一的，不准出境：一是未持有效出境入境证件或者拒绝、逃避接受边防检查的；二是被判处刑罚尚未执行完毕或者属于刑事案件被告人、犯罪嫌疑人的；三是有未了结的民事案件，人民法院决定不准出境的；四是因妨害国（边）境管理受到刑事处罚或者因非法出境、非法居留、非法就业被其他国家或者地区遣返，未满不准出境规定年限的；五是可能危害国家安全和利益，国务院有关主管部门决定不准出境的；六是法律、行政法规规定不准出境的其他情形。

《出入境管理法》对调查和遣返明确规定，对涉嫌违反出境入境管理的人员，可以当场盘问。经当场盘问，有下列情形之一的中国公民，可以依法继续盘问：一是有非法出境入境嫌疑的；二是有协助他人非法出境入境嫌疑的；三是有危害国家安全和利益，破坏社会公共秩序或者从事其他违法犯罪活动嫌疑的。

对依法决定不准出境或者不准入境的人员，决定机关应当按照规定及时通知出入境边防检查机关；不准出境、入境情形消失的，决定机关应当及时撤销不准出境、入境决定，并通知出入境边防检查机关。

违反《出入境管理法》，将承担相应的法律责任。第一，有下列行为之一的，处1000元以上5000元以下罚款；情节严重的，处5日以上10日以下拘留，可以并处2000元以上1万元以下罚款。一是持用伪造、变造、骗取的出境入境证件出境入境的；二是冒用他人出境入境证件出境入境的；三是逃避出境入境边防检查的；四是以其他方式非法出境入境的。第二，协助他人非法出境入境的，处2000元以上1万元以下罚款；情节严重的，处10日以上15日以下拘留，并处5000元以上2万元以下罚款，有违法所得的，没收违法所得。单位有前款行为的，处1万元以上5万元以下罚款，有违法所得的，没收违法所得，并对其直接负责的主管人员和其他直接责任人员依照前款规定予以处罚。第三，弄虚作假骗取签证、停留居留证件等出境入境证件的，处2000元以上5000元以下罚款；情节严重的，处10日以上15日以下拘留，并处5000元以上2万元以下罚款。单位有前款行为的，处1万元以上5万元以下罚款，并对其直接负责的主管人员和其他直接责任人员依照前款规定予以处罚。第四，违反本法规定，为外国人出具邀请函件或者其他申请材料的，处5000元以上1万元以下罚款，有违法所得的，没收违法所得，并责令其承担所邀请外国人的出境费用。单位有前款行为的，处1万元以上5万元以下罚款，有违法所得的，没收违法所得，并责令其承担所邀请外国人的出境费用，对其直接负责的主管人员和其他直接责任人员依照前款规定予以处罚。第五，中国公民出境后非法前往其他国家或者地区被遣返的，出入境边防检查机关应当收缴其出境入境证件，出境入境证件签发机关自其被遣返之日起六个月至三年以内不予签发出境入境证件。第六，违反本法规定，构成犯罪的，依法追究刑事责任。

对违反出境入境管理行为处500元以下罚款的，出入境边防检查机关可以当场作出处罚决定；对违反出境入境管理行为处罚款的，被处罚人应当自收到处罚决定书之日起15日内，到指定的银行缴纳罚款。被处罚人在所在地没有固定住所，不当场收缴罚款事后难以执行或者在口岸向指定银行缴纳罚款确有困难的，可以当场收缴。

二、境外管理

（一）各方分别履行的职责

根据《条例》有关规定，劳务人员在境外工作期间，劳务人员、对外劳务合作企业以及县级以上地方人民政府、驻外使领馆应当分别履行以下职责：

1. *履行报告制度*

对外劳务合作企业组织劳务人员出境后，应当及时将有关情况向中国驻用工项目所在国使馆、领馆报告。

2. 维护国家利益

对外劳务合作企业、劳务人员应当遵守用工项目所在国家或者地区的法律，尊重当地的宗教信仰、风俗习惯和文化传统；对外劳务合作企业、劳务人员不得从事损害国家安全和国家利益的活动。

3. 跟踪服务，安排随行人员

对外劳务合作企业应当跟踪了解劳务人员在国（境）外的工作、生活情况，协助解决劳务人员工作、生活中的困难和问题，及时向国（境）外雇主反映劳务人员的合理要求。对外劳务合作企业向同一国家或者地区派出的劳务人员数量超过100人的，应当安排随行管理人员，并将随行管理人员名单报中国驻用工项目所在国使馆、领馆备案。

4. 妥善处理突发事件

对外劳务合作企业应当制定突发事件应急预案。国（境）外发生突发事件的，对外劳务合作企业应当及时、妥善处理，并立即向中国驻用工项目所在国使馆、领馆和国内有关部门报告。

用工项目所在国家或者地区发生战争、暴乱、重大自然灾害等突发事件，中国政府作出相应避险安排的，对外劳务合作企业和劳务人员应当服从安排，予以配合。

国务院有关部门、有关县级以上地方人民政府应当建立健全对外劳务合作突发事件预警、防范和应急处置机制，制定对外劳务合作突发事件应急预案。

对外劳务合作突发事件应急处置由组织劳务人员赴国（境）外工作的单位或者个人所在地的省、自治区、直辖市人民政府负责，劳务人员户籍所在地的省、自治区、直辖市人民政府予以配合。

中国驻外使馆、领馆协助处置对外劳务合作突发事件。

5. 停业安排

对外劳务合作企业停止开展对外劳务合作的，应当对其派出的尚在国（境）外工作的劳务人员作出妥善安排，并将安排方案报负责审批的商务主管部门备案。负责审批的商务主管部门应当将安排方案报至国务院商务主管部门，国务院商务主管部门应当及时通报中国驻用工项目所在国使馆、领馆。

6. 接受并处理投诉

劳务人员有权向商务主管部门和其他有关部门投诉对外劳务合作企业违反合同约定或者其他侵害劳务人员合法权益的行为。接受投诉的部门应当按照职责依法及时处理，并将处理情况向投诉人反馈。

劳务人员可以合法、有序地向中国驻外使馆、领馆反映相关诉求，不得干扰使馆、领馆正常工作秩序。

7. 诚信履约

对外劳务合作企业、劳务人员应当信守合同，全面履行合同约定的各自的义务。

8. 维护权益

劳务人员在国（境）外实际享有的权益不符合合同约定的，对外劳务合作企业应当协助劳务人员维护合法权益，要求国（境）外雇主履行约定义务、赔偿损失；劳务人员未得到应有赔偿的，有权要求对外劳务合作企业承担相应的赔偿责任。对外劳务合作企业不协助劳务人员向国（境）外雇主要求赔偿的，劳务人员可以直接向对外劳务合作企业要求赔偿。

劳务人员在国（境）外实际享有的权益不符合用工项目所在国家或者地区法律规定的，对外劳务合作企业应当协助劳务人员维护合法权益，要求国（境）外雇主履行法律规定的义务、赔偿损失。

因对外劳务合作企业隐瞒有关信息或者提供虚假信息等原因，导致劳务人员在国（境）外实际享有的权益不符合合同约定的，对外劳务合作企业应当承担赔偿责任。

9. 协助了解用工项目

中国驻外使馆、领馆为对外劳务合作企业了解国（境）外雇主和用工项目的情况以及用工项目所在国家或者地区的法律提供必要的协助，依据职责维护对外劳务合作企业和劳务人员在国（境）外的正当权益，发现违反《条例》规定的行为及时通报国务院商务主管部门和有关省、自治区、直辖市人民政府。

10. 企业所应承担的法律责任

（1）对外劳务合作企业有下列情形之一的，由商务主管部门责令改正；拒不改正的，处 5 万元以上 10 万元以下的罚款，并对其主要负责人处 1 万元以上 3 万元以下的罚款。一是未安排劳务人员接受培训，组织劳务人员赴国（境）外工作；二是未依照《条例》规定为劳务人员购买在国（境）外工作期间的人身意外伤害保险；三是未依照《条例》规定安排随行管理人员。

（2）对外劳务合作企业有下列情形之一的，由商务主管部门责令改正，处 10 万元以上 20 万元以下的罚款，并对其主要负责人处 2 万元以上 5 万元以下的罚款；在国（境）外引起重大劳务纠纷、突发事件或者造成其他严重后果的，吊销其对外劳务合作经营资格证书。一是未与国（境）外雇主订立劳务合作合同，组织劳务人员赴国（境）外工作；二是未依照《条例》规定与劳务人员订立服务合同或者劳动合同，组织劳务人员赴国（境）外工作；三是违反《条例》规定，与未经批准的国（境）外雇主或者与国（境）外的个人订立劳务合作合同，组织劳务人员赴国（境）外工作；四是与劳务人员订立服务合同或者劳动合同，隐瞒有关信息或者提供虚假信息；五是在国（境）外发生突发事件时不及时处理；六是停止开展对外劳务合作，未对其派出的尚在国（境）外工作的劳务人员作出安排。有前款第四项规定情形，构成犯罪的，依法追究刑事责任。

（3）对外劳务合作企业有下列情形之一的，由商务主管部门责令改正；拒不改正的，处1万元以上2万元以下的罚款，并对其主要负责人处2000元以上5000元以下的罚款。一是未将服务合同或者劳动合同、劳务合作合同副本以及劳务人员名单报商务主管部门备案；二是组织劳务人员出境后，未将有关情况向中国驻用工项目所在国使馆、领馆报告，或者未依照《条例》规定将随行管理人员名单报负责审批的商务主管部门备案；三是未制定突发事件应急预案；四是停止开展对外劳务合作，未将其对劳务人员的安排方案报商务主管部门备案。

（二）境外机构的管理

《条例》规定，“对外劳务合作企业向同一国家或者地区派出的劳务人员数量超过100人的，应当安排随行管理人员，并将随行管理人员名单报中国驻用工项目所在国使馆、领馆备案”。当前，我国中资企业设立境外中资企业（机构、办事处等，以下简称“境外机构”）的客观需求愈加强烈，境外机构及其员工数量逐步增多。政府各级主管部门高度重视境外机构的管理工作，自2002年至2015年曾印发10余份（见表2－4－10－1）关于境外机构管理的相关文件规定，内容涉及境外机构设立、冠名、撤销以及员工管理、安全管理等方面。

表2－4－10－1 关于境外机构管理的相关部门规章

（按照时间顺序排列，不完全收录）

序号	发布日期	规章或规范性文件名称	文号
1	2002年3月12日	对外贸易经济合作部关于印发《关于成立境外中资企业商会（协会）的暂行规定》的通知	外经贸合发〔2002〕101号
2	2004年10月1日	关于境外投资开办企业核准事项的规定	商务部令2004年第16号
3	2005年9月14日	商务部关于印发《境外中资企业（机构）报到登记制度》的通知	商合发〔2005〕447号
4	2005年9月28日	国务院办公厅转发商务部等部门关于加强境外中资企业机构和人员安全保护工作意见的通知	国办发〔2005〕48号
5	2006年1月22日	商务部关于规范境外中资企业及机构冠名有关事项的通知	商合函〔2006〕1号
6	2007年12月19日	商务部办公厅关于规范境外中资企业撤销手续的通知	商合字〔2007〕111号

续表

序号	发布日期	规章或规范性文件名称	文号
7	2008 年 6 月 20 日	商务部、外交部、国资委关于进一步规范中国企业对外投资合作的通知	商合发〔2008〕222 号
8	2010 年 8 月 13 日	商务部、外交部、发展改革委、公安部、国资委、安全监管总局、全国工商联关于印发《境外中资企业机构和人员安全管理规定》的通知	商合发〔2010〕313 号
9	2011 年 3 月 14 日	商务部、外交部、国资委、全国工商联关于印发《境外中资企业（机构）员工管理指引》的通知	商合发〔2011〕64 号
10	2012 年 1 月 11 日	商务部关于印发《境外中资企业机构和人员安全管理指南》的通知	商合函〔2012〕28 号
11	2012 年 5 月 17 日	商务部办公厅关于加强境外中资企业安全生产管理工作的函	商办合函〔2012〕371 号
12	2013 年 8 月 19 日	商务部关于印发《境外中资企业商（协）会建设指引》的通知	商合函〔2013〕620 号
13	2015 年 2 月 9 日	商务部关于新形势下做好境外中资企业商（协）会工作的通知	商合函〔2015〕47 号

1. 境外机构的设立

根据《中华人民共和国行政许可法》《国务院对确需保留的行政审批项目设定行政许可的决定》及有关规定，商务部发布了《关于境外投资开办企业核准事项的规定》（商务部令 2004 年第 16 号）。该规定指出，境外（包括内地企业赴香港、澳门）投资开办企业，是指我国企业通过新设（独资、合资、合作等）、收购、兼并、参股、注资、股权置换等方式在境外设立企业或取得既有企业所有权或管理权等权益的行为。国家支持和鼓励有比较优势的各种所有制企业赴境外投资开办企业。商务部核准国内企业在境外投资开办企业（金融类企业除外），委托各省、自治区、直辖市及计划单列市人民政府商务行政主管部门（以下简称“省级商务主管部门”）核准中央企业之外的其他企业在附件（本书略）所列国家投资开办企业。同时，省级商务主管部门应征求我国驻外使（领）馆经济商务参赞处（室）的意见。中央企业经向我国驻外经济商务参赞处（室）征求意见；商务部和省级商务主管部门对予以核准的，应出具书面核准决定；不予核准的，出具不予核准决定书。

规定指出，对于国内企业在境外投资开办企业，商务部和省级商务主管部门从以下方面进行审查、核准：国别（地区）投资环境；国别（地区）安全状况；投资所在国（地区）与我国的政治经济关系；境外投资导向政策；国别（地区）合理布局；履行有关国际协定的义务；保障企业合法权益。

国内企业境外投资开办企业在经济、技术上是否可行，由企业自行负责。

国内企业境外投资涉及下列情形的，不予核准：危害国家主权、安全和社会公共利益的；违反国家法律法规和政策的；可能导致中国政府违反所缔结的国际协定的；涉及我国禁止出口的技术和货物的；东道国政局动荡和存在重大安全问题的；与东道国或地区的法律法规或风俗相悖的；从事跨国犯罪活动的。

企业提交的申请材料包括：申请书（主要内容包括开办企业的名称、注册资本、投资金额、经营范围、经营期限、组织形式、股权结构等）；境外企业章程及相关协议或合同；外汇主管部门出具的境外投资外汇资金来源审查意见（需购汇或从境内汇出外汇的）；我国驻外经济商务参赞处（室）的意见（仅对中央企业）；国内企业营业执照以及法律法规要求具备的相关资格或资质证明；法律法规及国务院决定要求的其他文件。

中央企业的申请获得核准后，由商务部颁发《中华人民共和国境外投资批准证书》（以下简称《批准证书》）。其他企业，由省级商务主管部门代发《批准证书》。国内企业凭《批准证书》办理外汇、银行、海关、外事等相关事宜。

获得批准的国内企业，应按国家有关规定报送统计资料、参加境外投资联合年检和境外投资综合绩效评价；经批准开办的境外企业，在当地注册后，应将注册文件报商务部备案，并向我国驻外经济商务参赞处（室）报到登记。

2. 境外机构的冠名

《商务部关于规范境外中资企业及机构冠名有关事项的通知》（商合函〔2006〕1号）明确要求，为了规范境外中资企业及机构的名称，境外机构的冠名不得违反我国相关法律法规和规章，不得有损我国对外形象和整体利益，同时应符合当地法律法规的规定及民族、宗教习俗；不应对国内其他企业、国（境）外企业和投资东道国其他中资企业构成权益侵害；未经中央政府批准，境外机构中外文名称不得冠以“中国”“中华”“国家”等字样；境外机构冠名中涉及行业、组织形式、经营活动性质等内容的表述应与其业务实际相符；境外机构在当地注册名称应与批准证书中名称一致，如名称发生变更，应按《关于境外投资开办企业核准事项的规定》（商务部令2004年第16号）的规定履行有关手续。

3. 境外机构的管理

（1）报到登记制度。

根据商务部关于印发《境外中资企业（机构）报到登记制度》的通知（商合发〔2005〕447号）精神，经商务部或省级商务主管部门核准、持有《中华人民共和国境外投资批准证书》（含境外加工贸易、境外机构）的中资企业，在投资所在国办理完毕注册登记手续之日起30日内，其负责人应持《境外中资企业（机构）报到登记表》、商务部或省级商务主管部门批准文件复印件、《中华人民共和国境外投资批准证书》（含境外加工贸易、境外机构）复印件、注册文件复印件，向我国驻当地使（领）馆经商处（室）报到登记。各驻外使（领）馆经商处（室）应认真做好登记工作，建立中资企业档案。境内投资主体应及时将《报到登记表》回执联交各省级商务主管部门；中央企业设立的境外中资企业应将《报到登记表》回执联交其国内总部。中资企业报到登记情况纳入境外投资联合年检的内容。

（2）境外机构的管理。

根据《加强和完善境外中资企业管理解读》①，加强和完善境外中资企业管理的基本原则有：一要坚持依法管理和依法经营的原则，境内投资主体要依照公司法等法律法规，通过董事会加强对所办境外企业的管理；境外中资企业要遵守东道国（地区）当地法律，依法开展经营活动；二要坚持以企业为主体的原则，通过境内投资主体对境外中资企业实施管理，建立和落实各项责任制度和责任追究制；三要坚持统筹协调的工作原则，各部门形成合力，发挥协同效应，提高监管水平。

加强和完善境外中资企业管理的重点：一是加强公司治理和内控管理。境外中资企业要完善公司治理结构，加强财务基础管理，按照当地会计制度进行核算；建立定期检查制度，充分利用当地审计结果进行监督检查；研究建立企业财务危机预警机制。要加强对企业执行内控制度的监督检查。二是加强决策科学性。境外中资企业要制定健全决策机制、规范决策程序的管理制度，要按客观规律办事，做到科学决策、趋利避害，要严格遵守国家法律法规和导向政策，履行相关核准规定，有序开展各项跨国经营业务。要善于利用国内国际知名咨询机构和东道国（地区）的中介机构，提高决策的科学性。三是加强高风险业务控制。境外中资企业要切实建立健全风险评估和预防机制，加强对风险的监控。未经批准，任何企业不得超经营范围从事境外期货、股票、外汇炒卖及金融衍生品交易等高风险业务。企业要确定交易限额和止损机制，把风险控制在最小范围。四是加强安全预警和防范能力。境外中资企业要对有关国家和地区的安全状况进行评估，制定安全防范措施，把安全保障条款纳入高危国家和地区项目协议或合同，将安全投入成本纳入项目预算。一旦发生问题，有关投资主体要迅速前往事发国家和地区进行处置。五是加强安全教育和管理。境外中资企业要正确处理发展与安全的关系，牢固树立以人为本的观念，坚决摒弃片面追求经济效益、忽视安全的思想；要按照预防为主、防范与处置并重

---

① 中华人民共和国商务部对外投资与经济合作司．加强和完善境外中资企业管理解读［EB/OL］．（2007－01－09）［2020－03－09］．http：//www.mofcom.gov.cn/article/zhengcejd/bq/200701/20070104239963.shtml.

的要求，强化安全意识和责任意识。六是加强企业社会责任和企业文化建设。境外中资企业要处理好眼前利益和长远利益、企业利益和国家利益、经济效益和社会效益的关系，增强社会责任感，与当地政府、社区、行业、雇员和谐相处，共同创造社会价值。要构建守法诚信、开拓进取的企业文化，营造有利的发展环境，自觉维护国家对外形象和中国企业整体声誉。七是加强驻外机构指导作用。境外中资企业人员必须按规定及时向驻外使领馆经商参处报到登记，并接受其协调和指导。驻外使领馆要向企业及时提供准确的东道国（地区）政策、法律、税收、宗教、文化等信息服务；帮助企业了解东道国（地区）情况，指导境外中资企业依法经营，合理有效地规避风险。

根据商务部、外交部、国资委、全国工商联关于印发《境外中资企业（机构）员工管理指引》的通知（商合发〔2011〕64 号），要求境内企业做到：开展对外投资合作要树立“互利共赢、共同发展”经营理念，积极开展属地化经营，根据实际需要确定国内人员的派出，尽量多为当地创造就业机会；要认真了解和研究中国和东道国法律法规，特别是与劳动用工相关法律政策规定，并严格遵守，做到知法、守法，用法律规范用工行为，维护双方合法权益；要认真遵守中国有关规定，严格人员选派工作。派出人员应熟悉业务，身体健康，并拥有合法的出入境手续和工作许可；要重视派出人员的语言能力建设。派出人员应具有一定使用外语对外沟通的能力。如派出人员不懂外语，企业除对其进行日常用语的基本培训外（如外语 100 句等），还应配备必要的翻译人员。企业可制定具体的量化培训标准；要加强对派出人员的行前教育、培训和考核。有关商（协）会应帮助企业开展出国（境）人员培训。培训内容重点是外事纪律、涉外礼仪、东道国社会概况、相关的法律法规、风俗习惯、宗教信仰等。培训结束后应组织考核，不合格的人员不能派出；要教育其派出人员充分认识中国与东道国存在的文化差异，尊重当地的风俗习惯；在日常工作和生活中，平等对待当地雇员，尊重其宗教信仰和生活习俗，注意自己的言行，避免产生误解。

同时要求境外机构要关注平等就业，避免出现种族、部落、肤色、宗教、性别等方面歧视做法；雇佣当地员工应严格按照法律规定履行必要招聘程序，与雇员签订劳动合同，为雇员提供符合法律规定及双方合同约定的工资待遇和社会医疗保险；要为雇员提供必要劳动保护，遵守东道国有关生产、技术和卫生安全标准，制定安全生产操作规程，避免安全事故发生，并为雇员办理相应的意外伤害保险；应建立与雇员日常沟通机制，认真对待雇员提出的合理诉求，及时答复，妥善解决，避免矛盾激化。对当地员工成立工会组织的，企业要设立专门部门或指定专人负责与工会组织的联系和沟通；要慎重对待裁员，对确实需要解聘的雇员，要按照当地的有关规定履行合法的程序，并进行必要的解释；应首先通过友好协商方式解决与雇员产生的分歧或纠纷；如双方无法达成一致，应通过法律途径解决；应加强与东道国政府主管部门、有关行业组织的联系，必要时征求其对劳资问题的意见和建议；如发生劳资纠纷，应及时向东道国有关部门通报并寻求援助，避免与雇员发生直接冲突；应主动加入境外中资企业商（协）会，加强行业自律和协调，实现企业间的互相帮助、互相监督的良性互动；中方负责人应主动向中国驻外使（领）馆报到登记，按照《对外投资合作企业在外人员相关信息备案制度》的要求报备人员信息；如发生劳资纠纷，应及时向中国驻外使（领）馆、境内企业所在地政府主管部门和工商联如实报告。

（3）境外机构的安全管理。

商务部、外交部、发展改革委、公安部、国资委、安全监管总局、全国工商联关于印发《境外中资企业机构和人员安全管理规定》的通知（商合发〔2010〕313号）指出，对外投资合作企业要按照"谁派出，谁负责"的原则，对派出人员在出国（境）前开展境外安全教育和应急培训，提高安全防范意识和能力，增强安全管理综合能力。实行项目总包合同的对外投资合作企业，应对参与合作的分包单位的境外安全教育和培训工作负总责。未经安全培训的人员一律不得派出；要制定派出人员行为守则，规范驻外人员行为方式，要求派出人员遵守当地法律法规，尊重当地风俗习惯；要制定境外安全管理制度，建立境外安全突发事件应急处置机制，指导派出企业机构制定安全防范措施和应急预案；应要求其境外中资企业机构认真履行社会责任，做好环境保护、解决当地就业、积极参与公益事业等工作，为其开展对外投资合作营造良好的外部环境。

对外投资合作企业应当建立健全境外安全工作责任制。对外投资合作企业负责人是境外安全的第一责任人，要切实履行职责。境外安全形势发生异常时，境外中资企业机构应及时向我国驻外使（领）馆报告。境外安全突发事件发生后，境外中资企业机构应立即向我国驻外使（领）馆报告，在使（领）馆指导下妥善处置。对外投资合作企业在高风险国家和地区开展对外投资合作前，应聘请专业安全机构进行安全风险评估。对外投资合作企业根据安全风险评估报告细化境外安保方案，最大程度降低境外安全风险。对外投资合作企业在高风险国家和地区开展业务时，应建立完整的境外安全制度以确保境外经营活动的安全，包括境外安全管理规定、境外安全成本预算、境外突发事件应急处置预案等。在高风险国家和地区开展对外投资合作的企业，应严格遵守有关管理规定，及时到驻外使领馆报到登记，并接受驻外使领馆的指导和管理。境外中资企业机构和项目驻地必须配备必要的安全保卫设施，并可根据当地安全形势雇佣当地保安或武装警察，以增强安全防护能力，提高安全防护水平。

各驻外使（领）馆要加强对境外中资企业机构和人员安全工作的一线指导和管理，及时传达国内的指示要求，通报相关安全信息，定期到企业和项目现场进行安全巡查。指导境外中资企业机构开展具体处置工作，提供必要领事保护，及时与驻在国政府主管部门交涉，要求保护境外中资企业机构和人员的安全。要指导境外中资企业商（协）会帮助会员企业制订安全风险防范措施，增强风险防范和处置能力；境外中资企业商（协）会要积极协助解决境外安全突发事件。在未建交国家和地区发生的突发事件，由代管驻外机构负责指导协调。

4. 境外机构的撤销

为加强对境外中资企业及机构的管理，规范境外中资企业及机构撤销手续，根据《商务部办公厅关于规范境外中资企业撤销手续的通知》（商合字〔2007〕111号），境外企业及机构的撤销遵循企业自主的原则，由其投资主体或主办单位自主决定。

境外企业及机构应按所在国的法律法规办理撤销手续，妥善处理好资产及有关债权债务等事宜，以免产生纠纷，造成损失。有关情况应及时告知我国驻外使（领）馆经商处（室）。境外企业及机构在境外办妥撤销手续后，应由其投资主体或主办单位向国内商务主管部门备案，并交回境外企业或机构批准证书（以下简称“批准证书”）。地方企业撤销境外企业或机构的，由其投资主体或主办单位向地方商务主管部门备案，并将原批准证书交回；地方商务主管部门出具备案函（抄送商务部合作司），企业据此向外汇管理等部门办理相关手续。

中央企业撤销境外企业或机构的，由其投资主体或主办单位通过中央企业总部向商务部（合作司）备案，并将原批准证书交回；商务部（合作司）出具备案函，企业据此向外汇管理等部门办理相关手续。

第十一节 权益保障与纠纷处置

党和国家一直以来高度重视外派劳务人员的权益保障。《对外劳务合作管理条例》第一章第一条明确指出：“为了规范对外劳务合作，保障劳务人员的合法权益，促进对外劳务合作健康发展，制定本条例。”各级政府主管部门坚持以人民为中心的指导思想，将保护外派劳务人员的合法权益作为基本出发点，先后制定了防止利用公派劳务渠道进行非法移民、严禁向境外娱乐场所派遣女青年等有关办法，建立了外派劳务援助工作机制，成立了外派劳务人员投诉中心，明确了做好外派劳务人员来信来访、投诉举报工作的具体要求，并推出了对外劳务合作不良信用记录试行办法，多次开展了全国性规范整顿外派劳务市场秩序的专项行动；对于妥善处置境外劳务纠纷或突发事件，在防范和建立预警机制上，提出畅通渠道，跟踪动态，完善预测、预报、预控工作环节等具体要求；在涉外劳务纠纷投诉举报处置上，明确责任，提出严格实行诉讼与投诉举报分离的受理原则，以及谁派出谁负责（责任主体）、属地管理、分工合作（处置部门）和总包负总责（承包工程项下）的处置原则，为做好外派劳务人员合法权益保护工作提供了制度保障，有力促进对外劳务合作行业朝着规范、有序、健康的方向发展。

一、保障劳务人员的合法权益

（一）建立外派劳务援助工作机制

随着我国对外劳务合作业务规模的扩大，外派劳务纠纷和突发事件也随之增多。这些事件通常具有突发性、复杂性和社会性，如处理不当，不仅影响我国对外劳务合作事业的健康发展，而且会破坏国家声誉和形象，甚至可能诱发社会不稳定因素。为及时处理、解决外派劳务纠纷和突发事件，切实保护外派劳务人员的合法权益，保证我国对外劳务事业的健康发展，原外经贸部发出《关于请协助建立外派劳务援助工作机制有关问题的函》（外经贸合函〔2003〕30 号），要求尽快建立外派劳务援助工作机制。

外派劳务援助机制的任务是：具体负责处理本地区具有对外劳务合作经营资格的企业所派出劳务人员在境内外发生的劳务纠纷和突发事件；受理外派劳务人员投诉；向外派劳务人员提供政策咨询和法律援助。

建立外派劳务援助机制的形式，一是设立“援助中心”。如上海市外派劳务救援中心、中国对外承包工程商会成立的“外派劳务人员投诉中心”等；二是建立外派劳务人员援助工作机制；三是在商务厅（委、局）内指定为劳务人员提供援助的专门部门。

（二）做好外派劳务人员来信来访工作

《商务部、外交部、信访局关于做好外派劳务人员来信来访工作的函》（商合函〔2009〕51 号）要求高度重视外派劳务人员信访工作，以高度的社会责任感和政治使命感，按照“以人为本”的要求，依法、及时、妥善处理外派劳务人员的信访诉求事项，解决合理诉求，化解矛盾纠纷，维护社会稳定。

1. 建立有关部门协调联动的工作机制

坚持“属地管理、分级负责”“谁主管、谁负责”的原则，及时就地解决问题，避免外派劳务人员重信重访或集体越级到京上访。在属地政府的统一领导下，通过建立有关部门协调联动的工作机制，各负其责、齐抓共管，妥善处理劳务人员提出的信访诉求。

2. 加强政策宣传，正确引导舆论

（1）做好对外派劳务人员的思想教育疏导工作。把解决实际问题和思想教育疏导相结合，耐心做好上访外派劳务人员情绪疏导工作，引导其正确理解有关法律法规和政策规定，理性合法地表达诉求，自觉维护信访秩序。对无理缠访闹访和有过激行为的，要加强法制教育；对情节严重、造成恶劣影响的，要依法予以处理。

（2）各有关单位要通过主流媒体大力宣传对外劳务合作政策，引导社会公众通过合法渠道出境务工和反映诉求，及时发布负相关国家务工的安全预警等相关信息，提醒社会公众增强风险防范意识，避免利益受损。

（3）如实披露外派劳务纠纷的有关信息，引导媒体客观准确报道，防止引起误解和炒作。

3. 依法依规处理各类境外劳务纠纷和突发事件

（1）坚持预防为主，下移工作重心。各有关单位要按照《商务部外交部关于印发〈防范和处置境外劳务事件的规定〉的通知》（商合发〔2009〕303 号）和《商务部外交部关于建立境外劳务群体性事件预警机制的通知》（商合发〔2009〕392 号）要求，妥善处理各类境外劳务纠纷和突发事件，避免引发相关信访事项。将下移工作重心，定期对外派劳务人员及其家属、外派劳务企业进行走访，坚持经常性排查与集中排查相结合，变上访为下访，从源头化解容易引发上访事项的矛盾纠纷和苗头隐患。同时对于已经处理完毕的重大信访事项，要做回访稳定工作，防止出现反复。

（2）依法依规处理外派劳务人员反映的问题。要按照《民法典》《刑法》和国务院《信访条例》《对外劳务合作管理条例》等相关法律法规，引导外派劳务人员通过法律渠道解决问题，必要时向其提供法律援助；对拖欠外派劳务人员费用的企业、中介组织和个人，要依法督促限时结清欠款；对其中违反法律法规和有关规定的，要一查到底，依法采取问讯、限制出境、冻结资产、追讨账款、强制执行等有效措施，快速彻底解决问题。

（3）注重解决问题的实效，做到“案结事了”。要着力解决外派劳务人员最关心、最直接、最现实的利益问题，积极主动为其排忧解难，综合运用政策、法律、经济、行政、社会救助以及思想教育等手段，促使问题得到有效解决。对于涉及外派劳务人员多、社会关注度高的信访事项，各地人民政府领导同志要亲自包案，做到标本兼治、“案结事了”。要建立问题原因、责任单位、办理进展、办理结果等要素在内的工作台账和督办制度，限时办结。要向外派劳务人员及时反馈有关事项的办理进展，坚决防止不负责任、相互推诿延误办理时机，导致越级上访或大规模集体上访甚至群体性事件的发生。

（4）加强对外派劳务人员信访事项的督查督办。各有关单位要重点推进外派劳务人员信访工作，督促办理信访事项。加强督查督办，推动各项工作要求的落实。

（三）做好外派劳务人员合法权益保护工作

《商务部办公厅关于进一步做好我外派劳务人员合法权益保护工作的紧急通知》（商办合函〔2012〕1237 号）强调加强预警和防范，切实维护外派劳务人员合法权益。

（1）做到合法合规经营。要求对外劳务合作企业深入了解并遵守外派劳务人员驻在国或地区与外派劳务人员工作、生活相关的法律法规，切实履行社会责任。

（2）保证我外派劳务人员与其他外籍劳务人员同工同酬。对外劳务合作企业在与境外雇主签订劳务合作合同时，必须要求雇主保证中国劳务人员与其他外籍劳务人员同工同酬，平等对待，并保留劳务人员向雇主追索相关赔偿的权利。负责审批的商务主管部门应对对外劳务合作企业报备的有关合同进行严格把关。

（3）加强出境前培训。对外劳务合作企业在对劳务人员进行出境前的适应性培训中，必须包括介绍境外相关法律法规主要内容，明确告知外派劳务人员遭遇不公正待遇时的投诉渠道，并严格对外派劳务人员的培训考核。

（4）督促检查企业切实加强境外管理。根据《对外劳务合作管理条例》，对外劳务合作企业在向同一个国家或地区派出劳务人员超过 100 人时，必须安排随行管理人员，随时了解外派劳务人员诉求，协助劳务人员与雇主交涉，及时妥善解决外派劳务人员遇到的困难和问题。

（四）加强境外劳务人员安全保障

鉴于国际形势的复杂多变和国际恐怖活动的加剧等原因，我在外劳务人员生命和财产安全受到伤害的案件时有发生。党中央、国务院领导同志对我驻外机构及人员的安全保障工作十分重视，要求务必做好安保措施，加强内部防范，健全应急处置机制，切实保障我劳务人员的生命和财产安全。为此，商务部发出关于加强境外劳务人员安全保障工作的通知（商合发〔2004〕459 号）。

1. 制定行之有效的外派劳务人员安全管理机制和措施

（1）各有关部门和单位按照“以人为本”、预防为主、统一领导、分级负责的原则，成立由主管领导为组长的外派劳务人员安全保障领导小组，并制定行之有效的外派劳务人员安全管理措施，切实加强监管和行业自律。各地商务主管部门应加强与有关部门的沟通，建立和加强部门间协调与配合体制。

（2）充分发挥境外劳务纠纷或突发事件处理机制的作用。一旦发生突发事件，各部门要根据《商务部关于处理境外劳务纠纷或突发事件有关问题的通知》（商合发〔2003〕249 号）要求，按照突发事件处理工作机制和职责分工，密切配合，尽快妥善处理，以最大限度地减少我劳务人员的生命财产损失。

2. 加强对外派劳务人员出国（境）前的安全培训，强化其安全防范意识

中国对外承包工程商会负责将安全教育纳入对外劳务合作培训教材，并列为考试内容；协助各地商务主管部门指导和监督外派劳务经营公司做好外派劳务人员出国（境）前的安全培训工作。

3. 建立外派劳务突发事件预警机制

（1）发挥驻外经商机构的境外一线管理作用。

①要深入分析和研究驻在国的政局形势、安全情况和社会治安状况，及时向国内有关部门和驻在国中资机构通报安全信息，督促驻外中资机构采取适当的预防和保护措施。

②加大对外交涉力度。指导和协助经营公司对因雇主或驻在国政府原因导致我劳务人员伤亡事件的对外交涉，为伤亡者争取合理的赔偿。

（2）发挥地方商务主管部门的属地监管作用。

①对本地区经营公司外派劳务人员的分布情况进行详细登记，以便某一国家安全形势突然恶化时，能够及时采取应对措施；对向安全状况欠佳的国家派遣劳务，要严格审查对外劳务合作合同，并提醒经营公司充分考虑安全形势。

②建立健全内部防范机制。按照“谁派出，谁负责”的原则，指导经营公司加强外派劳务人员的安全保障工作；要求经营公司在商签对外劳务合作合同时，必须包含劳务人员保险条款，并要求雇主在劳务人员的工作和生活场所采取必要的安全防范措施，共同保障劳务人员的安全；督促经营公司在派出劳务较多（100 人以上）的国家或地区派专职管理人员或设立代表处，切实做好劳务人员出境后的管理和服务工作。

（3）经营公司要建立健全安全防范规章，并经常性地进行检查，及时发现并消除存在的隐患。

（五）做好境外安全风险预警和信息通报制度

为进一步完善对外投资合作境外安全风险控制体系，指导对外投资合作企业了

解和掌握国际安全形势变化，采取有效措施积极防范和妥善应对各类境外安全风险，不断提高境外安全管理水平，2010 年 8 月，商务部制定并印发了《对外投资合作境外安全风险预警和信息通报制度》（商合发〔2010〕348 号）。

1. 境外安全风险预警

（1）境外安全风险的种类。

①政治风险，指驻在国的政局变化、战争、武装冲突、恐怖袭击或绑架、社会动乱、民族宗教冲突、治安犯罪等；

②经济风险，指经济危机、金融市场动荡、主权债务危机、通货膨胀、利率汇率变动等宏观经济形势变化；

③政策风险，指驻在国政府的财政、货币、外汇、税收、环保、劳工、资源政策的调整和国有化征收等；

④自然风险，指地震、海啸、火山、飓风、洪水、泥石流等自然灾害及重大流行性疾病；

⑤境外发生的可能对我对外投资合作造成危害或形成潜在威胁的其他各类风险。

（2）境外安全风险预警办法。

①各责任主体的职责。各驻外经商机构、各地商务主管部门和有关商（协）会负责收集涉及驻在国、本地区和本行业企业的境外安全风险信息，整理、分析和评估有关信息对我对外投资合作造成的影响，及时向驻在国中资企业、本地区、本行业相关企业发布预警并将有关情况报送商务部；商务部视情对各单位报送的和通过其他渠道获取的境外安全风险信息向全国发布预警。

②建立三种风险预警处置预案。一是如发生对严重危及我境外中资企业机构的生存、人员生命及资产安全受到极大威胁的安全风险事件，应提醒对外投资合作企业在风险降低前勿前往有关国家开展投资合作活动，已在当地的企业机构和人员加强安全防范，并在必要时根据驻外使（领）馆统一安排及时撤离。二是如发生对境外中资企业机构的投资合作造成极大干扰、人员生命及资产安全受到威胁的安全风险事件，应提醒对外投资合作企业谨慎前往有关国家开展投资合作活动，已在当地的企业机构和人员及时采取措施，制定应对预案，加强风险防范。三是如发生对境外中资企业机构的投资合作活动造成干扰和影响的安全风险事件，应提醒对外投资合作企业及其在境外的企业机构和人员密切关注形势，及时采取措施，制定应对预案，加强风险防范。

2. 境外安全风险信息通报

（1）各责任主体的职责。各驻外经商机构、各地商务主管部门、有关商（协）

会应认真搜集情况，分析各类境外安全风险对我对外投资合作造成的影响和后果，及时向驻在国中资企业、本地区、本行业相关企业进行通报，并将有关情况报送商务部；商务部汇总各类境外安全风险信息，视情向全国进行通报。

（2）信息通报的主要内容，包括：

①境外安全形势分析。

②境外安全突发事件总体情况。

③企业应对和防范境外安全风险的典型案例。

④企业境外安全生产和管理案例。

3. 境外安全风险预警和信息通报的形式

根据境外安全风险信息的敏感程度，采取内部方式和公开方式发布预警和进行信息通报。

（1）内部通报。对于敏感的境外安全风险信息，通过内部通报方式直接向企业发布预警并进行信息通报。必要时，召开形势分析会，研究境外安全风险可能造成的危害及应对措施。

（2）公开发布。对于可公开的境外安全风险信息，通过网站和其他主要媒体向全社会发布安全风险预警并进行信息通报。

4. 境外安全风险预警和信息通报的工作要求

（1）建立工作机制。各驻外经商机构、各地商务主管部门、有关商（协）会要高度重视境外安全风险预警、信息通报和应急处置工作，建立工作机制，及时收集并发布境外安全风险预警信息，做好信息通报工作，要求并指导驻在国、本地区和本行业的对外投资合作企业加强安全防范，增强抵御风险的能力。

（2）建立境外安全风险防范制度。对外投资合作企业应建立境外安全风险防范制度，保持境内外通信畅通，收到境外安全风险预警后，立即采取措施加强安全防范，尽量减少风险造成的损失，并及时将应急处置情况向驻外经商机构、地方商务主管部门和有关商（协）会报告；各中央企业应参照以上做法做好对下属企业的境外安全风险预警、信息通报和应急处置工作。

（3）按时报送相关信息。各驻外经商机构、各地商务主管部门、有关商（协）会、各中央企业应于每年2月底前将上年度境外安全风险预警、信息通报和应急处置情况报送商务部。

（4）明确保密责任。各驻外经商机构、各地商务主管部门、有关商（协）会、各中央企业在境外安全风险预警和信息通报工作中，应注意信息保密工作。对于造成信息泄露的，将按照规定依法追究有关人员的责任。

二、妥善处置涉外劳务纠纷和投诉举报

为切实提高思想认识，加强防范、及时处置，最大限度地避免各种境外纠纷和突发事件的发生，切实维护国家、企业和劳务人员的利益，2008 年 6 月 10 日，在商务部、外交部、国资委联合召开的全国处理境外纠纷及突发事件电视电话会议强调指出："要增强八种意识，即政治意识、大局意识、形象意识、表率意识、责任意识、规范意识、防范意识、应急意识，要坚持把这八种意识作为处理境外纠纷和突发事件的思想基础。"

为规范外派劳务市场秩序，维护外派劳务人员和外派企业的合法权益，快速高效处置涉外劳务纠纷、劳务事件和投诉举报，根据《对外劳务合作管理条例》和《商务部、外交部关于防范和处置境外劳务事件的规定》，商务部会同有关部门又先后发布了《商务部、外交部关于建立境外劳务群体性事件预警机制的通知》（商合发〔2009〕392 号）和《商务部、外交部、公安部、工商总局关于印发〈涉外劳务纠纷投诉举报处置办法〉的通知》（商合发〔2016〕87 号）等文件，明确了规范处置涉外劳务纠纷和投诉举报的办法和措施。2017 年 7 月发出的《商务部办公厅关于进一步加强对外劳务合作管理的通知》（商合字〔2017〕9 号），要求继续做好规范经营秩序和涉外劳务纠纷处置工作。监督指导企业规范经营，联合外事、公安，工商等部门形成联动，打击非法中介，对未依法取得对外劳务合作经营资格，从事对外劳务合作的，按照《涉外劳务纠纷投诉举报处置办法》的规定，提请工商行政管理部门进行处置，构成犯罪的，依法追究刑事责任；依法取缔各类虚假广告，引导劳务人员通过正规渠道出国（境）务工，保护外派劳务人员合法权益；按照"谁派出，谁负责"和"属地管理、分工合作"等原则，明确分工责任，及时妥善处理涉外劳务纠纷和突发事件。

（一）（境内）涉外劳务纠纷和投诉举报的处置

1. 涉外劳务纠纷和投诉举报处置的相关名词术语①

（1）涉外劳务纠纷。指在组织劳务人员为境外雇主工作的经营性活动中发生的经济纠纷、合同纠纷、劳动侵权纠纷以及其他纠纷。

（2）投诉举报人。指对企业违反合同约定或侵害劳务人员合法权益的行为进行投诉的劳务人员及其家属、委托代理人，或对违反《对外劳务合作管理条例》等相关规定的行为进行举报的相关单位或个人。

---

① 引自《商务部、外交部、公安部、工商总局关于印发〈涉外劳务纠纷投诉举报处置办法〉的通知》（商合发〔2016〕87 号）。

（3）涉诉方。指被投诉举报人投诉的对外劳务合作企业或举报的中国企业以及非法组织外派劳务的个人。

（4）受理部门。指第一时间接到投诉举报人投诉或举报的地方各级商务部门和有关对外劳务合作商会；以及第一时间接到投诉举报人举报的公安、工商行政管理等部门。

（5）处置部门。指直接具体负责涉外劳务纠纷投诉举报处置的涉诉方国内注册地或户籍所在地人民政府商务、公安、工商行政管理等有关部门。

2. 涉外劳务纠纷和投诉举报处置原则

（1）处置部门会同有关部门按照“属地管理、分工合作”的原则和各自职责进行核实处置。

（2）涉外劳务纠纷投诉举报处置秉承以人为本、程序规范、办理及时、措施公正、公开透明（除涉密事项外）的准则。

（3）受理部门和处置部门及其工作人员应严格按照法定权限和程序履行职责，依法保障投诉举报人的正当投诉举报权利，并引导投诉举报人通过法律程序解决涉外劳务纠纷。

3. 涉外劳务纠纷投诉举报处置办法

（1）投诉举报。

①对于投诉举报人。

一是关于投诉程序，原则上首先应向涉诉方国内注册地或户籍所在地的受理部门投诉举报；如对处理结果不满的，可向受理部门的上级机关投诉举报。

二是关于投诉方式，尽可能以书面方式提供详实材料和相关合同、票据复印件等证据，并确保投诉举报内容的真实性，同时提供准确的联系方式。

三是投诉法律责任，投诉举报人提供虚假信息，应当承担相应的法律责任。

②对于投诉受理部门。

一是应公布接受投诉举报的联系方式；

二是应引导投诉举报人以理性方式通过书信、电话、传真、电子邮件等进行投诉举报。

（2）投诉举报的受理。

①受理原则。严格实行诉讼与投诉举报分离的原则。

诉讼渠道——对于属于人民法院、人民检察院职权范围内的事项以及已经或者依法应通过诉讼、仲裁、行政复议等法定途径解决的事项，应引导投诉举报人依照规定程序向有关机关提出。

投诉举报渠道——按照以下方式受理。

②受理方式。受理部门逐条登记投诉举报人的投诉举报，并填写《涉外劳务纠纷投诉举报受理单》，详细记录投诉举报时间、投诉举报人、涉诉方、案件线索、主要诉求等与纠纷处置密切相关的内容，建立投诉举报受理档案。

公安机关案件受理程序按其规定执行。

③投诉举报人的合理诉求。投诉举报人根据《对外劳务合作管理条例》以及合同约定提出合理诉求，主要包括：退回违规收费、要求涉诉方协助向境外雇主提出赔偿要求或直接要求赔偿、查处涉诉方等。

④案件线索的甄别。所谓案件线索是指涉诉方违反《对外劳务合作管理条例》以及合同约定的情况，主要包括下列内容：

一是涉诉方是否具备经营资格，与劳务人员订立合同、收费、培训、办理人身意外伤害保险、办理出境手续、协助办理国（境）外居留、工作许可手续等情况以及是否存在收取押金等违规行为；

二是在劳务人员在国（境）外实际享有的权益不符合当地法律规定或合同约定时，涉诉方是否协助劳务人员维护合法权益，要求境外雇主履行约定义务，赔偿损失。如境外雇主未与劳务人员订立确立劳动关系的合同，拖欠工资或加班费，向劳务人员收费、收取押金，劳务人员未享有正当的劳动保护措施、工作生活条件，遭境外雇主虐待，护照被扣押，人身财产安全遭威胁，发生伤亡事故，遭遇遣返等。

（3）投诉举报的处置。

①处置部门。涉外劳务纠纷处置如属受理部门职责，受理部门即为处置部门；如属其他单位职责，受理部门将及时转交处置部门，并告知投诉举报人。

对具有对外劳务合作经营资格的涉诉方，涉诉方国内注册地商务主管部门为处置部门，其上级商务主管部门督办。

对于未依法取得对外劳务合作经营资格，从事对外劳务合作的，商务主管部门以外的受理部门接到举报后，将违法线索转送商务主管部门进行处置。

②处置核查。信息确认——处置部门接受受理部门移交的投诉举报后，将及时与投诉举报人联系，对于涉诉方信息不明或不准确的，将请相关部门提供情况；核查时限——处置部门收到投诉举报后的10个工作日内对投诉内容进行核查；处置意见——填写《涉外劳务纠纷投诉举报处置意见单》，依法及时妥善处置，进展情况及时告知投诉举报人。

③处置结果。对具有对外劳务合作经营资格的涉诉方，注册地商务主管部门将依法对违反《对外劳务合作管理条例》的涉诉方进行处罚；涉嫌构成犯罪的，移送司法机关处理。

未依法取得对外劳务合作经营资格，从事对外劳务合作的，商务主管部门对违法行为进行分析，认为属于未依法取得对外劳务合作经营资格从事对外劳务合作情形的，由商务主管部门提请工商行政管理部门依照《无照经营查处取缔办法》的规定查处取缔；构成犯罪的，依法追究刑事责任。

④境外受理与处置投诉举报。如投诉举报人向驻外使（领）馆反映涉外劳务纠纷情况，驻外使（领）馆一方面将引导投诉举报人依法、依规向涉诉方国内注册地或户籍所在地的受理单位投诉举报，并采取措施避免发生境外群体性事件；另一方面对需请国内处理的涉外劳务纠纷，将按规定告知涉诉方以及国内注册地或户籍所在地省级人民政府，抄告商务部、外交部、公安部、工商总局等有关部门。

（4）投诉举报的处置结案。

①通报或上报。处置部门将处置后的情况告知投诉举报人和受理部门，并向有关部门通报或向上级部门报告。

②结案归档备查。处置部门在履行行政责任或涉外劳务纠纷转入司法程序后，处置部门可以结案；结案后，处置部门及时将有关材料归档备查。

（5）投诉举报处置工作关联事项。

①统计报送。处置部门建立涉外劳务纠纷投诉举报统计制度，并交商务主管部门汇总。商务主管部门按季度向上级商务主管部门报送《涉外劳务纠纷投诉举报统计表》。

②公开办理。在涉外劳务纠纷投诉举报的受理、处置过程中，如不涉及国家秘密，原则上以明电、传真、函件等公开方式办理。

③发挥行业组织的作用。行业组织配合地方商务主管部门做好会员企业涉外劳务纠纷投诉举报受理和处置工作。

④参照执行范围。对外承包工程、对外投资项下外派人员发生的涉外劳务纠纷投诉和举报参照《涉外劳务纠纷投诉举报处置办法》执行。

（二）境外劳务事件的处置

境外劳务事件事关外交大局和社会稳定，国内外影响大，必须坚持以人民为中心的发展思想，以高度的政治责任感和社会责任感，切实加强组织领导，积极防范和妥善处置境外劳务事件。2009 年 6 月，经国务院批准同意，商务部、外交部制定并发出关于印送《防范和处置境外劳务事件的规定》的通知（商合发〔2009〕303 号），就防范和处置境外劳务事件工作对各地人民政府和驻外使（领）馆提出指导意见，明确“谁对外签约，谁负责”和“属地”的原则，以及相关处置程序，要求强化预防和应急体系，落实管理责任，切实维护外派劳务人员和外派企业的合法权益。

1. 境外劳务事件的概念

境外劳务事件是指外派劳务和境外就业人员在外务工过程中，因劳资纠纷、经济纠纷、合同纠纷以及由战争、恐怖袭击、社会治安等原因引发的权益保护案件。

2. 境外劳务事件处置工作机制

各省市、各驻外使（领）馆及相关部门采取有效措施，积极防范境外劳务事件。完善制度建设，落实管理责任。

（1）各省市建立境外劳务事件预防体系和应急处置机制。

①建立健全境外劳务事件预防体系。按照工作分工明确各有关部门的责任；建立境外务工人员投诉、报案的专门渠道，引导境外务工人员通过正规渠道维护自身合法权益；要求并监督对外劳务合作企业建立与外派劳务人员的定期沟通制度，倾听外派劳务人员诉求，解决外派劳务人员合理关切；定期对本省境外务工情况进行巡查，及时解决问题。

②建立境外劳务事件应急处置机制，部门联动，落实责任。按照工作分工，责成有关部门及地方政府部门妥善处置境外劳务事件，依法查处企业无证无照经营、违规收费等各类非法外派劳务行为，打击对外劳务合作中的违法犯罪活动，维护境外务工人员合法权益。

（2）各驻外使（领）馆建立应急处置工作组，做好对内对外工作衔接。

①建立境外劳务事件应急处置工作领导小组，做好对内对外工作衔接，配合国内做好境外劳务事件处置的各项工作。

②保持与驻在国有关政府部门的工作联系和沟通。

③指定专人负责，倾听境外务工人员诉求；指导境外中资企业加强管理，及时化解矛盾。定期对辖区范围内的境外劳务项目进行巡查，及时掌握境外务工人员动态，发现苗头性问题迅速采取措施消除隐患。扩大对外宣传，正确引导境外务工人员和当地舆论。

（3）有关行业组织加强行业自律措施，协调对外劳务合作企业妥善处置境外劳务事件。

（4）商务部、外交部将建立境外劳务事件处置督办制度，定期对各省处置境外劳务事件的情况进行检查。

3. 境外劳务事件处置原则

《条例》第三十六条明确规定：“国务院有关部门、有关县级以上地方人民政府应当建立健全对外劳务合作突发事件预警、防范和应急处置机制，制定对外劳务合作突发事件应急预案。

对外劳务合作突发事件应急处置由组织劳务人员赴国外工作的单位或者个人所在地的省、自治区、直辖市人民政府负责，劳务人员户籍所在地的省、自治区、直辖市人民政府予以配合。

中国驻外使馆、领馆协助处置对外劳务合作突发事件。”

境外劳务事件发生后，遵循以下原则处置：

（1）责任划分原则。

①“谁派出、谁负责”原则。即对外签约企业对境外劳务事件的处置负全责。该企业的上级单位或上级行政主管部门承担监管责任。

②“属地”原则。即对外签约的企业注册地人民政府负责监督处置。相关涉事企业及境外务工人员国内户籍所在地人民政府负责配合处置。

③“总包负总责”的原则。按照《商务部、住房和城乡建设部关于加强对外承包工程外派人员管理工作的紧急通知》（商合函〔2011〕201 号）要求，对外承包工程企业要按照“总包负总责”的原则，派驻专职管理人员加强对外派人员的管理，及时解决外派人员的合理诉求，妥善处理纠纷，避免发生群体性事件。

④违法劳务人员责任原则。境外务工人员违反我国及驻在国或地区法律同样依法承担相应责任。

（2）具体工作原则。

①全方位协调处置。各省市、各有关部门综合运用政策、法律、经济、行政、社会救助以及思想教育等措施妥善处置。

②注重正面引导。注意社会和舆论反应，及时准确发布信息，澄清事实，予以正面引导。

③不得逃避和推卸责任。对逃避或推卸责任的企业、单位及个人，依法采取有效措施予以处理。

④劳务人员同样承担违法责任。境外务工人员违反我国及驻在国法律也应依法承担责任。

4. 境外劳务事件处置程序

境外劳务事件发生后，境外境内分别按照以下程序处置：

（1）驻外使（领）馆境外处置程序。

①事件发生后立即了解情况，摸清对外签约企业、相关涉事企业、派出方式、证件办理、境外雇主、境外务工人员诉求、问题症结，并及时介入处理；

②做好境外务工人员思想工作，视情加强对外交涉，依法为境外务工人员提供必要的领事保护，争取平息事端；

③有关情况及已采取的措施和相关工作建议，径告上述企业及境外务工人员所

在地人民政府，以及相关企业的上级单位或上级行政主管部门，抄报商务部、外交部；

④对未经批准的单位、企业或个人派出人员发生的境外劳务事件或涉嫌违法犯罪的境外劳务事件，抄告工商行政管理部门和公安部门；

⑤如境外劳务事件激化，视情建议有关地方人民政府尽快派工作组赴事发国或地区解决问题；

⑥必要时请所在国或地区相关政府部门依法予以配合，避免造成恶性事件。

（2）各省市境内处置程序。

①各省市应责成相关部门、有关地方人民政府督促对外签约企业及相关涉事企业按照驻外使（领）馆的要求立即着手处置，加强与境外雇主的交涉，做好劳务人员家属工作，采取有效措施解决问题；

②必要时，及时派出由相关部门和单位负责人组成的工作组赴境外，在我驻外使（领）馆领导下开展相关工作。

③同时将有关情况、拟采取的措施以及处置结果尽快反馈驻外使（领）馆，抄送相关企业的上级单位或上级行政主管部门，抄告商务部、外交部。

（三）建立境外劳务群体性事件预警机制

境外群体性劳务事件成因复杂，对外影响大。为妥善处理境外劳务事件，商务部、外交部在 2009 年 6 月发布《防范和处置境外劳务事件的规定》的基础上，于 2009 年 8 月又发出《商务部、外交部关于建立境外劳务群体性事件预警机制的通知》（商合发〔2009〕392 号），要求各省市和各驻外使（领）馆及各有关企业从讲政治的高度出发，重视并建立健全境外劳务群体事件预警机制，将预警和防范工作作为对外劳务合作常态管理的重要内容来抓，尽量从源头上减少和避免境外劳务群体性事件的发生。

1. 各省市和各驻外使（领）馆做到健全机构，强化基础，畅通渠道

（1）切实加强组织领导。按照统一领导、预防为主、各负其责、分工协作的原则，统筹规划预警网络，指定专门机构，细化工作方案，明确责任人，将预警工作落到实处。

（2）做好预警和防范基础工作。建立劳务项目管理档案，了解劳务人员派出渠道和数量、具体来源地、对外签约单位、境外雇主、工种、工作地点及在外居留工作手续和工资保障等情况，动态跟踪，全面掌握并及时更新，做到心中有数。

（3）畅通与劳务人员的沟通渠道。设立专门的咨询投诉电话，倾听劳务人员诉求，对易引发群体性纠纷事件或上访事件的苗头性问题做到及早发现，及时预警。

要耐心细致地做好劳务人员的思想工作，解决他们的合理关切。

2. “预”字当先，完善预测、预报、预控等各个工作环节

（1）预测工作要全面、深入，通过建立情况汇总、现状分析、专人联系制度，搜集并研究相关国家经济、就业形势以及社会治安、安全状况等信息，找出可能引发群体性事件的不稳定因素，及时发布风险预警；

各省市和各驻外使（领）馆应加强政策宣传和预警信息发布工作。扩大政策宣传，通过网站、电视、报纸等主要媒体宣传国家各项对外劳务合作政策，针对安全隐患等问题，及时发布相关国家务工的特别提醒及相关信息，要求企业规范稳妥地开展业务，提醒社会公众和劳务人员增强风险防范意识，避免上当受骗。

（2）预报工作要及时、准确，凡出现集体上访、群体性事件倾向时，要及时处理，消除隐患并立即报告；

（3）预控工作要标本兼治，运用法律武器，通过疏导、调解、援助等方法，化解矛盾，在避免劳务人员合法权益受损的同时，加强对劳务人员的教育，引导劳务人员通过正当途径和手段反映问题，避免采取过激行为。

①各省市应加强对企业的预警管理和服务。督促企业建立健全内部预警和防范机制，有效规避风险，同时，管理关口前移，做好劳务人员派出前的项目确认、项目审查和招收备案等工作；定期检查企业执行外派劳务培训考试、合同主要条款、收费标准和履约保证金等相关政策情况，要求企业全面了解并掌握项目执行及人员派出情况和思想动态，防患于未然。

②各驻外使（领）馆应做好劳务项目一线预警和监管工作。加强对驻在国政治、经济、社会、安全等相关情况的跟踪和调研，及时发布风险警告，并在此基础上指导企业开展对外劳务合作业务，做好项目的确认工作。定期对劳务项目进行摸排和巡查，深入了解劳务人员工作生活及思想动态，协助解决劳务人员工作生活中的实际困难，把劳务纠纷解决在萌芽状态，防止矛盾激化导致偶然事件演变成群体性事件，影响我对外工作大局。同时，增强与驻在国劳务和移民等政府主管部门的联系，建立定期沟通机制，全面掌握我劳务人员在当地的情况和信息，防范群体性事件的发生。

3. 建立预警工作考核制度

各省市和各驻外使（领）馆应努力推进预警机制的建立健全、运行和完善。凡因预警工作不及时、防范工作不到位或管理疏忽酿成重大境外劳务群体性事件并产生严重后果的，国内主管部门将追究其管理责任，并予以处理。

第五章 对外劳务合作宏观管理

对外劳务合作宏观管理所囊括的内容很多。首先，与对外劳务合作相关的法律法规和政策规定涉及民法典、对外贸易法、经济合同法、劳动合同法、旅游法、出入境管理法、对外劳务合作管理条例、对外承包工程管理条例以及对外投资合作管理、工商管理、安全生产管理、专项资金支持、市场信用体系建设、规范市场竞争行为、履行社会责任、思想政治教育、涉外人员守则、境外机构设立办法和信息管理与报送、市场监管等诸多方面，随着我国社会主义法治化体系和市场体系建设的不断健全完善，构成了较为完整的对外劳务合作宏观政策环境和体系。其次，鉴于有关对外劳务扶贫、履行社会责任等相关内容在第一篇有所涉及，部分相关内容也在本篇其他章节有所涉及，所以本章重点介绍备用金与履约保证金、收费与税收政策、统计制度与信息管理、信用体系建设与不良行为记录等内容。同时考虑到行业规范与自律是宏观管理不可或缺的重要内容之一，故一并列入本章进行介绍。

第一节 备用金与履约保证金

我国自 1997 年实行外派劳务人员缴存履约保证金办法，2001 年实行对外劳务合作风险处置备用金缴存办法。2003 年决定取消收取劳务人员的履约保证金，2012 年《对外劳务合作管理条例》颁发后，将备用金数额由 2001 年派遣各类劳务人员缴存 100 万元人民币、派遣相关行业劳务人员缴存 20 万元人民币统一为 300 万元人民币。备用金缴存办法为加强对外劳务合作业务管理发挥了积极有效的作用。

一、风险处置备用金的缴存与使用

（一）备用金缴存依据与数额

对外劳务合作风险处置备用金（以下简称“备用金”）是指对外劳务合作企业缴存，用于《对外劳务合作管理条例》第十条所规定使用范围的专用资金（见本节“（三）备用金的作用”）。缴存备用金是对外劳务合作企业申请对外劳务合作经营资格的必要条件之一，有关这一点，已在“第三章第一节经营资格的核准程序”中做了具体阐述。

《对外劳务合作管理条例》第九条明确规定：“对外劳务合作企业应当自工商行政管理部门登记之日起5个工作日内，在负责审批的商务主管部门指定的银行开设专门账户，缴存不低于300万元人民币的对外劳务合作风险处置备用金（以下简称备用金）。备用金也可以通过向负责审批的商务主管部门提交等额银行保函的方式缴存。负责审批的商务主管部门应当将缴存备用金的对外劳务合作企业名单向社会公布。”

（二）缴存备用金的重要性

1. 缴存备用金是规范外派劳务市场经营秩序的需要

2017年5—9月，商务部办公厅下发了《关于开展规范外派劳务市场秩序专项行动的通知》（商办合函〔2017〕215号），经专项行动全面排查，发现少数企业违规经营、未按规定缴存备用金、非法中介未经许可从事对外劳务合作、劳务纠纷处理不及时和劳务培训不规范等现象。为进一步加强对外劳务合作管理，规范外派劳务市场经营秩序，杜绝违法违规现象，维护外派劳务人员合法权益和社会稳定，2017年7月商务部办公厅又发出《关于进一步加强对外劳务合作管理的通知》（商合字〔2017〕9号），通知要求严格执行备用金管理规定，根据《对外劳务合作风险处置备用金管理办法（试行）》（商务部、财政部2014第2号令）要求，及时督促对外劳务合作企业缴存（补足）备用金。对未按规定缴存或者补足备用金的企业，负责审批对外劳务合作经营资格的商务主管部门要责令其在一个月内改正，拒不改正的，吊销其对外劳务合作经营资格。商务部已在对外劳务合作经营资格管理系统中增设了提示功能，提醒各地商务主管部门及时向欠缴企业催缴备用金，要求各地商务主管部门定期登录查询，并根据备用金实际缴存情况，在系统中及时更新状态，向社会公布和更新对外劳务合作企业名单。

2. 缴存备用金是政府“双随机、一公开”监管工作要求

为规范对外投资合作事中事后监管行为，商务部办公厅发出关于印发《对外投

资合作“双随机、一公开”监管工作细则（试行）》的通知（商办合函〔2017〕426号），通知坚持依法依规、公正高效、公开透明的原则，公布了对外投资合作随机抽查事项清单。根据《对外劳务合作管理条例》有关规定，有关对外劳务合作检查事项包括：

（1）对外劳务合作企业是否足额缴纳劳务备用金；

（2）对外劳务合作企业是否按规定报送统计资料；

（3）根据管理需要确定的其他事项。

可以看出，足额缴纳对外劳务合作风险处置备用金不仅是政府宏观监管的重要抓手和常态化监管工作的内容之一，更是对外劳务合作企业开展经营活动时在经营资格方面必须首先具备的先决条件之一。

（三）备用金的作用

备用金的作用主要包括四个方面。《条例》第十条规定：备用金用于支付对外劳务合作企业拒绝承担或者无力承担的下列费用：

（1）对外劳务合作企业违反国家规定收取，应当退还给劳务人员的服务费；

（2）依法或者按照约定应当由对外劳务合作企业向劳务人员支付的劳动报酬；

（3）依法赔偿劳务人员的损失所需费用；

（4）因发生突发事件，劳务人员回国或者接受紧急救助所需费用。

备用金使用后，对外劳务合作企业应当自使用之日起20个工作日内将备用金补足到原有数额。

备用金缴存、使用和监督管理的具体办法由国务院商务主管部门会同国务院财政部门制定。

（四）备用金的缴存

2014年7月18日，商务部、财政部发布《对外劳务合作风险处置备用金管理办法（试行）》（商务部、财政部令2014年第2号），对备用金的缴存时间、缴存数额及方式、缴存银行等作了明确规定。

1. 缴存时间

根据《条例》的规定，对外劳务合作企业应当自获得对外劳务合作经营资格并在工商行政管理部门登记之日起5个工作日内，在指定银行缴存备用金。

2. 缴存数额及方式

备用金缴存标准为300万元人民币，以现金或等额银行保函形式缴存。

（1）现金缴存备用金。对外劳务合作企业以现金形式缴存备用金的，需持《营业执照》副本和《对外劳务合作经营资格证书》到指定银行开设专门账户并办理存款手续。同时，缴存备用金的对外劳务合作企业应与指定银行签订《对外劳务合作风险处置备用金存款协议书》，并将复印件送负责审批的商务主管部门备案。

以现金形式缴存备用金时，备用金的本金和利息归对外劳务合作企业所有，企业可自由提取和使用备用金利息。

（2）以银行保函形式缴存备用金。对外劳务合作企业以银行保函形式缴存备用金的，由指定银行出具受益人为负责审批的商务主管部门的不可撤销保函，保证在发生《条例》第十条规定使用情形时履行担保责任。对外劳务合作企业在其对外劳务合作经营资格存续期间提供有效的保函，保函有效期至少为两年。负责审批的商务主管部门在保函到期前一个月提醒对外劳务合作企业延长保函的有效期。保函正本由负责审批的商务主管部门保存。

3. 缴存银行的确定

对外劳务合作企业缴存备用金的银行，由负责审批的商务主管部门会同同级财政部门指定。

负责审批的商务主管部门和财政部门根据本地区对外劳务合作企业数量和外派劳务规模等实际情况，在本行政区域内择优指定一家或多家信用等级良好、服务水平优良，并承诺按照要求提供相关服务的银行作为备用金缴存银行。

（五）备用金的使用

1. 不同情形下备用金的使用程序

2013 年 3 月 22 日，《商务部关于对外劳务合作风险处置备用金有关问题的通知》（商合函〔2013〕139 号）对备用金的使用程序作出规定。

（1）发生《条例》第十条第（一）、（二）款情形时，即对外劳务合作企业拒绝或无力承担违反国家规定收取应退还给劳务人员的服务费、或按照约定应向劳务人员支付的劳动报酬时，在劳务人员向负责审批的商务主管部门投诉并提供相关合同及收费凭证或者工资凭条等证据后，负责审批的商务主管部门应书面通知对外劳务合作企业在 5 个工作日内退还或支付劳务人员有关费用。

对外劳务合作企业在规定时间内未退还或支付有关费用的，负责审批的商务主管部门应作出使用备用金的决定并书面通知有关对外劳务合作企业和指定银行，同时出具《对外劳务合作风险处置备用金取款通知书》（以下简称《取款通知书》）。指定银行根据书面通知和《取款通知书》，从备用金中将相应数额的款项以现金或转账方式支付给负责审批的商务主管部门指定的劳务人员。

（2）发生《条例》第十条第（三）款情形时，即对外劳务合作企业拒绝或无力承担依法应向劳务人员支付的劳动报酬或赔偿劳务人员的损失所需费用时，负责审批的商务主管部门凭人民法院判决、裁定及其他生效法律文书使用备用金。

（3）发生《条例》第十条第（四）款情形时，即对外劳务合作企业拒绝或无力承担因发生突发事件，劳务人员回国或接受紧急救助所需费用时，负责审批的商务主管部门应向对外劳务合作企业提供发生劳务人员回国或接受紧急救助所发生的费用证明，并书面通知对外劳务合作企业在5个工作日内支付有关费用。

对外劳务合作企业在规定时间内未支付有关费用的，负责审批的商务主管部门应作出使用备用金的决定，并书面通知有关对外劳务合作企业和指定银行，同时出具《取款通知书》。指定银行根据书面通知和《取款通知书》，从备用金中将相应数额的款项以现金或转账方式支付给负责审批的商务主管部门指定的人员或单位。

2. 备用金的补足

备用金使用后，对外劳务合作企业应在自使用之日起20个工作日内将备用金补足到300万元人民币。

3. 企业停止外派劳务业务后备用金的处理

对外劳务合作企业停止开展对外劳务合作的，应当对其派出的尚在国（境）外工作的劳务人员作出妥善安排，并将安排方案连同2年内有效的备用金缴存凭证或者保函报负责审批的商务主管部门备案。

对外劳务合作企业自备案之日起2年内未发生针对其的劳务纠纷投诉或者诉讼的，负责审批的商务主管部门应出具书面通知和《取款通知书》，指定银行根据书面通知和《取款通知书》，退还其缴存的备用金或允许其撤销保函。

4. 指定银行的担保和存款对账责任

（1）提供保函的指定银行应在收到书面通知和《取款通知书》5个工作日内，履行担保责任。

（2）指定银行应每季度分别向对外劳务合作企业和负责审批的商务主管部门提供备用金存款对账单。

5. 备用金使用异议的解决

对外劳务合作企业对负责审批的商务主管部门使用备用金的决定持有异议的，可以依法申请行政复议或者向人民法院提起行政诉讼。

（六）备用金的管理

1. 备用金的性质

备用金实行专款专用。

2. 企业缴存备用金的责任与义务

对外劳务合作企业应到指定银行办理备用金缴存和取款手续。

对外承包工程企业须根据商务部办公厅、海关总署办公厅、质检总局办公厅联合发出的《关于做好对外承包工程资格审批取消后有关政策衔接工作的通知》，按照《对外劳务合作风险处置备用金管理办法（试行）》规定缴存备用金。备用金缴存标准由 20 万元人民币补足至 300 万元人民币。并要求省级商务主管部门在备用金缴存或动用后 3 个工作日内，登录对外承包工程企业信息登记系统，更新相关企业备用金状态。

3. 商务主管部门的管理职责

（1）负责审批的商务主管部门应当将缴存备用金的对外劳务合作企业名单向社会公布。

（2）负责审批的商务主管部门负责使用、管理备用金，同级财政部门负责监督，并接受审计部门的审计。

（七）法律责任

《条例》第四十一条规定："对外劳务合作企业未依照本条例规定缴存或者补足备用金的，由商务主管部门责令改正；拒不改正的，吊销其对外劳务合作经营资格证书。"

2014 年，《对外劳务合作风险处置备用金管理办法（试行）》第二十一条进一步明确规定："对外劳务合作企业未依据《条例》和本办法规定缴存或者补足备用金的，商务主管部门责令其在备用金应缴存或补足之日起一个月内改正；拒不改正的，吊销其对外劳务合作经营资格证书。"

二、取消收取履约保证金

（一）收取履约保证金改为投保"履约保证保险"

1997 年，财政部、原外经贸部《关于印发〈对外经济合作企业外派人员工资管理办法的补充规定〉的通知》（财外字〔1997〕8 号）的第十条指出："为保证外派劳务人员履行劳务合同，企业可以向外派劳务人员收取不超过劳务合同工资总额的 20% 的履约保证金。"该规定实施以来，对规范外派劳务人员的履约行为，加强对外劳务合作业务管理起到了较好的作用。为适应业务发展需要，进一步规范对外劳务合作业务的经营秩序，切实减轻外派劳务人员的经济负担，2003 年 10 月，财政部、商务部又发出《关于取消对外经济合作企业向外派劳务人员收取履约保证金的通知》（财企〔2003〕278 号），通知要求：

（1）取消企业向外派劳务人员收取履约保证金，同时，不得由此向外派劳务人员加收管理费及其他费用或要求外派劳务人员提供其他任何形式的担保、抵押。

（2）为了化解经营风险，规范外派劳务人员履行与企业签订的服务合同约定的义务，企业可要求外派劳务人员投保“履约保证保险”。

（二）《条例》明确要求不得收取押金

2012 年颁布实施的《对外劳务合作管理条例》第二十五条规定：“对外劳务合作企业不得以任何名目向劳务人员收取押金或者要求劳务人员提供财产担保。”

第二节　收费与税收政策

一、有关收费规定

（一）收费依据

1. 对外劳务合作企业服务费收取依据

（1）《对外劳务合作管理条例》（以下简称《条例》）第二十五条规定，“对外劳务合作企业向与其订立服务合同的劳务人员收取服务费，应当符合国务院价格主管部门会同国务院商务主管部门制定的有关规定。对外劳务合作企业不得向与其订立劳动合同的劳务人员收取服务费”。

（2）1997 年，财政部和原外经贸部联合颁发《关于印发〈对外经济合作企业外派人员工资管理办法的补充规定〉的通知》（财外字〔1997〕8 号，以下简称《外派人员工资管理补充规定》），通知称：经营公司可向劳务人员收取服务费，服务费可在劳务人员派出前一次性收取。收取服务费的实际数额最高不得超过劳务人员合同工资总额的 12.5%，按照收费当日的人民币汇率累计核算。

2013 年，商务部发布的现行有效规范性文件目录中，并未废除《关于印发（对外经济合作企业外派人员工资管理办法的补充规定〉的通知》（财外字〔1997〕8 号）。

（3）2003 年 8 月 1 日印发、2003 年 9 月 1 日实施的《商务部、国务院港澳办、中央政府驻澳门联络办关于内地输澳劳务管理体制改革的通知》（商合发〔2003〕262 号）指出，全面实施《内地对澳门特别行政区开展劳务合作暂行管理办法》。该办法第七章第三十六条称“根据财政部和原外经贸部联合颁发的《关于印发〈对外经济合作企业外派人员工资管理办法〉的通知》（财外字〔1995〕259 号）及《关于印发〈对外经济合作企业外派人员工资管理办法的补充规定〉的通知》（财外字〔1997〕8 号）的有关规定，经营公司可向劳务人员收取服务费，服务费可在劳务人员派出前一次性收取。经营公司向劳务人员收取的服务费不得超过劳务合同工资总额的 12. 5%。一次性收取有困难的，由经营公司与劳务人员协商解决”。

（4）为防止出国（境）务工人员上当受骗，维护自身合法权益，2005 年 9 月，商务部针对出国（境）务工人员普遍关心的出国（境）务工的规定、程序和注意事项等问题，面向出国（境）务工人员进行了《有关出国劳务事项问答》①，其中关于服务费的交纳标准是多少？答复为：“服务费是经营公司和您所在单位为您出国（境）务工提供组织和管理服务所发生的费用。如果您与国内工作单位保持劳动合同关系，服务费不能超过您在国（境）外工作期间内得到的所有合同工资的 25%；如果您无工作单位或在派出期间与原单位脱离劳动合同关系，服务费不能超过您在国（境）外工作期间内得到的所有合同工资的 12. 5%。具体交费多少，您要根据合同认真计算。请注意，交纳各种费用一定要索取收据，并保存好，作为一旦发生纠纷解决和处理问题的依据。”

（5）2010 年 3 月 30 日，商务部针对赴台湾渔船工作的船员进行了有关问题的解答，其中关于服务费答复为：“服务费是经营公司为船员赴台船务工提供组织和管理服务所发生的费用。服务费不能超过船员在台船工作期间得到所有合同工资的 12. 5%。具体交费多少，要根据合同认真计算。请注意，交纳各种费用时，一定要索取收据，并保存好，作为一旦发生劳务纠纷解决和处理问题的依据。”②

（6）《条例》颁布实施后，服务费收取标准因故未作相应调整。为规范对外劳务合作行业业务收费标准，明确对外劳务合作企业、培训机构以及其他经济组织和机构之间的业务关系，建立公平、公正、健康、有序的市场经营环境，维护对外劳务合作企业和劳务人员的合法权益，促进对外劳务合作行业的健康发展，依据《条例》以及承包商会《章程》、对外劳务合作《行业规范》的有关规定，承包商会在广泛征求意见和建议的基础上，制定了《对外劳务合作行业收费自律指导意见》（以下简称《收费自律指导意见》），于 2014 年 8 月 26 日经承包商会六届理事会第八次会长会议审议通过，在行业内发布实施。该意见指出，经营公司向劳务人员收取的服务费不得超过劳务合同工资总额的 12. 5%；此外，承包商会于 2010 年发布的对日技能实习合作业务行业收费限额标准，也是在不超过 12. 5%的前提下，通过会员企业民主协商的形式，确定其收费标准不得超过 2. 5 万元/人 。

（7）国家计委、国家经贸委、财政部、监察部、审计署、国务院纠风办 1999

① 中华人民共和国商务部网站．有关出国劳务事项问答［EB/OL］.（2005 - 09 - 24）［2020 - 05 - 12］. http：//www. mofcom. gov. cn/article/zcjd/jdtzhz/200511/20051100863956. shtml.

② 中华人民共和国商务部对外投资与经济合作司．赴台湾渔船工作问答［EB/OL］.（2010 - 03 - 30）［2020 - 10 - 11］. http：//hzs. mofcom. gov. cn/article/zcfb/d/201003/20100306845312. shtml.

年12月22日发布的《关于印发〈中介服务收费管理办法〉的通知》（计价格〔1999〕2255号）第五条规定，“中介机构提供服务并实施收费应遵循公开、公正、诚实信用的原则和公平竞争、自愿有偿、委托人付费的原则，严格按照业务规程提供质量合格的服务”。第六条规定“中介服务收费实行在国家价格政策调控、引导下，主要由市场形成价格的制度”。

笔者认为，虽然价格是由市场决定的，但是，根据上述历史背景和行业现实情况，在目前未有明确文件规定或表述可以替代的情况下，上述支撑对外劳务合作企业收取劳务人员服务费标准不超过12.5%的依据，应该仍具有一定的有效性和可参考性。

2. 劳务人员承担费用的依据

《外派人员工资管理补充办法》规定，“外派劳务人员出国费用，包括护照费、签证费、体检费、培训费、差旅费等，均由外派劳务人员按实际付费金额自行负担”。

《条例》第二十五条规定，“对外劳务合作企业不得以任何名目向劳务人员收取押金或者要求劳务人员提供财产担保。”

（二）收费自律指导意见

1. 适用对象与指导原则

《收费自律指导意见》系承包商会依据国家现行法律、法规和行业规范，对企业和机构的业务收费行为作出的行业自律性指导意见，适用于具有对外劳务合作经营资格的企业（以下简称“企业”）以及与对外劳务合作业务相关的服务平台、培训中心等经济组织或机构（以下简称“机构”）。

企业或机构为劳务人员提供出国（境）劳务服务并涉及业务收费时，应当守法合规，遵循公平、公正、公开、诚实守信和自愿合理的原则。

2. 收费项目

（1）服务费。

根据《条例》规定，企业可向与其订立《服务合同》的劳务人员收取服务费。

服务费主要用于企业境外市场开拓，向劳务人员提供信息咨询、招聘报名服务，协助办理出境手续，跟踪服务管理以及协助处置境外纠纷等。根据《外派人员工资管理补充规定》，收取服务费的实际数额最高不得超过劳务人员合同工资总额的12.5%，按照收费当日的人民币汇率累计核算。

根据企业与劳务人员签订的《服务合同》的约定，服务费可酌情根据面试、签证等项目实施进程分阶段收取。

根据《商务部关于对外投资合作在外人员分类管理工作的通知》（商合函〔2013〕874号，以下简称《分类管理通知》）的精神，对外劳务合作企业可以为对外承包工程企业招聘外派人员，也可以为对外投资合作企业的境外投资项目招收和外派人员。因此，对外劳务合作企业与相关企业或机构从事业务合作时，对同一项目同一劳务人员的服务费收取总额可参考上述标准。

（2）培训费。

《条例》规定，企业“未安排劳务人员接受培训的，不得组织劳务人员赴国外工作”。劳务人员为履行《服务合同》必须参加由企业组织的出境前适应性培训并根据外派人员工资管理办法承担相应培训费用。

培训费用主要包括授课费、教材资料费、培训场地设施费、住宿费等。培训时间由企业根据项目要求自行确定。培训时间为一个月以上时，培训费用原则上控制在1000元/人·月以内；培训时间不足一个月时，培训费用根据上述培训费用项目和标准酌情收取。

（3）关于护照费、签证费、体检费、差旅费等。

劳务人员应自行负担护照费、签证费、体检费、公证费、本人应承担的社会保险费用、国内差旅费、专业类资格证书工本费等。以手续办理过程中的实际发生额为准，原则上由劳务人员在办理出境手续过程中向有关部门自行缴纳。

（4）发生于境外的劳务服务管理费用。

企业可以根据与境外劳务接收方签订的对外劳务合作协议及其约定数额和支付方式收取境外劳务接收方（雇主）支付的完全发生于境外的劳务服务管理费用，并由境外劳务接收方直接汇入企业指定账户。根据《财政部国家税务总局关于外派海员等劳务免征营业税的通知》精神（财税〔2012〕54号），该项服务管理费用免缴营业税。（2016年5月6日国家税务总局发出《关于发布〈营业税改征增值税跨境应税行为增值税免税管理办法（试行）〉的公告》，与财税〔2012〕54号文件的基本精神一致）

对于中日技能实习生合作业务的境外劳务服务管理费用，应按照承包商会《关于实施对日技能实习合作“三个业务合同”和“三个费用标准”的通知》（承商劳发〔2010〕006号），执行中国中日研修生协力机构“三个费用标准”的要求；其他国家地区市场劳务合作项目的境外劳务服务管理费用，根据业务合作情况另行制定标准执行。

3. 收费自律约定

（1）企业与机构在招选劳务人员时，不得发布与实际情况不符的招聘信息和费用收取信息。

（2）对于企业或机构收取或代收的费用项目，必须在企业与劳务人员签订的《服务合同》中载明其费用项目、收取标准、收取方式和具体金额等。

（3）企业收取劳务人员服务费后，须按照《服务合同》约定对劳务人员出境手续、工作环境、工资标准及支付、劳动保障以及跟踪服务管理、期满返回等全过程负责。《服务合同》须明确要求境外雇主依据当地法律法规、所支付给劳务人员的工资不低于接收国或地区的最低工资标准。

（4）企业不得在培训费以外收取与培训有关的其他费用。

（5）企业为劳务人员代办出境务工所需手续时可按实际发生费用代收代缴，并公开实际费用明细。不得以“代办费”等其他名义向劳务人员再行收取其他费用。

（6）企业按约定收取境外雇主的服务管理费用时必须遵守管理费标准，不得以低价竞争方式突破最低标准底线。

（7）因企业或境外雇主原因造成劳务人员未能派出或合同中止时，服务费应全额或根据在外履约期限按比例返还劳务人员。已经发生的培训费用以及企业代收代付的相关费用不予退还。

4. 监督执行

（1）企业或机构既有遵循《收费自律指导意见》严格自律的责任，又有在对外劳务合作行业内互相监督的义务。在经营管理中共同抵制不正当竞争等扰乱对外劳务合作经营秩序的行为。

（2）如发现擅自提高劳务人员服务费收取标准，降低境外服务管理费收取标准，或以任何方式和理由收取《收费自律指导意见》规定以外的费用时，劳务人员、企业或机构均可向承包商会举报。举报人应以实名方式提交内容翔实、准确的书面材料，并提供必要的相关证据。

（3）对于违反《收费自律指导意见》相关规定的企业，经查实将根据不同情节予以相应处罚。对于情节较轻者，给予行业通报批评；对于情节较重者，将通报并建议所在省级商务主管部门给予3年内不得享受国家有关支持政策的处罚；对于情节特别严重者，将通报并建议所在省级商务主管部门吊销其对外劳务合作经营资格证书。

（4）如发现对外劳务合作服务平台及培训机构等违反《收费自律指导意见》，将通报并建议所在省级商务主管部门给予相应处罚；对于情节较重者，将通报并建议取消服务平台政府扶持资金申报资格或培训政策补贴等。

（5）企业或机构的合法权益受到不正当竞争行为损害时，可向承包商会举报。承包商会经查实其所提供的相关证据后，将根据不同情节给予被举报方相应处罚。

对于情节较轻者，给予行业通报批评；对于情节较重者，取消商会会员资格并通报境外雇主及其相关机构；对于情节特别严重者，将通报并建议所在省级商务主管部门吊销其对外劳务合作经营资格证书。处罚结果将作为企业参加行业信用评价的参考依据，并视情节列入企业不良行为记录予以公告发布。

5. 公民个人自行出境（本条未列入《收费自律指导意见》）

按照《分类管理通知》规定："公民个人自行取得出境手续在境外工作，不在《对外劳务合作管理条例》管辖范围内。通过商务、旅游、留学等签证出境的公民只能在当地从事与签证相符的活动。任何单位和个人通过办理上述签证变相组织人员出境工作属非法外派劳务行为。"

因此，如果对外劳务合作企业以居民境外就业中介服务形式介绍居民出境工作的，须厘清业务关系和法律责任。

二、有关税收政策

（一）劳务企业缴纳的税种及其税率

对外劳务合作企业所应缴纳的税（费）种，随企业规模、所从事的具体业种以及所在地方的不同而有所不同，一般情况下，应缴纳以下税费，见表2－5－2－1。

表2－5－2－1 对外劳务合作企业应缴税（费）种类及其税率

应缴税（费）种		税（费）率	文件依据与税率计算
1	增值税	6%	根据《财政部国家税务总局关于全面推开营业税改征增值税试点的通知》（财税〔2016〕36号）中《营业税改征增值税试点实施办法》，对外劳务合作业务适用于"（六）现代服务"中的"商务辅助服务"，增值税率为6% 应纳税额＝销售额×6% （但具体缴纳金额为销项税额减去进项税额，随企业业务不同，计算方法有所差异）
		3%	根据《中华人民共和国增值税暂行条例》第十二条规定"小规模纳税人增值税征收率为3%" 应纳税额＝销售额×3% 小规模纳税人的界定依据：根据《财政部税务总局关于统一增值税小规模纳税人标准的通知》（财税〔2018〕33号）第一条规定："增值税小规模纳税人标准为年应征增值税销售额500万元及以下。"即：连续12个月累计不含税销售额不超过500万元的纳税人

续表

应缴税（费）种			税（费）率	文件依据与税率计算
2	企业所得税		25%	根据《中华人民共和国企业所得税法》第四条规定，“企业所得税的税率为25%” 计税依据：根据企业利润总额计算。具体缴纳金额需根据每年度税法规定的企业所得税汇算清缴而定
			20%	根据《中华人民共和国企业所得税法》第二十八条规定，“符合条件的小型微利企业，减按20%的税率征收企业所得税”
			15%	根据《中华人民共和国企业所得税法》第二十八条规定，“国家需要重点扶持的高新技术企业，减按15%的税率征收企业所得税”
3	印花税		—	根据《中华人民共和国印花税暂行条例》（国务院令第11号），一般按购销合同金额进行缴纳，税率为3‰ 因对外劳务合作行业不在印花税的征税范围内，故对于单纯对外劳务合作业务不征此税
4	房产税		0.84%	根据《中华人民共和国房产税暂行条例》，按房产原值的70%作为计税依据，然后乘以房产税率1.2%。按年计算，分季缴纳
5	土地使用税		按每平方米单价缴纳（地域不同，单价不同）	根据《中华人民共和国城镇土地使用税暂行条例》，依照企业所在地域不同以及各地方政府对于土地税定价标准不同进行缴纳，按年计算，分季缴纳 一般情况下： （1）大城市1.5～30元/m^2 （2）中等城市1.2～24元/m^2 （3）小城市0.9～18元/m^2 （4）县城、建制镇、工矿区0.6～12元/m^2
6	增值税的附加税费	城市建设税	增值税的7%	根据《中华人民共和国城市维护建设税暂行条例》第三条、第四条规定，按所缴纳增值税额的7%
7		教育费附加	增值税的3%	根据《征收教育费附加的暂行规定》第二条、第三条规定，按所缴纳增值税额的3%
8		地方费附加	增值税的2%	根据《中华人民共和国教育法》第五十八条规定，按所缴纳增值税额的2%

（二）减免税费项目及其税率

对外劳务合作伴随着改革开放应运而生，与对外承包工程具有相同的业务背景与性质，都是我国“走出去”战略的两个最为成熟的行业与重要的载体。为了扶持对外承包工程和对外劳务合作业务的发展，2009年前，财政部、国家税务总局曾先后印发了《关于对对外承包公司征免营业税问题的通知》（〔86〕财税营字第082

号)、《关于发布〈境外所得计征所得税暂行办法〉(修订)的通知》(财税字〔1997〕116号)、致大连市地方税务局《关于境内单位外派员工取得收入应否征收营业税问题的批复》(国税函〔1999〕830号)等文件,对企业外派劳务收入实行免征营业税、减半征收所得税的优惠政策。2010年,国家税务总局发出《关于进一步做好“走出去”企业税收服务与管理工作的意见》(国税发〔2010〕59号),规定在企业所得税方面,对于“走出去”企业的境外所得税收抵免,要求根据税法和《财政部 国家税务总局关于企业境外所得税收抵免有关问题的通知》(财税〔2009〕125号)的规定,进一步明确相关政策,尽快制定具体的税收抵免操作指南,对于促进包括对外劳务合作在内的我国对外经济合作事业的发展发挥了十分重要的作用。

1. 境外商务辅助服务免征增值税

(1)营改增前2012年规定免征境外管理服务收入营业税。

2009年,《中华人民共和国营业税暂行条例》颁布实施,为了减轻对外劳务合作企业税赋,以适应国家“走出去”战略的发展导向和对外劳务合作强化服务管理的现实需求,国家税务部门不断补充完善有关规定。除对建筑业(对外承包工程)“走出去”业务的境外收入给予免征营业税的优惠政策外,针对对外劳务合作业务(含外派海员业务)的企业外派劳务成本和境外管理服务成本增加的情况,对于来自境外的管理服务收入作出征收营业税的规定。

2012年6月15日,财政部、国家税务总局发出《关于外派海员等劳务免征营业税的通知》(财税〔2012〕54号),根据国务院批复精神,明确自2012年1月1日起,对以下中华人民共和国境内(以下简称“境内”)单位提供的下列劳务,免征营业税:

①标的物在境外的建设工程监理。

②外派海员劳务。外派海员劳务是指境内单位派出属于本单位员工的海员,为境外单位或个人在境外提供的船舶驾驶和船舶管理等劳务。

③以对外劳务合作方式,向境外单位提供的完全发生在境外的人员管理劳务。对外劳务合作是指境内单位与境外单位签订劳务合作合同,按照合同约定组织和协助中国公民赴境外工作的活动。

(2)营改增后2016年规定免征境外服务收入增值税。

2016年3月23日,《营业税改征增值税试点实施办法》推行后,国家税务总局于2016年5月6日发出《关于发布〈营业税改征增值税跨境应税行为增值税免税管理办法(试行)〉的公告》,其中“第二条下列跨境应税行为免征增值税”中的第十五款规定,向境外单位销售的完全在境外消费的商务辅助服务免征增值税,包括:

“①纳税人向境外单位提供的代理报关服务和货物运输代理服务,属于完全在境外消费的代理报关服务和货物运输代理服务。

②纳税人向境外单位提供的外派海员服务，属于完全在境外消费的人力资源服务。外派海员服务，是指境内单位派出属于本单位员工的海员，为境外单位在境外提供的船舶驾驶和船舶管理等服务。

③纳税人以对外劳务合作方式，向境外单位提供的完全在境外发生的人力资源服务，属于完全在境外消费的人力资源服务。对外劳务合作，是指境内单位与境外单位签订劳务合作合同，按照合同约定组织和协助中国公民赴境外工作的活动。"

2. 减征企业所得税

为进一步支持小微企业发展，财政部税务总局于 2022 年 3 月 14 日发出《关于进一步实施小微企业所得税优惠政策的公告》（财政部 税务总局公告 2022 年第 13 号），针对小型微利企业税收优惠的具体规定是：

（1）对于小型微利企业（指从事国家非限制和禁止行业，且同时符合年度应纳税所得额不超过 300 万元、从业人数不超过 300 人、资产总额不超过 5000 万元等三个条件的企业），年应纳税所得额低于 100 万元的部分，减按 12.5% 计入应纳税所得额，按 20% 计算缴纳企业所得税。即最终实际税负率为 2.5%。

执行期限为 2022 年 1 月 1 日至 2022 年 12 月 31 日。

（2）对于小型微利企业（指从事国家非限制和禁止行业，且同时符合年度应纳税所得额不超过 300 万元、从业人数不超过 300 人、资产总额不超过 5000 万元等三个条件的企业），年应纳税所得额超过 100 万元但不超过 300 万的部分，减按 25% 计入应纳税所得额，按 20% 计算缴纳企业所得说。即最终实际税负率为 5%。

执行期限为 2022 年 1 月 1 日至 2024 年 12 月 31 日。

3. 增值税阶段性优惠政策

根据财政部国家税务总局公告 2022 年第 15 号，增值税小规模纳税人适用 3% 征收率的应税销售收入免征增值税。执行时间为 2022 年 4 月 1 日—2022 年 12 月 31 日。

4. 小微企业"六税两费"减免政策

为进一步支持小微企业发展，2022 年 3 月 4 日，财政部、税务总局发出《关于进一步实施小微企业"六税两费"减免政策的公告》（2022 年第 10 号），有关具体规定是：

对增值税小规模纳税人、小型微利企业和个体工商户可以在 50% 的税额幅度内减征资源税、城市维护建设税、房产税、城镇土地使用税、印花税（不含证券交易印花税）、耕地占用税和教育费附加、地方教育费附加；同时已依法享受资源税、城市维护建设税、房产税、城镇土地使用税、印花税、耕地占用税、教育费附加、地方教育附加其他优惠政策的，可叠加享受上述规定的优惠政策。其中，六税两费指的是：

六税：资源税、城市维护建设税、房产税、城镇土地使用税、印花税、耕地占用税。

两费：教育费附加、地方教育费附加。

针对群体：增值税小规模纳税人、小型微利企业和个体工商户在原税率基础上减半征收。

所称小型微利企业，是指从事国家非限制和禁止行业，且同时符合年度应纳税所得额不超过300万元、从业人数不超过300人、资产总额不超过5000万元等三个条件的企业。

执行期限：2022年1月1日至2024年12月31日。

以上税收减免、优惠政策涉及的减免均为自行申报，系统设置同税费种自动减免。

（三）居民个人境外所得征收个人所得税的规定

2020年1月17日，财政部、税务总局印发《关于境外所得有关个人所得税政策的公告》（财政部税务总局公告2020年第3号）。其中第十一条称："居民个人被境内企业、单位、其他组织（以下称派出单位）派往境外工作，取得的工资薪金所得或者劳务报酬所得，由派出单位或者其他境内单位支付或负担的，派出单位或者其他境内单位应按照个人所得税法及其实施条例规定预扣预缴税款。居民个人被派出单位派往境外工作，取得的工资薪金所得或者劳务报酬所得，由境外单位支付或负担的，如果境外单位为境外任职、受雇的中方机构（以下称中方机构）的，可以由境外任职、受雇的中方机构预扣税款，并委托派出单位向主管税务机关申报纳税。中方机构未预扣税款的或者境外单位不是中方机构的，派出单位应当于次年2月28日前向其主管税务机关报送外派人员情况，包括：外派人员的姓名、身份证件类型及身份证件号码、职务、派往国家和地区、境外工作单位名称和地址、派遣期限、境内外收入及缴税情况等。

中方机构包括中国境内企业、事业单位、其他经济组织以及国家机关所属的境外分支机构、子公司、使（领）馆、代表处等。"

三、有关优惠支持政策

1. 地方政府劳务补贴

地方政府根据对外劳务合作企业在所在地负责审批的商务主管部门的备案人数、

在出示项目所在地我驻外使（领）馆经商机构确认函、符合其他补贴条件（如无违规行为和重大纠纷等）的基础上，给予一定数额的补贴。补贴数额按外派劳务人员数量、随地方的不同而不同。

2. 企业出国（境）开拓业务出国（境）旅费报销

企业参加由政府组织的商务活动或业务开拓活动时，地方政府根据具体情况给予一定比例的出国（境）旅费补贴。该补贴随地方政府的具体情况而有所不同。

3. 给予出访通行便利

有的地方还为对外经济合作企业负责人办理 APEC 卡，给予出访通行便利的优惠等。

第三节　统计制度与信息管理

1983 年劳务合作统计制度的颁发实施，统一了对外劳务合作的统计口径和方法，之后又多次进行统计办法的修订，为及时掌握并汇总、分析对外劳务合作发展动态发挥了十分重要的作用。《对外劳务合作管理条例》强调指出，国务院商务主管部门会同国务院统计部门建立对外劳务合作统计制度，对外劳务合作企业具有及时报送统计信息的责任和义务。

一、法规政策对统计信息管理工作的要求

（一）《对外劳务合作管理条例》对统计信息工作的要求

《对外劳务合作管理条例》第三十条规定：“国务院商务主管部门会同国务院有关部门建立对外劳务合作信息收集、通报制度，为对外劳务合作企业和劳务人员无偿提供信息服务。”第三十二条规定：“国务院商务主管部门会同国务院统计部门建立对外劳务合作统计制度，及时掌握并汇总、分析对外劳务合作发展情况。”

（二）信用体系建设对统计工作的具体要求

发改委、商务部等 28 部门《关于加强对外经济合作领域信用体系建设的指导意见》（发改外资〔2017〕1893 号）指出，要建立对外承包工程和对外劳务合作主体的信用记录。对外承包工程、对外劳务合作主体和相关责任人，如出现违反国内及合作国家和地区相关法律法规以及违反国际公约、联合国决议，虚假投标、围标串标，骗贷骗汇，工程质量、安全生产不符合相关标准，未及时足额缴存外派劳务备用金、违法违规外派和非法外派、侵害劳务人员合法权益，拒绝履行对外承包工

程和对外劳务合作统计申报义务或不实申报，恶性竞争，扰乱对外经济合作秩序且对外造成严重不良影响，危害我国家声誉利益等的行为，相关主管部门将失信主体、责任人和失信行为记入信用记录。

（三）对外投资合作企业在外人员信息备案制度的要求

商务部、外交部关于印发《对外投资合作企业在外人员相关信息备案制度》的通知（商合发〔2010〕419 号）指出，对未按本制度要求办理在外人员相关信息备案的对外投资合作企业，企业注册地省级商务主管部门应责令其限期整改，并予以通报批评；对拒不改正的，按照境外安全管理等规定依法追究相关责任人的责任。

（四）《对外劳务合作业务统计制度》对统计工作的要求

《商务部关于印发〈对外承包工程业务统计调查制度〉和〈对外劳务合作业务统计调查制度〉的通知》（商合函〔2022〕5 号）指出，企业要认真履行对外劳务合作统计报表填报义务，明确统计责任，不得虚报、瞒报、漏报、重报统计数据；各省级商务主管部门应定期开展对外劳务合作业务统计培训，将学习和贯彻统计法律法规纳入培训内容，切实夯实防范和惩治统计造假、弄虚作假责任制，提高统计数据质量。

（五）统计工作被列入政府常态化监管的主要内容之一

《商务部关于印发〈对外承包工程业务统计调查制度〉和〈对外劳务合作业务统计调查制度〉的通知》（商合函〔2022〕5 号）指出，企业是否按照统计制度要求报送对外劳务合作业务统计资料，已列入商务部市场监管执法事项“双随机、一公开”抽查内容。商务部办公厅关于印发《对外投资合作“双随机、一公开”监管工作细则（试行）》的通知（商办合规函〔2021〕289 号）明确指出，在对外投资合作随机抽查事项清单内，针对对外劳务合作的检查事项包括：

（1）对外劳务合作企业是否足额缴纳劳务备用金；

（2）对外劳务合作企业是否按规定报送统计资料；

（3）根据管理需要确定的其他事项。

二、对外劳务合作业务统计制度

（一）制定《对外劳务合作业务统计制度》的依据

《中华人民共和国统计法》第七条规定：国家机关、企业事业单位和其他组织以及个体工商户和个人等统计调查对象，必须依照本法和国家有关规定，真实、准确、完整、及时地提供统计调查所需的资料，不得提供不真实或者不完整的统计资料，不得迟报、拒报统计资料。第九条规定：统计机构和统计人员对在统计工作中知悉的国家秘密、商业秘密和个人信息，应当予以保密。

《商务部关于印发〈对外承包工程业务统计调查制度〉和〈对外劳务合作业务统计调查制度〉的通知》（商合函〔2022〕5号）明确提出，《对外劳务合作业务统计调查制度》（2022年1月）由中华人民共和国商务部依照《中华人民共和国统计法》《中华人民共和国统计法实施条例》等有关规定制定。

（二）对外劳务合作业务统计的目的和作用

对外劳务合作业务统计是我国对外投资合作统计体系的重要组成部分。其基本任务是科学、有效地组织全国对外劳务合作业务统计工作，通过统计调查、统计分析和提供统计资料，真实、准确、完整、及时地反映对外劳务合作业务的实际情况，充分发挥统计信息、咨询、监督作用，为有关部门制定方针、政策提供可靠的数据支持。

（三）统计对象和方式

1. 统计对象

所有发生对外劳务合作业务的中国企业和单位。统计范围包括：

（1）适用于我国境内各级商务主管部门和获得对外劳务合作经营资格的企业以及海员外派机构（以下简称“企业”）；

（2）企业与境外中资企业（包括中国企业为承揽境外承包工程项目而设立的境外企业）签订劳务合作合同，按照合同约定派人员赴境外工作的活动纳入对外劳务合作统计；

（3）中国公民个人到境外工作不属对外劳务合作业务统计范畴。

2. 统计方式

（1）商务部负责全国对外劳务合作业务统计工作，管理各省、自治区、直辖市、计划单列市商务主管部门的对外劳务合作业务统计工作，综合编制、汇总全国对外劳务合作业务统计资料。

（2）地方商务主管部门负责本行政区域内对外劳务合作业务统计工作，管理本行政区域内企业（包括在该行政区域内中央管理的企业，下同）的统计工作，综合编制、汇总并向商务部上报本行政区域内对外劳务合作统计资料。

（3）企业负责本单位的对外劳务合作业务统计工作，编制统计资料并上报地方商务主管部门。

对外劳务合作业务统计采用全面调查的方法，实行统一领导，分级管理。企业按属地化原则报地方商务主管部门；地方商务主管部门审核、汇总本行政区域内企业的报表并报商务部，同时抄报同级统计部门；商务部汇总全国数据后报国家统计局。逢国家法定的节假日，统计报表的报送时间顺延。

（四）统计报表与统计口径

1. 统计报表

对外劳务合作业务统计报表包括对外劳务合作派出人员构成表（表2-5-3-1）、对外劳务合作期末在外人员构成表和对外劳务合作项目明细表（表2-5-3-2）。其中主要指标内容包括：派出人数、月末在外人数、新签劳务人员合同工资总额、劳务人员实际收入总额等。

表2-5-3-1 对外劳务合作派出人员构成

项目名称	合计	农、林、牧、渔业			采矿业	制造业					建筑业	居民服务、修理和其他服务业
		小计	其中：渔船船员	其中：农业种植		小计	其中：纺织服装	其中：电子	其中：食品加工制造	其中：机械加工		
甲	1	2	3	4	5	6	7	8	9	10	11	12
合计												
××国家（地区）												
××项目												
·												
·												

（续表）

项目名称	交通运输、仓储和邮政业			信息传输、软件和信息服务业	批发和零售业	住宿和餐饮业		文化、体育和娱乐业	卫生和社会工作		其他
	小计	其中：海员	其中：空乘人员			小计	其中：厨师		小计	护士	
甲	13	14	15	16	17	18	19	20	21	22	23
合计											
××国家（地区）											
××项目											
·											
·											

注：表格出自商务部和国家统计局联合下发的《对外劳务合作业务统计调查制度》。

对外劳务合作人员行业一级分类执行国民经济行业分类与代码（GB/T 4754—2017），二级细类根据业务情况划分；国别（地区）统计代码，按国家统计局制定的《国别（地区）统计代码》执行。统计频率为月报。具有对外劳务合作经营资格的企业以网络传输方式报送，调查时间为1日至当月最后一日。

对外劳务合作期末在外人员构成表同表2-5-3-1。

表 2-5-3-2　对外劳务合作项目明细表

指标 项目名称	项目所在国家 （地区）	外方签约 单位	雇主 名称	签约日期
甲	乙	丙	丁	戊
合 计				
××项目				
××项目				
·				
·				

（续表）

新签劳务 人员合同 工资总额	劳务人员 实际收入 总额	劳务人员 实际月平 均工资	派出人数		月末在外人数	
				其中：女性		其中：女性
1	2	3	4	5	6	7
合 计						
××项目						
××项目						
·						
·						

注：出处同表 2-5-3-1。

2. 统计口径

（1）外方签约单位：指与企业签订对外劳务合作合同的国（境）外企业名称，外方签约单位若是中资企业，需在统计系统中明确中资企业的境内投资者名称。

（2）雇主名称：指劳务人员工作的最终雇主。

（3）签约日期：指企业与国（境）外业主签订合同的日期。

（4）派出人数：指企业在报告期内派往国（境）外执行对外劳务合作项目的人数。

（5）月末在外人数：指报告期末企业在国（境）外执行对外劳务合作项目的人数。

（6）新签劳务人员合同工资总额：指企业与外方签约单位或雇主订立书面合同文本中所规定的对外劳务人员工资总额。

派往日本的技能实习生，其新签合同工资总额按日本国劳动基准法规定的本国人均月生活水准金额乘以合同月数乘以人数计算。

新签合同工资总额以美元作为计算单位。以非美元计价的，若合同规定了对美元折算率，其新签合同工资总额按合同规定的折算率折合美元计算统计；若合同未规定对美元折算率，须按所签合同生效当日所在国家（地区）官方规定的合同计价货币对美元折算率的中间价折合美元计算统计。

（7）对外劳务人员实际收入总额：指报告期根据合同规定的对外劳务人员工资标准含工资、奖金、津贴等计算的在外劳务人员应获取的全部劳动报酬总额；或境外签约单位或雇主直接向劳务人员支付的工资、加班费、津贴和奖金等的各种收入的总额。该指标以美元计算。

（8）劳务人员实际月平均工资：劳务人员实际月平均工资：指报告月度劳务人员平均每人所得的货币工资额。月平均工资等于报告月度雇主实际支付的全部劳务人员工资总额除以报告月份劳务人员平均人数。

（五）统计资料的填报、公布与共享方式

1. 填报要求

（1）统一社会信用代码：指按照《国务院关于批转发展改革委等部门法人和其他组织统一社会信用代码制度建设总体方案的通知》（国发〔2015〕33 号）规定，由赋码主管部门给每一个法人单位和其他组织颁发的在全国范围内唯一的、终身不变的法定身份识别码，由十八位的阿拉伯数字或大写英文字母（不使用 I、O、Z、S、V）组成。已经领取了统一社会信用代码的法人单位和产业活动单位必须填写统一社会信用代码。在填写时，要按照《营业执照》（证书）上的统一社会信用代码填写。

（2）企业性质：指根据企业实收资本中某种经济成分的出资人实际出资情况对企业进行分类，按国家统计局 2005 年 8 月 18 日发布的《关于统计上对公有和非公有控股经济的分类办法》执行。

关于公有控股经济和非公有控股经济的界定：根据企业实收资本中某种经济成分的出资人实际出资情况进行分类，并按出资人对企业的控股程度，分为绝对控股和相对控股。

绝对控股是指在企业的全部实收资本中，某种经济成分的出资人拥有的实收资本（股本）所占企业的全部实收资本（股本）的比例大于 50%。

投资双方各占 50%，且未明确由谁绝对控股的企业，若其中一方为国有或集体的，一律按公有绝对控股经济处理；若投资双方分别为国有、集体的，则按国有绝对控股处理。

相对控股是指在企业的全部实收资本中，某经济成分的出资人拥有的实收资本（股本）所占的比例虽未大于 50%，但根据协议规定拥有企业的实际控制权（协议

控股)；或者相对大于其他任何一种经济成分的出资人所占比例（相对控股）。

（3）企业需在商务部规定时间内将数据上传至对外投资合作信息服务系统，以保证对外劳务合作业务统计数据的填报及时、准确、全面。月后10日内，由调查范围内企业通过登录商务部业务系统统一平台（http：//ecomp. mofcom. gov. cn）中的对外投资合作信息服务，填报前一个月的数据。

（4）如国家（地区）和项目涉及派出渔船船员劳务，渔船船员项下应分别填报远洋人数和近海人数。近海指驻在国或地区管辖的水域，远洋是指驻在国或地区管辖以外水域。

2. 统计资料公布方式

（1）对外劳务合作业务统计数据由商务部定期发布，月度数据于月后30日内，通过商务部政府网站（http：//www. mofcom. gov. cn）或商务部例行发布会对外公布，主要指标包括派出人数、期末在外人数等；

（2）对外提供的对外劳务合作业务统计资料，以商务部发布的统计资料为准。

3. 信息共享

经批准对外发布的数据，可按照协定方式与相关政府部门共享。在最终审定数据十个工作日后可以共享，共享责任单位及共享责任人分别为商务部对外投资和经济合作司及其统计工作负责人。

（六）统计资料的管理

（1）企业应当按照国家有关规定设置原始记录、统计台账，建立健全统计资料的审核、签署、交接、归档等管理制度；派出人数、月末在外人数属本制度关键统计指标，企业应按月进行重点核实，及时对人员增减变化情况进行调整，保证数据准确无误。

（2）各省级商务主管部门应当按照国家有关规定建立统计资料的保存、管理制度，建立健全统计信息共享机制。

（3）各省级商务主管部门和企业应加强跨境数据信息管理，遵守境内外数据信息保护规定和要求，依法合规收集、存储、使用统计数据信息；应加强数据传输的现代化建设，充分运用网络传输手段，全面提高统计工作质量。商务部不定期对企业报送的统计数据进行核查，以保证统计数据的准确性和严肃性。

（4）统计调查中获得的能够识别或者推断单个统计调查对象身份的资料，任何单位和个人不得对外提供、泄露，不得用于统计以外的目的。

三、对接对外投资合作在外人员信息管理系统

为全面掌握和及时跟踪我对外投资合作企业在外人员相关信息，做好对外投资

合作业务宏观监测和运行分析，强化风险评估、预警和应对，积极预防和妥善处置境外突发事件，做好我在外人员的安全权益保护工作，以及推进网上政务，2010 年 10 月，商务部、外交部联合发出《关于印发〈对外投资合作企业在外人员相关信息备案制度〉的通知》（商合发〔2010〕419 号）。根据《对外劳务合作管理条例》和对外投资合作在外人员管理的相关规定，商务部办公厅发出《关于启用对外投资合作在外人员信息管理系统的通知》（商办合函〔2013〕253 号），自 2013 年6 月1 日起正式启用对外投资合作在外人员信息管理系统（以下简称“管理系统”）。

（一）管理系统的设置及其作用

管理系统是集对外投资合作（包括对外投资合作、对外承包工程和对外劳务合作）在外人员信息采集、管理、通报和网上政务为一体的综合信息平台，整合了对外投资合作信息系统中现有相关在外人员信息数据库，将原“外派劳务人员基本信息数据库”和“对外投资合作企业在外人员相关信息备案系统”并入，按照实际工作需要对在外人员信息采集和管理重新进行了分类设置，开发了外派人员相关合同和人员信息备案功能，设有企业端、对外劳务合作服务平台端、地方商务主管部门端、商务部端等端口，并与驻外经商机构等实现互联互通。管理系统设在商务部网站“中国对外投资和经济合作”（现“走出去”公共服务平台子站：http：//fec. mofcom. gov. cn）。

对外投资合作企业登录中国对外投资和经济合作子站，选择“对外投资合作在外人员信息管理系统”进行数据填报或合同备案，具体操作办法通过从管理系统下载用户手册获取。对外投资合作企业登录管理系统的用户名、密码和电子钥匙与登录“对外投资合作信息服务系统”一致。对外劳务合作服务平台登录管理系统前，需由有关省商务主管部门与中国国际电子商务中心联系设立用户名和密码。中国国际电子商务中心设立技术支持和服务热线，负责协助解决管理系统使用过程中遇到问题和困难，并收集相关意见和建议。

（二）信息构成及其填报的主要内容

（1）对外投资合作在外人员信息。即：对外投资合作企业实时填报或更新企业在外人员信息，包括企业自有人员、外派人员和外籍雇员信息；对外劳务合作服务平台实时填报或更新劳务人员报名信息及对外投资合作企业从本平台招收人员信息。

（2）外派人员合同及人员名单备案。即：对外承包工程企业和对外劳务合作企业通过该系统将外派人员合同的必备条款以及外派人员名单报地方商务主管部门备案。

（三）信息报送与信息备案

（1）管理系统信息由对外投资合作企业，包括对外投资企业、对外承包工程企业、对外劳务合作企业以及对外劳务合作服务平台实时填报。

对外劳务合作企业在开展对外劳务合作的过程中，除应严格执行现行对外投资合作信息报送规定外，还有义务在人员派出的同时，通过填写《对外投资合作企业在外人员相关信息备案表》（见表2－5－3－3）的方式，将在外各类人员相关信息通过传真或电子邮件方式报送驻在国或地区使（领）馆，办理在外人员相关信息备案。

表2－5－3－3 对外投资合作企业在外人员相关信息备案表

对外投资合作类型	境内主体情况		境外合作方、境外机构及管理人员情况				在外人员情况	
三、对外劳务合作	中文名称		境外雇主名称		境外机构或管理人员名称		1. 姓名	主要内容包括：性别、户籍所在地、护照号、签证类型、工作地点、工作期限、国内联系人、电话/传真等
	资格证书号		负责人		负责人		2.	
	负责人		地址		电话/传真		3.	
	地址		电话/传真		地址		4.	
	电话/传真						5.	

注：该表引自商务部《对外投资合作企业在外人员相关信息备案表》；仅针对对外劳务合作业务。

（2）各驻外使（领）馆将建立驻在国或地区对外投资合作企业在外人员相关信息备案数据库，详细掌握我在当地从事对外投资合作的各类人员相关信息。

（3）商务部、外交部负责汇总所有对外投资合作企业在外人员相关信息。商务部利用已有对外投资合作信息服务系统，建立“对外投资合作企业在外人员相关信息备案系统”，并与各驻外使（领）馆和外交部联网；外交部负责督促各驻外使（领）馆做好驻在国或地区对外投资合作企业在外人员相关信息的整理工作。同时，备案系统在已有对外投资合作信息服务系统中分国别或地区抽取对外投资合作企业在外人员相关信息，供各驻外使（领）馆核对和修改在外人员相关信息。

（4）备案系统分地区为各省、自治区、直辖市、计划单列市和新疆生产建设兵团商务主管部门（以下简称“省级商务主管部门”）开设管理端口，由省级商务主管部门对本地区对外投资合作企业在外人员相关信息进行审核和修正。

（四）信息更新与使用

1. 信息更新

（1）对外投资合作企业在外人员相关信息如发生变化，应及时在备案系统中进行更新。对外投资合作企业和对外劳务合作服务平台应确保信息填报的准确性并及时进行更新。对未及时填报和更新信息的，各级商务主管部门应不予受理其相关资金支持申请。

（2）省级商务主管部门通过管理系统完成企业外派人员合同和人员名单备案。定期检查对外投资合作企业在外人员相关信息备案情况，如发现对外投资合作企业未按规定更新在外人员备案相关信息，应要求对外投资合作企业及时改正。

（3）各驻外使（领）馆在工作中发现对外投资合作企业在外人员相关备案信息与实际情况不符的，应及时告知对外投资合作企业境内注册地省级商务主管部门，由其要求对外投资合作企业及时更正。

2. 信息使用

（1）省级商务主管部门通过备案系统管理端口，按照《境外中资企业机构和人员安全管理规定》（商合发〔2010〕313 号）的要求，做好本地区对外投资合作企业在外人员的境外安全风险信息通报和纠纷处置等工作。

（2）各驻外使（领）馆通过驻在国或地区对外投资合作企业在外人员相关信息备案数据库，全面掌握对外投资合作企业在外人员相关信息，并按照《对外投资合作境外安全风险预警和信息通报制度》（商合发〔2010〕348 号）的要求，及时向驻在国或地区对外投资合作企业在外人员发布驻在国政治、经济、社会、安全等特别提醒或风险警告，提醒在外人员增强风险防范意识。

各驻外使（领）馆在处理对外投资合作企业在外人员突发事件时，将根据防范和处置境外突发事件及领事保护的相关规定，为对外投资合作企业在外人员提供必要的领事保护；如需有关地方人民政府予以配合和指导，应及时向地方人民政府通报相关信息，并抄报商务部、外交部。

（3）省级商务主管部门和各驻外使（领）馆在工作中有义务对涉及对外投资合作企业和公民个人的信息资料予以保密，并妥善保存和管理，不得向无关单位和个人泄露。

第四节 信用体系建设与不良行为记录

一、建立对外经济合作[①]领域信用体系建设

《商务部、外交部、国资委关于规范对外承包工程外派人员管理的通知》（商合

① 根据对外贸易经济合作部 2000 年 12 月 26 日发布的《中华人民共和国对外经济合作经营资格证书管理办法》，“对外经济合作”系指对外承包工程、对外劳务合作和对外勘测、设计、咨询和监理以及其他对外经济合作等涉外经济活动。

函〔2015〕877号）指出："对外承包工程的行业商协会应当继续发挥行业自律作用，加强行业协调，将对外承包工程外派人员管理和境外纠纷处置情况作为企业信用评级的重要指标。"

2017年，《发改委、商务部等28部门关于加强对外经济合作领域信用体系建设的指导意见》（发改外资〔2017〕1897号，以下简称《指导意见》）指出，建立健全企业履行主体责任、政府依法监管和社会广泛参与的信用体系，有利于在对外开放中有效维护国家利益、声誉和安全，有效规范对外经济合作参与者的行为和市场秩序，营造守法、合规、优质、诚信、公平开放、竞争有序的对外经济合作大环境，有效提高对外经济合作参与者诚信意识，提高对外经济合作水平，树立良好形象；对外经济合作信用信息包括企业基础信息、对外经济合作基本信息、违法违规并造成严重不良影响等失信行为信息、相关处罚信息等。

（一）总体要求

《指导意见》指出，在对外经济合作领域，以对外投资、对外承包工程和对外劳务合作、对外贸易、对外金融合作为重点，加强对外经济合作信用记录建设，依托全国信用信息共享平台和国家企业信用信息公示系统，逐步实现信用信息的归集、处理、公示和应用。

建立健全对外经济合作领域信用信息采集、共享规则，严格保护组织、个人隐私和信息安全，依法依规推进信用信息公开和应用。鼓励开发对外经济合作领域信用产品，使用信用信息和信用产品，推动实施失信联合惩戒，使守信者受益，失信者受限，增强负面惩戒的力度，有效规范对外经济合作秩序和参与者行为。

（二）建立对外承包工程和对外劳务合作主体的信用记录

按照《指导意见》要求，对外承包工程、对外劳务合作主体和相关责任人，如出现违反国内及合作国家和地区相关法律法规以及违反国际公约、联合国决议，虚假投标、围标串标，骗贷骗汇，工程质量、安全生产不符合相关标准，未及时足额缴存外派劳务备用金、违法违规外派和非法外派、侵害劳务人员合法权益，拒绝履行对外承包工程和对外劳务合作统计申报义务或不实申报，恶性竞争，扰乱对外经济合作秩序且对外造成严重不良影响，危害我国家声誉利益等的行为，相关主管部门将失信主体、责任人和失信行为记入信用记录。

中国对外承包工程商会作为中国对外承包工程、劳务合作、工程类投资及相关服务企业组成的全国性行业组织，为增强企业诚信意识，提高行业自律水平，推动行业信用体系建设，自2008年起开展对外承包工程和对外劳务合作企业信用等级评价工作。截至2021年底，累计有近2100家次企业参与评价，企业所获信用等级已成为其海外业务综合能力的重要证明，等级优秀的企业在参与行业业务协调、项目推荐和争取金融机构支持方面可以享受到更多的机会、优惠条件和便利化措施。2018 年以来，又启动了对外承包工程企业分级管理，企业信用等级评价结果已成为企业分级的重要参考。在对外劳务合作信用评价方面，设置了基础信用能力、经营状况、管理能力、经济偿付能力、社会信用记录和行业自律表现（履行会员义务、诚信经营公平竞争、行业荣誉和行规处罚）等主要评价指标。

（三）鼓励社会各界力量参与信用记录建设

推动相关政府部门、企事业单位、行业协会、社会信用服务机构加强配合，社会各界力量广泛参与，形成对外经济合作领域信用建设的合力。鼓励行业组织、社会信用服务机构积极参与信用记录建设，通过各种渠道依法依规搜集整理对外经济合作领域各类主体的失信信息。鼓励广大人民群众如实举报相关失信行为。

（四）加快推进对外经济合作领域信用信息共享应用

《指导意见》要求，按照属地化和行业化管理原则，各相关部门和地方定期将各自管理职责范畴内采集到的对外经济合作失信主体的相关信用信息推送给全国信用信息共享平台。共享平台及时动态更新失信行为相关主体、责任人的信用记录，并按照有关规定向相关部门和单位提供对外经济合作相关主体、责任人的信用信息。同时在国家发展改革委、商务部、人民银行以及相关业务主管部门网站、国家企业信用信息公示系统、“信用中国”网站等向社会公布。

各相关部门掌握的可以依法向社会公开的信用信息应当及时通过部门网站公布，并主动向国家企业信用信息公示系统和“信用中国”网站推送。积极协调有关互联网新闻信息服务单位及时向社会公布依照法律法规可以公开的失信行为相关主体、责任人信用信息，不断扩大信用信息的公众知晓度。

（五）建立对外经济合作领域失信惩戒机制

各相关部门通过签署对外经济合作领域失信行为联合惩戒合作备忘录，对严重失信主体依法依规实施联合惩戒。鼓励各类社会机构和企业法人依据法律法规和规章制度，采用市场化的手段，对失信企业在信贷担保、保险费率、招投标采购等方面采取限制性措施，强化失信联合惩戒的效果。

（六）建立对外经济合作领域信用体系建设保障机制

按照《指导意见》要求，建立对外经济合作领域信用体系建设保障机制，一是建立指导协调机制，在国务院“走出去”工作部际联席会议机制内，加强对对外经济合作领域信用体系建设的指导和协调，各相关部门和地方研究制定对失信行为的惩戒措施，积极落实各项政策措施；二是建立修复机制，制定信用信息主体异议和申诉流程，保护信用信息主体合法权益。建立信用信息纠错、修复机制，明确各类信用信息期限，失信惩戒期限，畅通信用修复渠道，丰富信用信息修复方式；三是建立采集、查询机制，相关政府部门、行业协会组织和社会信用服务机构严格遵照有关规定，建立健全保障信用信息安全的规章制度，严格执行信用信息采集、查询和使用的权限和程序；四是建立通报机制，建立对外经济合作领域惩戒效果定期通报机制，各部门定期将联合惩戒实施情况通过全国信用信息共享平台反馈给国家发展改革委、商务部、人民银行、外交部及其他相关部门。

二、建立对外投资合作和对外贸易领域不良信用记录及公告制度

国家各有关部门十分重视信用体系建设和建立不良行为记录及公告制度，先后于2010年、2012年、2013年、2014年和2017年分别发出有关建立对外投资合作和对外贸易领域不良行为记录的办法和措施，其中包括对外劳务合作不良信用记录的收集、发布等有关办法。

（一）法规政策对建立和加强不良信用记录及公告制度的要求

（1）2010年6月25日，商务部、外交部、公安部、工商总局关于印送《对外劳务合作不良信用记录试行办法》的函（商合函〔2010〕462号）指出，为促进对外劳务合作规范发展，维护劳务人员和对外劳务合作企业的合法权益，有效提示风险，按照信息公开、社会监督和为公众负责的原则，各地商务、外事、公安、工商行政管理等部门应根据有关法律法规对相关对外劳务合作不良信用记录涉及的企业、中介机构和自然人的违规违法行为依法予以查处。地方各级人民政府应加强对本行政区域内对外劳务合作不良信用记录工作的指导、监督和管理，促进本地区对外劳务合作规范发展，切实维护劳务人员的合法权益。

（2）2012年8月1日实施的《对外劳务合作管理条例》指出，为了支持和促进对外劳务合作发展，国家在服务和管理方面将采取相应的措施。将建立对外劳务合作信息收集、评估、统计等制度；建立对外劳务合作不良信用记录和公告制度。

（3）2013年7月5日，商务部、外交部、公安部、住房城乡建设部、海关总署、税务总局、工商总局、质检总局、外汇局等9部门联合发出关于印发《对外投资合作和对外贸易领域不良信用记录试行办法》的通知（商合发〔2013〕248号），通知强调指出，根据《中华人民共和国对外贸易法》等法律法规制定《对外投资合作和对外贸易领域不良信用记录试行办法》。其中对外投资合作是指在中国境内合法注册的企业在境外开展投资、承包工程和劳务合作等对外经济技术合作业务。对外投资合作不良信用记录是对我国境内企业、机构和个人以及境外投资合资合作方、

工程项目业主、总承包商、境外雇主、中介机构和个人有关违法违规行为信息的收集、整理、发布、保存和维护。

（4）2014 年 9 月 5 日，《商务部关于加强对外劳务合作管理的通知》（商合函〔2014〕733 号）指出，要做好对外劳务合作领域不良信用记录的发布工作。收集对外劳务合作企业的行政处罚信息和非法中介的查处取缔信息，并及时公开发布不良信用记录。

（5）2017 年 7 月 14 日，《商务部办公厅关于进一步加强对外劳务合作管理的通知》（商合字〔2017〕9 号）指出，要健全对外劳务合作不良信用记录和公告制度，要求各地方定期检查本地区对外劳务合作企业依法经营情况，对有违法违规行为的企业依法依规予以处理，并依照《企业信息公示暂行条例》和《对外投资合作和对外贸易领域不良信用记录试行办法》，将相关情况列入不良信用记录，予以公告。同时要加强对外劳务合作业务的事中事后监管。将对外劳务合作业务纳入“双随机、一公开”抽查范围，对辖区内对外劳务合作企业合规经营等管理事项进行随机抽查，对抽查中发现的问题及时研究处理。

（二）被列入对外劳务合作不良信用记录的行为

1. 何为“对外劳务合作不良信用记录”

《对外劳务合作不良信用记录试行办法》称，“本办法所称对外劳务合作不良信用记录是对我国境内企业、中介机构和自然人以及境外雇主、中介机构和自然人涉及对外劳务合作的违规违法行为或侵害劳务人员合法权益行为信息的收集、整理、发布、保存和维护，以及对劳务人员违法信息的收集”。

2. 应当列为对外劳务合作不良信用记录的行为

商务部、外交部、公安部、住房城乡建设部、海关总署、税务总局、工商总局、质检总局、外汇局等 9 部门联合发出《关于印发〈对外投资合作和对外贸易领域不良信用记录试行办法〉的通知》（商合发〔2013〕248 号）指出：“本办法称对外投资合作是指在中国境内合法注册的企业在境外开展投资、承包工程和劳务合作等对外经济技术合作业务。”列为对外劳务合作不良信用记录的行为主要包括：

第一，对外劳务合作方面。

（1）境内企业、机构和个人未取得对外劳务合作经营资格，违规从事外派劳务。

（2）取得对外劳务合作经营资格企业的下列行为：

①违反国家有关规定委托其他企业、中介机构和个人招收劳务人员，或者接受其他企业、中介机构和自然人挂靠经营；

②向劳务人员超标准收费以及向劳务人员收取或者变相收取履约保证金；

③未为劳务人员办理境外工作准证或者以旅游、商务签证等方式派出劳务人员；

④未与劳务人员签署合同或者未履行合同约定；

⑤发生重大劳务纠纷事件，并受到行政处罚或者造成恶劣影响，或者法院判决须承担法律责任等情形；

⑥未为劳务人员办理健康体检和预防接种；

⑦未对劳务人员进行安全文明守法培训；

⑧其他违法违规和侵害外派人员合法权益的行为。

（3）境外雇主、机构和个人的下列行为：

①直接在我国境内招收劳务人员；

②未按当地法律法规为劳务人员提供相应劳动和生活条件、健康体检和预防接种、未为劳务人员缴纳有关社会保险；

③拖欠或克扣劳务人员工资；

④恶意违约导致劳务人员提前回国；

⑤违约违法导致重大劳务纠纷事件；

⑥未为在境外染病的劳务人员提供救治，导致回国发病或者传播给他人；

⑦其他违法违规和侵害劳务人员合法权益的行为。

（4）劳务人员违反境内外法律法规的行为。

第二，对外承包工程方面（其中部分条款对应对外劳务合作业务）。

（1）境内企业、机构和个人未取得对外承包工程经营资格，擅自开展对外承包工程。

（2）取得对外承包工程经营资格企业的下列行为：

①因企业违反劳动合同或者驻在国劳动法规等原因，引发重大劳资纠纷，造成恶劣影响；

②以恶性竞标、商业贿赂等不正当方式承揽工程项目；

③诽谤或者以其他手段扰乱其他中资企业正常经营并造成实质性损害；

④因企业原因造成所承揽或者实施的境外工程项目出现重大质量安全事故；

⑤因企业原因使所承揽或者实施的境外工程项目出现严重拖期，造成纠纷并产生恶劣影响；

⑥因企业决策失误或者管理不善等原因造成项目重大亏损，造成恶劣影响；

⑦擅自以中国政府或者金融机构名义对外承诺融资；

⑧未对派出人员进行安全文明守法培训，未针对当地安全风险采取有效安全防范措施；

⑨其他严重违法违规、缺乏诚信和由企业所属行业组织根据分工依据行规行约认定的不良经营行为。

第三，其他行为。

（1）对外投资合作企业骗取国家各类专项资金的行为。

（2）其他因企业原因给双边关系造成恶劣影响的行为。

（三）建立对外投资合作和对外贸易不良信用记录收集和发布机制

根据商务部、外交部、公安部、住房城乡建设部、海关总署、税务总局、工商总局、质检总局、外汇局等9部门联合发出关于印发《对外投资合作和对外贸易领域不良信用记录试行办法》的通知（商合发〔2013〕248号）精神。对外投资合作和对外贸易不良信用记录收集和发布机制其中包括对外劳务合作不良信用记录的收集与发布机制。

1. 政府各部门职责分工

在地方各级人民政府的指导下，各级商务主管部门会同外事、公安、住房城乡建设、海关、检验检疫、税务、外汇和工商行政管理部门建立所辖行政区域内对外投资合作和对外贸易不良信用记录收集和发布机制，各部门负责职能范围内对外投资合作和对外贸易不良信息的收集和发布工作；各驻外使（领）馆建立驻在国对外投资合作和对外贸易不良信用记录收集和发布机制。

2. 发挥有关行业组织的作用

中国对外承包工程商会和中国机电产品进出口商会根据各自分工建立会员企业对外投资合作行业不良信用记录收集和发布机制。

3. 企业和其他不良信用记录信息的发布

（1）信息发布。地方人民政府有关部门、行业组织和驻外使（领）馆收集的不良信用记录信息中，涉及企业信用的违反法律法规、部门规章行为并已受相应行政处罚或者被司法机关查处的信息，有关部门应在职能范围内及时发布，并加强对不良信用企业的监管；涉及企业信用的违反行规行约的信息，有关行业组织应依据各自分工及时发布；其他信息收集后仅供内部参考①。

（2）信息共享。地方人民政府有关部门、行业组织和驻外使（领）馆应于每月底前将企业当月不良信用记录信息报商务部，已发布的不良信息应予以注明。商务部将所有信息汇总后提供给各驻外使（领）馆以及相关部门参考，同时将各单位已分别发布的不良信息在商务部网站统一发布，实现信息共享。

① 根据《对外劳务合作不良信用记录试行办法》，劳务人员的不良信用记录不向社会公布，仅供各有关方面查询。

4. 不良信用信息的发布要求及复核

（1）对外投资合作和对外贸易领域不良信用记录信息的发布应实事求是、客观公正，如实记录。对外劳务合作不良信息在此基础上，应实事求是、客观公正，如实记录境内企业、中介机构和自然人以及境外雇主、中介机构和自然人涉及对外劳务合作的违规违法行为或侵害劳务人员合法权益行为。

（2）如被发布对象认为所发布内容存在错误或者与事实不符，自发布之日起可向发布单位书面提出异议申请。发布单位应在接到异议申请后进行复核，如发布信息有误，发布人应声明并撤销不良信用记录。

5. 提示防范不良行为记录者

各级人民政府有关部门、对外承包工程商会和驻外使（领）馆应提醒对外劳务合作企业、对外承包工程企业和公民有效防范有不良信用记录的境内外任何企业、中介机构和自然人。

第五节　行业规范与协调自律

《对外劳务合作管理条例》（以下简称《条例》）第四十八条规定："有关对外劳务合作的商会按照依法制定的章程开展活动，为成员提供服务，发挥自律作用。"根据《条例》要求，中国对外承包工程商会针对我国对外劳务合作行业先后制定了行业规范、协调办法、常态监督检查办法、收费指导意见以及国别（地区）市场协调办法等（见第二篇第一章第二节行业规范），中资（澳门）职介所协会、商务部投资促进事务局分别制定了内地输澳门劳务合作、我国对韩国雇佣许可制劳务合作有关市场规范和协调办法。本节主要介绍中国对外承包工程商会（以下简称"承包商会"）针对对外劳务合作行业制定的《中国对外劳务合作行业规范》和《对外劳务合作协调办法》。

一、对外劳务合作行业规范

2000 年 1 月 28 日，对外贸易经济合作部办公厅发出关于转发《中国对外承包工程和劳务合作行业规范（试行）》的通知（外经贸合字〔2000〕第 5 号），之后，根据对外劳务合作行业发展需要，承包商会多次在征求会员企业意见和建议的基础上进行了修订。2013 年，为进一步加强我国对外劳务合作行业自律，规范经营行为，促进行业健康发展，根据《条例》和国家相关法律法规、政策规定，以及《中国对外承包工程商会章程》，在2009年11月承包商会五届三次理事会审议通过的《中国对外劳务合作行业规范》基础上，进行了再次修订，并于2013年12月11日经承包商会六届四次理事会审议通过实行修订后的《中国对外劳务合作行业规范》（以下简称《行业规范》）。本《行业规范》适用于符合《条例》对经营公司的经营资格要求，取得对外劳务合作经营资格的企业（以下简称“企业”）及与对外劳务合作相关的经济组织或机构（以下简称“机构”）。

（一）对外劳务合作企业与相关机构的行为准则

1. 对于企业和机构

（1）应严格遵守我国有关对外劳务合作法律法规、政策规定和项目所在国家或地区的政策规定，在经营许可的范围内依法、自主开展对外劳务合作相关经营活动；

（2）应自觉接受各级政府主管部门、驻外使（领）馆的监管和承包商会的行业指导与协调；

（3）应加强诚信建设，积极履行社会责任；

（4）应坚持公平竞争原则，自觉维护市场经营秩序；

（5）应不断完善突发事件应急处置制度和应急预案，健全风险防范机制，切实维护和保障外派劳务人员的合法权益；

（6）应制订并不断完善内部管理制度，组织从业人员积极参加行业培训，不断提高从业人员业务素质和经营管理水平；

（7）应加强业务信息收集和业务统计工作，按期如实上报相关信息、业务报表和统计数据等资料；

（8）应规范和完善外派劳务人员境外工作期间的跟踪服务和管理。企业须按规定安排随行管理人员；服从我驻外使（领）馆作出的紧急避险安排；如企业停业，应及时对尚在履约中的劳务人员作出妥善安排；

（9）有义务举报经营活动中的违规和不正当经营行为并协助调查核实。涉嫌违规的企业、机构应积极配合承包商会开展调查核实工作。

2. 对于企业

（1）须按《条例》规定，在保证项目真实性的基础上，与国（境）外雇主订立书面《劳务合作合同》；与外派劳务人员订立书面《服务合同》或《劳动合同》；协助外派劳务人员与国（境）外雇主订立确定劳动关系的劳动合同或雇佣合同。并保证上述合同要件的全面性和一致性；

（2）必须通过正规合法方式招收劳务人员；

（3）对于开展重大项目、敏感国别和地区以及新兴国别劳务市场项目时，应向承包商会通报并接受行业指导和协调；

(4) 须安排外派劳务人员接受不少于条例第十二条规定内容的培训和行前教育，保证外派劳务人员的培训质量，不得外派未取得培训合格证书的劳务人员；

(5) 应严格执行有关主管部门制定的服务费收取规定，明确服务内容，公开收费标准，出具合法凭证。严格执行针对重点国别市场制定的行业指导性国（境）外管理费收取标准和收取方式。

（二）行业奖励与处罚

1. 表扬奖励

承包商会对严格遵守《行业规范》的企业和机构给予表扬，并作为行业信用评价的依据。

2. 行业处罚

承包商会对下列行为进行行业处罚：

(1) 违反相关法律法规，不遵守行业规范，不执行行业协调决定的行为；

(2) 不履行合同义务，损害国家利益、行业利益、签约方利益和外派劳务人员合法权益的行为；

(3) 管理不到位，处理不及时，引发纠纷和突发事件，且造成严重后果和重大社会影响的行为；

(4) 隐瞒项目信息导致外派劳务人员与境外雇主产生纠纷；或不积极、不及时地协助劳务人员向境外雇主要求履行约定义务、赔偿损失，导致事态扩大的行为；

(5) 弄虚作假，以阴阳合同、虚假材料等欺骗手段损害合作方信誉和利益的行为；

(6) 以排挤其他企业为目的，捏造、散布虚假事实或泄露其他企业信息等行为；

(7) 巧立名目或变相向外派劳务人员多收费、乱收费；以直接或变相方式向外派劳务人员收取押金或要求提供财产担保；向劳务人员收费后未能按约定的日期派出，劳务人员提出解约未予及时退还合理费用而引发纠纷的行为；

(8) 进行恶性竞争、低价竞争，扰乱市场经营秩序的行为；

(9) 以单独分包外派劳务人员、含“包清工”的形式为对外承包工程企业招聘境外承包工程所需劳务人员的行为；

(10) 其他不正当行为。

3. 行业处罚形式及程序

(1) 对于违反《行业规范》的会员企业，视情节给予以下处罚：批评警告处分；通报批评处分；留会查看处分；取消会籍并建议政府主管部门暂停或取消其经营资格。

对于违反《行业规范》的非会员企业，根据情节，建议政府主管部门作出相应处理直至暂停或取消其经营资格。

（2）承包商会在对违反《行业规范》的企业、机构作出行业处罚决定之前，应书面通知该企业、机构，并听取申诉。

二、对外劳务合作协调办法

为了维护对外劳务合作经营秩序，加强行业自律，促进我国对外劳务合作事业的健康发展，根据《条例》和国家相关法律法规、政策规定以及承包商会《章程》和《行业规范》，2013 年 12 月，承包商会对 2009 年 11 月承包商会五届三次理事会审议通过的《中国对外劳务合作协调办法》进行了修订，修订后的《中国对外劳务合作协调办法》（以下简称《协调办法》）于 2013 年 12 月 11 日经承包商会六届四次理事会审议通过实行。

（一）协调机构的组成与运行

1. 组成与分工

承包商会对外劳务合作行业发展委员会（以下简称“行业发展委员会”）受承包商会会长会议委托，负责对外劳务合作的行业协调。有关国别（地区）或行业分支机构、业务协调小组（以下简称“协调机构”）负责相应国别（地区）、行业的业务协调。行业发展委员会和协调机构秘书处分别设在承包商会常设机构。

行业发展委员会根据《中国对外承包工程商会专门委员会管理办法》制定《对外劳务合作行业发展委员会工作办法》，成员由企业推举组成，依据《协调办法》的规定开展行业协调工作；协调机构根据《中国对外承包工程商会章程》制定本机构工作条例或相关办法，依据本机构工作条例或办法开展业务协调工作。成员由开展相关国别（地区）、行业的企业组成。

2. 职能与运行

行业发展委员会和协调机构秘书处负责行业发展委员会、协调机构的日常工作，负责协调意见和决定（以下简称“协调决定”）的执行与监督工作。

（二）协调范围与协调内容

（1）对外劳务合作业务协调范围主要包括：敏感国家或地区的对外劳务合作业务；特殊行业的对外劳务合作业务；有企业数量限制的新市场、新项目的准入；对台湾等地区的对外劳务合作业务；在同一国家或地区两家或两家以上的企业对同一项目有争议的情况；对其他国家或地区的对外劳务合作业务。

（2）对外劳务合作业务协调内容主要包括：属于敏感国家（地区）、有市场准入要求的国家或地区以及特殊行业的对外劳务合作业务，根据市场变化和企业经营状况，向政府主管部门提出或推荐企业名单与数量，并对企业实行动态管理；对实行外派劳务人数总量控制的国家或地区、行业市场，根据政府主管部门制定的总量，对企业实施配额协调；制定有关国家（地区）或行业协调管理办法，包括市场准入、市场价格以及服务费收取指导标准等；协助政府主管部门与对外劳务合作项目所在国家或地区签署和落实双边劳务合作协议；配合政府主管部门协调和指导企业、机构妥善处理对外劳务合作业务中的重大劳务纠纷和境外突发事件；协调企业、机构以及外派劳务人员之间需要协调的其他事宜。

（三）协调原则

对外劳务合作业务协调遵循先入为主、实力保障、效益优先的基本原则，鼓励企业、机构开展公平、合理竞争，规范经营，合作共赢。

（1）先入为主原则。先入是指先介入项目或市场。介入项目是指企业可出具相关材料显示其与雇主合作已有一定的实质性进展；介入市场是指已在项目所在国家或地区开展业务，与项目所在国或地区的雇主有过合作基础，或在当地设有办事机构等。

（2）实力保障原则。介入项目或市场的企业具有较强的综合实力保障。即：在同一国家或地区、同一行业的经营业绩和信誉良好；制度健全，管理完善；具有资源储备和资源培育优势；积极履行社会责任；取得对外劳务合作行业信用评价较高等级。

（3）效益优先原则。优先选择从事对外劳务合作已在增加国民收入、带动社会就业、促进区域经济发展等方面创造良好社会效益的企业介入项目或市场。

（四）协调方式

对外劳务合作业务协调根据不同国别（地区）市场、行业的情况，采取不同的协调方式。

（1）行业协调分工。对外劳务合作日常业务协调，由承包商会常设机构负责；重大问题由行业发展委员会秘书处经充分调研，征询项目所在国使（领）馆和地方政府主管部门意见后立案并提出协调意见，交由行业发展委员会协调；特别重大问题由行业发展委员会立案并提出协调意见，交由承包商会会长会议协调。

（2）国别（地区）或行业市场协调分工。对已设立协调机构的对外劳务合作日常业务协调，由协调机构秘书处负责；重大问题由协调机构秘书处经充分调研，征询项目所在国使（领）馆和地方政府主管部门意见后立案并提出协调意见，交由协调机构协调，必要时，提交行业发展委员会协调；特别重大问题由行业发展委员会立案并提出协调意见，交由承包商会会长会议协调。

（3）重特大问题的界定。重大问题是指涉及外派劳务人员群体性事件的业务协调；特别重大问题是指出现人员伤亡的重大安全事故、财产受到重大损失、发生危害国家利益的事件以及涉及对外劳务合作行业发展全局性的重大决策等。

（五）协调执行和监督

承包商会根据《协调办法》有关具体办法，以文件的形式向社会和全行业公布。

（1）有关协调决定须以书面形式通知相关企业、机构，必要时抄送有关部门。

（2）企业和机构如对协调决定有异议，可在协调决定送达后的10个工作日内提出复议。复议决定为协调的最终决定。除非承包商会决定停止执行协调决定，企业和机构不得抵制或拖延协调决定的执行。

（3）承包商会对协调办法及协调决定的执行情况进行监督、检查。

（4）企业、机构和个人对违反本办法以及抵制或拖延执行协调决定的行为可据实举报。承包商会对举报者的正当行为予以保护。

（六）奖惩办法

（1）表扬奖励。对于服从和自觉维护行业协调规则、履行协调决议的企业和机构，承包商会将给予表扬，作为行业信用评价的依据，并抄送政府主管部门。

（2）行业处罚。对于违反《协调办法》，不服从协调规定和决议的行为，一经查实，视情节给予警告、通报批评、限制进入和清退已加入的协调机构等处罚；情节严重者，建议政府主管部门给予行政处罚。

第三篇

对外劳务合作主要国别地区市场

我国对外劳务合作先后涉及180多个国家和地区，随着不同历史时期的业务发展需要，政府主管部门先后发布过针对19个国别（地区）的劳务合作相关办法和规定。本篇选择了日本、新加坡、以色列、韩国、德国、中国澳门等六个分布在亚洲、欧洲和中东的具有代表性的国别（地区）市场，透视我国对外劳务合作对象国和地区的外籍劳工政策和需求动向、双方劳务合作的基本情况、市场准入与市场管理规定以及业务操作方法等内容。另外，从国际人力资源合作与服务的角度，又选择了东南亚海外劳工输出较多的菲律宾，重点介绍了菲律宾海外劳务优势、有关输出劳工的法律及其服务与保障措施等内容，旨在借鉴其国际人力资源管理经验，启示我国对外劳务合作对接国际人力资源服务的针对性思考。

第一章　日　本

日本研修生制度起源于20世纪60年代，当时日本经济蓬勃发展，海外研修生被派遣到日本所肩负的任务是学习日本的先进技术。为此，日本法务省于1981年在签证类别上增设了“研修”在留资格，每年允许一定数量的外国人到日本研修。

20世纪80年代后期到90年代初期，日本出现了泡沫经济现象，各项经济指标达到了空前高水平，至1989年泡沫经济崩溃。几乎同时，日本开始以研修形式大量接收外国研修生，此时来日本“研修”与最初的研修产生了本质区别。

日本政府于1989年修改出入境管理法，正式设置了“研修”在留资格；1991年，始创外国人研修制度，旨在解决支撑日本经济发展的中小企业的劳动力紧缺问题。1993年，在研修制度的基础上，又创立了外国人技能实习制度，正式设置了“特定活动”在留资格。1997年，将最长一年的研修期与最长两年的技能实习期合并为三年，并轨运行多年。

1999年2月，日本政府根据研修制度和技能实习制度的运行经验，公布了《关于研修生和技能实习生的入境/居留管理的指针》（以下简称“指针”），旨在引导研修·技能实习制度合理化运行。2006年，研修和技能实习发生了巨大变化。以“研修”在留资格初次入境的人数和转为技能实习的人数分别由1999年的47985人和11032人大幅增长为92846人和41000人。同时转为技能实习的对象工种也由1999年4月的55个增加到2005年4月的62个，参与研修·技能实习制度的机构和企业也越来越多。其间，2000年3月24日，日本法务省制定了《出入境管理基本计划》，肯定了以就劳为目的的接收外国人的相关措施，制定了推动接收外国人、维持社会安全与秩序的基本方针和计划。

但在指针运行过程中，由于接收企业违背研修·技能实习制度宗旨，将研修生和技能实习生作为廉价劳动力进行接收，引发了包括侵犯研修生和技能实习生人权等各种严重事件，成为制度运用上不可忽视的问题。2006年3月，日本政府成立了外国人劳动者问题项目小组，向政府提交了《围绕接收外国人劳动者观点的总结》建议书。2007年12月公布了《关于研修生和技能实习生的入境/居留管理的指针(2007年修订)》(以下简称“新指针”)，进一步强调了接收机构和派遣机构的作用，规定了违法行为的认定标准，明确了正确实施研修·技能实习制度的相关措施。为指导接收团体和接收企业、派遣机构正确处理有关费用问题，财团法人国际研修协力机构（JITCO）相应推出《关于外国人研修·技能实习事业中研修津贴、工资以及管理费等的指导方针》《派遣机构对在日技能实习生的劳务管理要点》等文件。

2009年3月6日，日本法务省向日本国会正式提交了《出入国管理及难民认定法（改正案)》，提出将现行的“研修制度”调整过渡为“技能实习制度”，以改变现行研修制度中“实务研修”不适合日本劳动法律的状况，该法律的出台标志着日本以技能实习制度取代已有研修制度。修订后的技能实习制度于2010年4月试行，2010年7月正式实施。

2010年，日本政府废除了始于1991年的研修制度，并对始于1993年的技能实习制度进行改革，出台技能实习新制度。新制度赋予技能实习生作为劳动者的法律地位，技能实习生的权益受到日本劳动法的保护。但是，这些修修补补的改革，并不能从根本上解决支撑日本经济发展的中小企业的劳动力渴求问题。随着老龄化程度的加剧，企业人手不足的问题捉襟见肘。于是，2017年，日本政府围绕技能实习制度改革进行深入研讨，先以立法形式出台《技能实习法》，后于2018年12月强行推出特定技能人才法案，正式接收外国技能劳动者。此举意味着日本政府实质上已经正式打开了接收外国劳动力的大门，也意味着在今后一段时期内将实行技能实习与特定技能并轨运行的模式，见表3-1-1-1。

表 3-1-1-1　日本接收外国人才的制度变迁①

年份	改革内容
1990 年 5 月	在以往“企业单独型”接收外国研修生的基础上，又导入“团体监理型”接收外国研修生的方式，并为此新设了“研修”在留资格
1991 年	设立了由日本法务省、外务省、厚生劳动省、经济产业省、国土交通省 5 个政府主管部门共同管理的财团法人国际研修协力机构，简称“JITCO”
1993 年 4 月	创立技能实习制度，设立“特定活动”在留资格。在“研修”的基础上，部分工种可再申请“特定活动”在留资格从事技能实习，加起来最长延长至两年
1997 年	部分工种的技能实习期可以最长延长至 3 年
2010 年 7 月	新设“技能实习”在留资格
2012 年	2012 年 4 月，财团法人国际研修协力机构转为由日本内阁府管辖的公益财团法人
2017 年 11 月	推出“技能实习法”。2017 年 1 月 25 日，日本“认可法人外国人技能实习机构”（简称“OTIT”）正式成立
2018 年 12 月	新设“特定技能”在留资格。推出拟 5 年内在 14 个行业接收外国特定技能工人的方案

日本市场是我国最大、最稳定的对外劳务合作市场之一，对我国劳动力具有长期依赖性。正确应对日本市场的制度变化，构建中日劳务合作互利双赢的新型关系，不仅有利于中日劳务合作未来发展，而且对于促进中日两国人员交往、增进两国新型经贸关系具有积极意义。

第一节　日本外国人研修制度

一、日本创立研修制度的背景

日本经济自 20 世纪 60 年代以年均 10% 的速度高速增长，经过七八十年代年均 5% 的稳定发展后一跃成为世界第二大经济强国。但是进入 90 年代，一方面，日本出现“泡沫经济”并很快破灭，经济开始了持续衰退，1997 年、1998 年两年更是分别出现 0.4% 和 2.8% 的负增长。同时，由于经济的发展，战后日本社会的生育观发生了很大的变化，人口出生率不断下降，人口老龄化问题却日趋严重。另一方面，

① 日本公益财团法人国际人才协力机构．JITCOの30 年の歩み［J］．かけはし，147：10－11.

科技水平的提高和产业结构的调整，大量劳动密集型的生产实现了机械化，或向海外转移。在这样一种经济和社会的发展变化过程中，日本逐渐出现了劳动力结构的不平衡，是否引入外国劳动力的问题引起日本政府和社会的关注。

针对如何补充国内年轻劳动力的问题，日本政府围绕是否从国外引进不需要特别技术的单纯劳动者这一问题展开了激烈讨论，但一直持慎重态度。日本政府认为接收外国单纯劳动者主要涉及以下方面的问题。

（1）日本经济自20世纪90年代初“泡沫经济”崩溃以来陷入衰退，金融机构在“泡沫经济”时期积累的不良债权导致产生大量坏账，一些银行因此而破产。中小企业很难从银行获得贷款，一些企业或倒闭或重组，使日本出现严重的失业问题。1998年失业率为4.1%，1999年1月为4.4%、2月为4.6%、3月和4月更达到创纪录的4.8%，失业人数达342万。担心在这种情况下开放劳务市场会导致国内劳动力供给平衡出现问题；

（2）对外国劳动者能否适应日本社会，是否会给日本国民生活带来影响心存疑虑；

（3）担心大量外国劳动者涌入日本会带来严重的治安问题；

（4）日本地狭人稠，如果开放劳务市场，会使人口急剧膨胀并直接影响其人口政策。

此外还有：对外国劳动者的社会保障和教育问题难以解决；很难赋予外国劳动者和日本人相同的国民待遇以及应有的人权保护；开放劳务市场会影响到日本对发展中国家的援助以及产生其他一些外交问题，等等。

然而，尽管日本对引进外国劳动力存在种种疑虑甚至许多限制，但随着日本社会人口老龄化和少子化越来越严重，以及经济全球化发展引起劳动力市场的日益国际化，为保证日本经济的竞争力和社会生活的正常运转，日本政府和社会不得不正视引进外国劳动力问题。

二、日本外国人研修制度

（一）外国人研修制度的产生

20世纪60年代后期，日本很多企业在海外设立了独资企业、合资企业或贸易代理机构等海外企业，为了将部分海外员工派至日本企业的总部进行技术和技能的培训，然后再返回海外企业去应用所学知识和技能，出现了面向海外员工的实习形式，日本将这种面向海外员工的实习称为外国人研修制度。

进入20世纪80年代后期，随着日本社会人口老龄化和少子化越来越严重以及经济全球化、社会国际化信息化的高度发展，出现了劳动力紧缺、失业率高的严重问题。同时出现了许多失业者特别是年轻人并不是没有工作可干，而是不愿从事那些“脏、累、险”工作（以下简称“3K工种”）的现象，而事实上这一现象已造成一些行业出现劳动力的严重不足。

为保证日本经济的竞争力和社会生活的正常运转，日本政府和社会不得不正视在外国人研修制度日益国际化的基础上，探讨如何引进外国劳动力的问题。为解决这一问题，同时规避日本法律不允许引进纯劳务的规定，日本政府便采取了一种变通的做法，以通过技术转让帮助发展中国家培养人才为名，于1990年5月以法务省法令的形式创立了“研修制度”，并通过这种形式大量引进外国研修生。

为推进外国研修生制度的顺利运行，1991年日本政府专门设立了由法务省、外务省、通产省、劳动和建设省5个政府机关（后改为法务省、外务省、经产省、厚生劳动省和国土资源省）共同管理的“日本国际研修协力机构”（Japan International Training Coorperation Organization，JITCO）①。JITCO属于半官方机构，不仅负责“提供信息和介绍业务”的中介服务，而且承担接收外国研修生有关政策制定等政府职能。

为推进研修、技能实习制度的顺利实施，日本国际研修协力机构自1991年设立以来，与16个国家17个部门分别签署了R/D协议（见表3－1－1－2），并举行定期磋商。

表3－1－1－2 日本国际研修协力机构签署的R/D协议②

（截至2021年12月）

序号	年份	签署对象国及其相关部门
1	1991	中国国务院引进国外智力领导小组办公室
2	1992	印度尼西亚劳动部职业训练雇用总局
3		中国对外贸易经济合作部所属中日研修生协调机构
4		越南劳动伤兵社会部
5		菲律宾劳动雇用部国家劳动力青年评议会
6	1994	泰国劳动社会福利省雇用局
7		秘鲁国际合作厅

① 为适应日本2019年创立的特定技能制度，日本国际研修协力机构将运行了30多年的机构名称自2020年4月1日起变更为符合国际人才交流合作事业的国际人才协力机构（Japan International Trainee & Skilled Worker Cooperation Organization），继续作为外国人才接收相关制度的综合支援机构，面向与制度相适应的相关人员提供各种支援服务，为日本和派遣国双方的经济社会发展贡献力量。（引自国际人才协力机构网站）

② 日本公益财团法人国际人才协力机构．JITCOの30年の歩み［J］．かけはし，147：15.

续表

序号	年份	签署对象国及其相关部门
8	1995	老挝国际计划合作委员会国际经济合作局
9		斯里兰卡职业训练地区产业部
10	1996	印度劳动部雇用训练局
11	1998	缅甸劳动部劳动局
12		蒙古保健与社会保障部
13	1999	乌兹别克斯坦劳动部
14	2003	柬埔寨社会问题与劳动职业训练青少年成长部劳动职业训练总局
15		尼泊尔劳动与运输管理部
16	2005	孟加拉国海外居住者福利厚生与海外雇用部
17	2019	巴基斯坦教育职业训练部

研修制度下所实施的研修与政府及其他有关组织之间进行的研修有本质的区别。研修制度下进行的所谓研修活动，实际上就是劳动力的补充。既保护了日本的主要劳动力市场，又解决了部分行业劳动力不足的问题，同时对外宣称是为国际经济合作作出了贡献。实际上，日本一方面对重点行业引进外国劳动者加以严格限制，另一方面又允许那些劳动力缺乏的行业引进外国研修生，解决部分行业劳动力短缺的问题。但从日本多年来实行的研修活动看，在技术转让方面是相当保守的。

（二）外国研修生接收形式

日本接收外国研修生的形式从大的方面讲，包括政府接收和民间企业接收两种形式，二者具有本质的区别。政府接收的研修生属纯研修，研修的性质是业务交流或业务学习，研修人员一般为国家公务员或相关机构工作人员，期限较短，有的甚至只有 1 周，最长也不过半年左右。企业接收外国研修生主要有两种方式，一种是日本企业的总部接收来自海外合资企业或贸易伙伴的员工（或称研修生），这种形式称为“企业单独型”。大企业以及海外设有独资或合资企业（出资 20% 以上）的企业（子公司）一般采取第一种做法，研修生的数量不多。另一种是通过商工会、商工会议所、中小企业团体中央会、农协、财团法人或社团法人、协同组合等团体接收，这种形式称为“团体监理型”。大量没有海外企业的中小企业一般采取这种做法，这也是日本接收外国研修生的主要方式；此外还有通过友好城市之间的关系向日本企业派遣研修生的形式以及科研单位或行业之间向日本企业派遣交流性质的研修生等形式。

1. 企业单独型

日本研修制度实施伊始，日本企业从海外设立的独资或合资企业接收外国研修生时，海外独资或合资企业须具有三年以上经历方可通过企业内部转移的形式选派研修生到日本本部企业研修。日本为此专门设立了“企业内转勤”的在留资格。

2. 团体监理型

根据日本法务省颁布的《关于研修生和技能实习生的入境/居留管理的指针》对于研修生的定义，日本接收研修生的目的是“帮助发展中国家培养人才，使研修生通过在日本的研修，学习和掌握日本企业的技术、技能、知识和管理经验”。因此，日本政府又将这种形式的研修生定位为“产业留学生”，要求研修生在赴日之前必须具备一定的实际工作经验，赴日后须进行与所学专业有关的研修，回国后应从事与在日本学到的技术知识相关的工作。

（三）国际研修协力机构的作用

根据国际研修协力机构的规定，团体监理型接收研修生时必须通过某个团体接收，由团体引进研修生后，再负责将研修生分派至各研修企业，这些企业一般为商工会、商工会议所、中小企业协同组合以及协同组合等。截至2020年，该机构已与中国、印度尼西亚、越南、菲律宾、泰国、秘鲁、老挝、柬埔寨、斯里兰卡、尼泊尔、巴基斯坦、孟加拉国、缅甸、古巴、乌兹别克斯坦、印度等16个国家的17个相关机构建立了联系。其中与我国中日研修生协力机构、国家外国专家局建立了对口联系。

此外，JITCO还用英语、中文、印度尼西亚语、越南语、泰国语、菲律宾语和日语分别向研修生和技能实习生提供生活和工作信息，开辟电话咨询服务热线、免费提供《研修生之友》杂志、编印日语工作生活指导教材、举办日语作文竞赛等。

（四）接收外国研修生的主要规定

1. 接收方式

（1）接收渠道。实际接收研修生的企业作为二级接收单位必须向与本企业接收研修生事业相关的商工会、商工会议所、中小企业协同组合以及协同组合等某一家一级接收单位提出申请，由一级接收单位审查后向日本法务省申报入境居留的“在留资格”。

（2）入境条件。研修生须是发展中国家18岁以上的青壮年，获得经日本法务省批准发放的“在留资格认定证明书”后，方可由其所在国的派遣机构为其办理入境日本的签证手续。

（3）接收比例。企业可按在册正式职员人数的一定比例（正式职员人数的5%）接收外国研修生。具体规定是，具有201人以上300人以下企业在册正式职员的企业可接收15名外国研修生；101人以上200人以下企业在册正式职员的企业可接收10名外国研修生；51人以上100人以下企业在册正式职员的企业可接收6名外国研修生；50人及以下企业在册正式职员的企业可接收3名外国研修生，见表3－1－1－3。

表3－1－1－3 日本接收企业接收外国研修生的人数限额

接收形式	接收企业在册正式职工人数（人）	接收研修生人数（人）
团体监理型	201～300	15
	101～200	10
	51～100	6
	50或低于50	3
	农户	2
企业单独型	—	在册正式职工人数的1/20以内

（4）研修内容。研修分为非实务研修和实务研修，接收企业必须制订研修计划分别予以实施。非实务研修包括日语学习，有关技术技能基础知识、安全卫生、生活环境、日本文化以及研修常识的培训以及在生产现场以外进行实习或模拟销售等内容，占总研修时间的1/3；实务研修是要在生产现场通过从事产品生产或参与实际销售和服务等实际工作掌握一定的技术和技能，占总研修时间的2/3。

（5）研修期限。研修期限为一年或六个月。为期一年的须半年进行一次“在留资格”更新。原则上每周的研修时间为40小时，但农业、渔业、建筑业等户外研修的工种，由于受天气的影响可以灵活调整工作时间。

2. 研修待遇

外国研修生以研修津贴的形式获得在日期间生活实际所需费用支付的补贴。研修生不是体力劳动者，所以其研修津贴不是以等价劳动支付的工资。研修津贴最低不得低于每人每月6万日元，必须每月按固定日期全额直接支付给研修生本人，不需交纳个人收入源泉税。同时研修期内研修生不得从事与在留资格不符的活动，不得加班，企业不得向研修生发放加班费。

研修生本人出入境的往返国际旅费、住宿费、研修实施费以及伤害保险费等原则上由日本接收单位负担。在日研修期间不能携带家属。

3. 对接收企业的要求

（1）接收外国研修生的企业应具备的其他条件，包括配备研修指导员（具有5年以上工作经验的正式职员）和生活指导员，对研修生在安全卫生、保险、生活、住宿等方面进行适当指导；无偿向研修生提供住宿等生活设施；负责为研修生投“研修生综合保险”等。

(2)由于研修生不是劳动者，不受劳动法保护，所以得不到劳动灾害保险的赔偿。接收机构应为研修生加入JITCO专设的“外国人研修生综合保险”。

(3)为防止产生纠纷，接收机构须以《研修生待遇通知书》的书面形式告知研修生研修时间、研修场所、研修内容、研修津贴等有关待遇，并由本人签字，明确双方相互的承诺。

4. 对派遣机构的要求

外国的派遣机构须是经本国国家或地方公共团体推荐、具有本国认定具有派遣研修生资格的企业。派遣机构向研修生收取的派遣管理费是派遣机构选拔研修生、进行出国（境）前教育、组织健康诊断等所需的全部费用。接收机构和派遣机构必须严格区分派遣管理费和研修补贴性质的不同，不得从研修补贴中收取派遣管理费。派遣管理费的多少可根据派遣机构的业务内容经接收机构和派遣机构充分协商后在双方合作协议书中载明。

三、加大研修生市场整治力度

因社会各界要求改变研修制度现状的呼声强烈，作为应急措施，日本法务省于2007年12月26日正式发布了《关于研修生、技能实习生入境、居留管理的指针》（以下简称“新指针”），这是1999年版的修订版，自2008年始实行。新指针有三个突出特点。

（一）保护研修生的权益

新指针明确规定禁止以下不正当行为：禁止接收机构或团体以“解决劳动力不足”为由募集研修生接收企业；禁止借用商工会等接收机构名义，从事非法中介业务；接收机构不得以“防止失踪”为由，限定研修生、技能实习生的外出自由；无论研修生本人是否同意，禁止以任何理由保管研修生护照、外国人登录证或存折；禁止接收机关扣留研修生津贴和技能实习生工资；禁止私下签订低工资报酬合同、强迫研修生和技能实习生超时劳动、变相克扣津贴与工资、对研修生进行性骚扰；不以研修生母语签订劳动合同等。对于违反上述规定的接收企业，处以3年内不得接收研修生的惩罚。此外，法务省还对外国派遣机构向研修生收取保证金一事作出规定，指出如发现派遣机构非法收取高额保证金等不正当行为时，入管局将要求接收机构停止与该派遣机构的合作。

（二）严格对接收团体的审查

日本厚生劳动省在2008年首次进行了研修生、技能实习生现状调查，其调查内容涉及企业待遇、对制度的满意度、实际掌握技能情况等。调查发现，作为外国研修生的接收窗口，有1100多家接收团体属于以为企业介绍廉价劳动力为目的、从日本企业收取高额手续费的不法中介，由此引发了大量的纠纷。因此，日本政府要求接收团体提高手续费透明度，对只收取手续费的中介机构将不予许可接收外国研修生。同时要求接收企业及时向警察局报告研修生和技能实习生的失踪情况，以便警察及时掌握信息，及时采取职务讯问、事件事故搜查等方法。

（三）严格赴日研修签证审查

日本政府针对研修生制度的弊端，不仅在日本国内针对接收团体或协同组合加大在留资格审查力度，在国外也同时加大了赴日研修签证的审查力度，出现了在留资格不予交付增多、拒签比例增大等现象。通过直接拨打研修生国内所在单位电话、家庭电话、本人手机等方法，重点审查赴日研修生的毕业证、户口本与身份证、所在单位是否准确，所提供的材料是否真实，对研修生制度有无曲解、是否收取押金、收费是否超标等。

第二节 日本技能实习制度

一、技能实习制度创立与修订梗概

通过日本研修制度接收的大量外国青壮年劳动力，有效缓解了日本中小企业的劳动力短缺压力，也为日本中小企业注入了青春活力。1993年，日本着眼于充实研修制度，创立了针对完成规定研修内容的研修生在原研修企业以被雇用方式继续学习掌握技术技能，“为发展中国家培养经济发展人才”为目的的技能实习制度。[①] 1993年4月5日，日本法务省发布了《有关技能实习制度的出入境管理指针》（以下简称《技能实习制度指针》），规定了技能实习生出入境的管理办法。1997年4月24日对技能实习制度指针进行了修订，2000年7月3日，日本劳动大臣又签署发布了《技能实习制度推进事业运作基本方针》（以下简称《基本方针》），规定了推进技能实习事业运营的基本事项。2016年11月28日，进一步推出《关于正确实施外国人技能实习以及保护技能实习生的法案（技能实习法）》，于2017年11月1日正式实施。

① 日本国际研修协力机构．外国人研修、技能实习制度概要［G］．东京．国际研修协力机构，2015：1.

二、技能实习制度主要内容

（一）基本规定

1. 研修转为技能实习的条件

由研修转为技能实习时，研修生须在研修结束前3个月提出转为技能实习生申请，然后根据转为技能实习的手续流程，通过研修成果、在日居留情况、技能实习计划三项考核评定后，才可转为技能实习生。同时转为技能实习生后须从事与研修相同的工种。技能实习结束回国前，JITCO颁发“技能实习结业证”。

2. 在留资格

研修生研修结束在同一企业转为技能实习生后，由“研修”在留资格转为“特定活动”在留资格。

3. 在留期限

技能实习在留期限最长为2年。1年研修时间与2年技能实习在留期限加起来不得超过3年。

4. 技能实习生与研修生的不同点

技能实习生是被雇佣者，企业支付的工资代替了研修生的研修补贴，并受劳动法等法律的保护。技能实习生可以加班，见表3－1－2－1。

表3－1－2－1　研修与技能实习的比较

异同点	研修	技能实习
1. 职业工种范围	日本入管法规定不得从事单调重复的工作	可以接受技能检定的工种有62项、作业有113个（2004年）
2. 技能水平	经1年研修达到技能检定基础2级水平	经2年技能实习达到技能检定3级水平
3. 保证掌握技能的措施	制订、履行研修计划	制定、履行技能实习计划
4. 在留资格	“研修”	“特定活动”
5. 有无劳动者属性	无劳动者属性，不可就业	作为劳动者对待，享受与日本职员同等及以上的工资标准
6. 可否进行时间外、休息日劳动	不能在规定时间外及休息日研修（不允许加班）	可在规定时间外、休息日劳动（允许加班）
7. 对外国人的保护措施	受入管法保护	受劳动法和相关雇佣法律保护

续表

异同点	研修	技能实习
8. 明确待遇条件	企业提供包括研修时间、研修补贴等内容的待遇通知	企业提供有关劳动条件的通知，与企业签署《雇佣合同》。确保技能实习生住宿、回国旅费等
9. 接收机构的生活实施保障	以研修补贴形式支付实际生活费用，不是工资。由派遣机构和接收机构的合作合同规定	支付与劳动等价的工资。由技能实习生与接收企业所签署的雇佣合同具体约定，适用于最低工资法
10. 有关伤害、疾病保险	必须加入民间保险（适用于国民健康保险），并适用加入外国研修生综合保险等	强行加入国家规定的社会保险及劳动保险（劳动灾害保险、雇佣保险、健康保险或国民健康保险、厚生年金保险），接收机构与技能实习生各承担一半，适用于技能实习生综合保险等

（二）雇佣合同

1. 《雇佣合同》（日方称《雇佣条件书》）的基本构成

（1）雇佣合同期间；（2）工作地点；（3）工作内容（包括工种与具体岗位）；（4）工作时间等；（5）休息与休假；（6）工资；（7）与退职有关的事项；（8）社会保险、劳动保险和体检等。

2. 加班工资的计算方法

（1）超过法定工作时间工作时，接收企业原则上须支付相当于正常工资的25%以上；

（2）夜间工作（时间在晚10时至早5时之间）时，接收企业须支付相当于正常工资的25%以上；

（3）休息日（法定工作时间）工作时，接收企业须支付相当于正常工资的35%以上。

3. 最低工资标准

所谓最低工资是指劳动者在法定工作时间内履行了正常的劳动义务，用人单位对其劳动所支付的最低劳动报酬。

JITCO 指导外国技能实习生根据日本厚生劳动省发布的各都道府县最低工资保护自己的权益。判断技能实习生的工资是否不低于当地最低工资标准的方法是，月工资除以出勤时间后的小时工资是否不低于当地最低工资标准，见表3－1－2－2。

表 3-1-2-2 2008 年日本都道府县最低工资标准①

都道府县	最低工资额（日元/小时）	生效日	都道府县	最低工资额（日元/小时）	生效日
北海道	667	2008 年 10 月 19 日	滋贺	691	2008 年 10 月 18 日
青森	630	2008 年 10 月 29 日	京都	717	2008 年 10 月 25 日
岩手	628	2008 年 10 月 30 日	大阪	748	2008 年 10 月 18 日
宫城	653	2008 年 10 月 24 日	兵库	712	2008 年 10 月 22 日
秋田	629	2008 年 11 月 2 日	奈良	678	2008 年 10 月 25 日
山形	629	2008 年 10 月 30 日	和歌山	673	2008 年 10 月 31 日
福岛	641	2008 年 10 月 22 日	鸟取	629	2008 年 10 月 26 日
茨城	676	2008 年 10 月 19 日	岛根	629	2008 年 10 月 19 日
栃木	683	2008 年 10 月 20 日	冈山	669	2008 年 10 月 18 日
群马	675	2008 年 10 月 16 日	广岛	683	2008 年 10 月 26 日
埼玉	722	2008 年 10 月 17 日	山口	668	2008 年 10 月 29 日
千叶	723	2008 年 10 月 31 日	德岛	632	2008 年 11 月 7 日
东京	766	2008 年 10 月 19 日	香川	651	2008 年 10 月 19 日
神奈川	766	2008 年 10 月 25 日	爱媛	631	2008 年 10 月 24 日
新潟	669	2008 年 10 月 26 日	高知	630	2008 年 10 月 26 日
富山	677	2008 年 10 月 25 日	福冈	675	2008 年 10 月 5 日
石川	673	2008 年 10 月 19 日	佐贺	628	2008 年 10 月 25 日
福井	670	2008 年 10 月 22 日	长崎	628	2008 年 10 月 30 日
山梨	676	2008 年 10 月 25 日	熊本	628	2008 年 10 月 17 日
长野	680	2008 年 10 月 16 日	大分	630	2008 年 10 月 29 日
岐阜	696	2008 年 10 月 19 日	宫崎	627	2008 年 10 月 26 日
静冈	711	2008 年 10 月 26 日	鹿儿岛	627	2008 年 10 月 18 日
爱知	731	2008 年 10 月 24 日	冲绳	627	2008 年 10 月 31 日
三重	701	2008 年 10 月 26 日			
说明	此外，各都道府县还规定了适合于各行业的行业最低工资标准。				

（三）适合的法律与规定

1. 出入境管理法

包括出入境管理及难民认定法、外国人登录法、关于研修生和技能实习生的入

① 根据日本厚生劳动省关于日本都道府县最低工资标准（2008 年）相关资料编译汇总。

境/居留管理的指针、关于技能实习制度的出入境管理的指针。(涉及日本各地方入国管理局)

2. 相关劳动法律

包括劳动基准法、最低工资法、劳动安全卫生法、职业安定法、职业能力开发促进法、推进技能实习制度事业的运营基本方针。(涉及日本各地方劳动标准监督署和公共职业安定所)

3. 有关劳动保险、社会保险法

劳动灾害补偿保险法、雇佣保险法、厚生年金保险法、健康保险法。(涉及日本各地方社会保险事务所)

4. JITCO 指导方针

关于外国人研修、技能实习事业的研修补贴、工资及管理费等的指导方针、技能实习指导方针。[涉及日本有关政府部门、各都道府县和市村町政府以及各国驻日使（领）馆等]

三、日本技能实习新制度的主要特征①

随着中小企业对劳动力需求呼声的增高，1993 年在研修生制度的基础上创立的技能实习制度运转长达 17 年。由于制度设计缺陷导致难以避免的权益纠纷不断增多，又经酝酿、修订推出新的技能实习制度（以下简称“新制度”），于 2010 年 7 月 1 日正式实施。这是日本在引进外国研修生、技能实习生政策上的一次大的制度变革。

（一）新制度出台背景（改革原因）

日本调整改革研修、技能实习制度的理由概括起来主要有以下三个方面。

1. 从现实情况看，是缓解权益纠纷和国际社会压力的客观需要

（1）现实背离制度设定。实质上研修生一直被作为单纯劳动力引进和使用，由于制度设计缺陷致使实际操作严重背离中小企业的实际需求，成为影响研修合作、导致劳资矛盾突出、形成运行弊端的主要原因。

（2）违规严重权益受损。不少接收机关严重侵犯或忽视研修生合法权益，强迫研修生加班、侮辱打骂研修生、恶意克扣技能实习生的工资和加班费，患病得不到及时医治、劳动条件恶劣，保护措施缺位，甚至危及研修生的健康和安全等；研修生加入当地工会组织寻求权益保护、集体罢工上访等事件明显增多，产生了严重不

---

① 张翔如．日本技能实习新制度的主要特征［J］．国际工程与劳务，2010（08）：25－28.

良的社会影响。

(3) 受到国际社会谴责。美国国务院发表的《2007 年度人口贩运问题报告》中首次点名批评了日本外国人研修、技能实习制度和接收机关盘剥研修生、侵害人权、限制自由和提供恶劣劳动环境的行为，要求废止外国人研修、技能实习制度。

2. 从发展过程看，是解决中小企业劳动力紧缺问题的迫切需求

(1) 五类在留资格［研修、特定活动（指技能实习）、人文知识与国际业务、技术、技能］的签证连续两位数增长。说明日本对劳动力，包括技能者的需求迫切。

(2) 接收外国研修生、技能实习生的数量连年增长。其中中国研修生、技能实习生连续位居首位，之后是印度尼西亚、越南、菲律宾和泰国。据中国商务部统计，2009 年中国在日研修生、技能实习生总数已突破 16 万人。

以研修生制度改革前的 2008 年为例，与 10 年前的 1998 年比较，日本接收外国研修生和技能实习生由 1998 年的 42594 人增加至 2008 年的 278642 人，10 年约增加了 5.5 倍。

(3) 向技能实习生转移的工种数量规模逐年增大。由于接收研修生的形式仅仅是“幌子”，而接收劳动者包括技能实习生这样的准劳动力是目的，所以技能实习生的工种在逐年扩大。

3. 从长远战略看，是保障中小企业生存和日本经济发展的有力措施

由于受西方价值观的影响，有的年轻人晚婚或晚育，或不生育，或丧失生育能力，造成人口出生率下降；加之退休人数增加，老龄化加剧，形成大量劳动力缺口。研修生和技能实习生成为日本中小企业的生力军，为中小企业注入青春活力。在法律不允许开放劳动力市场的情况下，将现行研修制度改造成适合相关劳动法律的制度，既符合制度宗旨，又满足劳动力需求，成为日本修订研修、技能实习制度的基本出发点。

（二）新制度基本框架（主要内容）

1. 重新定义“研修”在留资格

所谓“研修”，今后将仅限于政府间的人员交流和完全非实务研修，不允许存在劳动行为，“研修”不再适用于劳务人员，包括技能实习生。

2. 专设“技能实习”在留资格

接收机关初次为劳务人员申请“在留资格认定证明书”时即可直接申请专门设立的“技能实习”在留资格。

技能实习期最长 3 年，分两个阶段。第一阶段为期 1 年。前 2 个月进行日语、

日本法律、技能基础理论等相关知识的学习。如果技能实习生入境前在所在国的出国前培训进行得较好，2个月的入境后培训将允许缩短为1个月。从第3个月开始与接收企业签订雇佣合同，正式进入技能实习，见表3-1-2-3。适用劳动法等相关法律，包括最低工资标准、加班费与增额加班费、相关保险等；第一年技能实习期满，经过考试转为技能实习第二阶段，期限不超过2年。该法案同时规定不允许技能实习生再次入国从事技能实习。

表3-1-2-3 日本技能实习新制度框架下在留资格的称呼

接收形式	第1年	第2年、第3年
企业单独型 （称“A”）	技能实习1号A	技能实习2号A
团体监理型 （称“B”）	技能实习1号B	技能实习2号B第1年 技能实习2号B第2年

3. 强化对违规行为的处罚

（1）严惩不法就劳。除对不法就劳者本人进行遣送回国等处罚外，对怂恿、劝说、助长不法就劳的其他外国人，一经发现，立即遣送。

（2）强化对不正当行为的处罚。如果接收企业被认定存在不正当行为，被停止接收技能实习生业务的期限将从3年延长为5年。

（3）加强对接收团体的监督指导。严格要求接收团体做到业务运营正规化、透明化。

4. 在留资格审批严格化

为有效防止双重合同，加强对派遣机关和接收机关的监督，保护技能实习生的权益。要求接收团体在为技能实习生初次申请“在留资格认定证明书”时，除提交与派遣机关的合作协议外，还需提供派遣机关与技能实习生本人的合同。

（三）运行特点和区别（主要特征）

1. 向准劳动者靠近

“技能实习”不同于其他在留资格。虽然技能实习生与实习实施机关签订了“雇用合同”，成为一种劳动关系，但还需要接受技能实习的监管（见图3-1-2-1）、接受技能考核（见图3-1-2-2）。因此，技能实习生还不是完全意义上的、等同于日本人的劳动者，只是“准劳动者”。

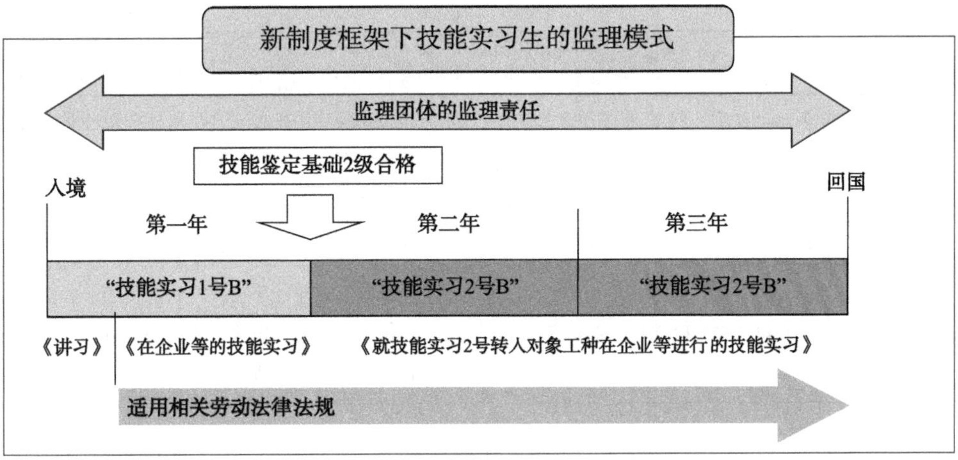

图 3－1－2－1 日本技能实习新制度框架下技能实习生的监理模式

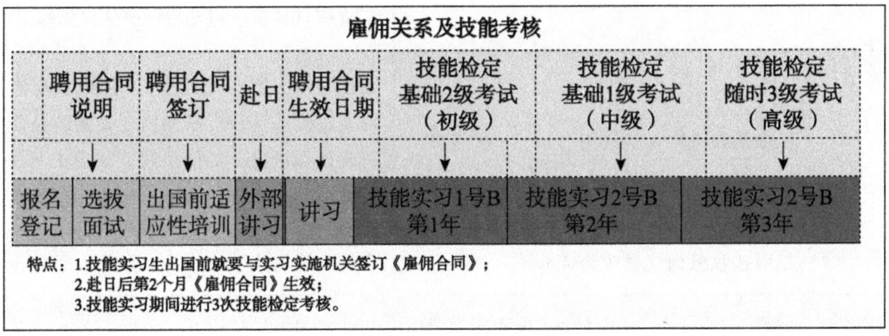

图 3－1－2－2 日本技能实习新制度框架下的雇佣关系及技能考核

在新制度框架下，监理团体的责任贯穿始终，从劳动管理的程序看，也说明技能实习生是"准劳动者"。

2. 制度修订前后的主要异同点

修订后的技能实习新制度，其技能实习的宗旨未变，派遣机关称呼以及技能实习在留资格接收形态基本相同，但在研修概念、实施主体的称谓以及在留资格的构成上均有不同变化，见表 3－1－2－4。

表 3－1－2－4 日本技能实习制度修订前后的异同点

异同点	修订前	修订后
制度宗旨不变	"向发展中国家转移技术、做国际贡献"；坚持不引进单纯劳动力的方针	"向发展中国家转移技术、做国际贡献"；坚持不引进单纯劳动力的方针
派遣机关称呼不变	派遣机关	派遣机关

续表

异同点	修订前	修订后
技能实习在留资格接收形态基本相同	企业单独型：接收来自在海外合资公司等有工作关系的公司的职员的活动	企业单独型：接收来自在海外合资公司等有工作关系的公司的职员的活动
	团体监理型：商工会等不以营利为目的，在团体的责任和监理下的活动	团体监理型：商工会等不以营利为目的，在团体的责任和监理下的活动
研修概念不同	研修包括实务研修和非实务研修	研修只包括非实务研修，不包括实务研修，是指由国家机关、JICA 等实施的官方研修，并不包括实务研修的活动
称呼不同	研修（时间最长 1 年）	讲习（时间最长 2 个月） 要求监理团体做到技能实习生在实习实施机关实施技能等学习活动之前，接受一定时间的讲习。实施讲习时，应将技能实习生集中在配备了桌椅且具备学习环境的研修设施里进行
	一级接收机构（协同组合）	监理团体。所谓“监理”，是指监理团体对实习实施机关是否按照计划正确实施技能实习进行确认和指导。不仅是技能实习 1 号 B，技能实习 2 号 B 期间，也是“监理”的对象
	二级接收机构（接收企业）	实习实施机关
在留资格构成不同	研修（1 年）+特定活动（技能实习第 1 年、第 2 年），最长 3 年	技能实习 1 号（讲习+技能实习）+技能实习 2 号（第 1 年、第 2 年），最长 3 年

3. 新制度提出的新要求

（1）讲习的时间、内容与要求。

①讲习时间：原则上占技能实习 1 号整体时间的 1/6（2 个月）。如果技能实习生在本国已经接受了 1 个月以上且超过 160 小时讲习的，可以占技能实习 1 号整体时间的 1/12（1 个月）以上。

②讲习内容：包括日语、在日生活常识、法律保护知识和技能实习相关知识等。其中法律保护知识包括入管法、劳动基准法等相关法律、不法行为应对方法等，只能在技能实习生赴日后的讲习中学习，并由具有专业知识的人员授课。其他 3 项可在海外讲习中实施。

③讲习要求：所谓“讲习”必须通过教室学习实施（包括参观），不得包括利用实习工场的生产线等生产设施进行机械操作教育和安全卫生教育。技能实习生和实习实施机关间的雇佣关系，在完成法务省令规定的讲习后生效。

（2）禁止派遣机关收取保证金、违约金等。

日方认为过去派遣机关曾以防止失踪为名，向研修生收取高额保证金，成为研修生的经济负担，也因此助长了研修时间外的工作及非法就业。为此，新制度规定，禁止收取保证金、违约金等。

（3）要求监理团体强化指导、监督和支援体制，做到运营管理透明化。

新制度规定，至技能实习生结束技能等学习活动为止，监理团体都要对技能实习生进行指导、监督和支援。监理团体的主要作用是：

①由具有一定经验及知识的专职管理人员制订技能实习计划；

②管理人员至少每月一次访问、指导实习实施机构；

③管理干部至少每三个月实施一次监察并向地方入管局汇报；

④构建与技能实习生的咨询相对应的体制（配备咨询员等）；

⑤制定技能实习生的回国担保措施（确保回国旅费等）；

⑥技能实习生在实习实施机构的技能实习无法继续时，努力为其转入新的实习实施机构；

⑦征收监理所需费用时，要向被征收机构明示金额及用途；

⑧禁止直接或间接让技能实习生负担监理所需费用。

（4）监理团体等如发生重大违规行为时，中止其接收技能实习生的时间将会被延长，并新增违规情节的规定。

根据违规行为的内容，中止接收时间分为 5 年、3 年或 1 年。如发生以下重大不正当行为时，中止接收技能实习生的时间将延长到 5 年。即：有暴力/威胁/监禁行为；没收护照/外国人登录证明书；不支付工资等；明显存在侵害人权的行为；使用/提供伪造材料。情节严重者，将被取消接收技能实习生的资格。

（5）实习实施机关的责任。

①有计划地实施技能实习。在技能实习开始前向技能实习生详尽说明技能实习计划的具体内容，并建立技能实习日志。

②工资的支付。必须按照包括最低工资法在内的劳动关系法律法规向技能实习生支付工资。如果安排技能实习生从事时间外和假日劳动，须按规定比例增加工资。同时，不得擅自强行全部或部分转存技能实习生的工资。如果从工资中扣除伙食或住宿费时，需按照双方根据劳动基准法签订的劳资协议，扣除额度不得超过实际发生费用，见表 3-1-2-5。

③禁止采用不正确的管理方法。不得以防止技能实习生失踪等为借口，禁止技能实习生从宿舍外出，或扣押技能实习生的护照和外国人登录证明书。此外，不得禁止技能实习生拥有手机或会见来客，造成其与家人或朋友间联系困难等。

④为技能实习生及时办理保险。技能实习生同日本劳动者一样，其实际收入应为工资总额中扣除税金、本人应该承担的社会保险和劳动保险以及其他费用后的所得。

表 3－1－2－5 研修生与技能实习生的实际收入构成

<table>
<tr><th colspan="3">扣费对象</th><th>研修生</th><th colspan="3">技能实习生</th></tr>
<tr><td colspan="3" rowspan="2">扣费种类</td><td rowspan="2">研修津贴</td><td colspan="3">工资</td></tr>
<tr><td>征税标准额（万日元）</td><td>税率（%）</td><td>扣除额（万日元）</td></tr>
<tr><td rowspan="7">法定扣除额</td><td rowspan="4">税金</td><td rowspan="2">所得税</td><td rowspan="2">不征税。但是超过研修津贴的部分不受这个限制。</td><td>低于 330</td><td>10</td><td>—</td></tr>
<tr><td>低于 900</td><td>20</td><td>33</td></tr>
<tr><td rowspan="2">居民税</td><td rowspan="2">不征税</td><td>200 以下</td><td>5</td><td>—</td></tr>
<tr><td>700 以下</td><td>10</td><td>10（加均摊额）</td></tr>
<tr><td rowspan="3">保险费</td><td>健康保险费</td><td>不适用于研修制度</td><td colspan="3">承担标准月工资 ×4.1%
承担标准奖金 ×4.1%</td></tr>
<tr><td>厚生年金保险费</td><td>不适用于研修制度</td><td colspan="3">承担标准月工资 ×6.79%
承担标准奖金 ×6.79%</td></tr>
<tr><td>雇佣保险费</td><td>不适用于研修制度</td><td colspan="3">承担工资额 ×0.7%</td></tr>
<tr><td colspan="2">协议扣除费用</td><td>根据劳动基准法在劳资双方的协议中明确扣除额</td><td>不适用于研修制度</td><td colspan="3">扣除劳资双方协议中规定的数额（例：住宿费）</td></tr>
<tr><td colspan="3">实际费用补偿（例：午餐费）</td><td>根据与接收企业的协议中约定的数额扣除</td><td colspan="3">接收企业如从技能实习生的工资中直接扣除时，须在技能实习生和接收企业的双方协议中明确约定</td></tr>
</table>

四、研修生·技能实习生综合保险与厚生年金

（一）日本研修生·技能实习生综合保险

1991 年 6 月日本国际研修协力机构成立，同年 12 月，日本国际研修协力机构创立了外国研修生综合保险（亦称“JITCO 保险”）。随着技能实习制度的实施，在外国研修生综合保险的基础上，推出外国研修生·技能实习生综合保险，见图 3－1－2－3①。

① 将原表以缩略图形式附于此处供读者参考。

保险签约人	日本国际研修协力机构 （与12家受理保险公司签约）	投保人	日本各接收机构	被保人	研修生·技能实习生 （持有“被保险者证”）	保险种类	日本海外旅行者伤害保险中为外国研修生·技能实习生特设的保险。

类型		保险金额（万日元）							保险费（日元）		
		伤害			疾病		赔偿责任	救援者费用	在留期间（研修12月技能24月）		
		死亡	后遗症	医疗费	医疗费	死亡			研3技12	研6技24	研12技27
研修生	A	700	700	300	300	700	3000	200	10650	16230	27100
	B	1000	1000			1000			11930	18350	30810
	C	1500	1500			1500			14070	21880	37040
		保险期间							到4个月	到7个月	到13个月
技能实习生	A	700	700	100	100	700	3000	200	9330	15940	17630
	B	1000	1000			1000			11510	19620	21780
	C	1500	1500			1500			15110	25850	28590
	D	700	700	300	300	700	3000	200	16480	28130	31090
	E	1000	1000			1000			18650	31870	35210
	F	1500	1500			1500			22290	38050	42140
		保险期间							到13个月	到25个月	到28个月
约定责任		保险期间内发生偶然事故后受伤，在事故之日起的180天内死亡。 技 但其受伤限于非因公或非上下班交通的情况	保险期间内发生偶然事故后受伤，在事故之日起的180天内产生后遗症。 技 但其受伤限于非因公或非上下班交通的情况	保险期间内发生偶然事故受伤后接受治疗。 技 但其受伤限于非因公或非上下班交通的情况	①保险期内因疾病死亡。 ②在保险期内发病或病因源于保险期内、在保险期过后的48小时内发病、保险期过后30日内死亡的情况。（仅限于在保险期内或保险期过后的48小时内接受治疗、之后继续接受治疗的情况。） ③保险期内感染了特殊传染病（系指约定承担医疗费用的传染病），在保险期过后的30日内死亡的情况。 技 但上述疾病限于非因公或非上下班交通的情况。	①保险期内或保险期过后的48小时内发病并已接受医生治疗的情况。保险期过后发病系指病因产生于保险期。 ②保险期内感染了特殊传染病（霍乱、鼠疫、天花、斑疹伤寒、疟疾、回归热、黄热病、急性肺炎、登革热等），而在保险期过后的14日之内已接受治疗的情况。 技 但上述疾病限于非因公或非上下班交通的情况。	在保险期内由于偶然事故致伤他人或损坏他人物品，造成损害，需承担相应法律赔偿责任。	保险期内发生下列情况后，在救援者保险金额范围内支付： ①事故受伤或事故之日起的180日内死亡。 ②疾病或由于怀孕、分娩、早产、流产而死亡。 ③在保险期内发病、保险期过后的30日内死亡。（在保险期内接受治疗、之后继续接受治疗的情况。） ④在保险期内由自杀而致伤，后在自杀日起始的180日内死亡。 ⑤在保险期内病危（重伤或经医生诊断处于生命垂危状态）。 ⑥因事故而遇险（包括失踪）。 ⑦因事故而生死不明或处于需要紧急搜寻的状态。	**日本12家保险受理公司** 干事（签约管理）：东京海上火灾保险株式会社 理赔业务：三井住友海上火灾保险株式会社 株式会社日本损害保险 副干事：日本兴亚损害保险株式会社 成　员：AIOI损害保险株式会社 朝日火灾海上保险株式会社 共荣火灾海上保险相互会社 大同火灾海上保险株式会社 日动火灾海上保险株式会社 日新火灾海上保险株式会社 NIISEI同和损害保险株式会社 富士火灾海上保险株式会社		
保险支付		死亡、后遗症保险金全额支付给被保险人的法定继承人。已确定死亡保险金领取人的付给指定领取人。 注 伤害死亡保险金与后遗症保险金重复支付，其支付总额以保险期内死亡、后遗症保险金的额度为限。	根据后遗症伤残的程度，支付死亡、后遗症伤残保险金额的3%至100%。	下列费用系指在治疗费保险金额范围内一次受伤或患病时的实际支付保险金额。但其受伤的保险支付以事故之日起始180日内的医疗费为限，患病的保险支付以首次接受治疗之日起始的180日内的治疗费为限。 ①付给医院的有关治疗或入院费。 ②假手、假肢的修理费（以受伤为对象）。 ③因治疗所支付的必要的翻译费和交通费。 ④因入院支付必要的通讯费、购买生活用品（3万日元为限）。 但是，以上③④的支付以一次受伤或患病时合计10万日元为限。 注1 所谓医疗费是指被保险人在国内外接受治疗时向医院等直接支付的费用。但是，不包含健康保险、劳灾保险所给予的保险费以及在海外同样保险制度下直接支付而被本保险认为不能作为保险支付的费用。 注2 可以享受国家医疗保险赔付的情况下，无论能否得到赔付或者没有得到赔付，依据本保险规定只支付其实际支付费用的30%。		疾病死亡保险金全额支付给被保险人的法定继承人。已确定死亡保险金领取人的付给指定领取人。	每次事故以赔偿责任保险金额为限支付损失赔偿金等。 注1 不含每次事故所连带的免责金额（个人负担部分）。 注2 决定赔偿金额时，将与所在会社进行确认。	在救援者保险金额范围内支付保险签约人、被保险人以及亲属发生于保险期内的以下费用。 ①搜寻救助费。②往返于现场的机票等交通费（限救援者3人）。③现场以及前往现场的救援者住宿费（限救援者3人每人最多14天）。④离开现场的转移费用。⑤杂费（救援者的国际机票、现场的交通费与通讯费、遗体处理费等合计20万元为限。但不含入院时交付的各项费用中应由伤害保险和疾病治疗保险支付的部分）。 注 所谓现场是指发生在日本国内外的事故现场或收容地。	**保险签约注意事项** ①本保险为专设保险，除研修生•技能实习生以外不可加入。 ②本保险为上述12家保险公司共同承担。由干事公司代理签约，各保险受理公司根据本公司的受理比例分别承担相应的责任。 ③与本保险签约后发生研修生•技能实习生人身伤害理赔时，如另加入其他保险时，请及时通知国际研修服务株式会社。 ④保险受理公司濒临破产时，将会在一定期间内冻结保险金和返还金额的支付，并削减其金额。此时该保险被作为“损害保险签约者保护机构”的对象，原则上会得到不超过90%的保险金和返还金额的补偿。 ⑤国际研修服务株式会社拥有保险签约代理权，根据与保险受理公司直接签订的有效委托协议，代行签约、收取投保金、出具投保金收据、履约管理等业务。 ⑥具体事宜请咨询国际研修服务株式会社（03－5256－0455）。		
除外责任		本保险不承担下列情况下的受伤理赔： 工作中或上下班交通受伤；保险签约人与被保险人以及保险金领取人故意致伤；打架、自杀和犯罪引起的受伤；战争、暴动、叛乱以及核反应等引起的受伤；无照驾车或者因饮酒、吸毒导致车辆非正常行驶而引起的受伤；他人看不出患有头部震颤症、腰痛的情况；等等。			本保险不承担下列情况的疾病理赔： 工作中或上下班交通引起的疾病；保险签约人与被保险人以及保险金领取人故意致病；由怀孕、分娩、早产、流产所引起的疾病；牙科疾病；他人看不出患有头部震颤症、腰痛的情况；等等。		本保险不承担以下情况的损害责任理赔： 涉及对被保险人亲属的损害赔偿；被保险人厉行公务时产生的损失赔偿；精神失常引发的事故，故意肇事，因拥有、使用和管理汽车、飞机等产生的损失赔偿；由收受物品产生的损失赔偿等。	本保险不承担由于以下原因产生的事故理赔： 保险签约人与被保险人以及保险金领取人故意所为；战争、暴乱等；自杀（被保险人死亡除外）；被保险人打架、犯罪、无照驾车以及酗酒和吸毒后驾车肇事等。	**加入保险的说明** ①如在上述研修生综合保险和技能实习生综合保险类型以外、加入保险金额为2000万日元的死亡•后遗症保险时，可另行协商。 ②折扣率可随投保人数变更。 ③技能实习生综合保险的补偿内容除因公或上下班途中受伤的情况外，其余与研修生综合保险基本相同。技能实习生适合于加入日本劳动灾害补偿法和健康保险法等社会保险，由接收机构或技能实习生自行加入（自付）获取保险补偿，所以，技能实习生综合保险不对社会保险实施补偿。		

图3－1－2－3　日本研修生·技能实习生综合保险简介表

（二）新制度框架下保险的特点

技能实习新制度实施后，在技能实习综合保险的基础上，对赔付期间（见图3-1-2-4）、赔付对象（见图3-1-2-5）和赔付范围（见表3-1-2-6）都做了相应调整。

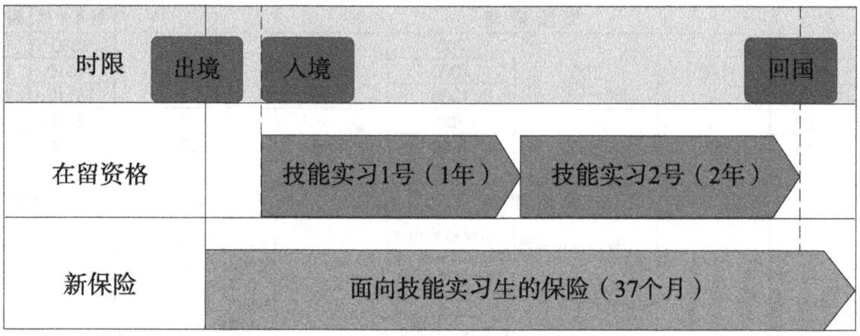

图3-1-2-4 与技能实习新制度相适应的新保险的赔付期间

时限	出境 入境		回国
死亡（除自杀等）赔付(日常生活)	死亡保险金（一次性支付）		
后遗症赔付（日常生活）	后遗症保险金（一次性支付）		
伤害、疾病治疗费（日常生活）	支付治疗费用的100%	国民健康保险、协会健康保险、组合掌管健康保险（70%支付）	
		支付治疗费用的30%	
死亡、病危时救援者的费用	救援者（家属）的往返交通费、住宿费、遗体移送费等		
对第三者的损害赔偿（日常生活）	损害赔偿费、诉讼费等		

图3-1-2-5 与技能实习新制度相适应的新保险的赔付对象

表3-1-2-6 与技能实习新制度相适应的新保险和社会保险的赔付范围

○：支付对象；△：部分支付对象；×：不属于支付对象

险种	工作及通勤事故（伤害、疾病）		其他伤害、疾病		赔偿责任、救援者费用
	死亡、后遗症	治疗费	死亡、后遗症	治疗费	
国民健康保险	×	×	△	△	×
健康保险	×	×	△	△	×
劳灾保险	○	○	×	×	×

续表

险种	工作及通勤事故（伤害、疾病）		其他伤害、疾病		赔偿责任、救援者费用
	死亡、后遗症	治疗费	死亡、后遗症	治疗费	
新保险	×	×	○	○	○
说明	被认定为工伤时适用于政府的工伤保险。但是，对于因公受到伤害的赔偿制度，计划将另行设立伤害保险		国民健康保险、健康保险需要个人负担30%的费用。另外对于后遗症，这两种保险不包含，需要由新保险加以补充		这是新保险特设的赔偿项目，在官方保险中没有该项赔偿
新保险的优点	1. 死亡事故发生日常生活中的比例比发生在工作时间内的高，因此，加入新保险可以为日常生活中发生的死亡事故提供保障 2. 关于治疗费用，考虑到加入国民健康保险、健康保险等的时期（不同），设置了自出国后的一定时期内就可得到100%的治疗费用补偿 3. 新保险具有从出境到回国的全过程保障，加入保险的手续简便，能够防止保险的遗漏				

（三）厚生年金的返还

外国技能实习生期满回国前，本人可向所在日本地方社会保险事务所提出厚生年金返还申请，获得不同数额的厚生年金返还（见表3－1－2－7）。提交申请时需将申请书、年金手册、护照复印件一并寄至日本社会保险业务中心，不能通过家属或接收企业等代理申请。

表3－1－2－7　厚生年金加入期限与退职临时金金额

（以2004年1月1日为例）

加入期限	退职临时金金额	
	厚生年金（以海员为例）	国民年金
6个月以上不满12个月	平均标准报酬金额×0.4	39900日元
12个月以上不满18个月	平均标准报酬金额×0.8	79800日元
18个月以上不满24个月	平均标准报酬金额×1.2	119700日元
24个月以上不满30个月	平均标准报酬金额×1.6	159600日元
30个月以上不满36个月	平均标准报酬金额×2.0	199500日元
36个月以上	平均标准报酬金额×2.4	239400日元

提交厚生年金返还申请所需资料：

（1）《退职临时金裁定申请书》（按格式要求填写）。

（2）年金手册。

（3）护照复印件（载有姓名、出生年月日、国籍、署名、出国年月日以及在留资格的护照页）。

（4）申请书“银行账户证明”一栏中，填写技能实习生本人的银行账号以及银行名、分行名及其分行所在地等，并须提交银行出具的账户证明等。

第三节 技能实习改革法案

面对日趋严峻的少子老龄化形势，日本政府为缓解劳动力不足，促进经济发展，一方面继续加大引进外国高级人才、建筑/造船业外国就劳人员等措施的力度，另一方面围绕技能实习制度改革多次进行深入研讨，修正制度弊端，探讨引进外国劳动力的举措。2016 年 11 月 28 日，以立法形式推出《关于正确实施外国人技能实习以及保护技能实习生权益的法案》（以下简称“技能实习法”），于 2017 年 11 月 1 日颁布实施。2018 年 12 月 8 日日本在技能实习法的基础上，又推出了特定技能人才法案。

一、技能实习法的基本框架

技能实习法的核心内容是在强化监管体制的基础上，充实技能实习制度。包括两部分主要内容，一是强化监管体制，二是扩充技能实习制度内容，见图 3－1－3－1。

核心内容：在强化监管体制的基础上，充实技能实习制度

一、强化监管体制

技能实习法出台前		技能实习法出台后
1.无政府间的协议；存在收取保证金等违规行为的派遣机构	➡	1.通过依次与有意派遣技能实习生的国家签署政府间协议，联合起来取缔违规派遣机构
2.监理团体和接收企业的义务、责任不明确，实习体制不完善	➡	2.对监理团体实行许可制；对接收企业实行申报制；对每个技能实习计划实习审核制
3.作为民间机构的JITCO在没有法定权限的情况下行使巡回指导职能	➡	3.设立新的“外国人技能实习机构（法人）”，接受监理团体的报告，实施实地检查等
4.技能实习生的权益保护体制不完善	➡	4.设置通报、申述窗口，制定侵害人权行为罚则。增加变换实习企业的援助制度
5.负责技能实习相关政府部门]的指导监督和联系体制不完善	➡	5.由相关政府主管部门、都道府县等依法合作成立区域协议会，建立指导监督和联系体制

二、充实现行制度

充实项目		充实的具体内容
1.准许优良监理团体延长技能实习期间和再次技能实习	➡	1.由3年延至5年(3年期满临时回国后、再最长可实习2年)
2.扩大优良监理团体的接收人数范围	➡	2.从接收固定员工人数的5%扩大至10% (增幅为1倍)
3.扩大技能实习工种和实习对象	➡	3.区域性的特定工种和企业特有工种可自行检定，并可采取几个工种同时技能实习，随时追加技能实习工种

图 3－1－3－1 日本技能实习法的基本框架

二、技能实习法的改革内容

（一）改革的总体内容

日本技能实习法改革的总体内容，概括起来可称为：增加1个协议、增加1个机构、增加1个窗口；实行3个制度，扩大3项内容。

（1）增加1个协议：与技能实习合作对象国签署政府间的技能实习合作协议。

（2）增加1个机构：设立新的外国人技能实习法人机构，即“外国人技能实习机构”。

（3）增加1个窗口：设置技能实习生通报、申诉窗口。

（4）实行3个制度：监理团体许可制；接收企业报告制；技能实习计划审核制。

（5）扩大3项内容：扩大技能实习期间为3年至5年；扩大技能实习生接收人数范围由5%到10%；扩大技能实习工种以及1人可多岗位转岗实习。

（二）改革的主要内容

1. 强化监管体制

（1）搭建政府合作框架。通过与技能实习派遣国相关政府部门签署合作备忘录等形式搭建政府间合作框架，解决技能实习合作业务一直以来面临的政府监管缺位问题，力求通过双边合作清除有征收保证金等不法行为的技能实习生违规外派现象。

目前日本与中国、越南、菲律宾、印度尼西亚、泰国、柬埔寨、缅甸、蒙古国、老挝、斯里兰卡、尼泊尔、孟加拉国、秘鲁、马来西亚、不丹、乌兹别克斯坦和吉尔吉斯斯坦等17个国家开展技能实习合作，与16个国家已签署技能实习合作备忘录。

（2）完善技能实习体制。对监理团体实行许可制，对接收企业实行申请制，对实习计划实行认定制，进一步明确并严格监理团体和接收企业的责任、义务，完善技能实习体制。

（3）新设行政法人机构。创立新的具有行政认可法人性质的“外国人技能实习机构”[①]，对监理团体等进行业务指导和实地检查，解决民间机构国际研修生协力机构巡回指导时因无法律权限致使无执法权的问题。该机构的主要业务内容包括：认定技能实习计划（针对技能实习生1－3号）、受理技能实习实施者的申请、调查监理团体的许可、书面及实地检查技能实施者和监理团体（对监理团体每年1次实地

---

① 外国人技能实习机构设立于2017年1月25日，位于东京都港区海岸3－9－15。以外国人熟练掌握技术技能和相关知识、正确实施技能实习以及保护技能实习生权益、推进通过人才培养向发展中国家或地区转移技能的国际合作为目的。

检查，对技能实习实施者每3年1次实地检查）以及向技能实习生提供援助等。

在业务流程上，充分体现外国人技能实习机构的作用，见图3－1－3－2。

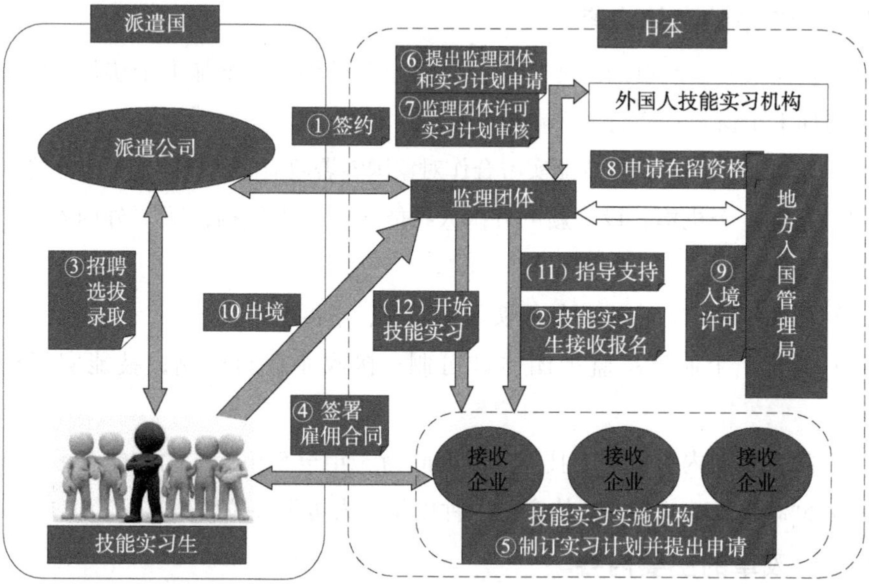

图3－1－3－2 技能实习法实施后的业务流程

（4）设置地区性协议会。由相关省厅、都道府县等行政机构组成“地域协议会”，构筑指导监督/联动协作体制，见图3－1－3－3。

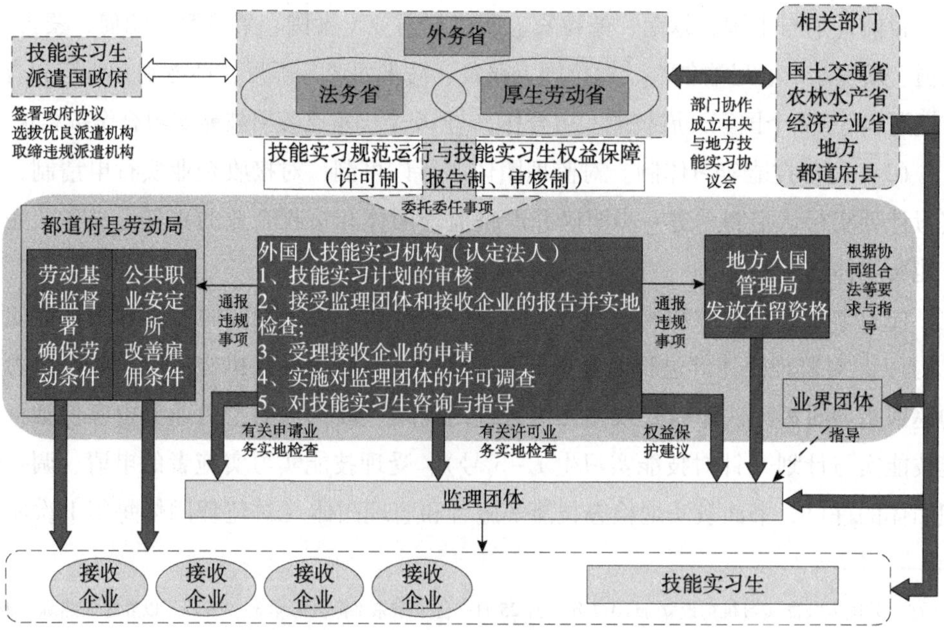

图3－1－3－3 技能实习法实施后的管理体制

2. 扩充技能实习制度内容

（1）延长在留期限。允许优秀监理团体、接收企业选择延长在日实习期限或二次赴日技能实习两种形式，技能实习生持“技能实习 3 号在留资格”，最多可在日技能实习 5 年，见图 3－1－3－4。

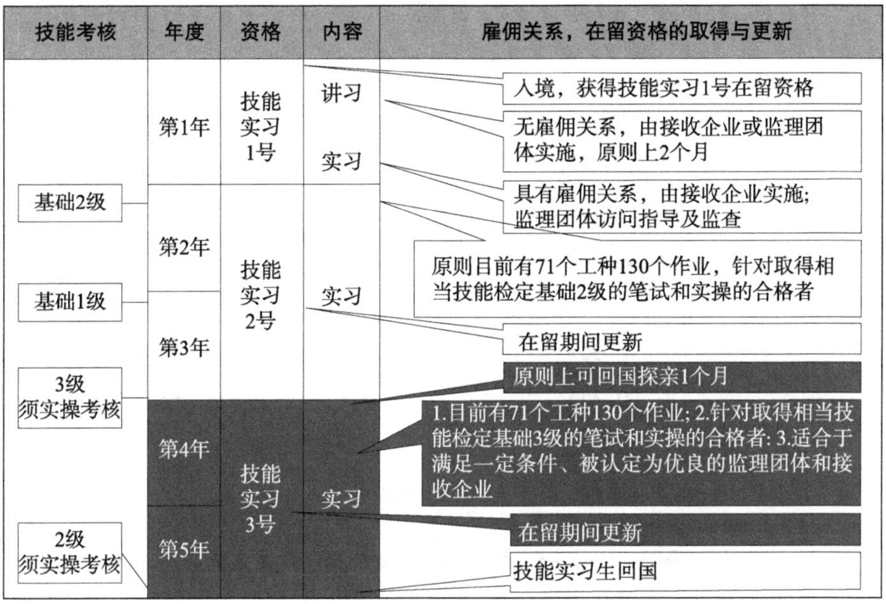

图 3－1－3－4　技能实习生的技能实习流程

注：白色字体表示技能实习法实施后的改革内容。

（2）放宽接收限制。扩大优秀监理团体、接收企业的接收人数。当前接收技能实习生的最多人数为接收企业正式员工的 5%，技能实习生出台后这一比例将增至 10%，见图 3－1－3－5。

对优良监理团体和优良接收单位在接收人数上给予扩大人数比例的优惠。所谓优良接收机构就是在合法经营的基础上，满足技能考核合格率、指导和咨询条件的监理团体和接收企业，给予可以扩大接收技能实习生的优惠。

日本厚生劳动省为此专门制定了优良日本监理团体（接收机构）和优良日本接收单位（企业）的条件。

①优良日本监理团体（接收机构）的条件。主要包括：技能实习的实施状况的监察以及其他业务的实施体制（50 分），包括监理业务相关的常勤干部及员工和实施实习监理的技能实习实施单位的比例、监理负责人以外的监察相关员工的参加讲习的出席状况等；有关技能等的掌握等实绩（40 分），包括过去 3 年的基础级、3 级、2 级程度的技能测试考试合格率等；违反法律法规、发生问题的状况［5 分（若有违反等大幅度减分）］，包括过去 3 年内的改善命令的实绩，失踪的比例等；

技能学习第一年	技能学习第二年	对于优秀监理团体		
		第一年	第二年	第三年
基本人数额度	基本人数额度的2倍	基本人数额度的2倍	基本人数额度的4倍	基本人数额度的6倍

基本人数额度	
技能实习实施单位的常勤员工总数	技能实习生人数
301人以上	常勤员工总数1/20
201~300人	15人
101~200人	10人
51~100人	6人
41~50人	5人
31~40人	4人
30人以下	3人
注：接收不得已情况下的移籍技能实习生可超上述额度	

图 3-1-3-5 优良监理团体的优惠接收人数

咨询、支援的体制（15 分），包括以自愿进行登记注册表示协助接收在其他机关无法继续实习的实习生意愿，接收在其他机关无法继续实习的实习生的实绩等；与地区社会的共同发展（10 分），包括对技能实习单位的日语教育的支援，对技能实习实施单位提供的地区社会交流的机会，学习日本文化的机会进行支援等。

②优良日本接收单位（企业）的条件。

主要包括：有关技能等的掌握等的实绩（70 分），包括过去 3 年的基础级、3 级、2 级程度的技能测试考试合格率等；实施技能实习的体制（10 分），包括过去 3 年以内的技能实习指导员、生活指导员的讲习参加出席情况等；技能实习生的待遇（10 分），包括第 1 号实习生的工资与最低工资的比较，技能实习各阶段工资的增长率等；违反法律法规、发生问题的状况［5 分，（若有违反等大幅度减分）］，包括过去 3 年内整改实绩、失踪的比例，过去 3 年内无归责与实施技能实习单位的失踪等；咨询、支援的体制（15 分），包括确保能够使用母语咨询的咨询人员，接收在其他机关无法继续实习的实习生的实绩等；与地区社会的共同发展（10 分），包括对实习生的日语教育的支援，对实习生提供与地区社会进行交流、学习日本文化的机会等。

（3）增加实习工种。

①畅通建筑、护理等人才的入境渠道，见图 3-1-3-6 和图 3-1-3-7。

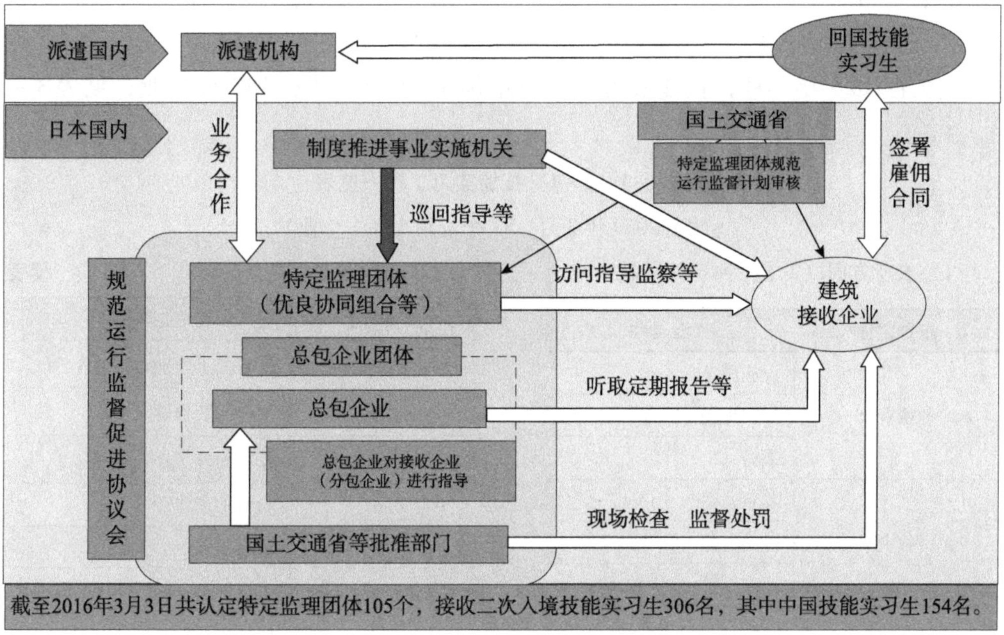

图 3－1－3－6 建筑行业接收二次赴日技能实习生流程

基本考虑	满足三个条件的制度设计	具体要求
1.接收外国护理人才，并不仅仅为了解决人才短缺，而是要遵循技能转移的制度宗旨； 2.根据护理服务特点，追加护理工种需满足三个条件： （1）不以接收单纯劳动力为目的； （2）与日本员工同工同酬； （3）确保护理服务质量，不给养老者增添负担	技能实习制度修订	1.监理团体对接收企业实施监督（许可制），一般需具有3年以上经营经验； 2.确保规范运行（实习计划审核制）； 3.入境时的讲习，学习专业用语和护理基础知识
	护理人员本身应具备的条件	1.日语水平(入境时具有3级水平，不低于4级。第二年需达到3级）； 2.实习指导者需具有介护资格，并具有5年以上的工作经验； 3.接收人数(接收单位规模小、固定员工人数少时执行最低人数限定标准，即不超过固定人员总数的10%)

护理工作	技能实习年度计划目标
1.岗位工作：身体护理（协助洗澡、吃饭、排便等）； 2.相关工作：与身体护理相关工作（清扫、洗衣、做饭等）以及记录、通知等； 3.周边工作：其他（转达通知等）	第1年 根据安排和操作规程，达到基本护理水平 第2年 根据安排和养老人员的健康状况能够达到具有完成一定程度护理的水平 第3年 独立运用护理知识和能力，根据养老者的具体情况达到具有完成一定程度护理工种的水平 第5年 独立运用护理知识和能力，根据养老者的具体情况完全达到专业护理水平

图 3－1－3－7 在技能实习框架下增设护理工种

②增加技能实习接收工种。适时增加地区限定型实习工种、企业单独型实习工

种、复合型技能实习工种等，技能实习法出台前，截至2016年4月，技能实习有74个工种133种作业。

截至2020年3月，技能实习工种已增加至81个，共有143种作业，见表3－1－3－1。

表3－1－3－1 技能实习工种一览表

（截至2020年3月，81个工种143个作业）

1 农业方面（2个工种6种作业）

工种名称	作业名称
种植业※	设施园艺
	旱田种植、蔬菜
	果树
畜牧业※	养猪
	养鸡
	奶酪畜牧业

2 渔业方面（2个工种9种作业）

工种名称	作业名称
渔船渔业※	鲣鱼竿钓渔业
	延绳钩渔业
	鱿鱼钓渔业
	围网渔业
	拖网渔业
	刺网渔业
	定置网渔业
	蟹/虾笼网渔业
养殖业※	扇贝/长牡蛎（真牡蛎）养殖作业

3 建设方面（22个工种33种作业）

工种名称	作业名称
凿井	冲击式顿钻凿井施工作业
	旋转式凿井施工作业
建筑钣金	管道钣金作业
	内外装钣金作业
冷冻空调设备施工	冷冻空调设备施工作业
门窗制造	木制门窗手工制作业
建筑木工	木匠施工作业

续表

工种名称	作业名称
模板施工	模板施工作业
钢筋施工	钢筋组装作业
脚手架	脚手架施工作业
石料施工	石料加工作业
	贴石作业
瓷砖铺设	瓷砖铺设作业
铺瓦	铺瓦作业
泥瓦工	泥瓦作业
配管	建筑配管作业
	设备配管作业
隔热施工	保温保冷施工作业
内部装修施工	塑料系地板装修施工作业
	地毯系地板装修施工作业
	钢制龙骨施工作业
	天花板、墙板装修施工作业
	窗帘施工作业
窗框施工	建筑物用窗框施工作业
防水施工	嵌缝防水施工作业
混凝土泵送施工	混凝土泵送施工作业
井点降水施工	井点降水施工作业
墙纸粘贴	墙纸粘贴作业
建设机械施工※	推土、整地作业
	装载作业
	挖掘作业
	压实作业
筑炉△	筑炉作业

4 食品制造方面（11 个工种 16 种作业）

工种名称	作业名称
罐头卷边※	罐头卷边
食用鸡肉处理加工业※	食用鸡肉处理加工作业
加热性水产加工食品制造业※	节类（干制鱼类）制造
	加热干制品制造
	调味加工品制造
	熏制品制造
非加热性水产加工食品制造业※	盐腌品制造
	干制品制造
	发酵食品制造
鱼糜制品制造	鱼糕制品制造作业
食用牛猪肉处理加工业※.	牛猪部分肉制造作业
火腿、香肠、熏肉制作	火腿、香肠、熏肉制造作业
面包制作	面包制作作业
熟食制造业※	熟食加工作业
农产品腌制制造业	农产品腌制作业
医疗/福利设施供餐制造	医疗/福利设施供餐作业

5 纺织、服装方面（13 个工种 22 种作业）

工种名称	作业名称
纺纱操作※	前纺工序作业
	细纱工序作业
	卷绕工序作业
	纱线加捻工序作业
织布操作※	准备工序作业
	织造工序作业
	整修工序作业
染色	纱浸染作业
	梭织物、针织物浸染作业
针织品制造	制袜作业
	圆形针织物制造作业
经编针织面料制造※	经编针织面料制造作业

续表

工种名称	作业名称
女装、童装制造	女装、童装缝制作业
男装缝制	男装缝制作业
内衣类制造※	内衣类制造作业
寝具缝制	寝具缝制作业
地毯制品制造※	机织制造作业
	簇绒地毯制造作业
	针刺地毯制造作业
帆布制品缝制	帆布制品缝制作业
薄性织物缝制	衬衫缝制作业
座椅套缝制※	汽车座椅套缝制作业

6 机械、金属方面（15 个工种 29 种作业）

工种名称	作业名称
铸造	铸铁铸件铸造作业
	非铁金属铸件铸造作业
锻造	锤锻作业
	冲锻作业
压铸	热室压铸作业
	冷室压铸作业
机械加工	车床作业
	铣床作业
	数控车床作业
	加工中心作业
金属冲压加工	金属冲压作业
铁工（金属加工）	构造物金属加工作业
工厂钣金	机械钣金作业
涂镀	电镀作业
	热浸镀锌作业
铝阳氧化处理	阳极氧化处理作业
精加工	工卡模具精加工作业
	金属模具精加工作业
	机械组装精加工作业
机械检验	机械检验作业
机械维修	机械维修作业

续表

工种名称	作业名称
电子仪器组装	电子仪器组装作业
电力设备组装	旋转电机组装作业
	变压器组装作业
	配电盘/控制盘组装作业
	开关控制器组装作业
	旋转电机线圈制作作业
印刷线路板制造	印刷线路板设计作业
	印刷线路板制造作业

7 其他（16个工种28种作业）

工种名称	作业名称
家具制造	家具手加工作业
印刷	胶版印刷作业
装订	装订作业
塑料成型	压缩成型作业
	射出成型作业
	膨胀成型作业
	吹塑成型作业
强化塑料成型	手糊成型作业

续表

工种名称	作业名称
涂装	建筑涂装作业
	金属涂装作业
	钢桥涂装作业
	喷雾涂装作业
焊接※	手工焊接
	半自动焊接
工业包装	工业包装作业
纸器、瓦楞纸箱制造	印刷箱打孔作业
	印刷箱制箱作业
	贴箱制造作业
	瓦楞纸箱制造作业
陶瓷器工业制品制造※	机械窑轮成型作业
	压力浇注成型作业
	塑料材质的压面印刷作业
汽车保养维修※	汽车保养维修作业
建筑清扫	建筑清扫作业
介护	护理作业
亚麻布供应	亚麻布供应加工作业
混凝土制品制造	混凝土制品制造作业
住宿	接待/卫生管理作业

三、2011—2020年中国对日技能实习生派遣实绩

近年来，随着中日两国社会经济的不断发展，我对日技能实习生派遣业务所占的市场份额、所处的宏观环境发生了巨大变化。2016年，我国当年向日本派出技能实习生人数、在日技能实习生总人数均被越南反超，成为对日技能实习合作第二对象国（见表3-1-3-2）。低成本人力资源优势促使竞争要素的改变，为我经营企业拓展和巩固市场带来巨大挑战。

表3-1-3-2 中国越南近十年对日技能实习生派遣人数占比分析

年份	日本当年接收技能实习生总人数（人）	中国技能实习生		越南技能实习生	
		当年派遣人数（人）	占日本当年接收总数的比例（%）	当年派遣人数（人）	占日本当年接收总数的比例（%）
2011	66252	49538	74.77	6632	10.01
2012	67968	49213	72.41	7450	10.96

续表

年份	日本当年接收技能实习生总人数（人）	中国技能实习生		越南技能实习生	
		当年派遣人数（人）	占日本当年接收总数的比例（%）	当年派遣人数（人）	占日本当年接收总数的比例（%）
2013	67443	44391	65. 82	10132	15. 02
2014	82533	43987	53. 30	19490	23. 61
2015	108548	46242	42. 60	34563	31. 84
2016	106131	32899	↓31. 00	43779	↑41. 25
2017	127688	34079	26. 69	58699	45. 97
2018	150161	34796	23. 17	75921	50. 56
2019	188872	37450	19. 83	99056	52. 45
2020	83826	12202	14. 56	45105	53. 81
说明	1. 当年人数为当年 1 月至 12 月的人数，包括再入境人数； 2. 2020 年因新型冠状病毒感染疫情影响，入境人数锐减				

数据来源：根据日本法务省出入国管理厅资料编译。

第四节　日本高端人才引进制度

随着日本少子老龄化的加剧，日本劳动人口逐年减少，给日本国家发展和社会保障带来沉重压力。为了实现经济可持续发展，日本于 2012 年开始实施高端人才积分制度，吸引必要的外国人才，尤其是积极吸纳高端国际人才，使之服务于日本社会发展。2013 年进一步放宽高端人才认定条件，同时探讨修订技能实习制度、设立外国厨师新居留资格，并希望在日优秀外国留学生从 2012 年的 14 万人增加到 2020 年的 30 万人，即所谓“留学生 30 万人计划”。

2013 年 8 月，日本外务省、文部科学省、经产省联合成立了“日本国际化推进协会”（JAPI）。JAPI 的活动内容包括：为外国留学生构建或推介有魅力的日本生活、教育和就业环境；培养知日、亲日的外国人交流网络，向世界宣传日本，传播日本文化；构建同学会、校友会网络，运用其帮助日本的企事业进出海外。JAPI 的关联企业 Enjin 株式会社希望逐步成为日本最大的高端国际人才库和全球人才交流平台。

为确保劳动力供给，激发经济活力，日本政府从 2014 年起通过简化手续、降低门槛等方式，大力推进外国高级人才的引进工作。2015 年 4 月 1 日又颁布实施了《关于在建筑・造船业引进外国就劳人员的紧急措施》，并积极探讨引进外国护理人员。

一、实施高端人才积分制度

日本法务省于2012年5月7日开始实施高端人才优待制度，该制度是为吸引拥有优秀技能和资质的外国人才赴日就业而创立的。该制度根据人才的具体情况进行评分，对于达到一定积分的外国人，将评定其为“高端人才”。对其实施放宽永久居住许可条件等优待措施，借此吸引高端人才赴日工作，提高日本的国际竞争力。高端人才的评定分为“学术研究”“高度专业和技术”以及“经营与管理”3个领域。每个领域均根据申请者的学历、工作履历、年收入、年龄等进行评分，积分达到70分即可被评定为高端人才，见表3－1－4－1。对符合条件的高端人才，日本政府将把原则上须在日居住10年以上的永久居住许可条件放宽为5年。其配偶则不再有工作时间上的限制，还可以允许其带父母和雇佣人员到日本，从而为这些高级人才提供易于生活的环境。

表3－1－4－1　日本高端人才积分计算表

<table>
<tr><th>项目</th><th>学术研究领域</th><th>积分</th><th>高度专业和技术领域</th><th>积分</th><th>经营与管理领域</th><th>积分</th></tr>
<tr><td rowspan="3">学历</td><td>博士，除博士专业学位</td><td>30</td><td>博士，除博士专业学位</td><td>30</td><td>博士或硕士</td><td>20</td></tr>
<tr><td rowspan="2">硕士，含博士专业学位</td><td rowspan="2">20</td><td>硕士，含博士专业学位</td><td>20</td><td rowspan="2">大学毕业或有同等学力</td><td rowspan="2">10</td></tr>
<tr><td>大学毕业或有同等学力</td><td>10</td></tr>
<tr><td rowspan="4">工作履历</td><td>7年以上</td><td>15</td><td>10年以上</td><td>20</td><td>10年以上</td><td>20</td></tr>
<tr><td rowspan="2">5年以上</td><td rowspan="2">10</td><td>7年以上</td><td>15</td><td>7年以上</td><td>15</td></tr>
<tr><td>5年以上</td><td>10</td><td>5年以上</td><td>10</td></tr>
<tr><td>3年以上</td><td>5</td><td>3年以上</td><td>5</td><td>3年以上</td><td>5</td></tr>
<tr><td>年收入</td><td>根据年龄评分</td><td>10～40</td><td>根据年龄评分</td><td>10～40</td><td>3000万日元以上</td><td>50</td></tr>
<tr><td rowspan="4">年龄</td><td>29岁以下</td><td>15</td><td>29岁以下</td><td>15</td><td>2500万日元以上</td><td>40</td></tr>
<tr><td rowspan="2">34岁以下</td><td rowspan="2">10</td><td rowspan="2">34岁以下</td><td rowspan="2">10</td><td>2000万日元以上</td><td>30</td></tr>
<tr><td>1500万日元以上</td><td>20</td></tr>
<tr><td>39岁以下</td><td>5</td><td>39岁以下</td><td>5</td><td>1000万日元以上</td><td>10</td></tr>
<tr><td rowspan="2">额外奖励1</td><td rowspan="2">在享受日本政府促进创新支援措施的单位就职</td><td rowspan="2">10</td><td>在享受日本政府促进创新支援措施的单位就职</td><td>10</td><td>在享受日本政府促进创新支援措施的单位就职</td><td>10</td></tr>
<tr><td>在日本高等教育机构取得学位</td><td>5</td><td>以代表取缔役、代表执行役入职</td><td>10</td></tr>
<tr><td>额外奖励2</td><td>研究成果</td><td>15</td><td>日语达到1级或有同水平资格者；在国外大学日语专业毕业者</td><td>10</td><td>以取缔役、执行役入职</td><td>5</td></tr>
<tr><td>额外奖励3</td><td>在日本高等教育机构取得学位</td><td>5</td><td>具有业务相关资格</td><td>10</td><td>在日本高等教育机构取得学位</td><td>5</td></tr>
</table>

续表

项目	学术研究领域	积分	高度专业和技术领域	积分	经营与管理领域	积分
额外奖励 4	日语达到 1 级或有同水平资格者；在国外大学日语专业毕业者	10	研究成果	15	日语达到 1 级或有同水平资格者；在国外大学日语专业毕业者	10

资料来源：编译自日本法务省公布资料。

二、实施在留卡制度

随着在日外国人迁居、更换工作的情况增多，日本政府出台新的在留卡制度，首先关于外国人在在留期间的各种变更事项，设立了向入境管理局申报的程序，建立起入境管理局随时能掌握最新信息的制度。如住址变更、工作变动时需向入境管理局进行申报。实施新在留管理制度的对象为，通过正规手续在日本中长期在留的外国人。例如，与日本人结婚者、在企业工作者、留学生、永住者等。旅游者、外交官等不包括在内。修订后新在留卡制度包括以下四个方面。

（一）发放在留卡

在新入境居住时、在留期间变更时、在留资格变更时、结婚变更姓名时或丢失在留卡时等情况发生时，发放在留卡。

（二）在留期间延长到最大限度

对于“技术”等就业资格和“日本人配偶者等”的在留资格，将现在上限为“3 年”的在留资格延长至上限 5 年的在留资格。

（三）再入境许可制度的变更

持有有效护照和在留卡，原则上出国期间在 1 年以内无须办理再入国手续。

（四）废止外国人登记制度

永住者原则上在 3 年以内，永住者以外的人在办理在留期间更新申请等手续时，换取在留卡。新的在留卡制度的实施，有利于日本政府更准确地掌握外国人在日本的住址、工作等详细情况。

三、放宽高端人才认定条件

日本政府自 2012 年 5 月开始实施“高端人才积分制度”以来，由于制度利用者过少，2013 年日本法务省自 12 月 24 日起放宽了中高端人才的认定条件，下调了认定条件中的年收入标准，大幅上调了日语能力评分，使相关人员比以往容易通过认定，见表3－1－4－2。日本总务省还扩大了享受优待措施的人员范围，允许外国高级人才与父母以及雇佣人员一同入境。为进一步促进实施外国优秀人才利用制度，日本法务省提出修改出入境管理法的法案，将被认定为高级人才的外国人在日获得永久居住权的居留期从5年缩短至3年，于2014年提交日本通常国会审议。

表3－1－4－2 修订后的日本高端人才认定条件

条件	认定内容		修订理由
年收入	修改最低年收入基准	1. 撤销关于高端学术活动最低年薪标准的规定 2. 撤销高端专业/技术活动及高端经营/管理活动关于年龄标准的规定，所有年龄段最低年薪标准统一下调至300万日元	在大学等教育机构和中小企业就职者的年薪一般比在大企业低
	将来自日本国外的收入计算在内	将来自日本国外的收入，也算入外籍劳动者年薪范畴	有些外籍劳动者从海外母公司领取高额薪酬，却未能被认定为高端人才
研究成果	提高从事高端学术研究活动的研究实绩评价项目分值	提高高端学术研究活动中“研究成果”相关的分数 1. 有1项研究成果的，从15分提升至20分 2. 有2项研究成果的，从15分提升至25分	应提高从事研究活动的外国人的研究成果的评价分值
日语能力	提高日语能力评价项目的分值	日语能力相关的分值由10分提至15分	应提高具有较高日语能力的外籍劳动者的评价分值
日本留学经验	提高在日高等院校取得学位的评价项目分值	将在日本高等院校取得学位的评价项目分值由5分提至10分	应提高具有在日本高等院校留学经验的评价分值
对获得相关资格证书的加分	对获得相应资格证书、学位、表彰者加分	1. 如获得的学位与MBA、MOT等专业有关，除学位加分外，另加5分 2. 如获得相关的资格证书、表彰等，加5分	相关资格证书具有一定的可信度，并且有助于外国高端人才从事相关业务，应该成为评价加分对象
对中小企业相关的加分	为确保中小企业更容易运用该制度而加分	1. 如就职的企业接受创新促进支援，且属于中小企业，除已有加分外，另加10分 2. 如就职的中小企业试验研究费等比率超过3%，加5分	为确保更多企业的外国高端人才可以运用该制度
认定对象	预定居留时间不满1年的措施	将预定居留时间不满1年者也列入高端人才积分制的认定对象	即使预定居留时间不满1年，也想将其作为高端人才引进日本

资料来源：编译自日本法务省入国管理厅公布资料。

四、采取引进外国就劳人员的紧急措施

（一）引进建筑、造船业外国就劳人员

（1）调整在留资格。技能实习结束后，重新申请在日工作的技能实习生将获得新的“特定活动”在留资格。

（2）延长在日期限。在日从事建筑、造船业相关工种的技能实习生可在3年技能实习后申请顺延2年。已回国的技能实习生可申请二次赴日，最长可获得为期3年的在留资格。

（3）增加从业职种。对于建筑、造船行业的接收团体和企业，增加铁工、涂装和焊接等3个工种。但汽配汽修等领域的相关应聘工种不在范围之内。

（4）新设监管机构。成立“规范监理推进协议会”负责考评、选拔监理团体。只有被认定为优秀监理团体才有资格在技能实习的基础上接收外国人建筑、造船业劳动者。

（5）提升工资待遇。外国人建筑行业劳动者原则上与日本职员同工同酬。参照有3年工作经验的日本劳动者的工资标准，每月20万日元左右（政策发布时已有每月23万日元的实例）。

（二）引进护理业外国劳动者

（1）扩大EPA。日本政府根据EPA（经济伙伴关系协定）协定，从2008年始相继从印度尼西亚、菲律宾、越南等国接收介护福祉士，截至2014年有274人获得在日就劳资格。

（2）吸引留学生。在日留学的外国留学生只要获得介护福祉士专业资格，就可在毕业后留在日本就职。

（3）新设介护资格。设立“介护”在留资格，只要具有介护福祉士资格，并与日本公立或私立接收机构签署合同从事介护或者介护指导业务，即可获得“介护”在留资格。

（4）追加技能实习工种。在技能实习框架内追加介护职种，按照技能实习制度进行招聘和管理。根据护理服务特点，在技能实习框架内追加护理工种需满足的三个条件：一是不以接收单纯劳动力为目的；二是与日本员工同工同酬；三是确保护理服务质量，不给养老者增添负担。追加三个条件的目的在于转移技能，避免留下“护理是外国人承担的单纯劳动”的印象，确保与日本人同工同酬，避免影响日本护理人员本身的薪资待遇和劳动环境。

同时，还追加了护理工种的制度设计考量，即：明确业务内容范围，确保必要交流能力，构建合理公平体系，选择适合的技能实习机构，确保适合技能实习体制，保障与日本职员同工同酬，加强对接收组合的监督管理。

第五节 日本特定技能人才政策

为解决愈发严峻而又长期困扰的劳动力不足问题，近10年来，日本不断推进制度改革，加大外籍劳动力接收力度。先于2010年废除始于1991年的研修制度、修改始于1993年的技能实习制度，后于2016年以立法形式推出《关于正确实施外国人技能实习以及保护技能实习生权益的法案》（以下简称《技能实习法》），紧接着于2018年12月8日日本国会正式通过《出入国管理及难民认定法》修正案，推出了特定技能人才法案[①]，新设“特定技能”签证，并于2019年4月1日正式生效，以加快引进高素质外国劳动力。特定技能人才法案的出台，是日本政府外国劳动力制度改革的重大变化，说明日本针对外国劳动者的就业渠道实质上已经敞开企业有条件地直接雇佣外国劳动力的大门，是日本的一项“变相移民政策”。

2021年11月18日，日本政府又宣布将进一步放宽对特定技能人才的签证限制，调整2018年推出、尚未广泛实施的特定技能人才法案，自2022年3月起对持有“特定技能”签证的外国特定技能人才实行无限期更新在日工作签证，并可携带家属，申请在日本永住。

一、“老短难急”问题推动出台特定技能人才法案

日本技能实习制度启动伊始以“特定活动”签证方式运行，后将在日1年、2年和3年签证分别改为“技能实习1号”“技能实习2号”和“技能实习3号”签证。经过前后近30年的运行，最终急于推出特定技能人才法案，出现被另行推出的“特定技能”劳动者签证所取代、今后或许更多以“特定技能”劳动者签证方式接收外国劳动者的趋势，存在“老、短、难、急”四个绕不开的社会背景。

（一）“老”是根本原因

日本总人口和出生率持续下降，老龄化问题日趋严峻，劳动力短缺问题日益严重，成为导致日本政府下决心加快出台引进外国劳动力政策的根本动因。据日本厚生劳动省统计，截至2020年10月日本约有7000万劳动力，其中外国劳动者约172万人，[②]约占2.5%。由于日本人普遍不愿从事的一些行业，尤其是农业和渔业一直延续着

---

① 日本法务省出入国管理厅．新たな外国人材の受入れ及び共生社会実現に向けた取組［EB/OL］.（2022－05）［2022－05－12］. https：//www. moj. go. jp/isa/policies/ssw/nyuukokukanri01_00127. html.

② 日本厚生劳动省．外国人就业状况申报状况概要（令和3年10月下旬）［EB/OL］.（2021－10）［2022－01－28］. https：//www. mhlw. go. jp/stf/newpage_23495. html.

祖辈的生产方式，平均年龄都超过 65 岁，年轻接班人骤减，后继无人，外国技能实习生成为这些行业的劳动者主力。

（二）“短”是直接驱动

中小企业是支撑日本经济的中坚力量，而中小企业的劳动力不足却每况愈下，以致捉襟见肘，成为影响日本经济规模缩小的重要因素，日本经济界为此频繁呼吁从速引进外劳。随着新型冠状病毒感染疫情的全球性深刻影响，导致日本经济萎靡、人手更加短缺，日本政府不得不主动采取弥补劳动力不足的有效措施。据日本农林水产省统计，2010 年日本农业就业人口约 260 万人，至 2019 年减至 168 万人，[①] 9 年间减量多达约 1/3。虽然近年来女性和老年人劳动的参与率不断提高，但根本无法遏制劳动力下降的趋势。为此，日本政府在着力挖掘国内劳动潜力的同时，不得不采取放宽外国劳动力的接收限制，并扩大接收比例。接收外国技能实习生由 2011 年的66 252人增加到 2019 年的 188 872 人，[②] 特别加大农业、食品、建筑、护理等行业引进外国技能实习生的力度。

（三）“难”是无奈选择

日本劳动力不足不仅严重制约中小企业的发展，进而导致经济下滑。2019 年日本 GDP 增速为 0. 65%，2020 年受疫情影响，增长率比 2019 年减少了 4. 8%。[③] 因此，日本商工会议所曾在 2020 年 12 月强烈要求政府调整政策方向，扩大“特定技能”签证的覆盖领域。而技能实习制度本身存在着根本的设计缺陷，已演变成引进外国廉价劳动力的方式，不仅背离设计初衷，而且不断引发国际社会的指责，难以有效承担通过引进外国劳动力推动经济社会均衡发展的重任。

（四）“急”是现实需求

新型冠状病毒感染疫情成为助推政策调整变革的催化剂。在 172. 7 万外国劳动者中，多数是居留时间为 3 年的技能实习生以及在日留学生，分别约为 35. 2 万人和 26. 8 万人。持长期“就业”签证者主要是大学以上学历的人群，其中持“技术、人文知识、国际业务”签证者约 29. 1 万人。[④] 外国劳动者是支撑日本经济的重要力量，但受日本新型冠状病毒感染疫情防控措施不力的影响，外国劳动者入境形成空

---

① 李玲飞. 日本农业后继无人?: 日本推进智能农业的动因、政策与目标 [R/OL]. (2019 - 10 - 24) [2022 - 03 - 12]. https: //baijiahao. baidu. com/s? id = 1648274205779480032&wfr = spider&for = pc.

② 日本法务省出入国管理厅. 2012 年版第一部出入国管理近年状况 [EB/OL]. 出入国管理白书. 2012: 5. [2022 - 03 - 12]. https: //www. moj. go. jp/isa/content/930004561. pdf.

③ 陈言. 新冠疫情严重影响经济发展 2020 年日本 GDP 减 4. 8% [R/OL]. (2021 - 02 - 17) [2022 - 03 - 12]. https: //www. 517japan. com/viewnews - 113947. html.

④ 日本厚生劳动省. 外国人就业状况申报状况概要（令和 3 年 10 月下旬）附件 2「外国人雇用状況」の届出状況表一覧 [EB/OL]. (2021 - 10) [2022 - 01 - 28], 第 2 页, https: //www. mhlw. go. jp/content/11655000/000887555. pdf.

档，连年增加的技能实习生也停止增加。至2021年8月持“特定技能”资格入境的外国劳动者也只有约3.5万人，远未达到预期接收目标。

二、特定技能人才法案关于“特定技能”签证的内涵

1993年日本政府推行的技能实习制度以及2016年出台的技能实习法，都是以“通过让外国的技能实习生学习日本产业界拥有的技能、技术或知识，达到向海外转移技术，以有助于培养肩负外国相关产业发展的人才”为目的①，而2018年日本政府推出的特定技能人才法案是以“日方企业雇佣外国具有一定专门知识和技能的人才（即‘特定技能劳动者’）赴日本工作”为目的的制度，② 或者说是以外国技能人才为对象的工作资格许可制度，与技能实习制度的本质区别在于该法案旨在直接接收外国劳动者（特定技能与技能实习的制度比较见表3－1－5－1）。在这个框架下，日本政府于2019年4月正式新设了面向外国特定技能劳动者的“特定技能”签证。

表3－1－5－1　特定技能与技能实习的制度比较

比较项目	技能实习（团体监理型）	特定技能（1号）
相关法规	与规范实施外国人技能实习及保护技能实习生相关的法律／出入国管理及难民认定法	出入国管理及难民认定法
在留资格	“技能实习”在留资格	“特定技能”在留资格
在留期限	技能实习1号：1年以内；技能实习2号：2年以内；技能实习3号：2年以内（合计最长5年）	总计5年
外国人的技能水平	无	必须具有相当程度的知识或经验
入境时的考试	无 （只有介护职种要求入境时日本语能力达到N4）	通过考试等确认技能水平、日语能力水平（较好完成技能实习2号者免除考试等）
派遣机构	受到外国政府推荐或认定的机构	无
监理团体	有 （非营利性事业协同组合对实习实施者进行监查及其他监理工作。实行主管部门大臣许可制）	无
支援机构	无	有 （个人或团体接受接收机构的委托对特定技能外国人进行居住保障等相关支援。实行出入国在留管理厅登录制）
外国人和接收机构的匹配	一般通过监理团体和派遣机构进行	接收机构直接在海外进行招录，或者通过国内外中介机构进行招募均可
接收机构的名额限制	对应常勤职工总数设有名额限制	没有名额限制（介护行业、建设行业除外）
工作内容	根据技能实习计划，接受讲习，从事与技能等相关的工作（1号）；根据技能实习计划，从事与技能等相关的工作（2号、3号）（非专业、技术性行业）	从事要求具有相当程度知识或经验的技能的工作 （专业、技术性行业）
转籍、转岗	原则上不允许。但在实习实施者倒闭及从2号到3号实习转移时可以转籍	可以在相同工作区间内，或者通过考试确认在技能水平上具有共通性的工作区间之间转岗

资料来源：根据日本入管厅资料编译。

---

① 日本国际人才协力机构．技能实习制度操作规程［EB/OL］.（2021－04－01）［2022－03－09］. https：//www. otit. go. jp/files/user/220401－16. pdf.

② 日本国际人才协力机构．积极接收外籍人才及实现和谐共生社会的措施［EB/OL］.（2022－05－22）［2022－05－30］. https：//www. moj. go. jp/isa/content/930005603. pdf.

（一）新设“特定技能”签证

接收外国特定技能劳动者的“特定技能”签证分为“特定技能1号”和“特定技能2号”两种（在留资格的称谓见表3－1－5－2），均对学历无特别要求，只需满足相应的申请条件即可。“特定技能1号”可经技能测试转为“特定技能2号”。

表3－1－5－2　技能实习与特定技能制度框架下在留资格的称谓

制度类型	在留资格名称	在留资格称呼	对持不同在留资格者的称呼
技能实习制度	技能实习	技能实习1号	1号技能实习生
		技能实习2号	2号技能实习生
		技能实习3号	3号技能实习生
特定技能人才法案	特定技能	特定技能1号	1号特定技能工人
		特定技能2号	2号特定技能工人

“特定技能1号”针对具备一定专业知识或经验的外国技能人才。每1年、6个月或4个月更新一次在留资格，在日期间不超过5年，不能带家属。需通过日本各相关省厅所分管的相关工种的特定技能评价（见表3－1－5－3），只需掌握日常生活和工作的日语考试或经日语能力测试达N4以上水平即可。“技能实习2号”或“技能实习3号”的结业者或具有3年技能实习经验的技能实习生可免考，但介护技能实习生需通过介护日语考试。

表3－1－5－3　日本各相关省厅所负责的相关工种的特定技能评价

相关省厅	相关工种的特定技能评价
厚生劳动省	护理业和建筑清洁业
经济产业省	材料制造产业、产业机械制造业、电气与电子信息相关产业
国土交通省	建设业、造船与船舶工业、汽车维修业、航空业和住宿服务业
农林水产省	农业、渔业、食品饮料制造业和饮食服务业

资料来源：根据日本法务省入国管理厅资料编译。

“特定技能2号”针对具有熟练技能和一定管理能力的外国技能人才，暂未限定对日语的具体要求。一般每3年、1年或6个月更新一次在留资格，可无限期更新，还可申请永住签证。可为配偶和孩子申请家族滞在签证，并可申请获得每周28小时的资格外活动（打工）。目前仅开放建设业、造船与船舶工业两个行业。

（二）限定实施行业领域，明确引进规模和实施进度

以“特定技能1号”为对象的计划实施领域为护理业（除上门护理）、建筑清洁业、材料制造产业、产业机械制造业、电气与电子信息相关产业、建设业、造船及船舶工业、汽车维修业、航空业、住宿服务业、农业、渔业、食品饮料制造业和

饮食服务业等，共14个劳动力严重短缺行业。计划自2019年4月起，到2023年5年内最多高达34.5万人入境，弥补这些行业的劳动力缺口。

（三）加强行政监督管理

为加强统筹协调和管理，日本政府将法务省入国管理局升格为“出入国在留管理厅”（与“省”并列的国家行政机关），下设“出入国管理部”和“在留管理支援部”，全权负责外国人出入境审查和在日活动的管理。全系统编制由4870人增加到5400人。本部定编210人，较之前增加了1.5倍。8个地方入国管理局中，入国审查官人数由2800人增加至3200人。

在实施一元化管理的同时，厚生劳动省、经济产业省、国土交通省和农林水产省按领域分工负责制定、实施各行业引进外国劳动力的计划和行业管理指导工作（见表3-1-5-2）。

（四）重新规划接收对象与运行程序

1. 扩大接收外国劳动者对象

为了尽可能多地扩大接收高素质人才，该法案将期满在日技能实习生、归国技能实习生和在外国的特定技能人才以及在日留学生等四种类型的人才统一列为外国“特定技能人才”，纳入该法案框架下的接收对象，并推出发给“特定技能”签证的接收模式。在此框架下，很多期满滞留在日的技能实习生和留学生可以通过日本接收机构单方面的便利手续取得特定技能签证。

2. 增加注册支援机构

外国特定技能人才引进制度的实施由“注册支援机构”和“特定技能所属机构”相互协作、具体实施，其业务关系见图3-1-5-1。

（1）确定特定技能所属机构，即引进外国特定技能人才的运行机构，指外国特定技能人才的接收机构和用人企业。

（2）明确注册支援机构的作用。“注册支援机构”（即劳动力中介服务组织），是出入国在留管理厅认定的人才中介服务组织，可向用人企业推荐外国特定技能人才，代理用人企业制定外国特定技能人才用人计划和服务保证措施等。相当于技能实习制度的“监理团体”，但该机关不能提供收费服务。各行业团体、民间法人和社会保险劳务士（取得相应资格的人才派遣专家）均可向出入国在留管理厅申请取得注册支援机构的资格。

申请注册的“注册支援机构”需符合能够规范操作、近5年内没有违反出入境管理法和相关劳动法规、具有语言交流等支援外国人的能力和体系的标准（见图3-1-5-2）；能够承担规范实施对外国特定技能人才的支援、向出入国管理厅

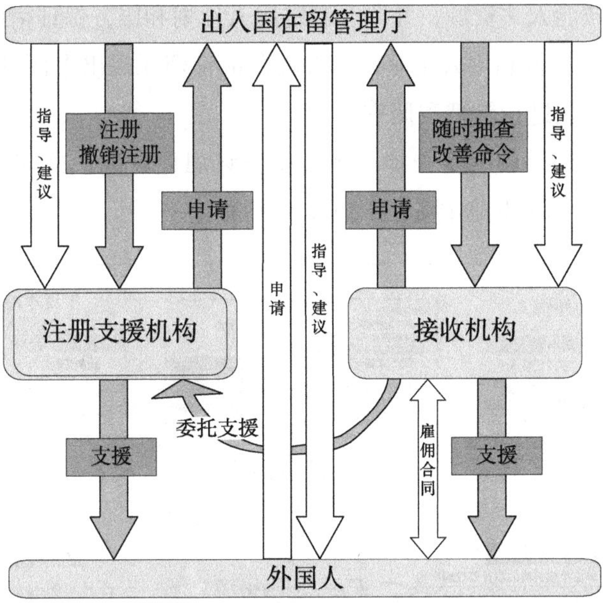

图3－1－5－1　注册支援机构与接收机构之间的业务关系

资料来源：根据日本法务省入国管理厅资料编译。

及时正确地提交各种申请的义务。否则，将会被取消注册资格。

图3－1－5－2　注册支援机构的服务体系与功能

资料来源：根据日本法务省入国管理厅资料编译。

3. 规划新的运行程序

引进外国特定技能人才的运行程序是：

（1）用人企业可以直接雇佣外国特定技能人才；也可以通过向注册支援机构提出用人需求，由注册支援机构与各国人才派遣公司合作，向用人企业提供符合资格条件的外国特定技能人才资源，并联合制定用人计划和服务保证措施。

（2）注册支援机构和用人企业向出入国在留管理厅提出书面材料登记备案；出入国在留管理厅有权进行管理和调查。

（3）用人企业与外国特定技能人才直接签订雇佣合同，办理签证等赴日手续。详见图 3 –1 –5 –3 日本接收特定技能工人运行程序。

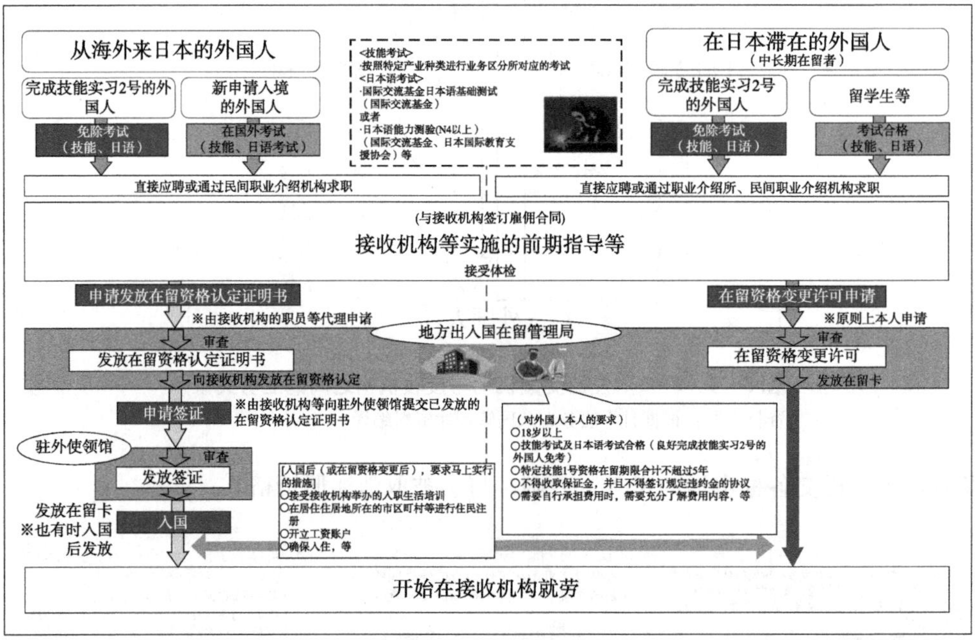

图 3 –1 –5 –3　日本接收特定技能工人运行程序

资料来源：根据日本法务省入国管理厅资料编译。

（五）向外国特定技能人才提供综合咨询服务

为加强对用人企业的管理，防止企业违法加班和克扣工资收入等行为，改善外国人在日工作和生活条件等，为外国特定技能人才尽快融入当地社会提供综合支援。日本政府计划在全国都道府县设立约 100 处“多文化共生综合咨询一站式服务中心”，为外国特定技能人才提供日英中等 11 种语言综合咨询服务。

同时，为有效提供综合咨询服务，将实施“多文化共生顾问认定制度”，招募经验丰富的各自治体职员，通过日本总务省认定后，成为“多文化共生顾问”，承担在日外国人工作生活咨询和有关支援活动。多文化共生顾问的主要职能：一是通过电话和电子邮件提供咨询服务；二是作为讲师出席有关讲座活动；三是实地考察。“顾问”人数不设上限。同时，自 2019 年开始，各地区将举办“多文化共生地区会议”，交流先进、有效的措施和做法，并形成共享数据库。

（六）放宽特定技能入境签证限制，提高外国特定技能人才待遇，增加对外国特定技能人才的吸引力

据日本 NHK 分析，为增强对外国特定技能人才的吸引力，政策调整后，2022 年 14 个劳动力严重短缺行业持“特定技能”签证者都将不受签证期限限制，均可无限期更新在日工作签证。同时，在日生活 10 年以上，也可与持技术技能工作签证的人员以及与已取得日本介护福祉士资格的人员一样申请永久居住权，享受同等待遇。

在放宽入境签证限制的同时，还将逐步使外国劳动者享受与日本职员同等收入待遇。据日本厚生劳动省 2021 年 3 月 31 日发布的 2020 年 6 月首次对持“特定技能”签证的人群进行的统计调查数据显示，从事制造业的外国特定技能人员 2020 年 6 月的月薪为 17.46 万日元（约合人民币 10355 元），约比在日外国劳动者整体工资 21.81 万日元（约合人民币 12935 元）低 2 成，接近技能实习生 16.17 万日元的工资（约合人民币 9589 元）。而包括日本人和外国人在内的普通劳动者的工资为 30.77 万日元（约合人民币 18247 元）[①]，是 1976 年有可比数据以来的最高水平。由于政策调整前特定技能人员在日工作年数较短，所以与整体工资的差距很明显。此次放宽特定技能签证的政策调整，就是要弥补收入差距的缺陷，增加外国劳动者在收入待遇方面的吸引力，从某种意义上来说也是面对自身实力不断下降所采取的一种主动“让步”。

往常外国劳动者常因家人离散以及在权益得不到保障时不得不离开日本，这种苛刻对待外国劳动者的做法经常受到国际人权组织的严厉批评。所以本次政策调整力度尤其大的是外国劳动者的直系家属也可申请并获得陪同签证，10 年后同样可以申请永住。

三、推进特定技能人才双边合作协议的签署

日本特定技能人才法案强调由日本接收机构与外国劳动者直接签署雇佣合同，在制度设计上引出三个重点关注点（见表 3－1－5－4），受到目前技能实习合作对象国的重点关注。

---

① 日本厚生劳动省. 令和 2 年工资结构基本统计调查结果概要/（8）在留資格区分別にみた賃金/第 8 表外国人労働者の在留資格区分別賃金［EB/OL］.（2021－03－31）［2022－03－22］. https：//www.mhlw.go.jp/toukei/itiran/roudou/chingin/kouzou/z2020/index.html.

表 3－1－5－4 日本外劳政策引出的三个重点关注点

关注项目	现行技能实习制度（团体监理型）	外劳政策的制度设计（特定技能 1 号）	引出的问题点
派遣机构	获得外国政府的推荐或认定	无	不需派遣机构
监理团体（日方管理机构）	有（获得日本政府主管部门许可的非营利性事业协同组合对实习实施者进行监查与监理）	无	不需监理团体
外国劳动者和接收机构的需求匹配	一般通过监理团体和派遣机构之间的合作协议进行	接收机构直接在海外进行招用，或者通过国内外中介机构进行招募	接收机构可在海外直接招用

资料来源：根据日本法务省入国管理厅资料摘编。

由于技能实习合作对象国同样重视本国高素质人才的利用、有序输出和管控，日本政府采取与有关国家签署特定技能人才双边合作备忘录的方式。目前，日本法务省、外务省、厚生劳动省已分别与 13 个国家签署了特定技能人才双边备忘录①（见表 3－1－5－5）。备忘录主要涉及外国劳动力派遣接收框架、就业信息共享、派遣接收管理方式、外国劳动力保障权益、双边磋商机制以及保证企业合规雇用、杜绝拖欠工资违法行为等内容。

表 3－1－5－5 日本已签署的特定技能人才合作双边备忘录

（截至 2021 年 12 月）

已签署国家		相关政府部门	签署日期	实施日期
1	菲律宾	劳动雇用部	2019 年 3 月 19 日	2019 年 4 月 1 日
2	柬埔寨	劳动职业训练部	2019 年 3 月 25 日	
3	尼泊尔	劳动雇佣与社会保障部	2019 年 3 月 25 日	
4	缅甸	劳动和入国管理与人口部	2019 年 3 月 28 日	
5	蒙古国	劳动与社会保障部	2019 年 4 月 17 日	2019 年 4 月 17 日
6	越南	劳动伤兵和社会部	2019 年 5 月 20 日	
7	斯里兰卡	通讯与海外雇佣及体育部	2019 年 6 月 19 日	
8	印度尼西亚	劳动部	2019 年 6 月 25 日	
9	孟加拉国	海外居住者福利厚生与海外雇用部	2019 年 8 月 27 日	2019 年 8 月 27 日
10	乌兹别克斯坦	雇用与劳动关系部	2019 年 12 月 17 日	
11	巴基斯坦	在外人才培训部	2019 年 12 月 23 日	

① 日本法务省出入国管理厅．移民政策－统计/具体技能系统/双边特定技能合作备忘录［EB/OL］.（2021－12）［2022－03－12］. https：//www. moj. go. jp/isa/policies/ssw/nyuukokukanri05_00021. html

续表

已签署国家		相关政府部门	签署日期	实施日期
12	泰国	劳动省	2020 年 2 月 4 日	2020 年 2 月 4 日
13	印度	外交部技能开发和创业促进部	2021 年 1 月 18 日	

资料来源：根据日本法务省入国管理厅资料编译汇总。

一直以来，日本政府对接收外国人在日长期就业和永住采取慎重态度，入境签证的条件审核非常严苛。但本制度框架下引进特定技能人才，吸引高素质人才是日本推进政策变革的重要因素。有分析认为，日本希望通过启动新的外国劳动者入境签证政策，能从包括中国在内的国家吸引更多高素质高技能的劳动者，从而节省引进劳动力后再进行培训的成本。与此同时，在技能实习和特定技能两种制度双轨并行的情况下，上述四种类型的劳动者自身条件不同、待遇不同、来源地不同，可能会因手续渠道不同、人才结构不同等因素，导致统一管理的难度加大。

第二章　新加坡

新加坡，全称新加坡共和国（Republic of Singapore），是东南亚的一个岛国，北隔柔佛海峡与马来西亚为邻，南隔新加坡海峡与印度尼西亚相望，毗邻马六甲海峡南口；是一个多元文化的移民国家，也是亚洲的发达国家。

新加坡属外贸驱动型经济，以电子、石油化工、金融、航运、服务业为主，外贸总额是 GDP 的四倍。新加坡是一个高度依赖外籍劳工的国家，外籍劳工（亦称外劳）在新加坡劳动力市场和就业人口中所占的比例均达 30% 左右。①

第一节　新加坡外籍劳工政策

一、新加坡外籍劳工市场总体情况

新加坡国小地狭，劳动力短缺。为促进经济发展和维持国家竞争力，新加坡从建国开始就一直引进外籍人力资源，既有金融、管理、IT、研发等高端人才，也有普通劳务人员，因此，外劳政策已成为新加坡重要的宏观经济政策之一。随着新加坡经济快速增长，新加坡成为一个高度依赖外籍劳工的国家。外来就业人口从 20 世纪 90 年代初的 40 万人，上升至 2013 年的 132. 2 万人，占同期新加坡总就业人口的 33. 8%；受外劳政策收紧因素影响，2019 年 6 月外籍劳工绝对数量增至 167 万人，占同期新加坡总就业人口的比例稍有降低，但仍占 29%。外籍劳工数量一直稳定在新加坡总劳动力数的 1/3 左右，每三个就业人员中就有一名外籍员工，外籍劳工成

---

① 数据来源：新加坡统计局资料。

为新加坡的主要就业力量。

20世纪末东南亚金融风暴之后，新加坡大力推行对外开放战略，旨在通过吸引外来投资、外来移民和引进外籍劳工来刺激经济快速发展，随即引来大量外来人口的持续涌入。虽然缓解了劳动力紧缺，但同时带来新老移民及不同文化之间的融合等社会问题。另外，廉价外劳在一定程度上压低了新加坡员工的收入水平，给城市交通、住房、医疗、教育等基础设施建设带来巨大压力，因此，新加坡政府采取了一系列具体措施，包括：收紧外劳政策，降低对廉价外劳的过度依赖；收紧移民和投资政策，引导外资投向高端产业；通过一系列财税手段支持企业提升生产力，推动产业转型升级；大力推行继续教育，支持员工提升生产技能以及采取措施鼓励年长者就业，缓解劳动力紧缺等。

据新加坡人力部统计数据，2020年，新加坡就业总人数（不含外籍帮佣）为335.6万人，较上年减少16.7万人，为20年来最大减幅。其中本国居民就业人数增加1.5万人，分布在专业服务、建筑、房地产和零售贸易等行业，总失业率为3%，较上年增加0.7个百分点；外籍人员工作准证持有者数量减少18.2万人，减量较多，集中在酒店、批发贸易和零售贸易等行业。

二、签证类型

新加坡对外籍人员的签证有以下几种类型。

（一）按入境停留时间分类

分为短期签证、长期签证、多次入境签证等三种签证类型。

（二）按入境目的分类

分为短期停留、就业准证、工作准证、创业准证、家属准证、长期社交观光准证和留学准证等七种。

外国人在新加坡工作主要有三种工作签证：

（1）就业准证（Employment Pass，EP）。适用于外国专业人士、经理和行政人员。从2021年9月1日开始，申请人每月必须获得不低于4500新元的收入，并达到申请资格，在满足条件的情况下还可以为家属申请签证。

（2）工作准证（Special Pass，SP）。适用于中级技术人员。申请人每月必须获得不低于3000新元的收入，并达到申请资格，在满足条件的情况下可以为家属申请签证。

（3）工作准证（Work Permit，WP）。适用于建筑、制造、海洋造船厂、加工或服务业的半熟练外国工人，不可以为家属申请签证。企业需要为WP员工购买至少

15000新元的保险并缴纳5000新元的担保金。

三、外籍劳工主要政策措施

新加坡外劳政策的主要特点是包含外劳配额和外劳税制度，这一点与日本、韩国等国家有所不同。

所谓外劳配额，就是根据新加坡外劳法案，对企业雇佣外国劳工有一定比例的限制。也就是说新加坡企业雇佣外劳数量须向政府提出申请并获得批准。如果企业雇佣外国工人数量超过配额上限，即使该企业确需外国工人并向政府提出申请，也不会获得政府的额外批准。

外劳税，通常称为“人头税”，用于规范新加坡的外劳人数。作为新加坡的雇主，必须为聘请的所有熟练和半熟练的员工支付外劳税。外劳税责任自SP或WP签发之日起算，直至准证被取消或到期为止。

目前，新加坡有550多万永久居民，其中包括130多万外籍工人。外籍劳工在新加坡的经济和社会发展中发挥着重要作用。甚至有人说，如果没有外国工人，新加坡将陷入停滞，国家将无法运转。

自2008年开始，新加坡政府为了促进就业，开始收紧对外来务工人员的政策（疫情期间特殊情况除外），减少外来务工人员的数量，提高外来务工人员的素质，一是逐年降低各行业领域的外劳比例；二是提高外劳人头税；三是提高EP和SP的准入门槛。

为推动实现经济重组计划，提升当地居民就业水平，提高劳动生产率，应对新型冠状病毒感染疫情导致的就业前景不明朗等问题，近年来，新加坡政府进一步采取了一系列保护劳工权益和持续收紧外劳政策的具体措施。相关内容包括：

（一）提高收入待遇，保护外籍员工权益

1. 不断提高EP持有者最低月薪标准

新加坡政府连续多年提高EP持有者最低月薪标准。在往年上调的基础上，2020年3月，人力部宣布EP申请者最低月薪标准从3600新元调高到3900新元，2020年9月再次提至4500新元。自2020年12月1日起，金融服务领域的新EP申请者的最低月薪调高至5000新元，成为首次针对特定行业制定的更高薪金标准。自2020年10月1日起，SP的申请门槛也从月薪2400新元提高至2500新元。

2. 提高工伤赔偿金额

新加坡政府修改工伤赔偿法，从2012年6月1日起，因工伤死亡人员的工伤赔偿金额从以往的4.7万～14万新元提高到5.7万～17万新元；因工终身残疾人员的

工伤赔偿金额由 6 万 ~ 18 万新元提高到 7.3 万 ~ 21.8 万新元，总体提升幅度约为 21%。

（二）减少配额，提高申请条件和手续费标准

1. 进一步提高准证申请门槛以及 EP 和 SP 持有者家属申请准证的门槛

2013 年 7 月起，SP 最低薪金门槛由 2000 新元提高至 2200 新元；2013 年 9 月，新加坡人力部宣布于 2014 年 1 月起，EP 最低薪金门槛从月收入 3000 新元上调至 3300 新元。

为减少赴新加坡家属准证和长期居留证持有者人数，增加新加坡当地居民的就业机会。EP 和 SP 持有者为配偶和子女申请家属准证（Dependant's Pass，DP）的最低薪水，2012 年 9 月起要求月收入门槛由 2800 新元提高到 4000 新元，2018 年 1 月 1 日起从 5000 新元/月提高至 6000 新元/月；为父母申请长期居留证（LTVP）的最低薪水要求 2018 年 1 月 1 日起从 10000 新元/月提高至 12000 新元/月。

2. 削减 WP 和 SP 的准证持有者配额

新加坡政府为推动生产力导向型经济重组，推出提高生产力计划，决定收紧外劳政策，继续限制外籍劳务数量，实行配额制度，减少外劳配额，对不同行业的雇主实行不同的配额限制，提高 SP、EP 的申请门槛，并提高外劳税，以保证本国公民的就业机会。

从最近几年的配额制度看，自 2021 年 1 月起，服务行业可聘用的 WP 的持有者比例限额从 40% 降至 38%，于 2021 年 1 月进一步减至 35%；服务行业 SP 的持有者从 15% 减至 13%，到 2021 年则进一步减至 10%；建筑业外劳人数 2020 年削减 20% ~30%，减少 9 万人左右；海事外劳比例限额 2016 年 1 月 1 日起从 83.3% 下调至 81.8%，到 2018 年进一步下调至 77.8%。

由于新加坡建筑业外劳配额远远不能达到建筑企业的需求，企业为了引进更多的外籍工人，曾违法、虚假雇佣本地员工，被称为“幽灵员工”，他们不用上班，也不领工资，企业按规定向其公积金账户支付公积金，以获得较多外劳配额。

2022 年新加坡的外劳政策整体依然保持收紧态势，外籍劳工比例上限（Dependency Ratio Ceiling，DRC）和外劳配额的调整将促进生产力的提高，为节约人力的解决方案提供支持，同时帮助严重依赖外籍员工的行业转型。

（1）WP。建筑和加工业外籍劳工比例上限从 1∶7 调低至 1∶5。也就是说，企业每聘用一名本地员工所能引进的外籍劳工从 7 人减少为 5 人；废除建筑和加工业非传统来源外劳配额制（Man – Year Entitlement，MYE）。

（2）SP。2023 年 9 月 1 日起允许服务与制造业从非传统来源地聘请持 SP 准证

的一般员工。目前，新加坡传统来源国有马来西亚、中国、北亚国家或地区（如韩国）。从2023年9月起，服务业与制造业特定岗位的准证人士国籍将不限于上述国家和地区。特定岗位包括：印度餐馆的厨师、食品加工业工人、铁皮工、焊工和火焰切割工、金属铸模工和制芯工、装配工和电缆接头工以及结构金属预加工工人和装配工。特定岗位可增加也可删减，灵活变动，具体由人力部规定。

3. 调高外籍员工工作准证申请与签发费

一是从2012年4月1日起全面调高外籍员工各类工作准证的申请和签发费以及外籍员工申请直系亲属证和长期探访证的费用。其中，EP、SP和WP的申请费分别上调到70新元、60新元和30新元，签发和更新费也分别升至150新元、80新元和30新元；第一次补办准证的行政费用提高到100新元，第二次补证增至300新元；二是外籍员工为家属办理直系亲属证和长期探访证时从2012年4月1日起须分别缴纳60新元和30新元的申请费；三是个人化就业准证、创业入境准证和受训就业准证等其他证件的申请、签发和更新费用，也有不同程度上调。

4. 收紧个人化就业准证申请条件

从2012年12月1日起，只有最高级别的P1就业准证持有者，且收入达到每月1.2万新元才能申请个人化就业准证（Personalised Employment Pass，PEP），比以往要求的门槛大幅提高了4倍以上。有意申请PEP赴新加坡工作的外籍劳动者，在海外的月收入必须达到1.8万新元才能申请。

5. 增加对中国员工的文凭认证

从2013年2月4日起，新加坡雇主和劳务中介为中国员工申请或更新S准证及就业准证时，须通过中国全国高等学校学生信息咨询与就业指导中心、中国学位与研究生教育信息网以及证件核对公司Dataflow Group网站等三个指定的网上认证平台申请文凭认证并向人力部提供认证证明。

（三）不断调高外劳税

2010年以来，特别是2011年新加坡大选后，新政府加快收紧外劳政策，分行业大幅提高外劳税，并减少外劳配额，严格审批“永久居民”申请等。同时，采取措施支持中小企业提高生产力，减少对外劳的依赖。自2010年7月1日起，各行业外劳税在3年内分阶段上调，以保证企业有足够的时间调整生产流程和作业水平，适应雇佣外劳成本增加的状况。如建筑行业非熟练工作准证（R2）外劳税自2017年7月1日起从650新元上调至700新元。

1. 对于WP

2024年1月1日起调整建筑和加工业工作准证外劳税。

目前新加坡 WP 的外劳税和人头配额，涉及行业分类比较细，分为建筑业、制造业、海事业、加工业、服务业五个行业。

（1）建筑业。建筑行业为有 1 个本地员工，可以拥有 7 个 WP 名额。外劳税征收标准为配额内非传统来源外劳和中国的高技能工人 300 新元/(人・月)，技术工人 700 新元/(人・月)，配额外非传统来源外劳和中国的高技能工人 600 新元/(人・月)，技术工人 950 新元/(人・月)。

（2）制造业。制造行业的人头配额和外劳税分为三个档，如表 3－2－1－1。

表 3－2－1－1　新加坡制造行业的人头配额和外劳税

人头配额	外劳税（新元/月）	
	基础技能工人	高技能工人
基础档/第一档：占公司劳动力 0～25%（不含）	370	250
第二档：占公司劳动力 25%～50%（不含）	470	350
第三档：占公司劳动力 50%～60%	650	550

（3）服务业。服务行业的人头配额和外劳税分为三个档，如表 3－2－1－2。

表 3－2－1－2　新加坡服务行业的人头配额和外劳税

人头配额	外劳税（新元/月）	
	基础技能工人	高技能工人
基础档/第一档：占公司劳动力 0～10%（不含）	450	300
第二档：占公司劳动力 10%～25%（不含）	600	400
第三档：占公司劳动力 25%～35%	800	600

（4）海事业。海事行业为有 1 个本地员工，可以拥有 3.5 个 WP 名额。外劳税征收标准为高技术工人 300 新元/(人・月)，低技术工人 400 新元/(人・月)。

（5）加工业。加工行业为有 1 个本地员工，可以拥有 7 个 WP 名额。外劳税征收标准为配额内高技术工人 300 新元/(人・月)，技术工人 450 新元/(人・月)；配额外高技术工人 600 新元/(人・月)，技术工人 750 新元/(人・月)。

2. 对于 SP

2022 年、2023 年和 2025 年分别从 9 月 1 日分三次调高收入门槛。非金融业雇员薪金门槛 2022 年 9 月起将从 2500 新元调高至 3000 新元，金融业雇员则调高至 3500新元，见表 3－2－1－3。

2022 年、2023 年和 2025 年 9 月 1 日分三次调高第一层外劳税（S 准证员工最高占公司劳动力 10%），税额将从 330 新元分阶段增至 2025 年 9 月的新 650 元；S 准证员工最高占公司劳动力 18% 时，税额保持 650 新元不变。

2022 年 9 月 1 日，持有 SP 的雇员薪金门槛和外劳税双双上调后，这类外籍员工的薪水与本地最高 1/3 的准专业人士和技师看齐，金融业和中年雇员的门槛也将比其他雇员高。表 3－2－1－3 展示了新加坡持有 SP 雇员的收入门槛和外劳税。

表 3－2－1－3 新加坡持有 SP 雇员的收入门槛和外劳税

<table>
<tr><th rowspan="2">类别</th><th rowspan="2">行业与类型</th><th>2022 年</th><th>2023 年</th><th>2025 年</th></tr>
<tr><th colspan="3">9 月 1 日起</th></tr>
<tr><td rowspan="2">S 准证收入门槛</td><td>其他行业</td><td>3000 新元
（40 岁以上最高 4500 新元）</td><td>3150 新元</td><td>3300 新元</td></tr>
<tr><td>金融业</td><td>3500 新元
（40 岁以上最高 5500 新元）</td><td>3650 新元</td><td>3800 新元</td></tr>
<tr><td rowspan="2">S 准证收外劳税</td><td>第一层
（S 准证员工最高占公司劳动力 10%）</td><td>450 新元</td><td>550 新元</td><td>650 新元</td></tr>
<tr><td>第二层
（S 准证员工最高占公司劳动力 18%）</td><td colspan="3">650 新元（保持不变）</td></tr>
</table>

3. 对于 EP

2022 年 9 月 1 日起，金融业员工收入门槛从 5000 新元调高至 5500 新元，40 岁以上员工从 5500 新元收入门槛调高至 10500 新元；其他行业门槛从 4500 新元调高至 5000 新元，40 岁以上员工从 8400 新元收入门槛调高达 10500 新元；

2023 年 9 月 1 日起，新就业准证申请者申请新加坡就业准证者除了要满足最低薪金门槛外，还须满足 COMPASS 计分，至少 40 分。

月薪超过 2 万元者则豁免受 COMPASS 框架约束。月薪 2 万元或以上职位空缺无须刊登广告的规定。

此外，2022 年底开始，新加坡包括女佣与 S 准证在内的所有外籍员工，医药保险都会进一步加强。按照目前的外籍员工医药保险规定，保险公司会承担首次15000 新元的医药费用，超过的部分将由雇主承担。新政策计划下，在保险公司承担 15000 新元的基础上，如医药费超过 15000 新元，超出的部分将由雇主与保险公司共同承担。比例为保险公司 75%，雇主 25%，理赔上限至少 60000 新元，具体的金额需要视保单类别确定。

（四）收紧移民政策

新加坡金融管理局 2010 年 9 月宣布，自 2011 年起“金融投资者计划”申请者在新加坡本地金融机构特定户头存入的金融资产从 500 万新元提高到 1000 万新元。2012 年 4 月，金融管理局宣布彻底废除“金融投资者计划”。但是，新加坡经济发展局（EDB）于 2011 年修改的“全球投资者计划”称，旨在为新加坡创造就业机会的企业家申请成为新加坡永久居民时，最低投资金额从150万新元提高到250万新元。可见，虽然取消了“金融投资者计划”，但富裕的外国人可以通过“全球投资者计划”申请成为新加坡永久居民。尽管新加坡政府不断收紧外劳和移民政策，但新加坡外来人口仍在继续增长。

（五）加大对违法违规行为的处罚力度

随着新加坡对外籍劳务需求的增加，劳务中介猛增，不法中介活动屡禁不止。为加强对劳务中介和雇主的管理，加大对非法中介的打击力度，新加坡政府先后出台一系列整治措施。

1. 修订《雇佣代理法》，加强对劳务中介的管理

2010年新加坡人力部着手修订《雇佣代理法》，于2011年1月11日通过，4月1日起施行。该法规定，在劳务中介公司担任要职或从业的员工都必须经过培训，且须在人力部登记备案；劳务中介如在申请外劳工作准证的过程中弄虚作假，最高罚款从2000新元提高至1.5万新元，或监禁12个月，或两者兼施；如果超额收取中介费，将被处以5000新元罚款或监禁6个月，或两者兼施；非法劳务中介第一次犯法将被处以最高罚款8万新元或长达2年监禁，或两者兼施；如果再犯则被处以最高罚款16万新元，或长达4年监禁；对于通过非法中介引进外劳的雇主，每聘用1名外劳则罚款5000新元；如果合法中介为非法中介办理引进外劳手续，将被处以最高罚款8万新元或长达2年监禁，或两者兼施。

《雇佣代理法》同时规定了新加坡劳务中介公司收取中介费的限额。即根据劳务人员在新加坡就业合同年限，合同期为一年的中介费不得超过一个月的工资，合同期超过两年期限的，劳务中介费以两个月工资封顶。

2013年9月，新加坡人力部宣布于2014年8月起启动实施新的专业人士雇佣框架。主要内容包括新建“工作信息库”，强制雇主在提出新的就业准证申请前，在工作信息库中刊登至少14天广告；雇主还应保留面试记录和聘书，以证明在雇佣本地人方面作出努力。员工人数不超过25人的公司或月薪超过1.2万新元的职位空缺则无须经过上述程序。

2. 修订外国人力雇佣法案，加大对雇主违法违规和侵权事件的处罚

2007年5月22日，新加坡国会审议通过《外国工人雇佣法案》修订稿，并将法案更名为《外国人力雇佣法案》（以下简称《新法案》）。《新法案》与《外国工人雇佣法案》相比，主要修订了以下内容：[①]

---

① 中华人民共和国商务部对外投资与经济合作司．新加坡《外国工人雇佣法案》主要修订内容［EB/OL］．(2007－09－13)［2020－10－11］．http://hzs.mofcom.gov.cn/article/zcfb/d/200709/20070905091916.shtml.

一是明确立法权限。《新法案》将原来由移民厅负责的工作准证签发权和人力部负责的工作准证管理权合并，统一由人力部执行。规定人力部工作准证局负责签发并管理与所有外国人在新加坡就业有关的事务，移民厅只负责外国人入境和居留事务。并将旧法案中“外国工人”（FOREIGN WORKER）的表述改为“外国雇员”（FOREIGN EMPLOYEE）。法案名称也由原来的《外国工人雇佣法案》（EMPLOYMENT OF FOREIGN WORKERS ACT）更名为《外国人力雇佣法案》（EMPLOYMENT OF FOREIGN MANPOWER ACT）。

二是提高处罚并新增违法行为。针对不法雇佣行为，《新法案》将雇主逃避劳工税、剥削工人福利等行为的处罚标准，由原来的处以相当于24~48个月的劳工税罚款或1年监禁提高到处以最高15000新元罚款或1年监禁或二者并罚；针对不法就业行为，《新法案》将外国人采用违法手段，通过制造假文件、为获得工作准证而虚假声明工资待遇、非法买卖、转换工作准证或持有伪造工作准证等违法行为的处罚标准，由原来的最高4000新元罚款或1年监禁提高到最高15000新元罚款或1年监禁或二者并罚；引入新的违法行为。《新法案》规定，在申请工作准证过程中，无论雇主或外籍工人明知向人力部提供了虚假信息而不予举报的，最高可处以5000新元罚款或6个月监禁，或二者并罚。

三是提高就业监察部门的执行能力。就业监察执法人员在执行任务时会遇到一定程度的危险，而执法人员依据旧法案条例所配备的装备不足以有效制服一些具有攻击性的嫌犯，往往导致嫌犯逃脱，甚至有时执法人员受到伤害。《新法案》规定就业监察部门执法人员可配备警械执行公务，并授权就业监察部门可以直接逮捕有如下严重触犯法规行为的本国或外国犯罪嫌疑人：非法雇佣；提供虚假信息；买卖或制作假工作许可；非法持有伪造工作许可并妨碍人力部调查。

四是进一步扩大可引进中国工人的行业。《新法案》进一步放宽对引进中国工人的行业限制，具体为：新加坡海事业公司可以聘用不超过公司外籍员工总量75%的中国工人；新加坡制造业公司可以聘用不超过公司外籍员工总量20%的中国工人；新加坡服务业公司可以聘用不超过公司外籍员工总量5%的中国工人。

2012年，新加坡国会再次审议通过外国人力雇佣（修正）法案，并于当年年底生效。该法案加重了违规处罚，同时将一些构不成刑事罪、不会对员工造成直接伤害的行为归属于“触犯行政条例”加以处理，直接由外来人力总监处理。

一是加大对雇主的问责。只要雇主向外籍员工收钱，除非雇主能证明该笔款项的具体用途，否则将被视为收取回扣；如拖欠外籍员工的工资，负责薪资的职员除非能证明自己履行了监督职责，否则需承担相应责任；如非法引进外籍员工，将被处以最高罚款6000新元，外加监禁6个月至2年；“空壳”公司的雇主如聘用超过

5 名外劳，将被处以鞭刑；如提供伪造文凭，将被处以最高罚款 2 万新元，或监禁最长 2 年，或两者兼施；如果收取回扣，将被处以最高罚款 3 万新元，或监禁最长 2 年，或两者兼施；如向员工索取雇佣费用，将被处以最高行政罚款 2 万新元，外来人力总监可禁止雇主续签外劳工作准证及指示雇主赔偿员工；如聘用本地“幽灵”员工，将被处以最高行政罚款 2 万新元，外来人力总监可禁止雇主聘用外劳。

为确保求职者获得公平受雇机会，2020 年 1 月，新加坡人力部更新了申请 EP 准证的公平考量框架，全面提高行政处罚。如果雇主出现没有给予新加坡求职者公平考虑时，将面临 12 个月无法申请新的 EP 工作准证或更新现有 EP 准证的处罚，禁止期限最长为 24 个月。

二是除了加强对外籍员工的保护外，也要求外籍员工为自己的行为负责。对外籍员工的违法行为加设推测条文，让违法外籍员工不能再以不知情为借口，逃避罪责。人力部提醒外籍员工需对本人的申请文件负责，如发现提供伪造文凭，外籍员工不能再以不知情为由推脱责任。

三是赋予人力部长更大权限。要求雇主在员工抵达前和在准证期满后，继续为员工提供适当保障，包括为等待工伤赔偿的员工继续提供生活费等。如雇主有意削减持 S 准证和就业准证员工的薪酬时，必须交人力部重新检讨申请，判断是否符合个别准证的资格。此外，新加坡人力部还将健全举报机制，成立独立调解机构处理劳资纠纷，让外籍员工直接举报违反法令的雇主。

第二节 中新劳务合作

一、中新劳务合作概况

新加坡是我国传统的海外劳务市场。从 2003 年 7 月 1 日起，新加坡开始有条件对我国开放建筑劳务市场，我国 28 家经营公司首批获准恢复开展对新加坡建筑劳务合作业务。截至 2004 年 11 月，我国在新从事建筑、电子加工、海员和渔工等工种劳务人员共约 8 万名，约占新外籍劳工总数的 15%。其中在新加坡建筑劳务人员约为 3.1 万人。2004 年 7 月 1 日，新加坡人力部为满足本国企业中等技术工人的需求，推出熟练工人适用的 SP 准证，对劳务来源国、最长雇佣期限和年龄没有限制，为我国劳务企业提供了发展机遇，我国当年向新加坡派出劳务人员近 2 万人。

随着新加坡建筑业的蓬勃发展，我国对新承包工程业务随之迅速增长。以 2007

年为例，当年承包工程新签合同额15.3亿美元，完成营业额8.7亿美元，派出工程项下劳务人员4200人，年末在外人数约2万人。

受新加坡收紧外劳政策的影响，2012年，我国向新加坡派出劳务人员3.7万人，同比增长23.2%；其中，承包工程项下派出0.28万人，同比减少25.8%，减幅较大；劳务合作项下派出3.5万人，同比增长30.1%，虽有较大增幅，但不及当年回国人数。截至2020年底，劳务合作项下我国在新劳务人员为41226人，较2019年末减少5.6万人。新加坡成为仅次于中国澳门和日本的第三大外派劳务市场。

从劳务人员的结构看，随着我国劳动力供求关系的变化和劳动力成本的上升，我国赴新劳务人员的层次逐步提升。虽然在新加坡劳务人员仍以在建筑业、制造业、餐饮业等从事体力劳动的岗位为主，但在医护、幼教、电子、航空、酒店、商场以及生物制药等行业就业的劳务人员逐年增加，其受教育程度、维权意识和能力逐步提高，薪酬水平较高，对外形象逐步改善，劳务纠纷明显减少；从事海事、科教文卫、体育以及计算机软件服务等行业的高水平劳务人员略有增加，但体量尚小。

为维护劳务人员的权益，2014年5月29日，中国对外承包工程商会曾发出《关于在中新投资合作外派人员中推广使用新加坡赌场自愿禁门令的通知》。

新型冠状病毒感染疫情的持续蔓延，对中新劳务合作产生较大负面影响。一是已通过出国（境）培训的劳务人员未能按计划出境；二是中国国内用工成本升高，出国（境）务工的可比性降低；三是新加坡失业率上升，外籍员工就业困难，促使不少劳务人员回国寻找工作机会；四是新加坡收紧申请工作准证政策等因素影响，在新加坡的建筑业、制造业、服务业的劳务人员数量均呈现下降趋势。

二、中新劳务合作工作机制

（一）签署中新劳务合作谅解备忘录

2008年8月23日，中国、新加坡两国政府共同签署了关于双边劳务合作的谅解备忘录，分别授权中国商务部和新加坡人力部负责实施；中方向新方提供中国经营公司名单，新方向中方提供新加坡人力公司名单；中国经营公司与新加坡人力公司签署《劳务合作合同》，新方雇主与中国劳务人员签署《雇佣合同》，并确定了雇佣合同的主要条款；雇主或人力公司应确保劳务人员及时获得新加坡相关主管部门颁发的有效工作许可证，雇主负责为在新加坡工作的劳务人员投保工伤事故保险。

（二）建立中新劳务合作工作机制

根据中新劳务合作谅解备忘录，中新双方成立了劳务合作工作组。2012年3月

26日，中新劳务合作第一次工作组会议在新加坡召开。双方一致同意，共同采取措施打击非法中介，加强对双方合法中介的管理，扩大劳务人员行前培训合作，严格监管雇主的雇佣行为，提高涉及中国劳务人员案件的办理效率等，并签署了《会谈纪要》。目前双边联合工作组会议已成功举行5次，在推动中国劳务人员权益保护，完善政策，加强监管，改善我劳务人员在新加坡整体务工环境，完善劳务合作机制建设等方面卓有成效。

（三）有关经营主体

1. 派遣接收机构

中国具有对外劳务合作经营资质的公司名单可通过商务部网站查询；新加坡中介机构的经营资质可以通过登录新加坡会计与企业管理局网站查询。新加坡人力部、外籍劳工中心等部门和机构负责外籍劳工管理、外劳纠纷处置等。

2. 赴新建筑劳务考试中心

我国共有7家新加坡建筑考试中心，实际运转情况可通过有关省级商务主管部门的网站查询。

第三节 新加坡外籍劳工市场前景分析

根据新加坡政府2013年1月发布的人口白皮书，预计总人口从2012年的531万人增加到2020年的580万~600万人，2030年可能达到650万~690万人，详见表3-2-3-1。白皮书称，在未来人口政策方面，新加坡将坚持以新加坡人为社会核心、创造良好就业机会、打造优质生活环境的三原则。白皮书预测新加坡劳动力人口在2020年之前年均增长1%~2%，相当于过去30年平均增幅的一半，而2020年至2030年期间的年均增幅将进一步下降到1%，因此，接收外劳与收紧外劳政策双轨运行，都将是一项长期政策。

表3-2-3-1 新加坡人口构成预测

年份	人口结构			
	总人口（万人）	当地居民（万人）	永久居民（万人）	非居民（万人）
2012	531	329	53	149
2020	580~600	350~360	50~60	180~190
2030	650~690	360~380	50~60	230~250

新加坡人口老龄化、生育率下降，将使当地劳动力短缺、供需结构失衡等问题

成为持久现象。因此，外劳是新加坡经济社会发展不可或缺的重要力量，更是经济社会发展难以摆脱的依赖。新加坡本国居民就业偏重于金融、管理等高技能岗位，一般不选择建筑、造船等重体力劳动。随着我国经济发展和收入水平提高，新加坡一些体力劳动和低技能岗位对我国劳务人员的吸引力逐渐下降。因此，新方雇主倾向于在建筑业、制造业、低端服务业等行业使用工资水平低的印度、孟加拉国、马来西亚等国的劳动者，但是，中国技术工人素质较高，短期内很难被东南亚等国的劳动者所替代。

鉴于新加坡人口老龄化日趋严重和对中文教育的重视程度，新加坡一方面在医护、幼教领域对我劳务人员的需求逐步增加；另一方面一直在努力巩固其在全球航运、金融、旅游消费等服务业领域[①]的领先地位。加之，新加坡政府正在实施“经济重组”计划，积极发展电子、生物制药、教育、医疗等高端制造业，这些行业以及飞机维修、数字机床操作工、电子芯片加工等行业需要更多具备较高劳动技能的外来劳务人员，中方技术型劳务人员数量和比重可望上升。

后疫情时期，新加坡为重振经济，对先进制造、生物医学科技、农业科技、自动驾驶汽车等行业高素质人才的需求将会进一步增加，或对中方技术性人才产生新的劳动力需求。同时，随着越来越多的中资企业以新加坡为平台参与“一带一路”建设，我国在新加坡劳务人员中管理型人员比例也将显著提高。

新加坡政府着眼长远发展，为加快推进生产力导向型经济重组，提高国家整体竞争力、规避后危机时代面临的潜在风险和应对国内政治形势，将会在今后一定时期内继续收紧外劳政策，引进外籍劳务的增幅仍将保持下降趋势。但是，由于一些行业对外劳的需求刚性较大，特别是劳动密集型服务业和建筑业，压缩工人的空间不大。目前新加坡失业率降至2%，已实现充分就业，因此内生劳动力明显不足。预计目前实施的较为严格的外劳政策将保持3～5年，但由于其人力资源短缺，一旦经济下滑明显，其外劳政策有可能再次适度放宽。目前，新加坡已经逐步向我开放了除市政清洁以外的几乎所有行业，中新自贸区协定的签署，将推动中新两国经贸往来越来越向深层次发展，中新劳务合作仍具有一定的发展空间。

---

① 按照新加坡人力部的规定，服务业包括金融、保险、房地产销售；交通、仓储和通讯服务；零售与批发业；餐馆、咖啡店，食阁；美容、美发业等多个行业。

第三章　以色列

以色列（State of Israel），是一个位于西亚黎凡特地区的国家，地处地中海的东南方向，北靠黎巴嫩、东濒叙利亚和约旦、西南边则是埃及。1948 年宣布独立，2019 年人口达 902 万人，其中犹太人 669 万人，是世界上唯一以犹太人为主体民族的国家。

以色列是中东地区唯一一个自由民主制国家。自建国以来，一直致力于科学和工程学的技术研发，在遗传学、计算机科学、光学、工程学以及其他技术产业上的贡献都相当杰出。以色列工业化程度较高，总体经济实力较强，劳动力紧缺，劳动密集型行业和体力劳动行业需求较大。以色列外籍劳工法律完备，外籍工人收入水平总体较高，是一个较为优质的劳务输出目的国。

以色列对外籍劳务实行配额管理。外籍劳务主要分布在建筑、农业、家政三个部门，来自中国、泰国、菲律宾的工人占主导地位。

以色列是我国传统劳务输出国之一。目前我国在以劳务主要有 5 种类型：一是两国建筑劳务协议项下派遣的建筑工人；二是劳务合作协议签署前已经在以色列工作的建筑工；三是通过以色列国际招标入围的八家中国房建公司派遣的工人；四是中资企业在以承包工程项下劳务人员；五是厨师和电焊工等持专家签证在以色列的务工人员。

第一节　以色列外籍劳工政策

一、实施“关闭天空”政策

以色列外劳政策变化较为频繁，政策取向多次在“放松”与“收紧”间调整。

除少数国内短缺的技术工种外，以色列政府对外劳引进总体持限制态度。

中以 1992 年初建立外交关系，1994 年 8 月我国开始向以色列派遣劳务人员，初期以农业劳务为主，后转向建筑劳务、餐饮厨师和家庭护理等行业。1998 年 6 月在以色列从事工程与劳务的企业共 31 家，2002 年顶峰时达到 2 万多人。但是，2002 年 10 月以色列宣布对外籍劳务实施“关闭天空”政策，相继出台了限制新增外籍劳务的措施。这一措施主要包括：一是雇主为每位外籍劳务每年缴纳 4000 谢克尔人头税、400 谢克尔申请费和 150 谢克尔手续费；二是在取消外籍工人所得税率 2.75 个百分点优惠的同时，又增征了 8 个百分点；三是将允许外籍建筑劳务在以色列工作最长期限由原来的 27 个月改为 63 个月。“关闭天空”政策使在以色列外籍劳工数量逐步减少，我国在以色列劳工数量也随之减少。同时由于以色列政府加大对外籍非法滞留人员的清理，经过几年对黑工的抓遣，在以色列非法外籍劳务数量大幅减少。

二、调整外籍劳工政策

（一）2005 年有限度地开放建筑劳务市场

继 2002 年“关闭天空”政策后，经过两年的酝酿，2005 年 5 月 1 日，以色列政府工贸劳工部发布《建筑领域外籍劳工政策变化重要通知》，标志着以色列初步完成“关闭天空”政策后对引进外籍劳工政策的调整。但这一政策的实际目的是逐步减弱本国产业对国外劳动力资源的依赖，降低国内失业率，实现主要产业劳动力资源本国化。该政策具有五个主要特点。

一是外籍劳务签约雇主的职能发生变化。新政策规定 39 家以色列人力公司获得以政府授权可以开展外籍建筑劳务的引进业务，这些人力公司将与其引进的劳务人员直接签订雇佣合同，成为外籍劳务名义上的雇主，直接负责工人薪水及福利的支付、医疗保险的办理、住房的安排等。以色列建筑商根据需要从这些人力公司招聘外籍劳务，且每满一个季度都可按照规定程序变更雇主。

二是外籍劳务人员雇佣成本增加。人力公司按照劳务配额须向以政府最多支付 400 万谢克尔（700 名配额）的银行保函作为风险抵押。获得授权后每引进一名外籍建筑劳务还需向政府缴纳 6800 谢克尔的人头税以及每年 10220 谢克尔的保证金；同时，建筑工每月法定最长劳动时间为 236 小时，超过 186 小时就可获得加班工资，每天加班时间在 2 小时内的，加班小时工资为正常工资的 125%，超过 2 小时的可获得正常小时工资的 150%；与此同时，人力公司每月需另行向在指定银行为工人开设的专人账户按每人 700 谢克尔的金额存储外籍劳务福利保证金，待工人按期正常回国时直接返还给工人。

三是劳务人员在以工作时间延长。规定建筑领域劳务在以工作期限由原来的27个月延长至63个月。

四是非法劳务人员转变为合法身份。对持有建筑领域工作签证合法入境、截至2005年5月1日前在以色列停留期限不超过56个月的外籍劳工，可免费到指定人力公司登记，获得以色列政府内政部签发的合法签证。该规定使当时在以色列的部分非法劳务取得合法身份，从而直接占用了以人力公司的部分外籍劳务配额。

五是外籍劳务引进配额控制严格。以色列政府向人力公司最多只发放700个外籍劳务配额，而部分“符合”规定的在以色列非法劳务身份的合法化，直接占用了相当一部分引进名额。

新政策还规定，所有普通外籍劳工（非专家签证）必须由政府授权的43家本国人力公司引进和管理，并停止为外国劳务公司管理人员发放签证，外国劳务公司自此退出以色列市场。

因此，虽然以色列曾于2005年重新开放外籍劳务市场，但由于采取从紧的外籍劳务政策，以色列外劳市场实质大幅缩减。

（二）2008年因金融危机再度关闭建筑外劳市场

鉴于市场需求，以色列建筑业界强烈要求政府重开自2002年关闭长达5年之久的外籍建筑劳务市场。内政部、外交部、财政部等多个部门组成联合委员会研究相关政策，包括引进数量、来源国、引进方式和步骤、国内管理方式等。具体政策变化，一是出于规范劳务引进秩序的需要，规定劳务来源国必须是与以色列签署了劳务合作协议的国家；二是规定政府直接介入劳务引进具体操作。但是由于国际金融危机爆发，以色列政府为保护本国就业，再次关闭了外籍建筑劳务市场。

（三）2013年后外劳政策调整趋向商签双边协议

在以色列建筑、农业、家政三个主要外籍普通劳工中，农业、家政需求相对平稳，而建筑行业则严重供不应求。加之2002年和2008年两次政策调整造成了以色列国内普通劳动力短缺，致使建筑部门出现严重的“用工荒”。以色列政府遂转变做法，开始采取与劳务输出国商谈合作协议，单方面开放房地产建设市场等多种手段大力推动建筑劳务引进。同时，不断为已超过滞留年限的建筑工人延长签证期限。

2011年以色列国内房价大幅上涨引发民众不满，爆发了反对高房价的“帐篷”示威运动。以色列政府回应民众诉求，将加大住房供应作为抑制房价上涨的重要手段，带动了本国市场建筑劳工需求剧增。由于以色列本国国民大多不愿从事繁重的建筑体力劳动，无法满足建筑业巨大的劳工缺口，以色列政府决定重新放开关闭多年的外籍劳工引进，计划两年内分批引进7000名外籍建筑工人。

为避免出现由于人力公司按政府配额直接操作引进外劳造成大量乱收费现象，并引发相应法律纠纷，扰乱建筑劳务市场等情况的再度发生，2013年以色列政府重开建筑劳务市场，一是对建筑外劳引进流程进行了修改，规定内政部移民局直接操作工人的引进，引进后再分配至各人力公司管理；二是规定建筑人力公司将适度参与工人考试和甄选过程；三是规定劳务来源国必须是与以色列签署了劳务合作协议的国家。

2013年我国在以色列劳务人员3000多人，主要为厨师、电焊工等专业技术工种，规模较小，绝大多数为2007—2008年来以色列工作的建筑工人，均已超过5年法定工作年限，考虑到建筑行业用工严重以致“供不应求”，以色列政府已多次延长这些工人的工作签证。

按照以色列内阁2014年6月8日批准的增加外籍建筑工人配额计划，面对国内严重的建筑工人短缺，2015年以色列政府为加快住房建设速度，提高住房供给并进而降低房价，继续积极推进与建筑劳务输出国签署合作协议，并与保加利亚、罗马尼亚和摩尔多瓦签署了相关协议，并拟于2019年7月之前将配额逐步增加至15000人。

2015年9月20日，以色列政府单方面宣布计划从中国引进约2万名建筑工人。对此，中国商务部于2015年10月8日举行的例行新闻发布会中表示：“中国政府一贯支持和鼓励本国企业在平等互利的前提下，与包括以色列在内的世界各国和地区开展劳务领域的交流与合作，同时，也要求有关各方积极维护中国劳务人员的各项合法权益。商务部将要求中方企业在确保中国劳务人员各项合法权益的前提下，遵循市场化原则与以方探讨开展合作，同时会同其他有关部门指导中方企业做好风险防范等各项工作。”①

第二节　开启中以建筑劳务双边合作

一、启动合作的背景

2011年以来，面对以色列国内严重的建筑工人短缺。以色列政府并未与任何有

---

① 商务部网站．商务部召开例行新闻发布会［EB/OL］．（2015－10－08）［2021－10－22］．http：//www.mofcom.gov.cn/article/xwfb/xwlxfbh/201510/20151001128093.shtml.

能力提供大量外籍建筑工人的国家签订双边劳务协议，建筑劳务市场处于严重供不应求状态。

二、中以正式签署建筑劳务合作协议

中以双方2013年启动劳务合作协议商谈，双方始终保持积极沟通，不断弥合分歧，寻求共识。2016年底，中以双方就协议文本基本达成共识。2017年3月20日，在李克强总理和内塔尼亚胡总理的共同见证下，中国商务部钟山部长和以经济与产业部部长艾里·科恩共同签署了《中华人民共和国商务部和以色列国内政部关于招募中国工人在以色列国特定行业短期工作的协议》（以下简称《协议》），标志着两国劳务合作进入新的历史时期。3月21日，中国对外承包工程商会房秋晨会长与以色列驻华大使何泽伟（Zvi Heifetz）代表中以双方协议执行机构共同签署了《关于招募中国工人在以色列国特定行业短期工作的实施细则（建筑行业）》（以下简称《实施细则》），明确了规范招募中国工人在以色列建筑行业短期工作的相关程序及具体事宜，包括确定工人资格条件、招募工人的程序以及费用、选拔流程、雇佣条款、雇佣期限、行程安排和雇主与工人之间的争议解决等内容。

根据双方约定，试点阶段拟选派6000名中国建筑工人前往以色列从事住房建设工作。首批工人于2017年11月28日抵达以色列。截至2019年1月底，该项目项下赴以色列工人共计5007人。

面对以色列复杂的安全形势和以巴冲突的潜在风险，协议约定，中以双方建立项目地点审批机制，只有获得中方认可的项目才能派遣中国工人，不得将中国工人派往争议领土工作。

自2010年以色列与泰国签署农业领域劳务合作协议以来，以色列与保加利亚、摩尔多瓦、罗马尼亚、斯里兰卡、尼泊尔、乌克兰、中国等多个国家均签署政府间劳务合作协议。2018年底，政府间协议项下在以色列务工人员约为32000人，我国在以色列劳务人员约8000人，其中当年新入境建筑工人超过5000名。

三、以通过国际招标方式引进国外建筑企业

2016年初，以色列财政部、建设及住房部宣布，将单方面开放房地产市场并通过国际招标方式引进国外建筑企业从事房地产建设。2016年12月，以色列政府从50家候选的外国公司中选定了6家公司（5家中国公司、1家葡萄牙公司），允许在以色列境内建筑并管理涉及数十万平方米的住宅项目，并全权负责项目的设计与施工。这项措施实施后，以色列将引进6000名技术和专业人才，还将为担任电工、水

管工、泥水工、玻璃工等身份的以色列人带来新的工作。与此同时，以色列政府积极讨论引进高技术外国劳工的计划，以解决本国高技术劳工，尤其是软件工程师短缺问题。

2018 年，以色列又进行补充招标，在 2016 年获准进入以色列房地产市场的北京建工集团有限责任公司、光大国际建设工程总公司、江苏南通二建集团有限公司、江苏龙信建设集团有限公司和江苏顺通建设集团有限公司等 5 家公司基础上，增加了中国土木工程集团有限公司、山东高速集团有限公司、江苏南通六建建设集团有限公司等 3 家中国公司。截至 2018 年底，该合作框架下共引进中国工人 837 人。

第三节　中以建筑劳务合作框架

2017 年中以双方签署的双边劳务协议及其实施细则，比较完整地确定了中以建筑劳务合作框架。

一、适应的劳工法律

以色列雇佣外籍劳工，适应的劳工法律主要包括《外国工人法》《人力中介公司雇员雇佣法》《最低工资法》《工资保护法》《解除合同费法》《带薪年假法》《病休工资法》《工作与休息时间法》 和《国民保险法》 等。

根据以色列相关法律，引进普通外籍劳工需获得特定行业配额，目前仅限于建筑、农业、家政三个行业，且不允许劳工在行业之间流动。配额以外引进普通劳工需证明其工作需使用在以色列境内无法获得的技术；持有内政部人口和移民局有效雇佣许可的雇主可以雇佣外国工人，持有人口和移民局发布的相关领域有效工作签证和许可的人可得到被许可的雇主雇佣；以色列法律不允许任何外籍劳工（包括外国专家）在以色列停留累计超过 63 个月，超过 63 个月的特殊许可必须经以色列内政部、财政部和经济部联合审批。并禁止外籍劳工携带家属赴以色列随居。

二、建筑劳务合作框架

（一）指定项目执行机构

（1）中方商务部指定中国对外承包工程商会（以下简称“承包商会”）为中以建筑劳务项目的中方执行机构。协议规定，承包商会应采取以下合理措施：保障招募过程中工人的权利，尤其是确保招募过程透明、合法和公平，所有申请者得到平等对待，不发生协议、实施细则和规定以外的任何形式的非法收费；确保所招募的工人符合实施细则所有要求、具有必备的资格证书和通过专业测试或口试；确保经营公司履行实施细则中所规定的义务。

（2）以色列内政部指定以色列人口和移民管理局（以下简称“人口移民局”）为中以建筑劳务项目的以方执行机构。以色列住房与建设部负责制定以色列关于启动、执行、实施住房建设的相关政策；以色列劳动、社会事务与服务部作为监察员负责外籍工人劳动权益。

协议规定，人口移民局与以色列相关机构应采取以下合理方式：确保以色列法律和规章所规定的中国工人的权利，包括工人的居住及工作条件、按月领取工资，如发生工伤，工人可根据以色列《全国保险法》规定提出工伤赔偿；监督人力公司并告知其在实施细则中应承担的义务；运行中文投诉热线接收中国工人的投诉并转交以色列相关机构解决。

中以双方同意采取一切必要的步骤保证工人招募过程顺利实施，同意采取合理措施，努力维护工人在以色列工作期间的人身安全，同意协商安排本实施细则框架受雇佣的工人，到双方不定期认可并指定的以色列境内的地区工作。

（二）派遣接收主体及其责任义务

1. 中国试点经营公司

中国派遣主体为经省级商务主管部门根据实施细则条款推荐、承包商会与人口移民局确认可向以色列派遣建筑工人的具有经营资质的中国公司。试点阶段由中国山东对外经济技术合作集团有限公司、威海国际经济技术合作股份有限公司、中国江苏国际经济技术合作集团有限公司、江苏中澜境外就业服务有限公司作为首批经营公司负责招收派遣劳务人员。

（1）中国试点经营公司的责任与义务。在承包商会的指导下，与以色列人力公司签署并信守《劳务合作合同》，履行约定的各项责任与义务；按照两国执行机构制定的“招募公告”进行中国建筑工人（以下根据语境，分别视情称劳务人员或工人）招募；进行劳务人员招募、组织劳务人员参加技能测试及体检、办理签证、监督并见证劳务人员与人力公司签署《雇佣合同》、监督劳务人员签署相关文件、进行出境前培训、安排劳务人员出境等；根据实施细则规定的收费标准（6996 元人民币/人）收取服务费，除规定的费用外，不得向劳务人员收取任何其他费用；根据实施细则的要求向以色列派遣一名代表，负责对在雇佣期的工人进行协助；对选中的劳务人员进行社会调查，确保劳务人员提交的材料真实有效、直系亲属同意其赴以色列工作、在国内无违法乱纪行为；详细向劳务人员讲解《服务合同》及《雇佣合同》，并与劳务人员签署《服务合同》，履行《服务合同》中规定的责任与义务；劳务人员在以色列期间发生伤、病、残、亡等事件时，协助家属办理相关手续；发生不可抗力事件时，配合承包商会及驻以使馆在第一时间保护劳务人员生命及财产的安全，督促劳务人员遵循承包商会及驻以使馆的安排；对劳务人员进行短期的行前培训（3 天）；指导并协助劳务人员办理无犯罪记录证明公证、签证、预订机票、出境安排等手续；向劳务人员说明以色列人力公司是劳务人员直接唯一的雇主，劳务人员赴以色列后，由人力公司安排劳务人员至劳务接收方（建筑商）工作；在招募期间，不得直接与人力公司进行联系；工人抵达以色列后，驻以代表只可在必要时就落实相关的规定与人力公司进行联系。

（2）经营公司驻以代表的职责。经营公司驻以代表在以色列仅可开展如下活动：会见其所属劳务公司招募的工人，跟踪了解其工作表现和生活条件；必要时协助工人通过工人投诉热线向人口移民局传达有关工作条件的投诉；协助工人在必要的情况下与其国内亲属联系。

经营公司驻以代表在以色列不得直接或通过第三方开展监督或强制执行行为；不得开展任何违反以色列法律或规程的活动，特别是不得驱逐、暴力侵犯劳工或没收其护照；不得向工人或任何以色列机构收取规定之外的费用；不得将工人财物转移或兑换；不得要求其兑换货币或通过其他第三方获得诸如手机服务类的服务；不得介入人力公司或劳务接收方对工人的安置问题；不得掌握工人银行账号；不得占用工人银行储蓄卡或信用卡；不得在招募期间直接与人力公司进行联系。

如被发现驻以代表存在上述行为，将会立即被驱逐出以色列；人口移民局将启动与中国执行机构之间的谈判；停止经营公司的招募授权；终止经营公司的经营行为。

2. 以色列人力公司

以色列接收主体为获得以色列政府许可，为劳务接收方短期雇佣外籍建筑工人的以色列人力公司。以色列人力公司是中国工人赴以色列后的唯一雇主。以色列劳务接收方为以色列合法建筑承包商；是与人力公司签订有效合同，登记在册的接收短期外籍建筑工人工作的建筑承包商。

以色列人力公司的责任和义务是：为中国工人办理在以色列的居留、工作许可等手续；为工人提供合适的住所；提供工作时间登记报告、详尽的月工资条；按时支付工资、医疗保险、法定福利和延期指令；提供适用于工人或工作场所的集体协议以及合适的工作条件。

人力公司需每月缴纳涵盖工伤和破产的社会安全保险中雇主应缴的费用；确保劳务接收方知晓为工人提供工作场所的劳动保护措施等；每月为工人交纳特殊存款

基金。该费用与工人的工资无关，交纳基数根据以色列法律、集体协议或延期指令等关于工人离职金、养老金或其他相关工作福利的规定（每月约710谢克尔）；在每月的固定日期前直接向工人以其自己名字在以色列开设的银行账号支付工资。任何第三方无权干涉工人工资账户的使用，逾期支付的第一周，须支付5%的逾期支付赔偿金，之后每逾期一周，须支付10%的赔偿金；负责工人在以色列期间的工作及生活中的安全问题，保证将工人派至中以两国指定的以色列境内地区工作，不得将工人派至敏感地区、危险地区工作；为工人提供生活安全保障和工作时的劳动保护措施等；严禁扣押工人的护照等身份证件；工人在以色列发生伤、病、残、亡等事件时，协助工人或其家属进行处理、申请理赔；发生不可抗力事件时，在第一时间保护劳务人员生命及财产的安全，通过人口移民局通知承包商会，并按照以色列法律法规为工人结清工资，妥善安排工人回国，并承担工人回国的费用；与工人签署经人口移民局和承包商会认可的《雇佣合同》，并履行《雇佣合同》中规定的责任及义务，切实保障工人的合法权益。

（三）工人的选拔条件及其义务

选拔的工人是与以色列人力公司签署《雇佣合同》、以在以色列建筑行业短期工作为目的、符合基本条件的中国建筑工人；直接受雇于以色列人力公司，为劳务接收方（即以色列建筑承包商）工作。

1. 中国建筑工人的基本条件

中国男性公民，年龄在25~45周岁；未曾在以色列工作，无直系亲属（父母、配偶、子女）在以色列工作（兄弟姐妹除外）；无犯罪及不良信用记录；健康且无（但不限于）肺结核、肝炎、梅毒、淋病、艾滋病等慢性疾病；身体及精神状况能够适应在以色列气候条件下进行每月最少211小时包括高空作业在内的建筑行业高强度劳动；已证明在以方招募工种的一个或多个专业领域具有职业技术、经验和高水平能力。

对申请者的四个专业技术工种资格要求是：①建筑模型工，能够从事工业化建筑模架、木制模架的施工（必须具备读懂施工计划的能力）；②钢筋工（必须具备读懂施工计划的能力）；③镶贴瓦工，从事地板和墙壁瓷砖的铺设；④抹灰工。

2. 工人的责任和义务

工人需声明对招聘条件充分了解；声明按照招募公告的要求提交相关证件及材料；保证所提供的所有证件、材料、信息真实；声明自身的技能和身体状况（包括健康状况）满足境外工作岗位和生活的要求；申明无肢体残疾、无传染性疾病、无慢性病、无各类先天性疾病、无精神类疾病、无心血管类疾病等影响正常工作的疾病，无隐瞒病史；申明完全理解《雇佣合同》《服务合同》及各类声明文件的各项条款，自愿签署各类合同及声明文件；声明知道人力公司是劳务人员赴以色列后的直接雇主，同意只为人力公司为其安排的劳务接收方工作，不会以雇员或独立承包商的身份为其他单位工作。如因虚假或不真实证件、材料或信息导致的后果，由本人承担全部责任。

同时，按要求准时参加由承包商会指定的技能测试、体检及出国前培训；按照规定的行程出境；遵守《雇佣合同》《服务合同》及各类声明文件的约定；遵守雇主的规章制度；遵守以色列国的相关法律法规；尊重以色列当地的宗教信仰、风俗习惯及传统；绝不从事损害中国和以色列国家安全和国家利益的活动；严格保密，不泄露雇主要求保密的客户、顾客信息等商业秘密；不从事涉毒品、赌博、偷窃、走私等活动；不在工作期间有饮酒、打架等行为；由于自身原因或违反以上规定造成的一切后果，当事人承担全部责任。

在以色列期间发生伤、病、残等事件后，按照雇主安排的保险进行治疗、申请理赔；因不可抗力等原因导致雇主无法履行《雇佣合同》时，应遵循中国驻以使馆、承包商会、人口移民局、人力公司、经营公司驻以代表等的安排；可根据以色列法律法规更换雇主。

在雇佣期间发生因工伤亡事件时，根据以色列法律法规和《雇佣合同》的规定处理，经营公司协助劳务人员及其家属办理中国国内相关事宜。因自身原因（包括但不限于自杀、自残等）导致身体伤、残或死亡，其责任及由此产生的费用，由本人自行自负。

在以色列因劳工关系等发生纠纷或争议时，可亲自在经营公司驻以代表的协助下或自行通过工人投诉热线向人口移民局或监察员提出诉讼；如有任何不满或投诉，可依照以色列法律处理。

有关劳动报酬、福利待遇、保险等与境外雇主间因劳动关系产生的争议，应在离开雇主前、在合理的情况下与雇主解决完毕，协商不成时，依照当地法律向雇主书面索赔并保留证据，必要时可申请经营公司驻以代表协助，但需保留有效、必要的证据，不超过当地法律法规规定的主张权利时效，提前通报经营公司驻以代表。

《雇佣合同》期满，或被雇主解雇，或工作签证期满或失效，劳务人员应依照以色列法律法规与另一家人力公司注册登记或者回国，否则属于非法滞留。非法滞留将面临被逮捕或驱逐出境，经营公司不再对非法滞留的劳务人员承担任何法定和《服务合同》约定义务。

出国服务费按照两国政府规定的金额交纳；劳务人员在办理出国过程中产生的费用，例如护照费、无犯罪记录公证费、招募过程发生的国内交通费、国内食宿费、往返以色列的国际机票款（包括行李托运及超重费）等相关费用，由当事人承担并直接支付。除上述费用外，无须向任何第三方缴纳任何费用。

（四）签署三份合同

中国经营公司与以色列人力公司之间签署《劳务合同》，中国经营公司与赴以色列工作的建筑工人之间签署《服务合同》，以色列人力公司与赴以色列工作的中国建筑工人之间签署《雇佣合同》。

（五）《实施细则》规定的业务流程

《实施细则》规定的业务流程是：报名申请；经营公司初选；承包商会初选；以方75%随机筛选；技能测试；体检；以方90%随机抽选；与人力公司匹配工作；签署合同；出境前培训；办理签证；出中国境；入以色列境；在以色列工作；合同期满回国。

业务流程所涉及的具体要求是：

1. 以方向中方发出招募请求

以色列人口移民局通过公函向承包商会提出招募请求，公函同时抄送中国商务部。请求需列明最大用工数量、最大申请人数、最长工作时间、招募时间、工作生活标准及其他先决信息。

2. 中方发布招募公告

招募公告由承包商会和人口移民局共同确定，并共同策划和实施信息公告等相关工作。招募公告由承包商会发布。

3. 中以双方按照招募请求和选拔程序进行工人筛选

申请人通过承包商会网站选择或直接向所选择的一家劳务公司提出报名申请，并按要求向劳务公司提交无犯罪记录公证书等报名申请材料和相关个人信息，由劳务公司统一进行初选；劳务公司向承包商会提报申请人信息，由承包商会对劳务公司提交的人员名单进行初选后向以方提供入选人员名单；由以色列人口移民局对承包商会提供的入选人员名单（数据库）进行初步审查，并按75%比例进行随机筛选（第一次随机筛选），然后承包商会通过网络发布形式通知未通过随机筛选的申请人；经以色列人口移民局筛选后选取的人员（候选者）被统一安排参加指定的技能测试或面试，确定工人是否具有建筑行业所需的相应技能。承包商会直接或委托省级商务主管部门代表其监督专业技能测试，以色列人口移民局有权派遣监考员。考试日期、地点、结果等信息在承包商会网站发布；所有通过技能测试或面试的工人将由劳务公司通知其前往中以双方同意的医疗机构按以方体检表规定的项目接受体检。体检结果由承包商会通过网络发布；以色列人口移民局对通过技能测试和体检的合格人员按照90%的比例再次进行随机抽选（第二次随机筛选），确定最终被选工人；人口移民局根据人力公司的用工需求，随机匹配最终被选取的工人并向人力公司提供配比名单。

4. 签署合同、培训、办理出境手续

（1）人力公司与劳务公司签署《劳务合作合同》；

（2）劳务公司与被选取人员签订《服务合同》，并见证被选取人员与人力公司签订《雇佣合同》扫描件等文件；

（3）被选取人员参加由劳务公司组织的为期3天的出境前培训，培训内容包括项目概况、合同讲解、安全防范知识、应急联系方式等；培训过程中，需向劳务人员发放以方提供的以下重要文件：一般集体协议（关于建筑、基础设施、重型设备、公共工程和装修领域）；外国工人权利手册；医疗保险说明；以色列人力中介公司雇员雇佣法（5756[①]—1996年）；外籍劳工特殊存款基金说明；工人知情书、声明和承诺书。

（4）劳务公司为已与人力公司（雇主）签订雇佣合同的被选取人员统一办理签证。

（5）劳务公司协助工人预订赴以色列机票并协助工人出境；

5. 入以色列境并开展工作、期满回国

工人抵达以色列后，经营公司驻以代表协助工人在机场办理工作许可、长期签证等手续；与人力公司签署正式《雇佣合同》；人力公司组织工人进行安排培训，为工人安排宿舍及工作场所；工人在雇主（人力公司）的安排下到指定的建筑承包商工地工作；工人在以色列短期工作结束（合同期满）后，按照以色列法律规定期限及时离开以色列回国。

（六）中国工人的基本待遇和所应承担的费用

工人在以色列的基本待遇、所承担的费用以及有关雇佣规定，依据中以双方协议、实施细则以及以色列相关规定和《雇佣合同》执行。

1. 基本工资

根据以色列建筑领域集体协议（2015），2017年12月1日起，建筑工人的最低工资标准不低于每月5600谢克尔。

每个月的9日前，雇主将工人上个月的工资存入工人在以色列开设的银行账户，并向工人提供详细的工资单。逾期支付的第一周，雇主须支付5%的赔偿金，

① 以色列犹太历。

之后每逾期一周，须支付 10% 的赔偿金。

2. 加班工资

工人在正常工作时间之外工作时有权获得加班费。加班费、节假日工作工资按照以色列建筑领域集体协议标准计发。

每次加班，前 2 小时按照基本工资的 125% 计算加班费，之后按照 150% 计算加班费。

3. 特殊存款基金

相当于离职金、退休金。除工资之外，雇主每月将特定数目的款项存入以色列人口移民局为每名工人开设的特殊存款基金账户；特殊存款基金为每月 710 谢克尔（协议签署时），基于以色列相关法律规定而调整；工人在永久性离开以色列之前，提前 30 天向人口移民局提出申请，在离境当天通关后，凭护照在机场领取全额的特殊存款基金及利息；工人在签证到期后未按时出境，每逾期 1 个月，人口移民局将扣除该工人的 20% 特殊存款基金，逾期 6 个月，该工人将丧失全部特殊存款基金。此时对于工人的遣返费用，也将由人口移民局从该工人的特殊存款基金中扣除。

4. 其他待遇

（1）通勤费。雇主免费为工人提供上下班通勤工具；如工人使用公共交通工具上下班，雇主需向工人支付交通费；工人的通勤方式及交通费补贴事宜，应提前与雇主达成一致。

（2）保险。雇主负责为工人购买医疗保险；工人应承担雇主实际支付的医疗保险费用的 1/3 或 123. 24 谢克尔（两者中较低的一项）。

（3）带薪休假。享受 10 天带薪休假（其中，包括 9 天的宗教节假日）；休息日不计算在带薪休假里。

（4）年假。工人有权休年假，具体休假时间需与雇主协商。休假前 30 天通知雇主。在每周工作 6 天的情况下，第 1、第 2 年可享受 12 天的年假；第 3 年可获得 13 天年假；每周工作 5 天的情况下，第 1、第 2 年，可享受 10 天的年假；第 3 年可获得 11 天年假；根据《以色列年假法》，年假可累积。

（5）休养工资。工人在工作满 1 年后，有权获得休养工资；目前休养工资为每天 371 谢克尔。第 1、第 2 年，每年有 6 天的休养工资；第 3、第 4 年，每年有 8 天的休养工资。

（6）病假工资。前两年，每年可获得 18 天的病假；工作 3 年后，每年可获得 25 天的病假；病假可积累；在有医生签署的因病必须休假的书面证明的前提下，工人可享受病假工资。病假第 1 天无工资，第 2、第 3 天可获得日薪的一半；第 4 天起可获得全部日薪。

5. 工人承担的费用

雇主可以从工人的工资中扣除工人的部分债务。除所得税和社会保障金外，雇主对工人工资的扣款总额不能超过工资总额的25%。其中，以下（1）~（5）项是工人在以色列务工期间需要承担的费用，（6）（7）项是工人在中国国内需要承担的费用。

（1）个人所得税。雇主根据工人的收入水平扣除对应的所得税，并转交税务部门。月收入6220谢克尔及以下扣10%；月收入6221~8920谢克尔的部分扣14%；月收入8921~14320谢克尔的部分扣20%；月收入14321~19900谢克尔的部分扣31%。

（2）国家保险。月收入5804谢克尔及以下扣0.04%；月收入5805谢克尔及以上，每谢克尔扣0.87%。

（3）医疗保险。每月最多不超过123.24谢克尔（每年会调整）。医疗保险不涵盖工人赴以色列之前已患疾病。工人连续生病超过90天不能工作时，必须离开以色列，医疗保险也将终止。

（4）住宿及水电费。食宿费用由工人自理。

关于住宿，在就业期间，雇主负责为工人提供符合《外籍工人管理条例》的住宿。雇主负责为工人提供住宿，不等于免费提供。工人所负担的住宿费用，由雇主根据《外籍工人管理条例》从工人的工资中扣除部分住宿成本。如果工人的住所是雇主的产权，雇主可以从工人的工资中扣除以上费用的一半。每月最多不超过552谢克尔（每年会调整）。

关于宿舍租金扣款，雇主为工人提供的住所如果是租赁的，雇主可根据住所所在位置从工人的工资中扣除不超过以下金额的款项，用于支付房租。

耶路撒冷：386.94谢克尔；特拉维夫：440.3谢克尔；海法及中部：293.57谢克尔；南部：260.97谢克尔；北部：240.13谢克尔。

宿舍地点由雇主决定并可根据需求合理变更。由于工人被雇主派遣至不同地点的建筑承包商处工作，因此在住宿设施方面因地点不同而有差异。

每个房间最多6名工人、每名工人最少4平方米的空间。每个房间配备独立的衣柜和床铺（可能是上下铺）；暖气，通风照明设施，电插；厨房配有冷热水、水池、长案台和橱柜，供8人使用的灶台，供6人使用的冰箱、桌子、椅子、洗衣机。

关于住宿设施的使用，工人要妥善保管雇主提供的住宿设施，包括家具及其他设备等；要合理使用住宿设施，包括水、电、气、洗衣机、冰箱等；在使用上述设施时注意安全规定，保持设施的洁净，不损害设施；不能随便在设施上接通电、自制气及其他设备。

关于水电费等扣款，雇主可以每月从工人的工资中扣除 92.36 谢克尔用于支付水、电、财产税等费用。

（5）工会管理费。每人每月 45 谢克尔。

（6）向中国经营公司交纳服务费。按照中以双方约定，向中国经营公司交纳总额为 7000 元人民币或者相当于 3677.42 谢克尔的人民币（协议签署时相当于 6996 元人民币）。

（7）承担其他费用。无犯罪记录证明公证费；护照费；招募过程中涉及的交通及食宿费；往返国际机票费用及其他费用。

（七）工人的劳动条件与劳动保护

1. 合同期限

合同期为 12 个月，最长可延长至 63 个月。

2. 工作时间

每月基本工作时间为 182 小时，除此之外，最低加班时间为 29 小时；每周 6 天工作制时，每天基本工作时间为 8 小时；每周 5 天工作制时，每天基本工作时间为 9 小时；每周六为休息日，周日为每周的第一天。

3. 解雇、辞职

（1）解雇。雇主需举行解雇听证会，并需提前 3 天通知工人解雇理由。听证会作出解雇决定后，雇主需提前给工人发放书面解雇通知。

（2）辞职。工人应提前向雇主提出书面辞职申请，可在每年的 1 月 1 日、4 月 1 日、7 月 1 日、10 月 1 日与新雇主签订雇佣合同，办理备案手续。

4. 安全与卫生

工人在以色列期间需承诺和声明：声明自己知道在建筑行业工作存在的安全风险；必须遵守工作场地的安全规定和指示，包括使用安全设备；必须参加雇主要求的所有安全培训；遵守以色列法律，尊重以色列习俗；悉心爱护劳动工具；在工作日或工作日之前不饮用酒精饮料或饮品；不得有吸毒和暴力等刑事犯罪行为。

雇主需要承担：特殊工作需要的服装和保护装置；卫生设施，包括卫生间、浴室、污水池、茶水间以及冷热水；专业医生要求的常规医疗检查；举办急救培训；工人发生工伤事故时及时通知中国驻以使馆；工人发生伤亡时，负责将遗体运回中国，并向保险公司申请理赔等。

（八）工人更换雇主

工人入境以色列 30 天后，在向雇主提交辞职申请并取得合法通知后，有权在每年的1月1日、4月1日、7月1日、10月1日更换雇主；与原雇主解除雇佣合同后90日内必须与新雇主签署《雇佣合同》，并在人口移民局登记注册，否则将被视为非法滞留；更换雇主前应书面告知劳务公司驻以代表，否则劳务公司不再承担《服务合同》约定的义务。

（九）违约及处理

1. 违约行为

工人的以下行为属于违约行为：提供虚假证件、材料、信息；违反雇主合理的规章制度，或不服从雇主工作安排，或非法为任何第三方工作；雇佣期间无正当合法理由单方面终止雇佣合同；抵达以色列后30日内单方面终止雇佣合同或未按照以色列法律法规或人口移民局规定终止雇佣合同；辞职后90日内未与新雇主签订雇佣合同；无论解雇还是辞职，没有书面通知或申请；签证或工作许可到期后在以色列非法滞留；有违法、违规行为，包括但不限于从事色情活动、走私、赌博、涉毒品活动、偷窃、参加或组织黑社会性质组织活动、出入境时携带违禁物品等行为；在突发事件中不服从中国政府或经营公司指示；有其他违反以色列法律或严重违反《雇佣合同》《服务合同》行为。

2. 违约处理

工人发生违约行为时，劳务公司有权终止为其办理出国手续或解除《服务合同》，并有权根据违约程度，向工人追究违约责任；工人在雇佣期内，无论何种理由离开原雇主，都应书面向劳务公司驻以代表通报，否则，在劳务人员离开期间，劳务公司不承担《服务合同》约定的义务。

（十）争议解决

人力公司、雇主与工人间产生分歧和争议时，按照《雇佣合同》的规定、现行以色列法律、相关制度和以色列国家程序解决。

第四章　韩　国

韩国（Korea），全称大韩民国，首都在首尔。位于东北亚朝鲜半岛南部，三面环海，西濒临黄海，与胶东半岛隔海相望，东南是朝鲜海峡，东边是日本海，北面与朝鲜相邻，领土面积占朝鲜半岛总面积的4/9。韩国经济20世纪70年代持续高速增长，1997年，亚洲金融危机后进入中速增长期。韩国属外向型经济，国际贸易占GDP很大比重，制造业与科技产业发达。2020年韩国总人口约5183万人，同比减少2万人，出现史上首次人口减少。出生人口2.8万人，同比减少10.65%；相反，死亡人口30.8万人，同比增加3.1%，出现了死亡人口多于出生人口的“人口死亡交叉”现象。迫使韩国尽快制定和完善应对低生育率的对策，不断扩大对外籍劳动者的引入。中韩劳务合作启动于1993年，韩国曾是我国最大劳务合作国别市场之一，为促进两国人员交往发挥了积极作用。

第一节　韩国外籍劳工政策

一、韩国引进外籍劳工的发展过程

随着韩国经济的发展，韩国国民收入和受教育程度随之提高，不愿从事脏、险、难工种的现象越来越突出。自1987年起，韩国劳动力不足现象凸显，为解决企业用工难问题，韩国政府开始酝酿引进非熟练工种外国人，于是，于1993年创立并正式实施“产业研修生制度”。在该框架下，在韩国企业工作的外国人的身份是研修生，而不是劳务人员。由于制度设计缺陷，导致外国研修生非法雇佣、擅自离岗、工资拖欠和人权侵害等现象屡屡发生，不断引起韩国社会的质疑。

2000年4月韩国政府开始实施“一年研修、两年就业”的研修就业制，即研修生在韩研修一年后可以正式转换成劳务人员。同时由于在中国的朝鲜族人员被骗事件的不断发生，韩国政府于2002年12月开始实施在服务业允许在外朝鲜族人员就业的“就业管理制度”。

2003年7月，韩国颁布《外国人劳动者雇佣许可法》，决定废除产业研修制，从2004年8月开始实施关于雇佣外国劳务人员的“雇佣许可制度”（以下简称“雇佣制”）。2005年5月，韩国政府宣布自2007年1月1日起在引进外籍劳工方面全面实施雇佣制，以替代原有的“产业研修生制度”。随后，韩国劳动部先后同15个国家签订了《劳动力派遣与谅解备忘录》（MOU），出现研修生制度与雇佣制双轨并存的局面。

与此同时，将就业管理制更名为“访问就业制”，且归入“雇佣制”范畴。同时规定自2007年3月4日起，允许在韩就业的朝鲜族人员的范围由原来规定在韩有户籍或亲戚的朝鲜族扩大至所有朝鲜族。

2007年取消产业研修制度后，为弥补制度交替带来的外籍劳动力空缺，韩国政府一方面积极推进新的访问就业制，大量引进国外朝鲜族同胞，另一方面允许期满回国的外国劳动者再次入境，返回原企业继续工作。2015年，面对低迷的经济形势和就业压力，韩国政府一方面对国内劳动市场进行改革，实行工资高峰制，明确雇主解聘员工的标准，鼓励企业增加就业机会；另一方面强化外国人雇佣许可制的功能设计，政府在为企业提供廉价外国劳动力的同时，激励企业积极为本国劳动者创造就业机会，实现引进外国劳动力与促进国内就业的平衡。

韩国经济属于外向型经济，经济规模较大，劳动力需求旺盛。韩国企划财政部数据显示，韩国的劳动力人口（15～64周岁）在2017年达到峰值3704万人，之后开始逐年减少，到2050年，劳动力人口将仅为2535万人，成为劳动力不足国家，即所谓的“人口悬崖”。自2019年10月以来，一方面由于人口老龄化加剧和婴儿出生率低，韩国人口总量和劳动人口逐年下降，维持经济规模的劳动力总量严重不足。另一方面，韩国年轻人择业观念发生变化，加剧了劳动力不足问题。因此，韩国对外国劳动力的需求长期存在，引进外籍劳务将是韩国政府长期坚持的政策。

二、引进外籍劳工的相关政策

韩国外籍劳务市场制度相对比较健全，除韩国《劳动标准法》《最低工资法》外，还有专门针对外籍劳务人员的《外籍劳务雇佣法》和雇佣制有关的保险制度等法律法规。同时，韩国政府先后实施了一系列引进外国劳动者的相关政策。韩国雇佣劳动部也为外籍劳务人员成立了专门的外籍劳务雇佣－停留支援服务相关部门。这些制度对外籍劳务人员在韩工作提供了一定的保障。

（一）保障和改善劳动者的权益

1. 提高最低工资标准，改善外国劳动者待遇

由韩国政府和劳资双方组成的韩国最低工资委员会负责召集专门会议协商最低工资标准相关事宜。以2009—2021年为例，最低工资由2009年的每小时4000韩元提高至2021年的每小时8720韩元，最低月工资也由90400韩元提高至1822480韩元（相当于人民币10273元）。与此相关的国民年金和健康保险的缴费基数也相应提高。

最低工资计算办法：

（1）标准劳动时间：1年＝52.14周（365天/7天），1个月＝4.345周（52.14周/12个月）。

（2）最低月工资：以2021年为例，韩国最低月工资标准见表3－4－1－1。

表3－4－1－1 韩国最低月工资标准（2021年）

类别	周一至周五	周六	周日	每周合计	每月合计	月工资
40小时工作制	8小时/天	0	8小时（周日为带薪休息日）	48小时	209小时（48×4.345周）	1822480韩元（209×8720韩元）
44小时工作制	8小时/天	4小时	8小时（周日为带薪休息日）	52小时	226小时（52×4.345周）	1970720韩元（226×8720韩元）

2. 限制加班，压缩劳动时间

2018年韩国国会通过的《劳动基准法》修订案决定：就业人数在50人至299人规模的中小企业从2020年1月起，实行每周52小时作制。即每周工作5天，每天工作8小时，每周加班不得超过12小时；就业人数在300人以上的大企业自2018年7月始执行该制度；就业人数在50人以下的小微企业，自2021年7月始实行该制度。

加班及夜班时段工作，雇主均需按规定支付加班费。加班工资为每小时工资的1.5倍，如加班时间在当日22：00—次日6：00，加班工资为每小时工资的2倍；夜班（当日22：00—次日6：00），夜班工资为每小时工资的1.5倍。

3. 返还国民年金和出国费用保险金

考虑到外国劳动者收入较低，退休后在国外无法享受韩国的国民年金待遇，2007年5月，韩国劳动部决定退还外国劳动者，包括脱岗人员在韩缴纳的国民年金，所在企业缴纳的部分也一并退还；对于出境时没有动用出国费用保险金的外国

劳动者，韩国劳动部称，外籍劳工无论出境与否，在出境或更换工作场所等雇佣关系结束时，可以直接向雇主申请在韩领取出境满期保险金。于是自 2007 年 7 月始开始逐一确认并返还。

为保护外籍劳务人员在韩工作期间的权益，根据韩国有关法律，雇主和外籍劳务人员必须加入外籍劳务雇佣法规定的四项保险：回国期满保险（相当于“退职金”）、回国费用保险、工资支付保险和意外伤害保险，均为强制加入的险种；此外，为规避风险，劳务人员还应加入韩国有关法律规定的四项社会保险，即国民健康保险、产灾保险、国民年金和雇佣保险。其中，国民健康保险（相当于“医疗保险”）和产灾保险（相当于“工伤保险”）是强制加入的险种；国民年金（相当于“养老金”）和雇佣保险（相当于“失业保险”）则可自愿加入。上述八种保险基本涵盖了劳务人员在韩工作期间可能涉及的主要风险。根据韩国相关规定，其中六种保险要求劳务人员必须加入，两种保险可自愿加入。

4. 规定领取退职金的方式

韩国政府 2014 年 1 月 28 日修订的《外国劳动者雇佣法律》规定，外籍劳工可在出国前申请退职金，但必须通过海外汇款的方式汇付，而不能在出境时直接领取，旨在防止外籍劳工非法滞留。

5. 扩充外国劳动者支援体系

2018 年，韩国政府集中检查外国女性劳动者的就业场所，加大对工作中性骚扰行为的处罚力度，构建外国人力支援中心 24 小时商谈制度。同时，在外国劳动者密集的地区增设外国人力支援中心，增加外国语服务，扩充支援体系。

6. 设立“外国人社会融合基金”

早在 2016 年 8 月，韩国执政党便向国会提出“设立外国人社会融合基金”议案。旨在利用外国人在办理入境或停留许可时所缴纳的手续费和罚金形成基金，用于在韩外国人的人权保护、社会适应协助、难民待遇改善、外籍劳工待遇改善、外国人非营利组织团体支援等多个与外国人相关的领域，帮助外国人更好地融入韩国社会。

（二）提高制造业使用外籍劳务人员的比例

为缓解制造业劳动力不足和实行每周 52 小时工作制带来的用人压力，韩国政府决定从 2020 年起，用工规模在 50 人至 299 人的中小企业雇佣外籍劳务人员的最高限度可提升至 60%。也就是说，实行每周 52 小时工作制的制造类中小企业，雇佣外国劳动者的最高限额可达 20%；纺织、食品、橡胶及塑料、金属加工、机械设备等制造业或首都经济圈以外的中小企业，雇佣外国劳动者的最高限额可达 40%；同时满足以上两个条件的中小企业，可将雇佣外国劳动者的最高限额上调至60%。

（三）实施技术人才签证新标准，拓宽技术人才就业范围

在韩国中小企业工作的外国人大多属于持E－9签证入境的普通劳务人员。为鼓励企业吸引优秀人才，2014年韩国法务部决定完善就业签证制度，对教授、教师、讲师、管理人员、各领域专家、金融界人士、研究员、工程师、IT开发人员等拥有专门知识或技术、技能的外国人才发给特定活动资格的E－7签证，以改善企业技术人力不足状况。该签证可在网上申请办理。

韩国专门技术人才签证（E－7）是发给与韩国公共或民间机构签订劳动合同并从事法务部指定职业（共85种）的外国专门技术人才的签证。2020年1月，韩国开始实施新修订的外国人才就业签证（E－7）标准。与原标准相比，新签证标准降低了申请门槛，增加了签证数量，旨在吸引更多海外优秀人才和留学生在韩工作。主要内容包括：一是提高雇佣67种职业外籍人员的年薪标准。用人单位凡雇佣外籍Web开发人员、护士和大学讲师等紧缺职业人员，须将年薪下限由之前的法定最低年薪提高至韩国人均收入的80%，即约为2680万韩元。二是进一步放宽申请条件。由主管部门负责人推荐的“优秀人才”申请签证时，所提交的收入证明由不低于韩国人均收入的3倍放宽为1.5倍。对于收入超过韩国人均3倍的“高收入专业优秀人才”，无须学历、履历审查，可免除其就业推荐条件限制。三是增加E－7－4签证名额。将熟练工评分发放的签证名额，由600人增至1000人；将向铸造、模具、焊接、塑性加工、表面处理和热处理专业的院校毕业生定向发放的签证名额，由100人增至300人；将最多可雇佣5名专门技术人才的企业规模，由500名以上员工放宽到300人以上员工。此外，新标准还设立了外籍厨师就业特例，养虾技术人员签证制度等。

（四）放宽外国留学生就业限制，加强就业支援

为弥补韩国企业的技术人力不足，2014年2月，韩国法务部决定发给受雇于汽车、造船、IT等企业的外国留学生特定活动资格E－7签证，并可在网上申请办理（http：//www.icnkr.com/article－61081－1.html）。韩国教育部和法务部还规定，在韩国的外国人如想就读韩国大学专科以及专科以上大学、按正规程序留学或学习韩语的，不需重新申请签证，只需将原签证转化为D－2、D－4签证即可。对于取得大学专科以及专科以上学历的外国人，如果从事了研修过程的相关工作，在申请熟练工就业签证（E－7－4）时，研修时间（最长1年）可作为工作时间。

2016年韩国教育部开始实施“外国留学生招生管理评估”认证制度，对通过认证的大学，简化留学签证申请手续，将外国留学生的打工时间从每周20小时延长至

25 小时。同时，加强对外国留学生的就业支援，鼓励韩国企业雇佣外国留学生，吸引优秀人才。

（五）开放外籍季节工劳务市场

为解决韩国农（渔）业季节性劳动力不足问题，韩国政府从 2015 年开始实行外籍季节工制度，每年引进规模约 2000 人。为缓解新型冠状病毒感染疫情对经济的影响，2020 年韩国针对疫情稳定的越南、柬埔寨、吉尔吉斯斯坦、乌兹别克斯坦和尼泊尔等国家开放季节工市场。季节工的签证为 C－4 和 E－8 短期就业签证，最短 3 个月，最长 5 个月。

（六）向外国投资者提供韩籍员工就业补助

根据韩国《外商投资促进法》，首尔市 2016 年 2 月开始对外商投资企业实行雇用及教育培训补助金支援计划。凡外商在首尔市投资信息技术 IT 融合、数字内容产业、绿色产业、商务服务业、时装设计、金融业、会议旅游业、生物医药产业等新兴产业时，在企业注册后 5 年内，招聘韩国员工超过 10 人的，政府按超出人数每人每月补助 100 万韩元，最多补助 6 个月，同一家企业补助总额不超过两亿韩元。

（七）推行就业签证评分制，吸收优秀外国劳动者

1. 推行新的外籍劳务人员雇佣考试选拔积分制

韩方评估认为，现行韩国语考试选拔制度忽视了求职者的工作经验和劳动技能，无法满足雇主对现场适应性的要求，同时影响外国劳动者工作的稳定性和适应性，企业无法事先发现色盲色弱、腰椎间盘突出和四肢残疾等身体缺陷者。因此，2019 年在 2016 年针对个别派遣国家试行的基础上，在 16 个派遣国家全面推行新的综合考试选拔制度。

该制度在现行韩国语能力考试的基础上，增加了技能考试和胜任力考试。只有韩国语考试合格的人员，才能参加第二轮的技能考试和胜任力考试。韩国语考试分数由原来的总分 200 分降为制造业 100 分，其他行业 90 分。最低录取分数降为制造业 44 分，其他行业 36 分；技能考试分为体能、面试、基本技能三个部分，主要考察应试者的身体条件、适应能力、沟通能力、技术熟练程度等，总分数为制造业 100 分，其他行业 110 分；胜任力考试属于加分项，是对应试者所申请行业的从业经验、获得的国家证书和职业培训情况进行现场认证，不是真正意义上的考试，应试者可自愿参加；两轮考试结束后，累计应试者两轮考试所得分数。根据配额多少，按照得分循序选拔求职者。新的雇佣积分制明确规定，色盲、色弱、椎间盘突出、手指截肢的人不能通过积分制考试。

2. 实施外籍熟练工就业签证评分制度

2017 年 12 月，韩国法务部决定，从 2018 年 1 月 2 日起正式实施外籍熟练工

“签证评分制度”，主要用于增雇韩国雇员10%以上的企业；对于雇佣韩国雇员不足10人或全体雇员不足5人的基础产业的企业，允许雇佣1名持E-7-4签证的外国劳工。评估通过后将获取就业签证（E-7-4），每年提供400个名额，签证有效期为2年，到期后可申请延长，旨在缓解基础产业的劳动力短缺。

（八）简化外国劳动者再入境和滞留地变更手续，优先引进技能熟练人才

韩国政府早在2007年就规定，雇主自当年6月起可重新雇佣在韩工作即将期满回国的外国劳动者（含在韩国工作的研修生和外国船员）。外国劳动者须在回国前一个月与雇主续签《劳动合同》，雇主向当地的劳动部门申请《再雇佣确认书》，法务部出入境事务所据此发给外国劳动者签证认证号码；外国劳动者回国一个月后，经韩国领事馆签证，可以再返回原企业继续工作3年。

韩国法务部多次延长在韩外国人的签证期，允许通过网上申请办理延期手续和续签雇佣合同，并减免10%的手续费。2010年，韩国法务部修订发布《出入境管理法实施条例》，对持三个月以上签证的外国人，在签证有效期内再入境时不再需要申请入境许可；对拥有永久居住权的外国人，境外滞留时间延长至2年。同时还简化了在韩工作的外国人更换工作场所的滞留手续，外国人只需到新工作地的出入境管理所进行登录，无须获得许可。2015年，针对期满回国的诚实劳动者，实行技能测试和韩语特别考试，实行与工作背景相关的特殊韩国语考试，通过评估发给再入境许可，优先录用技能型人才；而对于普通的韩国语考试合格者，进入求职者名簿后，则实行技能测试制度，按照测试成绩顺序安排企业。

2020年6月，韩国法务部对长期滞留的外国人实行再入境许可制，出境前须到出入境管理所办理再入境许可，再入境人员须携带健康诊断书。为保证韩国企业使用熟练劳动力，满足外国劳动者继续在韩工作的愿望，韩国劳动部重新修订了《外国劳动者雇用许可法实施细则》，实行“诚实外国人劳动者再入境就业制度”，允许期满回国的外国劳动者再次返回就业。

（九）推行以定居就业为主要目的的移民制度

1. 成立“外国人政策统一委员会”

韩方认为，接纳移民是解决劳动力不足的有效手段。因此，决定将外国人力政策委员会与移民政策委员会合并为外国人政策统一委员会，由国务总理室管辖。制定了2018—2022年“外国人政策基本计划”，从2018年开始积极接收外国移民，试图为韩国经济增长注入新的活力。

2. 构建“就业—居住—永居”的签证体系

根据世界经合组织预测，到2030年，韩国老年人口占比将达到24.3%，成为

继日本、德国、意大利之后的第四大老龄化国家。国际货币基金组织也曾预测，到2050年，韩国人口的35%将为外国移民。目前，在韩国滞留的外国人约占韩国人口的3.6%，所创造的收入占韩国GDP的3.75%。外国劳动者已经成为韩国经济不可或缺的组成部分。

2011年1月，韩国外国人政策委员会通过了《2011年外国人政策施行计划》。在指定领域内，具有优秀能力的外国人无须在韩国居住5年就可以加入韩国国籍。对在中国和原苏联居住的海外朝鲜族优秀人才，优先签发F-4签证。另外，还允许一部分入籍人士保留双重国籍。

2016年2月，韩国法务部放宽了外国人居住和入籍限制，以应对劳动力短缺和“人口悬崖”。凡直系亲属拥有韩国绿卡者，可通过入国籍考试，获得绿卡及加入韩国国籍。隔代亲属在韩国出生或是韩国人的，可以获得韩国国籍。与韩国人结婚满3年，或婚后育有子女，可获得永久居住权或韩国国籍。持有居住工作签证，在韩国工作超过5年的，可以申请韩国永久居住权。

2018年，韩国政府开始推行以定居就业为主要内容的移民制度，引入就业签证评分制度，以解决劳动力不足问题。根据评分决定是否给予外国人长期居留资格或永久居住权。为积极吸引优秀人才，政府希望在就业签证评分制度的基础上，构建“就业—居住—永居”的梯次签证体系，以引导外国人定居韩国。尽管韩国社会对以定居就业为目的的韩国移民制度具有不同反映，但绝大多数韩国人已接受外国人在韩国长期工作的事实。

（十）敦促非法滞留者主动出境

韩国政府不断推出非法滞留者主动离境的优惠政策。2015年韩国法务部发布公告规定，非法滞留主动离境者，无论非法滞留的时间长短，均可免除罚款，并取消或放宽再入境限制；2016年强化对非法滞留者的管理，禁止雇主使用非法劳工；2017年开展了一系列非法滞留者突击整治活动；2018年进一步加大对建筑、娱乐、按摩等行业非法雇佣外国人的打击力度；2019年，发布了《良性循环：非法滞留外国人管理对策》，规定在农林渔业和中小企业制造业工作并主动申请离境的非法滞留者，可享受再次持相关短期签证入境、部分缴纳罚金和延期出国等优待政策；至2020年5月，在韩非法滞留的外国人有396 654人，占在韩外国人总数的18.5%。其中以旅游名义入境的非法滞留者有29.6万人，占75%；其余10万余人为到期未归人员。

三、接收外籍劳工的主要方式

韩国政府规定，雇佣制项下允许引进外籍劳务的行业为制造业、建筑业、服务业、渔业和农畜产业。其中，服务业包括冷冻、冷藏仓库业、再生材料收集及销售业、观光旅馆业；渔业包括近海渔业、养殖渔业及关联服务业。韩国将每年 3 月至次年 2 月作为外籍劳务人员引进年度，由设在国务调整室的外国人力政策委员会于每年 2 月确定本年度外籍劳务人员引进配额、工种，由韩劳动部确定备忘录签署国的年度求职者名额分配等事项。接收外国劳动者的主要方式包括以下几种。

（一）雇佣许可制（雇佣制）

雇佣许可制分为雇佣制一般劳务（签证种类 E－9）和访问就业制（签证种类 H－2）。

1. 雇佣制一般劳务

雇佣制一般劳务是韩引进外籍劳工的主要方式，始于 2003 年 8 月 17 日，止于 2007 年 1 月 1 日产业研修制废止。雇佣制一般劳务是由韩国政府与外籍劳工所在国政府主管部门双方签订备忘录，再分别指定政府部门或公共机构从事劳务人员的派遣和接收工作的一种形式。备忘录需明确规定外籍劳工的选派程序、派遣和接收、最低工资标准、保证保险和事后管理等。并规定派遣机构的资金须由国家财政预算列支，只向劳务人员收取在招募、选拔和派遣过程中实际发生的费用。

截至 2011 年底，韩政府已与中国、越南、菲律宾、泰国、印度尼西亚、斯里兰卡、蒙古国、乌兹别克斯坦、柬埔寨、吉尔吉斯斯坦、尼泊尔、巴基斯坦、孟加拉国、缅甸、东帝汶等 15 个国家政府签署了雇佣制谅解备忘录。

同时，2007 年 7 月，韩国劳动部决定将韩国产业人力公团和原来负责产业研修制的韩国中小企业中央会、大韩建筑协会、农协中央会、水协中央会等研修推荐团体明确为雇佣许可制的代行机关，负责协助韩国企业提交外国劳动者雇佣申请、签订雇佣合同、对外国劳动者进行入国教育和事后管理等业务。

2. 访问就业制

为了向韩国境外的朝鲜族人员创造自由来韩就业的机会，并通过访问就业制加强朝鲜族之间的纽带关系，2007 年 2 月，韩国政府修订了《出入境管理法实施令》，将原来对国外朝鲜族人员实行的就业管理制改为访问就业制，并于 2007 年 3 月正式实施，由韩国法务部主管。申请对象为居住在中国和原苏联等地的朝鲜族；签证类别由过去的单次签证 F－4 改为 5 年多次往返签证 H－2；有效期限由 90 天变更为 5 年；访问和就业同时进行，就业时不再进行滞留资格转换，并取消了原来就业行业的限制。

实际上，访问就业制是雇佣许可制的组成部分，《外国人劳动者雇佣许可法》将韩国境外的朝鲜族人员列为特例者。访问就业制不仅适用于在韩国有亲戚关系的朝鲜族人，也适用于在韩国没有亲戚关系的朝鲜族人。采用配额制的方式对于在韩国没有亲戚关系的朝鲜族控制签证发放，通过韩国语能力考试和电脑抽签的方式确定发放对象；对于在韩国有亲戚关系的外国朝鲜族和符合条件的特殊人员，韩国使馆直接发给 H－2 签证，不受名额的限制。

（二）特殊人员

根据韩国有关法律的规定，韩国政府允许部分特殊人员来韩国就业，签证种类为 E1－E7。分别是教授（E－1）、语言指导人员（E－2）、研究人员（E－3）、技术指导人员（E－4）、专门职业人员（E－5）、艺术类人员（E－6）以及特定活动人员（E－7）。符合一定条件的特殊人员在与韩国国内公有、私有企业签订合同，并经法务部长官特例批准获得就业签证后可到韩国就业。

（三）近海渔工

产业研修制取消后，近海渔工因不在韩本土作业，被作为特种行业未将其列入雇佣制范围。韩国水协中央会创立了新的外国人船员制度，韩国法务部为此修订了《出入境管理法实施令》，增设了新的签证类别 E－10，采用原研修生制的派遣模式，由水协中央会负责管理。水协中央会根据有关规定指定派遣国家，并选定近海渔工派遣公司。选定的外国近海渔工派遣公司与水协中央会指定的韩国管理公司共同进行船员的派遣和事后管理工作。近海渔工的数量规模较小。

2007 年 6 月，韩国水协中央会确定了 36 家外国人船员管理企业，负责从中国、印度尼西亚、菲律宾和越南引进船员和渔工。其中，有 22 家船员管理企业与我国派遣公司签订合作派协议，后于 2015 年又调整为 10 家，目前合作业务较少。

（四）其他

除上述几种劳务派遣和外国人在韩就业的方式外，还有通过短期就业、产业研修、投资研修等方式赴韩就业的方式，但人员数量极为有限。2011 年全部在韩进行短期就业的外国人仅约 1 万多人。

四、韩国社会对雇佣制的不同反映

雇佣许可制是韩国政府向有意在韩国就业的 15 个国家的外国劳动者发放的就业签证（E－9）制度，该签证期限为 3 年，确保外国劳工在韩国就业期间与韩国人享有同等待遇。

尽管韩国政府认为引进劳务政策惠及外国劳工，但是很多外国劳工和人权团体并不认同，认为这一政策严重危害了劳工最基本的劳动权。很多劳工遭受最低待遇，同工不能同酬；其次，该制度限制了国外劳工在韩定居的自由，导致部分国外劳工对政府的不信任；三是该制度规定前往韩国工作的求职者，必须通过严苛的“独木桥”式的韩国语考试，导致劳工为了考试不惜缴纳不菲的学费学习韩国语，加重了负担；四是韩国政府不公开每个国家的具体配额，只公布每个行业配额的总和，从而导致国家间的不平等。基于上述原因，2014 年，韩国劳动部曾对外籍劳工雇佣现状进行了集中调查，发现雇主违法，当场予以罚款，对情节严重者，取消其雇佣外籍劳工的资格。

五、在韩外籍劳工的就业情况及行业分布

（一）外籍劳动者就业情况

2020 年 5 月，韩国法务部对在韩居留 90 天以上的外国人进行了就业状况调查，15 岁以上在韩常住的外国人达 133. 2 万人，其中外国劳动者共 91. 8 万人，外国就业者为 84. 8 万人，雇佣率为 63. 7%。

从 84. 8 万名外国就业者的行业分布看，2020 年外国就业者主要集中在制造业、服务业和农林渔业，集中度有所提高。受非法滞留者出境政策影响，建筑业减员最多，占比有所下降；从事矿业和制造业的外籍劳务占 45. 9%，同比增加 0. 4%；从事批发零售、餐饮、住宿业的外籍劳务占 19. 5%，同比增加 0. 6%。受疫情影响，从事建筑业的外籍劳务占 10. 9%，同比下降 1. 4%。

2020 年，韩国失业人口达 110. 8 万人，同比增加 4. 5 万人。失业率为 4. 0%，同比增加 0. 2%，为 2001 年以来最大值。韩国经济虽受新型冠状病毒感染疫情冲击，但失业率不高，企业对外籍劳动者的依存度依旧较大。

（二）外籍劳动者的工资水平

韩国外籍劳工的平均工资比韩国人约低 1/3，难以做到同工同酬。韩国统计厅 2020 年 6 月统计，2019 年韩国人平均月工资为 313. 8 万韩元，外籍劳动者的平均工资为 215. 8 万元，相差 31. 2%。

2020 年 12 月 21 日，韩国法务部和统计厅联合发布的《移民者雇佣和滞留调查结果》显示在韩外国劳动者总体工资水平下降。2020 年 5 月，在韩外国劳动者中以工资为收入的劳动者有 80. 37 万人。其中，月工资不足 200 万韩币的有 26. 1 万人，占 32. 5%，较上年增加 0. 24%；月工资在 200 万 ~300 万韩元之间的有 41. 08 万人，占 51. 1%，较上年降低 0. 24%；月工资在 300 万韩元以上的有 13. 17 万人，占 16. 4%，较上年增加 0. 1%。

（三）新型冠状病毒感染疫情影响下一般雇佣制劳务的引进情况

2020 年韩国政府决定，一般雇佣许可制劳务（E -9）的引进总规模为 56000

人。新型冠状病毒感染疫情引发韩国出入境管制和国际航班限制，导致外国劳务人员无法正常入境。截至 12 月 12 日，全年引进一般雇佣制劳务仅为 3706 人。

由于派遣国家无法派出新的劳务人员，期满回国劳务人员无法得到替换。因此，韩国法务部决定，对 6 月 30 日之前期满的 18500 名外籍劳务人员，再延长 50 天滞留期限。

第二节 中韩劳务合作

一、中韩劳务合作概况

中韩劳务合作自 1988 年起步于海上劳务和第三国劳务。到 1992 年两国建交前，我国已派出上万名渔工和海员。建交后两国劳务合作业务扩展到了韩国本土。

从 1993 年韩国以“产业研修生”形式引进外籍务工人员的研修生制度正式实施至 2006 年底正式废止，中国外派韩国的研修生业务一直集中在制造业、渔业和建筑业 3 个领域。韩国共引进外籍研修生 340849 人，其中中国研修生 80475 人，约占全部引进外国劳务人员的 23.6%。2004 年韩国按计划向我国开放农业研修生业务，8 月开始实施“雇佣许可制”和“研修制”并行的政策。2007 年 1 月 1 日起，韩国政府宣布在引进外籍劳工方面全面实施雇佣许可制，以替代原有的“产业研修生”制度。2007 年 4 月 10 日，温家宝总理访问韩国期间，中国商务部和韩国劳动部正式签署了《关于输韩劳务人员的谅解备忘录》（MOU），揭开了我国派遣雇佣许可制劳务的新篇章。2008 年 8 月，胡锦涛总书记出访韩国时，签署了《输韩劳务韩语测试框架协议》。2008 年 12 月进行了第一次韩国语水平考试。2010 年 5 月，中韩双方再次签署了《关于启动雇佣许可制劳务合作的谅解备忘录》，双方合作进入实质性操作阶段。2011 年 6 月，首批中国雇佣制劳务抵达韩国。2020 年新型冠状病毒感染疫情打乱了中韩雇佣制劳务合作的正常工作安排，劳务人员的培训、考试和派遣工作因社交阻隔被迫停滞。

2011 年至 2017 年，中国累计向韩国派遣一般雇佣许可制劳务 2427 人。对韩派遣劳务人员的主要形式有雇佣制一般劳务、访问就业制朝鲜族、近海渔工和通过其他途径派遣的劳务人员［如特殊人员（E1 – E7）、在华韩资企业以培训本企业为名来韩研修生等］。

二、中韩雇佣许可制劳务合作

中韩雇佣许可制劳务合作是由中韩两国政府主管部门签署协议、分别指定一家政府公共机构负责劳务人员派遣接收工作的双边劳务合作方式。2008 年 4 月，根据中国商务部和韩国劳动部签署的《关于输韩劳务人员的谅解备忘录》和中韩雇佣许可制劳务合作的实际情况，中国商务部指定商务部经济合作事务局为中方派遣机构，韩国劳动部指定韩国产业人力公团为韩方接收机构。此外，任何企业、中介和个人不得介入。旨在通过双边政府间合作，营造中韩劳务合作公开、公正、透明的政策环境，最大限度地减轻劳务人员负担，促进和规范中韩劳务合作。

（一）确定公共机构

商务部按照“积极稳妥、先行试点、逐步推开”的原则，在首先明确负责韩国雇佣制劳务业务的中方公共机构——所属国际经济合作事务局作为中方执行机构、负责中韩雇佣制劳务的选拔和派遣工作的基础上，于 2008 年 8 月，经过审核选优，正式对外公布了山东省青州外派劳务服务中心（后更名为山东省潍坊市青州外派劳务服务中心）、河南省新县对外劳务合作管理局、黑龙江省商务厅国外经济合作处（后为黑龙江旅游职业技术学院）和吉林省对外经济合作事务中心等 4 家地方公共机构，负责协助商务部国际经济合作事务局做好赴韩劳务人员的行前教育等工作。2013 年 11 月，经商务部同意，中韩雇佣许可制劳务合作业务由商务部经济合作事务局转交商务部投资促进事务局负责，随即完成了国内及国外办事处的交接工作。

（二）明确派遣程序

2008 年 7 月，商务部国际经济合作事务局确定并公布了中韩雇佣制劳务的选拔派遣程序和业务流程图。规定凡符合条件、有意赴韩工作的劳务人员，需到商务部指定的当地公共机构现场报名，不限人数。劳务人员所在省份无地方公共机构时，不得跨地区报名；当报名人数超过招收人数时，采取电脑抽签方式确定应试者；通过韩国语能力考试者，到国家指定的出国健康体检机构进行体检，并办理出国护照；商务部国际经济合作事务局负责编制求职者名单，提供给韩国产业人力公团；韩国产业人力公团负责向取得雇佣许可的韩国雇主推荐求职者，并代雇主与求职者签订劳动雇佣合同；韩国产业人力公团向韩国法务部申请签证认证书，并将结果发送中方公共机构；商务部国际经济合作事务局办理赴韩签证，并组织劳务人员出境；韩国产业人力公团接收劳务人员、并进行就业前教育和体检，将合格者向雇主移交；中方公共机构派职员到韩国，协助韩方对劳务人员进行境外管理。

2010 年 5 月，中国商务部和韩国劳动部签署了《关于启动雇佣许可制劳务合作的谅解备忘录》，双方重新修订了合作流程，明确了通过首次韩国语考试人员赴韩的相关事项。

（三）实施考试选拔

按照韩国外国劳动者雇佣许可法有关规定，只有通过韩国语能力考试（EPS - KLT）合格的劳务人员才能成为求职者。韩国语能力考试由双方公共团体共同组织，韩方负责考试试题、题库的制定、判卷和公布考试成绩；中方负责发布报名公告，接受网上报名和现场报名，并组织劳务人员进行考试。该考试在 15 个国家举行，自 2010 年始由一年两次改为一年四次，即 2 月、4 月、9 月和 11 月考试。2014 年 2 月 28 日中韩政府签署《关于输韩劳务人员的谅解备忘录》，韩国产业人力公团和中国商务部对外投资促进局又先后于 2014 年 4 月 27 日和 9 月 27 日举行了两次雇佣许可制韩国语考试。2008 年 12 月 28 日我国首次举行韩国语能力考试（EPS - KLT），即使希望通过访问就业制进入韩国就业的中国朝鲜族人也必须通过该项考试。

（四）公开收费标准

为保证中韩雇佣制劳务合作业务的公平、公开、公正，维护外派劳务人员合法权益，中韩双方经过多次协商，于 2008 年 11 月 24 日由商务部向社会公开发布了《中韩雇佣许可制劳务派遣收费标准及收费流程》，明确了韩国雇佣许可制劳务合作框架下中国赴韩劳务人员派遣费标准，总额为 4980 元。其中：韩国语水平考试费 130 元、体检费 350 元、护照费 200 元、行前教育费 2000 元、签证费 400 元、机票费 1500 元、材料邮递及通信费 200 元、不可预见费 200 元，体检费、护照费、签证费、机票费四项费用为各地方公共机构代收代交费用。

三、对中国公民提供签证便利

（一）在华增设签证中心

为向中国公民提供快捷、高效的签证服务，韩国法务部于 2015 年 3 月决定在中国青岛和广州两地开设韩国签证申请中心，代替韩国驻青岛总领事馆和驻广州总领事馆接收签证申请，放宽签证有效期限，并提供向申请人交付签证、收取手续费等服务。

（二）放宽中国公民入境签证

为鼓励中国公民入境韩国，扩大人员往来，根据韩国政府《2016 年经济政策方向》，韩国法务部于 2017 年 12 月发出公告，实行“中国人限制性免签入境许可制度”，对中国公民进一步放宽签证政策。免收中国团体游客签证费，凡去过韩国 1 次的中国人，可获得 1 年内多次往返签证。此外，韩国政府还扩大了中国公民 5 年多次往返签证的发放范围。

四、对韩劳务合作市场发展潜力分析

（一）有必要多渠道研究开发韩国劳务市场

韩国劳动力短缺和结构性失衡问题严重，为满足各行业对外国劳动者的需求，积极引进人才是长期发展需求。韩国法务部根据不同行业需求，发放了不同种类的就业签证。除一般雇佣许可制签证（E－9）和访问就业制签证（H－2）外，还有一些是我国具有资源优势、技术含量高的专门技术就业签证，如中文会话指导教师、厨师、中文导购和各类技能人才等，值得研究和开发。

（二）季节工派遣也是可选渠道

中韩两国是近邻，经贸人员往来密切，友好城市又多，在雇佣制劳务合作难有规模性突破的情况下，季节工项目或将可以成为中韩雇佣制劳务业务的补充。可尝试利用交往密切、合作基础好的友好城市关系探讨签订《季节性临时用工协议》，促进两国地方间的人员交流。

（三）探讨自贸区框架下人员交流

《中韩自贸区协定》于2016年1月正式实施，中韩雇佣制劳务合作是服务贸易框架下的组成部分，在两国服务贸易中具有一定的地位。中韩两国经贸关系密切，经济依存度高，应该探讨韩国劳务市场扩大对中国的开放程度以及解决中国劳务人员入境规模小和入境难问题，实现中韩雇佣制劳务合作的持续开展。

第五章　德　国

德意志联邦共和国（德文：Deutschland，英文：Germany），简称德国，是位于中欧的联邦议会共和制国家，北邻丹麦，西部与荷兰、比利时、卢森堡和法国接壤，南邻瑞士和奥地利，东部与捷克和波兰接壤，由16个联邦州组成，首都柏林，领土面积357582平方公里，以温带气候为主，人口约8293万，是欧洲联盟中人口最多的国家，以德意志人为主体民族。1990年10月3日，德意志民主共和国（亦称东德或民主德国）并入联邦德国，实现两德统一。

德国是一个高度发达的资本主义国家，欧洲最大经济体，欧洲四大经济体之首，也是欧洲联盟的创始会员国之一，还是北大西洋公约组织、申根协定、七国集团、经济合作与发展组织等国际组织的重要成员国。其社会保障制度完善，国民具有极高的生活水平。以汽车和精密机床为代表的高端制造业，也是德国的重要象征。

中德劳务合作始于20世纪80年代初期派遣接收中餐厨师，到目前为止，真正进入德国的中国劳务除部分厨师外，还有一定数量的护理工和海员。

第一节　德国引进外籍劳工概况

一、历史阶段

德国是非移民国家，但在不同时期一定程度上存在对外籍劳工的不同需求，外籍劳工对德国经济的复苏及发展一直发挥着极其重要的作用。德国引入外籍劳工大体可分为三个阶段。

（一）第一阶段（20世纪50年代末到70年代初）

德国在第二次世界大战后劳动力严重匮乏，便从土耳其、意大利及前南斯拉夫等国引进 200 多万外籍工人入德参与战后重建。

（二）第二阶段（20 世纪 70 年代后期到德国统一前）

德国开始限制外籍劳工输入，其标志是 1973 年颁布的《停止招募外籍劳工条例》。

（三）第三阶段（1990 年德国统一后至今）

德国失业人口急剧增加，德国政府对外籍普通劳工的进入从严控制。为保障本国国民充分就业和维护就业市场稳定，德国对外籍劳工尤其是非欧盟国家劳动力进入本国市场从业控制很严，其技术性、商业性规制壁垒繁多。但随着近年来经济结构的调整和劳动力市场的变化，德政府开始采取较为灵活的外籍劳工政策。

最近几年德失业率有所下降，加之遭遇全球性金融、经济危机影响，德国经济出现大幅衰退，工业企业和服务业都出现大规模裁员潮，德国进一步收紧外籍劳工进入政策。

二、外籍劳工进入德国的实际障碍

（一）市场准入门槛高

虽然德国《就业促进法》对输入外籍劳工的原则做了明确规定，但事实上外籍劳工进入德国一是难以获得就业机会，二是难以获得工作许可。

从德国输入外籍劳工的原则可以看出，入境德国工作的劳工必须具备的先决条件是：具有德国雇主所需的，且德国人或与德国人有同等就业权利的外国人所不具备的特别技能。按照这一规定，德国公司、企业、学校、团体、个体雇主等如有雇佣外籍劳工的需要，必须先以广告等形式在国内寻找，确定无适应者后才向劳工部门提出申请，经德国劳工部门、外国人事务管理局批准同意，才能允许外籍劳工来德国工作。

如果非欧盟成员国公民打算在德国工作，必须申请工作许可。工作许可只发给有居留权的外籍人士，由工作地劳动局颁发。同类工作，保障德国国内优先就业。1973 年 11 月 23 日开始实施的德国《社会法》规定，原则上停止向不在德国的外国工人颁发工作许可。此外，《外国人法实施条例》《非德国工人工作许可条例》《外国人入境、居留管理法》等法规均对外国人颁发劳动许可做了严格规定。

对于一些特殊行业另有规定。如从事建筑业工作的人须具备技师资格，依据德国《建筑业管理条例》，必须通过德国技师考试才能获得从业许可。根据《手工业条例》和《建筑工程发包条例》规定，技师考试用德语进行，分专业技能、专业理论知识、企业经营和法律知识以及职业和劳动教育知识等四部分。

（二）签证手续纷繁复杂

按照德国的《外国人法》和《就业条例》等相关法律，外国人进入德国就业，原则上必须向所在国德国使（领）馆申请入境签证，德使（领）馆再将申请转德国外国人管理局，经征询劳工局及行业协会意见后作出给予或拒绝签证的决定。

第二节 德国引进外籍劳工的相关法规政策

为规范和管理外籍劳工的引入，德国制定了相关的法律和法规。主要有《外国人法》《就业条例》《居留法》以及《就业促进法》《外籍劳工工作许可发放条例》，《停止招募外籍劳工条例》和《专业劳工移民法》《就业容忍法》等；德国劳工部制定的《停止招募外籍劳工的例外安排条例》以及诸多行业管理条例，如《建筑业管理条例》等被用来作为抵御外籍劳工进入德国的规制壁垒。

一、德国输入外籍劳工的原则

德国《就业促进法》明确规定了输入外籍劳工的原则：

（1）确保德国人及与德国人有同等就业权利的外国人有优先的就业机会，防止输入劳工对劳动力市场，特别是就业结构、区域及行业产生不良影响；

（2）雇主须优先聘用德国人及具有同等就业权利的外国人；

（3）只有当德国人或法律上与德国人具有同等就业权利的外国人不能从事该工作，且雇主在一定期限内确实未能在本国聘到合适人员，可输入外籍劳工；

（4）对于经过劳动局提供的培训后，德国人及与其有同等就业权利的外国人可以从事的工作，则应提供给上述人等；

（5）严禁非法劳工（黑工）。

二、输入外籍劳工的相关法律法规和政策规定

德国作为非移民国家一直严格限制外籍劳工，德国劳工法和就业条例等法律规定，对欧盟以外第三国公民来德从业实行所谓的“优先审查”制度。企业如需用人须先报劳动主管部门审查，优先考虑德国和欧盟籍劳工就业，在经过刊登广告等手段确定本国和欧盟公民中无人应聘、找不到合适人选的情况下再考虑聘用欧盟以外第三国公民。此规定成为第三国外籍劳工进入德国工作最大的“拦路石”。

德国联邦劳工部有关外籍劳工在德从业的法律法规和政策规制，主要包括以下

几个方面。

（一）对外籍劳工进入德国实行总体控制

外籍劳工（包括 2004 年 5 月 1 日加入欧盟的捷克、爱沙尼亚、塞浦路斯、立陶宛、马耳他、匈牙利、波兰、斯洛文尼亚、斯洛伐克和 2007 年 1 月 1 日加入欧盟的保加利亚和罗马尼亚等国公民和第三国国民）进入德国原则上通过两种方式进行控制：一是依照有关法律允许其进入德国就业市场；二是通过“优先权审查”原则进入德国。

所谓“优先权审查”原则，就是有关主管劳工局对某一工作职位进行调查，是否有应优先考虑对象。凡德国人、欧盟成员国国民、EWR 成员国（原欧盟 15 国 + 列支敦士登 + 瑞士 + 挪威，称欧洲经济协作区）国民以及来自欧盟以外第三国的在德无任何就业限制者均属优先考虑对象。

2020 年 3 月 1 日生效的《专业人移民法才》取消了所谓“优先审核”制度。但同时规定在某一地区的就业市场确实有所需要的情况下，政府有权保留或重新启动“优先审核”制度。

（二）对于新入欧盟成员国国民就业的有关规定

（1）欧盟新成员国国民并不享受全方位就业自由，与旧的成员国国民相反，新成员国（塞浦路斯和马耳他除外）国民按照入盟过渡性规定，须经过三个阶段为期七年的过渡期（2 +3 +2 模式）后才享受同等自由。过渡期内其就业控制依国内相关法律和所涉双方国家法律执行。即：针对 2004 年 5 月 1 日入盟国家（2006 年 5 月 1 日至 2009 年 4 月 30 日）以及保加利亚和罗马尼亚（2009 年 1 月 1 日至 2011 年 12 月 31 日）国民采取第二阶段过渡性政策。2008 年 12 月 3 日德国联邦政府决定，针对 2004 年 5 月 1 日入盟成员国国民实施第三阶段（2009 年 5 月 1 日至 2011 年 4 月 30 日）过渡性政策。

（2）针对欧盟新成员国国民的居留和就业，对于居留，规定其不受《居留法》限制，享受欧盟自由迁徙法律规定的居留自由；对于新成员国国民在德就业，除以下情况外，按照欧盟法律（SGB 第三部分第 284 条）规定均须获得劳工部门审批许可，首次许可是有期限的。若有违法行为，将依法处置。

①根据《就业许可条例》规定，欧盟新成员国国民作为企业领导者从业、短期工作、从事科研和教学工作、大学生假期打工（例外情况）无须得到劳工局许可即可从业。

②根据《就业条例》规定，欧盟新成员国高素质人才就业无须许可，并可享受优待。《居留法》同时规定，拥有丰富专业知识的科学家、高头衔教师、专家、拥

有特殊阅历的高级职员，其年薪不低于6.48万欧元者，无须许可即可就业。

③新成员国劳工不必申请居留许可，入境德国既不需要申请签证，也无须申请居留许可，仅持护照或有效身份证件即可。若居住则须申报户口。

（三）针对欧盟以外第三国国民就业的有关规定

（1）第三国国民入德就业相应的法律法规有《居留法》《就业条例》和《就业审批条例》等。

（2）第三国（EWR成员国和瑞士除外）国民入境德国和就业，首先需要申办签证，并须在签证上直接注明就业类别，首个签证有效期一般为3个月。依据《居留法》规定，签证到期后须再次提交就业延期申请。颁发居留许可须得到主管劳工部门同意，并有期限，且明确从业类别。澳大利亚、以色列、日本、加拿大、韩国、新西兰和美国公民入境德国无须办理签证，但若从业则须申请就业居留许可。

（3）签证和居留许可签发机构为德国驻外使（领）馆；德国相关外国人管理局负责签发入境后的居留许可。雇主所在地外国人管理局同时参与签证审批事务。申请签证时必须附职业资格证书和劳务合同。

（4）申请以就业为目的的居留许可手续。

①须征得雇主所在地劳工局同意。劳工局基于以下三种情况签发同意意见，一是符合进入德国劳动市场相关法律规定；二是须有明确工作岗位；三是须经过优先权审查后确认无人应聘。

②根据《就业条例》规定的例外情况，履行领导职能、短期应聘、从事科研和教学工作以及大学生假期打工等情况无须劳工局同意即可签发以就业为目的的居留许可。

③《就业条例》规定，对于来自第三国的不具备三年专职经历的非熟练工（季节工、流动展台帮工、家政助理），特定条件下可获得就业居留许可。基于德国劳工局同劳工来源国之间已签有的相关代理协议，目前德国仅与克罗地亚签有针对季节工和流动展台帮工的类似协议。

④《就业条例》规定具有至少三年以上专业经验的熟练工可获得劳工局同意入德就业。诸如来自克罗地亚的护理工、风味厨师等。这也是我国中餐厨师赴德劳务的法律依据。

⑤针对高学历专业人才的规定。《就业条例》规定，德国自2009年1月1日起针对来自第三国受过高等教育的专业人才，如IT专业人才等实施就业开放政策，须劳工局同意并签发就业居留许可。《居留法》规定，高素质人才如拥有特殊知识的科学家、高职位教师、专家及拥有特殊工作经验的高级职员，其年薪不低于6.48万欧元者可获得长期居留许可。《就业条例》同时规定，上述人员申请居留许可无须

获得劳工局同意，且从事职业类别不限，家属可随行就业。

第三国国民获得的以就业为目的的居留许可有期限限制，但一定条件下可申请延期。5 年之后还可能获得长期居留权。《就业审批条例》规定，第三国国民如已拥有居留许可，在德连续工作 2 年或不间断居住 3 年之后，可获得无限期工作许可。

（四）外籍劳工工作许可的例外法规

尽管德国对外籍劳工的准入实施严格限制，但根据法律规定，联邦劳动部门有权通过行政法规对发放外籍劳工工作许可进行例外处理。因此随着就业结构的不断变化，针对 1973 年颁布的《停止招募外籍劳工条例》，德劳动部制定并多次修订了《停止招募外籍劳工的例外安排条例》，最新版本于 1998 年 9 月颁布，2002 年修订和补充。该条例与《外籍劳工工作许可发放条例》等相关的劳工法规均列为《就业促进法》的附件。

《停止招募外籍劳工的例外安排条例》的主要内容如下：

（1）有时间限制的外籍劳工工作许可例外安排。德劳动部门可在《就业促进法》的基础上酌情发放外籍劳工工作许可。受聘于德国公司境外企业的外籍员工到德国母公司临时性实习、培训进修，或与德国企业有业务往来的外国人到德企业临时性实习、学习等，可获为期 1 年至 1 年半的工作许可；专业人员、管理人员可根据国家间协议、协会间或公共机构间协议到德国企业或协会进行 2 年以培训进修为目的的实习工作；符合条件的特色厨师应聘到德国相应的特色餐馆工作，最多可获 3 年工作许可；跨国公司派遣到该公司在德国的公司或工厂工作的专业人员，最多可获得为期 2 年至 3 年的工作许可；应聘到德国学校教授本国语言的教师可获最长 5 年的工作许可；曾在德国工作过的外国人须在离境若干时间后方可再次获得工作许可，通常采用前次居留时间与离境时间相当的原则。一般情况下，在德国工作 2 年以上的外籍劳工，须在离境 3 年后方可再次申请工作许可。

（2）未明确限制工作许可期限的例外安排，如：科研人员、有特别技能的专业人员，从事有利于德国公共利益的就业，或根据 WTO 服务贸易自由化协议规定允许的就业；在德外国企业从其本国招聘的管理人员和专业人员；艺术家、杂技演员及其辅助人员、摄影模特、时装模特等工作许可的期限未予明确限制。

（3）特别例外安排。德劳动部门可根据国家间协议酌情发放《例外安排条例》中未列明的外籍劳工的工作许可；各州劳动局也可根据本地的公共利益或劳动力市场情况决定引进《例外安排条例》中未列明的外籍劳工。

通过《停止招募外籍劳工的例外安排条例》和国家间协议特别安排等，德国每年从东欧及其他欧洲国家引进许多紧缺的、工作期限有限制的劳工，包括农业季节工、建筑工人、护士及护理人员、餐饮业服务人员等。“IT 绿卡计划”是“例外安排”的典型案例。

（五）德国雇主输入外籍劳工的雇佣要求

雇主须向劳动局登记有关的人员需求；输入的外籍劳工的薪金待遇不得低于德国同等职业或职位薪金数；输入的外籍劳工只准按照雇佣合约直接受雇于雇主，不得随意更换雇主，该合约须受德国有关劳动法律法规约束；完成雇佣合约后，输入的外籍劳工一般须返回原居留地；雇主如被发现违反劳动法及劳工政策将被检举，一经证实，雇主将受到制裁，并取消其输入外籍劳工的资格。

（六）对外国企业在德从事工程承包人员的相关规定

非欧盟成员国公民在德国工作必须申请劳动许可。劳动许可只发给有居留权的外籍人士，劳动许可由工作地劳动局颁发。为了保障德国国内优先就业，德国对劳务输出实行严格控制。同类工作凡是德国人可以胜任的，不允许外国人去做。1973 年 11 月 23 日开始实施的德国《社会法》规定，原则上停止向不在德国的外国工人颁发劳动许可。没有劳动许可，就不能进入德国。《外国人法实施条例》《非德国工人劳动许可条例》《外国人入境、居留管理法》等法规对外国人颁发劳动许可做了严格规定。此外，进入德国从事建筑业工作的人必须通过德国技师考试，具备技师资格，才能获得从业许可。技师考试用德语进行，考试分专业技能、专业理论知识、企业经营和法律知识以及职业和劳动教育知识等四个部分。《手工业条例》和《建筑工程发包条例》都有详细规定。

（七）德国绿卡计划

20 世纪 90 年代中期起，德国严格限制外籍劳工的政策制约了经济发展，各界纷纷要求开放高素质外籍劳务市场。2000 年 2 月，德国总理施罗德宣布放开 IT 行业外籍人才进入限制，允许从非欧盟国家引进德国本土紧缺的人才，按美国模式发放绿卡。2000 年 7 月德劳动部颁布《IT 行业外籍高级人才工作许可发放条例》，8 月 1 日绿卡计划正式实施。

德国绿卡计划的基本内容是：自 2000 年 8 月起的三年内，允许从非欧盟国家引进 2 万名 IT 专业人才；申请者须持有高等院校 IT 专业毕业证书或雇主为其出具年薪不低于 51000 欧元的证明；劳动局应在收到申请一周内做出批准与否的决定；引进的 IT 专业人才可一次性获得最多 5 年的工作许可和居留准予，在此期间可自由更换雇主；配偶可同行，并可于两年后获得工作许可；绿卡规定同样适用于在德留学的非欧盟留学生。

三、外籍劳工获得工作许可的种类

（一）工作许可

（1）根据《就业促进法》和《外籍劳工工作许可发放条例》，外国人只有持有德国劳动局的工作许可才可在德国工作，但欧盟成员国公民、拥有无限期居留准许或居留权利的外国人及根据国家间协议、有关法律规定可以在德国工作的外国人无须办理工作许可；外国投资的企业法人，包括子公司、独立或非独立机构（办事机构）负责人等，亦无须办理工作许可。

（2）工作许可须在就业之前申请取得。雇主雇佣需要工作许可的外籍劳工时，须与该外国劳工明确薪酬、工作时间及其他工作条件。外籍劳工的工作条件不得低于同等条件的德国人。

（3）工作许可在期限、企业、职业、行业或区域等方面可附带限制条件，一般一年延长一次，5 年后可申请获得工作权。

（4）原则上一个外国人首先要有合法的居留许可，才能申请工作许可。实际上外籍劳工一般是先获得工作许可，才可能获得劳工签证和居留许可。劳工签证须向所在国德国使（领）馆申请，使（领）馆转德国外国人事务管理局，后者征询劳动局及行业协会意见后作出给予或拒绝签证的决定。

（二）工作权利

（1）工作权利的发放条件：拥有居留准许或居留权利；在德国合法就业 5 年并履行社会保险义务或 6 年来未间断在德国居留；工作条件不低于同等条件的德国人。对于个别人群可依法作例外处理。

（2）如法律未做另行规定，工作权利无期限、企业、职业和区域限制。

第三节 德国《移民法》有关规定

一、《移民法》出台的背景

随着德国人口负增长及人口老龄化的加剧，劳动力特别是专业人才匮乏，严重影响了德国经济社会发展和国际竞争力。此外，欧盟东扩及 WTO 服务贸易自由化都给德国现行的劳工政策和劳动力市场带来了巨大冲击。加之《外国人法》已不适应德国社会和经济发展的需要。因此，修改外国人法，放宽移民限制，成为当务之急。

受2000年开始实施的“绿卡计划”的正面影响，2011年6月德国出台了“专业人才保障计划”，进一步放宽欧盟外第三国在德就业限制，满足经济长远发展对专业人才的需求。2012年5月11日德国联邦参议院批准转换实施欧盟关于引进高素质人才条例，即所谓的“蓝卡”法案，从而为欧盟以外第三国高端人才进入德国劳动市场铺平了道路。2013年7月1日，德国出台了《外国人就业条例》，进一步放松对部分行业专业人才赴德工作的限制，并在此基础上颁布了就业“正面清单”。清单上列出的职业岗位，不再需要优先考虑是否有德国和欧盟籍劳工应聘该岗位，而只需联邦劳工署在考虑地区因素后确认外国人应聘该职位符合劳动市场和一体化政策，且该空缺岗位事先在联邦劳工署网站上公布过即可，但雇佣条件须与德国工人保持一致。

2019年6月，德国联邦议院和联邦参议院审议通过了《专业人才移民法》和《就业容忍法》，从2020年3月1日起生效。德国针对这两个法案（移民法案）的讨论经历了长达20多年，这部现代特色的移民法，标志着德国终于承认自己是个移民国家，“体现了德国人道主义责任和经济发展的需要”，被认为是影响德国未来的一部法典。

二、移民法案有关外国人居留和工作的规定

《专业人才移民法》根据德国经济、科技和社会现状并考虑各方利益，对《外国人法》进行了全面的修改，对居留许可、工作移民、难民、移民离境义务、家庭团聚、移民融入当地社会及成立联邦移民局等问题作出了新的规定。德国将降低欧盟以外国家和地区专业技术人才的入境标准，以此使更多具有专业工作技能的移民进入德国。首先降低的是对移民人才学历的要求，对于没有本科文凭，却具备行业经验或职业教育背景的专业人才敞开了大门。

《就业容忍法》规定，有容忍居留身份、能自食其力并较好融入社会的外国人，拥有全职工作至少达到18个月时，将获得30个月居留身份，该法规暂定实施至2022年6月30日止。

移民法案放宽了涉及雇佣外籍劳工及吸收与引进市场紧缺的外籍专业人才的规定，同时强调国内劳动力享有优先就业权。有关外国人居留和工作的主要规定是：

（1）将《外国人法》中规定的外国人在德居留许可的种类简化为两种，即（有

限期）居留许可和（无限期）定居许可；取消了最低工资门槛。过去《外国人法》严格规定申请永居蓝卡的年收入，所有非欧盟申请者的最低工资不得低于每年52000 欧元，对于自然科学、数学、工程、IT 领域和医生等人才短缺领域的申请者来说，这一标准可以降至每年 40560 欧元。新法取消了这一下限，对于技术移民，无须找到“年入百万”的工作就可以实现技术移民。

（2）实行累计积分法，根据申请者的年龄、受教育程度等决定是否发给外国人居留准许及发给何种居留准许；

（3）外国高级专业人才、高级管理人才，如“绿卡计划”中的 IT 专业人才，来德国工作不受居留期限的限制，可直接取得定居许可；所有德国人才不足的领域都可招募外国人；

（4）外国留学生完成大学学业后可申请在德工作许可并可取得定居许可。留学生毕业后寻找工作的居留许可为 1 年；同时新法案对申请签证者的专业背景限制将取消。

（5）新法将吸引移民的范围扩大到了所有有专业技能的人才，包括受过职业技能培训的人，但要求须具有与就业岗位相符的德语水平。各地可根据自己的劳动力市场需要，从国外招募普通劳动力；劳动市场从主要对有大学以上学历的人开放，扩展到低于本科学历的技术人才。目前，在德国以外的大学获得学位的外国人，可以在提供生活来源证明的情况下，获得最长 6 个月的签证。此外，所有申请者必须证明有足够的经济实力支付在德国寻找就业岗位期间的生活费用。

（6）在德国投资设立公司及从事自主职业的外国人可获得 3 年居留许可。3 年后，如果能成功继续所从事的事业，并能够保障自己的生活，可获得定居许可。

（7）新的移民法取消了所谓“优先审核”制度。即：拿到了德国企业雇佣意向或合同，申请来德工作签证的欧盟以外的申请者，德国劳工局要审核是否有德国或其他欧盟国家的求职者能胜任这个职位。只有在找不到合适的来自欧盟的从业者的情况下，劳工局才会向非欧盟国家的申请者发放工作许可。这一规定成为来自欧盟国家以外的专业人士在德国求职的最大难题。

虽然新法取消了这个制度，但是这并不意味着劳工局不再介入签证的发放流程。对于不满足欧盟“蓝卡”条件的专业人才，工作签证的发放仍需要经过劳工局的审核，内容包括劳动合同符合行业标准、申请者的专业资质得到认可，并与实际岗位要求相符。不过新的《移民法》也为重新引入“优先审核”制度留下了余地。其中规定在某一地区的就业市场确实有所需要的情况下，政府有权保留或重新启动“优先审核”制度。

第四节 出入境及居留管理规定

一、出入境签证

根据德国《外国人法》的规定，除欧盟成员国及与德国有互免签证协议国家的公民外，所有入境德国的外国公民均须持有有效入境签证。其中，到德国从事商务活动，且在德停留时间不超过3个月者，可直接向其所在国之德国使（领）馆申请商务签证；到德国投资设立公司、分支机构或代表处并直接参与企业管理或到德国工作的外国人亦须持有相应的有效入境签证，此类签证须经外国人事务管理局批准，德国使（领）馆方予以发放，入境后须在签证有效期内办理正式居留许可。

二、居留许可的种类和条件

德国的居留许可分为居留准许、居留权利、居留准予和居留权限等四个种类。

（一）居留准许

允许外国人进行无特定目的的居留，在德国设立公司、分支机构或代表处的外国人可得到此类居留许可。这种居留许可一般入境后先延长1年，到期时再申请延长1年或2年。分为有限期居留准许和无限期居留准许。

获得居留许可满5年时，如申请人符合下列条件，可获得无期限居留准许：5年以上的（有限期）居留准许；拥有特别的工作许可（受雇者）或拥有其他允许其从事持久工作所需的许可；本人及与其一起生活的家庭成员拥有足够的居住面积；生活费用通过自己的职业收入或本人财产及家庭成员资金得到保障；能够进行简单的德语口语交流；不存在被驱逐出境的理由。

根据《外国人法》，外国人事务管理局可对一定的职业、行业和外国人群设立限制，确定居留的种类和有效期，限制或不予签发无限期居留准许。

（二）居留权利

居留权利无时间和地点限制，可不附带附加条件和规定，符合下列条件的外国人可获得居留权利，并可申请入籍：拥有居留准许8年以上，或拥有无限期居留准许3年；至少交纳了60个月的社保费（即至少已经义务地或自愿地交纳了60个月的法定退休保险费，或能证明其将来有资格从其他保险机构获得类似的养老金）；最近3年未因蓄意犯罪被判6个月以上监禁或相应的罚款及更高的处罚；满足申请无期限居留准许条件中第 2 ~7 款的规定。

（三）居留准予

如果只是为了某个特定的、以临时居留为目的的居留，则签发居留准予。居留准予的期限根据其居留目的决定，一次最长为两年；如果该居留目的虽未实现，但可能在适当时间内完成，居留准予可予延长，每次最多两年。

居留准予一般签发给赴德工作（如厨师或公司雇员）、留学及在德国境内领取养老金并在德国境内有家庭联系的外国人，一般都标注雇主或工作的企业名称，不能轻易改变，且不论多少年，都不可变更为无限期居留准许。

（四）居留权限

居留权限适用于因政治和紧急人道原因，或为了德国的利益获准入境或在德国境内居住的外国人。

三、居留许可的有效及终止

（一）居留许可有效

居留许可有效指的是有限制地继续有效。获居留许可的外国人若临时离境，且在外逗留超过 6 个月，须事先向外国人事务管理局或及时向德国使（领）馆报告，外国人事务管理局通常将予以宽限。此时该外国人在申请无限期居留准许及居留权利时，这段时间只按 6 个月计算在德居留时间；在实际操作中，因在德国境外逗留超过 6 个月或外国人事务管理局规定的在外停留期限而终止的居留许可，可经一定程序申请恢复。但对以后居留许可的延长可能会造成一定程度的影响。

（二）居留许可的终止

居留许可的终止是指被驱逐出境，或由于非临时原因离境，或居留许可期满，或离境（无论何种居留许可）且未在 6 个月内或者外国人事务管理局规定的期限内再次入境德国时，导致取消或终止居留许可的情况。

四、如何申请居留许可

（一）法人居留许可

指外国在德国的企业法人及办事机构代表在德国的居留许可。一般先向所在国的德国使（领）馆申请，转由拟居留地的外国人事务管理局批准，德国使（领）馆据此发放 3 个月的 D 类入境签证。

1. 申请入境签证

时间需要 3 ~6 个月。如果在德成立公司或代表处的有关事宜提前办妥，则可大大缩短签证办理时间。

申请入境签证须提供的材料有：长期签证申请表格、有效护照及照片、在德成立公司证明（商业注册）及邀请、至少3个月德国医疗保险证明等；如果设立分支机构或办事机构，还须提供母公司营业执照公证件、授权书公证件等。

2. 办理居留许可及延长

抵达德国后须到外国人事务管理局办理居留许可手续，取得正式居留许可。

申请居留许可时一般须提供申请表、护照及照片、企业注册证明、户口登记证明、医疗保险证明等；申请居留许可延长时须提供申请表、护照及照片、企业注册证明、企业损益表、缴税证明、医疗保险证明等。

一般情况下，如满5年时公司仍正常运作，可申请无限期居留准许。居住满8年或取得无限期居留准许3年后可获居留权利，配偶及子女也可相应办理居留准许和居留权利。

德国各州为吸引外国公司和自然人来德投资，一般均在签证及居留许可方面提供方便，不同的州或同一州不同城市所提供的方便有所不同，有的地方直接给予投资者或管理者2年的居留准许。

（二）劳工居留许可

外籍员工通常是在与雇主签署工作合同并经劳动局批准后才可获得居留准许或居留准予。劳工居留许可或居留一般一年一延。

第五节 中德劳务合作

中德开展劳务合作有较大难度，只在个别领域有一定潜力。从法律层面和现实需求状况看，除高端人才符合德国“绿卡”政策规定可获得工作许可外，其他人员只有“风味厨师”享受例外安排。普通劳务（如成建制建筑工）乃至一般技工入德从业存在很大难度。到目前为止，真正进入德国的中国劳务除部分厨师外，还有一定数量的护理工和海员。

一、中国风味厨师

德国餐饮品种比较单一。中餐以味道鲜美、品种众多、做工讲究、文化气息浓郁等优点为德国社会所接受。多年来德国对于中餐厨师保持着旺盛的需求，中餐厨师的接收单位主要是当地的中餐馆及部分酒店、饭店等。据统计，在德华侨约有

15 万～20 万人，其中 70%～80% 与中餐业有关，中餐馆总数约 12 000 家。中德厨师劳务合作业务的发展，促进了中国饮食文化的传播，对推动中德两国友谊与中德经贸合作发挥了积极作用。

（一）德国接收中国风味厨师的原则和规定

德国输入中国风味厨师的依据是《停止招募外籍劳工的例外安排条例》中有关“符合条件的风味厨师应聘到德国相应的风味餐馆工作，最多可获 3 年工作许可”的规定。另外，2004 年 10 月生效的德国新劳工法对引进“风味特色厨师”做了新的规定，厨师可以由原来的最长 3 年工作许可延长至 4 年，期满后，必须返回国内再熟悉菜肴的新式制作方法。同时对所谓“风味特色厨师”“风味特色饭店”的概念也做了明确的规定。

（1）所谓“风味特色厨师”，按照德国《就业条例》给出的定义，是指在其国内接受过 2 年以上正规职业技术学校厨师培训、有 6 年以上厨房经验、具有熟练烹饪技巧、拥有中级以上技术职称证书的“高级”厨师，能够在具有特色风味的中餐馆以纯正的民族风味烹调烧制特殊的菜肴。

学历问题是制约中德厨师劳务合作的主要问题。针对上述条款中的学历问题，2008 年经中德双方交涉，德方对中餐厨师的资格条件，明确为 2 年厨师培训和 2 年工作经验。

（2）所谓“风味特色饭店”，按照《就业条例》给出的定义，是指所烹制的特色菜肴必须采用该国地道的烹饪方法，具有特定外国风味的特色。饭店菜谱 90% 以上属风味特色菜肴，饭店名称以及装修、周边环境的布置均须有地方特色，能够使人们看到饭店外部环境便产生格调高雅、风格典型的餐饮业的欲望。每家餐馆最多只能聘请 2 名厨师，如果餐馆的规模和营业额达到一定程度时可申请 2～5 名厨师。若餐馆业主也是厨师，也包括在该名额之内。但地方小吃、快餐店、小酒馆等均不属于风味特色饭店范畴，不符合德国输入厨师的条件。

（3）对输入中餐厨师的资格要求。厨师不等于劳工，从中国引进劳工既不符合德国相关法律，也不符合双边协议，所以引进厨师的关键因素在于中国特色。所以，德方一方面要求确保厨师的资质，另一方面要求在德中餐馆确保如同在德国的地道的法餐、意大利餐、西班牙餐、日餐那样，具有不可替代的中国特色。

具体地说，就是希望地道的中国厨师到地道的中国餐馆做地道的中国菜，三项条件缺一不可。从中德厨师劳务合作实践可以看出，德国人想在德国吃到真正的中国美食，这不仅是德方的需求，也是中国展示美食文化和中餐魅力的需求。具有中国特色的中国风味厨师在德国中餐馆提供真正的中国美食，是中国在海外的一种软实力展示，也是中华文化的一种传播。

（二）对中国厨师的准入条件和签证要求

德国《就业条例》对风味特色餐馆可雇佣的风味特色厨师数量作出明确规定：每家风味特色餐馆一般只能雇佣2名风味特色厨师，某些饭店在特定条件下最多可雇佣5名风味特色厨师。风味特色厨师的更替，只有在提供上一任厨师签证到期的证明材料后，才会获准雇佣新的厨师。即将离任的厨师若在德工作未满4年，且其离职时确实需要时间征求德国境外代表处或（当地）外国人管理部门的批准，其可额外享有最长3个月的交接期。

中国风味特色厨师可以申请在德国风味特色饭店全职工作。首次工作许可的期限为1年，期满后可申请延期，继续在德工作3年。其所在地的劳动局会根据饭店的具体工资单情况判断是否予以批准延期。因工作许可过期而离境的中国风味特色厨师至少须间隔3年才能再次通过风味特色厨师签证项目申请入境德国。

另外，根据德国《居留法》，中国厨师赴德工作须经“优先就业权审查”。如当地劳动力市场存在享有优先就业权的待就业人员（即德国国民或者劳动力市场上可自由择业的第三国国民，包括德国境内已认定的难民和其接收的配额难民）符合相关招聘条件，当局会首先考虑，最后才会考虑中国厨师入境。

（三）中德厨师劳务合作机制

我国向德国派遣中餐厨师始于20世纪80年代中期。1997年10月，原外经贸部合作司与德国劳工局国际旅馆与餐饮业管理办公室（ZIHOGA）签署《会谈纪要》（协议），明确了中德厨师劳务合作的基本原则，双方合作机制正式建立。2000年，原外经贸部对德国厨师业务协调工作转至中国对外承包工程商会。同年9月，《中国对外承包工程商会与德国劳工局国际旅馆与餐饮业管理办公室关于对德国厨师合作的会谈纪要（协议）》签署，明确了中德厨师劳务合作的具体要求和程序，共同对该项业务进行管理。该协议在2004年、2006年两次续延。2007年德方将ZIHOGA职能转给德国劳动总署外劳职业介绍中心（ZAV），原协议继续有效。2008年9月，ZAV表示，同意再次将协议延长两年。2012年中国对外承包工程商会与ZAV续签《中德厨师劳务合作协议》。

关于中国公司的市场准入和管理，根据双方签署的协议，经商务部（原外经贸部）批准、中国对外承包工程商会和ZAV共同确定的具有输德厨师经营资格的中国公司共25家，具有出国厨师培训资格培训中心12家。2012年ZAV与承包商会续签《中德厨师劳务合作协议》。协议规定，对德厨师外派公司由25家削减为10家；厨师出国前须经被中德双方认可的设在北京、上海等地的培训机构进行一段时间的卫生、外语等方面的培训，并通过培训机构的考核；协议同时明确再次赴德厨师可免两年业务学习证明和证书，仅凭原德国业主信函即可再行申请赴德等。

据中国对外承包工程商会统计数据，2009—2013 年，中国输德中餐风味厨师分别为 469 人、619 人、693 人、965 人和 695 人。

中国厨师赴德工作的大致流程是：先经中国对外承包工程商会审查签证申请材料、预约面试时间，然后由本人前往德国驻华使（领）馆进行面谈。面谈后德驻华使领馆通过电话联系厨师培训过的学校和工作单位进行确认，然后再将申请材料寄到德国外国人管理总局。

材料到达德国后的大体流程是：外国人管理总局—签约地劳工局、移民局—外劳职介中心—签约地劳工局、移民局—外国人管理总局—德驻华使（领）馆。获得签证的整个程序耗时短则 3 ~5 个月，长则半年以上。而且目前拒签率较高。

二、护理工

德国人口老龄化问题日渐突出，护理业从业人员缺口很大。据德国联邦统计局 2010 年 12 月 6 日公布的数据，至 2025 年德国护工短缺 15.2 万人，其中医院和护理机构缺少全日制护工 11.2 万人。德国联邦劳工署外籍劳务职介中心于 2012 年 11 月与中国对外承包工程商会签署《中德护理工合作协议》后，2013 年初，中国对外承包工程商会在全国范围内开展了中德专业护理人员合作试点经营公司推荐工作，并与德方就《中德专业护理人员合作项目流程》达成一致。

2018 年 5 月，德国驻华大使馆发布专业护理人员（护士或护工、儿科护士或护工、养老院护工）工作签证申请须知，要求签证时提供下列文件（所有原件均需提供 2 份复印件）。

（1）有效期至少 3 个月以上的护照。

（2）用德文填写完整并亲笔签名的申请表。

（3）近期白底护照照片 3 张。

（4）非中国籍的申请人提供外国人在华居留许可证。

（5）用德文填写的完整简历表（要求时间连贯）。

（6）中国护理或护士专业毕业证书原件并附德文译文。

（7）德国相关认定机构根据中国护士或护工资格证书出具的职业资质同等效力证明（详情查询网站 www. bq – portal. de 及 www. anerkennung – indeutschland. de）。

（8）如果申请人的职业资质被部分认可，须追加提交以下证明：

①德国相关认定机构出具的载有申请人在工作前必须在德国从事护理实践/参加实习，才能获得职业资质同等效力的证明；

②在德国参加实习/从事护理实践期间的生活费用来源证明。

（9）工作合同（或有职业资质同等效力证明）或在德国参加实习/从事护理实践证明（或职业资质被部分认可的证明等）。

（10）具有一定德语水平的证明。一般来说需要提交歌德学院出具的能够证明本人德语水平达到欧洲语言共同参照标准 B2 级别的证书。特殊情况下还须提交 B1 证书并证明本人在德国参加语言班的学费非公费承担、每周至少 18 课时、且最多在 12 个月内达到所要求的语言水平。同时须提交语言强化课程报名表以及工作或培训合同、专业护理人员职业资质同等效力证明申请表等相关材料。

（11）在德医疗保险保障期限证明：从入境之日起到预计开始工作前这一时间段的医疗保险保障证明（必要时还须递交其他材料）。申请人须亲自到签证处递交签证申请，此时间段随签证申请的受理时间不同而不同，通常需要 6～12 周。

三、外派海员

我国输德海员劳务起步较晚，人数较少，主要通过华侨代理机构同德国船东进行业务联系。

第六章　中国澳门

澳门（葡语 Macau，英语 Macao），简称“澳”，全称中华人民共和国澳门特别行政区，位于中国南部珠江口西侧，是中国大陆与南中国海的水陆交汇处，毗邻广东省，与香港相距60公里，距离广州145公里 。澳门由澳门半岛和氹仔、路环二岛组成，陆地面积32.9平方公里，2020年年底总人口为68.32万人。1999年12月20日，中华人民共和国中央人民政府恢复对澳门行使主权。澳门实行资本主义制度，是国际自由港、世界旅游休闲中心、世界四大赌城之一，也是世界人口密度最高的地区之一，其著名的轻工业、旅游业、酒店业和娱乐场使澳门长盛不衰，成为全球发达、富裕的地区之一。

目前，澳门已基本形成了相对较完整的劳务法律法规，涵盖了劳动关系的一般制度。但是由于这些劳务领域的法律脱胎于澳葡政府时期，尚未构成与澳门发展定位相一致的外劳法律体系，需要进一步健全才能适应澳门国际化大都市的战略定位，也才能切实有效解决澳门本地人力资源存在的问题。本章重点介绍目前澳门输入外劳的基本情况及其法律规定。

第一节　澳门特区现行输入外劳的有关规定

随着外劳输入规模的扩大和对经济支撑作用的影响力提升，外劳政策开始提到议事日程上来。澳门规范外劳输入的有关规定，概括起来包括两个批示和若干相关法令。

一、两个批示

1984年澳门首部劳工法中设置了专门的章节规范外劳；1985年6月25日澳葡

政府颁布了第50/85/M号法令，首次允许澳门的外国企业签署合同雇佣当地劳工。该法令规定6个月内短期工作的由雇主向劳工局申请，获批准后到治安警察局出入境事务厅办理手续，但不需要办劳工咭（即劳工卡）。在此基础上，1988年以批示的形式发布了两个条例，分别是：

（一）输入外地劳工条例

输入外地劳工条例即第12/GM/ 88号批示《输入劳动力》，该批示于1988年2月1日由澳葡政府颁布。主要对普通劳务的申请程序、管理等做了规定。

（二）输入技术劳工条例

输入技术劳工条例即第49/GM/88号批示《关于招募专门技术劳工或在澳门不能正常动用之劳工》，该批示于1988年5月16日由澳葡政府颁布。主要对技术劳务的申请程序、管理做了规定。

1988年就输入外地普通劳工和输入技术劳工分别颁布的两部专门的条例，以法规形式正式解决了澳门外劳输入无法可循的问题，分别规定了澳门企业可通过第三实体招聘外地劳工，作为本地劳动力的补充，标志着澳门外劳输入开始进入合法化的时代。

二、若干相关规定

（一）职业介绍所准照制度

1988年虽然颁布了外劳输入的相关条例，但此时澳门所输入的外地劳动力，无论是低端技术劳动力或专业人才，都不获发澳门居留权。为满足经济发展对劳动力的强烈需求，当时澳葡政府还多次特赦非法移民，以补充劳动力。1994年7月4日澳葡政府颁布第32 /94/M号法令《核准发出准照予职业介绍所之制度》，用于规范在澳门注册的职业介绍所。

该法令对职业介绍所的注册、运作做了具体规定。法令规定职业介绍所分为收费职业介绍所和不收费职业介绍所。只有收费职业介绍所方能从事招聘及安排外劳事宜。内地经营公司在澳注册的职业介绍所为收费职业介绍所。

对于收费职业介绍所，一是规定只能从事招聘及安排外劳工作的业务；二是可以向雇主收费；三是不得向劳工收费；四是需提供用于将外劳送返原地的30万担保金。劳工事务局有权取消违规职业介绍所执照，每年对职业介绍所进行年检。

（二）澳门劳资关系

1989年4月3日，澳葡政府修订颁布第24/89/M号法令《澳门劳资关系法》。该法令不适用外劳，但澳门劳工事务局在处理劳资纠纷时会参照其中的一些条款。

比如：

（1）关于雇主或劳务人员主动解约问题。雇主或劳务人员在3个月试用期内，可互相解约，不需要提前通知及赔偿。试用期满后，若雇主主动辞退劳务人员，必须提前15天通知，并按照以下三种情况赔偿。

①如果工作关系为3个月至1年时，每年赔偿相当于7天的工资；

②如果工作关系为1年至3年时，每年赔偿相当于10天的工资；

③如果雇主不提前15天通知辞退的，要按未提前通知的天数的工资赔偿；如因劳务人员自身原因被辞退，雇主不赔偿；若劳务人员主动解约，工作关系超过3个月者，应提前7天通知雇主，否则雇主可扣未提前通知天数的工资。

（2）关于加班及加班工资计算问题。规定每天加班不得超过3小时。加班工资由雇主与劳务人员商定。

（三）就业政策及劳工权利纲要法

1995年，澳葡政府施行《投资者、管理人员及具特别资格技术人员居留制度》，目的是吸引通过商业投资和不动产投资及专才的移民。由于澳葡政府未能对外劳的地位和作用予以明确的承认并进行引导，在一定程度上导致了本地居民对于外劳的抵触和排斥，认为外劳挤压了本地的就业空间，拉低了本地人的工资。加之1997年亚洲金融危机的影响，澳门经济进一步恶化，澳葡政府输入外劳的政策引起劳工界的强烈反对。1998年7月27日，澳葡政府颁布第4/98/M号法令《就业政策及劳工权利纲要法》，原则性规定，雇主必须优先聘用本地工人；在同等成本及效率的工作条件下，当没有合适的本地劳工或劳工不足时，方能雇佣非本地劳工补充本地人力资源，且须有固定期限。实行本地优先，不向外劳签发澳门居留权，以保障当地居民就业。2008年全球金融危机爆发后，澳门特区政府为减轻金融危机对澳门劳动力市场的冲击，推出了“削外雇、保就业”等三项措施，其中最核心内容就是要求博彩企业削减人手时，必须首先解聘外地雇员。截至2009年年底，在澳外地雇员人数下降至74 905人，与2008年9月高峰时的104 280人相比，减少了29 375人，减幅超过28% 。

在这种情况下，澳门特区政府输入劳动力的政策前提是确保澳门本地居民优先就业及劳动权益不会受损，只有在当地没有合适人员或无法提供足够的人力资源时，外地雇员才会被考虑作为临时补充而批准输入。澳门特区政府也持续督促企业优先聘用及晋升本地雇员，当本地雇员具备担任有关职位的条件时，会逐步减少批准有关职位外地雇员的申请，以让本地雇员有更多向上或横向流动的机会，同时为配合澳门特区未来产业发展及经济适度多元化，也适当引入高端的专业外地雇员来澳门工作，并以带教培训的方式扶助本地居民学习有关知识，同时平衡各行业的人力资源供需。

（四）禁止非法工作规章

第17/2004号行政法规《禁止非法工作规章》，于2004年5月20日由特区政府颁布，规定非澳门居民未获特区政府许可不能在澳工作。获准在澳工作许可的非澳门居民必须在指定的工作场所从事指定的工作职位，否则，将被罚款5000～20000澳门元，并且两年内不能再来澳门工作。雇主聘用未获在澳工作许可的非澳门居民或聘用已获在澳工作许可的非澳门居民在非指定场所或非指定职位工作时，将被罚20000～50000澳门元/人，并视情节可能承担相应的刑事责任。

（五）投资者、管理人员及具特别资格技术人员临时居留制度

2005年澳门特区政府通过第3/2005号行政法规，修订了《投资者、管理人员及具特别资格技术人员临时居留制度》，提高对置业投资移民的条件门槛。但于2007年4月又中止了其中第一条（四）项及第三条的效力，即中止接受置业投资居留申请；而其他投资居留申请如专业人士和贸易的投资移民政策则继续实施。

（六）劳动关系法

2008年8月澳门特区政府颁布了《劳动关系法》，该法共八章九十七条，其中涉及劳动关系的主要规定有：工作时间及假期、加班报酬、劳动关系的终止和对雇主欠薪行为的处罚等。同时为了加强建筑业劳工特别是建筑业外劳的管理，澳门特区政府于2014年颁布实施了《建筑业职安卡制度》（第3/2014号法律）。值得一提的是澳门立法会于2015年7月3日通过，并于2016年1月1日起实施《物业管理业务的清洁及保安雇员的最低工资》法案，该法案是澳门历史上第一部最低工资法案，规定了物业管理公司及用于居住的住宅大厦所聘请的清洁及保安员的最低工资标准，即最低时薪30澳门元，最低日薪240澳门元，最低月薪6240澳门元。最低工资标准对于维护和保障最底层劳动者的切身利益发挥了重要作用。

实际上，澳门特区政府在外劳输入时除考虑市场需要外，更多考虑的是就业情况和澳门社会劳方舆论。外劳输入的行业、数量以及工种职位等基本上由雇主申请，政府在行使调控职能时，根据社会需要及政策取向决定是否批准。在具体操作中，雇主输入外地雇员的申请必须由澳门注册的公司向澳门特区政府提出，除所需的表格和文件外，若申请属于输入专业外地雇员时，须递交由雇主与有关外地雇员所签订的《劳动合同》；若申请属于输入非专业外地雇员时，雇主除须提供与外地雇员签订的《劳动合同》外，在申请获批后须递交由雇主与职业介绍所签订的《提供劳务合同》的相关材料，雇佣条件不得低于已获劳工事务局审批的聘用外地雇员的实体与相关资格的职业介绍所签订的《提供劳务合同》的条件，以保障外地雇员的

权益。

（七）聘用外地雇员法

随着澳门开放度的不断提高，国际化都市功能凸显，对外地雇员的容忍度随之提高。特别是内地雇员在语言、文化、风俗上与澳门居民相近，越来越获得当地社会的认同，与当地社会的融合度不断提升，澳门企业及居民与外来劳工之间逐渐形成了趋向于健康、融洽的劳动关系和社会氛围。近年来，澳门社会对外地雇员的认识逐渐趋于理性、成熟，虽然外地雇员人数呈现不断上升趋势，但澳门整体失业率并未发生大幅波动，大体维持在 2% 的较低水平，澳门社会保持了充分就业的稳定状态。在此背景下，特区政府对外雇政策的态度也有了更为积极的转变。

2010 年 4 月通过实施《聘用外地雇员法》（第 21/2009 号法律），对回归前颁布《输入外地劳工条例》和《输入技术劳工条例》两个条例进行了整合与调整，标志着澳门特区以法律形式进一步明确了外地雇员的权益。为规范对外地雇员的雇佣行为，2010 年，澳门特区政府又颁布了《聘用外地雇员法施行细则》（第 8/2010 号行政法规）。2012 年进一步推出人口政策咨询文本，指出要完善人才居留制度、强化外来雇员管理机制、优化引进人才机制等，保障澳门社会的可持续发展。2012 年至 2013 年，澳门特区政府政策研究室正式就人口政策框架的争议性议题进行公众咨询。2014 年，由行政长官担任主席的人才发展委员会正式成立，广泛吸纳政府各部门官员以及社会不同领域的意见领袖和专家学者，负责制定、规划及协调澳门特区总体的人才培养长远发展策略。2016 年进一步加强政府职能，将澳门劳工事务局与人力资源办公室合并，重组劳工事务局，新增“聘用外地雇员厅”，专门负责处理外地雇员的申请工作；新增设的“准照及技术支援处”负责监察职业介绍所和处理准照申请等工作。

（八）雇员最低工资

2020 年 4 月，澳门特区立法会通过《雇员的最低工资》法案，以细则的形式明确了澳门首个法定最低工资标准。该法案建议，按实际工作时间计算报酬，以当月的基本报酬除以当月实际工作时间，即平均每小时 32 澳门元。如最低工资金额按月计算应为每月 6656 澳门元；如按周计算应为每周 1536 澳门元；如按日计算应为每日 256 澳门元；该法案同时规定，雇员超时工作可收取不低于正常工作的报酬。该法案从 2020 年 11 月 1 日起生效实施，规定每两年检讨一次。

根据澳门《劳动关系法》《工作意外及职业病损害的弥补制度》和《劳动债权保障制度》等劳工法规，在澳门工作的外地雇员享有与本地雇员相同的法律保障。为了保障外地雇员的权益，澳门特区政府一是要求雇主与每一位外地雇员签订书面雇佣合同，明确规定外地雇员所享有的权益和福利，不应低于澳门有关劳工法所规定的标准。同时外地雇员享有住宿权利和返回原居地权利，其薪金应通过银行账户支付；二是要求所有雇佣合同必须获得澳门劳工事务局批准。

如果外地雇员未能获得合同规定的权益和福利，或与雇主发生与雇佣有关的纠纷，澳门劳工事务局会提供免费的调解服务，以协助劳资双方达成和解。如问题未能通过调解获得解决，澳门劳工事务局将会把有关个案转给检察院。根据澳门特区的《劳动诉讼法典》，检察院可循民事诉讼程序，在法庭上代表工人向雇主提出申诉；或由外地雇员根据《劳动诉讼法典》的规定，自行提出民事诉讼程序。

根据雇佣合同有关规定，外地雇员若发生工作意外或患有职业病时，享有职业意外和职业疾病的保障，包括医疗、暂时或长期丧失工作能力等保险保障。因工死亡雇员的家属可获得殡殓费及死亡补偿。

《聘用外地雇员法》和《雇员的最低工资》，进一步提高了对外地雇员的容忍度，对依法保障外地雇员的合法权益发挥了很大作用。

第二节　内地输澳劳务管理

一、内地输澳基本情况

随着澳门经济快速发展，内地与澳门劳务合作稳步增长，输澳劳务人员总体呈现增长态势（见表3－6－2－1）。

表3－6－2－1　1990—2021年澳门外劳输入情况

年份	1990	1991	1992	1993	1994	1995	1996	1997
期末人数（千人）	10.0	17.1	21.1	25.3	31.2	35.3	29.9	29.7
年份	1998	1999	2000	2001	2002	2003	2004	2005
期末人数（千人）	32.0	32.2	27.2	25.9	23.5	25.0	27.7	39.4
年份	2006	2007	2008	2009	2010	2011	2012	2013
期末人数（千人）	64.7	85.2	92.2	74.9	75.8	94.0	110.6	137.8
年份	2014	2015	2016	2017	2018	2019	2020	2021
期末人数（千人）	170.3	181.6	177.6	179.5	188.5	196.5	177.7	171.1

资料来源：澳门特别行政区劳工事务局。

二、澳门成立人力资源专署部门

回归初期的澳门外劳输入市场，在一定程度上沿袭了回归前对于外雇的态度和认识。政府在外雇领域存在服务监管缺失、打击黑工不力等诸多问题，存在空壳公司买卖外劳配额、个别不良雇主钻政策的一些漏洞等乱象；与此同时由于一些本地居民的收入无法追上经济发展的速度，加之私人楼宇市价攀升，当地出现结构性失业，本地居民把失业和不满情绪过分归咎于外劳这一特定群体上，多次举行示威游行向政府施压，明确提出了“驱黑工、削外劳”的诉求以维护基本权利。在此背景下，澳门特区政府于 2004 年 8 月 31 日召开了成立于 2002 年 8 月、由行政长官何厚铧亲任主席的“人力资源发展委员会”第一次会议，探索解决人力资源问题的新思维、新模式。2007 年 5 月 28 日，澳门特区政府重新组建劳工事务局后成立的人力资源办公室正式启动运作，负责备受各界关注的非本地劳动力输入问题。同时将人力资源发展委员会、经济发展委员会合并为“人力资源经济发展委员会”，制定外劳输入总体发展战略规划，并明确专职管理部门的职责。自此，澳门特区政府逐步建立了人力资源开发及外雇非本地劳动力的总体发展战略规划与中层执行系统。

三、内地输澳劳务合作组织架构

（一）商务部

负责对在澳门开展劳务合作业务的归口管理。会同港澳办征求中央人民政府驻澳联络办公室（以下简称“中联办”）意见后，核定经营公司名单；会同港澳办审批经营公司在澳设立职业介绍所，核定职业介绍所管理人员编制；会同港澳办、中联办检查经营公司经营情况，并根据检查结果对输澳劳务经营公司名单进行调整。

（二）港澳办

负责对澳门开展劳务合作总体政策的指导和协调。

（三）中联办

负责联系并协助内地主管部门管理职业介绍所，指导职业介绍所协会工作。

（四）公安机关

负责办理劳务人员通行证及签注手续。

（五）地方商务主管部门

在地方人民政府的指导下，负责管理并监督辖区经营公司依法经营，协调处理经营公司派出劳务人员的劳务纠纷和突发事件。

（六）职业介绍所协会

中资（澳门）职业介绍所协会（以下简称“中职协会”）是经商务部批准依法在澳注册的非营利性行业自律组织，由经批准开展输澳劳务业务的经营公司在澳职业介绍所组成。中职协会按照国家有关政策要求，在中联办的指导下，负责内地输澳劳务在澳门的内部协调、服务、监督和管理，配合特区政府在劳务领域依法施政。

（七）经营公司

经国家有关部门批准，具有相应资质或资格条件开展输澳劳务业务的经营公司目前共19家。它们按照国家关于在境外设立企业的有关政策、法规及澳门特区法律，在澳注册设立职业介绍所，配备劳务管理人员，依法依规经营，履行一线管理和服务职责，维护在澳劳务人员合法权益和劳务队伍的稳定，促进内地与澳门劳务合作持续健康发展。具体职责是：

（1）按规定做好招工、劳务人员出境前培训工作；

（2）严格按标准收费；

（3）与劳务人员签订《服务合同》，协助劳务人员与雇主签订《劳动合同》；

（4）报批合同立项手续；

（5）为劳务人员申办赴澳通行证；

（6）依法保护劳务人员的合法权益，妥善处理劳资纠纷、突发事件，发生重大事件时须及时报告；

（7）因雇主或经营公司原因造成劳务人员不能按期履约时，应按比例收取服务费或按比例赔偿代收的各项赴澳费用。

（八）职业介绍所

（1）与雇主签订《提供劳务合同》，依法经营；

（2）为在澳劳务人员申办通行证换（补）发、签注延期手续；

（3）管理在澳劳务人员，依法妥善安置在澳劳务人员转工，对因雇主原因导致无法继续在澳劳务时，发生经济损失的应与雇主交涉，并协助劳务人员追讨所得及补偿；

（4）依法保护劳务人员合法权益，妥善处理劳资纠纷、突发事件，发生重大事件须及时报告，及时处理；

（5）负责将合同期满或因其他原因不能继续在澳劳务的劳务人员送回内地；

（6）为在澳劳务人员办理工作时间以外人身意外和医疗保险等；

（7）服从职业介绍所协会的管理、监督、协调，严格按行规及制度执行；

（8）保持24小时值班等。

四、澳门特区外劳申请与内地输澳劳务报批

（一）澳门特区申请外劳的基本程序

目前，澳门涉及外地雇员的法律主要有《劳动关系法》《聘用外地雇员法》《入境、逗留及居留许可制度的一般制度》和《非法入境、非法逗留及驱逐出境的法律》等。这些法律可从澳门劳工事务局和治安警察局网站查阅。有关申请外劳的基本程序主要包括：

1. 普通劳工申请基本程序

根据第12/GM/ 88 号批示《输入劳动力》（即《输入外地劳工条例》），普通劳工申请基本程序是：

（1）雇主向特区政府劳工事务局申请外劳名额。

（2）特区政府准许输入外劳名额后，雇主与职业介绍所签订《提供劳务合同》、与劳务人员签订《劳动合同》。合同中必须明确劳务人员的住宿、患病及工伤和职业病保险、劳务人员送回等责任承担方。

（3）雇主或职业介绍所将《提供劳务合同》《劳动合同》送劳工事务局审批。

（4）劳工事务局批准合同后，雇主或职业介绍所向特区政府治安警察局出入境事务厅预报劳务人员名单。

（5）劳务人员通行证办妥后，雇主或职业介绍所正式向出入境事务厅报劳务人员正式名单。只要按规定要求提供资料，并交付办劳工咭费用，劳务人员即可凭出入境事务厅出具的收据到指定的工作地点工作，并须在20天内按出入境事务厅安排的时间打指模并办理劳工咭手续。

2. 技术劳工申请基本程序

根据第49/ GM /88 号批示《关于招募专门技术劳工或在澳门不能正常动用之劳工》（即输入技术劳工条例），技术劳工申请基本程序是：

（1）雇主与劳务人员签订《劳动合同》，与职业介绍所签订《提供劳务合同》后，将两个合同一并报劳工事务局审批。

（2）劳工事务局批准并在劳务人员通行证办妥后，雇主或职业介绍所向出入境事务厅报劳务人员名单，只要按规定要求提供资料，劳务人员可凭该厅出具的《抵澳申报表》到指定的工作地点工作，但必须在20天内按该厅安排的时间打指模、办理劳工咭。

（二）内地输澳劳务报批程序

目前，内地规范输澳劳务合作的法规和制度主要有《对外劳务合作管理条例》

《内地对澳门特别行政区开展劳务合作暂行管理办法》。该条例和办法可从中华人民共和国商务部网站查阅。根据有关规定，内地输澳劳务报批程序主要包括：

1. 合同报批

（1）经营公司将其在澳职业介绍所与雇主签订的《提供劳务合同》（包括新签合同和大部分续约合同）及雇主与劳务人员签订的《劳动合同》经特区政府劳工事务局批准后，连同经营公司与劳务人员签订的《服务合同》报商务部立项审批。

如合同续约时，签约方（职业介绍所、雇主）中任何一方发生变化，由拟签约的职业介绍所通过其内地经营公司向商务部提出申请，并抄送职业介绍所协会秘书处，经商务部批准后方可与雇主签约。

（2）“三不变”续约合同（由原经营公司在澳职业介绍所与原雇主签订的不更换劳务人员的合同），由职业介绍所向职业介绍所协会秘书处申请办理续期手续，协会秘书处核准后出具《提供劳务合同》核准函，并向商务部合作司报备。

2. 劳务人员核准程序

（1）新赴澳劳务人员。凭《劳动合同》由商务部合作司核准。

（2）在澳续约劳务人员。续约名单经特区政府治安警察局出入境事务厅批准后，应向协会秘书处办理续期核准手续。

（3）在澳转工劳务人员。在澳劳务因故在合同期内需转换工作的，经特区政府治安警察局出入境事务厅批准后，职业介绍所向职业介绍所协会秘书处申请办理转工核准手续。

五、业务流程管理及其要求

（一）招聘

（1）经营公司须坚持“经营公司选派，雇主考试确定”的原则，严把外派劳务人员质量关。

（2）经营公司须做好招聘宣传工作，要求劳务人员通过有输澳劳务经营权的经营公司办理赴澳劳务手续。

（3）经营公司直接招聘劳务人员，不得委托境内外其他公司或人代为招工。不得选派通过中间人介绍的人员赴澳；澳门雇主不得直接到内地招工并办理相关手续。

（4）不得向博彩等经营场所输送劳务人员。

（二）出境前培训

（1）经营公司采用《对外投资合作在外人员适应性培训教材》（2013 年版）培训教材；

（2）经营公司对外派劳务人员的培训采取自行组织培训或委托相关培训机构培训的方式进行。

（3）实行培训与考试分开，劳务人员参加培训后到考试中心进行考试。

（4）未通过考试需再培训或再考试的外派劳务人员，不得另行收取费用。

（三）证件办理规定

1. 办证途径

（1）新赴澳劳务人员可由本人或商务部指定的经营公司向本人常住户口所在地或经营公司注册所在地的地（市）级以上公安机关出入境管理部门办理赴港澳通行证。

（2）在澳劳务签注有效期届满后需继续留澳劳务的，可由原派遣的经营公司在澳设立的职业介绍所或由其通过澳门中国旅行社向广东省公安厅珠海出入境签证办事处申办换发通行证及签注延期。

2. 需提供的申请材料

（1）劳务人员有效居民身份证、户口簿原件及复印件；

（2）澳门治安警察局出入境事务厅核准的“受雇非本地劳工预报名单”；

（3）商务部《对香港、澳门特别行政区劳务合作项目审批表》复印件；

（4）经营公司出具的赴澳门从事劳务证明等。

（四）收费规定

经营公司只能向劳务人员收取服务费；为劳务人员办理通行证、签注延期、健康证、培训证等证件时，只能向劳务人员收取办证部门实际收取的工本费。

（五）合同规定

雇主与职业介绍所签订的《提供劳务合同》和雇主与劳务人员签订的《劳动合同》是由澳门特区政府与国务院港澳办商定的统一标准文本；经营公司与劳务人员签订的《服务合同》是由商务部核准的标准合同文本；外地雇员须与雇主签订书面《劳动合同》。

各合同的有关条款应一致，如存在不一致时，特区政府裁定劳资纠纷时，将以对劳务人员相对有利的合同条款作为依据。

1. 合同的主要内容须载明下列事项

（1）合同各方的详细身份资料。

（2）合同各方的住所。

（3）雇员的职级或职务及有关报酬：合同薪金不得低于特区政府人力资源办公室批准的薪金水平（如制衣纺织业平均每天不低于75澳门元）；付薪方式为雇主必

须把工资存入雇员在澳门开立的银行账户，每次支付报酬需给雇员一份工资单；雇主提供免费住宿或支付最少500澳门元（每月）住宿津贴；停工补贴标准以停工时间计算，每小时补贴7澳门元；工作满一年后，翌年有权享受不少于6个工作日的有薪年假；每年10天有薪强制性假日，包括元旦、正月初一至初三、清明节、劳动节、中秋节翌日、国庆节、重阳节、澳门特区成立纪念日；工作关系结束后，由雇主支付返回原居地的交通费。

（4）工作地点。

（5）正常工作时间及时段：工作时间为每日工作8小时，每周工作不超过48小时。如属不受上下班限制者，雇主须确保雇员每日有连续10小时且总数不少于12小时的休息时间，以及每周工作不得超过48小时。此外，工作期间须被安排至少连续30分钟休息的时间，以免连续工作超过5小时；超时工作即加班，雇员自愿加班的，加班费为正常报酬的1.2倍；强制加班的，加班费为正常报酬的1.5倍。

（6）合同的生效日期。

（7）订立合同的日期。

2. 职业介绍所主要职责

负责选派及送回劳务人员；向劳务人员提供普通疾病的医疗服务和怀孕安置；负责为劳务人员提供住宿；为劳务人员提供工作以外人身意外和医疗保险，保费与劳务人员各负责50%。

3. 雇主主要职责

负责考试并确定劳务人员；负责劳务人员赴澳路费、履约期满返回路费、办理劳工咭费用；根据合同规定的标准按时支付劳务人员工资、加班补贴及停工补贴等；为劳务人员提供职业以外和职业疾病医疗保障等；按每个劳务人员每月150澳门元支付给职业介绍所，作为普通劳务生活协助费；向技术劳务提供住宿或每人每月500澳门元住宿津贴。

4. 外地雇员（劳务人员）的注意事项

（1）守法履约重信。在澳门工作期间，必须遵守澳门特区法律和相关合同的规定，执行雇主的各项规章制度，服从经营公司在澳职业介绍所的管理。不得涉及与“黄、赌、毒、黑”及走私有关的活动；不得参加游行、示威、静坐等与劳务人员身份不相符的活动；不得采取可能危害澳门社会及自身安全的行为；不得从事“过界劳务”，即劳务人员赴澳后不得擅自改变雇主和合同规定的工种及工作地点，不能另行求职或兼职。劳务人员合同期满或被解雇后必须及时返回原居住地，不能以任何借口、任何形式滞留澳门，严禁转往第三国（地区），违法滞留者须承担法律责任；如果在澳从事“黑工”（未取得雇员身份在澳门工作者）或“过界劳务”，将会被处以5000～10000澳门元罚金，取消工作逗留许可和禁止今后入境等处罚；任何对公共安全或公共秩序构成危险，尤其在澳门实施犯罪或预备实施犯罪者，都将被取消在澳逗留许可，并负相应的刑事责任及接受法律规定的其他处罚。

（2）薪金自主处理。按照澳门法律规定，雇主没有将薪金转账支付到劳务人员的银行账户，劳务人员有权依照自己的意愿处理薪金，其他个人或者机构无权要求劳务人员交出部分薪金。如遇到有人要求自己非自愿地交出部分薪金时，劳务人员可立即向澳门特区政府相关部门或经营公司在澳门的职业介绍所报告，并提供相应证据。

（3）返回内地权益。在澳门的工作合同到期后，如雇主不再续约，劳务人员要按期返回内地，雇主需支付返程路费（指进入中国境内）。如在合同期内雇主不以合理理由解雇劳务人员，劳务人员也必须返回内地，而雇主需要提前15天通知或支付相当于15天工资的代通知金，再加上解雇补偿和返程路费。如劳务人员在合同期内自行辞职，须提前7天通知雇主，雇主亦须支付返程路费。但有关合同另有约定预先通知期限的，则按合同规定执行。以上情况劳务人员须及时告诉经营公司在澳门的职业介绍所；此外，外地雇员不得逾期逗留。如逾期逗留时间在30天内，每逾期一天罚款200澳门元；如逾期逗留超过30天或半年内重复逾期逗留，将会被处以在一段时期内禁止入境和两年内不得提出居留许可、延长逗留许可或外地劳工逗留许可申请的处罚。

（4）坚持依法维权。在澳门的外地雇员权利、义务和保障等，适用澳门《劳动关系法》和《聘用外地雇员法》的相关规定。在澳门发生劳资纠纷后，劳务人员可及时向经营公司在澳门的职业介绍所反映和求助，或由职业介绍所派人陪同到澳门特区政府劳工事务局投诉，确保通过法律途径解决。劳务人员不得用极端的做法激发矛盾，更不能听从别有用心人士的挑动，以免损害自身合法权益。

（5）妥善保管证件。劳务人员在澳门工作期间，须保管好本人的通行证和《外地雇员身份认别证》（即“劳工咭”或“蓝卡”）。如遇澳门治安警察、政府机构有关人员检查证件，在确认对方身份后，应出示证件接受查验；劳务人员不得借用他人证件，也不得将本人证件借予他人；如遇执法人员查证时，无合理理由不出示者，将会被罚款250～400澳门元。

（6）理性依法维权。劳务人员在澳门如对有关法律和合同规定存有疑问，以及怀疑自身权益受到侵害，可向雇主进行咨询，也可直接打电话或亲自到所服务的职业介绍所求助；须通过合法渠道维护自身权益，否则将会因违反两地劳务规定而中止工作且受到相关处罚；如确有自身权益受损而雇主又不解决的，职业介绍所会陪同劳务人员到相关政府部门投诉或报警。

第七章　菲律宾

菲律宾共和国（Republic of the Philippines），位于亚洲东南部，北隔巴士海峡与中国台湾省遥遥相对，南和西南隔苏拉威西海、巴拉巴克海峡与印度尼西亚、马来西亚相望，西濒南海，东临太平洋。总面积约 29.97 万平方公里，共有大小岛屿 7107 个，海岸线长约 18533 公里。年均气温 27℃。人口 1.12 亿（2022 年 1 月），首都大马尼拉市，国语是以他加禄语为基础的菲律宾语，英语为官方语言。货币为比索（Peso）。

菲律宾经济属于出口导向型经济，是全球主要劳务输出国之一。第三产业在国民经济中地位突出，同时农业和制造业也占相当比重。

在国际劳务市场上，菲律宾、巴基斯坦、孟加拉国、印度、越南、印度尼西亚、泰国等，都是重要的劳务输出国。菲律宾是世界上最大的劳务输出国之一，目前约有 800 多万名菲律宾人常年在海外务工，占其全国总人口的 10% 左右。2007 年，菲律宾有 107 万劳工到海外工作，汇款回国的数额高达 144 亿美元。在 800 万菲律宾外劳中，有的从事的是医生、工程师和飞行员等高薪职业，但绝大多数菲律宾人所从事的是低收入的体力工作，比如护士、海员、建筑工人以及家政服务员（菲佣）。菲律宾海外劳工汇款占国内生产总值的 10% 左右，鉴于海外劳工对菲经济发展的贡献举足轻重，菲律宾政府将每年的 6 月 7 日定为海外劳工日。

中菲劳务合作规模不大，2017 年中国对菲律宾劳务派出人数不足百人，仅为少量中文教师等。但是菲律宾作为劳务大国，自 20 世纪 90 年代末期起，每年向海外输出的劳务人员都超过 80 多万，且输出量逐年增加。早在 2003 年年底在海外就有约 776 万人。为推动我国人才交流的国际化，有必要借鉴菲律宾、孟加拉国、巴基斯坦、印度等国家关于国际人才交流方面的经营方式、管理体制等。因此，本篇在我国重点国别（地区）合作市场中引入菲律宾，目的就是探索借鉴菲律宾关于劳工派遣方面的管理模式和促进措施，促进我国对外劳务合作事业的进一步发展。

第一节 菲律宾劳工输出概况

一、整体情况

菲律宾是世界闻名的劳务输出大国，劳务输出是菲律宾经济发展的重要支柱。根据菲律宾海外就业署统计，2017 年菲律宾海外就业人数达 1200 多万人，约占菲律宾总人口的 6%，遍布世界 194 个国家和地区，海外劳工汇款总额占菲律宾 GDP 的 9.7%。根据世界银行发布的报告，2017 年菲律宾以“330 亿美元”的惊人数额成为全球第三大汇款接受国。

在上述 1200 多万菲律宾海外就业人员中，菲律宾移民和定居者或居留者人数为 1000 多万，包括菲佣 600 多万人，教师、医护人员和白领 400 多万人；有 400 多万人成为菲律宾裔美国人，35 万人在加拿大，50 万人在意大利，20 万人在中国香港地区，150 万人在中东地区，100 万人在日本，7 万人在韩国，16 万人在中国台湾地区，12.7 万人在澳大利亚，10 万人在英国做护士、护工等职业；约 1/3 海外就业为非技术劳工，其次是贸易相关工作者，再次是工厂技工、家庭护工以及部分护士、牙科医生、教师等。

二、菲律宾海外劳务结构

菲律宾海外劳务人员包括海外合同工人、持工作签证的工人和持其他非移民签证但已就业的人员。其中，海外合同工人是海外劳务的主体。菲律宾海外劳务人员类型情况详见表 3-7-1-1。

表 3-7-1-1 菲律宾海外劳务人员类型情况（以 2004 年为例）

人员类型		海外劳务输出总量占比		职业类别
		男	女	
按人员结构划分	新出国就业人员	30%	70%	—
	服务人员	10%	90%	—
	专业技术人员	15%	85%	—
	中高层管理人员	大于 50%	小于 50%	—
	制造业和农业	大于 50%	小于 50%	—
	办公室职员	约 50%	约 50%	—
	销售人员	约 50%	约 50%	—

续表

<table>
<tr><th colspan="3" rowspan="2">人员类型</th><th colspan="2">海外劳务输出
总量占比</th><th rowspan="2">职业类别</th></tr>
<tr><th>男</th><th>女</th></tr>
<tr><td rowspan="9">按工作地点划分</td><td rowspan="8">陆上劳务（占比96.8%）</td><td>服务人员</td><td colspan="2">37.8%</td><td>家务管理员、看护；厨师、面包师、餐饮业侍者；理发师、洗衣店员等</td></tr>
<tr><td>专家和各类技术人员</td><td colspan="2">20%</td><td>物理、数学、工程等科学专家，信息技术专家，生命科学和健康专家；教师、会计、医务工作者；作曲家、表演艺术家、画家、摄影师和雕塑家；工程师、建筑师、统计师、系统分析员；机长、船长等</td></tr>
<tr><td>制造业工人</td><td colspan="2">15%</td><td>工厂中的机械操作员、生产流水线工人、司机等</td></tr>
<tr><td>贸易人员</td><td colspan="2">16%</td><td>在矿业、建筑业、金属、机械、工艺品、印刷、精密仪器等领域及其相关行业从事贸易的各类人员</td></tr>
<tr><td>经理和高级管理人员</td><td colspan="2">2.5%</td><td>总经理和业主、执行经理和专业管理者、部门经理等</td></tr>
<tr><td>职员</td><td colspan="2">3%</td><td>办公室职员、售书员、出纳员、计算机操作员、话务员、秘书、速记员、打字员等</td></tr>
<tr><td>销售人员</td><td colspan="2">1.9%</td><td>售货员和采购员</td></tr>
<tr><td>农业工人</td><td colspan="2">0.6%</td><td>农民、渔民、林业工人、饲养员、猎人等</td></tr>
<tr><td>海上劳务（占比3.2%）</td><td colspan="4">在各类外籍船只上从事客货运输和渔业捕捞的海员，以及在外国轮船公司工作的职员。截至2004年年底，菲律宾输出海上劳务人员22.9万多人，增长率达6%</td></tr>
</table>

三、菲律宾海外劳务优势

菲律宾海外劳务人员具有英语优势，流利的英语保证了海外菲律宾人日常工作和生活的交际与沟通，为菲律宾人在海外谋职创造了条件；菲律宾人具有良好的教育，据世行数据，菲律宾人平均接受教育时间为11.5年。菲律宾女佣受教育的程度更高，具有初级以上教育水平的人占近95%，很多是大学毕业生，有的甚至是教师。良好的教育增加了菲律宾海外劳务人员的竞争力；菲律宾政府十分重视对海外劳务人员的技术培训，将其视为开拓海外劳务市场的重要手段。重视培训是菲律宾海外劳务长盛不衰的根本所在；菲律宾是天主教国家，85%的菲律宾人笃信天主教。菲律宾海外劳务人员普遍具有性情温和、诚实可靠、工作勤奋、责任心强的优良品质，深受雇主的欢迎。菲律宾人生活和思维方式适应西方社会生活环境，从而增强了菲律宾海外劳务人员的适应生存能力。

2018 年 4 月中国与菲律宾签订《关于菲律宾英语语言教师来华工作的谅解备忘录》。近年来，随着中国“一带一路”倡议的提出，在国际劳务合作领域，加强对菲律宾劳务输出的研究，对促进人员往来和国际人力资源服务业发展具有积极意义。

第二节　有关输出劳工的法律

菲律宾将海外就业视为解决国内就业、转移国内剩余劳动力、发展国民经济的重要手段，立法宗旨体现政府在促进居民海外就业中的主导地位和政府对海外就业人员实施全过程的管理和服务。主要法律有《菲律宾劳工法》和《海外劳工与海外菲人法》。

一、《菲律宾劳工法》

该法明确规定了通过政府间协议安排介绍菲律宾人赴海外就业的方式，对菲律宾籍海外劳工进行充分保护，及时提供社会、经济和法律层面的服务，通过综合推介和开发计划促进菲律宾人海外就业，并为其提供最优的就业条件等。为此，要求劳工部成立专门的海外就业管理机构，要求菲律宾驻外使（领）馆在其权限内为所有涉及就业问题的菲律宾海外工人提供帮助，确保菲律宾海外工人不受剥削和歧视待遇。同时，收集和分析就业形势信息和趋势，调研和推荐就业市场。

二、《海外劳工与海外菲人法》

1995 年菲律宾颁布了《海外劳工与海外菲人法》，2007 年进行了修订，这是一部关于海外劳工派遣与管理的专门法律。明确相关政府管理部门的职责，为海外菲律宾劳工提供全程管理与服务以及打击非法招募活动等。该法同时强调菲律宾劳工的输入国必须保护菲律宾劳工的权益，需同菲律宾政府签订保护菲律宾劳工权利的双边协议或安排，并采取积极具体措施保护外来劳工权利。同时，菲律宾政府还分别就陆上和海上工种颁布了管理条例。菲律宾政府可根据国家利益和公众社会安全的要求，随时终止或禁止外派劳工。

第三节　劳工输出主管部门及其服务与保障措施

菲律宾由副总统负责全国对外劳务输出工作，海外就业主管部门为外交部和劳工部。海外就业署牵头具体负责对外劳务输出管理，海外劳工福利局、外交部、驻外使（领）馆、技术培训中心等部门和机构分工协作。

一、劳工部

负责收集并提供外国劳动和社会福利法律发展动态信息，制定保证海外劳工受到公平对待的具体措施等。下设海外就业署（POEA）和海外工人福利署（OW-WA），具体负责菲律宾海外就业管理和海外劳工利益保障工作。

（一）海外就业署

为了精简劳务输出管理机构，提高工作效率，1982 年菲律宾政府将海外就业发展局、国家海员局和就业服务局合并成立海外就业署（POEA），负责菲律宾海外劳动力的推荐和安置工作。海外就业署是一个高效运作的组织机构，在全国各地设有代表处，实现海外就业署的功能延伸。具体从事派遣指导、发放资格证、打击非法招募、提供法律援助等工作，对出国劳工实行优惠政策、简化出国手续、降低往返费用、减免关税等措施。

（二）海外工人福利署

海外工人福利署的前身是菲律宾海外劳工福利基金会。采取会员制形式运作，会员会费、投资收益等为主要资金来源。一类会员在就业署协助招收劳工时自动入会，会费由外国雇主支付（海员由雇主和海员共同支付）；另一类是劳工在海外自愿登记入会，缴纳会费，定期续延。主要职能是执行劳动法有关条款，为海外劳工提供包括保险、社会服务援助、法律援助、汇款服务等社会和福利服务。旨在通过使用福利基金开发和执行有关项目，保护海外劳工利益，提高海外劳工福利。

菲律宾劳工输出管理模式的主要特点是政府有关劳务输出各主管机构之间分工明确，管理、服务与保障功能全面，形成了由海外就业署牵头制定政策、海外工人福利署负责海外劳工权益保障和服务、海外劳工法律援助办公室负责海外劳工法律援助的三位一体的宏观高效管理格局。此外，菲律宾十分重视海员外派工作，专设了海员管理机构，提供特别福利等。

二、外交部

具有保护海外劳工的职责。下设海外劳工法律协助办公室（OLAMWA），负责为海外菲律宾人提供法律协助服务。

海外劳工法律援助办公室的具体职能是：向海外劳工发放获得法律协助服务的指南、程序和标准；同劳工部、就业署、福利署和其他政府部门进行有效协调和合作，及时向海外劳工提供法律帮助；联合律师事务所、律师联合会和其他律师协会，为海外劳工提供法律援助；管理和批准使用法律援助基金；维护政府信息共享系统等。

三、劳务输出的服务与保障措施

菲律宾劳务输出的服务和促进政策主要体现在改善海外务工人员及家属的福利待遇，为海外劳工提供全面的人性化服务，解除务工人员的后顾之忧以及提供便利条件，鼓励归国人员创业或重新就业等方面。

（一）开展对外宣传和国际推广活动

菲律宾政府通过向国外派出营销使团、保持或缔结更多促进劳务合作的双边条约、使用各类媒体广告宣传、与外国大使馆业务联系、参与国际移民会议或谈判等多种形式，积极开发海外劳务市场，维持和扩大海外就业人员的份额。

（二）对外谈判签订双边协议

菲律宾政府积极开展对外谈判，重视政府间劳务合作备忘录签署工作，充分利用双边合作协议或备忘录这一有效途径，为拓展本国劳务输出市场创造条件。其对外签署的协议也各有特点和侧重，从而最大限度地促进合作和维护本国劳务人员的合法权益。菲律宾要求本国公民只能到与菲律宾签有边劳务合作协议的国家或国际劳工组织成员国务工。目前已同巴林、阿联酋、加拿大等国分别签署了双边劳务合作协议。

（三）建立劳务输出信息平台

菲律宾外交部牵头建立了一套较为完善的劳务输出电子网络信息管理系统，包括劳务人员基本信息、雇主招聘信息、已批准的劳务中介公司信息等。将有关菲律宾劳工在海外数据信息通过数据系统提供相关机构交流共享，以实现对海外菲律宾劳工的管理；同时，菲律宾所有驻外使（领）馆通过海外就业署定期发布有关所在国的劳动就业条件、移民情况和特定国家遵守人权和劳工权利国际标准等情况，每月至少在报纸上公布一次，进行信息的发布和监管，保证海外劳务市场需求信息的准确可靠。菲律宾海外就业署已通过 ISO9001 质量管理体系认证，有关劳务输出的管理十分透明和高效。

（四）实施福利援助计划

为鼓励公民赴海外就业，帮助改善就业人员及其家属的福利待遇，菲律宾实施福利援助计划等鼓励促进政策。菲律宾政府设立了“外派劳务救助基金”，用于境外劳务纠纷处理、归国劳务人员安置等。菲律宾政府还在劳务人员派出前对其进行法律法规、风俗习惯等适应性培训。

福利援助计划的主要内容包括：设立海外工人福利基金，为所有出国前的工人和已就业工人提供出国前贷款、家庭援助贷款和贷款担保，解决出国人员面临的经济困难；为海外工人提供人身保险；为海外工人提供家庭服务。政府还建立了专门为海外劳工和家属服务的医院，在体检和治病方面提供优惠；为伤、残、病海外工人的子女提供奖学金；每年圣诞期间，总统府专门开设免费国际长途电话，供海外劳工家属通话，所有机场均为回国度假劳工提供免费市内交通服务；帮助工人遣返和由总统向杰出工人颁奖等。从1998年开始，菲律宾政府还规定海外劳工免交个人所得税（税率30%）。特别是如果中介公司无法支付劳务人员回国费用时，由基金先行垫付，避免了劳务人员因费用问题长期滞留国外。

（五）保护海外劳工权益

为保障海外菲律宾籍劳工的权益，政府在拥有菲律宾劳工2万人以上的国家的使（领）馆内增设了45个劳务管理机构（海外劳工办公室），分别由来自不同政府部门的人员组成，至少包括劳工专员、外交官员、福利官员、协调官员各一人；发生境外劳务纠纷后，无论是合法还是非法出境务工人员，都由驻在国使馆劳务官第一时间前往解决，国内由海外就业署督促中介公司妥善处理；海外就业署设有专门机构负责协调劳务人员和中介公司的纠纷，如协调未果，将移交仲裁或法律部门处理。菲律宾政府还积极加强对外沟通与合作，在涉及劳工重大权益问题上，总统会亲自出面协调。

菲律宾海外劳工法律协助办公室（OLAMWA）通过使用法律协助基金，向受困的海外菲律宾人和劳工提供法律服务，其费用包括聘请外国律师代表海外劳工应诉费、保释金、诉讼费及其他诉讼支出等，直接介入劳务纠纷事件，保护劳工权益。

（六）对归国劳工实行重新安置就业计划

为吸引和鼓励海外劳工家庭把更多积蓄用于投资，菲律宾政府设立专门机构，为计划创办企业、参与和扩大企业的归国工人提供一系列切实可行的方便和帮助。

第四节 劳务输出中介机构管理模式

一、实行代理制

菲律宾的海外就业中介机构实行代理制。目前经海外就业署批准的劳务代理机构中，陆上代理2059家，海上代理672家。菲律宾允许私人就业部门参与海外就业工人的招募活动，规定只有菲律宾公司或菲律宾籍公民控股75%以上的公司被允许参与海外工人的招募活动，但禁止雇主直接招聘菲律宾人赴海外就业。

对于无营业执照进行牟利或非牟利的出国劳务中介活动的个人或机构，有关法律视其为非法招募。对于非法招募行为，法律规定了具体而严厉的处罚条款。

二、交纳备用金

为了有利于劳务纠纷和劳务突发事件的解决，确保代理机构切实履行合同义务，要求代理机构或外派企业缴纳一定数额的备用金，并对劳务合同的履行承担连带责任，如海外工人的人身伤害、遣返和其他福利等；在申请人员获得就业前，不得收取任何费用，且收费必须按照劳工部公布的标准，并有载明费用构成的发票。

三、进行严格监管

菲律宾严格禁止未经批准的中介机构或个人参与对外劳务输出活动，菲律宾法律规定，未经批准的机构或个人非法招聘 3 人或 3 人以上的即被视为大规模非法招聘，最高可判处终身监禁并处高额罚金；已经批准的中介公司违法，将取消其经营资格并没收所有保证金，并对公司负责人进行相应处罚。菲律宾政府还将劳务人员、雇主或中介公司违约、违规等问题记入“违约违规档案库”，对其作出相应惩罚。菲律宾还规定，在劳务人员通过中介公司找到工作或实际开始工作前，不应被收取任何费用，中介公司最终收取的费用不得超过劳务人员一个月工资。

法律虽然不要求劳务中介代理机构承担劳务人员出国后的管理，但对就业中介的监督和管理较为严格，且主管部门具有较强的监督力度和执法权限。菲律宾劳工部有权要求代理机构提供菲律宾人海外就业情况的信息，有权限制和管理招募机构的职业介绍活动，有权在任何时间检查经营场所、账目和记录，有权建议对造成危害的非法招募人员进行逮捕和拘留，要求搜查其办公室或经营场所，查封账目、财产、文件，有权中止或撤销违反法律法规的海外就业机构的许可证等。

四、确定操作程序

菲律宾外派劳务的基本程序是：

（1）海外雇主到最近的菲律宾驻外使（领）馆对雇主和岗位情况进行审批备案；

（2）海外雇主向菲律宾海外就业署授权的外派劳工中介机构（可通过菲律宾驻外机构或海外就业署网站查询）提供岗位信息情况；

（3）具有授权的外派劳工中介机构通过媒体广告、人才储备信息库等招收合格人员，可向外派劳工收取不超过合同规定的一个月工资的服务费；

（4）外派劳工到政府认可的医疗机构体检并到海外就业署办理海外就业证明；

（5）外派劳工出国就业，外派机构提供日常服务并到海外就业署进行年检。

第四篇

对外劳务合作发展展望

影响对外劳务合作发展的因素有很多，本书已在第一篇第三章第一节市场因素中进行了部分分析。就对外劳务合作行业的经营现状、所面临的国内外发展环境和趋势而言，外派劳务人员的资源培育、外派劳务人员的结构调整以及满足国际市场的多元化需求是需要首先破解的现实课题；更新发展理念、确立长远发展的定位是摆脱困境的战略思考；唯有坚持以质取胜理念，坚守创新经营之道，不断巩固和拓展市场合作领域，才能拨云见日，再现辉煌！

第一章　对外劳务合作行业现状

第一节　国际市场需求旺盛，竞争加剧

一、经济发展带动外劳需求旺盛，竞争加剧

国际劳工组织在《关于劳务移民问题的多边框架：赋予劳务移民以权利为基本途径的非约束性原则与指导方针》[①] 中指出："为就业而移民是一个重要的现已影响到世界大多数国家的全球性问题……许多处于工作年龄的人在自己的国家要么找不到工作，要么找不到能够养活自己和家人的合适工作，与此同时，另外一些国家又缺乏充实其各经济领域工作岗位的工人。"这指出了市场需求的两个方面：一是发达国家为了自身经济和社会的发展，需要更多适合其经济领域工作岗位的工人；二是许多处于工作年龄的工人到处寻找能养活自己和家人的合适工作。其中渗透着国际劳务合作四个重要的市场指导原则，即市场需求原则、就业者的诉求原则、输入

① 国际劳工组织国际劳工局．关于劳务移民问题的多边框架：赋予劳务移民以权利为基本途径的非约束性原则与指导方针［EB/OL］.（2014－02－07）［2022－03－10］. http：//www. docin. com/p－762669762. html.

国的法律政策支持原则和市场的公平原则。

随着全球经济的发展，国际劳动力流动的需求、竞争要素和竞争方式也随之发生变化，总体呈现竞争加剧的特点。

（一）全球外劳总体需求旺盛，国际劳动力流动继续增加

20 世纪 80 年代初，发达国家出生率降低，人口老龄化，劳动力供应量无法满足经济发展的需要，只能依靠输入外籍劳务。由于世界穷国与富国的工资差异和劳动力供应差异的存在，欠发达地区劳动力向发达国家和新兴市场经济国家的流动持续增加，扩大劳工输入数量成为必然的选择。如图 4－1－1－1，据国际移民组织预测，全球劳动力保持需求旺盛。

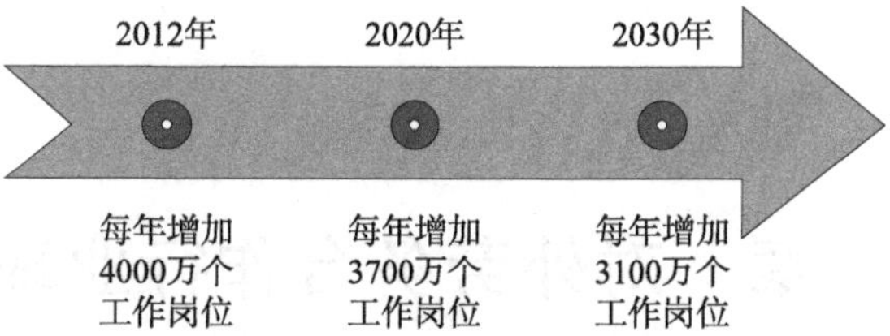

图 4－1－1－1　全球劳动力市场预测

资料来源：根据国际移民组织《世界移民报告 2013》整理。

（二）技术和专业人才需求攀升，对普通劳务限制增多

1. 海外市场壁垒依然很高

在 WTO 框架下，自然人流动的开放程度远落后于货物贸易和服务贸易的另外三种模式（跨境交付、境外消费和商业存在）。只有少数成员作出了开放承诺，且人员构成以对发达国家有利的公司内部人员、高级经理人和专家等为主。随着科技进步和全球产业结构的调整，信息产业、生物工程、环保工程、计算机软件和硬件、电信、金融、保险、商业流通等领域技术和专业人才的需求日益增加。对于受教育程度高的专业人才，发达国家普遍持欢迎态度。欧洲、澳大利亚、美国和加拿大等国家和地区都制定了专门政策，吸引高级专业人士来本国就业，给予“优先配额”、加快就业审批手续、提供长期居留权、为其配偶提供就业许可等。

与此同时，各国对普通劳务的限制逐渐增多。出于保护国民就业和社会稳定等多方面的考虑，很多国家在数量和行业上对普通劳务人员的限制依然苛刻。这些规定对以劳动密集型工人为主体的我国劳务人员的跨国流动形成了很大障碍。国际移民组织有关资料显示，1976 年，仅有 18% 的发达国家和 3% 的发展中国家出台了限制引进移民的政策和措施，至 2001 年，就有 44% 的国家颁布了类似限定市场范围、指定行业、配额管理、严格签证和工作许可证发放条件、限定最长工作年限等方式

的限制措施。图 4-1-1-2 是欧盟及成员国之间移民政策比较。

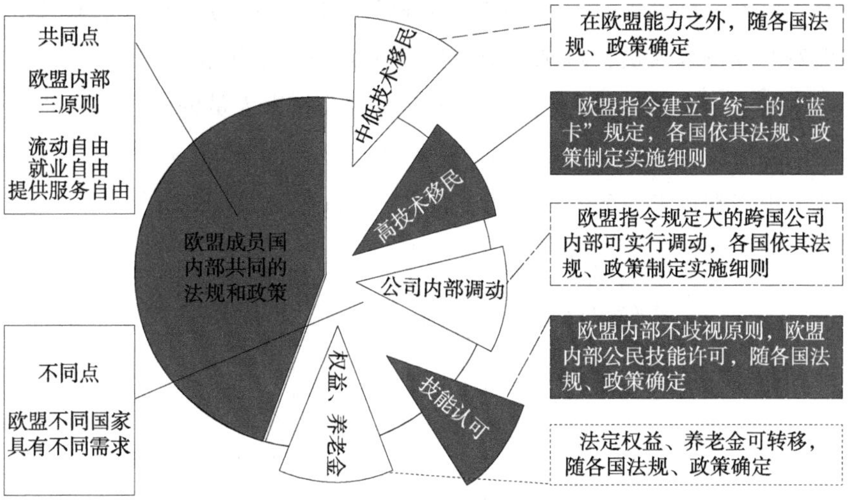

图 4-1-1-2 欧盟及成员国之间移民政策比较

资料来源：根据国际移民组织相关资料整理。

各国在对外籍劳工的筛选性政策方面各不相同。发达国家（以欧盟成员国为例）一般是先由政府给出一系列的指导标准，如任职资格、工资水平、技术要求等，再由雇主根据这些标准进行筛选，方式有配额制和评分制等，如表 4-1-1-1；希望吸引更多定居者的国家一般采用评分制；而希望引进临时劳工满足劳务市场需要的国家一般采用配额制。近年来，主要劳务输入国更加重视外来劳工管理政策的修订和完善，特别是加强了针对短期劳工的管理。

表 4-1-1-1 欧盟针对非欧盟成员国的几种移民政策比较

劳务移民制度		总体评价
配额制	移民数量取决于 （1）劳务市场需求 （2）雇主需求	与技能需求关系不大，不太适合于高技能移民
评分制	移民数量取决于 （1）劳务市场需求 （2）雇主需求 （3）人员质量	主要解决结构性劳务需求和技能需求，适用于高技能劳务移民，不太适合于紧急需求
雇主需求制	取决于具体的雇主和职位空缺需求	不太适合结构性劳务需求和技能需求
政府间协议制	取决于双方确定的人数和标准	适合与配额制共同实施

资料来源：根据国际移民组织相关资料整理。

社会现实、人口结构、市场需求是影响劳动力流动政策的主要因素。随着全球科技的发展、产业结构的调整和老龄化社会的到来，医疗卫生、信息技术、环保工程、养老等朝阳产业对高级人才的需求日益旺盛，而普通劳务的需求比重持续下降。特别是欧美市场外籍人员准入政策的共同特点是对普通劳务的进入采取严格的限制措施，但对专业技术人员，特别是对高级技术人员的政策相对宽松，信息、生物、环保、金融保险、医疗、养老、旅游等领域对专业技术人员的引进是当前欧美劳务市场需求的主流（如图 4－1－1－3）。这种趋势正在推动国际劳务市场结构的变化，逐步形成以中高端技术劳务为重点的多层次、多行业的需求格局。

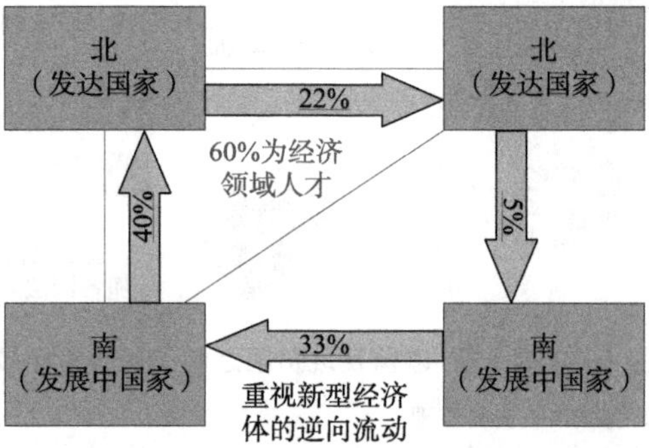

图 4－1－1－3　全球劳务流动中的四种移民路径

资料来源：根据国际移民组织《世界移民报告 2013》整理。

2. 与其他劳务输出国之间的竞争日益激烈

目前，我国对外劳务合作业务总量与我国劳动力资源大国的现实很不相称，与亚洲很多劳务输出大国差距较大。菲律宾、越南等亚洲劳务输出国与中国有着相似的劳动结构和工资水平，同样以日、韩、中东和中国港澳地区为主要目标市场，并拥有劳动力语言能力更强、国家支持体系更完备等优势。此外，北美自由贸易区、欧盟东扩等区域经济合作的推进，使得欧美等发达国家相继向其周边国家降低劳务引进门槛，进一步挤占我国劳务输出的市场空间，如表 4－1－1－2。

表 4－1－1－2　国别（地区）对外劳务市场需求与潜力分析

国别（地区）	需求特点	市场潜力分析
亚洲	日本、新加坡、韩国以及中国香港、中国澳门对外劳务要求以加工制造业、建筑业为主导，传统劳务为主体	存在地区依赖性，潜力长期存在
澳大利亚、新西兰	以高技能劳务和劳务移民为主体	受语言与职业资格制约，发展有限
海湾国家	以建筑劳务为主体，近年来，对酒店、服务业和护工有所需求	语言要求相当宽泛
非洲	以建筑、投资合作人员为主导，传统劳务为主体	除工程项下建筑劳务以外，其他较难
欧盟国家	属高端市场，语言与技能资格门槛始终是制度性障碍，但需求比较活跃，市场重新受到关注	存在对欧盟以外地区高技能、高学历需求，有一定的发展潜力

3. 国际产业布局调整影响中国劳务外派

随着经济全球化的深入和国际产业分工进一步调整，发达国家或地区为降低成本，继续把劳动密集型的制造产业向发展中国家转移，中国成为转移的重要目的地之一。特别是制造业基地的布局，发达国家或地区对外籍劳务的需求减少，因此我国制造业工人的外派业务受到相当程度的影响。

（三）医疗卫生和家庭护理需求增加，女性劳工比例上升

由于发达国家的生育率和死亡率低，人口老龄化现象日益严重，对医疗卫生工作者和护理者产生巨大需求，而医疗、护理业衍生了对女性护理人员的大量需求。此外，制衣等手工业也更偏爱女性工人，致使外籍劳工中女性劳工比例上升。亚洲地区表现尤为明显，印度尼西亚、菲律宾、泰国和斯里兰卡等国成千上万的女工前往新加坡、马来西亚、中国香港、中国澳门和中东地区从事家庭服务、护士和教师等工作。1998 年，菲律宾的女工占该国 61% 的海外新签工作岗位；2000 年，85.8 万人的菲律宾出国务工者中女性有 59 万人，大多到中东做家庭服务员。

二、国际人力资源合作成为国际经济合作的热点

国际劳工组织、国际移民组织分别以国际劳动力流动为其年会的主题，对外籍劳务人员的工资和福利保障、国际劳务协议、国际汇款、外籍劳务管理等问题进行过深入讨论。2005 年 11 月，世界银行发布以“国际移民和汇款的经济意义”为主题的《2006 年全球经济展望》，再次聚焦国际移民和劳动力流动问题。国际人力资源合作发展稳中求变，成为国际经济合作领域的重要现象和热点问题，呈现如下发展特点和趋势。

（一）合作规模持续增长并将继续扩大

世界经济发展不平衡以及由此产生的工资和生活水平差异仍将继续扩大，劳动力为寻求高报酬而引发的流动加剧。发达国家和新兴市场国家人口老龄化的加剧和收入水平的不断上升衍生了更多的服务性需求。

（二）亚洲区域内外籍劳动力流动渐趋活跃

在经济因素的驱动下，国际劳动力的总体流向是由发展中国家向高收入的发达国家或地区转移。而在亚洲，日本、韩国、新加坡及中国香港、中国澳门等地随着经济的不断发展成为亚洲劳动力的新目标。

（三）技术型和服务型普通劳务在国际劳务市场走俏

据国际劳工组织的调查，所谓“3D”（脏、累、险）工作是外籍劳工从事的主

要工种，大量来自欠发达国家的、仅受过初等或中等教育的工人承担着这些工作。随着科技的迅速发展和全球范围产业结构的调整，劳动力需求结构呈专业人才和初级劳务两极分化，电信、计算机、生物工程、环保工程、金融等产业的技术人才和管理人才成为各国争夺的对象，技术型和服务型普通劳务在国际劳务市场走俏，不少国家也逐渐松动了对上述人员的限制，家政服务人员、厨师、公共交通服务人员和护士等行业工种的就业机会呈现增多的趋势。

（四）积极应对外籍劳工增长并实施有效管理

许多输入国的外籍劳工政策逐渐从单纯限制向积极应对外籍劳务的增长和对劳工引进实施有效管理转变。在劳动力短缺和外籍劳工需求国国内产业界的压力下，一些国家和地区对劳动力进入的限制有逐渐放宽的迹象。英国、西班牙、澳大利亚、新西兰逐年增加其引进劳动力的名额，德国简化居留许可制度并延长部分工种的工作许可年限等。

（五）国家间签署的劳务合作协议呈现增多趋势

WTO 服务贸易框架下的“短期合同制”性质的劳务合作形式逐渐出现在发达国家的外劳政策版图中，成为移民类法规的有效补充。亚太经合组织（APEC）的 16 个经济体之间签署了“商务旅游卡”协定，即协议成员持卡公民在协议国进出境可以享受快速通道待遇。欧盟一些国家与新欧盟成员签署了特定行业的劳务入境免检协议。澳大利亚、新西兰等 20 余个国家或地区签有“假期工作者”协议，以解决季节工人和短期雇佣劳动者的入境和管理问题。韩国修订所谓“研修”制度，实行雇佣许可制。日本废除研修制度，修订技能实习制度，出台技能实习法，签署双边合作备忘录，推行特定技能劳动者接收政策等。

三、国际组织倡导移民工人合法流动和体面就业

国际的劳动力流动属于移民流动范畴。据国际移民组织估算，国际移民人口近 50 年来一直保持增长势头。从国际市场的总体需求看，世界各地的工作年龄人口愿意移民海外的比例增加。为此，各主要移民工人输出国和输入国都在积极采取措施便利移民工人的合法流动，为其创造体面的就业机会。国际移民组织和国际劳工组织等相关国际组织通过推进“科伦坡进程”等各种多双边对话机制，倡导人性化招聘，降低移民工人的移民成本。推行国际移民中介机构诚信体系和公平招募规则，促进移民中介机构招募环节的公开、透明和公平运作。研究多双边争端纠纷协调解决机制，维护移民工人的合法权益。

一是逐步建立有关国际移民问题的全球协调机制。2015 年联合国通过的《2030

年可持续发展议程》明确提出了包括执行规划合理和管理完善的移民政策，促进有序、安全、正常和负责的移民和人口流动，以及保护所有劳工权利的可持续发展目标。二是多方参与的全面国际合作框架已见雏形。2016年联合国通过的《关于难民和移民的纽约宣言》强调国际合作在促进移民管理和落实对移民承诺过程中的重要性，促进通过双边和区域移民对话机制协调应对国际移民过程中出现的相关问题。就亚太地区而言，亚太经济合作组织、科伦坡进程、阿布扎比对话、亚洲海外就业服务商协会联盟等区域对话机制，对共同促进国际移民安全、有序和规范的流动发挥了积极作用。三是以保护移民工人权益为核心的国际移民规则体系正在形成。国际劳工组织以国际劳工标准和相关文件为基础制定了与公平招募原则相关的操作指南，以保护包括劳务移民工人在内的劳工权益为核心，包含公平招募的一般性原则，以及对政府、企业和公共就业服务机构的职责界定等。

2018年12月10日在摩洛哥召开的联合国移民问题政府间会议上，150多个国家支持通过了国际社会首份全方位协调解决移民问题的综合性政府间协议，即《安全、有序和正常移民全球契约》（以下简称“契约”），为加强全球移民治理提供了全球性合作框架。该契约指出，移民是全球化世界繁荣、创新和可持续发展的一个源泉，通过改善移民治理可以充分发挥移民带来的积极影响。契约提出的涉及国际移民工人的内容主要包括五个目标：一是加强正常移民途径的可用性和灵活性；二是促进公平且符合道德的招聘，保障确保体面工作的条件；三是着力于促进技能、资格和能力的相互承认；四是促使汇款更加快捷、安全和便宜，促进对移民的金融普惠；五是建立社会保障权益和既得福利的可携性机制。通过开展国际合作和采取契约中提出的综合措施减少非正常移民的发生及其负面影响。我国政府参与了契约谈判，将结合中国国情，根据国内法律法规，本着自愿原则循序渐进落实契约，同国际社会一道，为共同促进安全、有序、正常移民发挥积极作用。

亚洲一直是劳动力流动活跃的地区，也是世界最大的劳务输出市场。近年来，双边劳务协定成为WTO框架下劳务输出国与输入国之间合作与协同管理的重要手段。如马来西亚和中国、新西兰进行的自由贸易协定谈判，其中就包括有关移民的部分；韩国和中国、巴基斯坦、乌兹别克斯坦及柬埔寨等国家签署了雇佣许可制协定，只接受签约国国民所提交的申请；泰国与老挝、柬埔寨及缅甸签署了谅解备忘录，规范对移民工人的监控和管理；日本与十多个国家签署特定技能人才双边合作备忘录等。

第二节 国内资源与经营风险挑战增多

一、对外劳务合作企业陷入招聘难困境

（一）外派劳务渐失成本优势

长期以来，我国对外劳务合作靠低成本优势拓展市场，外派劳务人员绝大多数是来自农村的青年，人员结构呈现技能型劳务占比小、劳动密集型产业的普通型劳务居多的特征。近年来，由于我国城乡居民收入的提高，部分传统外派劳务国别（地区）市场和行业工种，劳务人员的合同工资收入已经被国内劳动力市场上的招聘工资标准所“淹没”，渐失魅力，依靠同等条件下的低成本竞争已不具备优势，这使得外派劳务人员选择境外务劳时的比较优势减弱，传统意义上的“出国打工”已不再具有以往“高收入”的吸引力。加之，我国居民物质精神生活的大幅改善和外派人员结构呈现以“80后”“90后”为主的年轻化趋势等因素，大多数年轻人所追求的生活方式愈加丰富，赴境外赚钱的单纯性目的不再是唯一选择，加之可外派劳务资源开始出现紧缺，外派经营公司因此渐失成本优势，陷入外派人员招聘难困境，甚至形成瓶颈制约。表4－1－2－1为对外劳务合作劳务人员境外务工收入（系笔者于2019年企业调研时所做的对外劳务合作劳务人员境外务工收入情况调查）。

表4－1－2－1 对外劳务合作劳务人员境外务工收入

劳务人员分类		月均收入（美元/月）	劳务人员收入峰值区间（美元/月）	说明
海员	管理级	6481	3800～10200	包括船长、轮机长、大副、大管轮、政委
	操作级	2170	1235～3500	包括二副、三副、二管轮、三管轮、四管轮
	支持服务级	1185	400～1800	包括水手、机匠、机工、厨师、事务员、服务员
建筑工		1696	1100～3687	
渔工		1232	900～2000	
厨师		1804	807～4000	
护士		1936	800～4028	
空乘人员		2200	1171～2928	

续表

劳务人员分类		月均收入（美元/月）	劳务人员收入峰值区间（美元/月）	说明
对日研修生		1414	829～2302	
制造业	机械加工	1475	600～2040	
	纺织服装	1280	850～2000	
	电子加工	1321	850～2000	

（二）企业经营风险增多

随着国际劳务市场的结构性变化和我国对外劳务合作事业的可持续发展需求，对外劳务合作企业所面临的资源困扰随之增多。一是多年来外派劳务以建筑业、制造业等传统行业为基本特色，中高端技能型劳务所占比例较小，制约我国对外劳务合作跨越式发展的语言、技能门槛始终未能逾越；二是维护对外劳务合作的可持续发展必须摆脱传统劳务的竞争，摆脱恶性低价竞争，实现行业升级，在高技能、高效率和高薪酬的工种领域另辟蹊径，彰显新的竞争优势，但在开辟新的对外劳务合作市场中遇到很大压力；三是改革开放以来，广大劳务人员的知识视野、法律意识有了很大提高，出国（境）期望已经由追求单纯的经济收入转向对收入高、安全可靠、附加值高的行业工种的多元化追求，企业开拓新项目和对项目条件的确认标准和要求相应提高；四是在高技能工种上形成具有适应市场需求的外派劳务结构，企业的经营成本加大；五是发达国家的外籍劳工政策经常因为政治经济等因素的影响而发生变化，对引进外籍劳务人员设置了种种限制，对我国拓展市场带来政策性经营风险，不确定因素增多；六是职业院校毕业生受年龄、经济状况以及对出国（境）工作的认知程度等的限制，出国（境）务工手续存在诸多不确定性，加大了对外劳务合作企业的经营风险。

二、维护市场份额，保持竞争优势

（一）主要国别（地区）市场和重点工种的优势不减

分析我国对外劳务合作的结构可以看出，我国对外劳务合作在亚洲市场和制造业、建筑业等行业具有长期稳定的比较优势。从市场分布看，亚洲市场近年来一直是占我国对外劳务合作市场60%以上份额的地区。从长远发展看，由于地缘优势和我国对外劳务合作的特点，日本、新加坡以及我国港澳地区在今后很长一段时期内仍然是我国对外劳务合作长期、稳定的主要市场；从行业工种的构成来看，建筑业和制造业连续几年占我国对外劳务合作业务行业构成60%以上的比重，未来仍将是我国对外劳务合作的优势行业。

（二）出现新的业务发展形态，在外人员结构多元化

随着改革开放的不断深入和企业国际化进程的加快，我国企业开展对外劳务合作的业务形态不断发展和演变，呈现出传统对外劳务合作、境外就业中介服务、第三国劳务等形态并存的多样性特点。同时，由于我国外派劳务资源短缺程度的加深，对外劳务合作行业结构和业务形态随之发生变化。就对外承包工程而言，使用第三国劳务对于降低承包工程成本、实现国际化经营、推行承包工程的属地化和国际化具有积极作用，主要表现为对外承包工程企业从劳动力成本较低的越南、柬埔寨、孟加拉国、尼泊尔、印度尼西亚、印度、斯里兰卡等国招收外籍务工人员，同时加大雇佣工程所在国当地劳务人员；就对外劳务合作而言，对外劳务合作企业采取市场细化营销策略，进一步细化外派市场，实行项目分类管理，与对外投资合作和对外承包工程企业在外派劳务人员方面寻求合作，拓宽了业务合作范畴。同时，进一步拓展海外市场，一些具有中国特色的厨师、护理、海乘、空乘、海员、导购等工种正在逐渐形成新的市场竞争优势。

在今后一段时期内，研究探索对外劳务合作新的业务发展形态，研究区域经济合作背景下的劳动力流动形式，进一步明确和理顺第三国劳务市场的法律主体地位，优化合同范本、管理模式、自律规则等也是行业发展研究的重要课题。

三、客观看待我国外派劳务资源的潜力空间

我国人口虽然呈现必然减少趋势，但是外派劳务资源依然蕴藏着一定的发展空间。当前，在人口仍然保持增长的情况下，即使劳动年龄人口比重不再增加、劳动年龄人口总量开始减少，劳动力资源也还有一定的开发利用空间。一方面从劳动年龄人口开始负增长到总人口开始负增长还有一个时间段，另一方面可以通过提高劳动力参与率、提高劳动力资源素质、开发老年人力资源等措施调整劳动力结构。在劳动力供求失衡中，还有大量劳动力没有得到充分利用，有待开发利用。同时，在转变经济发展方式、实行经济结构的战略性调整过程中，将会带来劳动力供求关系的结构性改变，这种变化或将可以缓解对外劳务合作资源紧缺状况，并在一定程度上为对外劳务合作带来发展机遇和发展空间。

（一）未来一段时期内的劳动力总量仍为外派劳务的资源优势

虽然我国依靠“人口红利”等要素保持了30多年的高速增长优势，但是，总体上劳动力资源并没有得到充分利用，还有大量富余劳动力资源可以开发。其次，可以开发二次人口红利促进经济增长。即使劳动年龄人口增长停止或者老龄人口比

例增加，由于健康寿命延长，在合适的教育制度、劳动力市场制度和养老保险制度下，老年人口仍然能够为经济增长提供额外的劳动力供给。上述因素扩大了劳动力资源的范围，同时也缓解了可外派劳务人群的选拔空间。

（二）劳动力结构变化缓解了对普通劳动力主体的需求压力

首先，经济结构战略性调整带来劳动力结构变化，通过形成劳动密集型制造业的区域转移，为提高资源重新配置效率带来巨大潜力。按照户籍人口计算，中西部地区的人口抚养比仍然低于东部地区，意味着中西部地区仍有人口红利潜力可以挖掘。虽然大量中西部地区劳动力在沿海地区务工，但是，现行户籍制度使得他们不能成为务工地的市民和稳定的劳动力供给。因此，一旦劳动密集型产业实现了向中西部地区的转移，仍然可以预期获得新的劳动力供给和资源重新配置效率。为此，党的十八大提出“加快改革户籍制度，有序推进农业转移人口市民化，努力实现城镇基本公共服务常住人口全覆盖”，尽快消除仍然存在的劳动力流动制度障碍。

（三）居民收入差距仍然是出国（境）务劳的动因

只要经济发展水平存在差异，就有人员的自然流动。即使到2020年我国实现城乡居民收入翻一番，人均实际收入水平与发达国家仍有一定差距，劳动力境外移动的情况还会持续存在。在全球经济持续增长、服务贸易迅速发展、区域经济合作不断增强的背景下，国际自然人流动作为服务贸易和国际经济合作的组成部分更加频繁和活跃。目前世界各国产业结构调整和人口结构变化加剧，在一些领域，国际劳务市场需求旺盛，为我国对外劳务合作提供了一定的发展空间。随着科技进步和全球产业结构的调整，信息、生物、环保、电信、旅游业等朝阳产业对国际劳动力的需求日益增加，对国际医护人员、厨师、教师、农技人员、空乘、海乘、导购的需求和一些新兴工业国对脏、险、累的“3D”外来人员的需求也不断加大。

（四）外派劳务人员回国（境）创业的社会效益影响深远

众多劳务人员并非以赚钱为出国（境）务劳的唯一目的，他们期望通过正规渠道出国（境）务工，掌握国（境）外先进的生产技能和管理经验，开阔视野，提高自身素质。这些外派劳务人员返回后，有的学以致用，回到原工作岗位发挥骨干作用；有的从事双边经贸合作交流，成为友好使者；有的自主创业，帮扶贫困，开办了涉及农场、服装、家装、建筑、餐饮等行业的企业，吸纳了大量社会人员就业，带动身边的人共同致富，取得了显著的社会效益，使出国（境）务工发挥出一定的积极影响作用。

第二章　对外劳务合作发展策略

第一节　更新发展理念

一、坚持投入产出理念，实现外派结构多元化

作为对外劳务合作经营主体的企业，需要正确认识和面对国际劳务市场的需求，在培养中高端技能型劳务人才方面不断加大投入，在巩固传统业务的基础上实现劳务结构调整与业务升级，在语言培训、技能培训、国情教育方面形成中国特色的培养运作方式，切实解决资源制约，由追求经济效益向互利双赢的方向发展。

二、坚持可持续发展理念，延伸对外劳务合作产业链条

在拓展劳务资源储备渠道和新兴国际市场的同时，探索以国际劳务合作为平台开展形式多样的对外经济合作，增强劳务企业的自我发展能力和造血功能。外派劳务企业应正确研判国际市场，不断改善员工队伍，培养员工的国际视野，维护新型的客户关系，形成适合于企业自身发展的劳务结构。同时以劳务合作为平台，拓展对外经济合作，延伸对外劳务合作产业链，注重提高劳动力转化和回国（境）劳务人员创业指导等上下游环节的附加值，提高对外劳务合作的综合效益和社会贡献度。扩大对外劳务合作企业与承包工程、对外投资合作企业在外派人员方面的合作，提高我国企业“走出去”的综合收益。

三、坚持以质取胜理念，打造中国劳务品牌

必须以客户需求为导向，着力开发培育外派劳务资源，继续加大针对外派劳务人员的培训力度，在不断完善和优化外派劳务人员适应性培训的基础上，加大技能

培训投入力度，努力突破语言与技能障碍，强化招选培管环节，引导劳务人员确立诚信履约、爱岗敬业、钻研创业的理念，维护中国公民的良好形象，着力打造中国劳务品牌。

第二节　实行人才强企

——对外劳务合作企业从业人员岗位培训参考提纲

一、企业人才团队的关键作用

当前，对外劳务合作企业开展适应国际人力资源交流合作的国际化经营，所遇到的最大挑战是人才问题，最亟待解决的是竞争力问题，最需要高度防范的是风险问题，最需要重视的是履行社会责任问题。没有国际化的人才，就无法直面激烈的国际市场竞争。而国际化人才是一个团队的概念，任何个人都无法同时拥有语言、技术、产业、市场、法律、管理和决策等诸多知识。因此，拥有一支具有国际化的意识和胸怀、国际化的视野和能力，能够实施国际化经营的优秀团队最为关键。

马克思曾说，人是生产力中最革命、最活跃的因素。一个企业成败与兴衰的根本取决于团队实力。因此，提高企业人员的素质，是增强企业核心竞争力的集中体现。习近平总书记深刻指出："发展理念是发展行动的先导。"① 一定的发展实践都是由一定的发展理念来引领的。当前，对外劳务合作行业面临着向可持续发展方向迈进的理念更新，对外劳务合作业务的从业人员必须勤于学习和思考，始终保持老一辈"外经人"锐意开拓的进取精神，用不断适应新时代发展的理念引领行业实现可持续发展，用不畏时艰的担当精神体现"劳务人"勇立潮头的胸怀、勇气和品格，干更大的事业，创更新的辉煌，用实践回答对外劳务合作企业探求新时期实现可持续发展的目的、动力、方式和路径。

因此，笔者从人才强企的理念出发，提倡对外劳务合作企业持续开展从业人员的上岗培训和岗位学习教育，由于许多应知应会的内容在本书中有所涉及，鉴于篇幅和市场动态变化等原因，本章第一节采用提纲形式列出面向企业从业职工开展岗位培训的主要内容，作为对外劳务合作企业从业人员上岗培训和在职培训课目的参考。

---

① 习近平. 发展理念是发展行动的先导［J］. 党的建设，2016（3）：5.

二、企业人才团队的素质要求

1. 对外劳务合作的基本概念

（1）对外劳务合作基本概念释义。

参照第二篇第二章第一节基本概念。

（2）对外劳务合作的业务主体及其关系。

参照第二篇第四章第一节合同关系。

2. 对外劳务合作企业的经营范围

（1）经营范围的界定。

依据《对外劳务合作管理条例》和《商务部关于加强对外投资合作在外人员分类管理工作的通知》。

参照第二篇第三章第二节对外劳务合作企业经营范围。

（2）对外劳务合作与境外就业中介的区别。

参照第二篇第二章第一节基本概念三、对外劳务合作的广义概念。

3. 对外劳务合作业务发展沿革

包括且不限于对外劳务合作的发展历程、对外劳务合作业务的主要特点、对外劳务合作的显著社会效应、影响对外劳务合作发展的主要因素、对外劳务合作行业发展展望等内容。参考本书相关章节。

4. 对外劳务合作主要法律法规政策

包括且不限于我国对外劳务合作的主要法律法规依据、对外劳务合作宏观管理框架与宏观管理体系、对外劳务合作经营资格、对外劳务合作经营活动、对外劳务合作企业的权利与义务、劳务人员和境外雇主的权利和义务、对外劳务合作项目管理、外派劳务资源培育、办理出国（境）手续、实行境外管理（含境外办事处的设立，协助劳务人员维权等）、主要国别（地区）市场和行业概况以及外派劳务培训等内容。参照第二篇对外劳务合作法规政策与行业规范。

5. 对外劳务合作相关行业规范

包括且不限于行业自律的重要作用、对外劳务合作行业规范与协调办法、对外劳务合作业务合同体系等内容，参照第二篇对外劳务合作法规政策与行业规范。

6. 对外劳务合作企业管理

包括且不限于：

（1）制度建设。公司章程；企业各项管理制度（岗位职责、人事、薪酬、劳动纪律、财务、业务、企宣、公文、信息化、保密、办公自动化、绩效考核等）；标准化体系建设与质量认证；企业信用体系建设与社会责任建设；合理化建议征集与采纳奖励办法等。

（2）团队建设。党工团妇组织的作用；职工生活与员工之家；职工生涯学习与继续教育；职工福利与团建活动组织等。

（3）发展规划。企业经营理念与发展目标；企业中长期战略发展规划等。

（4）规避对外劳务合作经营风险。政治风险（劳务接收国政局变化、战争、武装冲突、恐怖袭击或绑架、社会动乱、治安犯罪等；劳务人员遭受恐怖袭击；因民族宗教冲突、种族歧视、文化差异导致群体性冲突等影响劳务项目实施；警察执法不当等）；安全风险（劳务人员从事高危职业风险；传染疾病、工伤事故等身体意外伤害和交通风险；地震、海啸、火山、飓风、洪水、泥石流等自然灾害及重大流行性疾病等自然灾害风险）；政策风险（劳务接收国政府的财政、货币、外汇、税收、环保、劳工、资源政策的调整和国有化征收等）；市场风险（项目不实，虚假宣传；境外雇主企业倒闭，克扣劳务人员收入，合同约定与事实不符等）；人员风险（劳务人员中途退出；企业业务人员忽视雇主资信，业务人员工作不深入扎实，缺乏社会责任感等）；管理风险（管理不善，决策失误，行为疏忽；个别项目纠纷多、问题乱、处理杂等）；金融风险（经济危机、金融市场动荡、主权债务危机、通货膨胀、利率汇率变动等宏观经济形势变化，导致劳务人员和公司收益缩水等）；境外发生的可能对我国对外劳务合作造成危害或形成潜在威胁的其他各类风险。

7. 对外劳务合作经济社会效应

（1）对外劳务合作是我国最早走出国门的服务贸易之一，为丰富我国对外经贸合作发挥了积极作用，已成为我国对外经济合作的重要组成部分；对外劳务合作是"一带一路"倡议民心相通、人类命运共同体的实践载体，是国家软实力的组成部分之一。

（2）对外劳务合作对缓解劳务项目所在国的劳动力紧缺、助力劳务项目所在地中小企业的经济发展发挥了不可替代的作用。

（3）对外劳务合作对扩大服务出口、促进人员往来、增进国别（地区）友好关系发挥了积极作用；有利于充分发挥我国劳动力资源较为丰富的优势，参与国际经济合作与竞争，适应经济全球化深入发展的趋势。对外劳务合作增加了国家的外汇和财政收入，带动了国内民航、金融、保险、邮电等相关服务行业的发展，是一项利国利民的事业；有利于增进我国同世界各国人民的了解和友谊，促进同有关国家和地区的政治和经济关系。

（4）对外劳务合作自创立之日起，就与脱贫致富密切相关，是一项实实在在根植于"三农"，助力脱贫攻坚、乡村建设的对外经济合作业务，是劳动力向国（境）外转化的外向型人才交流合作业务。对外劳务合作作为脱贫攻坚工作的重要内容和有效载体，对提高贫困人口收入、改善民生、消除贫困，促进地区经济社会发展、增强福祉、维护稳定，进而全面建成小康社会具有十分重要的作用。对外劳务合作资源培育形式为农村劳动力转化开辟了一条成功之路，为我国打好脱贫攻坚战、数千万个贫困家庭脱贫致富作出了不可磨灭的历史性贡献。

（5）对外劳务合作让一部分劳务人员通过自己的劳动，实实在在地富裕起来，有利于改善劳务人员的家庭经济状况；对外劳务合作使数以千万计的劳务人员走出国门，开阔了视野，增强了素质，有利于拓宽就业渠道，在一定程度上缓解了国内就业压力，提高了我国人口综合素质，提高了劳务人员的管理能力和业务技能，对培养我国现代化建设所需要的国际化人才发挥了显著作用；大批劳务人员回国后岗位建功，自主创业，帮贫致富，或成为友好使者，产生了显著的社会效应；劳务人员回国后为振兴地方经济、建设新农村发挥了积极作用，“派出一人，富裕一家，带动一片，造福一方”是对外劳务合作经济和社会效益的真实写照。

（6）对外劳务合作事业作为我国独特的对外经济合作形式，锻炼了企业职工队伍，形成了独特的企业文化和业务运转形式；有利于锻炼和培育一批具有实力的经营主体，增强我国在国际劳务市场的竞争力；对外劳务合作四十余年的实践为国际人力资源交流合作积累了经验，奠定了基础。

8. 对外劳务合作业务可持续发展实践探讨

包括且不限于实行对外劳务合作企业可持续发展的重要意义；合格劳务人员的标准是什么；对外劳务合作企业如何积极履行社会责任，如何扩大对外劳务合作的社会效应；团队建设对企业发展的决定性作用；心理学在外派人员选派、出国（境）培训和境外管理中的应用（几种常用的心理测试量表）；对劳务人员实行理想教育的实践与探讨等。

9. 国际人力资源服务的概念

包括且不限于国际人力资源合作与服务的概念；国际劳工组织倡导的一般性原则；国际移民组织关于劳务移民的概念；国际人力资源合作的雇佣管理；国际人力资源市场的需求结构；国际人力资源市场的发展趋势等。

10. 对外劳务合作可持续发展思考

包括且不限于“一带一路”倡议对对外劳务合作业务的战略指导意义；“一带一路”倡议关于民心相通的理念与内涵；人类命运共同体理念及其重要意义；对外劳务合作企业品牌建设的重要意义；延伸对外劳务合作产业链的现实需求；突破外派劳务资源制约的有效措施；如何建立外派劳务资源培育的长效机制；实现企业多元化经营的必要性；增加对外劳务合作业务附加值的可能性及其途径；新时期转变

发展方式、实现可持续发展的主要思路；对外劳务合作企业应该培养什么样的经济增长点；如何构建新时代对外劳务合作互利共赢的新型合作关系；如何与国际人力资源服务接轨；如何有效拓展国际人力资源服务（交流与合作）业务；如何打造“中国劳务”和“中国国际人才”品牌等。

第三节　实行以质取胜

——外派劳务人员出国（境）适应性培训提纲

一、外派劳务人员素质是企业品牌建设之本

实践证明，外派劳务人员的质量是对外劳务合作企业的生命线。国际劳务市场竞争实质上是劳务人员素质的竞争，再丰富的劳动力资源也只是对外劳务合作的一种潜在的、有待实现的竞争优势，而将潜在的劳动力资源变为现实的竞争优势，关键是要坚持以质取胜方略，提高劳动力的综合素质。马克思认为，复杂劳动等于倍加的简单劳动。根据这一科学论断，可以说，高技能劳务的价值和价格等于多倍的普通劳务的价值和价格，这也正是国际劳务市场技能型劳务需求趋增而普通劳务需求渐降的原因；另外，普通劳务不仅难以挤入发达和较发达的国家和地区的劳务市场，而且劳务收入也难以满足当今我国劳务人员的期望和需求。

同时，加强外派劳务培训工作，是提高外派劳务人员素质，保障外派劳务人员合法权益，促进对外劳务合作健康发展的必要举措，是企业以质取胜之要、品牌建设之本。

二、新时期外派劳务培训的目的和要求

（一）新时期外派劳务培训的目的

（1）全面培养遵法守约意识。确保劳务人员在国（境）外工作和生活期间认真遵守所在国家和地区的各类法规条例，并依据合同约定顺利完成工作内容，避免因触犯当地法律法规和违反合同约定而导致个人不必要的损失。

（2）系统掌握工作与生活常识。使劳务人员掌握所在国家和地区吃、住、行等生活常识，了解各类突发事件及疾病的产生原因，提高生活适应能力和自我保护能力，确保在外期间有能力处理各类生活和工作问题，确保人身安全。

（3）严格规范和约束自身行为。通过行为规范的培训，使劳务人员知晓在所在国家和地区的各类行为应符合当地文化环境和工作环境的要求，避免因个人不当行

为在所在国家和地区造成不良的影响，甚至与当地政府机构与居民发生不必要的误解与冲突，使个人、企业乃至国家利益和形象受损。

（4）树立依法维权意识，知晓正确维权途径。通过合法维权培训，使劳务人员认识到合理维权的必要性和重要性，强化依法维权意识和正确处理雇佣关系的教育，了解和掌握合理维权途径与办法，避免非理性维权，确保劳务人员的合法权益得到保障。

（二）新时期对外派劳务培训的要求

对劳务人员开展出国（境）适应性培训是中国对外劳务合作的显著特色，是出国（境）劳务人员的必修课。做好新时代出国（境）劳务人员的适应性培训工作，一方面应不断完善、优化符合项目特点的培训教材，体现系统性、实用性、科学性和创新性，另一方面应针对新生代劳务人员的特点，充分利用好网络手段，开展公开课、视频课、实体模拟课、公众号交流等形式多样、喜闻乐见的培训，以获取适应性培训的最佳效果，切实有效地提高出国（境）劳务人员的素养，打造中国劳务和中国国际人力资源的优质品牌。

根据《对外劳务合作管理条例》第十二条要求，“对外劳务合作企业应当安排劳务人员接受赴国外工作所需的职业技能、安全防范知识、外语以及用工项目所在国家或者地区相关法律、宗教信仰、风俗习惯等知识的培训；未安排劳务人员接受培训的，不得组织劳务人员赴国外工作。”培训内容不仅应涵盖爱国主义、道德人品、履约意识与雇佣关系、就业观和职业观、文化差异与生活工作环境、健康与安全、合法维权、人生规划及领事保护与协助等内容，还应着眼于素质教育，注重理论与实践相结合，为培育中国劳动者的国际化视野、科学的职业素养、全面的生活工作技能和适应新时期发展的新优势发挥作用，为我国现代化建设和实施人才战略奠定扎实基础。

（三）外派劳务培训相关具体规定

培训对象包括对外劳务合作劳务人员、对外投资合作在外人员和对外承包工程项下外派人员；培训形式包括语言培训（授课、口语对练、视频图片多媒体、环境仿真模拟等）、适应性培训（授课、案例讲解、视频图片多媒体、日常生活教育等）、职业技能培训（教学实习、视频图片多媒体、现场操作等）；培训管理包括培训周期（时间）与费用、培训机构、培训考试、培训证的印制发放和领用以及外派劳务培训的法律责任等。具体参照第二篇第四章第四节外派劳务培训。

当今出国（境）劳务人员主要以“80 后”“90 后”群体为主，呈现年轻化趋势。为了不断适应新时期出国（境）劳务人员适应性培训的新特点和新要求，培训教材应全面覆盖出国（境）前准备、在外期间和合同期满返回的全部过程，体现思想性、科学性、实用性和创新性。所谓思想性是指在政治立场、思想倾向、观点陈述上以《对外劳务合作管理条例》等相关法律法规为依据，将培育出国（境）劳务人员优秀素质、道德品格、职业观念、国（境）外生活工作技能、风险防范知识等内容作为基本出发点，在知识点设计上以法律法规、素质教育、爱国教育、职业道德教育、生活常识以及优秀劳务人员生动事迹等完整内容为载体，体现教材的系统性和思想性；所谓科学性，就是开发适应对外劳务合作项下劳务人员、对外承包工程项下外派人员和对外投资合作在外人员等不同对象的培训体系，内容覆盖新环境、新时期对外劳务合作市场的变化，重点突出素质教育、爱国教育、职业道德教育、国（境）外旅行及生活技能培训、个人安全及风险防范技能教育、国（境）外生活及应急语言、目的地国家法律、宗教和风俗等适应性培训内容，强调从业经历的磨炼和从业经验的积累，为出国（境）劳务人员提供可操作性的行为指导；所谓实用性，就是以培养实用型劳务人员为目标，采用基本知识普及与实例讲解相结合、典型案例和实战演练相结合的教学方法，注重增强出国（境）劳务人员在海外务工环境下的适应力、胜任力、竞争力和分析解决问题的能力，同时，在文字表述和结构编排上适合成人化学习规律，力求通俗易懂、深入浅出、图文结合，提高教材吸引力和培训对象的学习兴趣；所谓创新性，是在教材体系和内容、教学形式和手段等方面进行创新，突出个人安全技能、法治意识、职业健康与卫生教育、心理调节及应急机制等内容，采用书面教材与视频、多媒体网上培训、现场模拟、模型演示和教练式教学相结合的动态培训方式，搭建适用性培训的情景库、音像库、参考题库、案例库与专题教育课件库，充分发挥出国（境）劳务人员的自主学习能动性。同时，可实行企业间的教材与数据交换，充分整合行业内优秀培训资源与经验成果，以适应新时期、新环境、新人群的变化和需求。

现阶段，外派劳务培训是指具有对外劳务合作经营资格的企业安排出国（境）劳务人员接受赴国（境）外工作所需的职业技能培训和适应性培训。由于劳务人员出国（境）前工作（或学习）在与出国（境）工作相关的行业（专业），参加适应性培训前已经过对外劳务合作企业组织的初选面试等环节，出国（境）前根据项目具体情况还将进行针对性的职业技能培训，因此，本节只针对劳务人员出国（境）适应性培训（除外语以外）的内容进行阐述。同时鉴于行业内针对适应性培训已有统编教材，相关内容也比较丰富，各对外劳务合作企业结合自身特点和所经营项目的具体要求又都分别不同程度地形成富有本企业特色的培训教案，因此，根据笔者工作实践，本节以提纲形式列出了适应性常规培训的有关重点内容和建议，其内容涵盖对外劳务合作相关知识、法律法规、合格劳务人员的标准、境外务工须知、出入境须知、生活安全与健康须知、国别（地区）资讯与风俗禁忌等内容，以供参考。

三、对外劳务合作相关知识

详见表4－2－3－1。

表4－2－3－1 对外劳务合作相关知识

相关知识点	相关知识主要内容	所应了解和掌握的主要相关知识
（一）对外劳务合作的定义及其意义	1. 对外劳务合作的定义	对外劳务合作是指组织劳务人员赴其他国家或者地区为国（境）外的企业或者机构（统称“国外雇主”）工作的经营性活动
	2. 对外劳务合作社会效益	（1）对外劳务合作经过40多年的努力，从无到有，从小到大，取得了巨大成绩，成为我国对外经贸合作和实施“走出去”战略的重要组成部分。 （2）我国外派劳务人员遍及世界180多个国家和地区。 （3）对外劳务合作的开展，带动了地方经济发展，一定程度上缓解了部分地区的就业压力，改善了劳务人员家庭生活状况，促进了与劳务合作对象国或地区的友好交流，是一项利国利民的事业。 （4）一些劳务人员利用在国（境）外学到的先进技术和管理经验，返回自主创业，带动周围群众致富，上千万人的家庭经济状况得到改善，社会效益显著
	3. 对外劳务合作发展历程	对外劳务合作伴随着改革开放应运而生，是我国最早走出国门的服务行业之一。40多年来，经历了起步、稳定发展、快速发展、调整提高和规范发展的历程
（二）对外劳务合作管理框架	1. 对外劳务合作管理框架	按照“权责一致”原则，已形成“由地方人民政府从审批到突发事件处理的全过程监管，以及各部门协调配合”的管理机制，即县级以上地方人民政府负责统一领导本地区的对外劳务合作；各有关部门按照职责分工负责管理和服务；行业组织负责协调自律；驻外使（领）馆负责一线监管
	2. 对外劳务合作企业经营资格	（1）从事对外劳务合作必须取得经营资格。未依法取得对外劳务合作经营资格而从事对外劳务合作的，属于非法外派劳务，工商行政管理部门可依照《无证无照经营查处办法》的规定查处取缔；构成犯罪的，依法追究刑事责任。 （2）可通过各省级商务厅（委）或地方商务局网站以及商务部网站的“对外劳务合作企业名录”查询确认对外劳务合作经营资格。必要时还可由对外劳务合作企业出示《对外劳务合作经营资格证书》或《对外承包工程经营资格证书》及公司《营业执照》。商务部网站合作司子站“对外劳务合作企业名录”栏目的网址是：http：//wszw. hzs. mofcom. gov. cn/fecp/zsmb/corp/corp_ml_index. jsp。 （3）国（境）外的企业、机构或个人不得在中国境内招收劳务人员赴国（境）外工作
	3. 对外劳务合作业务基本流程	对外劳务合作企业与境外雇主签订《劳务合作合同》，招收选拔劳务人员，组织劳务人员体检并参加培训和考试，与劳务人员签订《服务合同》，协助劳务人员办理出境手续，安排随行人员，协助劳务人员与国（境）外雇主签订《雇佣合同》，办理劳务人员境外工作许可，做好境外管理，劳务人员完成合同后组织返回

续表

相关知识点	相关知识主要内容	所应了解和掌握的主要相关知识
（二）对外劳务合作管理框架	4. 咨询服务	（1）有关对外劳务合作的相关业务可直接通过县级以上商务主管部门咨询，也可通过各地方商务厅（委、局）网站或商务部网站开设的对外劳务合作专栏查询了解。 （2）在获取外派劳务信息时，应重点了解以下情况：要去工作的国家和地区、外派企业和外国雇主的基本情况；将从事的工作内容，工作期限，有没有试用期，每月或每周工作天数，每天工作时间；工资待遇，包括月基本工资、超时和节假日加班费、工资和加班费发放方式等
	5. 投诉服务	（1）国内投诉。可通过书面形式向有关省（区、市）商务主管部门反映情况，也可向外派劳务人员投诉中心书面反映。 （2）国（境）外投诉。可根据《雇佣合同》与境外雇主交涉，也可向外派企业或其在国（境）外的管理机构反映。紧急情况下，也可向中国驻外使馆或者领事馆反映诉求，但必须以合法、有序的方式进行，不得干扰使馆、领馆的正常工作秩序
	6. 领事保护与协助	（1）领事保护是指中国公民、法人的合法权益在所在国受到侵害时，中国驻当地使（领）馆依法向驻在国有关当局反映有关要求，敦促对方依法公正、妥善处理，从而维护海外中国公民、法人的合法权益的行为。 （2）领事保护的内容是海外中国公民、法人在海外的合法权益。合法权益主要包括：人身安全、财产安全、合法居留权、合法就业权，法定社会福利、人道主义待遇等，以及当事人与我国驻当地使（领）馆保持正常联系的权利。 （3）领事保护的方式主要是依法依规，向驻在国反映有关要求，敦促公平、公正、妥善地处理。依据的法规，主要包括公认的国际法原则、有关国际公约、双边条约或协定以及中国和驻在国的有关法律。 （4）中国公民的合法权益在所在国受到侵害，或遭遇不测需要救助时，可以就近联系中国驻外使（领）馆，反映情况和有关要求。 我国驻外使（领）馆将在工作职责范围内为境外务工人员提供领事保护和协助：可以应境外务工人员的请求推荐律师、翻译和医生，帮助进行诉讼或寻求医疗救助；在发生重大突发事件时为撤离危险地区提供咨询和必要的协助；在境外务工人员被拘留、逮捕或服刑时，根据其请求进行探视；协助将意外事故或损伤情况通知国内亲属；在遇到生计困难时，协助其与国内亲属联系及时解决费用问题；协助寻找失踪或久无音讯的亲友；根据我国有关法律和法规为在境外合法居留的我国公民颁发、换发、补发旅行证件及对旅行证件上的相关资料办理加注；为遗失旅行证件或无证件的我国公民签发旅行证或回国证明；根据我国有关法律、法规和相关国际条约为我国公民办理有关文件的公证、认证；在与所在国的法律规章不相抵触的情况下办理我国公民间的婚姻登记手续等。但是，不可以为境外务工人员申办签证、购买免税物品；不可以在当地为其谋职或申办居留证、工作许可证；不可以代替提出法律诉讼、干预所在国的司法或行政行为、参与仲裁或解决与他人的经济、劳资和其他民事纠纷；不可以在境外务工人员治疗、拘留或监禁期间帮助获得比当地人更佳的待遇；不可以为境外务工人员支付酒店、律师、翻译、医疗及旅行（机、船、车票）费用或任何其他费用；不可以将境外务工人员留宿在使馆、领馆内或为其保管行李物品

续表

<table>
<tr><th>相关知识点</th><th>相关知识主要内容</th><th colspan="2">所应了解和掌握的主要相关知识</th></tr>
<tr><td rowspan="2">（三）对外劳务合作企业的权利与责任义务</td><td>1. 对外劳务合作企业的权利</td><td colspan="2">（1）对外劳务合作企业有权了解劳务人员与订立服务合同、劳动合同直接相关的个人基本情况，劳务人员应当及时、准确、如实地提供个人真实信息，承担隐瞒或提供虚假信息的法律责任。
（2）国家允许对外劳务合作企业按照国务院价格主管部门会同国务院商务主管部门制定的有关规定向劳务人员收取服务费。服务费是对外劳务合作企业为劳务人员出国（境）提供组织、服务和境外管理而收取的费用，按照国家规定以劳务人员收入的一定比例收取。但对外劳务合作企业不得向与其订立劳动合同的劳务人员收取服务费。
（3）对外劳务合作企业不得允许其他单位或个人以本企业名义开展对外劳务合作</td></tr>
<tr><td>2. 对外劳务合作企业的责任与义务</td><td colspan="2">（1）任何单位和个人不得以商务、旅游、留学等名义组织劳务人员赴国（境）外工作。
（2）对外劳务合作企业可以与境外雇主［包括在国（境）外依法注册的中资企业或机构］合作，并与其签订书面《劳务合作合同》，直接或通过对外劳务合作服务平台为其招收赴国（境）外工作的劳务人员。未与国（境）外雇主订立书面劳务合作合同的，不得组织劳务人员赴国（境）外工作。
（3）对外劳务合作企业负责落实劳务人员的劳动关系，应当安排劳务人员培训。
（4）对外劳务合作企业不得超标准收费和乱收费。
（5）对外劳务合作企业应当承担劳务人员的国（境）外管理责任，妥善处置国（境）外劳务纠纷</td></tr>
<tr><td rowspan="3">（四）对外劳务合作业务合同关系</td><td>1. 对外劳务合作企业</td><td>与国（境）外雇主和劳务人员分别签署《劳务合作合同》和《服务合同》</td><td rowspan="3">三个合同都必须明确包括工作内容、工作地点、工作时间、休息休假、合同期限、劳动报酬、社会保险、福利待遇、劳动保护、人身意外伤害保险等与劳务人员权益保障相关的事项</td></tr>
<tr><td>2. 国（境）外雇主</td><td>与对外劳务合作企业和劳务人员分别签署《劳务合作合同》和《雇佣合同》</td></tr>
<tr><td>3. 劳务人员</td><td>与对外劳务合作企业和国（境）外雇主分别签署《服务合同》和《雇佣合同》</td></tr>
</table>

续表

相关知识点	相关知识主要内容	所应了解和掌握的主要相关知识
（五）劳务人员的权利、责任和义务	1. 劳务人员的权利	（1）劳务人员享有对我国对外劳务合作有关法律政策、有关行业规范的知情权。 （2）有权要求对外劳务合作企业出示《对外劳务合作经营资格证书》或《对外承包工程经营资格证书》及公司《营业执照》。 （3）有权向商务主管部门和其他有关部门投诉对外劳务合作企业违反合同约定或者其他侵害劳务人员合法权益的行为，接受投诉的部门应当按照职责依法及时处理，并将处理情况向投诉人反馈。 （4）具有自愿与对外劳务合作企业签订有关合同的权利；有自愿与外方雇主签订符合劳务输入国有关法律的《雇佣合同》的权利；有了解有关合同条款的主要内容的权利。 （5）可以合法、有序地向中国驻外使（领）馆反映相关诉求，不得干扰使馆、领馆正常工作秩序。 （6）不必交纳出国（境）务工的履约保证金、押金或提供财产担保，但可以按照外派劳务公司要求投保履约保证保险。另外，交纳各种费用时一定要索取发票凭证，并妥善保存，作为发生纠纷时解决和处理问题的依据
	2. 劳务人员的责任和义务	依据《商务部关于加强对外投资合作在外人员分类管理工作的通知》（商合函〔2013〕874号），劳务人员是指根据《对外劳务合作管理条例》由对外劳务合作企业组织赴其他国家或者地区为国（境）外的企业或者机构［称国（境）外雇主］工作的人员。 （1）向对外劳务合作企业如实说明个人情况。 （2）劳务人员应当在出国（境）务工前参加适应性培训和考试，取得培训合格证，掌握赴国（境）外工作所需的相关技能和知识，提高适应国（境）外工作岗位要求以及安全防范的能力；未接受培训不得赴国（境）外工作。 （3）应当参加体检、办理护照和国际旅行健康检查证明书。 （4）在出国（境）务工期间，应当遵守用工项目所在国家或者地区的法律，尊重当地的宗教信仰、风俗习惯和文化传统。 （5）应当诚实履约，不擅自脱离工作岗位，合同到期后应按期返回；未经许可脱离原岗位，或合同到期后滞留不归等违反我国和所在国或地区相关规定以及合同约定的行为，劳务人员须承担相应的责任及由此引起的后果。 （6）不得进行色情、赌博活动，不能在境外怀孕等。 （7）不得从事损害国家安全和国家利益的活动。 （8）项目所在国家或者地区发生战争、暴乱、重大自然灾害等突发事件，中国政府作出相应避险安排的，劳务人员应予以配合，冷静对待，尽快与对外劳务合作企业或我国驻劳务输入国使（领）馆联系，寻求帮助，服从驻外使（领）馆作出的紧急避险安排。 （9）依规向对外劳务合作企业交纳服务费。 （10）办理出国（境）手续时，劳务人员应按国家规定标准向有关方面交纳体检费、培训费、护照费、签证费、合同公证费。这些费用需要个人承担，并不再退还。一般情况下，在办理出国（境）务工事宜期间所发生的国内差旅费也需要自己承担。往返机票费用应按《劳务合作合同》规定执行。 （11）不得以商务、旅游、留学等名义赴国（境）外工作

续表

相关知识点	相关知识主要内容	所应了解和掌握的主要相关知识
（六）对外劳务合作行业发展现状	1. 国别（地区）和行业分布	（1）我国对外劳务合作业务主要集中在亚洲地区。2020 年对外劳务合作在外人员主要集中在中国澳门、日本、新加坡、中国香港等国家和地区，对外承包工程在外人员主要集中在沙特阿拉伯、印度尼西亚、阿尔及利亚、老挝、巴基斯坦和阿联酋等国家。 （2）从行业领域和工种结构看，从普通劳务扩展到医护、海员、空乘、工程师、设计咨询、IT 等高级技术劳务。目前，我国已成为国际建筑、制造、农业、食品加工劳务人员和海员的重要来源地
	2. 业务发展趋势	（1）全球经济环境与就业形势。 （2）我国出国（境）劳务人员就业环境，外派劳务资源的低成本优势正在减弱。 （3）技能型劳务的国际市场需求仍然很大
	3. 对外劳务合作业务的风险与挑战	（1）政治风险。指所在国家和地区的政局变化、战争、武装冲突、恐怖袭击或绑架、社会动乱、民族宗教冲突、治安犯罪等。 （2）经济风险。指经济危机、金融市场动荡、主权债务危机、通货膨胀、利率汇率变动等宏观经济形势变化。 （3）政策风险。指所在国家和地区政府的财政、货币、外汇、税收、环保、劳工、资源政策的调整和国有化征收等。 （4）自然风险。指地震、海啸、火山、飓风、洪水、泥石流等自然灾害及重大流行性疾病等。 （5）项目风险。项目真实性、可靠性欠缺带来的风险。 （6）其他风险。由文化差异、社会道德以及个人行为引发的风险。 （7）劳务人员在所应必备的应变意识、应变能力等方面遇到的挑战［不明确出国（境）劳务的正规渠道，自身素质和职业能力不足，遵纪守法意识不强，健康与安全知识不足，生活与工作习惯不适应境外环境，依法维权的意识与能力不强等］
（七）劳务人员需要注意的事项	1. 出国（境）前	（1）国家支持、鼓励和促进开展对外劳务合作。希望劳务人员通过正规合法渠道出国（境）劳务。 （2）确认对外劳务合作企业经营资格、项目真实可靠性、出国（境）期限、有关薪酬福利待遇、手续流程、出国（境）费用、纠纷解决办法等。 （3）了解在外期间相关保险的制度、理赔要求、投保与理赔操作流程及其联系方式等。 （4）出国（境）劳务典型违规案例。 （5）返回劳务人员典型创业事例
	2. 在国（境）外期间	（1）遵守当地的法律、法规，尊重当地的风俗习惯，维护国家利益和中国人的整体形象；避免参加当地的政治和宗教活动。 （2）牢记合同内容，注意自身安全

续表

相关知识点	相关知识主要内容	所应了解和掌握的主要相关知识
（七）劳务人员需要注意的事项	2. 在国（境）外期间	（3）不擅自脱离工作岗位，合同到期后要按期返回。未经许可脱离原岗位到别的地方工作，或是合同到期后滞留不归，都是违反所在国家或地区有关规定的行为，会被逮捕监押或遣送返回。 （4）遵守工作现场的安全防范规程。注意居住安全、外出安全、交通安全，妥善保管好自己的财物和护照、工作准证等身份证件。 （5）遵守社会公共秩序。在公共场所不要大声喧哗、高声谈笑、随地吐痰；着装得体，衣服整洁；不出入国（境）外色情、赌博场所。 （6）出现工伤、职业病等属于保险范围可申请理赔的情况时，应第一时间根据保险理赔的相关要求进行索赔。 （7）尊重雇主和其他国家员工，不得有国籍和性别歧视，与其他国籍员工和周围社区和谐相处。同时做到同事之间团结协作、相互帮助，与各方面保持良好的合作关系。 （8）出国（境）务工如遇到紧急情况，要保持冷静，并尽快与对外劳务合作企业或我国驻所在国使（领）馆联系，寻求援助，并记住有关应急求救电话
	3. 返回后	返回后能够积极投身地方经济建设，或自主创业，或岗位建功，或从事友好交流等，为国家经济建设作出贡献

四、劳务人员应具备的基本素养①

详见表4－2－3－2。

表4－2－3－2　劳务人员应具备的基本素养

基本素养要求	基本素养的构成	所应了解和掌握的主要内容
（一）品德好	1. 热爱祖国	（1）自然环境和自然资源：国土面积、地形地貌、水域面积、气候环境、接壤国家等。 （2）科技教育：科技水平、教育规模与结构等。 （3）经济发展：经济实力、经济体制、对外经济关系等。 （4）政治状况：国旗、国徽、国歌；政党、政治制度、社会制度、经济制度；改革开放的历史与成果、现代化建设“三步走”发展战略等。 （5）社会状况：语言、人口、民族、家庭、婚姻等。 （6）文化传统：社会主义核心价值观、宗教信仰、民族传统、风俗习惯、民族文化与传统节日、伦理道德观念等。 社会主义核心价值观的基本内容： 国家层面：富强、民主、文明、和谐； 社会层面：自由、平等、公正、法治； 公民层面：爱国、敬业、诚信、友善。 （7）悠久历史：文明古国、四大发明、文字、医学、古典哲学、史书、名著、美食文化等。 （8）国际环境和国际关系：建交国家、“伙伴关系”国家；维护世界和平、促进共同发展的对外政策；世界格局变化，中国崛起等

① 张翔如. 对日研修生派遣的现状与对策［J］. 国际经济合作，1999（02）：23－25.

续表

基本素养要求	基本素养的构成	所应了解和掌握的主要内容	
（一）品德好	2. 培养良好的社会公德	社会公德即社会公共生活道德，是指在公共社会里，为了保证每个人都能正常生活、学习和工作而要求人们都应该遵守的、最起码的道德准则。文明礼貌、助人为乐、爱护公物、讲究卫生、保护环境、遵纪守法、扶危济困、拾金不昧、见义勇为等，一切有利于社会公益的思想行为，都是社会公共生活道德的具体表现。包括遵守文明礼仪（生活礼仪、社会礼仪和职业礼仪等）和公民道德、治安管理规定等	
（一）品德好	3. 具备良好的人格品行	（1）正确的态度：热爱生活，勤俭节约，尊重他人，正直朴实，谦虚谨慎，执着追求。 （2）坚强的意志：有恒心有毅力，遇到困难坚持奋进；有自制力和纪律性；崇尚志向，立志不移。 （3）积极的情绪：乐观开朗，振奋豁达，精神饱满。 （4）敏锐的思想：有较强的逻辑性，有创新意识；对自己的能力有合理的认识，能够认识到自己积极和优秀的一面，能够接纳自己的优缺点。 （5）良好的交往：注重团结，诚实守信，能够在接纳别人和自己观念差别的基础上和他人维持亲密的关系	
（二）技能好	1. 具有专业理论素养	掌握本行业一定程度的专业知识	根据不同专业需要针对性开展不同形式和内容的技能培训，本章略
（二）技能好	2. 具备实际操作技能	具有一定程度的实际操作技能	根据不同专业需要针对性开展不同形式和内容的技能培训，本章略
（二）技能好	3. 满足项目技能要求	掌握雇主提供的项目实际技能要求和岗位工作要求	根据不同专业需要针对性开展不同形式和内容的技能培训，本章略
（三）语言好	1. 具有一定的外语水平	具有一定程度的外语水平，能够进行基本的日常会话。利用在境外工作与生活得天独厚的优势，加强语言学习，消除交流障碍	根据不同项目需有不同形式和内容的外语培训，本章略
（三）语言好	2. 掌握一定的专业词汇	具有相关专业一定数量的专业词汇	根据不同项目需有不同形式和内容的外语培训，本章略
（三）语言好	3. 掌握项目所需用语	掌握雇主提供的项目所需现场用语和岗位工作专业词汇与用语	根据不同项目需有不同形式和内容的外语培训，本章略
（四）守法纪	1. 确立依法务劳意识	（1）明确对外劳务合作的概念、运作方式和服务管理要求。 （2）理性处理纠纷，理性维护自身合法权益	
（四）守法纪	2. 遵守当地法律法规	（1）了解并遵守劳务对象国当地的治安、交通等法律法规。 （2）了解并遵守当地劳动、保险等法律法规等	

续表

基本素养要求	基本素养的构成	所应了解和掌握的主要内容
（四）守法纪	3. 确立合同履约意识	（1）明确合同是一种契约，具有法律约束力； （2）明确《服务合同》和《雇佣合同》所涉及的双方权利与义务； （3）明确《雇佣合同》所涉及的劳动条件、薪酬待遇、合同期限、纠纷解决方式等； （4）明确受雇期间在工作与生活方面特别需要注意的事项； （5）明确合同期满需要及时办理返回手续，雇主企业发生倒闭、停产等情况时如何按照合同规定取得相应损失补偿等
（五）能自爱	1. 制定切合实际的人生规划和职业目标	（1）明确人生目标。人生目标可简单分为长期目标、中期目标和短期目标。根据自身实际，努力实现自己在不同阶段的人生目标。 （2）境外务工是自己人生目标中的一段重要经历。应借助于对外劳务合作企业和境外雇主提供的岗位机会实现自己的职业目标。 （3）在制定自己境外务工的职业目标时，既要考虑自身的愿望，也要与对外劳务合作企业或境外雇主的业务宗旨和目标保持一致，否则，自己的境外务工职业目标也很难达到。 （4）为实现自己在境外务工期间的职业目标，需要养成良好的职业习惯和生活习惯，努力提升专业技能，发展重要的人脉关系，锻炼提高自己的外语能力，丰富人生阅历，提高自己的竞争实力。 （5）境外务工返回就业的目标：岗位建功，自主创业，帮贫致富，成为友好使者
	2. 建立正确的职业观	（1）根据个人爱好、专业特长、自身条件选择就业，有利于调动自己的主观能动性，增加就业的主动性； （2）在任何岗位都要务实工作，爱岗敬业，不断丰富和积累工作经验和工作技能； （3）只有坚持学习，与时俱进，勇于创新，才能适应社会发展，机遇永远属于有准备的头脑； （4）要有进取意识和危机意识，不进则退，不断提升自身综合素质，提高竞争实力，适应社会需要，增加新的就业机会
	3. 建立正确的雇佣意识	（1）明确劳务人员与境外雇主是雇佣与被雇佣的关系，明白如何才能满足雇佣需求、维护好双方的关系； （2）明确服从意识的重要性，避免陷入委屈、不合理、不公平等思维误区； （3）明确雇主企业的管理制度及其要求，养成自我约束、自我激励的习惯

续表

基本素养要求	基本素养的构成	所应了解和掌握的主要内容
	4. 自觉遵守职业道德	职业道德是所有从业人员在执业活动中应该遵循的行为准则。涵盖了从业人员与服务对象、职业与职工、职业与职业之间的关系。它是职业或行业范围内特殊的道德要求，是社会道德在职业生活中的具体体现。包括忠于职守、热爱本职，质量第一、信誉至上，遵纪守法、安全生产，文明操作、勤俭节约，钻研业务、提高技能等。具体为： (1) 具有爱岗敬业的品质：用正确、积极主动的方式理解自己的岗位及其工作要求；用严肃、认真负责的态度对待自己的岗位及其工作内容；用勤恳、追求完美的表现落实岗位任务及其工作职责。 (2) 严格遵守岗位操作规程：严格执行岗位工作操作要领、业务流程以及企业安全生产、设备设施管理、教育培训管理等企业管理制度。 (3) 养成良好的工作习惯：保持工作环境清洁，合理安排工作时间，按照要求完成岗位交接，落实岗位责任制等。特别是合同期满返回前，要站好最后一班岗，做好工作、宿舍等交接工作。 (4) 养成良好的生活习惯：注重仪表仪容，保持生活环境清洁，自觉控制不良嗜好，坚持身体锻炼，保持身心健康
（五）能自爱	5. 做好自我健康管理和安全保护	(1) 保持良好的健康状态：合理安排生活起居，适时添衣保暖；注意饮食卫生与安全，保持膳食平衡，不暴饮暴食，不贪恋烟酒；合理安排工作时间和休息时间，注意劳逸结合，不贪恋网络、游戏；坚持锻炼身体，预防疾病，增强身体免疫力和抵抗力。 (2) 做好自我安全保护：一是要提高人身、财产安全意识。二是学习掌握安全防护知识，掌握一定的自救知识和科学应对方法。三是严格执行各项安全管理制度，防患于未然。四是自觉消除周边不安全的隐患，在工作上，远离有危险的地方，不去不该去的地方；在生活上，远离赌博、色情、聚众滋事等不健康、不安全的地方。 (3) 签订安全保障合同：按照法律法规的要求，积极自觉地签订（雇主企业安排的）安全保障合同，参加必要的安全保险，用合同形式和法律武器保护自身安全。 (4) 防范安全突发事件：牢记和遵守安全守则，严格遵守交通规则，熟悉和熟记安全防护设施和防灾避灾场所，防止跌打损伤、外伤和烫伤等事故发生，积极参加安全防护应急演练，防范地震、水灾、溺水、中毒以及雷电等意外事故的发生。 (5) 有效处置安全事故：牢记紧急求援电话、境外雇主和派遣公司的联系方式，发生安全事故时第一时间取得联系；必要时迅速联系中国驻所在国的使（领）馆；处理安全事故保险索赔时，在所在国法律框架内结合事故责任、安全保障条款和保险约定，合理主张自己的权利

续表

基本素养要求	基本素养的构成	所应了解和掌握的主要内容
（五）能自爱	6. 理性维护自身合法权益	（1）找准合理维权依据。与境外雇主发生劳动纠纷时，一是依据当地法律和《雇佣合同》，二是依据纠纷或事件的事实证据，准备并提供有效的维权依据。 （2）妥善采用维权方式。要学会选择有利于维权的方式，智慧维权，有序反映诉求。在境外务工期间的工作和生活中，如遇雇主未按照合同约定提供生活设施，或拖欠工资，或扣发加班费，甚至遭受打骂等情况，或发生伤亡、自然灾害、战争等紧急事件自身权益受到损害时，一定要保持理性和冷静，通过正当合法途径和办法向境外雇主对外劳务合作企业反映，依据合同和当地法律沟通协商解决；协商无效时，可向相关部门、机构和组织投诉；紧急情况下，可向我国驻外使（领）馆咨询或求助；问题难以解决时，也可选择通过司法渠道诉讼解决，但由于成本高，沟通困难，需格外慎重。 （3）禁止采取过激维权等不当方式。切勿受他人挑唆蛊惑，采取过激维权方式，组织或参与集体怠工、非法示威以及罢工、聚众围堵我国使（领）馆等活动，否则，可能会因触犯当地法律或违反合同而导致工作丢失或无法取得报酬，严重者，还有可能承担相应的民事或法律责任
（六）善交流	1. 理解和适应境外文化差异与工作生活环境	（1）了解和承认国家地区之间语言、价值观念、宗教信仰和风俗习惯等文化差异的存在，应该尊重文化习俗，努力适应不同文化之间的融合，正确面对诸多文化和观念方面的冲突。 （2）了解和适应境外劳务对象国或地区气候、语言、生活习惯、风土人情以及礼仪禁忌、法律法规等方面的不同，调整心态，建立良好的心理素质，尽快适应生活环境。 （3）了解和融入境外劳务对象国或地区具有高强度、高效率以及新管理模式、新同事等特点的新环境，克服可能出现的压抑、烦躁、失落等心理现象，尽快适应新的工作环境
	2. 建立良好的工作关系	（1）劳务人员境外工作生活应确立的四种意识： ①形象意识：维护国家和中国人的形象； ②集体意识：处理好个人与集体、同事、上下级之间的关系； ③包容意识：互相理解与包容，不过分斤斤计较； ④互助意识：具有良好心态，乐于助人，和谐相处。 （2）人际关系交往的原则：尊重、真诚、宽容、理解、平等、信用、互利、合作。 （3）人际交往的技巧： ①3A 法则（美国学者布吉林教授）：接受对方（Accept）；重视对方（Appreciate）；赞美对方（Admire）； ②秘诀：感情愉悦；价值观相似；谨慎给人提意见；善于倾听别人意见；换位思考。 （4）劳务人员应正确处理好六种关系： ①与境外雇主之间的关系；②与境外雇主企业员工（同事、工友、异性）之间的关系；③与对外劳务合作企业境外管理者的关系；④与劳务人员同伴之间的关系；⑤与对外劳务合作企业之间的关系；⑥与劳务人员本人家属与亲友之间的关系。 （5）纠正人际交往中的不足：不做自我介绍；夸夸其谈，自吹自擂；对待服务人员态度粗暴；总是迟到；不让座；占用公共设施；双手抱胸前；接打电话时不回避；小动作太多等。 （6）正确认识非理性利益需求可能产生的违约成本，正确处理自身和他人的非理性利益需求

此外，内地在澳劳务人员还要遵守一定的行为规范，详见表4-2-3-3。

表4-2-3-3 内地在澳劳务人员行为规范

行为规范的构成	所要求的主要内容
1. 忠于祖国	内地在澳劳务人员的言行要有利于国家主权、安全和发展利益，有利于澳门经济和社会的繁荣稳定，有利于"一国两制"方针的贯彻执行。无论何时何地都要做到自尊、自爱、自律
2. 遵纪守法	内地在澳劳务人员要遵守国家有关劳务政策规定和澳门法律法规，尊重澳门宗教信仰和风俗习惯。不得从事与劳务身份不符的任何活动。坚决拒绝赌博色情。不许容留非法居澳人员在宿舍活动
3. 敬业尽责	内地在澳劳务人员要恪守职责，讲求工作效率、质量和安全。要全面履行相关合同约定的义务，服从雇主的工作分配并遵照雇主规章和工作程序办事，接受有关劳务公司在澳职介所的管理并按规定交纳服务费
4. 身心健康	内地在澳劳务人员要能理智应对陌生环境下遇到的问题。注重增强自我调节能力，保持良好的心态。注重加强自身修养，培养健康的心理。注重团结互助，和睦相处，参加有益于身心的体育锻炼和健康娱乐
5. 举止文明	内地在澳劳务人员出入境要遵守边检、海关的有关规定。不随地吐痰和乱扔废弃物，不在禁烟场所吸烟，不在公共场所大声喧哗和乱刻乱画。严禁酗酒和打架斗殴。衣着整洁得体，谈吐文雅得当。在要求排队的场所有序排队，不插队。遵守交通秩序，步行过马路要走人行横道

五、出入境流程、手续及常识

详见表4-2-3-4。

表4-2-3-4 出入境流程、手续及常识

流程阶段	流程与手续及其常识	所应了解和掌握的流程、手续及常识的主要内容
(一) 出境前的准备	1. 出国（境）务工报名	(1) 获取出国（境）务工信息的渠道：通过对外劳务合作企业发布的各类招聘信息；对外劳务合作服务平台发布的信息；有关新闻媒体和公众号信息；有关亲朋好友等推荐的境外务工信息等。 (2) 确认信息提供企业的资质：通过商务部或省级商务主管部门网站查询发布项目信息的企业是否具备对外劳务合作经营资格。 (3) 确认项目相关信息：报名前，须充分了解境外务工项目的国别、雇主、工作内容、工作期限、作息及休假、工资待遇与保险等合同主要信息，并取得亲属的同意。 (4) 参加面试考核等：报名时须提供本人真实可靠的信息；报名后通过对外劳务合作企业组织的（技能、体检、外语等）选拔与面试考核，积极配合企业办理境外务工有关手续，签订合同等。在职人员须自行处理好与所在单位的相关关系。

续表

流程阶段	流程与手续及其常识	所应了解和掌握的流程、手续及常识的主要内容
（一）出境前的准备	1. 出国（境）务工报名	业务与手续基本流程是：对外劳务合作企业与境外雇主签署《劳务合作合同》—驻外使（领）馆项目确认—立项与政府主管部门备案—人员招聘—面试选拔与技能测试—签署《服务合同》—体检与手续资料核实确认—工作许可（工作准证或在留资格）申请—适应性培训—签证申办—出入境—正式工作。 （5）准备报名所需材料：户口本、居民身份证、出国（境）劳务人员简历表、无犯罪记录证明、近期免冠照片等
	2. 办理有关出境证件	（1）护照。护照是公民国籍和身份的合法证件。我国护照分为外交护照、公务护照、普通护照和特区护照。境外务工人员应申办普通护照，也称因私护照，由公安部门颁发，以及换发、补发、变更加注等。 （2）境外期间的两种例外情况： ①旅行证。旅行证是护照的替代证件。遗失护照急于回国且有合法居留资格的驻外使（领）馆辖区内的中国公民可以申办。颁发旅行证后，其遗失、被盗护照将被宣布作废，即使找回也不能继续使用，应尽快送交使（领）馆注销。 ②回国证明。回国证明由使（领）馆颁发给被驻在国遣返的中国公民，仅供其返回中国时证明其国籍和身份，有效期为 3 个月
	3. 接受对外劳务合作企业组织的相关培训与培训测试	（1）接受适应性培训。根据我国对外劳务合作有关法规政策要求，境外务工人员必须接受对外劳务合作企业出境前组织开展的（生活与工作）外语、安全防范知识、项目所在国或地区相关法律、宗教信仰、风俗习惯以及出入境手续、维权方式、生活常识、爱国教育、爱岗敬业、身体素质锻炼等知识的适应性培训与测试。 （2）接受技能培训。对外劳务合作企业根据部分项目需要对相应技术工种进行专业基础知识、专业技能、工作流程与作业规范等技能性培训和测试。 （3）接受培训测试。经培训考试合格，领取有关管理部门颁发的《中华人民共和国外派劳务培训合格证》后，方可出境务工
	4. 交纳有关出国（境）费用	（1）服务费：对外劳务合作企业按照劳务人员收入的一定比例收取。 （2）证照费：按照有关部门规定的收取标准向相关单位或机构交纳体检费、培训费、护照费、签证费以及合同等证件的公证费等。 （3）交通差旅费：交纳在国内参加面试、培训及办理手续等支出的交通费和差旅费等，往返国际交通费按照《劳务合作合同》及《雇佣合同》的约定办理。 （4）其他费用：根据对外劳务合作企业及其项目要求投保履约保证保险，但不需交付任何名目的履约保证金、押金或提供财产担保

续表

流程阶段	流程与手续及其常识	所应了解和掌握的流程、手续及常识的主要内容
（二）办理出入境手续	1. 出境手续与行前准备	（1）办理出境手续： ①签证。签证是一个国家的主权机关在本国或外国公民所持的护照或其他旅行证件上的签注、盖印，以表示允许其出入本国国境或者经过国境的手续。 ②健康检查。出境前须到所在地检验检疫部门所属的国际旅行卫生保健中心，接受健康体检或国际旅行卫生保健咨询，经体检合格后，领取《国际旅行健康检查证明书》（简称健康证明书）后方可出境，并随身携带以备查验。 ③预防接种。出境前还须到检验检疫部门所属的国际旅行卫生保健中心，接受预防接种，办理《疫苗接种或预防措施国际证书》，俗称黄皮书，证明已通过卫生检疫采取了避免传染的措施。 ④办理工作许可（或称“工作准证”或“就业准证”等）。由境外雇主负责申请、境外雇主所在国有关政府部门签发的一种工作许可签证。以日本为例，在“在留资格认定证明书”上分别签注属于劳动者居留日本的工作许可，如“技术”、“人文知识”、“国际业务”、“企业内转勤”、“技能”、“高度专门人才”以及“介护”、“特定技能”、“技能实习”、“特定活动”等签证类型。 ⑤根据需要，在对外劳务合作企业的协助下办理国（境）外工作期间的人身意外伤害补充保险或医疗保险。 ⑥办理免税手续。 （2）准备个人行李（行李准备参考清单）： ①有关证件等，包括护照、签证、邀请函、健康证、黄皮书、培训证、证件用照片等； ②将护照资料页复印后，在其背后写上紧急情况联系人的姓名、地址、电话等信息，塑封做成“个人信息卡”； ③行李箱及背包、衣物、适量的日常生活用品、少量常备药品、零花钱，根据自己及境外工作岗位的实际情况，酌情考虑是否携带自用工作工具等
	2. 出入境流程与注意事项	（1）出中国境。 出境流程：到达机场办理国际乘机手续，进行行李托运；进入联检区，接受检验检疫、海关、边防、安检；进入国际候机厅，准备登机。 （2）入外国境（以日本为例）。 入境流程：入境时，须携带护照、在留资格认定证明书、《疫苗接种或预防措施国际证书》、外国人入境卡、携带品分离行李申报单等，办理入境手续，然后提取行李，接受海关检疫。 （3）出外国境（以日本为例）。 办理乘机手续与托运行李，接受手提行李和人身安全检查，办理海关手续，出境审查。

续表

流程阶段	流程与手续及其常识	所应了解和掌握的流程、手续及常识的主要内容
（二）办理出入境手续	2. 出入境流程与注意事项	（4）入中国境。 入境流程：从登机口下机后，进入国际到达通道；进入联检区，接受检验检疫、边防检查；提取托运行李；接受海关检查；进入到达迎客大厅。 返回后一个月内还须到就近的国际旅行卫生保健中心接受健康检查
	3. 出境后有关居留和保险等手续（以入境日本的劳务人员为例）	（1）领取"在留卡"。在留卡是发给在日本中长期停留的外国人的证件，载有持卡人的姓名、性别、居住地、在留资格、在留期间等基本信息。在登陆日本的空海港接受入国审查时，审查员会在中长期停留者（超过3个月的停留者）的护照上贴上上陆许可的印章，并发给附有在留资格的在留卡。 （2）办理各种保险。根据《对外劳务合作管理条例》，对外劳务合作企业应当为劳务人员购买在国（境）外工作期间的人身意外伤害保险，但是，对外劳务合作企业与国（境）外雇主约定由国（境）外雇主购买的除外。 劳务人员在国（境）外工作期间的保险（以日本为例）一般包括：①社会保险；②健康保险；③国民健康保险；④厚生年金（符合条件的劳务人员回国后，可向日本年金机构申请领取退出金，获得80%的返还，剩余20%为所得税）；⑤国民年金；⑥劳动保险（劳动者事故补偿保险、雇佣保险）。上述保险随雇主企业的具体情况及行业的不同而所投的险种有所不同。 人身意外保险条款与理赔须知；雇主责任险条款与理赔须知；理赔处理所需证件，处理流程，处理时限
（三）境外生活常识（以日本为例）	1. 生活须知	（1）衣食住行。 ①着装。不同场合的着装；着装的禁忌。 ②就餐。在雇主企业食堂就餐；自炊；外出就餐（一般餐馆用餐、自助餐馆用餐）。 ③住宿。住宿特点：西式与和式；宿舍种类：集体宿舍与租赁公寓等；企业集体旅行外出与宾馆住宿；注意事项：保持干净整洁住宿环境，正确使用家具家电。 ④交通。交通规则及注意事项；交通警示标记；交通工具：自行车、家用汽车、公共汽车、地铁、出租车、火车、新干线等 （2）其他生活常识。 ①电话。如何拨打劳务所在国或地区电话；如何拨打国际电话。 ②银行。货币与物价水平；存款与取款；汇率与国际汇款；账户开立；如何妥善保管现金。 ③邮递。国际包裹；快递业务。 ④购物。超市与百货店购物；购物习惯与促销活动；消费税；免税店。 ⑤水电气。水质与饮用；电压与电器使用；城市煤气与"LP燃气"。 ⑥电视广播报纸。当地电视台；官方广播电台；全国性报纸；中文广播电视台以及中文报刊。 ⑦垃圾分类与垃圾处理方式与日期。可燃垃圾；塑料瓶类；可回收塑料；其他塑料；不可燃垃圾；资源垃圾；有害垃圾；大型垃圾。

续表

流程阶段	流程与手续及其常识	所应了解和掌握的流程、手续及常识的主要内容
（三）境外生活常识（以日本为例）	1. 生活须知	⑧快速获取在线信息支持。电脑上网；手机上网；网络连接与网络安全；政府主管部门与行业协会网站。 ⑨熟悉工作与生活环境周边的公共设施和商业设施等。 ⑩其他。吸烟须到指定场所；不随地吐痰，不乱扔垃圾
	2. 安全须知	（1）生活安全。 ①关注天气情况和灾情预报信息； ②外出锁门，切断电源、关闭火源； ③确认生活周围紧急避难场所和避难路径，自备避难用品 （2）工作安全。 ①遵守业务操作规程； ②用好劳保防护用具； ③注意遵守安全标识的提示 （3）突发事件应对。 ①沉着冷静，寻求帮助； ②掌握紧急避难场所与路径以及紧急联系电话和联系人； ③紧急报警电话：消防与救护119，警察（盗警）110； ④必要时联系中国驻当地使（领）馆； ⑤急救常识：野外急救；火灾逃生；煤气中毒；外伤止血；骨折；窒息；中暑；触电；其他； ⑥物品遗失或被盗的处理
	3. 健康须知	（1）现代健康的概念。 ①健康的概念：健康是人的基本权利，是人生最宝贵的财富之一。现代人的健康是包括躯体健康、心理健康、心灵健康、社会健康、智力健康、道德健康和环境健康等内容的整体健康。 ②亚健康。是指介于健康与疾病之间的非病非健康状态 （2）保持生理健康。 ①人体健康的标准：精力充沛；处事乐观；睡眠良好；适应能力强；能抵抗一般疾病；保持标准体重；眼睛明亮；牙齿完整；头发有光泽；肌肉、皮肤弹性好。 ②有害健康的行为：吸烟；吸毒；饮酒过量；不恰当地服药（包括不按医嘱服药）；缺少经常的体育锻炼，或突然运动量过大；热量过高或多盐饮食，饮食无节制；不接受科学合理的医疗保健；对社会压力产生适应不良的反应；破坏身体生物节奏的生活。 ③自我保健方法：加强体质锻炼；保持合理营养；适当睡眠与休息；控制调节不良情绪；预防心理刺激；进行健康心理训练；养成良好的生活与卫生习惯；及时尽早治疗疾病；预防传染性疾病；远离毒品 （3）保持心理健康。 ①心理健康的标准：心理学家认为，人的心理健康包括智力正常、情绪健康、意志健全、行为协调、人际关系适应、反应适度、心理特点符合年龄七个方面。 ②不良思想情绪的处理：转移、宣泄、弱化、宽容。

续表

流程阶段	流程与手续及其常识	所应了解和掌握的流程、手续及常识的主要内容
（三）境外生活常识（以日本为例）	3. 健康须知	③心理问题应对：改变认知，改变行为。 ④健康心理培养：保持良好的心态，遇事不纠结；对待事物能客观公正，不歪曲事实，不臆想推测；与周围事物和谐相处；培养良好的认知模式；遇到挫折能正确对待，培养自己的抗压能力；当遇到外界不良刺激时，能保持适度的反应；培养自己的宽容心态，让自己慈悲、有爱心，能包容、理解他人 （4）保持道德健康。 ①道德健康的概念：道德是人类所应当遵守的所有自然、社会、家庭、人生的规律的统称。道德健康是健康标准的第一要素。 ②道德健康的内容：健康者不以损害他人的利益来满足自己的需要，具有辨别真与伪、善与恶、美与丑、荣与辱等是非观念和能力，能按照社会行为的规范准则来约束自己及支配自己的思想和行为 （5）常见传染疾病预防。 ①了解常见疾病和当地传染病及疫情； ②了解有关疫情预防知识； ③了解就医流程与医疗费用
（四）国别综合资讯（以日本为例）	1. 国家概况	（1）基本国情。 ①概况。位置；面积、人口、民族、语言；首都、国家元首、国旗、国徽；行政区域。 ②地理及气候。地形特点；气候特点；河流；植物、动物；资源 （2）政治与经济。 ①国家发展简史； ②宪法、国会、政党、内阁、司法； ③对外关系以及国际问题态度； ④与我国的外交关系； ⑤国内经济发展现状（GDP、工业、农业、水产业、服务业、旅游业）； ⑥对外贸易状况
	2. 法律法规知识	（1）与劳动关系相关的法律法规。 ①刑法，出入境管理及难民认定法等； ②涉及劳动条件基准、劳动安全卫生、最低工资标准、职业安全、劳动者灾害补偿保险、健康保险、年金、所得税与住民税等相关法律 （2）工资构成及其计算方法。 ①与工资构成相关的工作项目：出勤天数、缺勤天数、劳动时间、加班时间； ②应付工资构成＝基本工资＋时间外补贴（加班工资）－扣除项目金额； ③扣除项目包括：社会保险（健康保险、厚生年金保险、雇用保险），税金（所得税、住民税），协议扣除金额（住宿费、煤气水电费等）； ④劳动者事故补偿保险的保险金由雇主全额负担 （3）应该注意的几个问题。 ①不得脱岗、非法打工、非法滞留； ②不得偷窃； ③不得参加非法工会组织等

续表

流程阶段	流程与手续及其常识	所应了解和掌握的流程、手续及常识的主要内容
（四）国别综合资讯（以日本为例）	3. 风俗习惯	（1）宗教。 ①宗教的种类； ②宗教活动与场所 （2）传统活动与节假日。 ①民间风俗、传统活动、主要节日； ②法定节假日 （3）礼仪与禁忌。 ①日常交际的基本原则：以右手为尊；女士优先；身份对等。 ②交际礼仪：对人的称呼礼仪；着装礼仪；打招呼礼仪；握手礼仪；介绍礼仪；乘车礼仪；出席宴请礼仪；用餐礼仪；谈话礼仪；住宿礼仪；进办公室礼仪；购物礼仪；使用公共厕所注意事项等。 ③交际禁忌：信仰禁忌；语言禁忌；行为禁忌；饮食禁忌；社交禁忌；拍照禁忌等 （4）生活常识。 ①银行：账户开设、自动取款机、银行卡和信用卡等。 ②邮件：寄收邮件、邮政汇款、海外快递等。 ③交通：地铁与城铁、公交车、出租车、自行车以及交通保险等；往返国际机场交通工具与交通状况等。 ④针对外国人的服务：市（村、町）役所、登记手续、在留卡办理等。 ⑤医疗服务：医院与诊所、常用语言与词汇、身体症状与医疗文件等。 ⑥教育：语言学习场所、报纸杂志、宗教服务等。 ⑦文化娱乐：博物馆、图书馆、季节性活动、传统表演艺术等。 ⑧商业：超市、小卖店、生活语言、服装与购物等 （5）交往注意事项。 ①注意日常语言、举止、着装，减少不文明行为的发生。 ②提高并保持良好的文明意识。 ③与陌生人交往注意事项
	4. 生活信息	（1）应急电话。 电话号码查询：104；急救、火警电话：119；盗警电话：110；外语应答求救：#9110。 （2）常用电话及联系方式。 ①中国驻外使（领）馆领事保护电话。 ②雇主企业办公电话、有关负责人电话。 ③适用网址与工作生活相关公众号。 ④咨询联系方式：工作与生活咨询电话；医院地理位置及工作时间；心理健康咨询受理时间与电话；安全卫生咨询受理时间与电话；工伤保险咨询受理时间与电话；开户银行工作时间与咨询电话；辖区警察机构咨询电话；出入境管理部门咨询电话与工作时间等。 ⑤同伴之间联系电话以及国内家属、对外劳务合作企业国内管理人员和境外管理机构联系电话等

第三章　对外劳务合作发展趋势展望[①]

第一节　发展思考

一、战略思考

（一）市场基本判断

我们应该清醒地看到，我国对外劳务合作市场已由订单主导型转向资源主导型。即使有再多的劳动力人口资源，没有经过技能培训的转化也不能成为可利用的劳动力资源，而可利用的劳动力资源不经过选拔和出国（境）前适应性培训，也不能成为可利用的外派劳务有效资源。只有具备可供外派的有效劳务资源才是支撑对外劳务合作业务可持续发展的根本。换言之，没有可外派劳动力资源，就没有可持续发展的对外劳务合作业务。

因此，正确看待制约对外劳务合作行业发展的主要因素，必须加深由对外劳务合作人员结构变化带来的战略性思考。

一是近年来传统劳务（水产加工、缝纫、建筑等）受到市场冲击，中高端技能型劳务受到青睐，由于市场需求结构发生变化，外派劳务资源培育的方向和着力点必须进行相应调整。也就是说，外派劳务资源培育带来的变化和要求促使对外劳务合作企业必须与职业教育机构产生日益紧密的合作。

二是随着国内收入水平的提高，劳务人员出国（境）劳务的魅力减弱，对外劳务合作企业面临的“招人难”问题或将长期存在，因此，出国（境）前单纯的适应性培训已经达不到提升劳务人员综合素质的目的，有必要强化对外派劳务人员的理

① 张翔如. 日本外劳政策调整对我国的影响及应对［J］. 国际经济合作，2022（06）：71－81.

想教育和报效祖国的创业教育。

三是语言和技能一直是制约我国劳务人员“走出去”的重要因素，也是外派劳务人员出国（境）成本和对外劳务合作企业外派成本加大的主要因素。因此，对外劳务合作企业独立或联合开展长期的、形式多样的各类培训，是坚持以质取胜经营策略的必由之路。

（二）建立长效机制

随着经营主体的整合调整，对外劳务合作行业的业务集中度提高，骨干企业的业务占比进一步提升（见图1－2－2－7），特色劳务拓展局面突出显现，成为维持对外劳务合作发展的骨干力量，这就要求对外劳务合作企业正确研判对外劳务合作业务格局，明确企业自身在行业内所处的位置，确定未来发展定位，保持经营定力，挖掘发展潜力，采取针对性举措，确立以质取胜、打造品牌的长效机制。①

广大对外劳务合作企业应该秉持以质取胜理念，注重外派劳务结构调整，多措并举探索与创新资源培育储备工作。针对境外雇主需要，继续探索企业与职业院校直接合作，开展定点定向培训，或开设订单班、冠名班，注入外语和出国（境）工作的相关技能培训；继续完善深入县、乡、村直招、保汇率的一体化思路，完善贷款缴费担保以及劳务人员出国（境）后分期付费等便捷方式，将实惠和便利直接、实质性地提供给劳务人员；对于护理、护士专业和英语水平要求高的专业可采取超前出国（境）培训，储备高端技能型劳务；用好用活网上招聘、面试及办事平台，丰富对外劳务合作的业务运营方式。

二、探求发展路径

众多实践告诉我们，在新的发展形势下，站在时代发展的新起点，对外劳务合作企业只有进一步明确和规划企业的发展定位，努力拓宽多种经营范围，积极探索延伸对外经济合作业务链条的方式，才能不断提高业务抗风险能力。只有在着力做好劳务资源培育、实现资源有效对接的基础上，加大新兴市场、新兴行业的开发力度，创造新的业务增长点，才能实现可持续发展。

部分企业一方面着力市场拓展和资源培育，另一方面注重推动优势领域、中高端技能型劳务和企业自身特色劳务的发展，培育业务增长点，已经走出一条能够保持对外劳务合作业务持续、健康、稳定发展之路。一些企业在转变发展方式方面的

---

① 张翔如．走出误区，发展对日技能实习合作［J］．国际工程与劳务，2009（11）：17－19．

典型事例就是最好的佐证。

（1）SDGJLH 公司：采取联合互助、互联网经营、多元化经营、创造优质订单的品牌效应等多种手段；联合 12 家公司成立了外派企业联盟，抱团取暖，形成命运共同体，相互借力，共同发展；建立网络平台，创新直招方式，挤压非法中介的活动空间；主动砍掉 20% 的劣质订单，优化客户资源；实行多元化经营，成功拓展海外人才中介业务，扩展多国别外派劳务业务，投资部分高科技企业，增加企业的创收和抗风险能力。

（2）JSZLJWJY 公司：坚信团队非常重要，坚信赢得客户信赖是根本，坚持广布网点，借助合作方力量提供可靠的人力资源支持；坚信品牌的力量和效应是非常可观和长久的，只要肯付出，即使是“夕阳产业”也一样可以具有勃勃生机。一个名不见经传的小企业，从事对日本技能实习合作业务仅十年，已跻身全国对外劳务合作业绩前十名。

（3）WHGJ 公司：优化业务结构，主动淘汰低端项目，境外实行温情式管理，用服务带来附加值，实现企业良性发展。2014 年外派人数同比增长 35%，远超全国 1.4% 的平均增长水平；寓管理于服务之中，针对“90 后”劳务人员的结构特点，采取温情式管理，在出国（境）培训阶段实行综合评定，出国（境）后由培训教师远程跟踪管理，与驻在员沟通联动，配合定期走访和面对面沟通。在与日本接收机构一起走访、沟通的同时，及时高效处理一线问题，形成国内外联动的全方位服务管理体系，打造良好的企业品牌。

（4）YTGJ 公司：抓住资源、培训、服务三个环节打造品牌。采取直招、保汇率的资源一体化思路，采取联手共建平台，嫁接合作运营方式；采取贷款解决缴费难及开设订单班、冠名班的校企合作模式；采取超前出国（境）培训，储备高端劳务的创新模式，把口语训练、职场培训、一线跟踪、定期巡访作为品牌建设的过硬环节，实现了 2014 年以来对日技能实习合作业务全行业排名第一的目标。

对外劳务合作企业只要充分利用对外劳务合作创新改革的有利时机，贯彻以人为本的服务理念，在新的历史起点上继续深化企业内部改革，创新业务发展模式、转变发展方式，同时大力拓展新兴对外劳务合作市场，积极实现业务转型升级，提升行业发展的质量和效益，就一定能够开创对外劳务合作的新局面。

第二节 发展趋势

一、转变发展理念成为对外劳务合作行业的普遍共识

面对对外劳务合作行业国内外市场变化所带来的挑战，对外劳务合作企业转变发展理念，不断探索转变发展方式的途径和措施，在巩固传统对外劳务合作业务的基础上深耕细作，在调整对外劳务合作结构的方法上多措并举，探讨和尝试拓展适合于我国对外劳务合作业务特点的差异化发展之路，力求形成对外劳务合作多元发展格局，从而打造对外劳务合作的新型发展模式，成为对外劳务合作行业的普遍共识。

一是以市场需求为导向和切入点，注重劳务资源的开发培育，设法突破资源瓶颈制约。一方面加大劳务资源的投入力度和开发力度，针对培育中高端技能型劳务人才涉及面广、障碍多、难度大、短期培训难的特点，从基础教育做起，采取多种联合方式，形成较为稳定的、有效的资源供应链；另一方面在不断完善和优化外派劳务人员适应性培训的基础上，努力突破语言与技能障碍，引导劳务人员确立诚信履约、爱岗敬业、钻研创业的理念，培育适合市场需求的劳务人员，实现业务的良性循环。

二是适时调整业务结构和竞争方式，在高技能劳务合作上保持差异化竞争优势。高技能劳务合作既是目前市场开拓的难点，也必定是未来对外劳务合作的亮点。当前，我国对外劳务合作业务面临的主要是国内外收入差距逐年缩小带来的国内招聘难、东南亚挤占市场份额等传统性困难，从长期看都是难以克服的根本性难题。所以，我国经营企业将顺应业务发展潮流，针对我国外派劳务资源的优势和特点，在高技能劳务合作上发力，采取差异化竞争策略，占据对外劳务合作的制高点。

三是延伸对外劳务合作产业链条，实现企业经营的多元发展。合作共赢是赢得国际市场认可的重要原则，与“一带一路”倡议所倡导的“开放包容，互利普惠”的合作精神相一致。新形势下，任何企业都无法仅凭自身实力迎接国际劳务市场的竞争，只有通过与国内外及行业上下游企业的互利合作才能实现企业的可持续发展。在拓展劳务资源储备渠道和新兴国际市场的同时，企业应探索以国际劳务合作为平台开展形式多样的对外经济合作，延伸对外劳务合作产业链条，增强劳务企业的自我发展能力和造血功能。同时注重提高培训环节的劳动力转化和返回人员创业指导

等产业链上下游环节的经营附加值，提高对外劳务合作的综合效益和社会贡献度。

二、形式多样的资源培育方式将会进一步显现

由于招人难、管理难问题的冲击，对外劳务合作企业着力寻求解决招聘难题的有效方法，在外派资源培育方式上下功夫，出新招。为了巩固拓展对外劳务合作市场，对外劳务合作资源培育将在中国以高水平对外开放驱动国内国际双循环的新发展格局下，以人力资源国际化为目标，继续呈现企业自主招收和定点培养、劳务服务平台推送、院校招聘或定向招收等多元培育方式，校企联合、定向培训等行之有效的方法将继续得到推广应用；走村入户、深入动员有志青年出国（境）劳务，与新农村建设相结合，帮助脱贫地区的有志青年解决出国（境）渠道困扰，免费提供出国（境）前外派劳务培训等方法措施，将继续支持对外劳务合作的发展；另外，扩大“互联网+”和心理干预等理论与技能在对外劳务合作行业的广泛应用，将实现与有出国（境）意向的劳务人员的有效直接对接；在语言与技能培训、国情教育方面会形成中国特色的培养运作方式；有些地区或企业通过成立“回国劳务人员联谊会”的方式，为返回劳务人员搭设返回创业指导和再出国（境）务工的信息交流平台，利用“回流”效应，扩大外派劳务资源培育渠道，形成资源“再生”循环的良性发展模式。

三、中高端技能型劳务资源将成为市场竞争新优势

从全球劳动力需求趋势看，各国特别是发达国家对外籍劳务的需求呈现高技能特征。为适应国际市场的劳动力需求，近年来，我国对外劳务合作企业已着手开展劳务人员的结构调整。不少企业一方面优化自身员工队伍，吸收具有一定文化程度和国（境）外工作经验、具有国际视野的员工，充实和改善本企业的员工队伍，以适应开放型经济要求；另一方面，广大经营企业积极拓展新型国别（地区）市场和新的行业发展领域，克服以往对高端技能型市场开拓的畏难情绪，寻求中高端技能型劳务市场的拓展方式和途径。有的采取校企合作、冠名培训、定点培训、签约培训等多种培育形式，培育高端技能型劳务资源；有的企业积极拓展澳新和欧盟市场，深度开放日本、新加坡市场的中高端技能型劳务工种，正在逐步形成发展中高端技能型劳务的基础条件和发展态势。未来的几年内，中高端技能型劳务市场有望逐渐成为企业的发展优势和新的业务增长点。从发展趋势看：

一是中高端技能型劳务的比例将继续加大。据商务部统计，自2012年以来，交通运输（海员）、科教文卫、计算机等行业的劳务人员比例呈稳步上升的态势。可

以预测，我国外派劳务人员结构将会在较长时期内继续维持中高端技能型劳务不断扩展的态势。

二是技能型行业领域的比例将会增加。改革开放以来，随着我国基础设施的发展和完善，锻炼成就了一大批技能好、效率高、适应能力强的产业人员，成为我国外派劳务人员在制造业和建筑业领域无可替代的竞争优势。同时，随着企业外派劳务结构的不断调整，具有中国特色的厨师、护理、海乘、海员、免税商品导购、软件设计员、酒店服务员等以自然人流动方式促进海外就业的工种开始在对外劳务合作企业发展和壮大，正在逐渐形成新的市场竞争优势。虽然总体发展规模有限，不敌制造业和建筑业两大传统行业，但其增长势头不减。从总体发展趋势看，我国对外劳务合作的行业构成正在逐渐由劳动密集型人力输出向技能型、知识型、特色型中高端技能型劳务输出转型发展。

四、骨干企业的业务集中度在一定时期内仍将维持高位

由于国际市场对外籍劳工需求趋势的变化和我国劳动力资源结构的变化，对外劳务合作企业的应对能力产生较大差异，业绩规模随之出现严重的两极分化，经营主体规模出现新的适应性整合。截至 2020 年 4 月，我国具有对外劳务合作经营资质的企业 810 家，比 2015 年减少了 2 家，虽然经营主体队伍基本持平，但是业务集中度却明显加剧。商务部统计数据显示，在上述具有经营资质的 810 家企业中，没有经营业绩的企业多达 160 家，占 19. 75%。能够体现业务实绩的企业有 650 多家，其中派遣规模在 100 人以下的企业竟有 272 家，占有业绩企业数量的 41. 85%，逼近 1/2；位列经营业绩前 20 名的企业的外派人员就占外派劳务人员总数的 37. 67%，比 2015 年的 29. 14% 提高了 8. 53%。说明骨干企业在市场资源培育、业务适应性整合和转型发展中已经取得一定效果，能够有效应对国内国（境）外两个市场、灵活应用国内国（境）外两种资源，基本度过了对外劳务合作转型期，实现了新的业务发展，起到了引领和主导市场的作用。

与此同时，企业优胜劣汰局面进一步加剧。部分处于中间状态的企业由于没有形成多元互补的发展格局，人才队伍缺乏适应能力，短时间内难以取得明显效果，需要继续探索适合本企业转变发展方式的方法和途径；而很大一部分处于劣势的企业由于传统市场占主导，新兴市场和有效外派劳务资源培育不足，境外管理难度加大，未能实现业务突破，致使业绩平平，一直徘徊在小规模的运行状态中，面临着难以支撑和继续发展的状态；一些企业或将通过兼并、重组、股份制改造等方式，整合形成新的外派劳务企业，期望做大做强。

五、重点国别（地区）市场仍将继续发挥拉动作用

我国对外劳务合作的合作区域已发展到目前180多个国家和地区，行业囊括建筑业、制造业、交通运输业、农林渔业、服务业和IT行业多个门类。近年来，重点国别（地区）市场一直发挥着市场拉动作用。以2019年为例，当年外派外劳务人员位列前十的中国澳门、中国香港、日本、新加坡、阿尔及利亚、印度尼西亚、沙特阿拉伯、老挝、巴拿马和巴基斯坦等重点国别（地区）占我国当年外派劳务人员人数的60%。中国澳门基础设施项目和酒店服务业对劳动力的持续需求，使内陆地区输澳劳务合作仍将保持一定规模；中国与以色列劳务合作试点阶段工作的有序推进，得到中以双方的充分肯定。由于以色列建筑市场较大的劳动力需求，中以劳务合作规模将会进一步扩大；日本推出技能实习制度改革法案后，又推出特定技能法案，意味着日本政府实质上打开了接收外国劳动力的大门，或将成为新的业务热点。未来几年，重点国别（地区）市场仍将保持旺盛的市场需求，将在一定程度上继续发挥激活市场和牵引拉动市场的作用。

六、合规经营与市场规范是宏观监管的主旋律

《对外劳务合作管理条例》颁布实施以来，商务部会同有关部门在全国范围内开展了条例宣讲活动，制定发布了与条例相配套的相关办法和规范外派劳务市场秩序的有关文件，拍摄了对外劳务合作专题宣传片，组织编写了对外投资合作在外人员统编教材，各级商务主管部门会同相关政府部门加大对外劳务合作市场监管力度，对外劳务合作体制机制得到进一步健全和完善。

党中央、国务院高度重视外派劳务经营秩序问题。企业规范经营涉及劳务人员安全与合法权益维护、中国企业形象、双边关系以及国内社会稳定。随着我国对外开放的不断深化，不断实现人民对美好生活的向往是党和政府的不懈追求。针对近年来出现的劳务纠纷，贯彻党中央的重要指示精神，必须从根本上破解体制机制上制约发展的矛盾，才能做到标本兼治。一是对外劳务合作体制机制改革将进一步深化，由商务、外交、公安、监察、司法、财政、人力资源社会保障、住房城乡建设、交通运输、国有资产管理、税务、工商、统计、信访、总工会等部门和单位之间建立的外派劳务部际协调机制将进一步得到加强。强化“谁审批谁负责”“属地化管理”和“总包负总责”的原则，将国家各项政策真正落实到外派劳务管理工作中去。二是管理制度将进一步完善，信用体系建设、不良行为记录、履行社会责任体系建设等宏观管理手段将进一步发挥作用。三是监督保障工作将逐步常态化，各级

政府主管部门将强化政府公共服务职能，加强对项目的审查力度，及时排查并妥善处置安全隐患和劳务纠纷。保持对非法中介的打击力度，挤压非法中介的活动空间，企业也将随时接受政府部门的“双随机、一公开”等监督检查。四是促进保障措施将进一步健全，劳务人员援助机构、利用财政促进就业和外经贸政策支持外派劳务发展的相关措施、针对外派劳务人员金融信贷支持和适合外派劳务人员特点的商业保险产品等有待进一步开发应用。五是强化对外磋商机制，积极对外商签双边劳务合作协议，为对外劳务合作企业提供拓展发展空间。

七、对外劳务合作行业在一定时期内仍将保持相对稳定的发展规模

纵观我国对外劳务合作行业发展态势，市场形势严峻。世界百年变局与世纪疫情交织，行业发展面临着诸多困难和挑战，但是随着政策环境的不断健全，经营企业不断调整发展思路，积极探索、培育新的业务增长点，不断提振市场发展的信心指数，对外劳务合作行业在一定时期内仍将保持相对稳定的发展规模。第一，发展中高端技能型劳务绝不排斥传统劳务，我国在建筑业、制造业和交通运输业等传统行业的劳动力优势仍然存在。国际市场特别是发达国家对中国新生代青年所转换的产业技术工人有很大需求，尤其是在农林牧渔业、建筑业、制造业和餐饮业方面，对我国外派劳务人员具有一定的需求优势。第二，企业在着力做好劳务资源培育、实现资源有效对接方面初见端倪，资源供给机制正在形成。第三，不少对外劳务合作企业多年来坚守经营，优化整合传统行业和工种，已经形成体现本企业经营特色、能够赖以生存和发展的特色劳务项目。第四，有的企业根据自身优势和能力，积极拓展具有发展前景的新工种、新行业和新市场。中国风味厨师、护士、护工、空乘、海乘、酒店服务员、工程监理、计算机软件开发与设计等行业工种得到不断拓展和巩固，正在逐渐形成企业的发展优势和业务增长点。第五，我国可利用劳动力尚有一定潜力，出现劳动力人口紧缺尚有一定距离，只要企业着力市场拓展和资源培育，调整外派劳务结构，转变发展方式，对外劳务合作企业仍具有一定的生存发展空间。

八、打造品牌是对外劳务合作行业的战略需要和长期发展目标

面对当今持续增长的跨国劳动力流动趋势，在国际移民管理领域正在形成的全球协调机制和全面国际合作框架下，对外劳务合作企业要以更加开放、包容、发展的眼光看待我国的对外劳务合作业务，积极顺应国际组织所倡导的劳务移民理念，在市场竞争中打造中国外派劳务优质服务品牌，谋求新的发展。

一是要在拓展国际化视野、熟悉国际游戏规则的基础上，以坚持“中国特色”

为基础，以与“国际接轨”为手段，打破思维定式，在合法合规的前提下，积极研究、探索、尝试和拓展新的业务形态，探索以新的对外劳务合作发展理念和与国际接轨促进自然人流动的方法和措施，形成外派劳务的多元结构，促进企业国际竞争力的提升，从而谋求对外劳务合作行业的国际话语权；要尊重国际市场国际人力资源流动规律，根据国际劳动力流动特点，探索改变收费方向。认真研究降低招聘成本及寻求向雇主收费的方法和途径，与境外雇主建立互利双赢的新型合作关系。二是在对外劳务合作产业链条的上下游合理布局，继续做好劳务人员培训教育和返回劳务人员再就业、创业指导，提升对外劳务合作的综合效益，为对外劳务合作注入新的内涵和活力；把对外劳务合作业务和新农村建设紧密结合在一起，积极开发、培育中西部欠发达地区的劳务资源，灵活采取降低收费、便捷服务等办法，促进欠发达地区劳务人员走出国门，开阔视野，回原地创业，达到扶智扶志、既输血又造血的目的。三是对外劳务合作企业要注重中国人口资源的发展趋势，用国际人力资源服务商的理念，转变企业的发展方式。加强与对外投资合作企业、对外承包工程企业的交流合作，推动各企业间优势互补、抱团发展。四是打造具有社会责任感的对外劳务合作企业，将保障劳务人员合法权益放在突出位置，提升劳务人员素质和企业经营管理水平，实现对外劳务合作业务的可持续发展。五是坚持以质取胜战略，确立优质品牌意识，合规经营，练好内功，强化自身素质，不断进取和创新，以新的姿态，迎接新挑战，开辟新未来。

对外劳务合作的命运与我国改革开放紧密相连，伴随改革开放应运而生，依托改革开放发展壮大。站在新时期的新起点上，对外劳务合作将在实现中华民族伟大复兴奋斗目标的引领下，在促进对外投资合作、构建人类命运共同体进程中展示其独特优势，发挥更加重要的作用。

“一带一路”建设的社会基础和长久保障在于民心相通。劳务人员是“一带一路”建设的重要参与者，是与沿线各国民众交流交往，并促进民心相通、构建人类命运共同体的实践群体之一。对外劳务合作企业将紧紧抓住“一带一路”倡议赋予的机遇，秉承“民心相通”的责任和使命，逐步打造负责任、守信用、有品牌的国际人力资源服务商，续写对外劳务合作的崭新篇章！

主要参考文献

（按照引用次序排列）

［1］中华人民共和国国务院新闻办公室．中国的对外援助［EB/OL］．（2011－04－21）［2020－04－05］．http：//www.scio.gov.cn/zfbps/ndhf/2011/Document/896983/896983.htm.

［2］中国对外承包工程商会．探索创新奋进（中国对外承包工程商会成立20周年纪念文集1988—2008）［G］．北京：中国对外承包工程商会，2008.

［3］中国水利电力对外公司．发展史料第一辑（1955—2002）对外经济技术援助［G］．北京：中国水利电力对外公司，2008.

［4］中国建筑股份有限公司海外事业部．丰碑：纪念改革开放30周年（中国建筑海外篇）［G］．北京：中国建筑股份有限公司海外事业部，2008.

［5］国家统计局．中国统计年鉴［M］．北京．中国统计出版社，1981—1983.

［6］孙维炎，储祥银，章昌裕．亚太地区经济一体化与中日经济合作研讨会论文集［M］．北京：对外经济贸易大学出版社，1996.

［7］中国对外承包工程商会，对外经济贸易大学．中国对外劳务合作发展40年（1979—2018）［G］．北京：中国对外承包工程商会，2018.

［8］中国对外承包工程商会，天津大学国际工程管理学院．中国对外承包工程发展40年（1979—2018）［G］北京：中国对外承包工程商会，2018.

［9］中国对外承包工程商会．中国对外劳务合作行业发展报告（2004—2020年）［G］．北京：中国对外承包工程商会，2004—2020.

［10］商务部跨国经营管理人才培训教材编写组．中国对外投资合作法规和政策汇编［G］．北京：中国商务出版社，2018.

［11］中国对外承包工程商会．对外劳务合作政策与行规［G］．北京：中国对外承包工程商会，2014.

［12］中国对外承包工程商会．中国对外劳务合作行业指南：政策篇［G］．北京：中国对外承包工程商会，2004.

［13］中国对外承包工程商会．中国对外劳务合作行业指南：行规篇［G］．北京：中国对外承包工程商会，2004.

［14］中国对外承包工程商会．中国对外劳务合作行业指南：市场篇［G］．北京：中国对外承包

工程商会，2004.

［15］上海国际经济技术合作协会对外劳务（研修）合作专业委员会．对外劳务（研修）合作实务［G］．上海：上海国际经济技术合作协会，2006.

［16］尹广军．第十一届全国人大代表尹广军在一、二、三次会议上就外派劳务工作提出的议案、建议及国家相关部门的答复［G］．［出版者不详］，2011.

［17］商务部投资促进事务局．中韩雇佣许可制劳务人员行前教育教材［G］．北京：［出版社不详］，2014.

［18］中资（澳门）职业介绍所协会．劳务管理简要读本［G］．北京：中资（澳门）职业介绍所协会，2005.

［19］上海市商务委员会对外经济合作处，上海市海外救援服务中心，等．境外安全管理培训学员教材［G］．上海：上海市商务委员会对外经济合作处，2014.

［20］商务部对外投资和经济合作司，中国对外承包工程商会．对外投资合作在外人员适应性培训教材［M］．北京：商务部对外投资和经济合作司，中国对外承包工程商会，2014.

［21］中华人民共和国国务院．对外劳务合作管理条例（国务院令第620号）［Z］．商务部对外投资和经济合作司，中国对外承包工程商会，2012.

［22］雷鹏．我国境外就业的发展历程［J］．中国就业，2019（1）：10－12.

［23］黄智虎．澳门外雇政策三十年回顾［J］．劳务合作，2018（3）：30－39.

［24］中华人民共和国外交部领事司．中国公民海外安全常识［G］．北京：中华人民共和国外交部领事司，2010.

［25］中华人民共和国外交部．中国领事保护和协助指南［G］．北京：中华人民共和国外交部，2007.

［26］建设部人事教育司．建筑业农民务工常识读本［M］．北京：中国建筑工业出版社，2007.

［27］中国对外经济贸易年鉴编辑委员会．中国对外经济贸易年鉴［M］．北京：中国对外经济贸易出版社，1984—2002.

［28］中国商务年鉴编辑委员会．中国商务年鉴［M］．北京：中国商务出版社，2003—2021.

［29］国家统计局贸易外经统计司．中国对外经济统计年鉴［M］．北京：中国统计出版社，1998.

［30］庄国土．全球化时代中国海外移民的新特点［J］．学术前沿，2015（4）：87－93.

［31］汪震．国际服务贸易发展的需要/世贸组织自然人移动谈判简介［J］．CHINA WTO TRIBUNE，2003（7）：28－30.

［32］陈昭，刘文静．我国自然人移动现状、问题与对策［J］．中国经贸导刊，2014（6）：34－35.

后　记

我国对外劳务合作与改革开放相伴相生，风雨兼程，走过不平凡的历程，发展成为一项利国利民的宏伟事业。在新的历史时期，面临着继往开来的新挑战，承载着可持续、高质量发展的新使命。全面系统地梳理和总结我国对外劳务合作发展历程，准确理解和把握对外劳务合作法规政策，客观研判和满足国际劳动力流动需求，有针对性地做好外派劳务有效资源培育，实行以质取胜的品牌战略，对于承前启后，续写对外劳务合作发展新篇章，具有十分重要的意义和价值。

《中国对外劳务合作》的撰写初衷，正是怀揣敬佩仰慕之情，立足总结挖掘之意，把握继承发展之要，向伴随着中国对外劳务合作发展走过四十余年光辉历程并作出贡献的前辈们，向关心支持行业发展的各界人士献上的一份薄礼，旨在与肩负重任的业界同仁直面现实困扰，引申发展思考；确立自信理念，探索发展新路；共同迎接挑战，谋求新的目标。

《中国对外劳务合作》的撰写，是一项集阅历、责任、能力于一体的挑战性工作。使命荣光，责任非凡。在长期工作实践中，我有幸参与了一些制定政策制度的部分基础性工作和调研活动，有幸参加了部分双边磋商、出访、专题会议、专业研讨和专项整治行动等工作，也有幸领略了从事对外劳务合作的政府主管部门领导、企业家和行业组织负责人以及国际组织和机构专业人士的严谨作风和领导风采；在资料查阅、汇总整理、调研访谈和分析论证的过程中，拜访了一些老领导和老同志，查阅了部分历史资料，专访了不少企业家和专家学者，这些曾经奋战在我国对外劳务合作第一线的领导、专家和企业家，通过阐述自己的所见、所闻和所感、所思，为本书的撰写提供了生动而感人的素材、鲜活且到位的力证，许多真实的历史片段令人震撼和骄傲，许多独到见解更令人为之感慨和自豪！

本书从材料收集、汇总分析、框架构思、文稿撰写到审校定稿，得到有关领导、专家、同事和我家庭的大力协助。中国机电产品进出口商会常务副会长兼专家委员会主任委员、商务部对外投资和经济合作司原一级巡视员郑超和中国国际经济合作学会原会长、商务部合作司原副司长崔明谟给予精准撰写指导；山东日昇国际经济技术合作有限公司董事长杨楠为本书的出版发行给予鼎力帮助；中国国际贸易学会原会长王俊文，前全国人大代表、沧州对外经济技术合作有限公司董事长尹广军，山东润泽国际经济技术合作有限公司董事长方雪松，山东日昇国际经济技术合作有限公司总经理石林林，北京建工集团国际工程公司总经理助理郭宝忠，中国山东国际经济技术合作有限公司副总经济师尚民，青岛环太经济合作有限公司董事长金钢，浙江建筑投资集团有限公司海外部原总经理助理林一航以及许国雷、王迁、吴修吉、丁康、徐建国、董伊青、于建林、刘洪、李雪岩、刘治波、张宏斌、朱晓光、董华、张宏宇、于福杰、刘恩峰、陈玉亮、黄小宁、陈汉杰、黄林森、宋安纪、单泽国、戚建峰、季洋、张广林、由东方、梁云龙、韩飞、袁健、李太福、廖志宁、陈朋、潘明宇、曲文阁、张子辉、王玮、孙正民、周朝辉、韩治波、李大伟、王吉宣、黄小牛、刘斌、李卫、王维维、东红、王连军、张淑珍等同事分别以不同形式给予我热情支持和帮助；我的家人给予我充分理解，为我提供了温暖和自由发挥的环境。各位领导和同事高度的敬业精神和深厚的劳务情结，大大增强了我坚持到底的信心和力量，同时也丰富了本书的每一个细节内容。在本书定稿出版之际，谨向各位领导的专业赋能和精心指导，向各位同事的无私帮助和辛勤付出特别致以由衷的谢意！

虽然我经过了较长时间的资料收集和撰写修改，但由于受新型冠状病毒感染疫情的影响，查阅资料的范围有限，用于论证交流的时间明显不足，加之我自身能力水平毕竟有限，一定存在着不少缺憾、不足，甚至是错误，诚恳期待各界人士给予批评指正，以便我进一步补充和完善，共同为我国对外劳务合作事业的可持续发展贡献绵薄之力。

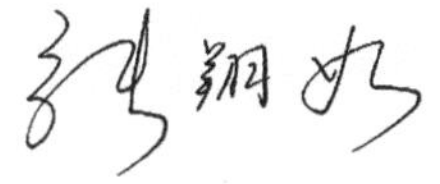

2023 年 5 月